Isaak Babel

WANDERNDE STERNE

Dramen, Drehbücher,
Selbstzeugnisse

Herausgegeben von Urs Heftrich
und Bettina Kaibach unter
Mitarbeit von Brigitte van Kann

Übersetzt von Bettina Kaibach
und Peter Urban

Kommentiert von Urs Heftrich,
Bettina Kaibach, Peter Urban und
mit einem Nachwort von
Bettina Kaibach

Hanser

Die Übersetzungen von Bettina Kaibach wurden
mit einem Exzellenzstipendium des Deutschen Übersetzerfonds
und von Transcript gefördert.

Isaak Babel. *Tagebuch 1920*.
Aus dem Russischen von Peter Urban.
Das Buch erschien 2006 als Buch der Friedenauer Presse.
Die Friedenauer Presse ist ein Imprint des
Verlags Matthes & Seitz Berlin.
© MSB Matthes & Seitz Berlin Verlagsgesellschaft mbH.

»Der Rote Kavallerist« aus: Isaak Babel. *Die Reiterarmee*.
Aus dem Russischen von Peter Urban.
Das Buch erschien 2006 als Buch der Friedenauer Presse.
Die Friedenauer Presse ist ein Imprint des
Verlags Matthes & Seitz Berlin.
© MSB Matthes & Seitz Berlin Verlagsgesellschaft mbH.

1. Auflage 2022

ISBN 978-3-446-27270-5
© 2022 Carl Hanser Verlag GmbH & Co. KG, München
Umschlag: Peter-Andreas Hassiepen, München
Motiv: Iwan Alexejewitsch Wladimirow (1869–1947):
Auf den Straßen von Petrograd, 1918 (Ausschnitt)
Satz: Satz für Satz, Wangen im Allgäu
Druck und Bindung: CPI books GmbH, Leck
Printed in Germany

INHALT

Dramen
7

Drehbücher
125

Tagebuch 1920
373

Selbstzeugnisse
539

Reportagen, Reiseberichte
549

Aufsätze, Reden, Interviews
601

Anhang
653

DRAMEN

SONNENUNTERGANG

Drama in acht Szenen

PERSONEN

MENDEL KRIK [Miša] – Inhaber eines Fuhrwerksunternehmens, 62 Jahre
NECHAMA – seine Frau, 60 Jahre
BENJA – geschniegelter junger Mann, 26 Jahre ⎫
LJOVKA – Husar auf Urlaub, 22 Jahre ⎬ ihre Kinder
DVOJRA [Vera] – überreifes Mädchen, 30 Jahre ⎭
ARJE-LEJB – Diener in der Synagoge der Fuhrwerksunternehmer, 65 Jahre
NIKIFOR – Oberkutscher bei den Kriks, 50 Jahre
IVAN PJATIRUBEL – Schmied, Mendels Freund, 50 Jahre
BEN ZCHARJA – Rabbiner auf der Moldavanka, 70 Jahre
FOMIN – Lieferant, 40 Jahre
JEVDOKIJA POTAPOVNA CHOLODENKO – handelt auf dem Markt mit Lebend- und Schlachtgeflügel, fette Alte mit krummer Hüfte. Säuferin, 50 Jahre
MARUSJA – ihre Tochter, 20 Jahre
RJABCOV – Schankwirt
MITJA – Kellner in Rjabcovs Wirtschaft
MIRON POPJATNIK – Flötist in Rjabcovs Wirtschaft
MADAM POPJATNIK – seine Frau. Klatschweib mit wildem Blick
URUSOV – Winkeladvokat. Spricht das »r« als »ch«.
SEMJON – kahlköpfiger Mužik
BOBRINEC – lärmiger Jude. Lärmt, weil er reich ist.
VAJNER – ein Reicher mit Näselstimme
MADAM VAJNER – Frau des Reichen
KLAŠA ZUBAREVA – schwangeres Kraftweib
MUSJÖ BOJARSKIJ – Inhaber der Konfektionsfirma »Chef d'œvre«
[SENJKA TOPUN
KANTOR ZWIEBACK]

Die Handlung spielt in Odessa, im Jahr 1913.

ERSTE SZENE

Esszimmer im Haus der Kriks. Niedrige, verwohnte Kleinbürgerstube. Papierblumen, Kommoden, Grammofon, Konterfeis von Rabbinern und neben den Rabbinern die Familienfotos der Kriks – steif, schwarz, Glupschaugen, Schultern, breit wie Schränke.
Im Esszimmer ist für Gäste angerichtet. Auf dem Tisch mit rotem Tuch stehen verteilt Wein, Konfitüre, Piroggen.
Die alte Krik brüht Tee auf. Seitlich, auf einem kleinen Tischchen, ein siedender Samowar.
Im Zimmer befinden sich NECHAMA, ARJE-LEJB, LJOVKA *in Husaren-Paradeuniform. Die gelbe Tellermütze sitzt ihm schief ins backsteinrote Gesicht gedrückt, der langschößige Mantel ist über die Schultern geworfen. Hinter Ljovka schleift ein Krummsäbel her. Benja Krik, aufgeputzt wie ein Spanier beim Dorffest, bindet sich vor dem Spiegel die Krawatte.*

ARJE-LEJB: Na gut, Ljovka, prima ... Arje-Lejb, Brautwerber von der Moldavanka und Schammes bei den Lastkutschern, weiß jetzt also, was Rutensäbeln heißt ... Erst säbelt man die Rute entzwei, dann den Menschen ... Die Mütter spielen in unserem Leben keine Rolle ... Aber erklär mir, Ljovka: Wieso kann ein Husar wie du nicht eine Woche Urlaub dranhängen, bis deine Schwester ihr Glück gemacht hat?
LJOVKA *(lacht grölend. In seiner groben Stimme rollt Donnergrollen)*: Eine Woche ...! Sie sind ein Volltrottel, Arje-Lejb ...! Eine Woche dranhängen ...! Die Kavallerie ist doch kein Fußvolk. Die Kavallerie scheißt auf euer Fuß-

volk ... Ich brauch bloß ne Stunde dranhängen, und der Wachtmeister nimmt mich zu sich auf die Stube, zapft mir die Brühe aus der Seele, und aus der Nase zapft er mir die Brühe und bringt mich dazu noch vorn Kadi. Drei Generäle kriegt jeder Kavallerist als Richter, drei Generäle mit Orden fürn Türkenkrieg.

ARJE-LEJB: Machen die das mit allen so oder nur mit den Juden?

LJOVKA: Hat sich ein Jude erst mal aufs Pferd gesetzt, ist er kein Jude mehr, sondern ein Russe. Sie sind vielleicht ein Knallknopf, Arje-Lejb ...! Was ham die Juden damit zu tun?

DVOJRA *steckt ihr Gesicht durch die halbgeöffnete Tür.*

DVOJRA: Mama, bis man bei Ihnen was findet, verknackst man sich glatt das Gehirn. Wo ham Sie mein grünes Kleid hingepackt?

NECHAMA *(brummt vor sich hin, ohne jemanden anzusehen)*: Schau in der Kommode nach.

DVOJRA: Hab ich schon – nix.

NECHAMA: Im Schrank.

DVOJRA: Auch nix.

LJOVKA: Welches Kleid?

DVOJRA: Das grüne mit der Passe.

LJOVKA: Das hat sich scheints unser Papaša gekrallt.

DVOJRA *kommt ins Zimmer, halbangekleidet, rotgeschminkt, onduliert. Sie ist groß, korpulent.*

DVOJRA *(mit hölzerner Stimme)*: Au weh, ich sterbe!

LJOVKA *(zur Mutter)*: Sie hams ihm doch wohl nicht gesteckt, Sie alte Krawallbürste, dass Bojarskij sich heut die

Dvojra anschauen kommt …? Gesteckt hat sie's ihm. Na denn Prost …! Er ist mir doch gleich heut früh komisch vorgekommen. Hat den Weisen Salomo und die Musjka vor den Lastkarren gespannt, was gevespert, Wodka gekippt wie'n Eber, dann was Grünes auf den Kutschbock geschmissen und nix wie raus ausm Hof.

DVOJRA: Au weh, ich sterbe! *(Sie bricht in lautes Geheul aus, reißt den Vorhang vom Fenster, trampelt darauf herum, schmeißt ihn der Alten hin.)* Da …!

NECHAMA: Verreck doch! Am besten noch heut …

Dvojra läuft hinaus, unter Gebrüll und Geschluchze. Die Alte lässt den Vorhang in der Kommode verschwinden.

BENJA *(bindet sich die Krawatte)*: Unserm Papaša, Sie verstehen mich doch, tuts um die Aussteuer leid.

LJOVKA: Abstechen den Alten, zum Schweinsteufel noch mal!

ARJE-LEJB: Sprichst du so von deinem Vater, Ljovka?

LJOVKA: Soll halt nicht so'n Haderlump sein.

ARJE-LEJB: Dein Vater ist einen Sabbat älter wie du.

LJOVKA: Soll halt nicht so'n Grobian sein.

BENJA *(befestigt eine Perlennadel an der Krawatte)*: Voriges Jahr hat der Sjomka Munš die Dvojra haben wollen, aber unserm Papaša, Sie verstehen mich doch, tuts um die Aussteuer leid. Hat dem Sjomka das Zifferblatt zu Brei mit Soße zermatscht und ihn hochkant die Treppe runtergeschmissen.

LJOVKA: Abstechen den Alten, zum Schweinsteufel noch mal!

ARJE-LEJB: Über einen Brautwerber wie mich heißt es bei Ibn Esra: »Fiele es dir ein, Mensch, dein Glück als Kerzenmacher zu versuchen, so bliebe die Sonne am Himmel stehen wie ein Prellstein und ginge niemals unter …«

LJOVKA *(zur Mutter)*: Hundert Mal am Tag macht uns der Alte fertig, und Sie schweigen drauf wie'n Pflock. Der Bräutigam kann jede Minute anrücken …

ARJE-LEJB: Über mich heißt es bei Ibn Ezra: »Fiele es dir ein, Leichentücher zu nähen für die Toten, so stürbe kein Mensch mehr von heute an und in alle Ewigkeit, Amen …!«

BENJA *(zieht den Knoten an der Krawatte fest, reißt sich die himbeerrote Binde, die seine Frisur hält, vom Kopf, legt ein engsitzendes kurzes Jackett an, schenkt sich ein Gläschen Wodka ein)*: Auf die Gesundheit der Anwesenden!

LJOVKA *(mit grober Stimme)*: Auf unsere Gesundheit.

ARJE-LEJB: Auf gutes Gelingen!

LJOVKA *(mit grober Stimme)*: Gutes Gelingen!

MUSJÖ BOJARSKIJ *platzt ins Zimmer, ein munterer, runder Mann. Schwatzt ohne Unterlass.*

BOJARSKIJ: Ich grüße Sie! Ich grüße Sie! *(Stellt sich vor.)* Bojarskij … Angenehm, überaus angenem …! Ich grüße Sie!

ARJE-LEJB: Sie haben gesagt, um vier, Lazar, und jetzt ist es sechs.

BOJARSKIJ *(setzt sich und nimmt aus der Hand der Alten ein Glas Tee entgegen)*: Mein Gott, wir leben in Odessa, und in unserm Odessa, da gibt es Kunden, die pulen das Leben aus einem heraus, wie man den Stein aus der Dattel pult, gute Freunde gibt es, die sind bereit, einen mitsamt den Kleidern und ohne Salz zu verspeisen, einen ganzen Waggon gibt es voll mit Problemen, tausenderlei Skandale.

Wann soll man da an die Gesundheit denken, und wozu braucht ein Kaufmann Gesundheit? Habs grade noch auf nen Sprung zu den warmen Meerbädern geschafft – und dann schnurstracks zu Ihnen.

ARJE-LEJB: Sie nehmen Meerbäder, Lazar?

BOJARSKIJ: Jeden zweiten Tag, auf die Uhr genau.

ARJE-LEJB *(zu der Alten)*: Pro Bad legen Sie gut und gern fünfzig Kopeken hin.

BOJARSKIJ: Mein Gott, jungen Wein gibts in unserm Odessa. Den griechischen Basar, das Fankoni …

ARJE-LEJB: Sie verkehren im Fankoni, Lazar?

BOJARSKIJ: Jawohl, ich verkehre im Fankoni.

ARJE-LEJB *(triumphierend)*: Er verkehrt im Fankoni …! *(Zur Alten.)* Im Fankoni lassen Sie gut und gern dreißig Kopeken, was sag ich – vierzig.

BOJARSKIJ: Verzeihen Sie, Arje-Lejb, wenn ich als der Jüngere Sie unterbreche. Das Fankoni kostet mich täglich einen Rubel, gern auch mal anderthalb.

ARJE-LEJB *(rauschhaft)*: Sie sind ja ein richtiger Prasser, Lazar, ein Halunke, wie ihn die Welt noch nicht gesehen hat …! Von dreißig Rubeln lebt eine Familie und gibt den Kindern noch Geigenunterricht, legt hie und da eine Kopeke zurück …

DVOJRA kommt ins Zimmer gesegelt. Sie trägt ein oranges Kleid, die mächtigen Waden sind in hohe Stiefelchen gezwängt.

Das ist unsere Vera.

BOJARSKIJ *(springt auf)*: Ich grüße Sie! Bojarskij.

DVOJRA *(heiser)*: Sehr angenehm.

Alles setzt sich.

LJOVKA: Unsere Vera ist heut bisschen benebelt vom Kohlendunst aus dem Bügeleisen.

BOJARSKIJ: Vom Bügeleisen benebelt sein kann jeder, aber ein guter Mensch sein – das kann nicht jeder.

ARJE-LEJB: Dreißig Rubel im Monat für die Katz ... Lazar, Sie haben kein Recht, geboren zu sein!

BOJARSKIJ: Bitte tausendmal um Vergebung, Arje-Lejb, aber eines sollten Sie über Bojarskij wissen: Ihn interessiert nicht das Kapital, – Kapital ist Katzendreck –, Bojarskij interessiert das Glück ... Ich frage euch, meine Lieben, was hab ich davon, wenn meine Firma pro Monat hundert bis hundertfünfzig Anzüge absetzt, plus Hosengarnituren, plus Überzieher?

ARJE-LEJB *(zur Alten)*: Für einen Anzug legen Sie glatt fünf Rubel hin, was sag ich – zehn ...

BOJARSKIJ: Was hab ich von meiner Firma, wenn mich einzig und allein das Glück interessiert?

ARJE-LEJB: Darauf gebe ich Ihnen zur Antwort, Lazar: Wenn wir unser Geschäft wie Menschen regeln und nicht wie die Scharlatane, dann ist Ihnen das Glück sicher bis zum Tod, leben sollen Sie hundertundzwanzig Jahre ... Das sage ich Ihnen als Schammes und nicht als Brautwerber.

BENJA *(schenkt ringsum Wein ein)*: Auf die Erfüllung der beiderseitigen Wünsche.

LJOVKA *(mit grober Stimme)*: Auf unsere Gesundheit!

ARJE-LEJB: Auf gutes Gelingen.

BOJARSKIJ: Ich hatte vom Fankoni angefangen. Musjö Krik, hören Sie die Geschichte von einem dreisten Juden ... Ich lauf also heut auf nen Sprung ins Fankoni, das Café ist gerammelt voll, wie die Synagoge am Gerichtstag. Die Leute essen eine Kleinigkeit, spucken auf den Fußboden,

regen sich auf ... Der eine regt sich auf, weil bei ihm das Geschäft nicht brummt, der andere regt sich auf, weil beim Nachbarn das Geschäft brummt. Und nirgends ein Plätzchen zum Hinsetzen ... Da erhebt sich mir zum Gruß Musjö Chapelon, ein respektabler Franzose ... Das ist übrigens ne ziemliche Rarität, dass so'n Franzose respektabel wär ... er erhebt sich also zum Gruß und lädt mich an seinen Tisch. Musjö Bojarskij, sagt er zu mir auf Französisch, ich schätze Sie als Firma, und ich hätte da eine wunderbare Protektion für Pelz ...
LJOVKA: Protektion?
BOJARSKIJ: Tuch, für übern Pelz ... Wunderbare Protektion für Pelz, sagt er zu mir auf Französisch, und ich bitte Sie als Firma, mit mir zwei Humpen Bier zu kippen und ein Dutzend Krebse zu verzehren ...
LJOVKA: Ich mag Krebse.
ARJE-LEJB: Fehlt nur noch, dass du Kröten magst.
BOJARSKIJ: ... und ein Dutzend Krebse zu verzehren ...
LJOVKA *(mit grober Stimme)*: Ich mag Krebse!
ARJE-LEJB: Krebs oder Kröte – das ist dasselbe.
BOJARSKIJ *(Zu Ljovka)*: Verzeihen Sie, Musjö Krik, wenn ich Ihnen sage, dass ein Jude keine Krebse goutieren soll. Das ist aus dem Leben gesprochen, wenn ich Sie so ermahne. Ein Jude, der Krebse goutiert, kann sich beim weiblichen Geschlecht mehr rausnehmen, als man sich rausnehmen soll, bei Tisch kann er eine Zote reißen, und wenn er Kinder hat, dann sind das zu hundert Prozent Missgeburten und Billardspieler. Das ist aus dem Leben gesprochen, wenn ich Sie so ermahne. Jetzt hören Sie die Geschichte vom dreisten Juden zu Ende ...
BENJA: Bojarskij!
BOJARSKIJ: Jawohl.

BENJA: Überschlag mir mal auf die Schnelle, Bojarskij, was mich ein Winteranzug kosten würde, Marke Extraklasse?
BOJARSKIJ: Zweireiher, Einreiher?
BENJA: Einreiher.
BOJARSKIJ: Was für Schöße haben Sie im Sinn – rund oder gerade?
BENJA: Rund.
BOJARSKIJ: Ihr Tuch oder meins?
BENJA: Deins.
BOJARSKIJ: Was für Ware schwebt Ihnen vor – englisch, aus Łódź, aus Moskau?
BENJA: Was ist am besten?
BOJARSKIJ: Englisches Tuch, Musjö Krik, ist gutes Tuch, Tuch aus Łódź ist Sackzeug mit Muster, Tuch aus Moskau ist Sackzeug ohne Muster.
BENJA: Machen wir englisch.
BOJARSKIJ: Zubehör Ihrs oder meins?
BENJA: Deins.
BOJARSKIJ: Was Sie das kostet?
BENJA: Was mich das kostet.
BOJARSKIJ *(von einem jähen Gedanken erleuchtet)*: Musjö Krik, wir werden uns einig!
ARJE-LEJB: Ihr werdet euch einig!
BOJARSKIJ: Wir werden uns einig ... Ich hatte vom Fankoni angefangen.

Donnergepolter von nagelbeschlagenen Stiefeln. MENDEL KRIK *mit der Peitsche in der Hand und der Oberkutscher* NIKIFOR *kommen herein.*

ARJE-LEJB *(plötzlich ängstlich)*: Darf ich bekanntmachen, Mendel, Musjö Bojarskij ...

BOJARSKIJ *(springt auf)*: Ich grüße Sie! Bojarskij.

Mit Stiefelgepolter geht der Alte, ohne jemanden anzusehen, quer durchs Zimmer. Wirft die Peitsche weg, setzt sich auf die Liege, streckt die langen, dicken Beine von sich. Nechama lässt sich auf die Knie nieder und zieht ihrem Mann die Stiefel von den Füßen.

ARJE-LEJB *(stotternd)*: Herr Bojarskij hat uns hier gerade von seiner Firma erzählt. Hundertfünfzig Anzüge setzt sie im Monat ab ...

MENDEL: Was warst du grade am Sagen, Nikifor?

NIKIFOR *(lehnt am Türpfosten und fixiert die Zimmerdecke)*: Ich war am Sagen, Patron, die Leut lachen sich einen ab über uns.

MENDEL: Wieso lachen sich die Leut einen ab über uns?

NIKIFOR: Die Leut sagen – bei euch im Pferdestall gibts tausend Patrone, bei euch ist sieben Mal die Woche Freitag ... Gestern ham wir Weizen in den Hafen gefahren, ich rein ins Kontor, Geld kassieren, und die: Nix da, der junge Patron, der Benčik, war hier, hat befohlen, wir sollen das Geld bei der Bank einzahlen, auf Quittung.

MENDEL: Befohlen?

NIKIFOR: Befohlen.

NECHAMA *(Hat einen Stiefel abgezogen, den schmutzigen Fußlappen abgewickelt. Mendel streckt ihr den zweiten Fuß hin. Die Alte hebt einen hasserfüllten Blick zu Mendel und brummt durch die zusammengebissenen Zähne)*: Dass du das Morgenlicht nicht erlebst, du Schinder ...!

MENDEL: Was warst du grade am Sagen, Nikifor?

NIKIFOR: Ich war am Sagen: Wir ham heut vom Ljovka Grobheiten gesehen.

BENJA *(trinkt mit abgespreiztem kleinen Finger Wein)*: Auf die Erfüllung der beiderseitigen Wünsche.
LJOVKA: Auf unsere Gesundheit.
NIKIFOR: Wie wir heut die Hofdame zum Beschlagen gebracht ham, kommt der Ljovka in die Schmiede geprescht, reißt das Maul auf wie'n Waschkübel, befiehlt, der Kutscher Pjatirubel soll die Hufeisen mit Gummi unterlegen. Da hab ich mich eingeklinkt. Sind wir Polizeimeister, sag ich, oder Zaren, ja sind wir denn lauter Nikolaus der Zweite, dass wir Gummi drunterlegen? Der Patron hat nix befohlen … Und Ljovka wird rot wie rote Bete und brüllt: Wer ist dein Patron?..

Nechama hat den zweiten Stiefel abgezogen. Mendel erhebt sich. Zerrt das Tischtuch zu sich her. Geschirr, Piroggen, Konfitüre – alles landet auf dem Fußboden.

MENDEL: Wer ist also dein Patron, Nikifor?
NIKIFOR *(düster)*: Sie sind mein Patron.
MENDEL: Und wenn ich dein Patron bin *(Tritt auf Nikifor zu und packt ihn an der Brust)*, und wenn ich dein Patron bin, dann knallst du dem, was seinen Fuß in meinen Pferdestall setzt, einen vor die Brust, auf die Adern, die Augen *(Schüttelt Nikifor und schleudert ihn weg)*.

Gebeugt, die nackten Füße schleifend, geht Mendel quer durchs Zimmer zum Ausgang, Nikifor trottet hinterdrein. Die Alte schleppt sich auf Knien zur Tür.

NECHAMA: Dass du das Licht nicht erlebst, du Schinder …

Schweigen.

ARJE-LEJB: Wenn ich Ihnen sage, Lazar, dass der Alte nicht die Höheren Frauenkurse abgeschlossen hat …
BOJARSKIJ: … glaub ich Ihnen ohne Ehrenwort.
BENJA *(reicht Bojarskij die Hand)*: Schau wann anders vorbei, Bojarskij!
BOJARSKIJ: Mein Gott, in Familien kommt allerhand vor. Mal kalt, mal heiß. Ich grüße Sie! Ich grüße Sie! Ich schau dann wann anders vorbei. *(Verschwindet.)*

Benja steht auf, steckt sich eine Papyrosa an, wirft sich den dandyhaften Mantel über den Arm.

ARJE-LEJB: Über einen Brautwerber wie mich heißt es bei Ibn-Ezra: »Fiele es dir ein, Leichentücher zu nähen …«
LJOVKA: Abstechen den Alten, zum Schweinsteufel noch mal!

Dvojra wirft sich im Sessel zurück und kreischt los.

Na schönen Tach auch! Dvojra kriegt den Hysterischen *(zwingt der Schwester mit dem Messer die zusammengepressten Zähne auf. Sie schrillt noch durchdringender).*

NIKIFOR *kommt ins Zimmer. Benja legt sich den Mantel über den linken Arm und drischt Nikifor die Rechte ins Gesicht.*

BENJA: Spann mir den Braunen vor die Droschke!
NIKIFOR *(aus der Nase sickert ihm ein zögerliches Rinnsal Blut)*: Zahlen Sie mir meinen Lohn aus …
BENJA *(rückt dicht an Nikifor heran und sagt mit zärtlich bebender Stimme)*: Nikifor, Freundchen, du stirbst mir heute ohne Abendbrot …

ZWEITE SZENE

Nacht. Schlafzimmer der Kriks. Ein Mondstrahl, stochernd und blau, fällt durchs Fenster. DER ALTE *und* NECHAMA *im Doppelbett. Beide unter einer gemeinsamen Decke. Die schmuddelig graue Alte sitzt zerzaust im Bett. Brummelt mit tiefer Stimme vor sich hin, brummelt ohne Ende.*

NECHAMA: Bei anderen Leuten ist alles, wie's sein soll. Bei anderen Leuten nimmt man zum Mittag zehn Pfund Fleisch, macht Suppe, macht Fleischklöpse, macht Kompott. Der Vater kommt von der Arbeit, alle setzen sich an den Tisch, die Leute essen und lachen … Und bei uns? … Gott, lieber Gott, wie ist es finster in meinem Haus!
MENDEL: Gib Ruh, Nechama. Schlaf!
NECHAMA: … Benčik, so ein kleiner Benčik, die reinste Sonne am Himmel, und auf was für ein Leben hat er sich verlegt. Heute ein Polizeihauptmann, morgen ein anderer Polizeihauptmann … Heute haben die Leute ihr Stückchen Brot, morgen legt man ihnen die Füße in Eisen …
MENDEL: Gib Frieden, Nechama! Schlaf.
NECHAMA: So ein kleiner Ljovka. Kaum ist das Kindchen von die Soldaten zurück und räubert auch schon gleich los. Was soll er auch sonst anfangen? Der Vater ist eine Missgeburt, der Vater lässt die Kinder nicht ran ans Geschäft …
MENDEL: Mach Nacht, Nechama. Schlaf!

Schweigen.

NECHAMA: Der Rabbiner, der Rabbiner Ben Zcharja sagt … Sobald der neue Monat anbricht, sagt Ben Zcharja, lass

ich den Mendel nicht mehr in die Synagoge. Die Juden geben mir nicht die ...
MENDEL *(wirft die Decke von sich, setzt sich neben der Alten auf)*: Was geben die Juden nicht?
NECHAMA: Sobald Neumond ist, sagt Ben Zcharja ...
MENDEL: Was geben die Juden nicht, und was haben mir deine Juden gegeben?
NECHAMA: In die Synagoge, sie lassen dich nicht in die Synagoge.
MENDEL: Einen kaputten Karbowanez haben mir deine Juden gegeben, dich alte Klapperstute und diesen Wanzensarg.
NECHAMA: Und die Russenköppe, was haben die dir gegeben, was haben dir die Russenköppe gegeben?
MENDEL *(legt sich zurück)*: Oh, womit hab ich mir bloß diese Klapperstute eingebrockt!
NECHAMA: Wodka haben dir die Russenköppe gegeben, ein Maul voll mit Mutterflüchen, ein tollwütiges Hundsmaul ... Zweiundsechzig Jahre ist er alt, ach du lieber Gott, und heiß wie ein Ofen, gesund wie ein Ofen.
MENDEL: Zieh mir doch die Zähne, Nechama, gieß mir Jiddensuppe in die Adern, mach mir das Kreuz krumm ...
NECHAMA: Heiß wie ein Ofen ... Was muss ich mich schämen, ach Gott ...! *(Sie packt ihr Kissen und bettet sich auf den Fußboden, ins Licht des Mondstrahls. Schweigen. Dann ertönt aufs Neue ihr Gegrummel.)* Am Freitagabend gehen die andern Leute vors Tor, die Leute betutteln ihre Enkelkinder ...
MENDEL: Mach Nacht, Nechama.
NECHAMA *(weint)*: Die Leute betutteln ihre Enkelkinder ...

BENJA *kommt herein. Er ist in Unterwäsche.*

BENJA: Vielleicht haben die beiden Flittertäubchen für heute jetzt mal genug?

Mendel richtet sich auf. Er starrt seinen Sohn mit großen Augen an.

Oder muss ich ins Hotel, dass ich ausschlafen kann?
MENDEL *(erhebt sich aus dem Bett. Er ist in Unterwäsche, wie sein Sohn)*: Du ... du kommst hier einfach rein?
BENJA: Zwei Rubel hinlegen für ein Zimmer, dass ich ausschlafen kann?
MENDEL: Bei Nacht, bei Nacht kommst du hier rein?
BENJA: Sie ist meine Mutter. Hörst du, du Suppenbock!

Vater und Sohn stehen einander in Unterwäsche gegenüber. Mendel rückt immer dichter, immer langsamer an Benja heran. Im Mondstrahl zittert Nechamas zerzauster, schmuddelig grauer Kopf.

MENDEL: Bei Nacht, bei Nacht kommst du hier rein ...

DRITTE SZENE

Wirtschaft am Privoznaja-Platz. Nacht. Der Schankwirt RJAB-COV, *ein kränklicher, strenger Mann, liest an der Theke im Evangelium. Sein freudloses, staubiges Haar liegt glatt gescheitelt zu beiden Seiten der Stirn. Auf einem Podest sitzt der sanfte Flötist* MIRON *(im Volksmund* MAJOR*)* POPJATNIK. *Seine Flöte spielt eine zarte, zittrige Melodie. An einem Tisch würfeln angegraute, schwarzschnurrbärtige* GRIECHEN *mit* SENJKA TOPUN, *einem Freund von Benja Krik. Vor Senjka eine aufgeschnittene*

Wassermelone, ein Finnendolch und eine Flasche Malaga. Zwei MATROSEN *schlafen, die stählernen Schultern auf den Tisch gebettet. In einer entfernten Ecke nippt der Lieferant* FOMIN *ergeben an einem Selterswasser. Die betrunkene* POTAPOVNA *will ihn hitzig von etwas überzeugen. An dem Tisch im Vordergrund stehen* MENDEL KRIK, *betrunken, entflammt, kolossal, und der Winkeladvokat* URUSOV.

MENDEL *(haut mit der Faust auf den Tisch)*: Stockdunkel! Du sperrst mich ins Grab, Rjabcov, ins schwarze Grab …!

Der Kellner MITJA, *ein Alterchen mit silbrigem Igelschopf, bringt eine Lampe und stellt sie vor Mendel auf.*

Alle Lampen, hab ich befohlen! Den Chor hab ich geordert! Die Lampen aus der kompletten Wirtschaft hab ich befohlen!
MITJA: Na weißte, das Petroleum kriegt unsereiner auch nicht umsonst. Nur dass du weißt, wie's steht …
MENDEL: Stockdunkel!
MITJA *(zu Rjabcov)*: Er ordert extra Beleuchtung.
RJABCOV: Ein Rubel.
MITJA: Quittieren: ein Rubel.
RJABCOV: Ein Rubel, quittiert.
MENDEL: Urusov!
URUSOV: Jawohl!
MENDEL: Wie viel Blut, sagst du, tät durch mein Herz fließen …?
URUSOV: Rein wissenschaftlich gerechnet, fließen pro Tag durch nem Menschenherz zweihundert Pud Blut. Aber in Amerika, da haben sie jetzt was erfunden …

MENDEL: Stopp! Stopp! ... Und wenn ich nach Amerika will, kann ich frei Schnauze los?
URUSOV: Absolut frei Schnauze. Einsteigen und ab die Post ...

Schlingernd, die krumme Hüfte schwenkend, kommt Potapovna an den Tisch.

POTAPOVNA: Mendel, ach du liebes Mamachen, wir fahren doch nicht nach Amerika, nach Bessarabien fahren wir, Obstgärten kaufen.
MENDEL: Einsteigen und ab die Post, sagst du?
URUSOV: Rein wissenschaftlich gerechnet, überqueren Sie vier Meere – Schwarzes Meer, Ionisches Meer, Ägäis und Mittelmeer und zwei Weltozeane – Atlantik und Pazifik.
MENDEL: Und der Mensch, sagst du, kann über Meere fliegen?
URUSOV: Jawohl.
MENDEL: Über Berge, über hohe Berge kann der Mensch fliegen?
URUSOV *(bestimmt)*: Jawohl.
MENDEL *(presst die Handflächen gegen den zottigen Kopf)*: Kein Ende, kein Limit ... *(zu Rjabcov)* Ich fahre. Ich fahre nach Bessarabien.
RJABCOV: Und was wirst du machen in Bessarabien?
MENDEL: Machen werd ich, was ich will.
RJABCOV: Und was gibts für dich zu wollen?
MENDEL: Horch mal, Rjabcov, noch bin ich am Leben ...
RJABCOV: Bist du nicht, wo Gott dich doch getötet hat ...
MENDEL: Wann hätt mich Gott getötet?
RJABCOV: Wie alt warst du noch mal?

STIMME AUS DER KNEIPE: Zweiundsechzig Jahre hat er auf dem Buckel.
RJABCOV: Na also, Gott tötet dich seit zweiundsechzig Jahren.
MENDEL: Rjabcov, ich bin schlauer wie Gott.
RJABCOV: Schlauer wie der Russengott, aber schlauer wie der Jiddengott bist du nicht.

MITJA bringt eine weitere Lampe herein. Hinter ihm erscheinen im Gänsemarsch vier verschlafene dicke MÄDELS mit Fettflecken auf der Brust. Jede trägt eine brennende Lampe. Blendendes Licht durchflutet die Wirtschaft.

MITJA: Na denn alles Gute zur lichten Auferstehung Christi! Mädels, stellt Lampen rund um den Tollwüterich.

Die Mädels stellen die Lampen vor Mendel auf den Tisch. Ihr Schein erleuchtet sein blutrotes Gesicht.

STIMME AUS DER KNEIPE: Machen wir die Nacht zum Tag, Mendel?
MENDEL: Kein Ende.
POTAPOVNA *(zupft Urusov am Ärmel)*: Mein Herr, ich bitt Sie, tun Sie mir den werten Gefallen, trinken Sie mit mir ... Ich handel doch aufn Basar mit Hennen, immerzu drehn mir die Bauern vorjährige Hennen an, ja soll ich denn auf ewig gestraft sein mit diese Hennen? Mein Papachen war doch Obstgärtner gewesen, der beste Obstgärtner von allen. Und ich, ich krieg noch jeden Apfelbaum, was verwildert ist, wieder edel ...
STIMME AUS DER KNEIPE: Machen wir den Montag zum Sonntag, Mendel?

POTAPOVNA *(die Jacke ist ihr über der fetten Brust auseinandergerutscht. Wodka, Hitze, Begeisterung nehmen ihr die Luft)*: Mendel verkauft sein Geschäft, wir kriegen, gebs Gott, Geld, dann fahren wir mit unserm Augenstern zu den Gärten, und Lindenblüten wirds für uns regnen, hörn Sie, mein Herr, Lindenblüten ... Mendel, du Goldstück, ich bin doch ne Gärtnerin, bin doch meim Papa sein Mädchen ...!

MENDEL *(geht zur Theke)*: Rjabcov, Augen hab ich gehabt ..., horch mal, Rjabcov, Augen, schärfer wie Teleskope, und was hab ich gemacht mit meinen Augen? Beine hab ich gehabt, schneller wie Lokomotiven, übers Meer können meine Beine gehn, und was hab ich gemacht mit meinen Beinen? Vom Fressen zum Scheißhaus, vom Scheißhaus zum Fressen ... Fußböden hab ich gewischt mit meim Maul, aber jetzt werd ich Obstgärten pflanzen.

RJABCOV: Nur zu. Wer hindert dich dran?

STIMME AUS DER KNEIPE: Die finden sich, was ihn hindern. Treten ihm auf den Schwanz, dass er nicht wieder loskommt ...

MENDEL: Lieder hab ich befohlen! Spiel einen Marsch, Musikant ... Mach mich nicht mürbe ... Her mit dem Leben! Lass krachen! Mehr!

Die Flöte spielt zaudernd, abgerissen eine schrille Melodie. Mendel tanzt, stampft mit den Gusseisenfüßen.

MITJA *(zu Urusov, flüsternd)*: Soll Fomin anrücken oder noch zu früh?

URUSOV: Zu früh. *(Zum Musikanten.)* Dreh auf, Major!

STIMME AUS DER KNEIPE: Nicht nötig, der Chor ist da. Pjatirubel hat den Chor hergeschleift.

Der Chor kommt herein – BLINDE *in roten Hemden. Sie prallen gegen Stühle, wedeln mit den Rohrstöcken vor sich her. Geführt werden sie vom Schmied* PJATIRUBEL, *einem Haudegen, Mendels Freund.*

PJATIRUBEL: Aus dem Tiefschlaf hab ich die Teufel gepflückt. Wir werden, sagen sie, keine Lieder singen. Auf der ganzen Welt, sagen sie, ist Nacht, genug gesungen für heut … Na hört mal, sag ich, was glaubt ihr denn, sag ich, wen ihr vor euch habt?!
MENDEL *(stürzt zum Vorsänger, einem pockennarbigen, langen Blinden)*: Fedja, ich fahr nach Bessarabien.
DER BLINDE *(mit satter, tiefer Bassstimme)*: Machs gut, Patron!
MENDEL: Ein Lied für mich, Fedja, mein letztes …!
DER BLINDE: Wie wärs mit Heiliger Baikal?
MENDEL: Mein letztes …
DIE BLINDEN *(stimmen ihre Gitarren. Mit getragenen Bassstimmen singen sie los).*

Heiliger Baikal, du ruhmreiches Meer,
Heut ward dem Burschen die Tonne zum Nachen,
Heissa, Nordost, treib die Wellen einher,
dass er entrinnt seinen Wachen.

MENDEL *(schleudert die leere Flasche durchs Fenster. Die Scheibe zersplittert krachend)*: Attacke!
PJATIRUBEL: Ach, was ein Held, der Hurensohn!
MITJA *(Zu Rjabcov)*: Für die Scheibe wie viel?
RJABCOV: Ein Rubel.
MITJA: Quittieren: ein Rubel.
RJABCOV: Ein Rubel: Quittiert.
DIE BLINDEN *(singen).*

Berge Sibiriens – in strafender Zucht
Musst ich mit Ketten am Bein euch ertragen.
Dank dem Gefährten gelang mir die Flucht,
Freiheit – ich musste sie wagen.

MENDEL *(Schlägt mit einem Fausthieb den Fensterrahmen heraus)*: Attacke.
PJATIRUBEL: Ein Satan ist das, kein Alter!
STIMMEN AUS DER KNEIPE:
– Ganz schön großkotzig, wie der feiert …!
– Von wegen großkotzig … Das ist normal bei dem.
– Normal sieht anders aus. Ist ihm wer weggestorben?
– Dem ist keiner weggestorben … Das ist normal bei dem.
– Aber der Grund? Aus welchem Grund feiert er?
RJABCOV: Such dir nen Grund aus. Der eine hat Geld – der feiert, weil ers hat, der andere hat keins – der feiert, weil er arm ist. Der Mensch findet immer was zum Feiern …

Das Lied dröhnt immer gewaltiger. Gitarrenklang bricht sich an den Wänden und setzt die Herzen in Brand. Im zerscherbten Fenster schwankt ein Stern. Die schlaftrunkenen Mädels postieren sich am Türpfosten und schmettern los, die Brüste auf die rauhen Arme gestützt. Ein Matrose schwankt auf den gespreizten starken Beinen und singt in reinem Tenor mit.

Šilka und Nerčinsk, ihr schreckt mich nicht mehr.
Bin im Gebirge den Wachen entflohen,
Tieren im Wald – selbst des Schützen Gewehr
kann mir nun nicht mehr drohen.

POTAPOVNA *(betrunken und glücklich)*: Mendel, mein liebes Mamachen, trinken Sie mit mir. Trinken wir auf unsern Augenstern!
PJATIRUBEL: Dem Pförtner auf der Post hat er die Fresse poliert. So ein Alter ist das! Telegrafenmasten hat er gestohlen und auf den Schultern nach Hause getragen …

Ruhelos lief ich bei Tag und bei Nacht,
stets auf der Hut in der Nähe von Städten,
Bäuerinnen haben mir Brote gebracht,
Burschen geteilt Zigaretten.

MENDEL: Mach mir das Kreuz krumm, Nechama, gieß mir Jiddensuppe in die Adern …! *(Wirft sich auf den Boden, wälzt sich umher, stöhnt, lacht.)*
STIMMEN AUS DER KNEIPE:
– Der reinste Elefant!
– Ich hab auch schon Elefanten Tränen weinen sehen …!
– Quatsch, Elefanten weinen nicht …
– Ich sags dir, bittre Tränen …
– Im Tierpark hab ich mal einen Elefanten sekkiert …
MITJA *(zu Urusov)*: Soll Fomin anrücken oder noch zu früh?
URUSOV: Zu früh.

Die Sänger singen aus voller Kraft. Das Lied dröhnt. Die Gitarren überschlagen sich, zittern und beben.

Heiliger Baikal, du ruhmreiches Meer.
Muss aus der Jacke ein Segel mir machen,
Heissa, Nordost, treib die Wellen einher.
Schon hört man Donner krachen …

Die Blinden singen mit furchterweckender, froher, schluchzender Stimme die letzten Zeilen. Kaum ist das Lied zu Ende, erheben sie sich und treten wie auf Kommando ab.

MITJA: Das wars?
VORSÄNGER: Es langt.
MENDEL *(springt vom Boden auf und stampft mit dem Fuß)*: Einen Marsch! Lass krachen, her mit dem Leben, Musikant!
MITJA *(zu Urusov)*: Soll Fomin anrücken oder noch zu früh?
URUSOV: Jetzt oder nie.

Mitja zwinkert Fomin zu, der in einer entfernten Ecke sitzt. Fomin trabt an Mendels Tisch.

FOMIN: Angenehme Sitzung wünsch ich!
URUSOV *(zu Mendel)*: Mein Lieber, jetzt gehts nach dem Motto: Erst die Arbeit, dann das Vergnügen. *(Zückt ein vollgeschriebenes Blatt Papier.)* Soll ich vorlesen?
FOMIN: Falls Sie nicht, sagen wir, grade Lust auf ein Tänzchen verspüren, lesen Sie ruhig vor.
URUSOV: Die Summe, soll ich die vorlesen?
FOMIN: Der Vorschlag ist glatt gebilligt.
MENDEL *(fixiert Fomin und weicht zurück)*: Lieder hab ich befohlen ...
FOMIN: Singen werden wir, feiern werden wir, und gehts ans Sterben, dann sterben wir.
URUSOV *(mit stark kehligem »r«)*: »... gemäß welchen Paragrafen ich mein Fuhrunternehmen dem Herrn Fomin, Vasilij Jelisejevič, gänzlich zum Besitz übereigne, gemäß genanntem Bestand ...«
PJATIRUBEL: Fomin, du Hanswurst, mach dir klar, was für Rösser du da kassierst! Diese Rösser haben eine Million

Weizen verfrachtet, eine halbe Welt Kohle spediert. Mit diesen Rössern reißt du dir ganz Odessa unter den Nagel ...

URUSOV: »... Für die Gesamtsumme von zwölftausend Rubeln, von welchen ein Drittel bei Unterzeichnung selbigen Schriftstücks fällig wird, und der Rest ...«

MENDEL *(zeigt mit dem Finger auf einen Türken, der in der Ecke ungerührt seine Wasserpfeife raucht)*: Dort sitzt einer, der wägt mich ab.

PJATIRUBEL: Bestimmt, er wägt dich ab ... Na denn stoßt mal an! *(Zu Fomin)* Bei Gott, gleich schlägt er den Mann tot.

FOMIN: Oder auch nicht.

RJABCOV: Was schwafelst du da, du Schwachkopf! Der Gast ist ein Türke, ein heiliger Mann.

POTAPOVNA *(süffelt in kleinen Schlucken Wein und lacht selig)*: Meim Papa sein Mädchen!

FOMIN: Da, mein Lieber, unterschreib mal schön.

POTAPOVNA *(klopft Fomin auf die Brust)*: Da hat unser Vasjka das Geld sitzen, da!

MENDEL: Unterschreiben, sagst du ...? *(Mit den Stiefeln scharrend, geht er quer durch die Wirtschaft zu dem Türken, setzt sich neben ihn)*. Guter Mann, und dass ich Mädels gehabt hab in meim Leben, dass ich das Glück gesehn hab und ein Haus hingestellt und Söhnlinge aufgezogen – all das, guter Mann, für den Preis von ganzen zwölftausend. Und dann heißts: Deckel drauf – stirb!

Der TÜRKE verneigt sich, legt die Hand aufs Herz, an die Stirn. Mendel küsst ihn behutsam auf den Mund.

FOMIN *(zu Potapovna)*: Der will mich doch wohl nicht verjankeln?

POTAPOVNA: Er verkauft, Vasilij Jelisejevič, ich will tot umfallen, wenn er nicht verkauft!
MENDEL *(kommt zurück, schüttelt den Kopf)*: Nix wie Langeweile!
MITJA: Da hast du deine Langeweile – jetzt gehts ans Zahlen.
MENDEL: Weg mit dir!
MITJA: Quatsch, du zahlst jetzt!
MENDEL: Ich schlag dich tot!
MITJA: Auf deine Rechnung.
MENDEL *(legt den Kopf auf den Tisch und spuckt aus. Sein Speichel zieht einen langen, gummiartigen Faden)*: Weg mit dir, ich muss schlafen …
MITJA: Du zahlst nicht? Oh, alter Knabe, ich schlag dich tot!
PJATIRUBEL: Mach mal halblang mit dem Totschlagen. Was zockst du noch mal pro halbe Pulle bei ihm ab?
MITJA *(in Rage)*: Ich bin ein böser Bube, gleich beiß ich!

Mendel wirft, ohne den Kopf zu heben, Geld aus der Jackentasche. Münzen rollen über den Boden. Mitja kriecht hinterher, liest sie auf. Ein schlaftrunkenes Mädel pustet auf die Lampen, löscht sie. Dunkel. Mendel schläft, den Kopf auf den Tisch gelegt.

FOMIN *(zu Potapovna)*: Du musst auch überall vorpreschen … Dein Mundwerk läuft rascher, wie der Hund galoppiert … Hast die ganze Musik verdorben!
POTAPOVNA *(presst aus ihren schmutzigen Knitterfalten ein paar Tränen hervor)*: Vasilij Jelisejevič, mir tuts halt um meine Kleine leid.
FOMIN: Wenn schon leidtun, dann mit Verstand.
POTAPOVNA: Die Jidden belagern uns wie die Läuse.
FOMIN: Dem Klugen kommt der Jid nicht ins Geheg.

POTAPOVNA: Er verkauft, Vasilij Jelisejevič, er strunzt noch bisschen, und dann wird verkauft.

FOMIN *(drohend, langsam)*: Und wenn er nicht verkauft, ich schwörs, alte Fuchtel, beim Herrn Jesus Christ, ich schwörs bei Gott, unserm Allmächtigen, dann schneid ich dir, sobald wir zu Haus sind, aus deinem Rücken Riemen raus.

VIERTE SZENE

Mansarde der Potapovna. DIE ALTE, *aufgetakelt in einem neuen, grellbunten Kleid, liegt im Fenster und schwatzt mit der Nachbarin. Draußen sieht man den Hafen, das gleißende Meer. Auf dem Tisch ein wirrer Haufen Einkäufe – Kleiderstoff, Damenschuhe, ein Seidenschirmchen.*

STIMME DER NACHBARIN: Warum kommste nicht mal vorbei, bisschen prunken, bisschen paradieren vor uns.

POTAPOVNA: Ich komm schon noch zu Besuch …

STIMME DER NACHBARIN: Zwölf Jahre hat man aufm Geflügelmarkt in derselben Reihe Verkauf gemacht, und zack – isse weg, die Potapovna.

POTAPOVNA: Vielleicht bin ich ja doch nicht gestraft mit diese Hennen. Wie's aussieht, werd ich mich nicht mehr ewig abplacken müssen.

STIMME DER NACHBARIN: Ewig nicht mehr, dem Aussehen nach.

POTAPOVNA: Die Leute machen bestimmt scheele Augen von wegen die Potapovna?

STIMME DER NACHBARIN: Und was für scheele Augen! Jeder will doch was abham vom Glück. So frisch ausm Ofen vor die Nase gesetzt …

POTAPOVNA *(lacht, ihr fetter Leib bebt)*: Hat halt nicht jeder so'n Mädel.
STIMME DER NACHBARIN: Bisschen dürr, das Mädel, sagen die Leute.
POTAPOVNA: Meine Liebe, je näher dem Knochen, desto süßer das Fleisch.
STIMME DER NACHBARIN: Hör mal, die Söhne kochen was aus gegen Euch ...
POTAPOVNA: Das Mädel wird die Söhne schon rumkriegen.
STIMME DER NACHBARIN: Das sag ich auch, dass es die rumkriegen tut.
POTAPOVNA: Der Alte wird ja wohl das Mädel nicht sitzenlassen.
STIMME DER NACHBARIN: Hör mal, Gärten will er euch kaufen ...
POTAPOVNA: Was reden die Leute sonst noch so?
STIMME DER NACHBARIN: Nix reden die, kläffen rum. Wer kennt sich mit denen schon aus?
POTAPOVNA: Wir kennen uns aus. Ich kenn mich aus ... Was sagen sie von wegen dem Linnen?
STIMME DER NACHBARIN: Es heißt, der Alte hätt euch zwanzig Arschin beschafft.
POTAPOVNA: Fuffzig!
STIMME DER NACHBARIN: Ein Paar Schuhe ...
POTAPOVNA: Drei!
STIMME DER NACHBARIN: Wenn so'n Alter sich verliebt, dann gleich sterblich.
POTAPOVNA: Wir sind scheints doch nicht auf ewig gestraft mit diese Hennen ...
STIMME DER NACHBARIN: Scheints nicht. Kommt doch mal vorbei, bisschen paradieren vor uns, bisschen prunken.

POTAPOVNA: Mach ich. Ich komm euch besuchen ... Lebwohl, meine Liebe!
STIMME DER NACHBARIN: Lebwohl, meine Liebe!

Die Potapovna steigt von ihrem Fensterplatz herunter. Watschelt durchs Zimmer, singt sich eins, öffnet den Schrank. Erklimmt einen Stuhl, um im obersten Fach nach der Likörflasche zu langen, trinkt, beißt in ein Cremeröllchen. Ins Zimmer treten der festlich gekleidete MENDEL *und* MARUSJA.

MARUSJA *(volltönend)*: Wo ist denn unser Vögelchen da wieder hochgekraxelt! Gehn Sie mal aufn Sprung zu Mojsejka, Mama.
POTAPOVNA *(steigt vom Stuhl)*: Was soll ich kaufen?
MARUSJA: Wassermelonen, ne Flasche Wein, Räuchermakrelen, 'n halbes Dutzend ... *(zu Mendel)*. Gib ihr nen Rubel.
POTAPOVNA: Ein Rubel langt nicht.
MARUSJA: Erzählen Sie mir nix vom Pferd! Das langt locker, gibt sogar noch Rausgeld.
POTAPOVNA: Ein Rubel langt mir nicht.
MARUSJA: Doch, das langt! Kommen Sie in ner Stunde wieder. *(Sie schubst die Mutter hinaus, knallt die Tür zu, schließt ab)*.
STIMME DER POTAPOVNA: Ich sitz dann vorm Tor, wenn was ist, rufste mich.
MARUSJA: In Ordnung. *(Wirft ihren Hut auf den Tisch, löst das Haar, flicht einen goldenen Zopf. Mit einer Stimme voller Kraft, klingend und fröhlich, setzt sie die unterbrochene Geschichte fort)*.
... Wir kommen also zum Friedhof und sehn – es geht auf eins. Alle Beerdigungen schon weg, kein Mensch weit und

breit, nur in den Büschen knutschen welche rum. Das Grab von meim Patenonkel ist richtig flott – das reinste Wunder …! Ich pack also die Grütze für die Toten aus, den Madeira, was du mir gegeben hast, zwei Flaschen, und lauf den Vater Ioann holen. So'n Alterchen mit hübsch blauen Augen, den kennst du bestimmt …

Mendel blickt voller Anbetung auf Marusja. Er zittert und grunzt etwas zur Antwort, man versteht nicht, was er grunzt.

Der Vater hat also die Totenmesse gelesen, ich schenk ihm ein Gläschen Madeira ein, mit dem Handtuch hab ichs abgewischt, das Gläschen, er trinkt, ich ihm noch eins … *(Marusja hat ihren Zopf geflochten, das Ende buschig aufgebauscht. Sie setzt sich aufs Bett, schnürt die nach der damaligen Mode langen gelben Stiefelchen auf.)* Und die Ksenjka, als tät sie nicht am Grab vom eigenen Vater stehn, bläst sich auf wie die Maus im Haberstroh, angemalt, zugekleistert bis zum Anschlag, und frisst ihren Verlobten schier mit den Augen. Und Sergej Ivanyč schmiert mir derweil die Brote … Da will ich die Ksenjka bisschen aufstacheln und sag … Sergej Ivanyč, sag ich, wieso schenken Sie denn Ihrer Braut Ksenija Matvejevna so gar nicht keine Beachtung …? Sag ich, und mach weiter, wie wenn nix wär. Deinen Madeira ham wir komplett allegemacht … *(Marusja nimmt Schuhe und Strümpfe ab, tritt barfuß ans Fenster, zieht den Vorhang zu.)* Die Patenschwester ist am Heulen, aber dann wird sie rosig wie'n Fräulein, richtig flott – das reinste Wunder! Ich hab auch schon einen intus und sag zu Sergej Ivanyč *(Marusja deckt das Bett auf)*: Sergej Ivanyč, nix wie los zum Langeron, ins Strandbad! Und er: nix wie los! *(Marusja lacht schallend, versucht das Kleid ab-*

zustreifen, es sitzt fest.) Aber die Ksenija hat scheints den Rücken voller Pickel und die Füße drei Jahre lang nicht gewaschen ... Hat die vielleicht gegen mich losgezetert *(Marusja steckt zur Hälfte in dem über den Kopf gezogenen Kleid)*: Du renommierst hier rum, sagt sie, du Intressantin, du dies und das, du spitzt doch auf das Geld von dem Alten, aber die treiben dir das Geld schon noch aus ... *(Marusja hat das Kleid abgestreift und hüpft ins Bett.)* Und ich zu ihr: Weißte was, Ksenjka, sag ich zu ihr, reiz mal nicht meine Hunde, Ksenjka ... Sergej Ivanyč hört uns zu, lacht sich schier tot ...! *(Marusja zieht Mendel mit einem prächtigen nackten Mädchenarm zu sich. Sie nimmt ihm das Jackett ab und wirft es in hohem Bogen auf den Boden.)* Na komm schon her, sag: Marusička ...
MENDEL: Marusička!
MARUSJA: Sag: Marusička, mein Sonnenschein ...

Der Alte röchelt, zittert, weint und lacht in einem.

(Zärtlich.) Ach du, mein Rüsselchen!

FÜNFTE SZENE

Synagoge der Gesellschaft der Fuhrwerksunternehmer von der Moldavanka. Gottesdienst am Freitagabend. Brennende Kerzen. Am Betpult KANTOR ZWIEBACK *in Tales und Stiefeln. Die* BESUCHER, *rotgesichtige Kutscher, unterhalten sich ohrenbetäubend mit Gott, wandern durch die Synagoge, wiegen sich hin und her, spucken aus. Gestochen von der jähen Biene der Seligkeit, stoßen sie Donnerschreie aus, fallen mit wüster Alltagsstimme in den Gesang des Kantors ein, verstummen, murmeln lange vor sich hin und brüllen erneut wie aufgestörte Ochsen. In der Tiefe der Synagoge neigen sich zwei uralte* JUDEN *über einen Talmudfolianten, zwei knochige, bucklige Giganten mit gelben, seitwärtsgekehrten Bärten. Der Schammes* ARJE-LEJB *schreitet majestätisch zwischen den Sitzreihen einher. Auf der vordersten Bank hält ein* DICKWANST *mit flaumigen Hamsterbacken einen zehnjährigen* JUNGEN *zwischen die Knie geklemmt. Der Vater drückt den Jungen ins Gebetbuch. Auf einer Seitenbank* BENJA KRIK. *Hinter ihm* SENJKA TOPUN. *Die beiden lassen sich nicht anmerken, dass sie einander kennen.*

KANTOR *(feierlich kündend)*: Lechu, neranno ladonaj, norijo letzur jischejnu!

Die Kutscher greifen die Melodie auf. Summendes Gebet.

(Mit unterdrückter Stimme.) Arboim schono, okut bedojr, wo'ojmar ... Arje-Lejb, Ratten!
ARJE-LEJB: Schiru ladonaj schir chodosch ... Oj, singet dem Herrn ein neues Lied ... *(Tritt zu einem der betenden Juden.)* Wie steht das Heu?
JUDE *(wiegt sich hin und her)*: Gestiegen.
ARJE-LEJB: Viel?
JUDE: Zweiundfünfzig Kopeken.
ARJE-LEJB: Die sechzig erleben wir noch.
KANTOR: Lifnej adonaj ki wo, ki wo lischpojt ho'oretz ... Arje-Lejb, Ratten!
ARJE-LEJB: Schrei nicht so rum, du Rüpel.
KANTOR *(mit unterdrückter Stimme)*: Seh ich noch eine einzige Ratte – ich mach ein Unglück.
ARJE-LEJB *(ungerührt)*: Lifnej adonaj ki wo, ki wo ... Oj, ich stehe, oj, ich stehe vor dem Herrn ... Wie steht der Hafer?

ZWEITER JUDE *(ohne das Gebet zu unterbrechen)*: Ein Rubel vier, ein Rubel vier ...
ARJE-LEJB: Der reine Wahnsinn!
ZWEITER JUDE *(wiegt sich mit Ingrimm)*: Steigt auf ein Rubel zehn, steigt auf ein Rubel zehn ...
ARJE-LEJB: Der reine Wahnsinn! Lifnej adonaj ki wo, ki wo ...

Alle beten. In der anbrechenden Stille hört man gedämpft einen abgerissenen Wortwechsel zwischen BENJA KRIK und SENJKA TOPUN.

BENJA *(übers Gebetbuch gebeugt)*: Und?
SENJKA *(in Benjas Rücken)*: Ein Geschäft.
BENJA: Was für ein Geschäft?
SENJKA: En gros.
BENJA: Was gibts zu holen?
SENJKA: Tuch.
BENJA: Viel?
SENJKA: Viel.
BENJA: Welcher Polizist?
SENJKA: Kein Polizist.
BENJA: Nachtwache?
SENJKA: Geschmiert.
BENJA: Nachbarn?
SENJKA: Sind bereit zu schlafen.
BENJA: Dein Anteil am Geschäft?
SENJKA: Fifty-fifty.
BENJA: Vergiss das Geschäft.
SENJKA: Willst wohl dein Vatererbe aufbessern?
BENJA: Will mein Vatererbe aufbessern.
SENJKA: Wieviel gibst du?
BENJA: Vergiss das Geschäft.

Ein Schuss kracht. Kantor Zwieback hat eine am Betpult vorbeihuschende Ratte erlegt. Die Betenden stieren auf den Kantor. Der Junge, eingeklemmt zwischen den öden Knien seines Vaters, schlägt um sich, versucht sich loszureißen. Arje-Lejb ist mit offenem Mund erstarrt. Die Talmudisten haben die gleichmütigen großen Gesichter erhoben.

DER DICKWANST MIT DEN FLAUMIGEN BACKEN: Zwieback, das ist ein Lumpenstreich!
KANTOR: Ich hab zugesagt, dass ich in der Synagoge bete, nicht in einem Rattenlager. *(Kippt die Mündung des Revolvers nach unten, schüttelt die Patronenhülse heraus.)*
ARJE-LEJB: Aj, so ein Galgenstrick, aj, so ein Lümmel!
KANTOR *(deutet mit dem Revolver auf die erschossene Ratte)*: Seht euch die Ratte an, Juden, ruft die Leute herbei. Sollen die Leute sagen, dass das keine Kuh ist …
ARJE-LEJB: Galgenstrick, Galgenstrick, Galgenstrick …!
KANTOR *(kaltblütig)*: Schluss mit den Ratten. *(Hüllt sich in seinen Tales und hält die Stimmgabel ans Ohr.)*

Der Junge hat endlich die Fessel der väterlichen Knie gesprengt, stürzt zur Patronenhülse, schnappt sie und läuft davon.

ERSTER JUDE: Da hetzt man den ganzen Tag hinter ein paar Kopeken her und kommt in die Synagoge für ein bisschen Freude – und dann das!
ARJE-LEJB *(kreischt)*: Juden, das ist Scharlatanerie! Juden, ihr wisst nicht, was hier gespielt wird! Die Milchhändler geben diesem Galgenstrick für zehn Rubel extra … Geh doch zu deinen Milchhändlern, du Galgenstrick, leck deine Milchhändler dort, wo du sie lecken sollst!

SENJKA *(hämmert mit der Faust aufs Gebetbuch)*: Ruhe! Ihr seid hier nicht auf dem Flohmarkt!
KANTOR *(feierlich)*: Mismojr ledowid!

Alle beten.

BENJA: Und?
SENJKA: Männer sind vorhanden.
BENJA: Was für Männer?
SENJKA: Georgier.
BENJA: Bewaffnet?
SENJKA: Bewaffnet.
BENJA: Woher hast du die Männer?
SENJKA: Nachbarn von eurem Käufer.
BENJA: Welcher Käufer?
SENJKA: Der euer Geschäft kauft.
BENJA: Welches Geschäft?
SENJKA: Euer Geschäft – die Wagen, das Haus, das ganze Fuhrunternehmen.
BENJA *(dreht sich um)*: Bist du meschugge?
SENJKA: Er hats selber gesagt.
BENJA: Wer hat was gesagt?
SENJKA: Mendel, dein Vater … Er fährt mit der Marusjka nach Bessarabien, Gärten kaufen.

Brausendes Gebet. Die Juden stimmen ein verzwicktes Lamento an.

BENJA: Meschugge.
SENJKA: Alle wissen Bescheid.
BENJA: Schwörs!
SENJKA: Ich soll kein Glück mehr sehen!

BENJA: Schwörs bei deiner Mutter!
SENJKA: Ich soll meine Mutter nicht mehr lebend antreffen!
BENJA: Schwörs nochmal, du Aas!
SENJKA *(verächtlich)*: Idiot!
KANTOR: Boruch ato adonaj …

SECHSTE SZENE

Hof der Kriks. Sonnenuntergang. Sieben Uhr abends. Beim Pferdestall, auf einem Karren mit aufgestellter Deichsel, sitzt BENJA *und putzt einen Revolver.* LJOVKA *steht an die Stalltür gelehnt.* ARJE-LEJB *erklärt dem* JUNGEN, *der am Freitagabend aus der Synagoge stiften ging, den verborgenen Sinn des »Hohelieds«.* NIKIFOR *hastet kopflos im Hof umher. Er ist sichtlich besorgt.*

BENJA: Die Zeit geht voran. Mach der Zeit den Weg frei!
LJOVKA: Abstechen, zum Schweinsteufel noch mal!
BENJA: Die Zeit geht voran. Geh zur Seite, Ljovka! Mach der Zeit den Weg frei!
ARJE-LEJB: Das »Hohelied« lehrt uns – des Nachts auf meinem Lager suchte ich, den meine Seele liebt … Was sagt uns Raschi darüber?
NIKIFOR *(deutet, an Arje-Lejb gewendet, auf die Brüder)*: Ham sich da rund um den Pferdestall aufgepflanzt wie die Eichen.
ARJE-LEJB: Folgendes sagt uns Raschi darüber: Des Nachts – das bedeutet bei Tag und bei Nacht. Auf meinem Lager suchte ich … Wer hat gesucht? – fragt Raschi. Israel hat gesucht, das Volk Israel. Den meine Seele liebt … Wen aber liebt Israel? – fragt Raschi. Israel liebt die Thora, die Thora liebt Israel.

NIKIFOR: Ich frage, wozu tut man ohne Grund rund um den Pferdestall stehen?

BENJA: Schrei lauter.

NIKIFOR *(hastet im Hof umher)*: Ich weiß, was ich weiß ... Bei mir kommen Kummete weg. Ich kann im Verdacht ham, wen ich will.

ARJE-LEJB: Ein alter Mann lehrt ein Kind das Gesetz, und du störst ihn dabei, Nikifor ...

NIKIFOR: Wozu ham die sich rund um den Pferdestall aufgepflanzt wie räudige Eichen?

BENJA *(nimmt den Revolver auseinander, putzt ihn)*: Nikifor, ich bemerke, du bist sehr nervös.

NIKIFOR *(brüllt, aber seine Stimme ist kraftlos)*: Ich hab auf eure Kummete kein Eid geschworen! Ich hab, dass ihrs wisst, im Dorf nen Bruder wohnen, der ist noch gut beieinander! Mein Bruder, der nimmt mich mit Handkuss auf, dass ihrs wisst ...

BENJA: Schrei nur, schrei vor deinem Tod.

NIKIFOR *(zu Arje-Lejb)*: Sag mir, Alter, warum tun die das?

ARJE-LEJB *(hebt die verblichenen Augen zum Kutscher)*: Ein Mensch lehrt das Gesetz, und der andere brüllt wie die Kuh. Darf es so zugehen auf der Welt?

NIKIFOR: Du hast Augen, Alter, aber was siehst du? *(Geht ab)*.

BENJA: Ziemlich nervös, unser Nikifor.

ARJE-LEJB: Des Nachts auf meinem Lager suchte ich. Wen hat sie gesucht? – lehrt uns Raschi.

DER JUNGE: Raschi lehrt uns – sie suchte die Thora.

Man hört laute Stimmen.

BENJA: Die Zeit geht voran. Tritt beiseite, Ljovka, mach der Zeit den Weg frei!

MENDEL, BOBRINEC, NIKIFOR *und* PJATIRUBEL *treten auf, angetrunken.*

BOBRINEC *(mit ohrenbetäubender Stimme)*: Wenn nicht du, Mendel, meinen Weizen zum Hafen fährst, wer wird ihn dann hinfahren? Wenn ich zu dir nicht gehen kann, Mendel, zu wem soll ich dann gehen?
MENDEL: Es gibt auf der Welt noch Menschen außer Mendel. Es gibt auf der Welt noch Fuhrgeschäfte außer meinem.
BOBRINEC: In Odessa gibt es keines außer deinem … Oder willst du mich zu Bucis schicken mit seinen dreibeinigen Kleppern, zu Žuravlenko mit seinen kaputten Kübeln …?
MENDEL *(ohne seine Söhne anzublicken)*: Da geistert wer um meinen Pferdestall rum.
NIKIFOR: Aufgepflanzt wie räudige Eichen.
BOBRINEC: Du machst mir morgen zehn Doppelspänner fertig, Mendel, du bringst meinen Weizen weg, kriegst dein Geld, kippst ein Gläschen, singst dir ein Lied … Aj, Mendel!
PJATIRUBEL: Aj, Mendel!
MENDEL: Warum geistert da wer um meinen Pferdestall rum?
NIKIFOR: Patron, um Herrgotts willen …!
MENDEL: Was?
NIKIFOR: Raus ausm Hof, Patron, deine Söhnlinge, die …
MENDEL: Was ist mit meinen Söhnlingen?
NIKIFOR: Abschwarten wolln sie dich, deine Söhnlinge.
BENJA *(Springt vom Karren herunter. Spricht sehr artikuliert, mit gesenktem Kopf)*: Von fremden Leuten hab ich hören

müssen, ich und mein Bruder Ljovka, dass Sie, Papaša, das Geschäft verkaufen, das Geschäft, wo auch ein Quentchen von unserm Schweiß mit drinsteckt …

Die Nachbarn, die im Hof arbeiten, rücken näher an die Kriks heran.

MENDEL *(blickt zur Erde)*: Leute, Patrons …
BENJA: Haben wir richtig gehört, ich und mein Bruder Ljovka?
MENDEL: Leute und Patrons, hier seht ihr mein Blut *(er hebt den Kopf, und seine Stimme wird fest)*, mein Blut, wie es die Hand gegen mich erhebt …
BENJA: Haben wir richtig gehört, ich und mein Bruder Ljovka?
MENDEL: Oj, mich kriegt ihr nicht …! *(Er stürzt sich auf Ljovka, wirft ihn um, drischt ihm ins Gesicht.)*
LJOVKA: Oj, und wie wir dich kriegen …!

Das Blut des Sonnenuntergangs flutet den Himmel. Der Alte und Ljovka wälzen sich auf der Erde, zerfleischen einander das Gesicht, rollen hinter die Scheune.

NIKIFOR *(lehnt sich an die Wand)*: Och, Sünde …
BOBRINEC: Ljovka, den eigenen Vater?!
BENJA *(mit verzweifelter Stimme)*: Nikiška, ich schwörs dir bei meinem Glück, die Pferde, das Haus, das Leben – alles hat er der Schlampe in den Rachen geworfen!
NIKIFOR: Och, Sünde …
PJATIRUBEL: Dass mir keiner dazwischengeht, ich schlag ihn tot! Wehe, es geht wer dazwischen!

Hinter der Scheune hervor dringt Geröchel und Gestöhne.

Gegen Mendel ist auf der Welt noch keiner geboren.
ARJE-LEJB: Geh vom Hof, Ivan.
PJATIRUBEL: Hundert Rubel verwett ich ...
ARJE-LEJB: Geh vom Hof, Ivan.

Der Alte und Ljovka rollen hinter der Scheune hervor. Sie springen auf die Füße, aber Mendel stößt seinen Sohn erneut um.

BOBRINEC: Ljovka, den eigenen Vater?!
MENDEL: Mich kriegst du nicht! *(Bearbeitet den Sohn mit Fußtritten.)*
PJATIRUBEL: Hundert Rubel verwett ich gegen jeden ...

Mendel gewinnt die Oberhand. Ljovka sind ein paar Zähne ausgeschlagen, das Haar ist büschelweise ausgerissen.

MENDEL: Mich kriegst du nicht!
BENJA: Oj, und wie wir dich kriegen! *(Lässt den Revolvergriff mit Wucht auf den Kopf seines Vaters niedersausen.)*

Der Alte sackt zusammen. Schweigen. Tiefer und tiefer senken sich die Flammenwälder des Sonnenuntergangs.

NIKIFOR: Jetzt ham sie ihn totgeschlagen.
PJATIRUBEL *(beugt sich über den reglosen Mendel)*: Miša ...?
LJOVKA *(richtet sich auf, sucht mit den Fäusten Halt auf der Erde. Weint und stampft mit dem Fuß)*: Untern Gürtel hat er mich geschlagen, der Hundsfott!
PJATIRUBEL: Miša ...?

BENJA *(wendet sich zur Menge der Gaffer)*: Was habt ihr hier verloren?
PJATIRUBEL: Ich sage euch – noch ist nicht Abend. Bis zum Abend sinds noch tausend Werst.
ARJE-LEJB *(auf den Knien vor dem niedergestreckten Alten)*: Aj russischer Mensch, wozu lärmen, dass noch nicht Abend ist, wenn du doch siehst, dass das vor uns schon kein Mensch mehr ist?
LJOVKA *(Rinnsale aus Tränen und Blut fließen ihm schräg über das Gesicht)*: Untern Gürtel hat er mich geschlagen, der Hundsfott!
PJATIRUBEL *(tritt schwankend zurück)*: Zwei gegen einen.
ARJE-LEJB: Geh vom Hof, Ivan.
PJATIRUBEL: Zwei gegen einen ... Schande, Schande über die ganze Moldavanka! *(Tritt stolpernd ab.)*

Arje-Lejb tupft mit einem feuchten Tuch Mendels zerschmetterten Schädel. In der Tiefe des Hofes geht NECHAMA *haltlos im Kreis, verlottert, schmuddelig grau. Sie fällt neben Arje-Lejb auf die Knie.*

NECHAMA: Schweig nicht, Mendel.
BOBRINEC *(mit satter Stimme)*: Schluss mit dem Schabernack, alter Narr!
NECHAMA: Schrei was, Mendel!
BOBRINEC: Steh auf, alter Fuhrmann, mach dir die Kehle feucht, kipp ein Gläschen ...

Auf dem Boden sitzt breitbeinig, mit bloßen Füßen Ljovka. Ohne Eile spuckt er lange Blutfäden.

BENJA *(hat die Gaffer in die Enge getrieben, presst einen etwa zwanzigjährigen, vor Angst besinnungslosen Burschen an die Wand und packt ihn an der Brust)*: Los, weg mit dir!

Schweigen. Abend. Blaues Dunkel, doch über dem Dunkel ist der Himmel noch purpurrot, gluterhitzt, zerfurcht von Feuergruben.

SIEBTE SZENE

Wagenschuppen der Kriks – auf Haufen geworfene Kummete, ausgespannte Kutschwagen, Pferdegeschirr. Man sieht einen Teil des Hofs.
  In der Tür sitzt BENJA *an einem kleinen Tisch und schreibt.* SEMJON, *ein glatzköpfiger, plumper Mužik, dringt auf ihn ein, daneben wuselt* MADAM POPJATNIK *herum. Im Hof sitzt auf einem Karren mit aufgestellter Deichsel der* MAJOR *und lässt die Beine baumeln. An der Wand lehnt ein neues Aushängeschild. Darauf in goldenen Lettern:* »Fuhrwerksunternehmen Mendel Krik und Söhne«. *Das Schild ist verziert mit Hufeisengirlanden und überkreuzten Peitschen.*

SEMJON: Ich weiß von nix … Mein Geld will ich ham …
BENJA *(fährt mit dem Schreiben fort)*: Du redest grob, Semjon.
SEMJON: Mein Geld will ich ham … Ich reiß dir die Kehle raus!
BENJA: Guter Mann, ich scheiße herzlich auf dich!
SEMJON: Wo hast du den Alten hin?
BENJA: Der Alte ist krank.

SEMJON: Da an die Wand hat ers angeschrieben, wie viel fürn Hafer fällig ist, fürs Heu – alles astrein. Und bezahlt hat er. Zwanzig Jahre hab ich für ihn geliefert, nie was Schlechtes erlebt.

BENJA *(erhebt sich)*: Für ihn hast du geliefert, aber für mich wirst du nicht liefern, er hat was an die Wand angeschrieben, aber ich werde nichts dranschreiben, er hat bezahlt, aber ich werde vielleicht nicht bezahlen, weil …

MADAM POPJATNIK *(mustert den Mužik mit äußerster Missbilligung)*: Ein Mann, was ein Dummkopf ist, ist wirklich widerlich.

BENJA: …weil du bei mir ohne Abendbrot sterben kannst, guter Mann.

SEMJON *(bekommt es mit der Angst zu tun, plustert sich aber weiter auf)*: Mein Geld will ich ham.

MADAM POPJATNIK: Ich bin keine Philosophin, Musjö Krik, aber ich sehe, auf der Welt leben Leute, die dürften gar nicht leben auf der Welt.

BENJA: Nikifor!

NIKIFOR *tritt auf, er schaut finster, spricht widerwillig.*

NIKIFOR: Nikifor, jawoll!

BENJA: Mit Semjon rechnest du ab, und bei Grošev machst du Bestellung.

NIKIFOR: Die Tagelöhner sind draußen, fragen, wer jetzt mit ihnen verhandeln wird.

BENJA: Ich werde verhandeln.

NIKIFOR: Und ne Köchin macht dort Dampf. Der Patron hätt ihr den Samowar in Pfand genommen. Bei wem, fragt sie, kann man jetzt den Samowar auslösen?

BENJA: Bei mir kann man ihn auslösen … Mit Semjon rechnest du finaliter ab. Bei Grošev bestellst du fünfhundert Pud Heu ...

SEMJON *(erstarrt)*: Fünfhundert?! Zwanzig Jahre hab ich geliefert ...

MADAM POPJATNIK: Mit Geld kriegst du Heu und Hafer und Zeug, was besser ist wie Heu.

BENJA: Hafer – zweihundert Pud.

SEMJON: Ich würd mich nicht sperren, weiter zu liefern.

BENJA: Vergiss meine Adresse, Semjon.

Semjon knetet seine Mütze, dreht den Hals, geht davon, macht kehrt, geht wieder davon.

MADAM POPJATNIK: Ein einziger widerlicher Mužik und muss Sie gleich so in Wallung bringen ... Mein Gott, wenn die Leute sich erinnern wollten, wer ihnen was schuldig ist! Erst heut sag ich zu meinem Major: Mann, liebster Mann, der Mendel Krik, der hat sie verdient, unsre zwei Unglücksrubel ...

MAJOR *(mit melodischer, dumpfer Stimme)*: Ein Rubel fünfundneunzig.

BENJA: Was für zwei Rubel?

MADAM POPJATNIK: Nicht der Rede wert, bei Gott, nicht der Rede wert ...! Letzten Donnerstag war Musjö Krik in Pfundslaune, Marschmusik hat er bestellt ... Wie viel Mal Marschmusik, Major?

MAJOR: Marschmusik neunmal.

MADAM POPJATNIK: Und dann Tanzmusik.

MAJOR: Einundzwanzigmal Tanzmusik.

MADAM POPJATNIK: Macht einen Rubel fünfundneunzig. Mein Gott, den Musikanten bezahlen – das war bei Musjö Krik immer erste Priorität ...

Mit den Stiefeln schlurfend, tritt NIKIFOR *ein. Er blickt zur Seite.*

NIKIFOR: Die Potapovna ist da.
BENJA: Wozu muss ich wissen, ob wer da ist oder nicht?
NIKIFOR: Sie droht.
BENJA: Wozu muss ich wissen …

Humpelnd, die monströsen Hüften schwenkend, dringt die PO-TAPOVNA *herein. Die Alte ist betrunken. Sie wirft sich auf den Boden und heftet einen trüben, starren Blick auf Benja.*

POTAPOVNA: Bei unsern Zaren …
BENJA: Was wollen Sie, Madam Cholodenko?
POTAPOVNA: Bei unsern Zaren …
NIKIFOR: Jetzt dreht sie am Rad!
POTAPOVNA *(zwinkert bedeutungsvoll)*: Jipp, jipp, jipp, die Jiddenkügelchen sirren … Schwirren im Kopf rum, die Kügelchen – jipp, jipp, jipp.
BENJA: Worum geht es, Madam Cholodenko?
POTAPOVNA *(haut mit der Faust auf den Boden)*: So isses recht, so isses recht! Der Gescheite darf leben wie'n polnischer Pan, und das Schwein soll Monopolwodka saufen …
MADAM POPJATNIK: Eine Dame von Intelligenz!
POTAPOVNA *(schmeißt einen Haufen Kupfermünzen auf den Boden)*: Da, vierzig Kopeken hab ich verdient … Bin aufgestanden, wie's noch stockfinster war, hab auf der Straße nach Balta die Bauern abgepasst … *(Reckt den Kopf zum Himmel.)* Wie spät wirds jetzt sein? Drei?
BENJA: Worum geht es, Madam Cholodenko?
POTAPOVNA: Jipp, jipp, jipp, Kügelchen hat er fahren lassen …

BENJA: Nikifor!
NIKIFOR: Was?
POTAPOVNA *(lockt Nikifor mit dickem, schlaffen, betrunkenen Finger her)*: Und unsre Kleine, die brütet 'n Küken aus, Nikiša!
MADAM POPJATNIK *(ist in die Hocke gegangen, entflammt)*: Eine Intrige, aj, was für eine Intrige!
BENJA: Was haben Sie hier verloren, Madam Popjatnik, und was wollen Sie hier finden?
MADAM POPJATNIK *(in der Hocke, ihre Äuglein rollen, schießen umher, sprühen Funken)*: Ich geh schon … ich geh schon … Geb Gott, dass wir uns wiedersehen in Glück und Zufriedenheit, zur rechten Stunde, zur glücklichen Minute …! *(Zerrt ihren Mann an der Hand, weicht zurück, windet sich, ihre Augen schielen und lodern seitwärts in schwarzer Glut.)*

Der Major schlurft seiner Frau hinterher und regt die Finger. Schließlich verschwinden sie.

POTAPOVNA *(zerreibt ein paar Tränen auf dem welken Knittergesicht)*: Heut nacht hab ich mich an sie rangepirscht, an die Brust hab ich ihr gelangt, ich lang ihr ja jede Nacht an die Brust, und die ist schon ganz vollgelaufen, passt nicht mehr in eine Hand.
BENJA *(Sein Glanz ist verflogen. Er spricht hastig, sieht umher)*: Im wievielten Monat?
POTAPOVNA *(blickt, ohne zu zwinkern, vom Boden zu Benja auf)*: Im vierten.
BENJA: Du lügst!
POTAPOVNA: Dann halt im dritten.
BENJA: Was willst du von uns?

POTAPOVNA: Jipp, jipp, jipp, Kügelchen hat er fahren lassen ...
BENJA: Was willst du?
POTAPOVNA *(bindet ihr Tuch fest)*: Auskratzen kostet hundert Rubel.
BENJA: Fünfundzwanzig!
POTAPOVNA: Ich hetz dir die Hafenarbeiter aufn Hals.
BENJA: Die Hafenarbeiter ...? Nikifor!
NIKIFOR: Nikifor, jawoll!
BENJA: Geh zum Papaša und frag, ob er befiehlt, fünfundzwanzig zu zahlen ...
POTAPOVNA: Hundert!
BENJA: ... fündundzwanzig Rubel fürs Auskratzen, oder ob ers nicht befiehlt?
NIKIFOR: Ich geh nicht.
BENJA: Du gehst nicht?! *(Stürzt zum Kattunvorhang, der den Wagenschuppen in zwei Hälften teilt.)*
NIKIFOR *(packt Benja am Arm)*: Junge, ich fürcht mich nicht vor Gott ... Ich hab Gott gesehn und bin nicht erschrocken ... Ich kann töten und nicht erschrecken ...

Der Vorhang erbebt und teilt sich. MENDEL *tritt heraus. Die Stiefel trägt er über die Schulter geworfen. Sein Gesicht ist bläulich und aufgedunsen wie das Gesicht eines Toten.*

MENDEL: Aufsperren.
POTAPOVNA: Mann, hab ich Angst!
NIKIFOR: Patron!

ARJE-LEJB *und* LJOVKA *nähern sich dem Schuppen.*

MENDEL: Aufsperren.

POTAPOVNA *(kriecht über den Boden)*: Mann, hab ich Angst!
BENJA: Gehn Sie in die Stube zu ihrer Gemahlin, Papaša.
MENDEL: Nikifor, mein Herz, du sperrst mir jetzt das Tor auf ...
NIKIFOR *(fällt auf die Knie)*: Ich bitt Sie inständig, Patron, machen Sie sich keine Schande vor mir einfachem Mann!
MENDEL: Warum willst du mir das Tor nicht aufsperren, Nikifor? Warum willst du mich nicht aus dem Hof lassen, wo ich mein Leben zugebracht hab? *(Die Stimme des Alten gewinnt an Kraft, am Grund seiner Augen entbrennt ein Licht.)* Er hat mich gesehen, dieser Hof, als Vater meiner Kinder, als Mann meiner Frau, als Herrn über meine Rösser. Er hat meine Kraft gesehen und meine zwanzig Hengste und die zwölf Wagen mit Eisenbeschlag. Meine Beine hat er gesehen, groß wie Säulen, und meine Arme, meine bösen Arme ... Und jetzt macht mir auf, liebe Söhnlinge, heut solls nach meinem Willen gehen. Fort will ich von diesem Hof, der zu viel gesehen hat ...
BENJA: Gehn Sie in die Stube zu ihrer Gemahlin, Papaša! *(Nähert sich dem Vater.)*
MENDEL: Schlag mich nicht, Benčik.
LJOVKA: Schlag ihn nicht.
BENJA: Niedriges Volk ...! *(Pause.)* Wie konnten Sie ... *(Pause.)* Wie konnten Sie sagen, was Sie da eben gesagt haben?
ARJE-LEJB: Leute, seht ihr nicht, dass ihr hier nichts mehr zu suchen habt?
BENJA: Ihr Bestien, oh, ihr Bestien ...! *(Geht rasch davon. Ljovka folgt ihm.)*
ARJE-LEJB *(führt Mendel zur Pritsche)*: Wir ruhn uns jetzt aus, Mendel, wir schlafen ...

POTAPOVNA *(hat sich erhoben und weint)*: Einen Falken haben sie erschlagen …!
ARJE-LEJB *(bettet Mendel auf die Pritsche hinter dem Vorhang)*: Wir schlafen, Mendel …
POTAPOVNA *(sackt neben der Pritsche zu Boden, küsst dem Alten die leblos herabhängende Hand)*: Mein Söhnchen, mein Lieberchen!
ARJE-LEJB *(deckt ein Tuch über Mendels Gesicht, setzt sich und beginnt leise, wie aus weiter Ferne)*: In alter, uralter Zeit lebte ein Mensch namens David. Er war Hirte, und dann wurde er König, König über Israel, über die Heerscharen Israels und die Weisen Israels …
POTAPOVNA *(schluchzt)*: Mein Söhnchen!
ARJE-LEJB: Reichtum kannte David und Ruhm, doch Sättigung kannte er nicht. Die Kraft muss gieren, und einzig die Trauer lindert das Herz. Alt geworden, gewahrte König David auf den Dächern Jerusalems, unter dem Himmel Jerusalems, Batseba, die Frau des Heerführers Uria. Schön war Batsebas Brust, schön waren ihre Beine, groß ihre Fröhlichkeit. Und der Heerführer Uria ward in die Schlacht geschickt, und der König vereinigte sich mit Batseba, der Frau eines Mannes, der noch nicht getötet war. Schön war ihre Brust, groß ihre Fröhlichkeit …

ACHTE SZENE

Esszimmer im Haus der Kriks. Abend. Das Zimmer grell erleuchtet von einer schlichten Hängelampe, Kerzen in Kandelabern und altmodischen, in die Wand geschraubten blauen Leuchtern. Am blumengeschmückten, mit kleinen Speisen und Wein bedeckten Tisch fuhrwerkt MADAM POPJATNIK *umher, angetan mit einem Seidenkleid. In der Tiefe des Esszimmers sitzt stumm der* MAJOR. *Seine Hemdbrust aus Papier wölbt sich vor, die Flöte ruht auf seinen Knien, er regt die Finger und bewegt den Kopf. Zahlreiche Gäste. Manche ergehen sich in der offenen Zimmerflucht, andere sitzen längs der Wand. Ins Esszimmer tritt die schwangere* KLAŠA ZUBAREVA. *Sie trägt ein Tuch mit gigantischen Blumen. Hinter Klaša poltert der betrunkene* LJOVKA *herein, herausgeputzt in Husaren-Paradeuniform.*

LJOVKA *(brüllt Kavalleriebefehle)*:
  Reitersleut, Trab, marsch!
  Trab marsch! Ihr Kameraden!
  Wenn euer Gaul den Brand hat,
  Müsst ihr ihms Maul vollladen.
KLAŠA *(lacht schallend)*: Oj, mein Bauch! Oj, ich krieg nen Abgang ...!
LJOVKA: Linken Schenkel anlegen und rechtsum!
KLAŠA: Oj, der macht mich fertig ...!

Sie gehen weiter. Ihnen entgegen kommen BOJARSKIJ *im Gehrock und* DVOJRA.

BOJARSKIJ: Mamsell Krik, schwarz heißt bei mir nicht weiß, und weiß darf bei mir nicht schwarz heißen. Mit den dreitausend stellen wir auf der Deribasovskaja einen Konfektionsladen auf die Beine, und dann wird zu guter Stunde geheiratet.
DVOJRA: Aber wieso gleich die ganzen dreitausend?
BOJARSKIJ: Weil wir heuer im Hof schon Juli haben, und der Juli ist nun mal kein September. Bei mir liefert der Juli Übergangsware, und der September liefert Wintermäntel ... Und was hat es nach dem September? Nichts.

Sept., Okt., Nov., Dez. ... Bei mir heißt die Nacht nicht Tag, und der Tag darf bei mir nicht Nacht heißen ...

Sie gehen weiter. BENJA *und* BOBRINEC *treten auf.*

BENJA: Sind Sie fertig, Madam Popjatnik?
MADAM POPJATNIK: An so einem Tisch könnte auch Nikolaus der Zweite Platz nehmen, ohne sich zu schämen!
BOBRINEC: Lass deinen Gedanken hören, Benja.
BENJA: Mein Gedanke ist der: Ein Jude, nicht mehr ganz taufrisch, ein Jude, der sich sein ganzes Leben lang nackt und barfüßig und verdreckt abgestrampelt hat wie ein Verbannter von der Insel Sachalin ... Und jetzt, wo er mit Gottes Hilfe in die Jahre gekommen ist, muss man dieser lebenslangen Katorga ein Ende machen, der Sabbat muss wieder ein Sabbat sein ...

BOJARSKIJ *und* DVOJRA *gehen vorbei.*

BOJARSKIJ: Sept., Okt., Nov., Dez. ...
DVOJRA: Und dann will ich, dass Sie mich auch bisschen liebhaben, Bojarskij.
BOJARSKIJ: Ja was kann man mit Ihnen denn anderes machen als liebhaben? Zu Fleischklöpsen verhackstücken vielleicht? Lächerlich, bei Gott ...!

Sie gehen vorbei. An der Wand, unter einer blauen Lampe, sitzen ein würdiger GROSSHÄNDLER *und ein dickbeiniger* BURSCHE *im Dreiteiler. Der Bursche knackt diskret Sonnenblumenkerne und lässt die Schalen in der Tasche verschwinden.*

DICKBEINIGER BURSCHE: Eins in die Frrresse und zack, noch eins, und komplett von der Rolle, der Alte.

GROSSHÄNDLER: Sogar die Tataren, sogar die ehren ihre Alten. Das Leben ist kein Spaziergang.

DICKBEINIGER BURSCHE: Wenn einer den Kniff raushat mitn Leben, aber sonst ... *(spuckt eine Schale aus)*, aber sonst, wenn er einfach so lebt, wie's grad kommt. Was gibts da zu ehren?

GROSSHÄNDLER: Erklär mal nem Dummen, dass er dumm ist ...

DICKBEINIGER BURSCHE: Was der Benčik allein an Heu gekauft hat: satte tausend Pud.

GROSSHÄNDLER: Der Alte hat immer hundert gekauft, war auch genug.

DICKBEINIGER BURSCHE: Den Alten machen die eh noch kalt.

GROSSHÄNDLER: Was denn, die Jidden? Den eigenen Vater?

DICKBEINIGER BURSCHE: Kalt machen die den, dass er hops ist.

GROSSHÄNDLER: Erklär mal nem Dummen ...

BENJA und BOBRINEC gehen vorbei.

BOBRINEC: Was willst du genau, Benja?

BENJA: Ich will, dass der Sabbat ein Sabbat ist. Ich will, dass wir nicht schlechter sind wie die anderen Leute. Ich will mit den Füßen nach unten und dem Kopf nach oben gehen ... Verstanden, Bobrinec?

BOBRINEC: Verstanden, Benčik.

An der Wand sitzt neben PJATIRUBEL *das reiche* EHEPAAR VAJNER, *aufgebläht von der eigenen Herrlichkeit.*

PJATIRUBEL *(heischt vergebens um ihre Anteilnahme)*: Den Polizisten hat er das Koppel abgerissen, auf der Hauptpost den Pförtner zusammengeschlagen. Einen Vierteleimer hat er aussaufen können, ohne dazu was zu essen, ganz Odessa hat er in der Tasche gehabt ... So ein Alter war das!

Vajner wälzt lange die speicheltriefende Zunge im Mund, aber es ist nicht zu verstehen, was er sagt.

(Schüchtern.) Näseln der Herr immer so?
MADAM VAJNER *(böse)*: Nu ja doch!

DVOJRA *und* BOJARSKIJ *gehen vorbei.*

BOJARSKIJ: Sept., Okt., Nov., Dez.
DVOJRA: Und dann will ich ein Kind, Bojarskij.
BOJARSKIJ: Sehen Sie, Kind plus Konfektionsladen – das ist schön, das sieht nach was aus. Aber Kind ohne Laden – wie sieht denn das aus?

MADAM POPJATNIK *flattert in höchster Aufregung herein.*

MADAM POPJATNIK: Ben Zcharja ist da! Der Rabbiner ... Ben Zcharja ...

Das Zimmer füllt sich mit Gästen. Darunter DVOJRA, LJOVKA, BENJA, KLAŠA ZUBAREVA, SENJKA TOPUN; *pomadisierte Kutscher, breitbeinig einherschreitende Krämer, untereinander kichernde Weiber.*

DICKBEINIGER BURSCHE: Für Geld kommt sogar der Rabbiner angeloffen. Zack isser da.

ARJE-LEJB *und* BOBRINEC *rollen einen großen Sessel herein. In seinem zerwühlten Schoß birgt er das winzige Leiblein des Ben Zcharja.*

BEN ZCHARJA *(mit Winselstimme)*: Noch tut die Morgensonne nur einen Nieser, noch badet am Himmel Gott in rotem Wasser ...
BOBRINEC *(lacht schallend im Vorgeschmack einer ausgeklügelten Antwort)*: Wieso rot, Rabbi?
BEN ZCHARJA: ... noch liege ich auf dem Rücken wie eine Kakerlake ...
BOBRINEC: Wieso auf dem Rücken, Rabbi?
BEN ZCHARJA: Morgens dreht mich Gott auf den Rücken, damit ich nicht beten kann. Gott hat genug von meinen Gebeten ...

Bobrinec lacht dröhnend.

Noch sind die Hühner nicht auf den Beinen, und Arje-Lejb weckt mich: Rasch zu den Kriks, Rabbi, dort gibt es Abendbrot, dort gibt es Mittagessen. Die Kriks geben Euch zu trinken, sie geben Euch zu essen ...
BENJA: Sie geben Euch zu essen, sie geben Euch zu trinken, was immer Ihr wollt, Rabbi.
BEN ZCHARJA: Was immer ich will ...? Und deine Pferde gibst du mir auch?
BENJA: Und meine Pferde gebe ich dir.
BEN ZCHARJA: Dann lauft, ihr Juden, zur Begräbnisbruderschaft, spannt seine Pferde vor ihren Leichenwagen und bringt mich ... wohin?
BOBRINEC: Wohin, Rabbi?
BEN ZCHARJA: Auf den Zweiten Jüdischen Friedhof, du Schwachkopf!

BOBRINEC *(lacht dröhnend, reißt dem Rabbi die Jarmulke vom Kopf und küsst ihn auf den kahlen, rosigen Schädel)*: Aj, so ein Strolch …! Aj, so ein Schlawiner …!

ARJE-LEJB *(stellt Benja vor)*: Das ist er also, Rabbi, Sohn des Mendel – Benzion.

BEN ZCHARJA *(kaut auf seinen Lippen)*: Benzion … Sohn Zions … *(Schweigt.)* Die Nachtigall füttert man nicht mit Märchen, Sohn Zions, und die Frauen nicht mit Weisheit …

LJOVKA *(mit ohrenbetäubender Stimme)*: Marsch, auf die Stühle, Ganoven, klemmt eure Hintern auf die Bänke!

KLAŠA *(schüttelt den Kopf, lächelt)*: Mensch, ist der kernig!

BENJA *(schießt einen ungehaltenen Blick auf den Bruder)*: Meine Lieben, nehmt Platz! Musjö Bobrinec sitzt neben dem Rabbi.

BEN ZCHARJA *(rutscht auf seinem Sessel hin und her)*: Was brauche ich neben diesem langen Juden sitzen, so lang, wie unser Exil? Soll doch die Staatsbank da *(zeigt mit dem Finger auf Klaša)* neben mir sitzen …

BOBRINEC *(im Vorgeschmack eines weiteren Bonmots)*: Wieso Staatsbank?

BEN ZCHARJA: Die ist besser wie jede Bank. Wenn du bei der gut anlegst, bringt sie dir solche Prozente, dass der Weizen vor Neid erblasst. Legst du schlecht an bei ihr, bringt sie alle Gedärme ins Knirschen, damit aus deiner kaputten Kopeke ein neues Goldstück wird … Die ist besser wie jede Bank, besser wie jede Bank …

BOBRINEC *(mit erhobenem Finger)*: Man muss verstehen, was er spricht.

BEN ZCHARJA: Wo aber ist unser Stern Israels, wo ist der Herr dieses Hauses, wo ist Rabbi Mendel Krik?

LJOVKA: Der ist heute krank.
BENJA: Rabbi, er ist gesund ... Nikifor!

In der Tür erscheint NIKIFOR *in seinem gewöhnlichen Bauernrock.*

Papaša soll kommen mit seiner Gemahlin.

Schweigen.

NIKIFOR *(mit verzweifelter Stimme)*: Verhehrte Gäste ...!
BENJA *(sehr langsam)*: Papaša soll kommen.
ARJE-LEJB: Benčik, bei uns Juden tut man seinem Vater vor den Leuten keine Schande an.
LJOVKA: Rabbi, so quält kein Mensch nen Eber, wie der den Papaša quält.

Vajner brabbelt empört, verspritzt Speichel.

BENJA *(neigt sich zu Madam Vajner)*: Was sagt er?
MADAM VAJNER: Er sagt – Schmach und Schande!
ARJE-LEJB: Juden tun sowas nicht, Benja!
KLAŠA: Da zieht man Söhnlinge auf ...
BENJA: Arje-Lejb, alter Mann, alter Brautwerber, Diener in der Synagoge der Lastkutscher und Begräbniskantor, kannst du mir nicht verraten, wie man als Mensch das Richtige tut ...? *(Hämmert mit der Faust auf den Tisch und spricht sehr artikuliert, jedes Wort mit einem Faustschlag begleitend.)* Papaša soll kommen!

Nikifor verschwindet. Benja steht mit gesenktem Kopf breitbeinig mitten im Zimmer. Sein Hals läuft langsam blutrot an.

Schweigen. Und nur das sinnlose Gemurmel des Ben Zcharja unterbricht die bedrückende Stille.

BEN ZCHARJA: Gott badet am Himmel in rotem Wasser. *(Schweigt, rutscht auf dem Sessel herum.)* Warum rot, warum nicht weiß? Weil rot fröhlicher ist als weiß ...

Die Flügel der Seitentür quietschen, ächzen und tun sich auf. Alle Gesichter wenden sich dorthin. MENDEL *erscheint mit einem Gesicht, von Striemen überzogen und gepudert. Er trägt einen neuen Anzug. An seiner Seite* NECHAMA, *mit Häubchen und schwerem Samtkleid.*

BENJA: Freunde, die ihr hier in meinem Haus sitzt! Gestattet mir, dieses Gläschen auf meinen Vater zu erheben, den rastlos arbeitenden Mendel Krik und seine Gemahlin Nechama Borisovna, die seit nunmehr dreißig Jahren ihren gemeinsamen Lebensweg beschreiten. Meine Lieben! Wir wissen, wir wissen nur zu gut, dass niemand diesen Weg mit Zement gepflastert hat, niemand hat an diesem langen Weg Ruhebänkchen aufgestellt, und nur weil gewaltige Haufen von Menschen diesen Weg durchlaufen haben, ist er nicht leichter, sondern vielmehr schwerer geworden. Freunde, die ihr hier in meinem Haus sitzt! Ich erwarte von euch, dass ihr den Wein nicht mit Wasser verdünnt, den Wein in euren Gläsern und den Wein in euren Herzen.

Vajner brabbelt begeistert.

Was sagt er?
MADAM VAJNER: Er sagt – hurra!

BENJA *(ohne jemanden anzusehen)*: Lehre mich, Arje-Lejb …! *(Reicht Vater und Mutter Wein.)* Unsere Gäste verehren Sie, Papaša. Sagen Sie was.
MENDEL *(späht umher und sagt sehr leise)*: Wünsche gute Gesundheit …
BENJA: Papaša möchte sagen, dass er hundert Rubel für einen guten Zweck spendet.
GROSSHÄNDLER: Erzähl mir einer was über die Jidden …
BENJA: Fünfhundert Rubel spendet Papaša. Für welchen Zweck, Rabbi?
BEN ZCHARJA: Für welchen Zweck? Ihr Juden, die Milch darf nicht sauer werden im Mädchen … Für die mitgiftlosen Bräute muss man spenden!
BOBRINEC *(schüttet sich aus vor Lachen)*: Aj, so ein Strolch …! Aj, so ein Schlawiner …!
MADAM POPJATNIK: Ich lass jetzt den Tusch geben.
BENJA: Na los!

Ein wehmütiger Tusch hallt durchs Zimmer. Die Gäste treten mit den Gläsern in der Hand in einer langen Schlange vor MENDEL *und* NECHAMA.

KLAŠA ZUBAREVA: Auf Ihre Gesundheit, Großpapa!
SENJKA TOPUN: Einen Waggon voll Spaß, Papaša, hunderttausend für die kleinen Ausgaben!
BENJA *(ohne jemanden anzusehen)*: Lehre mich, Arje-Lejb!
BOBRINEC: Mendel, geb mir Gott nen solchigen Sohn wie den deinen!
LJOVKA *(über den ganzen Tisch hinweg)*: Papaša, seien Sie nicht bös! Papaša, Sie ham ausgefeiert …
GROSSHÄNDLER: Erzähl mir einer was über die Jidden! Die Jidden kenn ich besser wie jeder andere …

PJATIRUBEL *(macht sich an Benja heran und will ihn stürmisch küssen)*: Zum Teufel, du wirst uns kaufen und verkaufen, einsacken wirst du uns!

In Benjas Rücken ertönt lautes Geschluchze. Tränen rinnen über Arje-Lejbs Gesicht und umwinden seinen Bart. Er zittert und küsst Benja auf die Schulter.

ARJE-LEJB: Fünzig Jahre, Benčik! Fünfzig Jahre zusammen mit deinem Vater ... *(Schreit hysterisch.)* Einen guten Vater hast du gehabt, Benja!
VAJNER *(hat plötzlich die Gabe der Rede empfangen)*: Bringt ihn hinaus!
MADAM VAJNER: Mein Gott, was für Geschichten!
BOJARSKIJ: Arje-Lejb, Sie liegen falsch. Jetzt ist Lachen angesagt.
VAJNER: Bringt ihn hinaus!
ARJE-LEJB *(schluchzt)*: Einen guten Vater hast du gehabt, Benja ...

Mendel wird bleich unter seinem Puder. Er reicht Arje-Lejb ein neues Taschentuch. Der wischt sich die Tränen ab. Weint und lacht.

BOBRINEC: Sie Trottel, Sie sind hier nicht bei sich auf dem Friedhof!
PJATIRUBEL: Und wenn ihr die ganze Welt von oben bis unten durchkämmt, so einen wie den Benčik findet ihr nicht nochmal. Da geh ich jede Wette ein ...!
BENJA: Meine Lieben, nehmt Platz!
LJOVKA: Klemmt eure Hintern auf die Bänke ...

Gepolter rückender Stühle. Mendel wird neben den Rabbi und Klaša Zubareva gesetzt.

BEN ZCHARJA: Ihr Juden!
BOBRINEC: Ruhe allerseits!
BEN ZCHARJA: Der alte Schwachkopf Ben Zcharja möchte etwas sagen ...

Ljovka prustet, kippt mit der Brust auf den Tisch, aber Benja schüttelt ihn, und er verstummt.

Tag ist Tag, ihr Juden, und Abend ist Abend. Der Tag tränkt uns mit dem Schweiß unserer Mühen, doch der Abend hält die Fächer seiner göttlichen Kühle bereit. Ein böser Narr war Josua ben Nun, als er die Sonne anhielt. Und es erwies sich, dass Mendel Krik, Mitglied unserer Synagoge, nicht klüger war als Josua ben Nun. Das ganze Leben wollte er in der prallen Sonne braten, das ganze Leben dort stehen, wo ihn der Mittag traf. Aber Gott hat auf jeder Straße seine Wächter, und Mendel hatte Söhnlinge in seinem Haus. Die Wächter kommen und sorgen für Ordnung. Tag ist Tag, und Abend ist Abend. Alles in Ordnung, ihr Juden. Trinken wir ein Gläschen Wodka!
LJOVKA: Trinken wir ein Gläschen Wodka ...!

Flötengezirpe, Gläserklirren, abgerissene Schreie, donnerndes Gelächter.

MARIJA

Drama in acht Bildern

PERSONEN

NIKOLAJ VASILJEVIČ MUKOVNIN
LJUDMILA, seine Tochter
KATERINA VJAČESLAVOVNA FELSEN
ISAAK MARKOVIČ DYMŠIC
SERGEJ ILLARIONOVIČ GOLICYN, ehemaliger Fürst
NEFEDOVNA, Njanja (Kinderfrau) im Haus der Mukovnins
JEVSTIGNEÏČ ⎫
BIŠONKOV   ⎬ Kriegsinvaliden
FILIPP   ⎭
VISKOVSKIJ, ehemaliger Garderittmeister
KRAVČENKO
MADAME DORA
INSPEKTOR der Miliz
KALMYKOVA, Zimmermädchen im Hotel am Nevskij Prospekt 86
AGAŠA, Hausmeisterin
ANDREJ ⎫ Parkettpolierer
KUZMA ⎭
SUŠKIN
SAFONOV, Arbeiter
JELENA, seine Frau
NJUŠKA
MILIZIONÄR
BETRUNKENER auf der Milizwache
ROTARMIST von der Front

Die Handlung spielt in Petrograd, in den ersten Revolutionsjahren.

ERSTES BILD

Hotelzimmer auf dem Nevskij. Das Zimmer von Dymšic – schmutzig, vollgerümpelt mit Säcken, Kisten, Mobiliar. Zwei Invaliden, BIŠONKOV *und* JEVSTIGNEÏČ, *packen die herangeschafften Lebensmittel aus. Jevstigneïč, feist, großes rotes Gesicht, sind die Beine oberhalb der Knie amputiert. Bišonkov hat einen leeren Ärmel hochgesteckt. Auf der Brust tragen die Invaliden Orden, Georgskreuze.* DYMŠIC *lässt am Rechenbrett die Kügelchen klappern.*

JEVSTIGNEÏČ: Die Route ist verbrannt … Früher war Sandberg in Vyrica, der hat die Leute machen lassen – abserviert.
BIŠONKOV: Die übertreibens mit dem Tyrannisieren, Isaak Markovič.
DYMŠIC: Und Koroljov, ist der noch auf Posten?
JEVSTIGNEÏČ: Von wegen »auf Posten« – kaltgemacht. Komplett verbrannt, die Route, überall neue Patrouillen.
BIŠONKOV: Zu schwierig jetzt, das Ding mit den Lebensmitteln, Isaak Markovič … Kaum haste dich an eine Patrouille gewöhnt, isse schon wieder weg. Wenn sie einem nur die Ware abnehmen täten, aber so wedeln sie dir gleich noch mit dem Tod vor der Nase.
JEVSTIGNEÏČ: Kein Durchblick mehr … Die kochen jeden Tag was Neues aus … Heute, wie wir grade beim Carskoselskij einfahren – überall Schüsse. Na was denn …? Da denkt man, die Macht ist weg, und die machen sich ne Mode draus – ballern blind drauf los.

BIŠONKOV: Lebensmittel ham die heute beschlagnahmt – ein wahres Vermögen. Das geht an die Kinderchen, heißt es. In Carskoje Selo gibts jetzt lauter Kinder – Kolonie nennt sich das.
JEVSTIGNEÏČ: Schöne Kinderchen, und zwar solche mit Bart.
BIŠONKOV: Und wenn ich Hunger hab, soll ich mir nix nehmen? Klar nehm ich mir was, wenn ich Hunger hab.
DYMŠIC: Wo ist Filipp? Ich mache mir Gedanken wegen Filipp ... Wieso lasst ihr einen Mann im Stich?
BIŠONKOV: Ham wir doch gar nicht, Isaak Markovič: Der hat die Nerven verloren.
JEVSTIGNEÏČ: Den hat scheints wer auf dem Kieker ...
BIŠONKOV: Ich sag ja: die übertreibens jetzt, Isaak Markovič.
JEVSTIGNEÏČ: Also dieser Filipp: so ein großer, strammer Mann, aber drinnen tote Hose, drinnen siehts mau aus bei dem ... Wir fahren also in den Bahnhof ein – Schüsse, die Leute heulen, kippen um ... Ich zu ihm: »Filipp, sag ich, wir schlagen uns durchs Törchen zum Zagorodnyj durch, der Kordon dort: alles unsere Leute.« Aber der ist schon hinüber, komplett durch den Wind. »Also ich hab da Ängste«, sagt er. Und ich: »Dann bleib halt sitzen, wenn du Ängste hast ... So'n Spritschieber – da hält Gott die Hand drüber, dem hauen sie höchstens eins in die Fresse, was gibts denn da zu fürchten? Hast ja grade mal einen Gurt voll mit Schnaps ...« Aber er ist schon am Boden. Starker Mann, Kraft wie'n Pferd, aber drinnen Fehlanzeige.
BIŠONKOV: Wir sind jetzt mal zuversichtlich, Isaak Markovič, der taucht schon wieder auf. Hat ja nicht groß ne Spur hinterlassen.
DYMŠIC: Wie viel habt ihr für die Wurst hingelegt?
BIŠONKOV: Für die Wurst achtzehntausend, Isaak Markovič,

und is auch noch mieser geworden. Ob in Vitebsk oder Petrograd: Aktuell is alles Einheitsware.

JEVSTIGNEÏČ *(öffnet eine Geheimtür in der Wand, verstaut die Lebensmittel)*: Gleichgemacht ham sie das Russenland.

DYMŠIC: Was wollen sie für die Graupen?

BIŠONKOV: Graupen gibts für neuntausend, Isaak Markovič, und wenn du meckerst – brauchst sie ja nicht nehmen. Null Interesse am Handeln. Der wartet bloß drauf, dass dir was nicht passt. Diese Händler sind jetzt so was von ungeniert – da bleibt dir die Spucke weg!

JEVSTIGNEÏČ *(versteckt Brote in der Wand)*: Die Gemahlinnen haben selber Brot gebacken, eigener Hände Arbeit ... Grüße soll ich bestellen.

DYMŠIC: Wie gehts den Kindern, gesund und munter?

BIŠONKOV: Gesund und munter, denen gehts prächtig. Tragen Pelzchen, reiche Kinderchen sind das ... Sie sollen sie besuchen, lässt die Frau Gemahlin ausrichten.

DYMŠIC: Hab ja sonst nichts zu tun ... *(Lässt am Rechenbrett die Kügelchen klappern)*. Bišonkov!

BIŠONKOV: Jawoll.

DYMŠIC: Ich sehe keinen Gewinn, Bišonkov.

BIŠONKOV: Verdammt schwierig jetzt, Isaak Markovič.

DYMŠIC: Ich sehe keinen Profit, Bišonkov.

BIŠONKOV: Mit Profit is zappenduster, Isaak Markovič ... Der Jevstigneïč und ich, wir ham uns überlegt: Auf ne neue Ware müsst man sich verlegen. Lebensmittel, das is ne klobige Materie: Mehl, Graupen, Kalbsfuß – alles viel zu klobig. Auf was Neues müsst man sich verlegen, Isaak Markovič: Sacharin oder diese Klunker ... So'n Brillant, das is ne aparte Materie: Rin in die Backe, und weg isser.

DYMŠIC: Filipp ist weg ... Ich mache mir Gedanken wegen Filipp.

JEVSTIGNEÏČ: Ich vermute jetzt mal, den ham sie zum Krüppel gemacht.

BIŠONKOV: Jede Wette – im Achtzehner Jahr warn Kriegsinvalide noch ne Firma, aber im gegenwärtigen Moment ...

JEVSTIGNEÏČ: Na klar – die sind jetzt gebildet! Früher, da hatte das Volk vor Invaliden Respekt, aber jetzt: null Rücksicht. »Wieso bist du überhaupt Invalide?«, fragen die. Sag ich: »Mir hat ne Brisanzgranate beide Beine gekappt.« Und die: »Das ist doch nix Besondres. Die hats dir doch ohne Leiden abgefetzt, ruckzuck und weg ... Du hast doch«, sagen sie, »gar kein Leiden erdulden müssen.« »Wie«, sag ich, »kein Leiden?« Und sie: »Ist doch klar: Dir ham sie die Beine unter Chloroform gleichgemacht, davon hast du doch gar nix gemerkt. Nur mit den Zehen hakts noch bei dir, die Zehen wollen noch irgendwie, jucken tun die, obwohl sie gekappt sind, und sonst fehlt dir gar nix.« »Woher willst du das wissen?«, sag ich. Und er: »Na so halt, das Volk, dem wertlosen Hundsfott da oben sei Dank, ist jetzt eben gebildet.« »Schöne Bildung«, sag ich: »Einen Invaliden aus dem Zug werfen ... Wieso wirfst du mich auf die Gleise?«, sag ich, »ich bin doch ein Krüppel ...« »Eben desdrum«, sagt er. »Wir haben nämlich im Russenland von Krüppeln die Faxen dick.« Und wirft mich runter wie'n Klafter Holz ... Ich hab nen ziemlichen Groll auf unser Volk, Isaak Markovič.

VISKOVSKIJ *tritt ins Zimmer – in Reithosen, Jackett. Offenes Hemd.*

DYMŠIC: Sie?
VISKOVSKIJ: Jawohl.
DYMŠIC: Kein »guten Tag« heute?

VISKOVSKIJ: War Ljudmila Mukovnina bei Ihnen, Dymšic?

DYMŠIC: Das »guten Tag« hat der Hund gefressen ...? Und wenn sie bei mir war, was dann?

VISKOVSKIJ: Sie haben den Ring der Mukovnins, das weiß ich; Marija Nikolajevna kann Ihnen den nicht gegeben haben ...

DYMŠIC: Haben mir Menschen gegeben, Affen warens nicht.

VISKOVSKIJ: Wie sind Sie an den Ring gekommen, Dymšic?

DYMŠIC: Haben mir Menschen gegeben, zum Verkaufen.

VISKOVSKIJ: Verkaufen Sie ihn mir.

DYMŠIC: Ihnen? Wieso?

VISKOVSKIJ: Haben Sie schon mal versucht, ein Gentleman zu sein, Dymšic?

DYMŠIC: Ich bin immer ein Gentleman.

VISKOVSKIJ: Ein Gentleman stellt keine Fragen.

DYMŠIC: Die Menschen wollen Devisen für den Ring.

VISKOVSKIJ: Sie schulden mir noch fünfzig Pfund.

DYMŠIC: Wofür denn?

VISKOVSKIJ: Das Zwirngeschäft.

DYMŠIC: Das Sie vergeigt haben ...

VISKOVSKIJ: Bei der Gardekavallerie hat man uns nicht beigebracht, wie man mit Zwirn handelt.

DYMŠIC: Vergeigt, weil Sie zu hitzig sind.

VISKOVSKIJ: Geben Sie mir Zeit, Maestro, dann lerne ich es.

DYMŠIC: Wie wollen Sie lernen, wenn Sie nicht spuren? Sie machen doch genau das Gegenteil von dem, was man Ihnen sagt ... Im Krieg sind Sie meinetwegen Rittmeister oder Graf – keine Ahnung, was Sie dort sind – im Krieg sollen Sie vielleicht hitzig sein, aber ein Kaufmann muss beim Geschäft den Überblick behalten.

VISKOVSKIJ: Zu Befehl.

DYMŠIC: Ich bin böse auf Sie, Viskovskij, ich bin auch noch

wegen was anderem böse auf Sie. Was war das für eine Nummer mit der Fürstentochter?

VISKOVSKIJ: Sollte mal was richtig Exquisites sein.

DYMŠIC: Dass sie noch Jungfrau war, haben Sie gewusst?

VISKOVSKIJ: Der reinste Zimmes ...

DYMŠIC: Damit das klar ist: So einen Zimmes kann ich nicht gebrauchen. Ich bin ein einfacher Mann, Herr Rittmeister, und ich wünsche nicht, dass diese Fürstentochter bei mir erscheint wie die Mutter Gottes vom Bild und mich anblickt mit Augen wie Silberlöffel ... Was war vereinbart, frage ich Sie? Eine Frau bis dreißig hatten wir vereinbart, meinetwegen fünfunddreißig, eine Hausfrau, die weiß, wie das Hungertuch schmeckt, die meine Graupen nimmt und mein Brot und vierhundert Gramm Kakao für die Kleinen – und die nicht hinterher zu mir sagt: »Du räudiger Schieber, du hast mich befleckt, missbraucht hast du mich.«

VISKOVSKIJ: Zur Reserve hätten wir da noch die jüngere von den Mukovnins.

DYMŠIC: Die ist verlogen. Ich mag keine verlogenen Frauen ... Warum haben Sie mich nicht mit der älteren bekannt gemacht?

VISKOVSKIJ: Marija Nikolajevna ist zur Armee gegangen.

DYMŠIC: Das war mal ein Mensch, diese Marija Nikolajevna, das war was fürs Auge, jemand zum Reden ... Sie haben so lange gezögert, bis sie weg war.

VISKOVSKIJ: Mit der Älteren ist es kompliziert, Dymšic. Sehr kompliziert.

JEVSTIGNEÏČ: »Du warst doch«, sagt er, »schneller futsch, wie man Angst kriegen kann, für dich«, sagt er, »hats sich ausgelitten«, so hat er mich traktiert ...

Ein ferner Schuss, dann noch einer, näher; die Schüsse häufen sich. Dymšic löscht das Licht, versperrt die Türen. Licht durchs Fenster, grüne Scheiben, Frost.

   (*flüsternd*) Scheißleben …
BIŠONKOV: Gottverdammtes!
JEVSTIGNEÏČ: Die Matrosenbande ist wieder zugange …
BIŠONKOV: Das ist kein Leben hier, Isaak Markovič!

Klopfen an der Tür. Schweigen. Viskovskij zieht den Revolver aus der Tasche, entsichert ihn. Erneutes Klopfen.

   Wer da?
FILIPP *(hinter der Tür)*: Ich.
JEVSTIGNEÏČ: Mehr Stimme … Wer ist ich?
FILIPP: Macht auf.
DYMŠIC: Das ist Filipp.

Bišonkov öffnet die Tür. Ins Zimmer dringt ein unförmiges, riesiges Wesen. Der Ankömmling taumelt gegen die Wand, schweigt. Jähes Licht. Filipps Gesicht ist zur Hälfte von wildem Fleisch überwuchert. Sein Kopf ist auf die Brust gesackt, die Augen sind geschlossen.

   Haben sie auf dich geschossen?
FILIPP: Nee.
JEVSTIGNEÏČ: Biste kaputt, Filipp?

Jevstigneič und Bišonkov nehmen Filipp den Schafspelz ab, die Oberkleider, ziehen einen Gummianzug hervor, werfen ihn auf den Fußboden. Der armlose Gummimensch – ein zweiter Filipp – liegt breit ausgestreckt am Boden. Filipps Hände sind zerschnitten, bluten.

Die waren ordentlich zugange ... Und wir nennen uns Menschen ...

FILIPP *(Den Kopf noch immer auf der Brust)*: Is mir nach ... direkt auf der Spur ...

JEVSTIGNEÏČ: Dir nach? Er?

FILIPP: Ja.

JEVSTIGNEÏČ: Der mit den Gamaschen?

FILIPP: Ja.

JEVSTIGNEÏČ: Jetzt sind wir geliefert ...

DYMŠIC: Hast du ihn bis vors Haus geführt?

FILIPP *(Stößt mühsam die Worte hervor)*: Nee, bis vors Haus nicht ... Die Schüsse ham ihn aufgehalten, er is den Schüssen nach ...

Bišonkov und Jevstigneïč fassen den Verletzten unter, packen ihn aufs Bett.

JEVSTIGNEÏČ: Ich habs dir doch gesagt – gehen wir durchs Tor ...

Filipp stöhnt, ächzt. In der Ferne Schüsse, eine Maschinengewehrsalve, dann Stille.

Scheißleben ...

BIŠONKOV: Gottverdammtes ...!

VISKOVSKIJ: Wo ist der Ring, Maestro?

DYMŠIC: Sie sind ja richtig scharf auf den Ring, Ihnen wird wohl der Boden zu heiß ...

ZWEITES BILD

Zimmer im Haus Mukovnins, zugleich Schlaf-, Ess- und Arbeitszimmer, ein Zimmer im Jahr 1920. Antike Stilmöbel; der Kanonenofen (die »Buržujka«), an Ort und Stelle, Rohre durchs ganze Zimmer; unter dem Ofen kleingehacktes Holz. Hinter einem Wandschirm kleidet sich LJUDMILA NIKOLAJEVNA *für den Theaterbesuch an. Auf der Lampe wird die Lockenzange erhitzt.* KATERINA VJAČESLAVOVNA *bügelt ein Kleid.*

LJUDMILA: Gnädigste, du bist von gestern ... Das Publikum im Mariinskij ist jetzt todschick. Die Schwestern Krymov, Varja Mejendorf – alle nach dem Modejournal gekleidet, und leben tun sie prächtig, kann ich dir versichern.

KATJA: Wer lebt denn jetzt gut? Ich kenne keinen.

LJUDMILA: Und ob. Du bist von gestern, Katjuša ... Die Herren Proletarier kommen auf den Geschmack: Die legen Wert auf eine elegante Frau. Glaubst du, deinem Redjko gefällt es, wenn du als Aschenbrödel herumläufst? Von wegen ... Die Herren Proletarier kommen auf den Geschmack, Katjuša.

KATJA: Die Wimpern würde ich an deiner Stelle sein lassen, und dieses ärmellose Kleid ...

LJUDMILA: Gnädigste, Sie vergessen: Ich habe einen Kavalier an meiner Seite.

KATJA: Der Kavalier hat vielleicht gar keinen Sinn dafür.

LJUDMILA: Sag das nicht. Er hat Geschmack, und ein Temperament ...

KATJA: Diese Rothaarigen sind hitzig, das weiß man ja.

LJUDMILA: Rothaarig – mein Dymšic? Er ist brünett.

KATJA: Und stimmt es, dass er so viel Geld hat ...? Mit Viskovskij geht die Fantasie durch, wenn du mich fragst.

LJUDMILA: Dymšic hat sechstausend Pfund Sterling.
KATJA: Alles mit Krüppeln verdient?
LJUDMILA: Von wegen mit Krüppeln ... Hat ja jedem freigestanden, auf so etwas zu kommen. Sie haben ein Artel, gemeinsame Kasse. Invaliden haben sie bis jetzt nicht durchsucht, das erleichtert den Transport.
KATJA: Man muss schon Jude sein, um auf so etwas zu kommen ...
LJUDMILA: Ach Katjuša, besser Jude, als Kokainist, wie unsere Männer ... Es ist doch so, der eine schnupft Kokain, der andere hat sich erschießen lassen, der dritte ist Kutscher geworden, steht vor dem »Europa« und wartet auf Kundschaft ... Par le temps qui court fährt man mit den Juden am besten.
KATJA: Besser als mit Dymšic kann man gar nicht fahren.
LJUDMILA: Und dann: Wir sind nun mal Weiber, Kathy ... gewöhnliche Weiber und haben, wie die Agaša vom Hausmeister sagt, »genug drumrumgeschwätzt«. Wir können nun mal nicht ohne festen Halt, das ist einfach nichts für uns ...
KATJA: Und Kinder kriegst du auch?
LJUDMILA: Zwei kleine Rotschöpfchen.
KATJA: Also ganz offiziell, mit Trauschein?
LJUDMILA: Bei den Juden geht es nicht anders, Katjuša. Die haben einen fürchterlichen Familiensinn, ihre Frau ist zugleich ihre Ratgeberin, die Kinder hüten sie wie ihren Augapfel ... Und dann – ein Jude bleibt einer Frau, die ihm einmal gehört hat, ewig dankbar. Daher dieser edle Zug – die Achtung vor der Frau.
KATJA: Woher kennst denn du die Juden so gut?
LJUDMILA: Ich will dir sagen, »woher«: Papa war in Wilna Korpskommandeur, dort sind alles Juden ... Papa hatte

einen Rabbiner zum Freund ... Alles Philosophen, die Rabbiner von denen.

KATJA *(reicht ihr das gebügelte Kleid über den Wandschirm)*: Nach dem Theater wird zu Abend gespiesen?

LJUDMILA: Nicht ausgeschlossen.

KATJA: Und dann, Ljudmila Nikolajevna, trinkt ihr natürlich was, der Rausch der Leidenschaft, alles versinkt im Nebel ...

LJUDMILA: Weit gefehlt, meine Gnädigste ...! Ein, zwei Monate wird sich geziert – bei den Juden muss das so sein. Noch steht nicht einmal fest, ob es zum Kuss kommt ...

Auftritt des GENERALS *in Filzstiefeln: Zum Schlafrock umgearbeiteter Militärmantel mit rotem Futter; zwei Brillen übereinander.*

MUKOVNIN *(liest)*: »... Am 16. Oktober des Jahres 1820, unter der Regentschaft des gesegneten Zaren Alexander, erdreistete sich eine Kompanie des Semjonov-Leibgarderegiments, uneingedenk ihrer Eidespflicht und des militärischen Gehorsams gegenüber der Obrigkeit, sich zur späten Abendstunde eigenmächtig zusammenzurotten ...« *(Hebt den Kopf.)* Was heißt das – uneingedenk ihrer Eidespflicht? Das heißt, dass die Leute nach dem Appell auf den Korridor getreten sind und beschlossen haben, den Kompaniechef um Abschaffung der turnusmäßigen Zehnergruppen-Inspektion in seiner Wohnung zu bitten ... bei diesem Regimentskommandeur waren auch solche Inspektionen üblich. Dafür, für diese sogenannte Meuterei, wurden Strafen verhängt ... und zwar welche? *(Liest.)* »... Die unteren, als Rädelsführer erkannten Ränge sind mit Entziehung des Lebens zu bestrafen, die Männer der ersten und zweiten Kompanie wegen Aufwiegelns zur Unordnung mit dem Tode durch den Strang und die Gemeinen, den anderen zum Exempel, gemäß Paragraf 3, mit sechsfachen Spießruten durch das Bataillon …«

LJUDMILA: Ist das nicht grauenvoll?

KATJA: Wer bestreitet denn, dass früher vieles grausam war?

LJUDMILA: Meiner Meinung nach müssten sich die Bolschewiken um Papas Buch reißen. Ihnen nützt es doch, wenn einer die alte Armee schlechtmacht.

KATJA: Die wollen alles nur für den gegenwärtigen Moment.

MUKOVNIN: Ich gliedere die Semjonov-Tragödie in zwei Kapitel. Erstens: Erforschung der Ursachen für die Rebellion, zweitens: Schilderung des Aufstands, der Misshandlungen, der Verschickung ins Bergwerk … Meine Geschichte wird eine Geschichte der Kaserne sein, kein Völkerregister, sondern das Schicksal all dieser Sidorovs und Proškas, die man Arakčejev ausgeliefert und zu zwanzig Jahren militärischer Zwangsarbeit in die Verbannung geschickt hat.

LJUDMILA: Papa, du musst Katja das Kapitel über den Imperator Paul vorlesen. Wäre Tolstoj noch am Leben, er wüsste es zu schätzen, da bin ich sicher.

KATJA: In den Zeitungen pochen sie jetzt nur noch auf den gegenwärtigen Moment.

MUKOVNIN: Ohne Kenntnis der Vergangenheit führt kein Weg in die Zukunft. Die Bolschewiken vollenden das Werk des Ivan Kalita – das Sammeln der russischen Lande. Uns Berufsoffiziere brauchen sie, und sei es auch nur, damit wir von unseren Fehlern berichten …

Es klingelt. Gepolter in der Diele. Herein kommt DYMŠIC, *mit Paketen beladen, im Pelz.*

DYMŠIC: Stehe zu Diensten, Nikolaj Vasiljevič! Stehe zu Diensten, Katerina Vjačeslavna! Ist Ljudmila Nikolajevna zu Hause?

KATJA: Sie erwartet Sie.

LJUDMILA *(Hinter dem Wandschirm)*: Ich kleide mich an …

DYMŠIC: Stehe zu Diensten, Ljudmila Nikolajevna! Ein Wetter ist das draußen, da jagt man nicht mal den Hund vor die Tür … Ippolit hat mich gefahren, die Ohren hat er mir abgekaut, alles komplett verdreht, – so eine Type muss man erst mal finden … Wir werden uns doch nicht verspäten, Ljudmila Nikolajevna?

MUKOVNIN: Draußen ist helllichter Tag, und sie gehen ins Theater.

KATJA: Nikolaj Vasiljevič, die Theater fangen jetzt um fünf Uhr nachmittags an.

MUKOVNIN: Um Strom zu sparen?

KATJA: Erstens das. Und zweitens: Wer zu spät auf dem Heimweg ist, wird bis auf die Haut ausgeraubt.

DYMŠIC *(packt die Pakete aus)*: Ein kleines Schinkelchen vom Schwein, Nikolaj Vasiljevič. Bin kein Spezialist in der Materie, aber man hats mir als Kornmast verkauft … Ob mit Korn gefüttert oder mit sonst irgendwas – wir sind nicht dabeigewesen …

Katja geht in eine Ecke, raucht.

MUKOVNIN: Also wirklich, Isaak Markovič, Sie sind viel zu gut zu uns.

DYMŠIC: Ein paar Grieben …

MUKOVNIN *(versteht nicht)*: Pardon!

DYMŠIC: Bei Ihrem Herrn Papa haben Sie so was nicht gegessen, aber in Minsk, in Viljujsk, in Černobyl hält man große Stücke drauf. Das sind solche Würfelchen von der Gans. Probieren Sie es, und sagen Sie mir Ihre Meinung ... Was macht Ihr Büchlein, Nikolaj Vasiljevič?

MUKOVNIN: Das Büchlein kommt voran. Ich bin jetzt bei der Regentschaft von Alexander Pavlovič.

LJUDMILA: Es liest sich wie ein Roman, Isaak Markovič. Ich finde, es erinnert an »Krieg und Frieden«, – dort, wo Tolstoj von den Soldaten schreibt ...

DYMŠIC: So was hört man gerne ... Sollen sie schießen da draußen, Nikolaj Vasiljevič, sollen sie da draußen mit dem Kopf gegen die Wand rennen, – Sie müssen Ihre Sache tun. Machen Sie Ihr Buch fertig, der Umtrunk geht auf meinen Deckel, und die ersten hundert Exemplare nehme ich Ihnen ab ... Ein Stückchen Presskopf, Nikolaj Vasiljevič: Presskopf nach Hausmacherart, von einem Deutschen ...

MUKOVNIN: Isaak Markovič, also wirklich, ich werde noch wütend ...

DYMŠIC: Es wäre mir eine Ehre, wenn der Herr General Mukovnin auf mich wütend würde ... Ein herrlicher Presskopf! Dieser Deutsche war ein ziemlich angesehener Professor, jetzt macht er in Wurst ... Ljudmila Nikolajevna, ich habe den starken Verdacht, dass wir uns verspäten.

LJUDMILA *(hinter dem Wandschirm)*: Ich bin bereit.

MUKOVNIN: Was schulde ich Ihnen, Isaak Markovič?

DYMŠIC: Sie schulden mir ein Hufeisen von einem Pferd, was heute auf dem Nevskij Prospekt krepiert ist.

MUKOVNIN: Nein, im Ernst ...

DYMŠIC: Also gut, im Ernst – zwei Hufeisen von zwei Pferden.

Ljudmila Nikolajevna tritt hinter dem Wandschirm hervor. Eine blendende Erscheinung, schlank, rosig. In den Ohrläppchen Brillanten. Sie trägt ein ärmelloses Kleid aus schwarzem Samt.

MUKOVNIN: Habe ich ein hübsches Töchterchen, Isaak Markovič?
DYMŠIC: Ich sag nicht Nein.
KATJA: Da ist sie also, Isaak Markovič: die russische Schönheit.
DYMŠIC: Bin kein Spezialist in der Materie, aber dass es hübsch ist, sehe ich.
MUKOVNIN: Ich werde Sie auch noch mit meiner Älteren bekanntmachen, mit Maša.
LJUDMILA: Ich muss Sie warnen: Marija ist bei uns der allgemeine Liebling, und voilà – der Liebling ist zu den Soldaten gegangen.
MUKOVNIN: Wieso Soldaten, Ljuka …? Zur Politabteilung.
DYMŠIC: Eure Exzellenz, von der Politabteilung kann ich Ihnen was erzählen. Soldaten sind das, sonst nichts.
KATJA *(nimmt Ljudmila beiseite)*: Wirklich, lass die Ohrringe weg.
LJUDMILA: Meinst du?
KATJA: Natürlich, lass sie weg. Und dann dieses Abendessen …
LJUDMILA: Gnädigste, Sie können beruhigt schlafen. Den Meister lehren wollen … *(küsst Katja.)* Katjuša, du liebes Dummerchen … *(zu Dymšic.)* Meine Galoschen … *(dreht sich weg und nimmt den Ohrschmuck ab.)*
DYMŠIC *(stürmt davon)*: Augenblick!

Ankleideprozedur: Galoschen, Pelz, Orenburger Tuch. Dymšic assistiert, wuselt umher.

LJUDMILA: Ich kleide mich an und staune selbst bei jedem Stück, dass es noch nicht verkauft ist ... Papa, sei so gut, und nimm deine Medizin auch ohne mich ein. Und lasse ihn nicht mehr an die Arbeit, Katja.
MUKOVNIN: Wir werden den Laden schon schaukeln, Katja und ich.
LJUDMILA *(küsst ihren Vater auf die Stirn)*: Gefällt Ihnen mein Papachen, Isaak Markovič? So einen Vater haben wirklich nicht alle ...
DYMŠIC: Nikolaj Vasiljevič ist ein Luxus, kein Mensch!
LJUDMILA: Keiner kennt ihn wirklich – außer uns ... Wo haben Sie Fürst Ippolit gelassen?
DYMŠIC: Beim Tor. Mit der Order: Warten, Disziplin. Wir sind in einem Augenblick dort ... Leben Sie wohl, Nikolaj Vasiljevič!
KATJA: Und feiert nicht zu wild.
DYMŠIC: Gefeiert wird mit Maßen, dafür ist heutzutage gesorgt.
LJUDMILA: Wiedersehen, Papachen!

Mukovnin begleitet seine Tochter und Dymšic ins Vorzimmer. Stimmen und Gelächter hinter der Tür. Der GENERAL *kommt zurück.*

MUKOVNIN: Ein sehr netter und honoriger Jude.
KATJA *(in die Sofaecke gekauert, raucht)*: Mir scheint, denen fehlt es allen an Takt.
MUKOVNIN: Katja, Liebes, wo soll denn der Takt herkommen ...? Auf der einen Straßenseite ließ man sie leben,

von der anderen verjagte sie die Polizei. So ist es in Kiew gewesen, am Bibikov-Boulevard. Wo soll da der Takt herkommen? Erstaunlich ist etwas anderes: die Energie, Lebenskraft, Widerstandsfähigkeit ...

KATJA: Diese Energie ist jetzt ins russische Leben eingedrungen, aber wir sind nun einmal anders, uns ist das alles fremd.

MUKOVNIN: Fatalismus – das ist uns nicht fremd. Rasputin und die Deutsche Alix, die die Dynastie zugrunde gerichtet hat, – das ist uns nicht fremd. Dagegen kommt nichts als Nutzen von diesem wunderbaren Volk, das uns Heine, Spinoza, Christus gegeben hat ...

KATJA: Sie haben auch schon die Japaner gepriesen, Nikolaj Vasiljevič.

MUKOVNIN: Na und ...? Die Japaner sind ein großes Volk, von ihnen kann man lernen und nochmals lernen.

KATJA: Da sieht man, von wem Marija Nikolajevna das hat ... Sie sind ein Bolschewik, Nikolaj Vasiljevič.

MUKOVNIN: Ich bin russischer Offizier, Katja, und ich frage: Wie ist das möglich, meine Herren, seit wann sind Ihnen, frage ich Sie, die militärischen Spielregeln fremd geworden ...? Wir haben diese Menschen gequält und erniedrigt, sie haben sich gewehrt, sind zum Angriff übergegangen und schlagen sich mit Finesse, Bedacht, Verzweiflung; sie schlagen sich, sage ich, im Namen eines Ideals, Katja.

KATJA: Ideal ...? Ich weiß nicht. Wir sind jedenfalls unglücklich und werden nicht mehr glücklich sein. Uns hat man geopfert, Nikolaj Vasiljevič.

MUKOVNIN: Die sollen all die Vanjuchas und Petruchas ruhig ordentlich aufrütteln, großartig wird das. Und die Zeit drängt, Katja ... Der einzige russische Imperator, Peter der Große, hat gesagt: »Die Zeit aufhalten bedeutet den

Tod.« Das ist das Gebot der Stunde! Und wenn dem so ist, dann müssen doch Sie, meine Herren Offiziere, Manns genug sein und auf die Karte schauen, um festzustellen, von welcher Flanke Sie umgangen worden sind, wo und warum man sie geschlagen hat ... Die Augen offenhalten – das ist mein Recht, und ich werde auf dieses Recht nicht verzichten.

KATJA: Nikolaj Vasiljevič, Sie müssen Ihre Medizin nehmen.

MUKOVNIN: Den Kameraden, mit denen ich Seite an Seite gekämpft habe, sage ich: Meine Herren, tirez vos conclusions, die Zeit aufhalten bedeutet den Tod. *(Geht ab.)*

Hinter der Wand Cellospiel, kalt und rein, eine Fuge von Bach. Katja lauscht, dann steht sie auf, geht zum Telefon.

KATJA: Geben Sie mir den Bezirksstab ... Geben Sie mir Redjko ... Redjko ...? Ich wollte nur sagen ... Es werden ja wohl außer dir noch andere die Revolution machen, aber du findest als Einziger nie die Zeit, dich mit dem Menschen zu treffen ... Mit dem Menschen, bei dem du die Nacht verbringst, wenn es dich ankommt ...

Pause.

Redjko, lass uns eine Spritztour machen. Hol mich mit dem Auto ab ... Nun gut, wenn du zu tun hast ... Nein, ich bin nicht böse. Wieso sollte ich böse sein ...? *(Hängt auf.)*

Die Musik verstummt. Herein kommt GOLICYN, *ein langer Mann im Soldatenrock und mit Wickelgamaschen, das Cello in der Hand.*

KATJA: Fürst, wie sagten doch die in der Kneipe zu Ihnen: »Spiel nicht so ne Klagemusik?«
GOLICYN: »Spiel nicht so ne Klagemusik, mach uns nicht restlos mürbe.«
KATJA: Sie brauchen etwas Fröhliches, Sergej Illarionovič. Die Leute wollen vergessen, sich erholen ...
GOLICYN: Nicht alle. Manche verlangen auch was fürs Gefühl.
KATJA *(setzt sich an den Flügel)*: Wer ist eigentlich Ihr Publikum?
GOLICYN: Die Lastträger vom Obvodnyj-Kanal.
KATJA: Sie schaffen es noch in die Gewerkschaft ... Abendessen kriegen Sie dort auch?
GOLICYN: Ja, das gibt es dazu.
KATJA *(spielt das »Äpfelchen«-Lied, singt mit halber Stimme)*:

Der Dampfer fährt, es rollt die See.
Wir füttern die Fische mit der Freiwilligenarmee.

Spielen Sie mir nach. Das »Äpfelchen«-Lied passt besser für die Kneipe.

Golicyn spielt mit, erst falsch, dann korrigiert er sich.

Sergej Illarionovič, lohnt es sich für mich, Stenografie zu lernen?
GOLICYN: Stenografie? Ich weiß nicht.
KATJA:

Ich sitz aufm Fass, und weine stumm,
keiner will heiraten, jeder grapscht rum.

Stenografistinnen sind jetzt gefragt.

GOLICYN: Da kann ich Ihnen nicht raten. *(Spielt das »Äpfelchen« nach.)*
KATJA: Von uns allen ist Maša die einzige wahre Frau. Sie hat Kraft, sie hat Mut, sie ist eine Frau. Wir seufzen hier herum, und sie ist glücklich in ihrer Politabteilung ... Das Glück – haben die Menschen je ein anderes Gesetz ersonnen ...? Es gibt wohl kein anderes Gesetz.
GOLICYN: Marija Nikolajevna hat schon immer das Steuer jäh herumgerissen. Das ist ihre Spezialität.
KATJA: Recht hat sie ...

Ach Äpfelchen, wo rollste hin ...

Und dann hat sie ja auch noch eine Affäre mit diesem Akim Ivanyč ...
GOLICYN *(hört auf zu spielen)*: Akim Ivanyč? Wer ist das?
KATJA: Ihr Divisionskommandeur, vormals Schmied ... Sie erwähnt ihn in jedem Brief.
GOLICYN: Wieso Affäre?
KATJA: Das steht zwischen den Zeilen, ich kenne mich aus ... Oder soll ich zu meinen Verwandten nach Borisoglebsk fahren? Trotz allem ein Nest zum Unterschlüpfen ... Sie gehen doch oft ins Kloster, zu diesem Mönch ... wie heißt er gleich?
GOLICYN: Sionius.
KATJA: Sionius, genau. Was lehrt er Sie?
GOLICYN: Sie haben vom Glück gesprochen ... Er lehrt mich, das Glück nicht im Gefühl der Macht über die Menschen zu sehen und nicht in der unablässigen Gier – dieser Gier, die wir niemals stillen können.
KATJA: Spielen Sie, Sergej Illarionovič.

Ich sitz aufm Fass, und das Fass kommt ins Rollen,
In der Tasche keinen Groschen,
aber Schnaps tät ich wollen ...

Sionius – ein schöner Name.

DRITTES BILD

LJUDMILA *und* DYMŠIC *in seinem Hotelzimmer. Auf dem Tisch Reste vom Abendessen, Flaschen. Man sieht einen Teil des Nebenzimmers,* BIŠONKOV, FILIPP *und* JEVSTIGNEĬČ *beim Kartenspiel. Jevstigneĭč hat man mit den Beinstümpfen auf den Stuhl gestellt.*

LJUDMILA: Feliks Jusupov war schön wie ein Gott, Tennisspieler, russischer Meister. Seiner Schönheit fehlte die Männlichkeit, er hatte etwas Puppenhaftes ... Vladimir Baglej bin ich bei Feliks begegnet. Der Zar hat die ritterliche Natur dieses Mannes bis zum Schluss nicht wirklich erkannt. Bei uns hieß er nur »der teutonische Ritter« ... Frederiks war mit dem Fürsten Sergej befreundet ... Sie kennen doch Fürst Sergej, der immer Cello spielt ...? Bei der Soirée gab es noch eine Nummer hors programme: den Erzbischof Ambrosius. Der alte Herr machte mir den Hof – stellen Sie sich das vor! –, schenkte mir ständig Bowle nach und zog so eine scheinheilige, listige Miene. Anfangs machte ich auf Vladimir keinen großen Eindruck, er hat es mir selbst gestanden: »Sie waren so stupsnasig, si démesurément russe, mit Ihren glutroten Wangen ...« Als es dämmerte, fuhren wir nach Carskoje, ließen das Auto im Park und nahmen eine Droschke. Er kutschierte selbst. »Ljudmila Nikolajevna, muss ich noch sagen, dass ich den ganzen Abend den Blick nicht von Ihnen wenden konnte …?« »Nina Buturlina hat es jedenfalls bemerkt, mon prince.« Ich wusste von ihrer Affäre oder besser ihrem Flirt. »Die Buturlina, c'est le passé, Ljudmila Nikolajevna.« »On revient toujours à ses premières amours, mon prince«, Vladimir trug nicht den Großfürstentitel, er stammte aus einer morganatischen Ehe, die Familie verkehrte nicht bei der Kaiserin … Vladimir nannte diese Frau ein Genie des Bösen. Und dann: Er war ja ein Dichter, ein Junge, von Politik verstand er nichts … Wir kommen also nach Carskoje. Sonnenaufgang. Am Teich, irgendwo ganz unten, singt eine Nachtigall … Mein Begleiter wiederholt: »Mademoiselle Boutourline, c'est le passé.« »Mon prince, die Vergangenheit kehrt manchmal zurück, und wenn sie es tut, ist es furchtbar …«

Dymšic löscht das Licht, stürzt sich auf Mukovnina, wirft sie aufs Sofa. Heftiges Ringen. Sie reißt sich los, ordnet ihr Haar, das Kleid.

BIŠONKOV *(gibt eine Karte aus)*: Mach deinen Stich …
FILIPP: Stich machen – wie denn, gegen dich!
JEVSTIGNEÏČ: Sie führen ihn also zum Zaun, Hände gefesselt … »Los, Freundchen«, sagen sie, »dreh dich um.« Und er: »Brauch mich nicht umdrehen, ich bin Soldat, macht mich so kalt …« Die haben dort ne Art Flechtzäune, halb so hoch wie ein Mann … Nacht, Dorfrand, hinterm Dorf Steppe, am Ende der Steppe ne Schlucht …
BIŠONKOV *(schlägt die Karte)*: Jetzt biste angeschmiert!
FILIPP: Ich verdopple!
JEVSTIGNEÏČ: … führen ihn also hin, legen an … Er steht

am Zaun, und plötzlich hebt er ab, und das mit gefesselten Händen, wie wenn ihn der Herrgott persönlich in die Luft erhebt. Fliegt übern Zaun und ab, schräg durchs Gelände … Sie ballern los … aber Nacht, stockfinster, er macht nen Schwenk, schlägt paar Haken – und weg.

FILIPP *(gibt Karten)*: Ein Held!

JEVSTIGNEÏČ: Ein ewiger Held. Džigit heißt das bei den Kosaken. Hab ihn gekannt, so gut wie dich … Ein halbes Jahr ist er noch rumgesprungen, dann ham sie ihn erledigt.

FILIPP: Nee, allegemacht?

JEVSTIGNEÏČ: Genau. Und zwar zu Unrecht, wenn du mich fragst. Der Mann ist aus dem Grab gekrochen, der Mann hat ins Jenseits geschaut, vom Schicksal her hätten die ihn gar nicht umbringen dürfen.

FILIPP: Null Rücksicht in der heutigen Zeit.

JEVSTIGNEÏČ: Zu Unrecht, wenn du mich fragst. In allen Ländern gibts ein Gesetz: Beim ersten Mal nicht totgekriegt – Glück gehabt, leb weiter.

FILIPP: Bei uns heißts nur: Jetzt erst recht … Und machen dich alle.

BIŠONKOV: Bei uns heißts: Jetzt erst recht …

LJUDMILA: Machen Sie das Licht an.

Dymšic betätigt den Lichtschalter.

Ich gehe. *(Dreht sich um, blickt Dymčic an, bricht in Gelächter aus).* Kommen Sie schon her, ziehen Sie nicht so einen Flunsch … Sagen Sie, mein Freund, wie stellen Sie sich das Ganze eigentlich vor? Ich muss mich doch erst an Sie gewöhnen …

DYMŠIC: Ich bin kein Stiefel, dass man sich an mich gewöhnen muss.

LJUDMILA: Ich will nicht verhehlen: Sie wecken in mir durchaus eine gewisse Sympathie, aber dieses Gefühl muss sich festigen … Erst wird Maša von der Armee zurückkommen, Sie lernen einander kennen: Ohne sie läuft in unserer Familie gar nichts … Papa – er ist Ihnen wohlgesonnen, aber hilflos, Sie haben es ja selbst gesehen … Und dann ist doch vieles noch gar nicht geregelt: Zum Beispiel Ihre Frau …?

DYMŠIC: Was hat meine Frau damit zu tun?

LJUDMILA: Ich weiß – die Juden hängen an ihren Kindern.

DYMŠIC: Das Thema hat hier nichts, aber auch gar nichts zu suchen, bei Gott!

LJUDMILA: Bis es so weit ist, müssen sie jedenfalls brav neben mir stillsitzen und sich mit Geduld wappnen …

DYMŠIC: Die Juden sind mit Geduld gewappnet, seit sie auf den Messias warten. Trinken Sie noch ein Gläschen.

LJUDMILA: Ich habe schon mehr als genug.

DYMŠIC: Den Wein hat man mir von einem Panzerkreuzer besorgt. Der Großfürst hatte ein Kistchen davon, auf dem Panzerkreuzer …

LJUDMILA: Wie kommen Sie bloß an das ganze Zeug?

DYMŠIC: Wo ich drankomme, kommt kein anderer dran … Hier, trinken Sie noch ein Gläschen.

LJUDMILA: Nur wenn Sie stillsitzen.

DYMŠIC: Stillsitzen tut man in der Synagoge.

LJUDMILA: Den Gehrock haben Sie ja schon angelegt, passend zur Synagoge. Gehrock, mein kleiner Itzig, trugen die Gymnasialdirektoren bei der Abschlussfeier und die Kaufleute beim Leichenschmaus.

DYMŠIC: Ich werde den Gehrock weglassen.

LJUDMILA: Und dann die Theaterkarten. Kaufen Sie niemals,

mein Freund, Plätze in der ersten Reihe, das machen nur Emporkömmlinge, Parvenüs ...
DYMŠIC: Ich bin ja ein Emporkömmling.
LJUDMILA: Sie haben inneren Adel, das ist etwas völlig anderes. Ihr Vorname passt auch gar nicht zu Ihnen ... Man kann jetzt in der Zeitung annoncieren, in der »Izvestija« ... Ich würde mich Aleksej nennen ... Gefällt Ihnen Aleksej?
DYMŠIC: Durchaus. *(Löscht erneut das Licht und stürzt sich auf Mukovnina).*
JEVSTIGNEIČ: Jetzt gehen sie ran ...
FILIPP *(spitzt die Ohren)*: Die hätten wir scheints im Kasten ...
BIŠONKOV: Mir is ja Ljudmila Nikolajevna von allen am liebsten – die grüßt einen sogar ... Sonst kommen doch nur solche hergelaufenen Zottelschlampen ... Mit dem Vatersnamen spricht sie mich an ...

Ins Zimmer der Invaliden kommt VISKOVSKIJ, *postiert sich hinter Jevstigneič, beobachtet über seinen Rücken hinweg, wie die Karten fallen.*

LJUDMILA *(reißt sich los)*: Rufen Sie mir eine Droschke ...
DYMŠIC: Augenblicklich ...! Hab ja sonst nichts zu tun.
LJUDMILA: Rufen Sie die Droschke, sofort!
DYMŠIC: Draußen sind minus dreißig Grad, da jagt man nicht mal einen verrückten Hund vor die Tür.
LJUDMILA: Meine Kleider – alles zerrissen ... Wie soll ich so nach Hause kommen ...?
DYMŠIC: Kein Grund für die Sintflut ...
LJUDMILA: Geschmacklos ... Isaak Markovič, Sie sind an der falschen Adresse.
DYMŠIC: Hab ich ein Glück.

LJUDMILA: Ich sage Ihnen doch – ich habe Zahnschmerzen, unerträgliche Schmerzen …!
DYMŠIC: Und ich bin der Kaiser von China … Was haben die Zähne damit zu tun?
LJUDMILA: Besorgen Sie mir Zahntropfen … Ich leide.

Dymšic geht ab, im Nebenzimmer stößt er auf Viskovskij.

VISKOVSKIJ: Glückwunsch zur Schwitzkur, Herr Lehrer.
DYMŠIC: Sie hat Zahnschmerzen.
VISKOVSKIJ: Kommt vor …
DYMŠIC: Ohne Zahnschmerzen kommt auch vor.
VISKOVSKIJ: Ein Bluff. Isaak Markovič, ganz klar ein Bluff.
FILIPP: Alles nur eine Erfindung von der, Isaak Markovič, von wegen Zahnschmerzen …
LJUDMILA *(ordnet sich vor dem Spiegel die Haare. Stattlich, fröhlich, die Wangen rot erhitzt, wandert sie durchs Zimmer und trällert)*:

Rank und schlank ist der Geliebte mein,
kann so zärtlich und so grausam sein,
ach wie schmerzhaft peitscht die Seidenschnur …

DYMŠIC: Ich bin kein kleiner Junge mehr, Jevgenij Aleksandrovič, die Zeiten sind lange vorbei, dass ich ein kleiner Junge war.
VISKOVSKIJ: Zu Befehl!
LJUDMILA *(nimmt den Telefonhörer ab)*: 3-75-02. Papachen …? Sehr gut gehts mir … Nadja Johanson war im Theater, mit ihrem Mann. Wir essen gerade bei Isaak Markovič zu Abend … Die Spesivceva musst du dir unbedingt ansehen, das wird die neue Pavlova. … Deine

Medizin hast du genommen? Du musst jetzt schlafen gehen ... Deine Tochter ist eine ganz Schlaue, Papa, eine kleine Schlawinerin ... Katjuša, bist du's? ... Befehl ausgeführt, Gnädigste. Le manège continue, j'ai mal aux dents ce soir. *(Wandert durchs Zimmer, singt, bauscht sich die Haare auf).*

DYMŠIC: Und die kann sich schon mal drauf gefasst machen: Beim nächsten Mal bin ich für sie nicht zu Hause ...

VISKOVSKIJ: Wie Sie meinen.

DYMŠIC: Weil über meine Kinder und meine Frau kann mich fragen, wer will, aber die nicht.

VISKOVSKIJ: Zu Befehl!

DYMŠIC: Die Leute sind es nicht wert, meiner Frau den Schuh zu binden, wenn Sie's genau wissen wollen, nicht mal die Schnur an ihrem Schuh.

VIERTES BILD

Viskovskijs Zimmer. Er in Reithosen, Stiefeln, ohne Jacke, offener Hemdkragen. Auf dem Tisch Flaschen, man hat schon heftig getrunken. Auf die Couch gefläzt, KRAVČENKO, *gedrungen, rotgesichtig, in Militäruniform, und* MADAME DORA *– eine dürre Frau in Schwarz, mit spanischem Haarkamm und großen, baumelnden Ohrgehängen.*

VISKOVSKIJ: Mit einem Coup, Jaška ...

Ich kannte nur die eine Kraft
Die eine heiße Leidenschaft ...

KRAVČENKO: Wie viel brauchst du?

VISKOVSKIJ: Zehntausend Pfund. Ein einziger Coup ... Hast du schon mal Pfund Sterling gesehen, Jaška?

KRAVČENKO: Und alles mit Zwirn?

VISKOVSKIJ: Vergiss den Zwirn ...! Brillanten. Dreikaräter, blaues Wasser, lupenrein, ohne Staub. Andere nehmen die nicht in Paris.

KRAVČENKO: So was gibts doch gar nicht mehr.

VISKOVSKIJ: Brillanten gibts in jedem Haus, man muss nur wissen, wie man drankommt ... Die Rimskij-Korsakovs haben welche, die Šachovskojs ... Es gibt noch Diamanten im kaiserlichen Sankt Petersburg.

KRAVČENKO: Aus dir wird nie ein roter Kaufmann, Jevgenij Aleksandrovič.

VISKOVSKIJ: Und ob ...! Mein Vater hat ja schon Handel getrieben: Güter gegen Hengste getauscht ... Die Garde ergibt sich, Genosse Kravčenko, aber sie stirbt nicht.

KRAVČENKO: Ruf doch die Mukovnina herein ... Die Frau quält sich da draußen im Korridor rum ...

VISKOVSKIJ: Ich werde als großer Herr nach Paris kommen, Jaška.

KRAVČENKO: Wo ist eigentlich dieser Dymšic abgeblieben?

VISKOVSKIJ: Verschanzt sich im Klo oder spielt »Sechsundsechzig« mit dem Kurländer und Schapiro ... *(Öffnet die Tür.)* Miss, willkommen an unserem Feuerchen ... *(Tritt in den Korridor.)*

DORA *(küsst Kravčenko die Hände)*: Meine Sonne! Mein Gott!

Herein kommen Ljudmila im Pelzjäckchen und Viskovskij.

LJUDMILA: Einfach unerhört! Wir hatten eine Abmachung ...

VISKOVSKIJ: Was mehr wert ist als jedes Geld.

LJUDMILA: Wir hatten eine Abmachung, dass ich um acht da bin. Jetzt ist es dreiviertel neun ... und den Schlüssel hat er auch nicht hiergelassen ... Wo steckt er überhaupt?

VISKOVSKIJ: Spekuliert noch ne Runde, dann kommt er.

LJUDMILA: Eben doch keine Gentlemen, diese Leute ...

VISKOVSKIJ: Trinken Sie einen Wodka, Mädelchen.

LJUDMILA: Gute Idee, bin ganz durchgefroren ... Wirklich unerhört!

VISKOVSKIJ: Gestatten Sie, dass ich Sie vorstelle: Ljudmila Nikolajevna, Madame Dora, Bürgerin der Französischen Republik – Liberté, Égalité, Fraternité. Besitzt neben sonstigen Vorzügen einen ausländischen Pass.

LJUDMILA *(reicht ihr die Hand)*: Mukovnina.

VISKOVSKIJ: Jaška Kravčenko kennen Sie: Im Krieg Fähnrich, zur Stunde roter Artillerist. Steht in Kronstadt hinter den Zehnzollgeschützen der Festungsartillerie und kann sie in jede beliebige Richtung schwenken.

KRAVČENKO: Jevgenij Aleksandrovič landet heute noch einen Coup.

VISKOVSKIJ: In jede beliebige Richtung ... Alles ist denkbar, Jaška. Sie befehlen dir, die Straße zu zerstören, in der du geboren bist – du wirst sie zerstören; sie befehlen dir, ein Waisenhaus zu beschießen – du sagst: »Rohr 2-0-8« und beschießt das Waisenhaus. Du wirst es tun, Jaška, wenn sie dir nur erlauben, weiter zu existieren, auf der Gitarre zu klimpern, mit dürren Frauen zu schlafen: Du bist dick und hast sie gerne dürr ... Auf alles wirst du dich einlassen, und wenn sie dir sagen: Verleugne dreimal deine Mutter, dann verleugnest du sie. Aber das ist nicht der Punkt, Jaška, der Punkt ist: Sie werden noch weiter gehen: Du wirst deinen Wodka nicht länger trinken dürfen, mit wem es dir passt. Die Bücher, die sie dir aufzwingen, werden langweilig sein, und die Lieder, die sie dir beibringen, werden ebenso langweilig sein ... Dann wirst du wütend, roter Artillerist, schäumen wirst du, mit den Äuglein rollen ... Und zwei Bürger kommen dich besuchen: »Mitkommen, Genosse Kravčenko ...« »Meine Sachen«, fragst du, »einpacken oder nicht?« »Die lass mal hier, Genosse Kravčenko, es dauert nur paar Minuten, ein kleines Verhör, weiter nichts ...« Und dann machen sie Schluss mit dir, roter Artillerist, das kostet grade mal vier Kopeken. Beim Colt rechnet man pro Kugel vier Kopeken und keinen Centime mehr.

DORA: Jacques, bringen Sie mich nach Hause ...

VISKOVSKIJ: Auf dein Wohl, Jakov ...! Auf das siegreiche Frankreich, Madame Dora!

LJUDMILA *(ihr wird ständig nachgeschenkt)*: Ich gehe mal nachsehen, ob er schon zurück ist ...

VISKOVSKIJ: Spekuliert noch ne Runde, dann kommt er ... Marquise, den Bluff mit den Zähnen haben Sie sich selber ausgedacht?

LJUDMILA: Ja, hab ich ... Gut, was ...? *(Lacht).* Anders geht es ja heutzutage nicht. Die Juden müssen die Frau respektieren, mit der sie intim sein wollen.

VISKOVSKIJ: Wenn ich Sie so ansehe, Ljuka – wie ein kleines Meislein ... Trinken wir, mein Meislein!

LJUDMILA: Jetzt wirft er sich an mich heran. Sie haben mir etwas in dieses Gesöff gemischt, Viskovskij.

VISKOVSKIJ: Mein Meislein ... Alle Kräfte der Mukovnins sind in Marija geflossen, Sie haben nur diese Reihe von mickrigen Zähnen abbekommen.

LJUDMILA: Sehr billig, Viskovskij.

VISKOVSKIJ: Und deine kleinen Brüste mag ich auch nicht

leiden ... Die Brust einer Frau muss schön sein, groß, hilflos, wie bei einem Schaf ...

KRAVČENKO: Wir gehen dann mal, Jevgenij Aleksandrovič.

VISKOVSKIJ: Ihr geht gar nirgends hin ... Mein Meislein, heirate mich.

LJUDMILA: Nein, dann doch lieber Dymšic ... Man weiß ja, was herauskommt, wenn man einen wie Sie heiratet: Heute betrunken, morgen verkatert, dann über alle Berge und zuletzt eine Kugel im Kopf ... Nein, wir bleiben bei Dymšic.

KRAVČENKO: Lass uns gehen, Jevgenij Aleksandrovič, sei so gut!

VISKOVSKIJ: Ihr geht gar nirgends hin ... Ein Toast! Ein Toast auf die Frauen. *(Zu Dora.)* Das ist Ljuka ... Ihre Schwester heißt Marija.

KRAVČENKO: Marija Nikolajevna ist bei der Armee, oder?

LJUDMILA: Sie ist jetzt an der Grenze stationiert.

VISKOVSKIJ: An der Front, an der Front, Kravčenko. Ihre Division kommandiert ein Kellner.

LJUDMILA: Das stimmt nicht, Viskovskij. Er ist Metallarbeiter.

VISKOVSKIJ: Akim heißt der Kellner ... Trinken wir auf die Frauen, Madame Dora! Die Frauen lieben Fähnriche, Zimmerdiener, Steuerbeamte, Chinesen ... Ihre Sache ist die Liebe, den Rest besorgt das Polizeirevier. *(Hebt sein Glas.)* Auf die reizenden Frauen, die herrlichen Frauen, die uns liebten, und sei's nur für eine Stunde ... Wobei – es ist ja nicht mal eine Stunde gewesen. Eine Spinnwebe. Und schon war die Spinnwebe zerrissen ... Ihre Schwester heißt Marija ... Stell dir vor, Jaška, du wärst in die Zarin verliebt. »Sie Widerling«, sagt sie zu dir, »scheren Sie sich weg ...«

LJUDMILA *(lacht)*: Maša, wie sie leibt und lebt …

VISKOVSKIJ: »Sie Widerling, scheren Sie sich weg …« Die Gardekavallerie war abgeschmettert, als Nächstes wurde die Furstadt-Straße Sechzehn ins Visier genommen, Apartment Nummer Vier …

LJUDMILA: Viskovskij, unterstehen Sie sich!

VISKOVSKIJ: Auf die Artillerie von Kronstadt, Jaša …! Also los in die Furstadt-Straße Sechzehn. Marija Nikolajevna verlässt das Haus im grauen Schneiderkostüm. An der Troickij-Brücke kauft sie Veilchen und steckt sie sich ins Knopfloch ihres Jacketts … Der Fürst – der immer Cello spielt –, der Fürst also hat seine Junggesellenwohnung in Ordnung gebracht, die Schmutzwäsche mit einem Tritt unter den Schrank befördert, die ungespülten Teller ins Entresol gepackt … In der Furstadt-Straße werden Kaffee und Petits Fours gereicht. Der Kaffee ist ausgetrunken. Sie bringt den Frühling herein, Veilchen, sitzt mit hochgelegten Beinen auf dem Sofa. Er breitet ihr einen Schal über die festen, zarten Beine, ein Lächeln strahlt ihm entgegen, ermunternd, gefügig, ein Lächeln, traurig, ermunternd … Sie umfängt seinen ergrauenden Kopf … »Fürst! Was tun Sie da, Fürst?« Aber der Fürst hat plötzlich das Stimmchen eines Sängerknaben im päpstlichen Chor. Passe, rien ne va plus.

LJUDMILA: Mein Gott, was für ein Giftpilz!

VISKOVSKIJ: Stell dir vor, Jaša, die Zarin zieht sich vor deinen Augen aus: Mieder, Strümpfe, Höschen … Da würdest vielleicht selbst du plötzlich schüchtern, Jaška …

Ljudmila Nikolajevna wirft sich zurück, bricht in Gelächter aus.

Sie verließ die Furstadtstraße Sechzehn ... Wo ist die Spur ihres Fußes, dass ich sie küssen kann ...? Wo ist ihre Spur ...? Aber die Stimme von diesem Akim wird ja hoffentlich was derber klingen ... Ihre Meinung, Ljudmila Nikolajevna?

LJUDMILA: Viskovskij, Sie haben mir etwas in diesen Wodka gemischt ... Mir dreht sich alles ...

VISKOVSKIJ: Komm her, du Kroppzeug! *(Packt sie heftig an den Schultern und zieht sie zu sich heran.)* Was hat dir Dymšic bezahlt für den Ring?

LJUDMILA: Was reden Sie da?

VISKOVSKIJ: Der Ring gehört deiner Schwester, nicht dir. Einen fremden Ring hast du verkauft.

LJUDMILA: Lassen Sie mich los!

VISKOVSKIJ *(stößt sie durch die Seitentür)*: Komm mit, du Kroppzeug ...!

Im Zimmer bleiben Dora und Kravčenko zurück. Am Fenster vorüber wandert langsam ein Scheinwerferstrahl. Dora, zerzaust, ekstatischer Blick, wölbt sich Kravčenko entgegen, küsst ihm die Hände, stöhnt, stammelt. Barfuß, auf Zehenspitzen, kommt Filipp herein mit seinem verbrannten Gesicht, nimmt lautlos, ohne Hast Wein, Wurst, Brot vom Tisch.

FILIPP *(leise, den Kopf zur Seite geneigt)*: Sie nehmens mir doch nicht krumm, Jakov Ivanovič?

Kravčenko nickt begütigend, der Invalide geht hinaus, behutsam auf den nackten Sohlen tappend.

DORA: Du Sonne! Du Gott! Du mein alles!

Kravčenko schweigt, lauscht. VISKOVSKIJ *kommt herein, steckt sich eine Zigarette an, seine Hände zittern. Die Tür zum Nachbarzimmer steht offen. Mukovnina liegt zusammengesunken auf dem Sofa, weint.*

VISKOVSKIJ: Nur die Ruhe, Ljudmila Nikolajevna, bis zur Hochzeit ist alles verheilt …
DORA: Jacques, ich will in unser Zimmer … Bringen Sie mich nach Hause, Jacques …
KRAVČENKO: Warte, Dora.
VISKOVSKIJ: Noch einen zum Abschied, Bürger?
KRAVČENKO: Warte, Dora.
VISKOVSKIJ: Einen zum Abschied – auf die Damen …
KRAVČENKO: So etwas tut man nicht, Rittmeister.
VISKOVSKIJ: Auf die Damen, Jakov Ivanovič!
KRAVČENKO: So etwas tut man nicht, Rittmeister.
VISKOVSKIJ: Was genau tut man nicht?
KRAVČENKO: Wer den Tripper hat, schläft nicht mit Frauen, Herr Viskovskij.
VISKOVSKIJ *(Im Offizierston)*: Was haben Sie gesagt?

Pause. Das Weinen verstummt.

KRAVČENKO: Ich habe gesagt, wer Gonorrhöe hat …
VISKOVSKIJ: Nehmen Sie die Brille ab, Kravčenko. Ich werde Ihnen die Fresse polieren …!

Kravčenko zieht den Revolver.

Sehr gut.

Kravčenko schießt. Vorhang. Hinter dem Vorhang Schüsse, der Aufprall von Körpern auf dem Boden, der Schrei einer Frau.

FÜNFTES BILD

Bei den Mukovnins. In der Ecke, eingerollt auf einer Truhe, die ALTE KINDERFRAU. *Sie schläft. Auf dem Tisch der Lichtfleck der Lampe.* KATJA *liest* MUKOVNIN *aus einem Brief vor.*

KATJA: »… Im Morgengrauen weckt mich das Horn der Stabsschwadron. Um acht muss ich bei der Politabteilung sein, bin dort Mädchen für alles … Ich redigiere Artikel für die Divisionszeitung, leite den Likbez-Kurs für die Analphabeten. Unsere Verstärkung kommt aus der Ukraine; in Sprache und Gestik erinnern mich die Leute an Italiener. Das offizielle Russland hat ihre Kultur jahrhundertelang unterdrückt und erniedrigt … Wir haben doch auf unserer Millionnaja in Petersburg, in diesem Haus gegenüber von Eremitage und Winterpalais, gelebt wie in Polynesien – ohne unser Volk zu kennen, ohne die leiseste Ahnung von ihm … Gestern las ich im Unterricht aus Papas Buch das Kapitel über die Ermordung Pauls vor. Der Kaiser hatte seine Strafe so offenkundig verdient, dass keiner darüber ins Grübeln kam: Sie stellten mir Fragen – hier zeigt sich der scharfe Verstand des einfachen Mannes – zum Standort des Regiments, der Anordnung der Zimmer im Palast, welche Gardekompanie Wache hatte, woher sich die Verschwörer rekrutierten, wodurch Paul sie überhaupt beleidigt hatte … Ich träume ständig davon, dass Papa uns im Sommer besuchen kommt, wenn bloß die Polen sich nicht regen ... Mein liebster Papa, du wirst eine neue Armee, eine neue Kaserne zu sehen bekommen, – das genaue Gegenteil von dem, was du schilderst. Dann grünt und blüht auch schon unser Park, die Pferde fressen sich auf der Weide satt, die Sättel liegen bereit ... Ich habe mit Akim Ivanyč gesprochen – er ist einverstanden, Hauptsache, Ihr seid wohlauf, meine Lieben ... Nun ist es Nacht. Ich bin spät vom Dienst gekommen und auf den vierhundert Jahre alten, ausgetretenen Stufen zu mir hinaufgestiegen. Ich wohne im Turm, im Säulensaal, der einst den Grafen Kraśnicki als Waffenkammer diente. Das Schloss steht auf einem Steilufer, darunter der blaue Fluss, Wiesen, so weit das Auge reicht, bis zur fernen Nebelwand der Wälder ... In jedem Stockwerk des Schlosses ist eine Wachnische ausgehauen, von dort hat man das Anrücken der Tataren und Russen verfolgt und den Belagerern siedendes Öl über die Köpfe gegossen. Die alte Hedwiga, Wirtschafterin beim letzten Kraśnicki, hat mir Abendbrot gemacht, den Kamin angefeuert, der tief und schwarz ist wie ein Verlies. Unten im Park dösen die Pferde, wechseln von einem Bein zum anderen. Die Kuban-Kosaken essen am Lagerfeuer zu Abend, stimmen ein Lied an. Schnee hat sich auf die Bäume gelegt; die Zweige der Eichen und Kastanien sind ineinander verschlungen, ein Dach aus gewelltem Silber bedeckt die schneeverwehten Pfade, die Statuen. Sie sind noch erhalten – die speerwerfenden Jünglinge und die Göttinnen, nackt und erstarrt, mit ihren gebogenen Armen, der Wellenlinie der Haare und den blinden Augen ... Hedwiga schlummert, wackelt mit dem Kopf, die Holzscheiter im Kamin lodern auf und zerfallen. Die Jahrhunderte ließen die Ziegel klingend werden wie Glas – ein goldener Schein liegt auf ihnen, jetzt, da ich

Euch schreibe ... Aljošas Fotografie steht auf meinem Tisch. Die Leute hier sind die gleichen, die ihn töteten, ohne mit der Wimper zu zucken. Von ihnen komme ich gerade, habe beigetragen zu ihrer Befreiung ... Habe ich richtig gehandelt, Aleksej, habe ich dein Vermächtnis erfüllt, tapfer zu leben ...? Auch was an ihm unsterblich ist, verurteilt mich nicht. Es ist spät, ich kann nicht einschlafen – aus unerklärlicher Sorge um Euch, aus Angst vor Träumen. Im Traum sehe ich Verfolgung, Martyrium, Tod. Mein Leben ist eine seltsame Mischung: Nähe zur Natur, Sorge um Euch. Warum schreibt Ljuka so selten? Vor ein paar Tagen habe ich ihr eine Bescheinigung geschickt, unterzeichnet von Akim Ivanovič, dass man mir als Armeeangehöriger das Zimmer nicht requirieren darf. Außerdem braucht Papa einen Schutzbrief für die Bibliothek. Nach Ablauf der Frist muss man ihn im Narkompros erneuern, an der Černyšev-Brücke, Zimmer vierzig. Ich wäre glücklich, wenn es Ljuka gelänge, eine Familie zu gründen, aber erst muss der Mann zu uns nach Hause kommen und sich Papa vorstellen – ein Vaterherz kann nicht irren. Auch die Njanja soll ihn sehen ... Katjuša klagt ständig über die Alte, dass sie nicht arbeitet. Katjuša, unsere Njanja ist alt, zwei Generationen von Mukovnins hat sie großgezogen, sie hat ihre eigenen Gedanken und Gefühle, so ein simples Gemüt ist sie nicht ... Für mich hatte sie immer wenig Bäurisches an sich – aber was haben wir in unserem Polynesien schon von den Bauern gewusst ...? Hier heißt es, in Petersburg sei es jetzt noch schwieriger mit der Verpflegung; bei jedem, der nicht arbeitet, werden Zimmer und Wäsche konfisziert ... Ich schäme mich, dass wir so gut leben. Akim Ivanovič hat mich schon zweimal auf die Jagd mitgenommen, ich habe ein Reitpferd, einen Donhengst ...« *(Katja hebt den Kopf.)* Da sehen Sie, Nikolaj Vasiljevič, wie gut sie es hat.

Mukovnin bedeckt die Augen mit der Hand.

Nicht weinen ...
MUKOVNIN: Ich frage Gott, – jeder von uns hat doch seinen Herzensgott –, wofür hast du mir selbstsüchtigem Trottel solche Kinder gegeben: Maša, Ljuka ...?
KATJA: Aber das ist doch nur gut, Nikolaj Vasiljevič. Wer wird denn da weinen?

SECHSTES BILD

Milizrevier, nachts. Unter einer Bank liegt zusammengekrümmt ein BETRUNKENER. *Er gestikuliert mit den Fingern dicht vor seinem Gesicht, schärft sich etwas ein. Auf der Bank döst ein massiger alter* MANN, *gut gekleidet, mit Waschbärpelz und hoher Mütze. Der Pelz klafft offen, darunter die nackte, graue Brust. Der* INSPEKTOR *verhört* MUKOVNINA. *Ihr Maulwurfmützchen ist zur Seite gerutscht, das Haar zerwühlt, die Pelzjacke von der Schulter gerissen.*

INSPEKTOR: Vorname?
LJUDMILA: Lassen Sie mich gehen.
INSPEKTOR: Vorname?
LJUDMILA: Varvara.
INSPEKTOR: Vatersname?
LJUDMILA: Ivanovna.
INSPEKTOR: Wo arbeiten Sie?
LJUDMILA: Bei Laferme, in der Tabakfabrik.

INSPEKTOR: Gewerkschaftskarte?
LJUDMILA: Habe ich nicht bei mir.
INSPEKTOR: Was soll der Bluff …?
LJUDMILA: Ich bin verheiratet … Lassen Sie mich gehen …
INSPEKTOR: Wie kommen Sie eigentlich drauf, hier so herumzubluffen, frag ich Sie? Bryljov kennen Sie schon lange?
LJUDMILA: Von wem reden Sie …? Ich weiß von nichts.
INSPEKTOR: Die Aufträge für den Zwirn hat Bryljov unterschrieben, über Sie ist das Ganze an Gutman gegangen; wo habt ihr euer Depot …?
LJUDMILA: Was reden Sie da? Welches Depot …?
INSPEKTOR: Gleich … finden Sie raus … welches Depot (*Zu einem Milizionär.*) Rufen Sie die Kalmykova.

Der Milizionär führt ŠURA KALMYKOVA *herein, Zimmermädchen im Hotel am Nevskij Prospekt, 86.*

INSPEKTOR: Sie sind die Etagenfrau?
KALMYKOVA: Aushilfsweise.
INSPEKTOR: Erkennen Sie diese Bürgerin?
KALMYKOVA: Punktgenau erkenne ich die.
INSPEKTOR: Was können Sie aussagen?
KALMYKOVA: Ich kann auf Fragen antworten … Der Vater ist General.
INSPEKTOR: Arbeitet sie?
KALMYKOVA: Scharfmachen – das ist der ihre Arbeit.
INSPEKTOR: Ehemann vorhanden?
KALMYKOVA: Ja, und die Hochzeit war im Gebüsch … Die hat viele Männers. Einer davon hat sich wegen der ihren Zähnen den ganzen Abend aufm Lokus verkrochen.
INSPEKTOR: Was für Zähne? Was schwafelst du da …?

KALMYKOVA: Ljudmila Nikolajevna weiß schon, was für Zähne.

INSPEKTOR *(zu Mukovnina)*: Schon mal verhaftet …? Wie oft?

LJUDMILA: Man hat mich angesteckt … Ich bin krank.

INSPEKTOR *(zu Kalmykova)*: Wir brauchen eine Zeugenaussage, wie oft sie verhaftet war.

KALMYKOVA: Weiß ich nicht, sag ich nix zu … Ich sag nix, was ich nicht weiß.

LJUDMILA: Ich bin am Ende … Lassen Sie mich gehen …

INSPEKTOR: Schluss mit dem Getue! Sehen Sie mich an.

LJUDMILA: Mir dreht sich alles … Ich falle gleich um …

INSPEKTOR: Ansehen sollen Sie mich!

LJUDMILA: Mein Gott, wozu soll ich Sie denn ansehen …?

INSPEKTOR *(in Rage)*: Weil ich schon den fünften Tag kein Auge zugetan habe … Können Sie das verstehen …?

LJUDMILA: Ja, kann ich.

INSPEKTOR *(rückt an sie heran, fasst sie an den Schultern und blickt ihr in die Augen)*: Wie oft warst du verhaftet – raus mit der Sprache …

SIEBTES BILD

Bei den Mukovnins. Flackernde Ölfunzeln. Schatten an Wänden und Zimmerdecke. Vor dem brennenden Ikonenlämpchen betet GOLICYN. *Auf der Truhe schläft die* KINDERFRAU.

GOLICYN: … Wahrlich, wahrlich ich sage euch: Es sei denn, dass das Weizenkorn in die Erde falle und ersterbe, so bleibts allein; wo es aber erstirbt, so bringt es viele Früchte. Wer sein Leben liebhat, der wirds verlieren; und wer sein

Leben auf dieser Welt hasst, der wirds erhalten zum ewigen Leben. Wer mir dienen will, der folge mir nach; und wo ich bin, da soll mein Diener auch sein. Und wer mir dienen wird, den wird mein Vater ehren. Jetzt ist meine Seele betrübt. Und was soll ich sagen? Vater, hilf mir aus dieser Stunde! Doch darum bin ich in diese Stunde gekommen.

KATJA *(tritt lautlos hinzu, stellt sich neben Golicyn, legt ihm den Kopf auf die Schulter)*: Meine Rendezvous mit Redjko finden im Stabsgebäude statt, Sergej Illarionovič, im ehemaligen Vorzimmer, dort steht ein Wachstuchsofa ... Ich komme, Redjko schließt ab, dann wird wieder aufgeschlossen ...

GOLICYN: Ja.

KATJA: Fürst, ich fahre nach Borisoglebsk.

GOLICYN: Fahren Sie.

KATJA: Redjko belehrt mich immer, immer belehrt er mich, wen man lieben und wen man hassen muss ... Er sagt – das Gesetz der großen Zahlen. Aber ich bin doch selbst eine kleine Zahl – oder zählt das etwa nicht ...?

GOLICYN: Es sollte zählen.

KATJA: Da habt ihrs – es sollte zählen ... Dann bin ich also frei, Njanjka ... Wach auf. Bitte, wach auf. Du verschläfst noch das Himmelreich ...

NEFEDOVNA *(hebt den Kopf)*: Wo bleibt bloß die Ljuka?

KATJA: Ljuka kommt bald zurück, Njanka, aber ich fahre weg, dann wird niemand mehr mit dir schimpfen.

NEFEDOVNA: Schimpfen? Wieso auch, was kann denn ich schon groß ausrichten ... Ich bin zur Njanjka geboren, für die Kinder ins Haus geholt, zum Kindergroßziehen, aber hier gibts ja keine ... Ein Haus voller Weiber, aber Kinderchen gibts keine. Die eine ist im Krieg, weil ohne sie ja nix läuft, die andere streunt sinnlos rum ... Was ist das bloß für ein Haus – ohne Kinderchen?

KATJA: Wir gebären dir eben welche vom Heiligen Geist ...

NEFEDOVNA: Sie schwätzen rum, ich sehs doch, Sie schwätzen rum, aber rauskommen tut nix.

GOLICYN: Fahren Sie nach Borisoglebsk, Katerina Vjačeslavovna, dort werden Sie gebraucht ... In Borisoglebsk ist Wüste, Katerina Vjačeslavovna, und in dieser Wüste zerfleischen sich die wilden Tiere gegenseitig ...

NEFEDOVNA: Sogar die Molostovs – das hinterletzte Krämerpack – aber ihrer Njanja haben die eine Pension verschafft, fuffzig Rubel im Monat ... Verschaff mir was, Fürst, wieso krieg ich keine Pension?

GOLICYN *(heizt die »Buržujka« an)*: Auf mich hört keiner, Nefedovna, ich bin jetzt machtlos.

NEFEDOVNA: Das allergewöhnlichste Krämerpack.

Die Tür öffnet sich. MUKOVNIN *weicht zurück vor* FILIPP, *seiner mit Lumpen und Baschlik vermummten, gewaltigen und unförmigen Gestalt. Filipps Gesicht ist zur Hälfte mit wildem Fleisch überwuchert, er trägt Filzstiefel.*

MUKOVNIN: Wer sind Sie?

FILIPP *(dringt weiter vor)*: Ein Bekannter von Ljudmila Nikolajevna.

MUKOVNIN: Was wünschen Sie?

FILIPP: Dort is ein Schlamassel passiert, Eure Exzellenz.

KATJA: Sie kommen von Isaak Markovič?

FILIPP: Genau, von Isaak Markovič ... Is scheints plötzlich irgendwie ausm Ruder gelaufen.

KATJA: Ljudmila Nikolajevna ...?

FILIPP: Eben, war auch dort, das Fräulein, in Gesellschaft ...

Ham halt bisschen über die Schnur gehauen, Eure Exzellenz. Jevgenij Aleksandrovič sagt das eine, Jakov Ivanyč gibt scheints irgendwie Kontra, sie kommen ins Zoffen, beide einen in der Krone ...
GOLICYN: Nikolaj Vasiljevič, ich werde mit diesem Genossen reden.
FILIPP: Nix groß passiert, Missverständnis halt. Beide einen in der Krone, Waffen am Mann ...
MUKOVNIN: Wo ist meine Tochter?
FILIPP: Eure Exzellenz, das ist nicht bekannt.
MUKOVNIN: Wo ist meine Tochter? Sagen Sie schon! Mir kann man alles sagen.
FILIPP *(kaum hörbar)*: Eingebuchtet.
MUKOVNIN: Ich habe dem Tod ins Gesicht gesehen. Ich bin Soldat.
FILIPP *(lauter)*: Eingebuchtet, Eure Exzellenz.
MUKOVNIN: Verhaftet – wofür?
FILIPP: Hat irgendwie Knatsch gegeben, scheints wegen dieser Krankheit. Jakov Ivanovič sagt: »Sie haben ihr die Krankheit angehängt«, und Jevgenij Aleksandrovič schießt direkt los ... Waffen am Mann, Waffen – und prompt ist sie ...
MUKOVNIN: Was, die Čeka?
FILIPP: Irgendwelche Menschen halt, wer blickt da noch durch ...? Die kommen jetzt in Zivil, Eure Exzellenz, die zeigen nicht erst ihren Ausweis vor ....
MUKOVNIN: Wir müssen zum Smolnyj fahren, Katja.
KATJA: Sie fahren gar nirgends hin, Nikolaj Vasiljevič.
MUKOVNIN: Wir müssen zum Smolnyj, auf der Stelle.
KATJA: Nikolaj Vasiljevič, mein Lieber ...
MUKOVNIN: Meine Tochter muss man mir wiederbringen, Katja, darum geht es jetzt. *(Geht zum Telefon.)* Verbinden Sie mich mit dem Militärbezirksstab ...

KATJA: Bitte nicht, Nikolaj Vasiljevič!

MUKOVNIN: Geben Sie mir den Genossen Redjko ... Hier ist Mukovnin ... Genauer kann ich mich nicht vorstellen, Genosse, – vormals Generalquartiermeister der Sechsten Armee. Genosse Redjko ...? Guten Tag, Fjodor Nikitič. Mukovnin am Apparat. Stehe zu Diensten ... Tut mir leid, falls ich bei der Arbeit störe ... Fjodor Nikitič, heute Abend wurde meine Tochter Ljudmila auf dem Nevskij, Haus Nummer sechsundachtzig, von Bewaffneten verhaftet. Ich bitte Sie nicht um Intervention, Fjodor Nikitič, – ich weiß, in Ihrer Organisation ist so etwas unüblich, – aber ich wollte nur melden, dass ich unbedingt meine ältere Tochter sehen muss, Marija Nikolajevna. Es geht darum, dass ich in letzter Zeit nicht gesund bin, Fjodor Nikitič, und ich bräuchte dringend Marija Nikolajevnas Rat. Wir haben Telegramme und Eilbriefe geschickt, Katerina Vjačeslavovna hat Sie, ich weiß, deswegen auch schon behelligt – bislang keine Antwort ... Ich bitte um eine Direktverbindung, Fjodor Nikitič ... Ich darf hinzufügen, dass mich General Brusilov nach Moskau ruft, zu Gesprächen über die Rückkehr in den Dienst ... Zugestellt, sagen Sie ...? Am achten zugestellt ...? Danke ergebenst, viel Erfolg, Fjodor Nikitič. *(Hängt auf.)* Alles bestens, Maša ist gefunden, das Telegramm wurde am achten übergeben. Morgen, spätestens übermorgen wird sie in Petersburg sein. Mašas Zimmer muss aufgeräumt werden, Nefedovna, – du stehst morgen in aller Frühe auf und räumst auf ... Katjuša hat recht – die Wohnung ist verkommen. In letzter Zeit haben wir alles furchtbar verkommen lassen, überall Staub. Wir müssen die Schonbezüge aufziehen. Wir haben doch Schonbezüge, Katjuša?

KATJA: Nicht für alle Möbel, aber ein paar sind noch da.

MUKOVNIN *(hastet im Zimmer umher)*: Schonbezüge – unbedingt aufziehen ... Maša wird sich freuen, wenn sie alles so vorfindet, wie sie es verlassen hat. Warum soll man es sich nicht gemütlich machen, wenn man kann ... Unsere Katja zum Beispiel gönnt sich ja gar kein Vergnügen, – du amüsiert dich nicht, Katjuša, gehst nicht mal mehr ins Theater, so ist man schnell von gestern.

KATJA: Wenn Maša zurückkommt, gehe ich ins Theater.

MUKOVNIN *(zu dem Invaliden)*: Verzeihen Sie, wie war doch Ihr Vor- und Vatersname ...?

FILIPP: Filipp Andrejevič.

MUKOVNIN: Wollen Sie nicht Platz nehmen, Filipp Andrejevič ...? Wir haben Ihnen noch nicht einmal für Ihre Mühen gedankt ... Wir müssen Filipp Andrejevič etwas anbieten ... Njanjka, lässt sich etwas finden für den Gast? Unser Haus ist offen für alle, Filipp Andrejevič, willkommen in unserem schlichten Heim, es ist uns ein Vergnügen. Wir werden Sie unbedingt mit Marija Nikolajevna bekannt machen ...

KATJA: Sie müssen sich ausruhen, Nikolaj Vasiljevič, hinlegen müssen Sie sich.

MUKOVNIN: Und dass ihr es wisst: Um Ljuka mache ich mir keinen Augenblick Sorgen. Das Ganze ist eine Lektion – eine Lektion für die Kinderflausen, den Mangel an Erfahrung ... Dass ihr es wisst – ich bin zufrieden ... *(Zittert, bleibt stehen, sinkt auf einen Stuhl. Katja eilt zu ihm.)* Ruhig, Katja, nur ruhig ...

KATJA: Was ist mit Ihnen?

MUKOVNIN: Nichts – das Herz ...

Katja und Golicyn fassen ihn unter, bringen ihn weg.

FILIPP: Fix und fertig, der Mann.

NEFEDOVNA *(deckt den Tisch)*: Warst du dabei, wie sie unser Fräulein geholt haben?

FILIPP: Ja, war ich.

NEFEDOVNA: Hat sie sich gewehrt?

FILIPP: Zuerst schon, dann isse brav mit.

NEFEDOVNA: Ich geb dir Kartoffeln, Kissel gibts auch ...

FILIPP: Stell dir vor, Oma, zu Hause hatt ich grade einen ganzen Kübel voll Pelmeni vor mir, da geht der Schlamassel los, – und zack is der Kübel geklaut.

NEFEDOVNA *(stellt Filipp die Kartoffeln hin)*: Das Gesicht hast du dir im Krieg so verbrannt?

FILIPP: Das Gesicht hab ich mir noch bei der Zivilordnung verbrannt, lange her, die Geschichte ...

NEFEDOVNA: Und, gibts bald wieder Krieg? Was hört man bei euch?

FILIPP *(isst)*: Krieg gibts im August, Oma.

NEFEDOVNA: Was denn, mit den Polen?

FILIPP: Mit den Polen.

NEFEDOVNA: Haben wir denen denn nicht schon alles hergegeben?

FILIPP: Die wollen ihren eigenen Staat, Oma, von Meer zu Meer. So wie in alten Zeiten wollen die's jetzt wieder haben, im gegenwärtigen Moment.

NEFEDOVNA: Nee, was für Dummköpfe aber auch!

KATJA *kommt herein.*

KATJA: Nikolaj Vasiljevič geht es sehr schlecht. Wir brauchen einen Arzt.

FILIPP: Fräulein, jetzt traut sich kein Arzt auf die Straße.

KATJA: Er stirbt, Njanjka, seine Nase ist ganz blau ... Er sieht schon aus wie sein eigener Leichnam ...

FILIPP: Die Ärzte ham sich jetzt eingeriegelt, Fräulein, die gehn bei Nacht nicht auf die Straße, und wenn du denen die Pistole vorhältst.
KATJA: Wir müssen in die Apotheke, Sauerstoff holen ...
FILIPP: Ist er in der Gewerkschaft – seine Exzellenz?
KATJA: Ich weiß nicht ... Gar nichts wissen wir hier.
FILIPP: Ohne Gewerkschaft geben sie ihm nix.

Jähes Schellen. Filipp geht die Tür öffnen, kommt zurück.

Da ... da ... ist Marija Nikolajevna ...
KATJA: Maša?!

Katja geht los, streckt die Arme aus, weint, bleibt stehen, schlägt die Hände vors Gesicht, lässt sie wieder sinken. Vor ihr ein ROT-ARMIST, *ein etwa neunzehnjähriger Junge mit langen Beinen, er schleift einen Sack hinter sich her.* GOLICYN *kommt herein, bleibt an der Tür stehen.*

ROTARMIST: Guten Abend!
KATJA: Mein Gott, Maša ...!
ROTARMIST: Marija Nikolajevna schickt Ihnen hier paar Lebensmittel.
KATJA: Wo ist sie denn ...? Ist sie auch mit ...?
ROTARMIST: Marija Nikolajevna ist bei der Division, sind jetzt alle auf ihren Posten ... Paar Sachen gibts hier auch – Stiefel ...
KATJA: Sie ist nicht mitgekommen?
ROTARMIST: Dort wird gekämpft, Genossen, – wie soll denn das gehen?
KATJA: Wir haben Telegramme geschickt, Briefe ...
ROTARMIST: Ganz egal, was Sie schicken ... Die Einheiten sind Tag und Nacht in Bewegung.

KATJA: Werden Sie sie sehen?

ROTARMIST: Na klar, wie denn nicht …? Wenn ich was ausrichten soll …

KATJA: Ja, richten Sie ihr bitte aus … Richten Sie ihr aus: Ihr Vater liegt im Sterben, und wir haben keine Hoffnung, ihn zu retten. Richten Sie ihr aus: Im Sterben hat er nach ihr gerufen … Ihre Schwester Ljuka lebt nicht mehr bei uns, sie ist verhaftet. Sagen Sie Marija Nikolajevna: Wir wünschen ihr Glück, wir wünschen ihr, dass sie nicht an die Tage und Stunden denkt, wo sie nicht bei uns war …

Der Rotarmist blickt sich um, weicht zurück. Schwankend kommt aus seinem Zimmer MUKOVNIN. *Seine Augen irren umher, das Haar ist gesträubt, er lächelt.*

MUKOVNIN: Schau nur, Maša, du warst weg, und ich bin kein bisschen krank gewesen, habe mich die ganze Zeit wacker gehalten, Maša … *(Erblickt den Rotarmisten.)* Wer ist das? *(Wiederholt lauter.)* Wer ist das …? Wer ist das …? *(Stürzt.)*

NEFEDOVNA *(sinkt neben Mukovnin auf die Knie)*: Was denn, du gehst, Kolja …? Wartest nicht auf deine Njanka …

Der Alte röchelt. Agonie.

ACHTES BILD

Mittag. Blendendes Licht. Im Fenster die sonnenüberfluteten Säulen der Eremitage, eine Ecke des Winterpalais. Der Salon der Mukovnins, leer. Im Hintergrund bohnern ANDREJ *und der Geselle* KUZMA, *ein Kerl mit feister Visage, das Parkett.* AGAŠA *schreit aus dem Fenster.*

AGAŠA: Njuška, du Rabenvieh, pass doch auf, dass sich das Gör nicht an der Mauer einsaut …! Wo hast du bloß deine Augen? Sitzt du drauf, auf den Augen, oder was …? Bist schon so groß, dass du ein Loch in den Himmel bohrst, aber noch immer kein bisschen gescheit … Tichon, hörste, Tichon, was lässt du dein Schuppen offen stehen? Sperr mal den Schuppen zu … Jegorovna, grüß dich! Ob ich wohl bis zum ersten bisschen Salz von dir kriegen kann …? Am ersten besorg ich mir was auf Karte – dann geb ichs dir zurück. Mein Mädel kommt aufn Sprung vorbei, schütt ihr was ins Gläschen, bis zum ersten halt … Tichon, hörste, Tichon, warst du schon bei den Novoselcevs? Wann ziehen sie aus?

TICHONS STIMME: Sie wissen nicht, wohin, sagen sie.

AGAŠA: Wohnen haben sie gekonnt, dann werden sie ja wohl auch ausziehen können … Gib ihnen Zeit bis zum Sonntag, aber dann machen wir Ernst mit denen, sag ihnen das … Njuška, du Rabenvieh, guck doch, das Gör stopft sich Erde in die Nase …! Bring das Gör rauf, marsch ins Haus, Fenster putzen …! *(Zum Parkettpolierer.)* Na, Meister, gut im Schwung?

ANDREJ: Wir strengen uns an.

AGAŠA: Also überanstrengen tuste dich auch wieder nicht … Die Ecken habt ihr ja komplett ausgelassen.

ANDREJ: Was für Ecken denn?

AGAŠA: Na alle viere – und dann ist der Fußboden bei dir irgendwie so rot. Wo gibts denn so was, ein fuchsroter Boden …? Völlig daneben, die Kulör.

ANDREJ: Das Material ist heutzutage daneben, Chefin.

AGAŠA: Selber ein Drückeberger, und der Lehrling wird noch ärger … Aber wenns Geld gibt, biste bestimmt akkurat zur Stelle.

ANDREJ: Also dazu sag ich jetzt mal, Agrafena, so was kannste nur deinem ärgsten Feind zumuten: das erste Mal nach der Revolution die Fußböden sauber machen ... Hier ist doch in der Revolution der Dreck fünf Fingerbreit angewachsen, den kriegste nicht mal mit dem Hobel weg. Einen Orden sollten die mir anstecken dafür, dass ich nach der Revolution die Böden sauber mache, und du kläffst hier rum ...

Im Hintergrund gehen SUŠKIN *und die in Trauer gekleidete* KATJA *vorbei.*

SUŠKIN: Ich kaufe ja rein als Fanatiker des Möbelfachs, rein aus Liebhaberei, weil ich einfach nicht an so einem Antikstück vorbeikann, – ich brenne nun mal für so ein Antikstück. Ein klobiges Antikstück kaufen – im gegenwärtigen Moment ist das ein Mühlstein am Hals, da kann man direkt mit untergehen, Katerina Vjačeslavna ... Heute machst du einen Kauf, dass du ins Träumen kommst, und morgen hast du die Qual, wie du das Ding in Einzelteilen beiseiteschaffst.
KATJA: Sie vergessen, Aristarch Petrovič, dass das hier keine gewöhnlichen Stücke sind. Diese Möbel haben sich die Stroganovs vor hundert Jahren aus Paris kommen lassen.
SUŠKIN: Deswegen lege ich ja auch eins Komma zwo Milliarden dafür hin.
KATJA: Und wie viel ist diese Milliarde jetzt in Brot gerechnet?
SUŠKIN: Machen Sie die Rechnung mal nicht mit Brot, sondern mit meiner Marotte, dass ich als Liebhaber kaufe. Im gegenwärtigen Moment mit einem klobigen Stück am Hals – da bin ich bei denen doch gleich als Erster dran ...

(Ändert den Ton.) Ich hab hier schon paar Jungspunde parat ... *(Ruft hinunter.)* – Anpacken, Kinders, schafft die Stricke her ...!

AGAŠA *(tritt vor)*: Was wird wohin geschafft?

SUŠKIN: Mit wem habe ich das werte Vergnügen ...?

KATJA: Das ist unsere Portiersdame, Aristarch Petrovič.

AGAŠA: Na ja, Hausmeisterin halt.

SUŠKIN: Sehr angenehm. Also Folgendes: Sie helfen uns sozusagen beim Möbelruntertragen, und wir revanchieren uns dann bei Ihnen.

AGAŠA: Das können Sie sich abschminken, Bürger.

SUŠKIN: Was genau können wir uns abschminken?

AGAŠA: Hier kommen welche von den Umquartierten rein, aus dem Keller ...

SUŠKIN: Das interessiert uns natürlich sehr, das mit den Umquartierten ...

AGAŠA: Wo sollen die bitteschön die Möbel hernehmen?

SUŠKIN: Das, Bürgerin, interessiert uns nicht im Geringsten.

KATJA: Agaša, Marija Nikolajevna hat mir aufgetragen, sie zu verkaufen ...

SUŠKIN: Entschuldigen Sie mal, Bürgerin, gehören die Möbel Ihnen?

AGAŠA: Mir nicht und dir schon gar nicht.

SUŠKIN: Dazu sag ich ad eins, dass Sie und ich nicht ins gleiche Loch gemacht haben, und ad zwei sag ich Ihnen, dass Sie sich im gegenwärtigen Moment grade Ärger einfangen.

AGAŠA: Bring mir ne Order, dann rück ich die Möbel raus.

KATJA: Agaša, die Möbel gehören Marija Nikolajevna, du weißt doch ...

AGAŠA: Was ich gewusst hab, gnä Fräulein, hab ich vergessen, ich lerne jetzt um.

SUŠKIN: Pass bloß auf, Frau, sonst kriegste Zoff!
AGAŠA: Pöbel nicht rum, sonst schmeiß ich dich raus ...
KATJA: Gehen wir, Aristarch Petrovič.
SUŠKIN: Frau, das ist Amtsmissbrauch, was du da machst.
AGAŠA: Bring mir ne Order, dann rück ich sie raus.
SUŠKIN: Wir sprechen uns noch, woanders.
AGAŠA: Von mir aus auf der Gorochovaja, bei der Čeka.
KATJA: Gehen wir, Aristarch Petrovič ...
SUŠKIN: Ich gehe, aber ich komme wieder, und zwar nicht allein, sondern mit meinen Leuten.
AGAŠA: Gar nicht gut, was Sie da machen, gnä Fräulein.

Sie gehen. Andrej und Kuzma sind mit dem Bohnern fertig, packen die Sachen zusammen.

KUZMA: Den hat sie ordentlich zur Schnecke gemacht.
ANDREJ: Ganz schön bissig, das Dämchen.
KUZMA: Ist die schon beim General hier gewesen?
ANDREJ: Beim General hat sie gebuckelt, den Kopf eingezogen.
KUZMA: Hat wohl gerne mal zugelangt, der General?
ANDREJ: Wieso denn zugelangt? Gar nicht zugelangt hat er. Bei dem kamste an, da hat er dir die Pfote gegeben, dich begrüßt ... Den hat sogar das Volk geliebt.
KUZMA: Was denn – ein General, und das Volk hat ihn geliebt?
ANDREJ: Aus lauter Blödheit ham wir ihn geliebt ... Hat jedenfalls nicht mehr geschadet wie nötig. Sogar selber sein Brennholz gehackt.
KUZMA: War er alt?
ANDREJ: Nicht besonders.
KUZMA: Und trotzdem gestorben ...

ANDREJ: Zum Sterben, Bruder Kuzma, musst du nicht alt sein, sondern reif. Er war halt reif.

Herein kommen AGAŠA, *der Arbeiter* SAFONOV, *ein knochiger, schweigsamer Bursche, und seine schwangere Frau* JELENA, *hochgewachsen, kleines helles Gesicht, eine junge Frau, nicht älter als zwanzig, kurz vor der Niederkunft. Alle sind mit Haushaltskram beladen, schleppen Hocker, Matratzen, einen Spirituskocher.*

Stopp, stopp, ich leg euch erst was unter ...
AGAŠA: Komm rein, Safonov, nur keine Angst. Hier kannste dich niederlassen.
JELENA: Für uns täts auch was anderes, gern bisschen schlechter ...
AGAŠA: Gewöhn dich mal ans Gute.
ANDREJ: Ans Gute gewöhnt man sich locker.
AGAŠA: Links ist die Küche, dort das Bad – zum sich Waschen ... Komm, Hausherr, wir holen den Rest ... Du bleibst schön sitzen, Jelena, lauf nicht rum – sonst kriegste nochn Abort.

Agaša und Safonov gehen. Andrej sammelt sein Zeug ein – Bürsten, Eimer. Jelena setzt sich auf einen Hocker.

ANDREJ: Na dann mal Glückwunsch zum Einzug, was?
JELENA: Irgendwie ungemütlich, die Wohnung, so groß ...
ANDREJ: Wann wirste denn werfen?
JELENA: Morgen geh ich hin.
ANDREJ: So einfach ist das jetzt. Auf die Mojka, in den Palast oder was?
JELENA: Ja, auf die Mojka.

ANDREJ: Der Palast – heut heißt er ja Mutter-und-Kind – den hat in der alten Zeit die Zarin für ihren Hirten gebaut, und jetzt jungen dort die Weiber ab. Alles wie's sein soll, ganz einfach.
JELENA: Morgen soll ich hin. Mal hab ich Angst, Onkel Andrej, dann wieder nicht.
ANDREJ: Brauchst keine Angst haben: Das Kind kriegste schneller, wie du niest. Erst kriegste da drinnen einen Mordsdruck auf die Adern, dann reißts dich auseinander, und hinterher kennste dich selber nicht wieder.
JELENA: Ich hab enge Knochen, Onkel Andrej ...
ANDREJ: Die kriegen sie schon weich, deine Knochen, dass sie nachgeben ... Manchmal siehste so'n Schnuckchen, kaum Kitt am Gestell, Haare für zwei und sonst nur Ärmchen und Beinchen, und dann druckt die so einen Mordskerl aus, was einen Eimer Wodka austrinkt und mit der bloßen Faust einen Ochsen totschlägt ... Hat halt jeder sein Spezialgebiet. *(Hievt sich einen Sack über die Schulter.)* Was willst du lieber, Junge oder Mädchen?
JELENA: Ist mir egal, Onkel Andrej.
ANDREJ: Richtig, ist auch egal ... Ich denk mal: die Kinder, was jetzt produziert werden, die sind reif für ein gutes Leben. Wo kämen wir sonst auch hin ...? *(Packt sein Werkzeug.)* Gehen wir, Kuzma ... *(Zu Jelena)* Das Kind kriegste schneller, wie du niest, hat halt jeder sein Spezialgebiet ... Auf, Kosak, los gehts.

Die Dielenbohnerer gehen. Jelena stößt die Fensterflügel auf, ins Zimmer dringt Sonne, Straßenlärm. Mit vorgerecktem Bauch geht die Frau vorsichtig an den Wänden entlang, berührt sie, wirft einen Blick in die Nebenzimmer, knipst den Lüster an und wieder aus. NJUŠA *kommt herein, ein gewaltiges, puterrotes*

Mädel, mit Eimer und Lappen zum Fensterputzen. Sie stellt sich aufs Fensterbrett, schürzt den Rock bis über die Knie, Sonnenstrahlen umfluten sie. Einer Statue ähnlich, die ein Gewölbe stützt, steht sie vor dem Hintergrund des Frühlingshimmels.

JELENA: Du kommst doch zum meinem Einzugsfest, Njuša?
NJUŠA *(Mit Bassstimme)*: Klar komm ich, wenn du mich einlädst, was gibts denn Gutes …?
JELENA: Nicht viel, was man halt so kriegt …
NJUŠA: Also für mich einen Süßen, Roten … *(Singt unvermittelt los, mit durchdringender Stimme.)*

Kam ein Kosak im tiefen Tale
geritten vom Mandschurenland,
durchs grüne Gärtlein sprengt der Reiter,
ein Ringlein glänzt an seiner Hand.
Das Ringlein schenkt ihm die Kosakin,
als der Kosak zu Felde zog.
Sie schenkt es ihm, und sprach die Worte:
Will übers Jahr die Deine sein.
Das Jahr ist um …

                        Vorhang

DREHBÜCHER

BENJA KRIK

Kinoerzählung

ERSTER TEIL

Der König

POLIZEIHAUPTMANN SOKOVIČ GENIESST SEINE FREIZEIT

Sokovičs Zimmer. Am Fenster mit der Geranie schaukelt unter der Zimmerdecke im Käfig ein Kanarienvogel.

Neben dem Pianoflügel eine strickende Alte mit Haube. Hurtig fliegen die Nadeln in ihren Händen. Man sieht einen Teil des Flügels. Der lackierte Deckel des Instruments glänzt.

Der Polizeihauptmann spielt den Flügel mit außergewöhnlichem Gefühl – er bewegt die Lippen, hebt die Schultern, öffnet den Mund.

Die Klaviatur. Über die Tasten eilen die Finger des Polizeihauptmanns, an denen Ringe in Form von Totenschädeln, Hufen, assyrischen Siegeln prangen.

Im Käfig trillert der Kanarienvogel.

Sokovič spielt, schaukelt sich hin und her, und mit ihm schaukeln das Zimmer, der Kanari, die Nadeln, die Alte.

In der Tiefe des Zimmers erscheint der Jude Marantz im Alltagsgehrock. Marantz hüstelt, gleitet näher, scharrt mit den Füßen, der Polizeihauptmann hört ihn nicht in seinem Rausch.

Die Finger des Polizeihauptmanns hauen stürmisch in die Tasten. Über sie neigt sich das trübselige, skeptische Gesicht von Marantz.

Der Polizeihauptmann wechselt zum zarten piano, Marantz erträgt es nicht länger. In seiner Verzweiflung umschlingt er den Kopf des Polizeihauptmanns und drückt ihn gegen seine Brust.

Sokovič springt auf. Marantz flüstert ihm ins Ohr oder, genauer gesagt, knapp darunter:

Ich will nicht erleben, dass ich meine Tochter unter die Haube bringe, wenn ... wenn nicht heut ...

Marantz weicht zurück, windet sich, zappelt mit den zerlumpten Füßen, reibt sich die Hände, schüttelt den Kopf. Der Polizeihauptmann betrachtet ihn todernst. Marantz:

Der König verheiratet heut seine Schwester ... »Die« werden sich restlos besaufen, und Sie können gegen »die« wunderbar Razzia machen ...

Sokovič klappt den Flügel zu. Forschend mustert er das grimassierende, zuckende Gesicht des Juden.

Auf der Bordsteinkante vor dem Haus des Polizeihauptmanns hockt eine junge Zigeunerin mit vielen verschlissenen, übereinander gezogenen Röcken. Die Zigeunerin ist mit Bändern, Münzen, bunten Perlen behängt. Sie isst Kringel und säuft Wein direkt aus der Flasche, neben ihr hüpft ein Meerkätzchen an der Kette auf und nieder. Um das Meerkätzchen tobt eine entfesselte Kinderschar.

Die Tür zur Wohnung des Polizeihauptmanns öffnet sich, Marantz gleitet heraus. Rasch geht er an der Hauswand entlang und späht verstohlen umher.

Die Zigeunerin packt das Äffchen, eilt Marantz nach, holt ihn ein. Schmeichlerisch bettelt sie ihn um ein Almosen an:

Gib, mein Zarensohn ... Gib, mein Schöner ...

Marantz spuckt aus, geht weiter. Die Zigeunerin schickt ihm einen langen Blick hinterher. Das Äffchen springt der Frau auf die Schulter und blickt Marantz ebenfalls nach.

Eine Straße auf der Moldavanka. Um die Ecke biegt der Bindjug des Mendel Krik. Der Alte ist betrunken, er peitscht auf die Pferde ein, die Gäule rasen im wilden Galopp, Passanten stieben beiseite.

MENDEL KRIK, BEKANNT ALS DER
GROBIAN UNTER DEN BINDJUŽNIKS

Mendel Krik fuchtelt mit der Peitsche. Breitbeinig, hoch aufgerichtet steht er auf dem Karren, auf seinem Gesicht siedet himbeerroter Schweiß. Er ist groß, fett, trunken, fröhlich.

Der Bindjug rast in vollem Lauf dahin. Der betrunkene Alte brüllt die Passanten an: »He, du da, Achtung …!« Ihm entgegen kommt, mit den Hüften wackelnd, die singende Zigeunerin. Das Äffchen auf ihrer Schulter knackt emsig Nüsschen. Die Zigeunerin gibt dem Alten unauffällig ein Zeichen.

Die Zügel in Mendels Händen. Von eiserner Faust umschlossen, bringen sie die Pferde aus vollem Galopp zum Stehen.

Jäh ernüchtert kehrt sich Mendels Gesicht der Zigeunerin zu.

Die Zigeunerin geht an Mendel vorbei. Sie singt mit schrägem Blick:

Marantz, sollen hundert Teufel seine Mutter …

Die Zigeunerin wackelt mit den Hüften, sie spielt mit dem Äffchen und singt vor sich hin:

Marantz war beim Polizeihauptmann …

Mendel ruckt mit den Zügeln und fährt los. Anders als zuvor, gehen seine Pferde nun im Schritt.

Aufnahme eines abgeblätterten Firmenschilds: »Fuhr- und Kutschunternehmen Mendel Krik & Söhne«. Auf dem Schild ist ein Kollier aus Hufeisen gemalt nebst englischer

Lady im Reitkostüm und mit Gerte. Die Lady vollführt auf einem Lastgaul ein Reiterkunststück, der Gaul wirft die Vorderhufe in die Luft.

Unter dem Schild sitzen vor einem unscheinbaren, einstöckigen Haus zwei Kerle auf einem Bänkchen und knacken Sonnenblumenkerne. Sie hüllen sich in wichtiges Schweigen und starren ausdruckslos vor sich hin. Der eine ist ein junger Perser mit olivfarbenem Teint und schwarz wuchernden Brauen, der andere ist Savka Bucis. Bucis fehlt ein Arm, der Stumpf ist in einen lose herabbaumelnden Ärmel eingenäht, mit der anderen, heilen Hand klaubt Bucis mit Bravour und bemerkenswertem Geschick Sonnenblumenkerne aus der Tasche und wirft sie sich, ohne zu zielen, in hohem Bogen in den Mund. Daneben trifft er nie.

Am Haus fährt Mendel Krik vor. Die beiden Kerle – der Perser und Savka – salutieren dem Alten in völligem Schweigen, ohne den Kopf zu wenden. Das Tor öffnet sich vor Mendel; die es öffnen, bleiben unsichtbar.

Der Hof, wo die Kriks wohnen, ist weitläufig, gesäumt von niedrigen alten Gebäuden, mit einem Wust von Taubenschlägen, Fuhrwerken, ausgeschirrten Pferden. In einer Ecke des Hofs melken ein paar Mädchen Kühe.

Drei rosige, körnige Kuheuter, Frauenhände, die über die Zitzen gleiten und Milchstrahlen, die in den Melkeimer spritzen.

Eines der Mädchen ist mit dem Melken fertig. Sie biegt das Kreuz durch, reckt sich, ein Sonnenstrahl entzündet das blatternarbige Fleisch ihres lustigen Gesichts. Das Mädchen kneift die Augen zusammen. In den Hof jagt Mendel mit seinen erhitzten Hengsten. Der Alte springt vom Bindjug, wirft dem Mädchen die Zügel zu und stiefelt auf stämmigen Beinen zum Haus.

Das Mädchen schirrt geschickt die Pferde ab, klapst den spielenden Hengsten aufs Maul.

»SEINE MAJESTÄT DER KÖNIG ...«

Ein Doppelbett, genauer gesagt, ein Bett für vier, füllt fast das ganze Zimmer der Braut Dvojra Krik aus. Die gigantische Konstruktion ist mit zahllosen Stickkissen übersät. Benja Krik sitzt mit dem Rücken ans Bett gelehnt. Man sieht seinen rasierten Nacken.

Benja Krik spielt auf der Mandoline. Seine Füße in den geschniegelten Lackstiefeletten ruhen auf einem Schemel. Benjas Anzug trägt das Siegel exquisiten Kriminellenschicks.

Das weiträumige Bett: Wiege des Geschlechts, des Gemetzels, der Liebe.

Ins Zimmer prescht Papaša Krik. Der Alte streift die Stiefel ab, wickelt die unglaublich schmutzigen Fußlappen auf, mustert sie argwöhnisch. In was für einem Dreck die Menschen leben – fährt es ihm durch den Sinn. Mendel bewegt die verschwitzten Zehen und brummt, leicht verlegen durch die Gegenwart seines Sohnes, des »Königs«:

Marantz war heut beim Polizeihauptmann ...

Benjas über die Saiten gleitende Finger erstarren. Eine Saite reißt und wickelt sich um den Hals der Mandoline. Die Mandoline segelt aufs Bett und bohrt sich in die Kissen.

Abblende

Von Savka Bucis' Schulter hängt der leere Ärmel herab, unten zusammengeheftet mit einer Anstecknadel in Form eines Schlängleins aus Rubinen.

Straße auf der Moldavanka. Der Perser und Savka sitzen auf einem Bänkchen vor der Tür zu Marantz' Behausung. Sie sind in ihre Lieblingsbeschäftigung vertieft, knacken Sonnenblumenkerne. Am Haus von Marantz fährt eine Kutsche vor. Auf dem Bock ein stattlicher Kutscher mit patriarchalem Hintern und ausladendem Bart. Der Kutscher weist eine auffallende Ähnlichkeit mit der Zigeunerin aus den ersten Szenen auf.

Aus der Kutsche steigt Benja, er schellt an der Haustür. Das Guckfensterchen in der Tür geht auf, der Kopf von Marantz lugt heraus, Hort für ein paar verbliebene Haare, Tintenkleckse und Kissenfedern. Auf seinem Gesicht spiegelt sich schreckliches Entsetzen. Benja zieht mit beklemmender Höflichkeit vor dem Makler den Hut.

Die unbeteiligte Visage des Kutschers. Gelangweilt befingert er die Münzkette, die zuvor am Hals der Zigeunerin hing.

Marantz stolpert auf die Straße hinaus. Benja begrüßt ihn, fasst ihn um die Schultern und verkündet jovial:

Es gibt was zum Verdienen, Marantz ...

Benjas Daumen und Zeigefinger reiben aneinander. Die Geste besagt, dass ein lukratives Geschäft winkt.

Marantz ist unschlüssig. Bemüht, den Grund für den plötzlichen Besuch zu erraten, mustert er Benjas undurchdringliches Gesicht.

Benjas Daumen und Zeigefinger bewegen sich immer langsamer, immer geheimnisvoller: *Es gibt was zum Verdienen, Marantz ...*

Der Makler hat sich entschlossen. Seine Frau bringt ihm den Kaftan hinaus, die schokoladenbraune Melone, den Segeltuchschirm. Aus der Diele guckt ein Haufen Kinder heraus. In ihren schmutzstarrenden Frätzchen leuchten mit wachem Glanz klare semitische Augen. Marantz und Benja nehmen in der Kutsche Platz. Marantz' Frau verneigt sich zum Abschied vor dem »König«. Ihre langen Brüste baumeln, wie im Hof die Wäsche an der Leine baumelt, wenn sie der Wind wiegt. Der Kutscher treibt die Pferde an.

Die entschwindende Kutsche. Man sieht den massigen, Ruhe verströmenden Rücken des Kutschers, Marantz' Melone, Benjas Panamahut. Die Kutsche fährt am wachhabenden Schutzmann vorbei. Der Schutzmann salutiert vor Benja.

Der einarmige Savka lockt einen kleinen Jungen zu sich, einen Sohn von Marantz. Voller Entsetzen und Überschwang angesichts des Ungewissen rückt der dralle Knirps auf einer krummen, verworrenen Linie näher.

Meeresufer. Anrollende Brandung. Hoch oben weiße, mit Kolonnaden geschmückte Datschen. Die Equipage rollt die dicht über dem Ufer gelegene Chaussee entlang. Benja und Marantz im freundschaftlichen Gespräch. Einvernehmliches Schwanken von Melone und Panamahut. Die Pferde gehen in scharfem Trab. Die Gegend wird immer öder.

Marantz' Befürchtungen weichen einem Gefühl der Rührung angesichts der Schönheit von Meer und Fels. Er fläzt sich in die Lederpolster, öffnet den Hemdkragen, um ein wenig Farbe zu bekommen. Benja zückt das Zigarettenetui, bietet Marantz eine Papyrosa an und sagt beiläufig:

Die Leute erzählen, dass du mich beim Polizeihauptmann vermosserst, Marantz ...

Marantz' zitternde Finger trommeln mit der Papyrosa auf den Silberdeckel von Benjas Zigarettenetui.

Die Equipage fährt zu einer einsamen, verborgenen Stelle am Strand. Felsen, Gebüsch. Der Kutscher bringt die Pferde zum Stehen, kehrt den Fahrgästen das bärtige Gesicht zu, schwingt die Beine ins Innere der Kutsche.

Benja hält Marantz ein Streichholz hin. Der Jude raucht

voller Entsetzen an. Er wendet den Blick von Benja auf den Kutscher, der die Beine ins Wageninnere geschwungen hat. Langsam legt der Kutscher Marantz die Beine auf die Schultern und nimmt ihm die Melone ab.

Der Perser spielt mit Marantz' Söhnchen ein beliebtes Kinderspiel. Der Kleine legt seine Handflächen auf die des Persers und zieht sie sofort wieder zurück. Der Perser tut, als kämen seine Hiebe stets zu spät, dafür drischt der kleine Marantz mit aller Kraft drauflos. Der Junge ist vollkommen glücklich.

Meeresufer. Eine Woge zerstiebt unter dem Felsen. Ins Wasser fällt Marantz' Melone.

Die Kutsche fährt am Ufer entlang. Benja trägt noch immer seinen Panamahut, doch Marantz ist jetzt ohne Melone. Sein Kopf ist zerzaust und baumelt hin und her. Der Kutscher klappt das Verdeck der Kutsche hoch.

Auf weiten, blauen, schmelzenden Wogen treibt eine Melone.

Die schäumenden, zurückgeworfenen Mäuler der Pferde.

Das Spiel zwischen dem Jungen und dem Perser dauert an. Savka knabbert unermüdlich Sonnenblumenkerne.

Die Equipage fährt mit hochgeklapptem Verdeck an dem wachhabenden Schutzmann vorbei. Er salutiert erneut.

Savka erblickt von Weitem die Kutsche. Er schnippt dem Jungen gegen die Wange, gibt ihm ein Fünf-Kopeken-Stück und verscheucht ihn mit einem sanften Kniestoß in einen gewissen Körperteil.

Der Kutsche, die vor Marantz' Haus haltmacht, entsteigt Benja, er steuert auf die Vordertür zu.

Der Perser und Savka erheben sich von dem Bänkchen und gehen Arm in Arm davon.

»Madame« Marantz öffnet Benja die Tür.

Madame Marantz, die Leute sagen, Ihr verstorbener Gatte hat über mich gesungen ...
Im Türrahmen das verzerrte Gesicht der Frau.

Aus der Equipage gleitet langsam Marantz' Leiche.

Rückansicht von Savka und dem Perser, wie sie, sich in den Hüften wiegend, lässig die Straße entlanggehen.

Marantz' auf der Erde ausgestreckte Leiche.

Auf der Erde vor dem Bänkchen ein Haufen Spelzen der von Savka geknackten Sonnenblumenkerne.

ZWEITER TEIL

Die Freunde des »Königs« fahren zur Hochzeit von Dvojra Krik

Das Gebäude des Polizeireviers. Eine Backsteinwand über drei Stockwerke. Im dritten Stock die Gitterfenster des Gefängnisses. In den Fenstern die Gesichter der Insassen. Von unerklärlicher Begeisterung erfasste Arrestanten winken mit ihren Taschentüchern jemandem zu.

Straße auf der Moldavanka. Auf einer Seite das Gebäude des Polizeireviers. An der Ecke hockt eine alte Jüdin und laust ihre Enkelin. Lärm. Die Alte hebt den Kopf und blickt auf die nahende Prozession.

Die Banditen nehmen in archaischen Hochzeitskarossen Kurs auf das Haus des alten Krik. In der ersten Karosse Savka und der Perser. In der stählernen, ausgestreckten Faust eines jeden prangt ein gigantischer Blumenstrauß. Die Banditen sind nach der Façon Benja Kriks gekleidet, nur tragen sie statt des Panamahuts eine klitzekleine Melone schräg auf den Kopf gedrückt. Der Kutscher ist mit einer Schärpe geschmückt und gleicht eher einem Brautführer als einem Kutscher.

Die zweite Karosse ist ein gewaltiger, schwarzer, wankender Kasten. In ihrem Innern sitzt hingefläzt Ljovka Byk – einer der engsten Gefolgsmänner des »Königs«. In seiner Hand ein Blumenstrauß, sein Kutscher trägt eine Schärpe.

Vor dem Tor des Polizeireviers ein Häuflein wohlwollender Schutzleute. Voller Ehrerbietung und Neid verfolgen sie den Strom der bombastischen Prozession.

Die dritte Karosse. In ihr sitzt der einäugige Froim Grač (sein linkes Auge ist ausgelaufen, zusammengeschrumpelt und halb geschlossen), der zu den übrigen Banditen einen frappierenden Gegensatz bildet. Er trägt einen Segeltuchumhang und geteerte Stiefel. Neben dem mürrischen, schläfrigen Grač das kokette Runzelgesichtchen der sechzigjährigen Manjka, Stammherrin der Slobodka-Banditen. Sie trägt ein Spitzentüchlein. Hinter der Kutsche her laufen kleine Buben und Gaffer.

FROIM GRAČ UND MANJKA, STAMMHERRIN DER SLOBODKA-BANDITEN

Am Polizeirevier vorbei fährt langsam die erzpriesterliche Karosse von Froim und Großmutter Manjka.

Die Arrestanten wedeln frenetisch mit den Taschentüchern.

Die Alte grüßt sie mit der Imposanz einer Kaiserin bei der Truppenschau.

In einem Fenster des zweiten Stocks der finstere Polizeihauptmann Sokovič.

Das Büro des Polizeihauptmanns. An der Wand ein Porträt von Nikolaus dem Zweiten. Vor dem Fenster ragt Sokovičs Rücken auf. Am Tisch sitzt in einem breiten Sessel mit weichem Wabbelbauch Glečik, der fette Gehilfe des Polizeihauptmanns. Mit den kurzsichtigen Augen blinzelnd, lutscht er Fruchtbonbons, von denen er eine ganze Schachtel hat. Der Rücken des Polizeihauptmanns zeigt Anzeichen äußerster Erregung. Er zuckt und krümmt sich wie vom Floh gebissen.

Glečik schiebt sich einen ganzen Haufen Bonbons in den Mund. Sie passen nicht auf Anhieb in die von einem Hängeschnauzer überwucherte Öffnung. Der Polizeihauptmann dreht sich abrupt um, geht zu Glečik, stupft ihn:

Benčik ist futsch ... Heute auf der Hochzeit nehmen wir »sie« hopp ...

Glečiks verzagtes Gesicht. Blinzelnd fragt er:

Und wieso nehmen wir sie hopp ...?

Der Polizeihauptmann winkt ab und eilt aus dem Büro. Der dicke Glečik erhebt seinen Wabbelbauch, zottelt trübselig hinter Sokovič her. In seiner ausgebeulten Jackentasche steckt ein in fettiges Papier gewickelter Hühnerschlegel. Ein schmuddeliger Bindfaden hängt aus Glečiks Tasche und schleift über den Fußboden.

Der Polizeihauptmann eilt die Treppe hinunter, Glečik trottet hinterdrein.

Friedliche Alltagsszene im Hof des Polizeireviers. An der Mauer wäscht ein mondgesichtiger Schutzmann in einem Zuber seine Hosen. In einer anderen Ecke des Hofs verabschieden sich odessitische Bürger, darunter weise alte Juden und fette Marktweiber, mit großer Beflissenheit per Handschlag von einem Kanzleibeamten.

Das Händedrücken zieht sich lange hin, die Hände der Abschiednehmenden vollführen höchst wunderliche Verdrehungen, und nach jedem solchen krampfhaften Händedruck birgt der Kanzleibeamte in seiner Tasche einen halben Rubel. Vorbei an den weisen Alten und fetten Marktweibern prescht im Sturmschritt Sokovič.

An der inneren Hofwand des Polizeireviers haben sich die

Schutzleute in Reih und Glied postiert. Der Polizeihauptmann tritt an sie heran. Die Schutzleute verschlingen den Vorgesetzten mit Blicken. Der Polizeihauptmann wendet sich mit einer Rede an die Schutzleute:
Brüder, dort, wo es seine Majestät den Kaiser gibt, kann es keinen König geben ...
Eine Reihe schnauzbärtiger, wohlgenährter Physiognomien. Im selben Maß wie ... der Polizeihauptmann mit seiner energischen Rede fortfährt ... verfallen die Gesichter der Schutzleute.

Ein Grüppchen Tauben auf einem Taubenschlag. Jemand scheucht sie mit einer Rute auf.

Glečik steckt eine lange Rute in den Taubenschlag, dann wirft er sie beiseite. Nichts kann ihn zerstreuen. Auf seinem gedunsenen Gesicht kämpfen Leidenschaften und Zweifel.

DIE SEELENPEIN DES POLIZEIGEHILFEN GLEČIK
Glečik zieht einen Brief aus der Tasche und liest ihn mit Trauer und einer gewissen heimlichen Wollust.

Aufnahme einer Hochzeitseinladung, auf der eine Adelskrone prangt. In einer Ecke die Aufschrift mit Tinte: »An Seine Exzellenz Musjö Glečik«. – Der gedruckte Text:

»Mendel Userovič Krik nebst Gemahlin sowie Tevje Chananjevič Spielhagen nebst Gemahlin bitten um Ihr Erscheinen bei der Vermählung ihrer Kinder Vera Michajlovna Krik und Lazar Timofejevič Spielhagen, die am Dienstag, den 5. Juni 1913, statthaben wird. Ergebenst – die Eltern.«

Glečik liest traurig die Einladung. Ein schwerer Seufzer erschüttert das triste Dickicht seines Schnauzbarts. Zweifel martern ihn. Er wendet sich ab, schließt die Augen und lässt die Daumen umeinanderkreisen.

Gehn oder nichtgehn?

Glečiks kreisende Daumen. Ein Daumen prallt gegen den anderen. Das bedeutet – gehen.

Im Überschwang der Gefühle wirft Glečik einem Hund den Hühnerschlegel zu und läuft davon.

Glečik eilt über den Hof. Fast wird er über den Haufen gerannt von ein paar Schutzleuten, die einen Arrestanten am Kragen mit sich schleifen. Der Arrestant ist Kolka Pakovskij – derselbe junge Mann, der uns schon in Gestalt der Zigeunerin und des Kutschers begegnet ist. Kolka ist schwer ramponiert, betrunken, die Beine knicken unter ihm weg, er schleift hinter den Schutzleuten her und leckt dem ihn eskortierenden Polizisten sorgsam, mit trunkener Zärtlichkeit die Hand.

Der Polizeihauptmann ruckt forsch mit dem Fuß und setzt seine Rede fort:

Die heutige Razzia soll uns die komplette Bande von Benja Krik in die Hände liefern...

Die erloschenen Gesichter der Schutzleute.

Der sich sträubende Kolka wird vor den Polizeihauptmann gezerrt.

Hat am hellichten Tag eine Messerstecherei angezettelt, Euer Hochwohlgeboren...

melden die Polizisten. Sokovič wirft einen zerstreuten Blick auf Kolka.

Über Nacht einsperren. Um den kümmern wir uns morgen...

Das wechselseitige Händeschütteln zwischen den odessitischen Bürgern und dem Kanzleibeamten dauert an.

Die Polizisten schleifen Kolka über den Korridor des Reviers. Unermüdlich küsst er seinem Bewacher die Stiefel.

Die Schutzleute öffnen eine Zellentür, stoßen Kolka hinein. Wie ein Kreisel trudelt er in die Zelle.

In der Zelle. Kolka trudelt herein. Die Gefangenen springen wie auf Kommando hoch, schließen den Gast in die Arme.

Kolka kommt in den Armen der ihn umringenden Arrestanten zur Ruhe. Er wirft sich in die Brust, sackt zu Boden. Die Gefängnisinsassen fixieren ihn begierig, wie einen Boten, der frohe Kunde bringt. Ihr Kreis schließt sich über dem stürzenden Kolka.

Obersicht der zottigen, über Kolka gebeugten Köpfe. Langsam löst sich ihr Kreis. Kolka hat sich wieder erhoben, und doch liegt auf dem Boden ausgestreckt ein menschlicher Körper.

Auf dem Boden der Zelle ein aufgeblasener Gummianzug, gefüllt mit einer Flüssigkeit und der Form nach an einen Taucher erinnernd.

Abblende

Schwaden von Dampf und Rauch verschleiern die Leinwand. Aus dem Dunst tauchen zwei schwangere Bäuche auf, über die sich gestreifte Röcke spannen. Die Bäuche ruhen hübsch nebeneinander auf einer Herdstange.

Auf dem Herd brutzeln Truthähne, Gänse, es dampfen allerlei Speisen. Die schwangeren Köchinnen häufen Essen in Schüsseln. Über sie gebietet die winzige achtzigjährige Rejsl. Ihr verhutzeltes, von Dampfschwaden umhülltes Gesichtchen ist voller Würde und heiligem Gleichmut. In der Hand hält Rejsl ein großes Messer: damit schlitzt sie großen Meeresfischen, die auf dem Tisch zappeln, die Bäuche auf.

Die schwangeren Köchinnen mit den gestreiften Bäuchen reichen die Schüsseln weiter an schmuddelige jüdische Kellner mit Zwirnhandschuhen und wehenden Hemdbrüsten aus Papier. Auf den Gesichtern der Lakaien lodern Warzen, und an ungehörigen Stellen ragen Haarbüschel auf. Sie schnappen sich die Schüsseln und eilen davon.

Die verendenden Fische zappeln auf dem Tisch und peitschen mit den glänzenden Schwänzen.

Hochzeit im Hof der Kriks. Über den gesamten Hof sind chinesische Lampions gespannt. Die Lakaien eilen an dem Tisch vorbei, wo die Bettler und Krüppel sitzen; die Bettler sind betrunken, sie schneiden Grimassen, trommeln mit den Krückstöcken, zerren die Kellner zu sich heran, die Lakaien reißen sich los und eilen zur Haupttafel, wo das Gefolge des »Königs« tobt. Auf dem Ehrenplatz sitzen die frisch Vermählten: die vierzigjährige Dvojra Krik, eine starkbrüstige Frau mit Kropf und Glubschaugen, neben ihr Lazar Spielhagen, ein schmächtiges Wesen mit zerknautschtem Gesicht und schütterer Mähne; dann folgen Benja, Papaša Krik, Ljovka Byk, Savka und der Perser nebst den dazugehörigen Damen – prustenden Schnepfen von der Moldavanka mit flammenden Stolen. Papaša Krik johlt:

Küssen ...!

Die betrunkene Braut bettet die ausladende Brust auf den Tisch, sie säuft Wein direkt aus der Flasche, kratzt sich unter dem Tisch die Beine und grapscht ihrem Mann, dem sanften Spielhagen, unters Hemd. Die Gäste fallen in den Ruf von Papaša Krik ein:

Küssen ...!

Die Banditen sind auf die Stühle gesprungen und schütten den Wodka direkt aus der Flasche in sich hinein. Dvojra wälzt sich auf den widerspenstigen Spielhagen, zerrt ihn zu sich heran, wie ein Lastträger einen Sack Mehl über die Laufplanke zerrt, und peinigt ihn mit einem langen, nassen, raubgierigen Kuss. Die Banditen zerdeppern Geschirr.

Kuss zwischen Dvojra und Spielhagen. Ein lahmer Bettler pirscht sich an die Frischvermählten heran und verfolgt den Kuss mit dumpfer Aufmerksamkeit.

Ein Schutzmann schleppt einen Eimer mit siedend heißem Wasser über den Korridor des Polizeireviers.

Die Zelle. Der Schutzmann trägt das Wasser herein. Kolka entreißt ihm den Eimer und gießt ihm das heiße Wasser über den Kopf. Der verbrühte Schutzmann kippt um.

Kolka springt hinaus auf den Korridor. Er wirft den Gummianzug auf einen Haufen Latrinenkübel in der Ecke, macht einen Schnitt hinein und steckt das ausströmende Petroleum in Brand.

Der Polizeihauptmannsgehilfe Glečik, in Unschlüssigkeit erstarrt, vor dem Haustor der Kriks. Über seinen Bauch spannt sich eine neue Uniform, der Säbel schleift hinter ihm her, auf dem Kopf sitzt eine altmodische Schirmmütze mit Lackschild. Auf Glečiks Brust prangen Medaillen der Wasserrettungsgesellschaft, des Amts der Einrichtungen der Kaiserin Maria, zum Gedenken an die 300-Jahr-Feier des Hauses Romanov u. ä. Zaghaft öffnet Glečik einen Spalt breit das Tor.

Ein paar Schritte von der Haupthochzeitstafel steht ein kurioser Musikant. Vor sich hat er eine türkische Trommel, an seinen Fuß ist eine Schnur geknüpft, damit versetzt er die Kupferbecken auf der Trommel in Bewegung, am Knie hat er einen Schlegel befestigt, mit dem er auf die Trommel eindrischt, der Oberkörper widmet sich hingegen einer gewaltigen Trompete, die eher einer eingerollten Riesenschlange als einer Trompete gleicht. Der blaue Stab der Sonne bohrt sich in die Trompete. Der Musikant macht eine Pause.

In der Tiefe des Hofs erscheint Glečik. Benja eilt ihm entgegen, sie küssen sich dreimal auf beide Wangen. Benja gibt dem Musikanten ein Zeichen.

Der Musikant fährt zusammen und kommt in Gang: er bläst die Trompete, ruckt am Seil und schlägt mit dem am Knie befestigten Schlegel die Trommel.

Benja führt Glečik zu den Gästen. Allgemeine Begeisterung über die Ankunft des Polizeigehilfen. Die Braut im weinbekleckerten Hochzeitskleid fällt Glečik um den Hals, Papaša Krik hämmert mit voller Wucht auf seinen Rücken ein, die sechzigjährige Manjka drückt ihm einen mütterlichen Kuss auf die Stirn. Savka stürmt mit einer Flasche Wodka in jeder Hand auf Glečik los. Savkas Dämchen will ihm eine der Flaschen entwinden, er zerscherbt die Flasche auf ihrem Kopf; Savka fällt über Glečik her, steckt ihm die Flasche in den Mund wie einem Kind den Schnuller, dicht daneben fuhrwerkt Papaša Krik mit einer Gurke in der Hand herum.

Der Musikant ist entfesselt: jede seiner Extremitäten stiebt in die diametral andere Richtung zu ihrem Gegenstück.

Die übermütigen Weiber von der Moldavanka tanzen einen Reigen um Glečik, der mit Wodka, Gurken, gefülltem Fisch, Apfelsinen traktiert wird. Die Hüften der Weiber blühen, im Zentrum des Kreises tollen der alte Krik und Großmutter Manjka voreinander herum. Rasend vor Begeisterung ballert Ljovka Byk in die Luft. Er sprengt den Kreis, schnappt sich die Alte, gibt ihr den Revolver in die Hand. Manjka kneift süß die Augen zusammen, drückt ab ...

Die runzlige Greisinnenhand, wie sie den Abzug drückt.

Ein Schuss. In besessenem Tempo wirbelt der Tanz von neuem los. Papaša Krik hält plötzlich inne, er schnüffelt in der Luft und nimmt Benja beiseite:

Ich möcht meinen, Benja, dass es hier verbrannt riecht ...

Benja beruhigt den Vater, während er die Tänze dirigiert:

Papaša, achten Sie nicht auf solchige Dummigkeiten. Genehmigen Sie sich doch bitte einen Schluck, einen Happen ...
Der Musikant in Aktion, sein Fuß vibriert, die Trompete bringt die Sonne ins Schwingen.

Ein tollkühner Tanz nach Art der Moldavanka mit Geballer, Geschirrzerdeppern, Geld, das man den Tänzern vor die Füße wirft.

Der Himmelsrand in den Farben einer Feuersbrunst.

Ein Einsatzkommando der Feuerwehr rast durch die Straßen der Moldavanka.

Menschenmenge vor dem brennenden Gebäude des Polizeireviers. Schutzleute werfen Aktentruhen aus dem Fenster, Papier regnet durch die Luft. Wie von Sinnen jagt Sokovič auf einem Pferd herbei.

Im Innern des Gebäudes rutschen im Qualm drei breite Hintern mit horrendem Tempo ein abschüssiges Brett hinunter.

Außenwand des Reviers. Aus den zerscherbten Fenstern springen die Arrestanten. Unten auf der Erde werden sie von ihren Frauen in die Arme geschlossen.

Der Musikant in Aktion.

Entführung der Männer durch die Amazonen der Moldavanka. Die Weiber zerren die Arrestanten nach Hause.

Tanz im Hof der Kriks.

Feuerwehrleute schließen einen gigantischen Gummischlauch an den Hydranten auf der Straße. Drohend richten sie den Schlauch auf die Brandstätte, öffnen den Hydranten und ... ein paar Wassertröpfchen treten mühsam hervor und sickern auf die Erde. Der Hydrant ist kaputt ...

Vor dem Hintergrund des vom Abendrot erfassten Himmels krümmen sich zwei schwarze Balken und krachen in die Tiefe.

Polizeihauptmann Sokovič mit versengtem Schnauzbart. Er blickt auf die Brandstätte.

An ihm vorbei gehen Benja Krik und der völlig ramponierte, mit Petroleum und Wasser übergossene Kolka Pakovskij. Benja lüftet den Hut.

Eieiei, welch ein Unglück ... Ein Albtraum ...!

Benja schüttelt traurig den Kopf. Sokovič wendet ihm einen trüben, verständnislosen Blick zu.

Abblende

Im Hof der Kriks. Morgengrauen. Die Lampions verlöschen. Vollgesoffene Gäste liegen auf der Erde umher wie ein verstreuter Stapel Feuerholz.

Das Doppelbett der Dvojra Krik. Die frischgebackene Braut zerrt Spielhagen zu ihrem Lager, er wird bleich, sträubt sich, doch sein Widerstand erlahmt, und er fällt aufs Bett.

Der Musikant schläft zusammengesunken über der Trommel in einem Wust aus Schnüren, Schlegeln, Kupferbecken.

DRITTER TEIL

Wie es in Odessa gemacht wurde

VIEL WASSER IST VERFLOSSEN,
VIEL BLUT WURDE VERGOSSEN
SEIT DEM TAG VON DVOJRA KRIKS HOCHZEIT

Ein Wald von Fahnen. Darauf die Losung: Es lebe die Provisorische Regierung!

Eine vollbusige Dame in Militäruniform trägt ein Banner mit der Aufschrift: »Krieg bis zum siegreichen Ende!«

Durch die Straßen marschiert ein Frauenbataillon aus der

Zeit Kerenskijs. Es besteht aus Damen und Dirnen. Auf den Gesichtern der Damen liegt das Siegel der Entschlossenheit und Begeisterung, die Gesichter der Dirnen sind schlaftrunken.

Leinwandfüllende Aufnahme eines Kassenschranks. Die Fächer vollgestopft mit Wertpapieren, fremdländischer Währung, Brillanten. Hände packen Stapel von Goldmünzen in den Schrank.

RUVIM TARTAKOVSKIJ, INHABER VON NEUNZEHN BÄCKEREIEN, KLÄRT SEIN VERHÄLTNIS ZUR REVOLUTION

Tartakovskijs Büro. Ein feuerfester Kassenschrank nimmt die gesamte Wand ein. Tartakovskij, ein Alter mit Silberbart und mächtigen Schultern, übergibt seinem Handlungsgehilfen Muginštejn Geld. Muginštejn verteilt es auf die Fächer des Kassenschranks.

Die revolutionär geschwellten Brüste des Frauenbataillons strömen durch eine mit Gaffern und kreischenden Gören vollgepackte Straße.

Die schwere Metalltür des Kassenschranks schlägt langsam zu.

Und jetzt, Muginštejn, wollen wir die Arbeiter beglückwünschen ...

sagt der Alte zum Kontoristen, und sie verlassen das Büro.

Tartakovskijs Kontor. Ein Betrieb aus der Vorreformära, ähnlich den Handelsklitschen der Londoner City zur Zeit von Dickens. Die Angestellten sämtlich ohne Jackett, hinter den Ohren klemmen Federhalter, in den Ohren steckt Watte. Sie sind entweder sehr dick oder sehr dünn. Die Dicken tragen warme Unterhemden und speckige Westen, die Dünnen Hemdbrust mit Schleife. Die einen sind oben wild überwuchert, die anderen haben kein Haar auf dem Kopf; die einen sitzen auf schäbigen, mit Kissen bedeckten Sesseln, die anderen haben hohe, dreibeinige Stühle erklommen, aber alle machen sie eine Miene, als hätten sie gerade etwas sehr Bitteres geschluckt. Nur der englische Buchhalter bewahrt unerschütterliche Ruhe. Er kaut auf seiner Pfeife, die ihn in beißende Rauchschwaden hüllt. In der Ecke dreht ein Junge die Kopierpresse, vervielfältigt Briefe. Am Fensterchen mit der Aufschrift »Kasse« thront eine üppige Dame, mit ihrer höckrigen Nase ähnelt sie einer Griechin. Durch den Raum gehen Muginštein und Tartakovskij. Die Angestellten erstarren. Der Junge kurbelt beim Anblick des Chefs wie besessen an der Presse. Er pustet sich auf, läuft puterrot an.

Scharen verrotzter rachitischer Kinder, zu Häuflein zusammengeklumpt. Halbnackt, mit krummen Beinen, wimmeln sie wie Würmer auf der Erde.

Ein vierstöckiger Wohnklotz in der Prochorovskaja-Straße auf der Moldavanka, wo sich unvorstellbare jüdische Armut ballt. Grünliche, klamme Greise in Lumpen wärmen sich in der Sonne, ein Uhrmachermeister in Schuhruinen hat sein Tischchen im Hof aufgestellt, kahle Jüdinnen in zerschlissenem Zeug kochen Essen auf kaputten Eimern: bei den Eimern ist der Boden herausgeschlagen, sie ersetzen die Kochherde. Tartakovskij und Muginštejn gehen über den Hof. Die abgerissenen Greise erheben sich von ihren Plätzen, sie halten die eitrigen, von blutiger Nässe überquellenden Augen auf den Patron gerichtet und verneigen sich vor ihm. Eine zerzauste Alte in Männerhalbstiefeln eilt Tartakovskij entgegen:

Was wird mit dem Klosett, Musjö Tartakovskij?

fragt sie den Alten. Tartakovskij zuckt mit den Schultern.

Was soll werden mit dem Klosett?

erwidert er. Die Jüdin packt den Patron am Arm, zieht ihn zu ihrer Wohnung.

Die Frau geleitet Tartakovskij eine Treppe hinauf, die übersät ist vom Unrat einer schmutzigen Armut, einer Armut, die nichts mehr zu hoffen hat. Struppige verwilderte Kater huschen über die Treppe.

Die Frau zieht Tartakovskij in ihren Abort. Der Sitz fehlt, er ist kaputt, im Zementboden klafft ein Loch, von der Decke rinnt eine stinkende Brühe herab. Neben dem Abort, fast darin, steht ein mit wattierten Fetzen vollgestopftes Bett. Darauf liegt ein buckliges Mädchen mit akkuraten Flechten. Tartakovskij klopft der Frau forsch auf die Schulter:

Den Nikolka hat der Aussatz geholt, Madame Grinšpun, jetzt wirds allen gut gehen, auch Ihnen wirds gut gehen ...

Das bucklige Mädchen blickt Tartakovskij an. An der Wand neben ihrem Bett rinnt Wasser herab.

Kinder krabbeln auf der Erde herum – die nackten, rachitischen, verrotzten Kinder des Ghettos.

Tartakovskij und Muginštejn gehen über den Hof, vorbei an der wuselnden Kinderschar. Der Alte muss achtgeben, wo er den Fuß hinsetzt. In der Tiefe des Hofs ein Kellereingang, der Eingang zur Bäckerei.

Über dem Keller ein Aushängeschild: »Brotbäckerei und Backwaren Nr. 16 der Aktiengesellschaft Ruvim Tartakovskij«. Seitlich ein weiteres, kleineres Schild: »Bestellannahme für Torten de fantaisie«.

Glitschige Kellertreppe, die Stufen defekt. Ein Gehilfe, noch ein Kind, zerrt einen fünf Pud schweren Sack hinunter. Er legt sich auf die Stufen und stützt mit dem Kopf den ins Rutschen geratenen Sack.

Die nackten Rücken von zwei Teigknetern: der schweißgelackte des jungen Burschen Sobkov, und der krumme eines alten Mannes mit ramponierten Schulterblättern. Diese

Schulterblätter bewegen sich nicht in die vorgesehene Richtung. Das endlose, gleichmäßige Spiel der Muskeln auf den nassen Rücken der Kneter.

Muginštejn und Tartakovskij gehen die Treppe hinunter in die Bäckerei. Sie rutschen aus, stolpern, der Kontorist stützt behutsam seinen Patron.

Die Rücken der Kneter. Sobkov arbeitet und liest dabei die Zeitung »Nachrichten des Odessaer Sowjets der Arbeiterdeputierten«, die über dem Backtrog an die Wand genagelt ist. Die Zeitung wird vom unruhigen Licht einer Petroleumfunzel beleuchtet.

Die Bäckerei ist ein stinkender Keller. Spärliches Licht fällt durch verstaubte, dicht unter der Decke eingelassene Fensterluken. In den Ecken blaken Petroleumlampen ohne Glas. Die Bäcker sind bis zum Gürtel nackt. Am flammenden Ofen ist der Heizer Kočetkov – ein lustiges, krummbeiniges Männlein – mit dem Feuerholz zugange, aus dem anderen Ofen holt der Meister auf langstieligen Schaufeln die frischgebackenen Brote.

Der Meister zieht die Schaufeln mit den fertigen Broten aus dem Ofen.

Tartakovskij und Muginštejn betreten die Bäckerei. Um sie sammeln sich die Arbeiter, die eher Geistern aus der Unterwelt ähneln als Menschen. Tartakovskij verkündet salbungsvoll:

Meine Herren, ich beglückwünsche Sie zur geliebten Freiheit ... Auch unsere Brust atmet nun ...

Tartakovskij drückt den Arbeitern inbrünstig die Hände. Sie haben sich zu einer Schlange formiert und warten wie im Kaufladen, bis sie an der Reihe sind. Die Bäcker, eine solche Behandlung nicht gewohnt, wischen sich hastig die Hände an den Schürzen ab, strecken sie kläglich unbeholfen aus und klopfen dem Patron gleich nach dem Händedruck den Mehlstaub ab.

Sobkovs Rücken. Der Bursche fährt mit dem Kneten fort und liest dabei in der Zeitung. Tartakovskij klopft ihm auf die bronzen schimmernde Schulter und streckt ihm die Hand hin. Sobkov zieht langsam die Hände aus dem zähen Teig, wendet dem Patron das gewitzte Gesicht mit den Stirnlocken zu und reicht ihm langsam, wie ein Geldtellerchen, die teigverzierte Pranke. Das lustige Männlein Kočetkov stürzt auf Sobkov zu, macht sich daran, ihm die Finger vom Teig zu säubern. Lachend fixiert Sobkov den Patron. Tartakovskij hat verstanden, er macht jäh kehrt und geht. Kočetkov zwinkert dem Kneter zu.

Teigwürstchen baumeln an Sobkovs unförmiger, monströs vergrößerter Pranke.

Abblende

Café Fankoni. Gedränge. Geschäftige Damen mit großen Ridikülen, Börsenschieber mit Gehstöcken, odessitisches Gewimmel. Auf dem Podium, wo normalerweise das Orchester sitzt, rasselt ein flotter junger Mann mit Sträflingsketten. Hinter seinem Rücken sitzt eine trostlose Gestalt mit asymmetrischen Zügen, in der Hand eine große Schere. Die Schere ist imstande, Eisen zu durchtrennen.

Bürger des freien Russlands! Kauft als Glücksbringer das Erbe des verfluchten Regimes, zum Wohl der heroischen Invaliden. Fünfzig Rubel – wer bietet mehr?

An der gegenüberliegenden Wand sitzen nebeneinander auf einem kleinen Samtsofa drei Invaliden, drei kurzgeschorene Trottel, und dösen vor sich hin. Sie sind mit Orden und Georgskreuzen behängt.

Eine tief dekolletierte Maid im großen Schlapphut geht mit einem Schälchen zwischen den Tischen hindurch und sammelt Geld »für die Revolution«. Das Dekolleté der Maid ist verrutscht, die Schuhe sind abgetreten; Begeisterung, Frühling, Aktivismus haben die lange Nase mit winzigen Schweißperlen überzogen. An einem der Tischchen sitzt Tartakovskij, umringt von einem Schwarm kriecherischer Makler. Sein Tisch ist mit Warenmustern übersät – Weizenkörner, Lederproben, Persianerhäute. Er steckt dem Fräulein ein Zwanzigkopekenstück ins Schälchen.

Der Auktionator auf dem Podium rasselt mit den Ketten.

Die dekolletierte Maid windet sich zwischen den Tischchen hindurch. Am Fenster sitzt hingefläzt Benja Krik, schreibt emsig etwas auf eine Papierserviette. Neben ihm der betrunkene Savka, der ein Cremeröllchen nach dem nächsten vertilgt. Das Fräulein nähert sich Benja. Der König wirft mit Grandezza eine Goldmünze in das Schälchen. Der Auktionator klettert hastig von seinem Platz auf dem Podium, offeriert Benja ein Glied der Sträflingskette. Im Schlepptau des Auktionators humpeln die Invaliden, drücken Benja vollkommen leblos ihre Dankbarkeit aus. Der betrunkene Savka stiert auf das Spektakel. Er erhebt sich auf wegknickenden Beinen und schielt der jungen Dame über ihr Blüschen hinweg ins Dekolleté.

Das Dekolleté und darüber Savkas düsteres, konzentriertes Gesicht.

An Benjas Tisch kommt Sobkov im Sonntagsstaat vorbei. Benja lädt den Bäcker ein, sich zu setzen.

Da hast du endlich deine Revolution, Sobkov...

Sobkov grinst und weist mit dem Blick auf die Gäste des Cafés.

Revolution wird sein, wenn wir denen die Kohle aus der Tasche ziehen...

Benja wischt die Schreibfeder an Savkas Jackettschoß ab, seine Mimik ist überaus sprechend.

Mit der Kohle hast du recht, Sobkov ...

sagt er und macht sich von Neuem ans Schreiben. Savka ist eingenickt. Sobkov mustert die Gäste im Café.

Tartakovskijs Tisch. Ein Makler kippt aus der Jackentasche einen Haufen Goldkreuzchen und Weihrauchamulette.

Musjö Tartakovskij, ein Posten Ikonen für halb umsonst ...

Tartakovskij prüft unlustig die Ware, wiegt die Kreuze in der offenen Hand.

Benja faltet sein Schreiben zusammen, ruft den Kellner herbei, bittet ihn, es Tartakovskij zu bringen.

Die Ware passt Tartakovskij nicht. Er schiebt den »Posten Ikonen« von sich. Der Kellner reicht ihm das Schreiben.

Benjas Brief in Krakelschrift auf geblümter Serviette:

Musjö Tartakovskij, ich hab wen angewiesen, dass er morgen früh unterm Tor zur Sofijskaja-Straße 17 fuffzigtausend Rubel findet. Im Fall, dass er nix findet, erwartet Sie was Unerhörtes, und ganz Odessa wird vonwegen Ihnen reden.

Hochachtungsvoll Benja, König

Tartakovskij zerknüllt entrüstet den Brief, er macht Benja empörte Zeichen, zerrt zornig am eigenen Kragen – da, raub mir auch noch das letzte Hemd! – und macht sich unverzüglich ans Antwortschreiben.

Der Kellner bringt den Invaliden drei Gläser mit Grenadine. In den Gläsern stecken Strohhalme. Die armlosen Trottel saugen die Grenadine durch die Halme.

Der Kellner überbringt Benja Tatarkovskijs Antwort. Tartakovskijs Epistel, ebenfalls auf einer Serviette:

Benja, Wenn Du ein Idiot wärst, würde ich Dir schreiben wie einem Idioten, aber ich halte Dich nicht für einen solchigen, und Gott behüte den, der es täte, Geld hab ich keins, aber ich hab Geschwüre, Grind, Scherereien, Schlaflosigkeit. Lass die Dummigkeiten, Benja.

Dein Freund Ruvim Tartakovskij

Benja steckt Tartakovskijs Brief in die Tasche, zahlt, weckt Savka. Der fährt hoch und packt mit grässlich hervorquellenden Augen Benja an der Gurgel. Savka hat geträumt, die Polizei wäre nachts bei ihm eingefallen. Kaum ist er wieder bei Sinnen, beruhigt er sich augenblicklich. Benja, Savka und Sobkov gehen zum Ausgang. Tartakovskij zerrt noch immer an seinem Kragen – da, raub mir auch noch das letzte Hemd … Der König zuckt mit den Achseln, signalisiert – was kann ich da machen..?

Jekaterininskaja-Straße, Ecke Deribasovskaja. Ein prächtiger Frühlingstag. Das flanierende Volk von Odessa. Benja winkt einen rasanten Kutscher – auf odessitisch Štejger – herbei und sagt, indem er auf Savka weist:

Fahr ihn bisschen an der frischen Luft spazieren, Vanja …

Savka fläzt sich in die Kutsche mit aller Lässigkeit, aller Grandezza, zu der er fähig ist. Das Pferd versetzt sich in Trab.

Eine Gruppe von Blumenweibern an der Ecke Deribasovskaja und Jekaterininskaja. Die schäkernden Frauen mit ihren Blumen vor den Schaufenstern des Kaufhauses Wagner, des besten Kaufhauses von Odessa. In den Fenstern sind ausländische Waren ausgestellt – elegante Koffer, Porzellan, Nippes, Parfüm in mit blauem Atlas bezogenen Schächtelchen. Unter den Blumenweibern ein abgerissenes, etwa fünfzehnjähriges Mädchen. Der König geht zu dem Mädchen, kauft ihr Veilchen ab und steckt ihr, unbemerkt von Sobkov, kleine Zettel in ihre Buketts. Das Mädchen mustert Benja mit außergewöhnlicher Intensität.

Benja und Sobkov biegen in den Nikolajevskij Boulevard ein.

Ringsum brodelt das Volk von Odessa. In einiger Entfernung zottelt das Blumenmädchen auf schwarzen, mageren, nackten Beinen hinter den beiden her. Gebannt lässt sie kein Auge von Benja.

Der Nikolajevskij Boulevard. Benja und Sobkov treten an den Gitterzaun des Voroncov-Palasts. Hinter dem Zaun noch nicht erblühte Fliederbüsche.

Sag mir, Sobkov, was wollen die Bolschewiken noch außer Kohle?

fragt Benja den Bäcker. Der zieht ein Büchlein von Lenin aus der Tasche, aber Benja wehrt das Buch mit der Hand ab. Langsam öffnet er die Lippen:

Es braucht kein Buch, erklärs mir von Herzen, bring mich zu deinen Jungs, Sobkov, wo habt Ihr sie, Eure Jungs?

Sobkov streckt die Hand aus und weist auf die Docks, den Peresyp, die Fabriken.

Da!

sagt der Bäcker.

Panorama mit Peresyp, Werften, qualmenden Dampfern. Arbeiter beim Verladen der Fracht. Sie sind umhüllt vom Rauch, der aus den Schornsteinen der Dampfer quillt.

Abblende

Der Hafen. An der Landungsbrücke eine Gruppe von Bindjugs. Den Pferdemäulern sind Haferbeutel vorgehängt. Mittagssonne. Unter einem der Bindjugs schläft auf der nackten

Erde, den angewärmten Steinen, Froim Grač. Hinter einer Ecke taucht das Blumenmädchen auf.

Das Mädchen pirscht sich an Gračs Bindjug heran. Sie kitzelt Grač mit einem Bukett. Er erwacht und wirkt, als hätte er nicht geschlafen. Das Mädchen steckt Grač einen Zettel zu und läuft davon.

Der Zettel:

Grač, es gibt was mit Dir zum Besprechen.
Benja.

Grač springt auf den Bindjug, versetzt die Pferde in Galopp.

Abblende

Persische Teestube – eine Tschaichana – am Privoznaja-Platz. Lastträger und Viehhändler trinken Tee. Hinter der Theke der Perser, der bereits im ersten Teil aufgetreten ist. Das Blumenmädchen kommt, mit einem Fuß den anderen streifend, in die Teestube. Der Perser gießt ihr ein Glas starken Tees ein, das Mädchen steckt ihm einen Zettel zu:

Abdullah, es gibt was mit Dir zum Besprechen.
Benja.

Der Perser lässt den Zettel verschwinden. Sein Gesicht ist verzerrt. Er greift sich die noch nicht geleerten Teegläser, kippt sie aus, jault, hastet umher, stößt die Gäste hinaus, die ihn völlig verdattert ansehen. Ein Alter mit Backenbart geht auf den Perser los, doch dann erschreckt er sich vor dem furchtbaren Gesicht des Teestubenbesitzers, und er rückt von ihm ab. Nur das Mädchen trinkt in aller Ruhe seinen Tee zu Ende.

Der Perser löscht den Samowar, gießt Wasser ins Rohr.

Abblende

Der Schächter Ljovka Byk steht in seinem Kittel mit einem blutverschmierten Messer auf einem Bretterpodest. Unten drängen sich Jüdinnen. Sie reichen dem Schächter (Schoichet) Hühner und Enten zum Schlachten.

Ljovka schneidet einem Huhn die Kehle durch.

Die alte Rejsl reicht dem Schoichet einen Hahn. Der Hahn schlägt mit den Flügeln. Ljovka hebt das Messer. Im selben Augenblick huscht das Blumenmädchen in die Schächterei. In den Händen hält sie ein Blumenbukett, zaghaft stakst sie über den blutbesudelten Zementboden.

Das Messer bebt in der Hand des Schoichets, seine Augen weiten sich. Er erstarrt, in seinen Händen flattert der Hahn.

Abblende

VIERTER TEIL

Tartakovskijs Kontor. Am zentralen Tisch der Bürovorsteher Muginštejn. An seinem Schreibpult arbeitet der in Rauchwolken gehüllte Engländer. Ein Angestellter legt Muginštejn Papiere zur Unterschrift vor. Muginštejn unterzeichnet mit barocken Schnörkeln. Die Form eines Briefes behagt ihm nicht, er wirft ihn auf den Boden und spuckt nach dem Angestellten, der ihm den Brief gebracht hat. Der verliert nicht im Geringsten die Fassung und spuckt ebenfalls aus. Währenddessen springen durch die offenen Fenster vier maskierte Männer mit gezückten Revolvern herein.

Auf allen vier Fensterbrettern stehen in voller Größe die maskierten Banditen.

Hände hoch!

Sortiment erhobener Hände.

Froim Grač, der Perser, Ljovka Byk und Kolka Pakovskij besetzen die Eingänge. Sie tragen lustige Masken aus buntem Kattun. Alle sind zu erkennen, vor allem Grač, dem die Maske dauernd verrutscht.

Benja kommt herein. Er steuert auf Muginštejn zu.
Wer ist hier der Stellvertreter vom Patron?
Der zitternde Muginštejn:
Ich ... ich bin der Stellvertreter vom Patron.
Benja packt Muginštejns erhobene Hände, zieht sie herab, begrüßt den Kontoristen freundlich, führt ihn zum Kassenschrank.
Sperr uns mit Gottes Hilfe die Kasse auf.
Der entgeisterte Muginštejn schüttelt verneinend den Kopf.
Benja zieht den Revolver aus der Tasche und befiehlt Muginštejn:
Mund auf ...
Der langsam sich öffnende Mund Muginštejns, man sieht die schrägstehenden Zähne.

Benja steckt Muginštejn den Revolver in den Mund und entsichert ihn gemächlich, ohne den Kontoristen aus den Augen zu lassen.

Speichel rinnt aus dem aufgerissenen Mund, Muginštejns Hände wandern in Richtung seiner Hose. Er zieht aus einem Geheimversteck, einem in die Unterhose eingenähten Beutelchen, den Schlüsselbund hervor.

Sortiment erhobener Hände.

Die massiven Türflügel des Kassenschranks tun sich auf. Tartakovskijs Reichtum präsentiert sich den Blicken der Zuschauer. Das verzerrte Gesicht des Persers schwebt auf die Kasse zu, unter schwarzen Brauenbögen glühen seine geweiteten Augen.

Benja wischt die mit Speichel bespritzte Revolvermündung am Jackettschoß des Kontoristen ab. Er steckt den Revolver weg, lässt sich in einem Sessel nieder, schlägt die Beine übereinander, öffnet eine lederne Reisetasche. Zum Auftakt reicht Muginštejn Benja eine brillantbesetzte Damenbrosche. Benja tritt zur Kassiererin, die ihre dicken Arme hochreckt, heftet ihr die Brosche an die Brust.

Die gewaltige Brust der Kassiererin wallt auf und nieder.

Die Dame ist verstört. Ihr Blick wandert von Benja zur Brosche. Ihre Arme sind erhoben. Unter den Achseln hat sie große, runde Schweißflecken. Grač tritt an die Frau heran, beschnüffelt sie und runzelt die Stirn. Die Maske ist ihm aufs Kinn herabgerutscht. Benja kehrt an seinen Platz zurück.

Die Übergabe der Wertsachen hat begonnen. Muginštejn händigt Benja Geld, Aktien, Brillanten aus. Benja packt die Beute in die Reisetasche. Sie arbeiten ohne Hast.

Gesamtansicht des Kontors. Ljovka Byk ärgert sich mit einem der Angestellten herum, einem alten Mann, der zetert, dass er die Hände nicht länger hochhalten kann.

Du Räuber, ich hab doch einen Bruch ...
heult der Alte. Ljovka betastet dem Alten eingehend den Bauch und erlaubt ihm, die Hände zu senken.

Der Alte läuft zur Kassiererin und inspiziert die Brosche.

Herrlicher Zweikaräter ...
sagt er und schnalzt mit den Lippen.

Die Übergabe der Wertsachen dauert an. Sie verläuft ohne Schwierigkeiten. Die Hände von Benja und Muginštejn bewegen sich im Gleichtakt.

Ljovka Byk spaziert durchs Kontor. Der Engländer, der darunter leidet, nicht rauchen zu können, macht ihm flehentliche Zeichen, weist mit dem Blick auf die Pfeife. Ljovka schiebt dem Engländer die Pfeife zwischen die gelben Zähne und zündet ein Streichholz an.

Die Bewegung der Hände von Muginštejn und Benja.

Die Pfeife des Engländers will partout nicht brennen – das kommt daher, dass der Buchhalter mit seinen erhobenen Händen den Tabak nicht stopfen kann. Ljovka steckt ein Streichholz nach dem andern an. Ein entzündetes Streichholz erstarrt plötzlich in seinen Fingern.

Durchs Fenster springt der betrunkene Savka herein. Er brüllt, fuchtelt mit dem Revolver.

Ljovkas Streichholz ist heruntergebrannt. Es versengt ihm die Finger.

Der betrunkene Savka schießt, Muginštejn bricht zusammen. Benja, gepackt von Entsetzen und Wut, schreit:

Raus aus dem Kontor, macht euch dünne ...

Der König packt Savka am Revers, schüttelt ihn, rüttelt immer heftiger.

Ich schwörs beim Glück meiner Mutter, Savelij, du wirst dich neben ihn legen ...

Die Banditen flüchten. Auf dem Fußboden krümmt sich der verletzte Muginštejn. Der Alte mit dem Bruch kriecht unter den Tischen hindurch zu ihm hin.

Muginštejn in Agonie und dann ...

Einband eines Buches: »Ehehygiene«.

Ein kraushaariges Mädchen mit einem Gesicht voller Sommersprossen, einem Gesicht, so belanglos und konzentriert, dass es von der Seite nahezu finster wirkt, sitzt über das Buch »Ehehygiene« gebeugt.

DIE MILIZ DES VEREIDIGTEN RECHTSANWALTS KERENSKIJ

Kanzlei des Milizreviers. An den Schreibtischen junge Mädchen und kränkliche Studenten vom jüdischen Typus. Unter den Studenten der hohlwangige Lazar Spielhagen. Am Telefon das in die Fragen der Ehehygiene vertiefte kraushaarige Fräulein. Sie achtet lange nicht auf das frenetische Läuten des Telefons (ein Apparat alten Typs mit Außenklingel) und nimmt schließlich träge den Hörer ab.

Spielhagen, melden Sie dem Chef: Raubüberfall auf Tartakovskij ...

sagt sie zu ihrem Nachbarn, hängt den Hörer auf die Gabel und versenkt sich wieder in ihre Lektüre.

Spielhagen schlappt matt zu seinem Vorgesetzten. Seine Schnürsenkel sind offen, er bindet sie unterwegs zu.

DER REVIERVORSTEHER UND VEREIDIGTE RECHTSANWALT CYSIN

Büro des Reviervorstehers. Cysin, ein brünetter Herr von matter und edler Erscheinung schwadroniert pausenlos vor drei Invaliden herum, denselben, zu deren Wohl im Fankoni Sträflingsketten feilgeboten wurden. Die Invaliden sind überschwemmt von Cysins Sprachgewalt. Spielhagen kommt herein. Der Vorsteher schenkt ihm zunächst kein Gehör, dann gerät er in furchtbare Aufregung.

Mit den Armen fuchtelnd, jagt Cysin über den Korridor.

Der Alte mit dem Bruch gießt aus einem kupfernen Teekessel Wasser über die Kassiererin, die in Ohnmacht gefallen ist. Sie bedeckt die Brosche mit der Hand.

Aus dem Hof des Polizeireviers kriecht langsam ein Panzerwagen. Durch den Sehschlitz späht Cysins berauschtes Gesicht.

Die Bäcker, angeführt von Sobkov, laufen zu Tartakovskijs Kontor.

Eine tausendköpfige Menge in Tartakovskijs Hof – Frauen, auf der Erde krabbelnde Kinder, Gaffer, Redner. Mit quälender Langsamkeit kommt der Panzerwagen hereingekrochen. Aus dem Panzer springt Cysin. Sobkov wendet sich an ihn:

Geben Sie mir ein paar harte Jungs, und wir schnappen uns den König…
Cysin winkt ab, läuft davon, die Menge stürzt hinterdrein. Nur der Uhrmachermeister mit den Schuhruinen bleibt an seinem Platz. Mit gelangweilter Miene hebt er das mit einer Lupe bewaffnete Auge zum Himmel; auf die Lupe prallt ein lodernder Sonnenstrahl.

Zimmer im Haus der Kriks. An der Wand in ein und demselben Rahmen die Porträts von Lev Tolstoj und General Skobelev. Die alte Rejzl serviert Froim und Benja Suppe. Grač tunkt große Brotbrocken in die Suppe, er verdrückt seine Portion mit Appetit. Benja schiebt den Teller beiseite. Rejzl setzt ihm Hühnermägen und Eier vor, aber Benja weist alles zurück, ihm ist nicht nach Hühnermägen. Sobkov stürzt ins Zimmer.

Wir brauchen keine Kriminellen…
schreit der Bäcker und schießt auf Benja. Daneben. Grač wirft sich auf Sobkov, drückt ihn mit dem Gewicht seines Körpers zu Boden, würgt ihn. Benja reißt Froim zurück.

– *Lass ihn los, Froim, – weiß der Teufel, was diese Bolschewiken wollen…*
Grač erhebt sich, der halberwürgte Sobkov liegt am Boden. Rejzl bringt den Hauptgang; ohne Sobkov eines Blickes zu würdigen, schreitet sie über seinen hingestreckten Körper hinweg und verteilt Bratenfleisch auf den Tellern. Benja trommelt mit den Fingern auf den Tisch.

Abblende

ZWEI TAGE SPÄTER FINDET MUGINŠTEJNS BEGRÄBNIS STATT. EIN SOLCHES BEGRÄBNIS HAT ODESSA NOCH NICHT GESEHEN, UND DIE WELT WIRD SO ETWAS AUCH NICHT MEHR SEHEN

Der Kantor im Festgewand. Ihm folgen Knaben mit schwarzen Umhängen und hohen Samtbaretten – der Synagogenchor.

Ein prunkvoller Leichenwagen, drei Pferdepaare, geschmückt mit Federbüschen, Totengräber in Zylindern.

Die dem Sarg folgende Menge. In der ersten Reihe stützen Tartakovskij und ein weiterer angesehener Kaufmann die alte Tante Pesja, die Mutter des Getöteten.

Die Menge: Vereidigte Rechtsanwälte, Mitglieder der Gesellschaft jüdischer Handlungsdiener, Damen mit Ohrringen.

Benjas rotes Automobil rast durch die Straßen von Odessa.

Tartakovskij und die Kollegen des Verstorbenen, darunter der Alte mit dem Bruch und der Engländer, tragen den Sarg über die Friedhofsallee.

Benja Kriks Automobil fährt am Friedhofstor vor. Aus dem Auto springen Benja, Kolka Pakovskij, Ljovka Byk und der Perser. In Benjas Händen ein gewaltiges Kranzgebinde.

Tartakovskij trägt mit zwei weiteren Männern den Sarg. Benja und sein Gefolge holen ihn ein. Die Banditen drängen Tartakovskij, den Alten mit dem Bruch und den Engländer beiseite und schieben ihre stahlharten Schultern unter den Sarg. Durch die Menge wallt eine unsagbare Unruhe. Tartakovskij verschwindet. Die Banditen schreiten gemessen, voller Trauer, mit flammenden Blicken einher.

Bildfüllende Nahaufnahme des auf den Schultern der Banditen schwankenden Sargs.

Vor dem Friedhofstor. Tartakovskijs Kutscher hat sich ein wenig entfernt, um sich zu erleichtern. An der Biegung der

Friedhofsmauer scheint sein breiter Rücken auf. Tartakovskij kommt im Laufschritt hinter der Umfriedung hervor; er springt in die Kutsche und treibt selbst die Pferde an.

Der Kantor im Gebet über dem Grab. Benja stützt Tante Pesja. Der Kantor nimmt eine Handvoll Erde, um sie auf den Sarg zu werfen, doch seine Hand gefriert. Zwei Burschen bewegen sich auf ihn zu, sie tragen den verstorbenen Savka Bucis. Benja zum Kantor:

Ich bitte, dem unbekannten, aber bereits verstorbenen Savelij Bucis die letzte Ehre zu erweisen.

Zitternd und nach einem Fluchtweg spähend, tritt der Kantor an Savkas Sarg. Die Banditen umrunden den Leichnam. Aufmerksam lauschen sie den Worten des Kantors und passen auf, dass er nicht mogelt und das Totengebet abkürzt. Die Menge schmilzt; sobald sich die Leute wenige Schritte von den Gräbern entfernt haben, ergreifen sie Hals über Kopf die Flucht.

Tartakovskij peitscht auf die Pferde ein. Der Kutscher rennt hinter dem Wagen her.

Die Friedhofsallee. Grabmäler: betende Engel, Pyramiden, Davidsschilde aus Marmor. Die kopflos flüchtende Menge.

An Savkas Sarg stottert der Kantor, Tante Pesja weint Sturzbäche, und die Banditen beten nach Altväter Sitte. Vor dem Friedhofstor fegt die Menge alle Hindernisse hinweg: Kutschen, die Straßenbahn, selbst Frachtwagen werden im Sturm genommen.

Tartakovskijs Kutscher ist außer Puste, er gibt es auf, dem Wagen hinterherzujagen, schlägt die Schöße seiner wattierten Bauernjoppe zurück und hockt sich auf die Erde, um zu verschnaufen.

Ein Strom von Droschken und Leiterwagen. Die Leute

stehen auf den Wagen, es wirft sie hin und her wie auf einem sturmgebeutelten Schiff.

Zwei aufgetakelte Damen auf einem Kohlenwagen.

Das rote Auto schlägt eine Bresche in die flüchtende Menge und entschwindet.

Abblende

Der nackte Rücken Sobkovs und seines langen Nebenmanns. Das Spiel der Muskeln auf den Rücken.

In der Bäckerei. Kočetkov wirft Holz in den lodernden Ofen, der Meister holt die fertigen Brote heraus. Benja kommt herein. Er ruft Sobkov beiseite.

Lagerraum. Auf Regalen kühlen Brote aus, lange Reihen von Broten. Sobkov und Benja treten ein.

Bring mich zu deinen Jungs, Sobkov, und ich schwörs beim Glück meiner Mutter, ich mach Schluss mit den Überfällen...

Sobkov streichelt die Kruste eines dampfenden Brots.

Du betuppst mich, Junge...

sagt er mit einem raschen Blick auf Benja und schaut gleich wieder weg. Der König rückt dicht an ihn heran und legt dem Bäcker eine kleine, protzig beringte Hand auf die nackte, schmutzige Schulter.

Ich schwörs beim Glück meiner Mutter, Sobkov...

wiederholt er mit Nachdruck.

Auf den Regalen kühlen in langen Reihen Brote aus, Brotduft wogt grün durch den Lagerraum, ein Sonnenstrahl spaltet den Dunst. Hinter dem Zaun der lackierten Brote die einander zugeneigten Gesichter von Benja und Sobkov.

FÜNFTER TEIL

Das Ende des Königs

Auf schwarzem Grund ringelt sich ein Telegrafenstreifen. Der Streifen kriecht aus dem Apparat hervor.

Im Sommer des Herrn neunzehnhundertneunzehn.

Der Telegrafist nimmt im Apparatraum per Direktleitung eine Depesche auf. Kriegskommissar Sobkov beugt sich über den hervorkriechenden Streifen. Auf dem Tischchen neben dem Apparat ein Laib Schwarzbrot, durchfurcht von Adern aus Stroh, in einer Schüssel wird die Heringsration gewässert. Der Telegrafist hat eine Wollmütze auf, wie sie im Winter die Skifahrer und Schlittschuhläufer tragen, sein zerlumpter Mantel wird auf dem Bauch von einem breiten Mönchsgürtel zusammengehalten, auf dem Rücken trägt er einen Quersack mit Proviant: er ist offensichtlich im Aufbruch begriffen.

Der Brotlaib, die in Wasser eingelegten Heringe. Die Finger des Telegrafisten pulen im Brot.

Sobkov liest den Streifen, der über das neben dem Tisch mit dem Apparat abgestellte Maschinengewehr kriecht. Wie der Telegrafist lässt auch er die Finger tief ins Innere des Brotes wandern und pult das Weiche heraus. Der Telegrafenstreifen:

vojenkom an sobkov stopp wegen bevorstehendem andrang des feindes befehl zur räumung odessa und entwaffnung unter beliebigem vorwand ...

Das vom Telegrafenstreifen umringelte Maschinengewehr. In einer Ecke, ein Stück weit entfernt, flickt Kočetkov seinen zerlöcherten Schuh. Ohne den Schuh abzunehmen, befestigt er die lose Sohle mit einem Stück Draht.

Fortsetzung des Telegramms:

... entwaffnung unter beliebigem vorwand der einheiten benja kriks stopp
Kočetkovs Schuh: über die gesamte Länge der Sohlenkante akkurat gewundene und abgekniffene Drahtknoten.

Sobkov steckt den Telegrafenstreifen in die Tasche, reißt ein Stück vom Brotlaib ab und kaut es im Gehen. Der Kriegskommissar und Kočetkov verlassen den Apparatraum.

Auf schwarzem Grund das Geringel des blendendweißen Telegrafenstreifens. Sein Ende ...

... kriecht in einen Automotor ohne Kühlerhaube.

Im Hof des Telegrafenamts. Ein Friedhof für Lastwagen und Feldküchen. Eine der Küchen ist in Betrieb. Ein Rotarmistenkoch rührt eine Kohlsuppe an. Den Kessel seiner Küche heizt er mit abgebrochenen Holzrädern von den anderen Feldküchen; im Hof gibt es davon jede Menge. Daneben plagt sich Sobkovs Chauffeur mit einem lädierten, klapprigen Auto herum. Die Motorhaube fehlt, der Chauffeur müht sich, das Auto in Gang zu bringen, aber seine Anstrengungen bleiben fruchtlos.

Der Motor des Autos – ein mit Draht und Riemen umwickelter, geflickter, qualmender Motor des Jahres 1919.

Sobkov und Kočetkov kommen in den Hof herunter. Sie nehmen im Auto Platz.

Zu den Kasernen, gib Gas ...
sagt Sobkov zum Chauffeur; der dreht an der Kurbel, doch der Motor springt nicht an. Der Chauffeur zerreibt die Schweißströme auf dem puterroten Gesicht, hasserfüllt verfolgt er das Stottern des Motors, prüft der Reihe nach alle möglichen Ventile und spuckt dem Motor plötzlich mit aller Kraft mitten ins Herz. Der Koch und Sobkov kommen ihm zu Hilfe, sie drehen ebenfalls an der Kurbel, aber vergebens. Endlich gelingt es Kočetkov, das Auto anzulassen. Der Chauf-

feur springt auf seinen Sitz, gibt Gas, aus dem Auto schießt eine gigantische Rauchwolke, ächzend versetzt es sich in Bewegung.

Das Auto fährt zum Tor hinaus. Der Chauffeur fuhrwerkt krampfhaft am Steuer herum. Die Rauchwolke schwillt immer stärker an, überzieht die Leinwand, aus gelbem Nebel erscheint plötzlich ungewöhnlich scharf umrissen: ein Fächer schmuddeliger Spielkarten. Gehalten werden sie von einer geäderten Hand. Ein Finger ist gebrochen, verkrümmt. Ein Sonnenstrahl fällt durch die Karten.

DAS N-SCHE »REVOLUTIONSREGIMENT« RÜSTET SICH FÜR DIE ENTSCHEIDENDEN GEFECHTE

Die Kaserne des »Revolutions«-Regiments von Benja Krik. Auf längs durch die gesamte Kaserne gespannten Seilen hängt Soldatenwäsche zum Trocknen aus. Die Wäsche trägt einen Staatsstempel. Unter den Seilen, dort wo die Unterhosen mit Staatsstempel besonders dicht aufgereiht sind, ist ein hitziges Kartenspiel im Gange, ein Spiel unter Ganoven. Die beiden Spielpartner sind der glotzäugige Perser und Papaša Krik, der sich ein winziges Schirmmützchen mit dem Stern der Roten Armee übergestülpt hat. Um den Tisch steht eine Gruppe von Schmierern, Banditen, die wir bereits von Dvojra Kriks Hochzeit kennen. Der Perser, überzeugt, dass seine Trümpfe nicht zu schlagen sind, teilt voller Triumph, voller Leidenschaft die Karten aus. Auf Papaša Kriks Gesicht liegt eine sanfte Schwermut. Er grübelt lange, furcht die Stirn, kneift ein Auge zu und sticht schließlich die erste Karte des Persers.

Die sonnenüberfluteten Spielkarten in der Hand des alten Krik.

Traurig sticht der Alte die zweite Karte des Persers. Der nackte Rücken von Kolka Pakovskij bewegt sich auf ihn zu.

Neben Mendel sitzt auf einem hohen Stuhl der bis zum Gürtel nackte Kolka Pakovskij. Ein alter Chinese ist dabei, ihn zu tätowieren. Auf Kolkas Rücken, am rechten Schulterblatt hat er bereits eine Maus gestochen und führt nun den langen, biegsamen Mäuseschwanz im Bogen über die Schulter.

Mendel schlägt der Reihe nach sämtliche Karten des Partners. Das Gesicht des Persers hat sich verfinstert. Er bezahlt seine Spielschuld mit einer neuen Uhr aus brüniertem Stahl. Neben ihm liegt auf dem Tisch ein ganzer Haufen unausgepackter Schachteln mit neuen, ladenfrischen Uhren.

Die mit trocknender Wäsche dicht an dicht vollgehängte Kaserne. Abseits in der Fensterecke zerteilt Ljovka Byk in blutverschmierter Lederschürze einen frisch geschlachteten Bullen. Auch in der Kaserne bleibt er bei seinem Metier. »Rotarmisten« umringen ihn, warten auf ihre Ration. Vor dem Fenster sieht man die Köpfe der Schlange stehenden Marktfrauen: Auch sie warten auf ihre Ration. Ljovka verteilt bluttriefendes Fleisch an die Rotarmisten, hin und wieder spießt er monströse Brocken auf ein Messer und schleudert sie, ohne sich umzudrehen, durchs Fenster, wie ein Dompteur Pferdefleisch in den Tigerkäfig schleudert.

Das Kartenspiel dauert an. Diesmal ist der Perser an der Reihe zu triumphieren. Unter erregtem Zucken, Wiehern, Zittern sticht er die Karten des Alten und verlangt seinen Gewinn. Papaša Krik zahlt mit nagelneuen Banknoten, die er aus einem Päckchen mit einer Banderole zieht, wie sie die Banken verwenden. Bei zwei der Geldscheine fehlt die Rückseite – eine Seite ist bedruckt, die andere komplett blank. Der Alte ruft einen der Schmierer herbei, überreicht ihm die untauglichen Scheine.

Sag Jusim, dass er mir in roter Brühe badet für so 'ne Arbeit ... Er soll sie gefälligst fertigdrucken ...

Der Schmierer steckt die Banknoten ein und trollt sich. An der Tür stößt er mit Tartakovskij zusammen und lässt ihn in die Kaserne treten. Auf Tartakovskijs Kopf sitzt eine lädierte Soldatenmütze; sein Gesicht trägt die Spuren einer erstaunlichen Maskerade – der Schnurrbart ist abrasiert, doch der Kinnbart ist geblieben, wie bei einem holländischen Handelskapitän.

Tartakovskij schleicht auf Zehenspitzen an der Wand entlang. In den Händen hält er einen Samtbeutel ungewissen Inhalts. Der Alte hat die Farbe gewechselt und ist im Geist der Zeit gekleidet – zerschlissener Gehrock, Schuhruinen, nur der Wanst ist majestätisch wie eh und je. Zwei ehrwürdige Juden gleiten hinter ihm her. Der eine trägt ein Radfahrerkäppi, Gehrock und Ledergamaschen, der andere ein kleineres Käppi und eine Husarenjacke.

DER KOMMANDEUR DES
N-SCHEN »REVOLUTIONSREGIMENTS«

Hof im Gebäude der Rotarmistenkaserne. An einer der Innentüren ein Schild: Infanterieregiment »Französische (hier ist von Hand mit Kreide hinzugefügt: und deutsche) Revolution«. Benja in Fantasieuniform auf dem Rücken eines Pferdes. Mitten im Hof steht Froim Grač und knallt mit der Kutscherpeitsche. Benja reitet im gestreckten Galopp und beschreibt im Hof regelmäßige Kreise wie in einer Manege.

Eine niedrige Tür. Drei Bäuche zwängen sich mühsam durch den schmalen Spalt.

Der wilde Galopp dauert an. Tartakovskij und seine zitternden Begleiter dringen in den Hof vor. Sie verneigen sich vor Benja, der unermüdlich seine Kreise zieht. Der Kommandeur des N-schen »Revolutionsregiments« gibt dem Pferd die Sporen, er reißt die Peitsche hoch, sprengt auf die Dickwänste zu, die in die Knie gehen. Tartakovskij hält Benja den Samtbeutel ungewissen Inhalts entgegen.

Auf dem Beutel eine Blumenstickerei mit der Aufschrift: »Von den revolutionären Heimarbeitern der Stadt Odessa«.

Benja packt die Präsente aus. Der Samtbeutel enthält eine Thorarolle, das Pergament ist auf lackierte, mit Schnitzereien versehene Stäbe gewickelt. Benja übergibt die Thora Froim Grač. Dann tritt Tartakovskij näher, mit zitternder Hand streichelt er dem Pferd das Maul und hebt zu einer Rede an:

Die revolutionären Heimarbeiter bitten Sie ...

Benjas leidenschaftsloses Gesicht, seine zusammengelegten Hände, die majestätisch auf dem Sattelbogen ruhen. Etwas abseits steht Froim, der die Thora entrollt. Tartakovskij fährt fort:

... bitten Sie, das revolutionäre Odessa zu verteidigen, und zwar direkt im revolutionären Odessa und ...

Froim entrollt die Thora und entnimmt ihr einen zaristischen Hundertrubelschein nach dem anderen.

Benja blickt aus dem Augenwinkel zu Froim hin. Tartakovskij fährt fort:

... direkt im revolutionären Odessa und dass Sie nicht an eine von diesen Fronten ausrücken ...

Der Donnerschlag des aufspringenden Tors und eine Rauchsäule, die in den Hof schießt, unterbrechen die Rede des revolutionären Heimarbeiters. Im Gefolge der Rauchfahne schleppt eine Troika von Feuerwehrpferden Sobkovs Auto, das unterwegs den Geist aufgegeben hat, in den Hof. Auf einem der Pferde thront ein Rotarmist mit Filzschuhen an den bloßen Füßen. Der Kriegskommissar und Kočetkov springen heraus und laufen in die Kaserne. Der Chauffeur tritt zum qualmenden Motor, betrachtet ihn eingehend, hebt den verschleierten Blick zum Himmel und spuckt versonnen ein paar Mal hintereinander auf den Zündmagneten.

Sobkov und Kočetkov eilen im Laufschritt durch das Törchen, durch das sich die Bäuche der revolutionären Heimarbeiter so mühsam gezwängt haben.

Tartakovskijs Stimme senkt sich zu einem Flüstern, immer fröhlicher und inniger tätschelt er dem Pferd das Maul, die beiden anderen Delegierten streicheln ihm die Flanken. Benja neigt sich näher zu ihnen herab; in der anderen Ecke rollt Froim das Pergament auf.

Das Kartenspiel in der Kaserne wird mit ungebremster Leidenschaft fortgesetzt. An der gegenüberliegenden Wand, nicht weit von Ljovka, der mit Fleisch um sich schleudert, seift sich ein junger Bursche mit grobem Gesicht, gestutztem Schnauzer und verbundenen Füßen die Wange ein. Daneben schläft mit dem Rücken zum Publikum auf einer Pritsche eine kurzgeratene, mollige Frau in modischen, bis zu den Knien reichenden Stiefeln. Sobkov und Kočetkov kommen im Laufschritt in die Kaserne. Der Kriegskommissar springt auf die Tribüne, die man unter zwei gekreuzten Fahnen errichtet hat.

Genossen!
Die frischgebackenen »Genossen« scharen sich träge um den Kriegskommissar. Ljovka wischt das Messer an seiner Schürze ab und geht zur Tribüne. Auch die Schmierer versammeln sich hier: der Bursche mit der eingeseiften Wange, der Chinese, der bis zum Gürtel nackte Kolka Pakovskij und die anderen. Nur der Perser und Papaša Krik erheben sich nicht von ihren Plätzen; sie unterbrechen nicht ihr Spiel, tauschen weiter nagelneue Uhren und nagelneue Geldscheine.

– Genossen! –
wiederholt Sobkov. Die »Genossen« richten trübe Blicke auf

ihn. Sie sind von hinten zu sehen, alle kratzen sich wie auf Kommando mit einem nackten Fuß am anderen.

Die Arbeitermacht fordert, in Vergebung Eurer früheren Verbrechen, den ehrlichen Dienst am Proletariat ...

spricht Sobkov. Der Bursche mit der eingeseiften Wange steht mit dem Profil zu ihm, seine Miene ist trist, die Daumen zucken. Ljovka poliert das Messer auf Hochglanz. Der Kriegskommissar fährt fort:

Im Vertrauen auf euch hat das Ispolkom beschlossen, aus eurem Regiment Sperrkommandos gegen die Lebensmittelspekulation zu formieren ...

Sobkov unterbricht seine Rede, um zu verfolgen, welchen Eindruck seine unerwartete Ankündigung auf die Banditen macht. Die Banditen applaudieren. Eine lustige Arbeit, dieser Applaus – sie finden Gefallen daran, klatschen immer heftiger.

Der erhitzte Kriegskommissar fischt in der Hosentasche nach dem Taschentuch, seine Hand dringt immer weiter, immer tiefer vor, ohne auf ein Hindernis zu stoßen. Die Tasche ist herausgeschnitten.

Sobkovs virtuos herausgeschnittene Hosentasche.

Der Kriegskommissar erstarrt mit offenem Mund. Die Kerle schlendern auf ihre Plätze zurück; der Bursche mit dem groben Gesicht, dem gestutzten Schnauzer und den verbundenen Füßen seift sich die andere Wange ein, seine Dame regt sich, erwacht, kehrt Sobkov das von Ringellöckchen gerahmte zerknautschte Gesicht zu. Der verdatterte Kriegskommissar wendet den Blick von den Banditen auf die gähnende Frau, die die drallen Beinchen in den modischen Stiefeln von der Pritsche baumeln lässt.

Durch die Kaserne eilt der Schmierer mit dem fertiggedruckten Geld. Er überreicht es Papaša Krik.

Sobkov kommt zu sich und zückt den Revolver. Der in seinen Sessel gefläzte Kolka Pakovskij macht mit dem Kopf eine halbe Drehung und wieder zurück. Der Chinese werkelt noch immer an seiner Schulter, den Mäuseschwanz, der sich wie eine Schlange um Kolkas Brustwarze ringelt, hat er bunt ausgemalt; Kočetkov packt den Kriegskommissar bei der Hand. Unter Kočetkovs Griff erschlaffen die Finger des Kommissars, geben den Revolver frei.

SECHSTER TEIL

VERLOCKT VON DEN »LEBENSMITTELPERSPEKTIVEN« BESCHLIESST BENJA KRIKS REGIMENT, AUS ODESSA AUSZURÜCKEN

Verwaiste Straße in Odessa. Die Läden sind mit Brettern, Bolzen, Haken verbarrikadiert. An die Tür einer armseligen kleinen Bude ist ein Porträt des griechischen Königs genagelt, darunter die Aufschrift: »Hier betreibt der ausländische Untertan Mejer Grinberg seinen Handel«. Ein einsamer Hund sitzt mitten auf der Fahrbahn. Zu seinen Füßen liegen herabgerissene Telegrafenleitungen. Sie neigen sich vor dem Hund wie Banner vor einem Heerführer. Ein fetter, hinkender Mann entschwindet rasch auf der Straße und legt dabei sein ganzes Gewicht auf das sichelförmige Bein. Weit entfernt in der Fluchtlinie der ausgestorbenen Straße sieht man im roten Sonnenstaub seinen entschwindenden Rücken.

Um die Ecke biegt auf einem Rassepferd Benja Krik. In die Mähne des Pferdes sind allerlei Bänder geflochten. Neben ihm reiten Sobkov auf einem zottigen sibirischen Pferdchen und der einäugige Froim Grač in Gallifethosen. Ansonsten ist Froims Aufzug – Segeltuchumhang, geteerte Stiefel und Peitsche – unverändert. Gleich dahinter schreitet Kočetkov.

Traurig gähnen die Rachen seiner losen Sohlen. Auf die Reiter folgen Spielleute, die auf Maultieren thronen. Die Maultiere stammen aus der Zeit der Okkupation Odessas durch die farbigen Regimenter. Sie spielen mit den langen Ohren; anstelle von Sätteln und Steigbügeln sind sie mit gewöhnlichen Teppichen bedeckt. Dem Orchester voran zieht der Hochzeitsmusikant und hebt seine blitzende Trompete zum Himmel, von der bereits gesagt wurde, dass sie eher einer Riesenschlange gleicht als einem Musikinstrument.

In entfernter Perspektive, im durchstäubten Licht der sinkenden Sonne der Rücken des entschwindenden Lahmen. Er tritt zu einem Laden mit Geschirr, dem einzigen nicht vernagelten Geschäft, und kehrt dem Zuschauer sein rot verschwitztes, gutmütiges Gesicht zu.

Im Gefolge des Orchesters erscheint die Horde Benja Kriks. Die einstigen Banditen tragen Helme, sie sind mit Maschinengewehrgurten umwickelt, die Hosen hängen lose über die Füße; manche gehen barfuß, andere haben ausgetretene Schuhe an, zerlöchert, aber immerhin Lackschuhe. Im Pulk von Benjas Mitstreitern: Kinderwagen und ein Geleit von Frauen, Müttern, Bräuten. All das kreischt und bringt die Reihen durcheinander. Hinter Kolka Pakovskij trippelt seine Mutter, eine kleine Alte, die kaum Schritt halten kann; sie trägt ihm das Gewehr und den Tornister. Ljovka Byk schiebt den Kinderwagen seines einjährigen Sohnes. Neben ihm seine in einen purpurroten Schal gewickelte Frau – ein forsches Weibsstück von der Moldavanka. Ljovka Byk tritt mit seiner Familie aus der Reihe, sein Blick gleitet schwermütig über die Zeile mit den vernagelten Läden.

Die »Artillerie« erscheint: MG-Wagen. Auf die »Artillerie« folgt ein Bindjug, auf dem eine Art Schaubude errichtet ist. Auf dem Bindjug steht in riesigen Lettern: Politaufklärungstrupp des N-schen Infanterieregiments »Französische Revolution«. In der Tiefe der Schaubude spielt ein Matrose mit Maschinengewehrgurten und gewölbter Brust auf einem ramponierten Klavier. Zwei Liliputaner in Ballgarderobe – ein Mann und eine Frau – halten dem Publikum Sammelbüchsen hin mit der Aufschrift »Für die Verschönerung der Kaserne«.

Im einzigen nicht vernagelten Laden. Das Warenangebot besteht aus Porzellankloschüsseln, Kanalisationsrohren, Brillen für Wasserklosetts. Ein schlaksiger Junge mit grünen Sommersprossen und dünnem Hals begießt den Fußboden mit Wasser aus einem kupfernen Teekessel. Er beschreibt auf dem Boden verzwickte Figuren, zeichnet mit dem Wasser Männchen und Buchstaben. Der Ladenbesitzer, ein lahmender Deutscher, wischt sich mit dem Handtuch das hilflose, breite Gesicht. Er ist ermüdet vom schnellen Gehen. Auf seinen erhitzten Hängebacken siedet üppiger Schweiß, der Schweiß eines gutmütigen Dickwanstes. Nachdem er sich das Gesicht abgewischt hat, fährt er sich mit dem Handtuch in den Hemdkragen; in diesem Moment öffnet sich die Tür, und Ljovka Byk fällt mit seiner Familie in den Laden ein.

Der Teekessel in den Händen des Jungen bebt. Die eleganten Schnörkel enden abrupt, das Wasser ergießt sich ohne jede Ordnung auf den Boden.

Eine Reihe blitzender Kloschüsseln aus Porzellan. Über sie neigt sich Ljovkas prüfende Visage. Er sieht, dass es nichts zu holen gibt; er zögert, will gehen, kommt zurück, greift sich in seinem Verdruss eine besonders üppig verzierte, rosa geblümte Kloschüssel, schmeißt sie in den Kinderwagen seines Sohnes und geht davon. Der Deutsche ist mit dem Handtuch im Hemdkragen erstarrt.

An der Ecke Deribasovskaja und Jekaterinskaja. Das Café

Fankoni ist vernagelt, die Blumenweiber stehen nicht an ihrer Ecke. Das barfüßige Mädchen im Sackgewand, dasselbe, das Benja Kriks Zettel ausgetragen hat, drückt sich an ein leeres Schaufenster des Kaufhauses Wagner. Die erste Reihe der Kolonne – Benja, Froim und Sobkov – ist bei ihm angelangt. Hastig und zitternd zieht das Lumpengör aus dem Ausschnitt eine in Zeitungspapier gewickelte Rose; zwischen den Pferden abdriftend, läuft es zu Benja und reicht ihm die Rose.

Der Hafen. An der Kailinie im sogenannten Melonenhafen drängen sich die Schaluppen. Der Sonnenuntergang vergoldet die schmutzigen Segel, das mit Schalen übersäte Wasser, die Berge von Wassermelonen, Myriaden von Melonen. Die Bötchen quellen über davon.

Eine Schaluppe beim Entladen der Melonen. Der Bootsbesitzer, ein Grieche, wirft einem Hafenarbeiter am Ufer eine Melone zu, der übergibt sie dem nächsten, und so geht es in einer Reihe den ganzen Kai entlang weiter bis zu einem Güterwaggon. Die Entfernung zwischen den Arbeitern beträgt zwei bis drei Schritt.

Die Bewegung der von Hand zu Hand geworfenen Melone. Ein paar von Benjas Jungs beobachten mit steinerner Miene das Verladen der Melonen. Durch ihre Reihen geht eine kaum merkliche Regung. Mit unfassbarer Schnelligkeit werfen sie die Hafenarbeiter ins Meer und bilden ihrerseits eine Kette von der Schaluppe bis zum Waggon. Nach kurzem Stocken setzt sich das Entladen der Melonen mit gehabter Präzision fort.

Die Bewegung der von Hand zu Hand geworfenen Melone.

Die Arbeiter, ausgebuffte Burschen, zappeln im Wasser. Die griechischen Bootsbesitzer hissen die Segel, bereiten sich zur Flucht. Abend. Im Hafen gehen die Lichter an.

Benja Kriks Regiment wird in beheizte Güterwagen verladen. Die angehenden »Lebensmittler« haben haufenweise Säcke in die Waggons geschleppt. An der Tür eines Personenwaggons, dem ersten nach der Lokomotive, hält Kočetkov Wache. Benja und Froim steigen ein. Kočetkov versperrt hinter ihnen die Tür. Froim hört das Knirschen des Schlüssels im Schloss, er dreht sich um, macht einen Satz, fixiert den backenknochigen, einfältigen Kočetkov, klopft an die Scheibe:

Ich muss mal ums Eck, Kočetkov ...

Kočetkov nimmt das Gewehr bei Fuß:

Was gibts im Krieg schon fürn Eck ...?

Froim mustert Kočetkov mit wachem Blick und verschwindet in der Tiefe des Waggons.

Die Schaluppen stechen mit schrägen Segeln in See. Die nassen Hafenarbeiter krabbeln ans Ufer. Abend.

Auf dem Bahnsteig sind die Gaslaternen entzündet. Ljovka Byk schleift einen Haufen Säcke zu einem Waggon. Sobkov kommt ihm entgegen und fragt:

Wozu so viele Säcke, Ljovka?

Ljovka, gebeugt unter seiner Last, blickt verwundert auf den begriffsstutzigen Kriegskommissar.

Um die Sackleute zu bekämpfen, brauchts Säcke ...

entgegnet er und läuft weiter. Hinter ihm her wuselt die alte Manjka, Patriarchin der Slobodka-Banditen, mit einem Korb.

Benja steht am Fenster des Waggons. Die atemlos keuchende Manjka läuft zu ihm hin. Sie entnimmt ihrem Korb eine Dreiliterflasche Schnaps und eine Mandoline und reicht beides dem Kommandeur. Die Lokomotive stößt einen Pfiff aus.

Benja Kriks Leute schieben den Waggon mit den Wassermelonen über die Gleise; sie koppeln ihn an ihren Zug.

Das Regiment ist verladen. Rotarmisten aus regulären Einheiten schließen die Türen der beheizten Güterwagen. Das langsame, unwiderrufliche Gleiten der Türen auf eisernen Rollschienen. Die Rachen der Waggons schließen sich simultan. Die Rotarmisten springen auf die Bremsplattformen.

Die Lokomotive stößt einen letzten Pfiff aus und setzt sich in Bewegung. Rotarmisten, die sich hinter den Lagerhäusern versteckt hielten, springen auf die Plattformen, erklimmen die Dächer der Waggons.

Ferne Segel auf nächtlichem Meer. Zwischen Wolkenlawinen ein zerklüfteter Mond.

Der Zug nimmt Fahrt auf.

Das entschwindende Odessa – die gewundene Linie der Lichter im Hafen, das zwinkernde Auge des Leuchtturms, die Spiegelungen des Mondes auf dem schwarzen Wasser, die schwankenden Leiber der Prahme und die Löcher in den Segeln, durch die man die Sterne sieht.

Im Salonwagen. Das ramponierte, geräumige Abteil zeigt noch die Spuren jüngst vergangener Pracht. In der Ecke eine im Boden verschraubte, vergoldete Badewanne mit Doppeladler. Auf dem Tisch ein ganzes Ferkel und eine Dreiliterflasche Wodka. Sobkov schenkt Wodka in kaputte Tassen. Die Liliputaner in Ballgarderobe sind beim Gelage zugegen. Von Gabeln und Messern keine Spur. Froim reißt das Ferkel mit den Händen in Stücke.

Im Vorraum. Der häusliche Kočetkov macht es sich vor der verschlossenen Tür des Coupés gemütlich. Er nimmt das Gewehr zwischen die Beine, breitet ein schmutziges Taschentuch über ein Tischchen, schüttet Tabak und Hülsen darauf, hobelt sich ein Stäbchen zum Stopfen der Papyrosy.

Sobkov, Benja, Froim und die Liliputaner stoßen an, mit

Gefäßen unterschiedlichster Form und Größe – die Ränder sind abgeschlagen, die Böden mit Draht umwickelt. Alle trinken aus, bis auf Sobkov, der sich seinen Wodka in den Kragen kippt. Benja und Froim bemerken sein Manöver, sie wechseln einen Blick, legen ihre Revolver unter die über den Tisch geworfene Zweiwerstkarte.

Kočetkov stopft Papyrosy, seine Hände bewegen sich ohne Hast. Er schichtet die Papyrosy zu akkuraten Häuflein auf.

Froim schenkt Wodka ein. Ohne sich aus den Augen zu lassen, stößt die Gesellschaft an. Unter der Karte wölben sich die Revolver. Die Liliputaner trinken als Einzige fröhlich, voller Gier.

Der rasende Zug. Nacht. Auf den Dächern, den Kupplungen, den Bremsplattformen huschen die gleitenden Silhouetten der Rotarmisten auf. Der letzte Waggon löst sich vom Zug und rollt zurück. Ein Funke fegt dem losgelösten Waggon über die Schienen nach.

Im Coupé. Der »Kommandostab« trinkt. Diesmal kippen Benja und Froim ihren Wodka aus, doch sie machen es geschickter als Sobkov, von allen unbemerkt.

Im Vorraum stopft Kočetkov Papyrosy.

Im Coupé stellen sich alle betrunken. Sobkov tauscht mit Benja und Froim einen feuchten, schmelzenden Kuss. Die tatsächlich betrunkenen Liliputaner drängt es zu tanzen. Froim hebt sie an den ausgestreckten Armen hoch und vollführt, die Beine in den großen Stiefeln von sich schleudernd, einen unbekannten, düster bemühten Tanz.

Ein zweiter Waggon löst sich vom Zug und enteilt rückwärts in die Nacht. Ein Funke jagt ihm, über die Schienen hüpfend, nach.

Benja spielt mit tief gesenktem Kopf und unbewegter Miene auf der Mandoline. Sobkov hängt scheinbar stockbesoffen in seinem Sessel und klatscht in die Hände. Froim tanzt mit den Liliputanern. Die kleine Frau schlingt ihre kurzen Ärmchen um Froims backsteinroten Hals und küsst ihn auf die Lippen.

Unter dem Tisch das Rinnsal des ausgekippten Wodkas. Kočetkov stopft Papyrosy.

Die Liliputaner sacken betrunken zusammen. Eng umschlungen schlafen sie ein.

Benja schleudert die Mandoline fort, schenkt Wodka ein. Froim, Sobkov und er verschränken die Arme ineinander, um Brüderschaft zu trinken.

BRÜDERSCHAFT

Alle drei heben die Trinkgefäße an die Lippen. In diesem Moment kommt der Zug zum Halt. Vom jähen Ruck wird der Wodka verschüttet, die Arme der Brüderschafttrinkenden lösen sich langsam aus ihrer Umschlingung. Sobkov eilt zum Fenster und öffnet das Rollo. Die Nacht ist erleuchtet vom Schein eines gigantischen Lagerfeuers. Purpurstrahlen fallen auf Benjas und Froims Gesicht.

Der Zug hält auf freiem Feld. Übrig sind nur noch die Lokomotive und der Salonwagen, der Rest ist abgekoppelt. An Benjas Waggon hängen Trauben von bewaffneten Rotarmisten – Rotarmisten auf dem Dach, auf den Trittbrettern, auf den Bremsplattformen, vor den Fenstern. Das Feuer lodert fünfzig Schritt vom Bahndamm entfernt. Zwei Hirten kochen in einem verrußten Kessel eine friedliche Suppe. Aus einem reifen Kornfeld kriechen Rotarmisten – struppige, kurz gewachsene, barfüßige Mužiks – und stürmen mit gefällter Waffe zum Waggon. Der Flammenschein des Lagerfeuers liegt langgezogen auf den Läufen ihrer Gewehre.

Sobkov tritt vom Fenster weg, wirft das Glas mit dem Wodka in die vergoldete Wanne.

Sei mir nicht böse, Benja ...
sagt er und schlüpft aus dem Waggon. Benjas Blick gleitet von Froim zur Wanne, von der Wanne zu den in der Ecke eng umschlungen schlafenden Liliputanern. Froim formt mit den klobigen, zerschundenen Fingern eine Feige und hält sie dem »König« unter die Nase.

Kočetkov steht auf dem Trittbrett des Waggons und verteilt Papyrosy an die struppigen Mužiks. In wildem Gedrängel stecken sie die Hände in Kočetkovs Mütze.

Benja erscheint am Fenster.

Die einander beiseitestoßenden Finger der Mužiks in Kočetkovs Mütze.

Benja überfliegt mit einem Blick die am Waggon klebenden Rotarmisten, die auf ihn gerichteten Gewehrmündungen, den auf dem Kupplungshaken hockenden barfüßigen Mužik und Sobkov, der vor dem Fenster mit einem Telefonapparat in den Händen erstarrt ist.

Im Coupé. Froim zertrümmert in rasender Hast den Fußboden des Waggons. Er hofft durch ein Loch im Boden zu entwischen. Kočetkov pirscht sich an ihn heran und schießt den einäugigen Bindjužnik in den Kopf. Froim kehrt Kočetkov das blutüberströmte, still gewordene, vorwurfsvolle Gesicht zu.

Sobkov wendet den Blick nicht vom offenen Fenster. In den Händen hält er das Feldtelefon. Benja lässt langsam das Rollo herab.

Die Liliputaner, vom Schuss aus dem Schlaf geschreckt, springen hoch. Kočetkov legt den Finger an die Lippen. »Pssst«, macht er, geht zu Benja, fasst ihn am Arm.

Wir haben uns gut vertragen ...
sagt Kočetkov und dreht Benja am Arm herum. In der Waggontür erscheinen Rotarmisten, das Gewehr im Anschlag.

Benjas rasierter Nacken. Auf dem Nacken zeigt sich ein Fleck, eine zerfetzte Wunde, Blut, das nach allen Seiten spritzt.

Abblende

Im Büro des Vorsitzenden des Odessaer Ispolkom. Unter einem toten, elektrischen Prunkkronleuchter brennt eine Petroleumlampe. Der Vorsitzende, ein schläfriger Mensch mit hoher Fellmütze, über die Hose hängendem weißen Hemd und umwickeltem Hals neigt sich über ein Diagramm: »Produktionskurve der Lederwarenfabriken für das erste Halbjahr 1919«. Ein Ingenieur vom VSNCh gibt ihm Erläuterungen. Das Telefon klingelt, der Vorsitzende nimmt den Hörer ab.

Auf dem Feld, am Lagerfeuer. Sobkov liegt auf der Erde und spricht ins Telefon. Neben ihm die mit einer Bastmatte bedeckten Leichen von Benja und Froim Grač. Ihre nackten Füße ragen unter der Matte hervor.

Der Vorsitzende hört sich die Meldung an und legt den Hörer auf. Er hebt den schläfrigen Blick zum Ingenieur.

Fahren Sie fort, Genosse…

Zwei Köpfe, der eine mit verfilzter Fellmütze, der andere wohlgekämmt, neigen sich über das Diagramm.

WANDERNDE STERNE

Ende 1925 beauftragte mich die Erste Goskino-Fabrik auf Anregung des Jüdischen Kammertheaters mit einem Drehbuch nach dem Roman »Wandernde Sterne« von Scholem Aleichem. Der Film sollte während einer Auslandstournee des Theaters realisiert werden.

Ich nahm den Auftrag an und sah mich in diesem Zusammenhang mit einer Vielzahl von Problemen konfrontiert. Einzig mein Verantwortungsgefühl gegenüber der Direktion der Goskino-Fabrik hat mir geholfen, die unangenehmen Empfindungen zu überwinden, die während der Arbeit an diesem fremden und undankbaren Material fortwährend in mir aufstiegen. Scholem Aleichems Roman erwies sich als ein mit kleinbürgerlichen Motiven gesättigtes Werk und bot überdies keinerlei Anknüpfungspunkte für ein Kinoschauspiel. Es dauerte geschlagene zwei Monate, bis der Leseeindruck des Originals vergessen war. In den drei Folgemonaten musste ich das vorgegebene Schema und seine Ausarbeitung etliche Male abändern; das ausländische »Ambiente«, das zunächst obligatorische Bedingung war, erwies sich nun als eine nicht mehr abzustreifende Bürde; die Regisseure wechselten, und folglich wechselten auch die Anforderungen ans Drehbuch. Für mich waren diese bis zu einem gewissen Grad verbindlich, weil die Arbeit auf bestimmte Regisseure und Schauspieler ausgerichtet und auf sie zugeschnitten war.

Ich schicke dem Drehbuch diese Bemerkungen voran, um etwaige Vorwürfe hinsichtlich der Themenwahl und der Umsetzung bestimmter Vorgaben, wie man sie mir unterbreitet hat, von mir abzuwenden. *I. Babel*

ERSTER TEIL

1. Ecke eines Ehebetts. Nacht. Das breite Kreuz des Schtetl-Krösus Ratkovič. Der Alte schläft. Jemandes bloße Hand fährt zitternd unter die Kissen. Ratkovič wälzt sich, klemmt im Schlaf die Hand des Diebes unter sich ein; der Alte regt sich erneut, die Hand kommt frei, fingert unter dem Kissen einen Schlüsselbund hervor, verschwindet.
2. Ein (auf Schtetlart) gut eingerichtetes Zimmer in Ratkovičs Haus. Sommernacht. Ein Mondstrahl fällt auf den blankgewienerten Boden. Langsam öffnet sich die Tür. Ins Zimmer kommt auf Zehenspitzen Ljovuška Ratkovič, der achtzehnjährige Sohn des Krösus. Flackernde Kerzenflamme. Der Junge stellt die Kerze auf den Tisch, tritt an den feuerfesten Kassenschrank.
3. Traditioneller Trumeau, Familienstück, an einer der Zimmerwände. Im Spiegel der Widerschein von zitterndem Mondstrahl und Kerzenflamme.
4. Ljovuška öffnet den feuerfesten Schrank. Er entnimmt ihm den seidenen Tales seines Vaters und einen Schnurbeutel. Aus dem Beutel fällt ein Packen Geldscheine auf den Fußboden. Gepolter. Der Junge wirft den Tales beiseite, lässt sich voller Schrecken auf den Boden sinken und verdeckt mit dem ganzen Körper das Geld.
5. Auf dem Boden im Mondstrahl der schwarzgeränderte Seidentales von Ratkovičs Vater.
6. Der Junge noch immer auf dem Boden. Im Spiegel sein angstvoll verzerrtes Gesicht. Hinter seinem Rücken wankt eine weiße Erscheinung. Wankt immer heftiger, nähert sich dem Übeltäter, will ihn packen. Ljovuška macht sich auf dem Boden ganz lang.

7. In einem tiefen Sessel erwacht ein Kater aus seinem Schlaf, reckt sich, springt auf die mit einem weißen Laken verhüllte Hängelampe. Die Lampe beginnt zu schaukeln. Das ist die Erscheinung, die Ljovuška erschreckt hat.
8. Im Spiegel das Bild der schwingenden Lampe.
9. Der Kater springt dem auf dem Boden ausgestreckten Jungen von der Lampe auf den Rücken. Ljova fährt zusammen, hebt den Kopf, kommt zur Besinnung. Er steckt das Geld ein und stürzt Hals über Kopf aus dem Zimmer.
10. Die Kerze ist heruntergebrannt. Sie erlischt. Der Kater rollt sich zusammen, schläft ein.
11. Das Schlafzimmer von Vater Ratkovič. Er schläft mit seiner betagten Gattin auf Federpfühlen im überdimensionierten Ehebett. Beide tragen ein Tuch um den Kopf. Durchs Zimmer schleicht Ljova. Er ist noch immer barfuß, hat die Stiefel über den Rücken geworfen. In den Händen hält er eine in Lappen gewickelte Geige samt Bogen. Vorsichtig öffnet er die Tür zum angrenzenden Zimmer, der Schlafstube der übrigen Kinder von Ratkovič.
12. UND DEINE NACHKOMMEN, OH ISRAEL, SOLLEN SO ZAHLREICH SEIN WIE DER SAND AM UFER DES MEERES ...
13. Die Schlafstube von Ratkovičs Kindern, die eher einem Schlafsaal im Internat gleicht. Jede Menge Betten unterschiedlichster Machart. Jede Menge Kinder jeden Alters und jeder Farbe. Der Ausreißer schlängelt sich zwischen den Betten hindurch, küsst die jüngste Schwester auf die Stirn, springt aus dem Fenster.
14. Dächer eines ganzen Systems kleiner Schuppen füllen

den Raum vor dem Fenster, durch das Ratkovič springt, bis zur Erde. Die Schuppen sind ineinander verschachtelt. Die Dächer, überwuchert von fettem Moos, fallen steil ab, ihr System erinnert an eine Reihe indischer Pagoden. Ratkovič springt durchs Fenster auf das erste Dach.

15. Erdboden, mondlichtbeschienen. Die Dächer werfen Schatten. Der Schatten von Ratkovičs Sprung.
16. Ratkovič springt von Dach zu Dach. Seine Gestalt fliegt dahin wie die Gestalt eines Akrobaten am Trapez. Schließlich langt er auf der Erde an.
17. Verwaiste Straße in einem wolhynischen Schtetl nahe der Grenze. Das Zauberlicht der Nacht durchflutet die krummen, mit uralten Holzhäuschen eng bebauten Gässchen; die Gässchen gleichen den Kulissen eines Märchenspiels für Kinder. Ratkovič läuft, in den Schlamm einsinkend, die Geige an die Brust gepresst, hakenschlagend die Straße entlang, als wollte er einer Hatz entrinnen.
18. Zwei betrunkene Mužiks kommen ihm entgegen. Stirn an Stirn stehen die Mužiks, breitbeinig aufeinander gestützt wie eine Gewehrpyramide. Mit gewaltiger Mühe lösen sie sich schließlich voneinander, betasten das Tor eines fremden Hauses, die besoffenen Mienen hoffnungslos.
19. ... HIER WAR DOCH HEUT FRÜH NOCH DER TÜRKLOPFER, UND JETZT ISSER WEG ... HERR JESU CHRIST UND HEILIGE JUNGFRAU MARIA ...
20. In ihrer Verzweiflung über ihr unauffindbares Haus küssen sich die Betrunkenen langsam ab, lassen sich auf die Knie nieder; mit äußerster Zärtlichkeit, Hingabe,

Zerknirschung belutschen sie einander die zerzausten Bärte. Außerstande, das Küssen zu unterbrechen, stürzen die beiden Mužiks eng umschlungen in den unsäglichen Schtetlschlamm und schlafen so ein.

21. In fernen Nebengassen huscht Ratkovičs leichte Gestalt auf. Er stiehlt sich zu einem zweistöckigen, vom Zahn der Zeit benagten Haus von bizarrer wolhynisch-polnischer Bauart, mit Kellerhöhlen, einem Schuppen und Stall im Erdgeschoss.
22. Die beiden Betrunkenen tauschen mechanisch vereinzelte Küsse und sacken immer tiefer in den sie verschlingenden Schlamm. Ihr Haar ist gesträubt, die schmutzigen Sticfel ragen hervor wie eingesunkene Pfähle, die Bärte sind zerzaust, die Gesichter traumverloren.
23. Ratkovič dringt in den dunklen, stinkenden Gang vor, der unter den Wohnräumen des zweistöckigen Hauses liegt. Im Hintergrund in einem Verschlag das Maul einer Kuh.
24. In einem dunklen, mit Fässern, Kübeln, Hakenstangen zugerümpelten Winkel des Kuhstalls die kauernde Gestalt einer kleinen Frau im unförmigen Kittel.
25. Ratkovič nähert sich dem Winkel, pocht mit einer Stange an die Decke.
26. Das Persönchen im Winkel fährt zusammen, springt auf, stößt einen Kübel um. Aus dem Kübel ergießt sich in dichtem, weißen Strom Milch auf die Erde.
27. Ratkovič pocht mit der Stange an die Decke. Eine weibliche Hand packt die Stange, aus dem Winkel kommt Rachil Monko, die siebzehnjährige Tochter des Schtetlbehelfers. Der Kittel verdeckt ihr Körper und Gesicht.
28. Rachil enthüllt ihr Gesicht, sie stürzt zu Ratkovič, ihre Lippen suchen die seinen, doch im selben Augenblick

scheut das Mädchen zurück. Tränen treten ihm in die Augen, ausnehmend zärtlich blickt es den Jungen an.
29. ES IST ALSO BESCHLOSSEN, MEIN FREUND …?
30. Ratkovič ergreift Rachils schmale Hand. Beider Hände zittern nervös, anhaltend, das Zittern lässt sich nicht besänftigen.
31. Der Milchstrom windet sich langsam über den Lehmboden des Schuppens.
32. Ratkovič beugt sich zu Rachil. Er sagt:
33. ES IST BESCHLOSSEN … ICH FLIEHE MIT OZMACH ÜBER DIE GRENZE. OZMACH SPIELT DORT TRAGISCHE ROLLEN, UND ICH WERDE SOLIST IM ORCHESTER … UND IN ZWEI JAHREN, RACHIL, HEIRATEN WIR IN MOSKAU …
34. Die Gesichter von Ratkovič und Rachil nähern sich einander. Ihre Augen sind halb geschlossen, die Wangen beben. Sie kommen aufeinander zu und scheuen wieder zurück. Das quälende Spiel von Junge und Mädchen vor dem ersten Kuss. Ratkovič presst linkisch seine Lippen auf die Wange des Mädchens. Mit aufgerissenen Augen blickt sie reglos zur Seite, Tränen rinnen ihr über das glückliche Gesicht. Ljovuška lenkt seine Lippen zu ihrem Mund. Die Geige fällt ihm aus der Hand. Rachil erstarrt, rührt sich nicht. Der Junge küsst sie auf die Lippen. Rachil lächelt, zittert, umarmt Ljovuška jäh mit aller Kraft.
35. Die Geige auf der Erde. Der Milchstrahl umfließt sie langsam.
36. Der erste Kuss. Die Kuh streckt das sanfte Maul aus ihrem Verschlag und beleckt mit langer Zunge die beiden Verliebten. Abblende.
37. Steppe, Mond. Am Rand eines Steilhangs ein Reisewa-

gen, über dessen hohes Verdeck sich irgendwelche Lumpen breiten. Der Wagen gleicht aufs Haar dem Planwagen eines Zigeunerlagers. Auf dem Kutschbock döst der Balagole. Er kratzt sich erbittert im Schlaf, hampelt mit den Beinen, reibt sich den Rücken am Lederverdeck seiner »Equipage«.

38. Himmel. Vollmond. Klares Mondlicht. Schwanenwolken gleiten langsam vorüber.
39. In ferner Perspektive, am Saum des Horizonts, die dahineilenden Gestalten von Ratkovič und Rachil.
40. Der Balagole kratzt sich erbittert, ohne zu erwachen. Mit einer jähen Bewegung bringt er den Wagen beinahe zum Kippen. Aus den Lumpen taucht ein lebhaftes Frauengesicht auf.
41. WAS IST LOS, MEIR?
42. Der Kutscher erwacht, kehrt dem Fahrgast eine unerschütterliche Miene zu.
43. NICHTS, DIE FLÖHE …
44. Das gleißende Gesicht des Mondes.
45. Ein Fluss. Mondstreifen auf dem Wasser.
46. Ratkovič und Rachil am Steilhang über dem Fluss. Ihre ausgestreckten Hände zittern. Ratkovič presst die Geige an die Brust. Die Verliebten gehen in verschiedene Richtungen auseinander, mit zögernden Schritten, erst langsam, dann schneller, laufen schließlich wie von Sinnen davon.
47. Der Wagen, der schlafende Balagole.
48. Außer Atem vom schnellen Lauf, nähert sich Ratkovič dem Wagen. Wirft die Geige auf einen Lumpenhaufen, lässt sich erschöpft in den Wagen fallen. Die Frau hämmert dem dösenden Balagole auf den Rücken.
49. MARSCH, MEIR …

50. Der Balagole schwingt die Peitsche über den stoischsten Gäulen der Welt. Sie rühren sich nicht vom Fleck. Da fährt Meir beiden mit der Peitsche unter den Schweif. Die Pferde schlagen mit den Hufen und fallen aus dem Stand in Galopp. Von Stein zu Stein hüpfend, jagt der Wagen über die Böschung hinab zum funkelnden Fluss.
51. In der Tiefe des Wagens sitzen aneinandergepresst die Frau und Ratkovič. Der Junge reicht der Frau einen Packen Geldscheine. Das Kopftuch rutscht ihr herab und enthüllt den kahlen Schädel und die ausdrucksvolle Physiognomie des jüdischen Komödianten Ozmach. Ozmach rafft eine wahre Kollektion von Röcken, mit denen er sich ausstaffiert hat, dringt zu der Hose vor, knöpft sie auf, weiter, als es die Umstände erfordern, und birgt das Geld in einem an der Unterhose festgenähten Beutelchen. Er lässt die Röcke wieder fallen und sinkt voller Seligkeit an Ratkovičs Schulter.
52. Die Gäule ziehen den Wagen in den Fluss, waten immer tiefer ins Wasser. Auf den Wellen liegt Mondlicht. Meir steht aufrecht auf dem Kutschbock, die Pferde waten bis zum Bauch ins schimmernde, brodelnde Wasser. Ozmach klettert erschreckt auf den höchsten Punkt des Wagens. Mit einer Hand umfasst er Meir, mit der anderen umklammert er die Stelle, wo das Beutelchen festgenäht ist. Seine Miene spiegelt ein Übermaß an Empfindungen. Der Grund des Flusses entweicht immer weiter in die Tiefe.
53. Steppe. Oben auf dem Steilhang die Gestalt Rachils. In ferner Perspektive der Wagen, wie er sich aufs andere Ufer hinaufarbeitet.

ZWEITER TEIL

54. OZMACH WIRD TRAGÖDE.
55. Ein Spiegel. Über dem Spiegel eine elektrische Lampe. Ozmachs grell beleuchtetes Gesicht. Er legt die Schminke auf. Die Maske: ein langer, grauer, in der Mitte geteilter Haushofmeisterbart, herabhängende Brauen, Wangen voller Rouge, gigantische Theaterohrringe, auf dem Kopf eine gepuderte Perücke, wie man sie Ende des achtzehnten Jahrhunderts am Hof der französischen Könige trug.
56. KÖNIG LEAR AM ENDE SEINES WEGS VON SHAKESPEARE ZU ... OZMACH.
57. Ozmach in seiner ganzen Pracht. Er ist mit sich zufrieden. Er trägt gelackte Offiziersstiefel mit Sporen, Gardehosen aus weißem Elchleder und ein samtenes Pagenwams.
58. Armselige Schauspielergarderobe. Neben Ozmach stimmt Ratkovič seine Geige. Ozmach wendet sich zu dem Jungen:
59. ICH WILL NICHT OZMACH HEISSEN, WENN ICH DEN POSSART HEUTE NICHT IN DEN SACK STECKE ...
60. Ozmach schnappt sich ein Glöckchen, hastet hinter die Kulissen. Er eilt an drei äußerst exzentrisch aufgemachten Frauen vorbei.
61. DIE DREI TÖCHTER DES KÖNIGS LEAR.
62. Zwei der Töchter sind nicht mehr ganz junge, fette Jüdinnen, die dritte ist ein ungefähr sechsjähriges Mädchen. Die Schauspielerinnen tragen wie Ozmach gespornte Lackstiefel. Ihre Bäuche sind in Atlaswesten gezwängt. Eine der Frauen trägt eine Art Helm, unter

dem zwei Ansteckzöpfe hervortreten, die andere ein mit Federn gespicktes Käppchen. Die dritte Tochter des Königs Lear, das sechsjährige Mädchen, hat offenes Haar, darauf sitzt ein Kranz aus Papierblumen. Das Mädchen ist mit einem Sarafan bekleidet. Die Jüdinnen nehmen noch einen Happen zu sich, ehe sich der Vorhang hebt. Ozmach spurtet mit dem Glöckchen an ihnen vorüber.

63. Ozmach eilt auf die Bühne, der Vorhang ist geschlossen.
64. IM PALAST DES KÖNIGS LEAR.
65. Seitlich auf der Bühne der Thron des Königs Lear. Über dem Thron hängen japanische Fächer und Familienfotos von irgendwelchen Unbekannten, die meisten davon Militärs. Frontal zum Publikum ein Schrein mit hebräischen Lettern; in den Synagogen bewahrt man in solchen Schreinen die Thorarolle auf. Ozmach schüttelt das Glöckchen, späht durch ein Loch im Vorhang in den Zuschauerraum.
66. Achte Reihe des Parterres. Das Publikum bilden die Bewohner eines bettelarmen galizischen Schtetls. Chassiden, alte Frauen mit Häubchen und braunen Perücken, junge Männer mit Backenbärten, üppige Jüdinnen in Korsetts. Jede Menge Kinder. Säuglinge machen ein Drittel des Publikums aus. Die Kinder kreischen, plärren oder schlafen. Ein kleiner Junge macht seiner Mutter besonders viel zu schaffen. Plötzlich wird er ruhig. Sein Gesicht nimmt einen tiefgründigen und nachdenklichen Ausdruck an. Der Nachbar der Dame springt in rasender Wut auf. Er weist auf seinen nassen Gehrock und die Pfütze neben dem Sitz. Die Dame schlägt die Hände zusammen, trägt das Kind hinaus.
67. Die Dame trägt das Kind, das Schreie und Flüssiges absondert, vor sich hingestreckt durchs gesamte Theater

und das Foyer. Sie hastet auf den Balkon und hält den Sohn in schwebendem Sitz hoch über die Brüstung hinaus, über die im Nebel versinkende Stadt.
68. Ozmach inspiziert weiter den Zuschauersaal. Der Theaterdirektor eilt zu ihm.
69. PROFESSOR RÉTI IST IM THEATER …!
70. Ozmach blickt den Direktor begriffsstutzig an. Der fügt erklärend hinzu:
71. DER BERÜHMTE PROFESSOR RÉTI VOM BERLINER KONSERVATORIUM …
72. Ozmach hüllt sich in seinen schwarzen, mit Schmetterlingen und Totenschädeln bestickten Umhang. Er eilt im Flug hinter die Kulissen, von dort in den Logenvorraum und empfängt mit tiefen Bücklingen den in die Loge tretenden Professor und dessen Tochter. Der Professor ist ein alter, grau gelockter Herr im Frack, Ozmach scharwenzelt vor dem Alten herum.
73. HERR PROFESSOR, HEUTE WERDEN SIE ZEUGE, WIE EIN GEWISSER OZMACH DEN POSSART IN DEN SACK STECKT …
74. Ozmach verschwindet so rasch, wie er gekommen ist. Verdutzt blickt ihm der Professor nach.
75. Im Saal erlischt das Licht. Das Publikum nimmt die Plätze ein, in den Gängen spielen Kinder. Ozmach tritt im Umhang vor den geschlossenen Vorhang an die Rampe. Er vollführt eine tiefe Verbeugung und erklärt:
76. DER HEISSGELIEBTEN KLIENTEL UNSERES METIERS BIETEN WIR NUN DIE JÜNGSTE NOVITÄT DES NEW YORKER AUTORS UND COUPLETISTEN JAKOB SHAKESPEARE, UND ZWAR: »KÖNIG LEAR, ODER: ES BLEIBT IN DER FAMILIE …«

77. Ozmach beendet seine Rede, vollführt eine tiefe Verbeugung und entschwindet hinter den Vorhang. Im selben Augenblick schwingt sich aus dem Orchestergraben der Dirigentenstab empor, ein gewöhnlicher Spazierstock mit Silbermonogrammen und Schlaufe am Knauf.
78. Der Kapellmeister trägt eine österreichische Offiziersuniform, auf seinem Kopf sitzt eine Jarmulke. Er hält sich steif, mit kaum merklichen Gesten, er dirigiert nicht, zwinkert nur denjenigen zu, die ihren Einsatz haben.
79. Das Orchester in Aktion. Die Musiker sind Chassiden in Kaftanen. An exponierter Stelle Ratkovič. In der Ecke reckt der deutsche Paukist seinen Streitkolben hoch in die Luft. Der Paukist ist betrunken.
80. Der Kapellmeister zwinkert dem Paukisten voll tiefem Ernst zu.
81. Der betrunkene Deutsche stürzt sich auf die Pauke und versetzt dem Instrument einen vernichtenden Schlag. Ohne auf das nervöse Gezwinker des Kapellmeisters zu achten, drischt der Deutsche weiter auf die Pauke ein. Eine Frau in seinem Rücken zerrt ihn vom Instrument weg. Sie hält ihren betrunkenen Mann am Rockschoß fest umklammert und lässt nur los, wenn er die Pauke schlagen muss.
82. Professor Réti und seine Tochter sehen dem Paukisten zu und sterben vor Lachen. Sie sitzen im Logenvorraum. Der Alte wirft sich in den Sessel zurück und wiehert lauthals.
83. Das Orchester verstummt. Der Kapellmeister zwinkert Ratkovič zu. Der beginnt zu spielen.
84. SOLO.

85. Ratkovičs eigensinniges Gesicht, die Geige, die feinen Finger, wie sie über die Saiten gleiten ...
86. Professor Réti halb liegend in seinem Sitz, das Lachen weicht von seiner Miene. Der Alte richtet sich auf, fixiert Ratkovič.
87. SOLO.
88. Die feinen Finger Ratkovičs, wie sie über die Saiten gleiten.
89. Die Frau des Paukisten lauscht ergriffen Ratkovičs Spiel, an den dösenden Rücken ihres Mannes gelehnt.
90. Der Professor beugt sich über die Logenbrüstung. Wendet den Blick nicht von Ratkovič. Der Alte packt seine Tochter bei der Hand.
91. WAS HABEN SIE, PAPA?
92. Der Alte ist berauscht, richtet sich auf, singt, dirigiert, biegt sich und wiegt sich ...
93. WIE ER SPIELT! ACH, WIE ER SPIELT, DIESER KNABE ...
94. Ratkovič ist von seinem Stuhl aufgesprungen. Er spielt im Stehen. Die Inspiration versetzt ihn in einen Taumel. Sein schmales, eigensinniges Gesicht ist verzerrt, bleich, bildschön. Die Finger bearbeiten die Saiten in diabolischem Tempo. Er kommt zum Ende.
95. Der Kapellmeister steht mit offenem Mund und erhobener Peitsche starr an seinem Pult.
96. Die Musiker huschen gebückt zum Ausgang. Ratkovič schleicht ihnen mit gekrümmtem Rücken nach. Der Paukist erwacht, fährt zusammen und versetzt der Pauke einen vernichtenden Schlag. Im selben Augenblick hebt sich der Vorhang.
97. Der Professor stürzt aus der Loge. Bleibt an der Türklinke hängen, zerreißt sich den Frack, läuft weiter.

98. Der Vorhang ist geöffnet. Ozmach in zwangloser, aber trauriger Pose auf den Thron gefläzt. Zu seinen Füßen die drei Töchter, den Blick anbetungsvoll zum Vater erhoben. In der gegenüberliegenden Ecke trübsinnige Höflinge in buntscheckigem Aufzug. Neben dem Thron der Hofnarr. Ein rothaariger, unglaublich langer Jude. Er trägt amerikanische Karohosen, ein Tirolerhütchen, in der Hand hält er eine Ratsche. Ozmach erwacht aus tiefem Nachsinnen, klatscht in die Hände.
99. Ein kokettes Stubenmädchen mit Häubchen und Schürze rückt ein Tischlein mit einer Flasche Wein und einem Imbiss an den Thron heran. Auf der Flasche ein Etikett. Mit elegant abgespreiztem Finger schenkt sich Ozmach Wein in ein Glas, trinkt es zur Hälfte aus, den Rest schüttet er mit majestätischer Geste auf den Fußboden. Sogleich erscheint das Stubenmädchen mit einem Kehrwisch und fegt auf.
100. Die Musiker bewegen sich geduckt durch den unter dem Bühnenboden gelegenen Korridor Richtung Ausgang. Réti kommt im Laufschritt herein, packt Ratkovič am Revers.
101. WER SIND SIE …? WOHER KOMMEN SIE …?
102. Ratkovič blickt verwundert auf den Alten. Der Professor zerrt ihn immer heftiger am Revers.
103. WER IST IHR LEHRER?
104. Ratkovič macht sehr unbeholfen eine schiefe, linkische Verbeugung:
105. ICH … ICH HABE BEI RABBI SALMAN GELERNT, IN DERAŽNE, GOUVERNEMENT WOLHYNIEN …
106. Der Frack des Alten reißt. Der Alte ist nervös, er drückt

Ratković die Hand, fasst sich an den Kopf, streichelt Ratković die Schulter.
107. SPIELEN SIE MIR VOR, SPIELEN SIE, MEIN KIND ...
108. Ratković blickt sich ratlos um, der Kapellmeister bedeutet ihm kriecherisch, dass er spielen soll. Der Junge legt die Geige ans Kinn.
109. Die Tragödie des Königs Lear nimmt ihren Lauf. Die älteste Tochter, bei der die Stäbchen aus dem Korsett vorstehen, tanzt vor dem König. Sie nimmt laszive Posen ein. Die Höflinge klatschen in die Hände und singen mit, wie auf einer jüdischen Hochzeit. Doch einer der Höflinge – er trägt Zylinder und einen Harnisch – nimmt sich eine unerhörte Frechheit heraus, kneift die Tochter des Königs in die Brust. Ozmach hat es bemerkt. Er zieht das Schwert aus der Scheide und stürzt sich auf den Frevler. Blutiges Duell. König und Höfling fechten.
110. Professor Réti sitzt in einer Ecke hinter den Kulissen auf einem Haufen Seile und lauscht, die Hände vor dem Gesicht, Ratkovićs Spiel. Der Junge kommt zum Ende. Der Alte nimmt die Hände von seinem vor Aufregung ganz verzerrten Gesicht. Er spring auf, fasst Ratković an der Hand, zieht ihn zu dem großen, an die Wand genagelten Bürokalender. Das Datum lautet: Donnerstag, 19. August 1909. Der Alte weist auf den Kalender und sagt:
111. KOMMEN SIE ALS SCHÜLER ZU MIR, UND ICH SCHWÖRE IHNEN, IN DREI JAHREN SIND SIE EIN GROSSER KÜNSTLER ...
112. Aufnahme des Kalenders. Eine Hand wendet langsam das oberste Blatt und schlägt es um.

DRITTER TEIL

113. Brjansker Bahnhof in Moskau. Eine Gruppe von Gepäckträgern und Leuten, die auf die Ankommenden warten. Im Hintergrund ein Eisengitter mit Anzeigetafel für die Ankunftszeiten der Züge.
114. Die Anzeigetafel. Datum und Zeit der Ankunft: 11/X 1912. Ankunft aus Kiew – 1 Uhr 57 Minuten.
115. DATUM AUF DER ANZEIGETAFEL.
116. Der Zug rollt am Bahnsteig ein. Träger und Wartende stürzen dem einfahrenden Zug entgegen.
117. Gedränge auf dem Bahnsteig. Aussteigen der Passagiere. Innige Szenen.
118. Aus einem Waggon der dritten Klasse steigt ein rotwangiges, hochgewachsenes russisches Mädchen. Es wird von der ganzen Familie empfangen: ein alter Oberst, ein flotter Student, zwei kleine Kadetten in großen Schirmmützen, eine alte Jungfer im Hut mit herabhängenden Bändern. Sie küssen das Mädchen, strecken ihm Blumen entgegen, ordern Träger herbei. Alle haben gerührte Mienen. Hinter dem Mädchen steigt Rachil mit verschnürtem Gepäck aus.
119. Die Menschenwoge trägt Rachil zum Ausgang. Sie ist gebeugt unter der Last ihrer Köfferchen und Bündel.
120. Die Träger schieben bis oben hin mit Gepäck beladene Karren über den Bahnsteig. Auf einem der Karren Käfige mit Lebendgeflügel. In knarrenden Strömen ziehen sie an Rachil vorüber. Rachil ist ihnen im Weg. Das desorientierte Mädchen eingezwängt zwischen Bergen von vorwärtsdrängendem Gepäck. Die Träger schimpfen auf sie, was das Zeug hält. Einer brüllt:

121. SCHON WIEDER SO'N TRAMPEL AUS UNSERM CAREVOKOKŠAJSK ...
122. Betäubt taumelt Rachil beiseite. Die Karren preschen im Zickzack an ihr vorbei.
123. Vor der Handgepäckaufbewahrung. Rachil gibt ihre Sachen ab. Ballen, Bündel, ein Koffer segeln über sie hinweg.
124. Rachil auf dem Vorplatz des Brjansker Bahnhofs. Allgemeines Aufbruchsgedränge. Eine Provinzlerin in Moskau. Sie geht zu einem Polizisten, fragt nach dem Weg. Der Polizist in Zwirnhandschuhen erklärt ihr ausgesucht höflich, welche Straßenbahnlinie sie nehmen soll. Das Mädchen eilt zur Tram.
125. Rachil in der Tram. Um sie herum Straßenbahnpassagiere – das erbarmungsloseste Volk der Welt. Rachil betrachtet voller Entzücken den nie zuvor gesehenen Luxus der Innenausstattung.
126. Rachils Nachbar, ein trübseliger, rotnasiger Beamter in Uniformmütze, fragt sie sauertöpfisch:
127. WORÜBER FREUEN SIE SICH, FRÄULEIN ...?
128. Rachil gibt ihm strahlend zur Antwort:
129. ES IST SO SCHÖN, MIT DER MOSKAUER STRASSENBAHN ZU FAHREN ...
130. Der Beamte hebt die Brauen und rückt ein Stück beiseite. Er glaubt, er habe es mit einer Verrückten zu tun.
131. Rachil steigt aus der Bahn, geht zu einem altertümlichen, zweistöckigen Haus mit dem Schild: Pension »Russland«. I. P. Bucenko.
132. Küche in der Pension »Russland«. Blitzende Sauberkeit. Die Pensionsbesitzer: das Ehepaar Bucenko, zwei alte Herrschaften mit schmuck vorgewölbten Bäuchen.

Beide in sauberen Schürzen beim Kochen. Beide bereiten Wareniki zu.
133. Rachil am Eingang zum Gasthof »Russland«. Sie holt einen Brief aus der Handtasche, klingelt.
134. Küche. Es schellt. Bucenko nimmt die Schürze ab und trippelt zur Haustür.
135. Bucenko öffnet Rachil die Tür. Womit kann ich dienen? Rachil reicht ihm schüchtern den Brief. Bucenko führt sie zu einem Schreibpult, holt eine Brille mit Kupferrand aus dem Pult, liest. Während er liest, lässt ein gerührtes Lächeln sein Gesicht aufleuchten.
136. Nahaufnahme des Briefs: »MEIN LIEBENSWÜRDIGER IVAN POTAPYČ, DIE ÜBERBRINGERIN SELBIGEN SCHREIBENS, MEINE LANDSMÄNNIN, EMPFEHLE ICH DIR VON GANZEM HERZEN ALS HAUSGAST, UNTER GEWALTIGEN MÜHEN IST SIE AUS UNSEREM STÄDTCHEN ENTFLEUCHT, UM SICH IN MOSKAU WEITER IHRER BILDUNG ZU WIDMEN, FÜR WELCHSELBIGE SIE EINE UNBEZWINGBARE LEIDENSCHAFT HEGT ...«
137. Der Alte wirft den Brief hin, drückt Rachil beide Hände, bricht in nicht enden wollendes Lachen aus, bringt das Mädchen in die Küche zu seiner Frau.
138. In der Küche. Bucenko führt Rachel zu der Alten:
139. SEMJON SEMJONYČ SCHICKT UNS EINEN HAUSGAST.
140. Die Alte schlägt die rundlichen Hände zusammen, wischt sich die Finger an der Schürze ab, küsst Rachil auf beide Wangen. Bucenko zieht Rachil mit sich fort.
141. ABSCHMATZEN KANNST DU SIE SPÄTER,

MUTTCHEN ... WIRF UNS ERST MAL DEN SAMOWAR AN ...

142. Bucenko bringt das Mädchen aufs Zimmer. Eine gemütliche, altmodische Stube. In der Ecke eine Ikone mit Lämpchen. Eine weitere, klitzekleine Ikone hängt am Kopfende des Bettes. Bucenko wuselt umher, ordnet hier und da ein paar Sachen, läuft mit dem Krug nach Wasser.
143. Die kleine Ikone am Bettvorhang.
144. Rachil allein. Sie nimmt den Hut ab, tritt ans Fenster.
145. Vor dem Fenster sieht man ein uraltes Moskauer Kirchlein mit Zwiebeltürmen.
146. Bucenko bringt strahlend und schnaufend den Wasserkrug, ein frisches Handtuch. Rachil macht sich frisch. Putzt die Zähne, wäscht sich ausgiebig. Prustet vor Wohlbehagen. Der Alte betrachtet gerührt ihr gelöstes Haar, den mädchenhaft schönen Nacken. Doch Rachil lässt sich mit dem Waschen Zeit. Dem Alten wird es langweilig, mit dem Tuch in der Hand zu warten, er tritt an den Tisch, studiert Rachils Pass, sein Gesicht wandelt sich.
147. Rachil wäscht sich, prustet.
148. Über den Korridor segelt die alte Bucenko mit einem Tablett. Auf dem Tablett Teegeschirr, dampfende Piroggen, ein kleiner Samowar, der den Kopf der Alten in eine Rauchwolke hüllt.
149. Rachils Passbüchlein in Bucenkos Händen. Er wirft einen forschenden Blick auf Rachil, studiert mit unguter Miene weiter ihren Pass.
150. Nahaufnahme des Passbüchleins, ausgestellt auf den Namen RACHIL CHANANJEVA MONKO, LEDIG, 19 JAHRE ...
151. Auf dem Gesicht des Alten liegt Unschlüssigkeit. Mit

zitternden Fingern pflanzt er sich die Brille auf die Nase, studiert die dritte Seite des Büchleins.
152. Vermerk im Pass: »wo Juden das Wohnrecht gewährt ist ...«
153. Die Alte stellt den Samowar auf den Tisch, verteilt Krapfen, Gläser. Rachil hat soeben ihre Toilette beendet. Lachend dreht sie sich zu Bucenko und streckt die bloßen, kräftigen Arme nach dem Handtuch aus. Doch Bucenko gibt das Handtuch nicht her, presst es an sich. Auf seinem sanften Gesicht liegen Vorwurf, Erschrecken, Wut. Kopfschüttelnd sagt er:
154. EINE JÜDIN ... ACH WELCHE SCHANDE ...
155. Rachils Gesicht. Mangels Handtuch tupft sie sich das nasse Gesicht langsam am Rocksaum ab.
156. Bucenko stampft mit dem kleinen Fuß auf, fährt seine Frau an: Schaff alles weg ... Entrüstet trägt die Alte den für Rachil bereitgemachten Samowar fort. Rauch umhüllt den Kopf der Alten. Abblende.
157. Abend. Wildes, vorrevolutionäres Moskauer Menschengewusel. Seitlich eine kleine Kapelle. Brennende Kerzen, schimmernde Ikonen, Betende, wie sie sich ein ums andere Mal heftig verneigen. Hinter einer Häuserecke hervor kommt Rachil.
158. Drei winzige Zigeunermädchen tanzen auf der Straße. Die kleinen Zigeunerinnen tragen bodenlange Röcke, Münzketten, schlagen das Tambourin. Sie entdecken Rachil, stürzen sich auf sie, umringen sie, tanzen.
159. Rachil versucht ihren wirbelnden Kreis zu durchbrechen.
160. Rachil gibt den Zigeunermädchen eine Münze und bringt sich vor ihnen in Sicherheit. Ein alter Perser in besticktem Kaftan tritt ihr in den Weg. Er lächelt ein

greisenhaft wissendes Lächeln und berührt mit gefärbtem Fingernagel Rachils Brust.
161. Neben Rachil und dem Perser wächst die Gestalt eines halbnackten Gottesnarren empor. Den Leib des Gottesnarren erschüttert ein stetes, ruckendes Beben. Sein kahler Eierkopf wackelt.
162. Die Finger des Persers mit den gefärbten Nägeln kriechen langsam über Rachils Brust.
163. Drei Gesichter – Rachil, Perser, Gottesnarr.
164. Der Gottesnarr schneidet Grimassen, in seinem verklumpten Schnurrbart brodelt Speichel, drohend fordert er ein Almosen. Rachil ergreift die Flucht.
165. Rachil läuft wie von Sinnen die Straße entlang, der Gottesnarr humpelt ihr nach.
166. Nacht. Rachil läuft über die Zamoskvoreckij-Brücke.
167. Der Moskva-Fluss, Uferpromenade. Glitzernde Schneewehen. Schwarzes Gittereisen über weißem Schnee. In der Ferne die erleuchteten Fenster von Fabriken und Häusern.
168. Stille Gasse im Zamoskvorečie. Die Reihe der Gaslaternen. An einer Wand lehnt ein gutgekleideter Herr im Pelz und trinkt Wodka direkt aus der Flasche.
169. In der Tiefe der Gasse die Tür zum Hotel »Held von Pleven«.
170. Aushängeschild: Familienhotel für Zugereiste. Komfort garantiert – »Held von Pleven«.
171. Rachil läuft zur Tür des Hotels, fasst nach der Klinke. Die Tür öffnet sich unerwartet. Heraus kommt ein Mann von etwa vierundzwanzig Jahren; sein Gesicht ist rund, heiter, auf dem Lockenkopf sitzt eine Studentenmütze, sorglos, herrenlos. Er mustert Rachil sehr aufmerksam, bleibt neben dem Eingang stehen. Rachil tritt ins Hotel.

172. Dienstraum des Hotels »Held von Pleven«. Der Hausknecht Orlov, ein verschlafener Kerl in Weste, spielt Dame mit einem gesetzten Alten vom Typus der Altgläubigen. Der Bursche trägt Galoschen an den nackten Füßen und Kavalleriereithosen, die unten mit Bindfaden zusammengeschnürt sind. In seinen notorisch angewiderten Gesichtsausdruck mischt sich grimmiger Eifer. Der Alte ist ernst, aber selbstgewiss, offensichtlich im Begriff zu gewinnen.
173. Das Damebrett. Die Lage des Hausknechts ist aussichtslos, seine Hand tut einen verzweifelten Zug.
174. Rachil tritt ein. Fragt:
175. HÄTTEN SIE VIELLEICHT EIN ZIMMER …
176. Der Hausknecht, ohne den Kopf zu heben:
177. OHNE KERL KEIN ZUTRITT …
178. Rachil begreift nicht. Der Hausknecht brüllt sie verärgert an:
179. HASTE WEN MIT? WER IS DEIN MACKER …?
180. Rachils konsterniertes Gesicht.
181. Hausknecht und Alter in vollem Eifer. Der Alte tut den entscheidenden Zug.
182. Der Bursche mit der Studentenmütze geht vor der Hoteltür auf und ab. Rachil kommt heraus. Bleibt stehen, lehnt sich an die Wand, schließt die Augen. Der Bursche reißt die Mütze von den Locken und fragt das Mädchen:
183. WER SIND SIE? WAS SUCHEN SIE HIER … IN DIESEM LOCH …?
184. Rachil öffnet die Augen.
185. ICH … ICH BIN JÜDIN …
186. Baulin kratzt sich im Nacken, überlegt.
187. HÖREN SIE, GENOSSIN … ICH KOMM OHNE

MÄDEL NICHT INS »PLEVEN«, SIE NICHT OHNE KERL ... HÖREN SIE, GENOSSIN, MEIN NAME IST BAULIN, MIR KANN MAN TRAUEN ... BIN EINE EHRLICHE HAUT ...
188. Rachil wirft einen schiefen Blick auf Baulin. Sie zögert, dann lächelt sie plötzlich und reicht ihm die Hand.
189. Der Hausknecht blickt geknickt aufs Spielbrett. Die Partie ist verloren. Der Alte trinkt tückisch Tee. Dem Hausknecht fällt eine Galosche vom Fuß. Mit den Zehennägeln kratzt er sich am anderen Fuß. Ins Zimmer treten Baulin und Rachil. Baulin:
190. MACH UNS MAL 'NE BUDE FLOTT, PAPS ...
191. Der Hausknecht steht auf, dehnt sich.
192. UND DA SAGT SIE, SIE HÄTT KEINEN LUDEN ...
193. Schäbiger Korridor im nächtlichen Hotel. Der Hausknecht geht mit einer Kerze voran, gefolgt von Rachil und Baulin.
194. Eine der Türen im Korridor springt auf, eine zuckende Frauenhand und eine nackte Schulter kommen zum Vorschein, die Frau wird sogleich ins Zimmer zurückgezerrt, die Tür schlägt zu.
195. Der Hausknecht bringt Baulin und Rachil zur Tür des für sie bestimmten Zimmers. An der Wand liegen in einem Winkel Nachttöpfe, zerborstene Blechwaschschüsseln und goldgerahmte Bilder auf einen Haufen geworfen. Der Hausknecht öffnet die Tür.
196. Ins Zimmer des »Stundenhotels« treten Orlov, Baulin, Rachil. Der Hausknecht macht Licht. Baulin weist auf die Bettwäsche von zweifelhafter Sauberkeit.
197. WECHSEL UNS MAL DAS MESSGEWAND DA, KUMPEL ...
198. Der Hausknecht mustert beleidigt das verfleckte Laken.

199. WIR WECHSELN HINTER JEDEN ...
200. Der Hausknecht wechselt das Laken und bringt es fertig, das alte an Stelle eines Tuchs über den Tisch zu breiten.
201. Während der Hausknecht seine Kniffe vollführt, liest Rachil die mit einem Nagel in den Spiegel geritzte Inschrift.
202. Inschrift: »Heute zur ersten Stunde nach Mitternacht«, so steht es auf dem Spiegel, »hatte ich freundschaftlichen Umgang mit einem herrlichen Mädchen, ihren Namen will sie nicht nennen, lieber Gott, lass es gut ausgehen ...«
203. Rachil tritt vom Spiegel weg. Baulin versucht mit seinem Körper die Sprüche zu verdecken, mit denen die Wände übersät sind. Der Hausknecht verlässt das Zimmer. Baulin schließt hinter ihm ab, wendet sich zu dem Mädchen:
204. SCHLAFEN SIE, LIEBE FREUNDIN, ICH WERD SCHON AUF SIE AUFPASSEN ...
205. Zitternd klettert Rachil, ohne die Schuhe auszuziehen, aufs Bett, rollt sich zusammen. Baulin breitet an der Türschwelle seinen Mantel aus, zieht verstohlen ein Päckchen mit Drucktypen und einen kleinen Stapel Flugblätter daraus hervor ...
206. Nahaufnahme eines Flugblatts, herausgegeben vom Moskauer Komitee der sozialdemokratischen Partei.
207. Baulin legt sich Päckchen und Stapel unter den Kopf, steckt verstohlen einen Revolver unter das provisorische Kissen, streckt sich an der Schwelle aus.
208. MIT GLÜCK KRIEGEN WIR NOCH 'NE MÜTZE SCHLAF ...
209. Zu einer Kugel eingerollt, lauscht Rachil entsetzt auf die üblichen Geräusche des Übernachtungshotels.

210. Im Nachbarzimmer. Auf dem zerwühlten Bett ringt ein Offizier ohne Uniform, in Reithosen und Stiefeln, mit einer Frau im hochgeschlossenen schwarzen Seidenkleid. Er verrenkt ihr die Arme.
211. Baulin raucht, lächelt, dann streckt er die Hand nach dem Schalter aus, löscht das Licht. Dunkel.

VIERTER TEIL

212. Nacht. In die Gasse biegt ein Polizeitrupp ein.
213. Die Polizisten brechen die Tür zum Hotel »Held von Pleven« auf.
214. Die Polizisten steigen möglichst lautlos die Treppe hinauf.
215. Unter der Ikone schläft der Hausknecht Orlov einen geräuschvollen Schlaf. Er trägt nach wie vor Galoschen. Auf seine Schulter senkt sich die Hand eines Schutzmanns. Der Schutzmann:
216. LASST IHR HIER NICHTGEMELDETE ÜBERNACHTEN ...?
217. Der Hausknecht springt auf. Er kratzt sich und gibt zur Antwort:
218. NICHTGEMELDETE HAM WIR GLAUB ICH KEINE DA ...
219. Die Polizisten verlassen gemeinsam mit dem Hoteldiener das Zimmer.
220. Im Korridor. Jähes, hektisches Türenschlagen und Stille.
221. Baulin schläft an der Türschwelle auf dem Mantel; als er den Lärm hört, fährt er hoch, schnappt sich den Revolver.

222. Im Korridor die polternden Füße der Polizisten, starrende Säbel.
223. Auf dem Fußboden Baulins Päckchen und der Stapel Flugblätter.
224. Zusammengerollt schläft Rachil den Schlaf der Jugend und Ahnungslosigkeit.
225. Baulin springt auf, lauscht.
226. RAZZIA.
227. Fenster, Himmel, Sterne. Baulin springt aufs Fensterbrett.
228. Leere Straße. Ein Stiefelputzer, ein alter, in scheckige Lumpen gehüllter Assyrer, säubert einem Schutzmann die Stiefel. Der Schutzmann sitzt hingefläzt auf einem Bänkchen und döst. Plötzlich fährt er hoch.
229. Baulin springt im zweiten Stock aus dem Fenster. Er stürzt auf die Erde, bricht sich das Bein.
230. Der Schutzmann zückt die Trillerpfeife, tut einen Pfiff.
231. Aus der Gasse eilt ihm ein zweiter, sehr klein geratener Schutzmann mit großer Mütze und zahlreichen Orden zu Hilfe.
232. Das puterrot angeschwollene Gesicht des ersten Schutzmanns. Er traut sich nicht, an den auf der Erde langgestreckten Baulin heranzutreten, doch er trillert mit Inbrunst und Wollust, wie ein Birkhahn bei der Balz.
233. Mit triefenden Augen rückt der alte Assyrer zaghaft seinen Kasten unter den noch ungeputzten Stiefel des Schutzmanns.
234. Baulins gebrochenes Bein. Baulin zerfurcht mit der Hand den schmutzigen, mit Hundeurin besprenkelten Straßenschnee.
235. Die beiden Polizisten treten paar Schritte zurück und nehmen Anlauf, um über den wehrlosen Mann herzu-

fallen. Sie stacheln sich mit Rufen an, fuchteln mit den Revolvern und stürzen sich schließlich auf Baulin: der eine würgt ihn und trillert mit wachsender Inbrunst, der andere fesselt ihm die lädierten Beine.

236. Baulins am Knie gebrochenes, seitlich verdrehtes Bein.
237. Zimmer im Hotel »Held von Pleven«. Inmitten eines breiten Betts liegt bäuchlings eine mit einem Laken bedeckte Männergestalt. Man sieht nur die glänzende Glatze des Mannes und auf der Glatze eine Beule. Zu beiden Seiten des »Kunden« ist je eine Prostituierte zugange, zwei junge, vielleicht sechzehnjährige Mädchen.
238. Die Razzia im Hotel nimmt ihren Lauf. Die Polizisten hämmern wütend gegen die Zimmertür. Die Tür geht auf.
239. Der in das Laken gewickelte Mann in unveränderter Pose. Er streckt einen Arm unter dem Laken hervor, sein Gesicht ist nicht zu sehen, nur die glänzende Glatze und auf der Glatze die Beule.
240. Der ausgestreckte Arm, in der Hand ein Pass. Eine Polizistenhand greift danach.
241. Der Polizist studiert den Pass. Der Argwohn auf seinem Gesicht weicht einem Ausdruck von Ernst und dienstlicher Beflissenheit.
242. Nahaufnahme des Passes, ausgestellt auf den Namen des wirklichen Staatsrats und Ehrenvormunds Apollon Silyč Gustovatyj.
243. Die »einflussreiche Person« und die Prostituierten in unveränderter Pose. Der Polizist legt ehrerbietig den Pass auf den Rücken der »Person« und entfernt sich mit einer Verbeugung.
244. Ein weiteres Zimmer. Eine Prostituierte um die fünfundvierzig raucht in Erwartung der Razzia schläfrig eine

Papyrosa, sie trägt ein langes Hemd mit abgerissener Spitze. Ein kleiner, vielleicht sechzehnjähriger Gymnasiast presst sich zu Tode erschrocken an die Wand. Er hat es gerade noch geschafft, sein Uniformjäckchen anzulegen, darunter ist er in Unterhosen. Die Polizisten brechen ins Zimmer. Der Oberwachtmeister zu dem Jungen:
245. WAS HABEN SIE HIER VERLOREN, GNÄDIGER HERR ...?
246. Der kleine Gymnasiast stottert:
247. DRAUSSEN HATS ... GEREGNET ... DA HAB ICH ... ABWARTEN WOLLEN, BIS ...
248. Ein Polizist gibt der Prostituierten einen Stoß: raus mit dir ...
249. Der Oberwachtmeister liest dem Gymnasiasten väterlich die Leviten, bringt ihm die Hose.
250. Strastnaja-Platz. Nacht. Polizisten treiben die bei der Razzia aufgegriffenen Prostituierten vor sich her.
251. Straßenmädchen bringen sich vor der Razzia in Sicherheit. Sie laufen auf die erstbesten Passanten zu, haken sie unter, tun so, als machten sie einen Spaziergang mit ihrem Mann, ihrem festen Herrn.
252. Zu einem älteren Juden im wuchtigen Waschbärpelz eilen zwei Prostituierte; jede versucht ihn auf ihre Seite zu ziehen. Der Jude, umgetrieben von unfrohen Gedanken, wendet den alten, müden Blick von einer Frau zur anderen, fasst beide unter und führt sie spazieren, als wären es seine Töchter.
253. Droschkenstand an der Tverskaja-Straße. Die Prostituierten rücken den Kutschern auf den Leib.
254. Ein buckliger Kutscher mit schnittigem Gespann und flottem Halbpelz. Ein Mädchen im weißen, flaumigen Mützchen, mit einem Muttermal am Kinn, läuft auf ihn

zu. Bittet den Buckligen, rasch loszufahren. Der Bucklige:
255. RÜCK ERST MAL NEN ZEHNER RAUS ...
256. Die Frau setzt einen Fuß aufs Trittbrett. Sagt:
257. GELD HAB ICH KEINS ... NIMM, WAS DU WILLST ...
258. Der Kutscher verdreht die blauen Augen – mir solls recht sein – und treibt die Pferde an.
259. Die Kutscher jagen in einer Reihe die Tverskaja entlang. In den Droschken die sich in Sicherheit bringenden Prostituierten.
260. Der Bucklige biegt in eine leere Gasse neben einem Brachgelände. Er bringt die Pferde zum Halt, stellt das Verdeck hoch, steigt zu der Frau in den Wagen. Abblende.
261. Schutzleute treiben die bei der Razzia aufgegabelten Prostituierten zum Reviergebäude.
262. Ein großer, halbdunkler, durch ein Gitter geteilter Raum. Die Frauen werden hinter das Gitter getrieben.
263. Die ans Gitter gepressten Gesichter der Prostituierten. Darunter die alte Prostituierte, die mit dem Gymnasiasten auf dem Zimmer war, Rachil und die Frau im hochgeschlossenen schwarzen Kleid, die im Hotelzimmer mit dem Offizier gerungen hat. Ihre Anwesenheit im Hotel und an diesem Ort ist unerklärlich. Sie flattert umher, bittet den Posten um eine Papyrosa. Der Polizist dreht ihr eine, zündet ihr das Streichholz an, blickt zärtlich auf das »Fräulein« und wendet sich gleich wieder ab, um sie durch seine Anteilnahme nicht zu beleidigen. Die Frau zuckt krampfhaft, tut einen Zug und wirft die Zigarette aufschluchzend von sich.
264. Das Zimmer, in dem die medizinische Untersuchung

der Prostituierten stattfindet. Über dem Untersuchungsstuhl eine grelle elektrische Lampe. Vor dem Stuhl ein Arzt im Kittel (es ist derselbe sauertöpfische Beamte, mit dem Rachil in der Straßenbahn gesprochen hat) und ein Feldscher. Etwas entfernt sitzt hinter seinem Tischchen der Schreiber. Ein Polizist eskortiert die Prostituierte herein, die mit dem Gymnasiasten auf dem Zimmer war. Unaufgefordert lässt sie sich auf dem Stuhl nieder. Der Doktor beugt sich über sie. Die Instrumente in seinen Händen. Schwarzblende.

265. Der Schreiber wartet mit der Schreibfeder hinterm Ohr auf die Diagnose.
266. Die Untersuchung ist beendet. Die Frau erhebt sich aus dem Stuhl. Der Doktor zum Schreiber:
267. Lues ... zweites Stadium ... die nächste ...
268. Die Frau tritt ergeben ans Tischchen, der Schreiber notiert etwas in ihre Akte. Polizisten schleifen die zerzauste, völlig aufgelöste Rachil herein.
269. Der Doktor bereitet, an alles gewöhnt, die Instrumente vor.
270. Die Polizisten drücken Rachil in den Stuhl. Ein alter Schutzmann mit gutmütigem Gesicht sagt zu ihr:
271. IST DOCH NUR GUT FÜR DICH, DUMMCHEN, TÄTST DOCH SONST DIE LEUT GLEICH REIHENWEIS MITANSTECKEN ...
272. Rachils angstverzerrtes Gesicht unter der Lampenglocke.
273. Aus dem Dunkel erscheint das Gesicht des Doktors. Er erkennt das Mädchen, fragt:
274. WER SIND SIE ...? WIESO SIND SIE HIER ...?
275. Die Lippen des Mädchens bewegen sich:
276. ICH ... ICH BIN JÜDIN ...

277. Der Schreiber wartet, die Feder hinters Ohr geklemmt, auf die Diagnose.
278. Rachil auf dem Stuhl. Der verdutzte Doktor zum Schreiber:
279. GE ...SUND ... DIE NÄCHSTE ...
280. Rachil tritt ans Tischchen des Schreibers. Er reicht ihr die Dokumente. Rachil prallt zurück, fragt – was ist das? Der Schreiber:
281. Na das gelbe Scheinchen für Euer Durchlaucht ...
282. Das Mädchen blickt um sich, knetet das verpönte Dokument in den Händen. In diesem Augenblick neigt sich das von einem schwarzen Haarfell wild umwucherte Gesicht des Reviervorstehers über sie. Das Fell umrahmt als zottige Aureole ein Gesicht: feist, hart, gierig. Der Reviervorsteher zeigt Rachil das im Hotelzimmer beschlagnahmte Päckchen.
283. SIND DAS IHRE DRUCKTYPEN, KINDCHEN?
284. Das Päckchen mit den Typen in der Hand des Reviervorstehers.
285. Der Reviervorsteher wartet mit offenem Mund auf eine Antwort. Sein Gesicht zeigt das Flehen eines Menschen, der sein Handwerk nicht versteht – gesteh doch, Mädel, gesteh, Schätzchen, hilf mir doch ... Rachil wendet dem Polizisten ihr verblüfftes Gesicht zu.
286. Dämmriges Gewölbezimmer im Polizeirevier. Über dem Tisch hängt eine blakende Petroleumlampe mit löchrigem Schirm, wie man sie in jeder Behörde findet. An der Wand krümmt sich Baulin auf einem abgerissenen Wachstuchsessel. Er liegt mit dem Rücken zum Zuschauer, das Bein notdürftig verbunden. Über den Verhafteten neigt sich der alte Schutzmann mit dem gutmütigen Gesicht. Der Alte gießt Baulin aus dem

Schnabel eines großen, verrußten Teekessels Wasser in den Mund.
287. Der Aufseher bringt Rachil herein und bedeutet dem Schutzmann: Gegenüberstellung der Verhafteten. Der Reviervorsteher schiebt das zerzauste, zottige Gesicht unter die Lampe, hält Baulin die Schrifttypen vor die Nase und fordert mit unverändert beflissener, gieriger Miene eine Antwort.
288. GEGENÜBERSTELLUNG, FREUNDCHEN, GESTEH SCHON, DU HURENSOHN ... GEHÖREN DIE SCHRIFTTYPEN DIR?
289. Baulin windet sich auf seinem Sessel. Macht eine unbedachte Bewegung, stürzt auf den Boden, stöhnt. Über ihn neigt sich erneut der alte Schutzmann. Baulins Finger kratzen, pressen, streicheln die rundliche Hand des Schutzmanns.
290. Das verzerrte Gesicht Baulins wendet sich in Richtung des Zuschauers, er stöhnt:
291. AH, MAMA ...
292. Der Schutzmann flüstert Baulin ins Ohr:
293. GESTEH DOCH, HERR, SEI SO GUT ... DU MUSST DOCH INS KRANKENHAUS ...
294. Der Reviervorsteher pirscht sich an Baulin heran. Um ein Geständnis zu erzwingen, quetscht er dem Verhafteten mit kläglicher, konzentrierter Miene, ohne den Blick von Rachil zu wenden, das verletzte Bein.
295. GEHÖREN DIE SCHRIFTTYPEN DIR?
296. Baulins Gesicht. Die flüsternden Lippen:
297. AH, MAMA ...
298. Rachil tritt zum Reviervorsteher. Sagt:
299. SIE GEHÖREN MIR ...

300. Der Reviervorsteher lässt von Baulins Bein ab, nickt heftig mit dem Kopf.
301. DAS IST MAL EIN BRAVES KINDCHEN ...
302. sagt der Reviervorsteher mit erfreuter, sichtlich aufgeheiterter Miene und richtet sich aufs Zuhören ein.
303. Rachil macht eine erfundene Aussage. Sie artikuliert sehr deutlich, ihr Gesicht ist erleuchtet vom flackernden, tranigen Licht der Funzel.
304. DIE SCHRIFTTYPEN HABE ICH BESORGT ...
305. sagt sie und überlegt, wie sie fortfahren soll.
306. Aus Angst, Rachil könnte es sich anders überlegen und die Aussage verweigern, nähert sich der Reviervorsteher Baulin und quetscht ihm erneut das ramponierte Bein. Baulin schnellt auf, schreit, verliert das Bewusstsein. Da kommt Rachil ins Reden. Sie stammelt hastig, ohne Pause. Vor Ungeduld zappelt der Reviervorsteher unter dem Tisch mit den dicken Beinen. Er streichelt Baulin das gebrochene Bein, knetet und zaust sich mit der anderen Hand den Haarwust, zwirbelt ihn nach allen Seiten. Sein Gesicht strahlt, die Lippen bewegen sich, die Brauen zucken, die Augen blitzen ...

FÜNFTER TEIL

307. Tausend Meilen entfernt vom Gasthof »Russland«.
308. Straße in Berlin. Ein Häufchen Passanten vor einer Litfaßsäule. Ein riesiges Plakat kündigt ein Konzert mit Leo Rogdaj an.
309. Straße in Berlin. Das majestätische Gebäude des Hotels »Imperia«. Auf der Höhe der fünften Etage gleitet ein Maler die Fassade entlang, reinigt das Aushängeschild.

Der Maler, ein fröhlicher, offenherziger Bursche, sitzt in einem Holzkasten, der mit einem Flaschenzug am Dachvorsprung befestigt ist. Der Maler singt aus voller Kehle, dann unterbricht er sein Lied, lauscht.
310. Aufnahme der Straße aus der fünften Etage, so wie der Maler sie sieht.
311. Nahaufnahme des Konzertplakats. Das Datum darauf: 4. SEPTEMBER 1912.
312. Der Maler lässt sich am Flaschenzug zur dritten Etage hinab. Er stoppt seinen Kasten vor dem offenen Fenster, aus dem die Klänge dringen, die ihn so ergreifen.
313. Das Zimmer Ratkovičs in der dritten Etage des Hotels »Imperia«. Ratkovič existiert nicht mehr, es gibt nur noch den berühmten Virtuosen Leo Rogdaj. Das Zimmer eines Künstlers. Das niedrige, breite Bett ungemacht. Blumen und Präsente über den gesamten Raum verstreut. Ein Lorbeerkranz in einer Schutzhülle. Auf dem Kaminsims eine Fotografie von Rachil. Auf dem Tisch Reste vom Abendbrot, eine entkorkte Weinflasche. An die Wände sind Konzertplakate und Auftrittspläne für Berlin, Hamburg, München gepinnt. Rogdaj hat sich verändert, ist älter geworden, subtiler. Halbbekleidet geht er im Zimmer umher, zupft ein paar Akkorde, hebt die Geige ans Kinn. Schwarzblende.
314. Wiederholung von Szene 105: Professor Réti lauscht hinter den Kulissen des Provinztheaters Ratkovičs Spiel.
315. Rogdaj spielt. Im offenen Fenster erscheint die ehrfürchtige Physiognomie des Malers. Er reißt sich das Käppi vom Kopf, knetet es in den Händen.
316. HERR KÜNSTLER, KÖNNTEN SIE VIELLEICHT DEN PAS D'ESPAGNE SPIELEN?

317. Rogdaj lächelt, tritt ans Fenster, spielt den Pas d'Espagne.
318. Der Maler knetet sein farbenverschmiertes Käppi, immer schneller, fröhlicher schnalzen seine Finger.
319. Zwei Kugeln rollen über einen Billardtisch.
320. Auf der Bande eine zum Bock geformte Hand. Eine große, gepflegte Hand mit Brillantring am kleinen Finger. In der Höhlung der Handfläche gleitet der Queue vor und zurück.
321. Das Billardzimmer des Hotels »Imperia«. Rogdajs Impresario Vittorio Maffi zielt auf eine der beiden verbleibenden Kugeln. Um den Spieltisch hat sich eine Menschenmenge versammelt. Maffi ist ein Mann von gewaltigem Wuchs, dürr, geschmeidig, schwarzhaarig, faltig; an seinem Partner hingegen, einem Herrn Kalnischker, atmet alles Sanftheit, Geduld, Würde. Kalnischker ist klein, die Konturen seines winzigen Körpers sind rund, der Bauch ist nur mäßig gewölbt, die Füße vollführen gemächliche Tippelschritte. Beide Spieler haben das Jackett abgelegt. Maffi stößt. Daneben. Der Italiener runzelt die Stirn, tritt, genauer gesagt, springt beiseite; mit dem Ende seines Queues trifft er einen alten Wettbruder, der nicht aufgepasst hat, direkt in den Mund. Maffi dreht sich um, rammt den Queue dem vor Angst besinnungslosen Wettbruder noch tiefer in den Mund und drückt ihn an die Wand.
322. Kalnischkers kleine fette Hand auf der Bande. In der Handwölbung gleitet der Queue vor und zurück.
323. Der gekreuzigte Wettbruder mit dem Queue im Mund. Er steht an die Wand gepresst. Der unerschütterliche Maffi hat ihn mit dem Queue aufgespießt und kehrt ihm den Rücken zu.

324. Kalnischker stößt. Die Kugel fällt in die Mitteltasche. Auf dem Tisch ist eine Kugel übrig – die Fünfzehn. Kalnischker nippt an einem Glas Milch, stellt gemächlich das Glas ab und kündigt an:
325. DIE FÜNFZEHN ÜBER DOPPELBANDE INS ECKLOCH ...
326. Mit tödlicher Langsamkeit kreidet Kalnischker seinen Queue ein.
327. Maffis Rücken, der Queue, der aus dem Mund des Wettbruders ragt, dessen verzweifeltes Gesicht, die auf dem Queue zusammengebissenen Zähne.
328. Kalnischker lässt sich, um die Geduld des Partners zu erproben, mit dem Zielen Zeit, zieht den Queue wieder zurück, zielt erneut. Die Kugel liegt an der gegenüberliegenden Bande. Das kleine Männlein müht sich schwer ab, um an die Kugel zu gelangen, legt sich mit dem Bauch quer über den Tisch, erhebt sich auf die Zehenspitzen, sein kurzes Bein zittert in der Luft. Kalnischker führt den Stoß aus. Die Kugel fällt. Kalnischker macht eine tiefe Verbeugung vor seinem Partner.
329. Jähe Grimasse auf Maffis Gesicht. Ohne sich umzudrehen, nimmt er den Queue aus dem Mund des Wettbruders, der Alte geht mit Fäusten auf ihn los, doch die anderen ziehen ihn rechtzeitig aus dem Weg. Sie reden auf den Wettbruder ein:
330. UM GOTTES WILLEN ... DAS IST DOCH VITTORIO MAFFI, DER IMPRESARIO VON ŠALJAPIN UND ROGDAJ, DUELLANT, SPIELER, HAUDEGEN ...
331. Der Alte hört es sich an, schweigt, späht umher. Eine dicke Träne rinnt ihm über die runzlige Wange, verfängt sich im Schnurrbart und blitzt am Ende eines

Härchens auf. Ein Lakai eilt vorbei und wedelt die Träne mit einer Serviette weg.

332. Lakaien reichen den Spielern die Jacketts. Der kleine Kalnischker nimmt den gewaltigen Maffi beiseite. Kalnischker legt artig das gescheitelte Köpfchen schief.

333. WENN SIE DANN DIE ZAHLUNG ZU VERANLASSEN BELIEBTEN, MEIN LIEBER SIGNOR MAFFI ...

334. Maffi blickt aus der Höhe seines riesenhaften Wuchses auf den Partner herab. Er weiß nicht, wozu er sich entschließen soll – Kalnischker schlagen oder zahlen. Kalnischker gurrt noch artiger:

335. WENN SIE DANN BELIEBTEN, MEIN GOLDENER SIGNOR MAFFI ...

336. Maffi lässt Kalnischker, ohne ein Wort zu verlieren, stehen. Er schnappt sich den Koffer, den er in der Ecke abgestellt hat, eilt im Sturmschritt Richtung Tür. Kalnischker trippelt unverdrossen hinterdrein. Maffi dreht sich um und presst durch die Zähne:

337. KOMMEN SIE AM SONNTAG IN DIE VILLA GRENNE ... DORT KRIEGEN SIE IHRE LAUSIGEN FÜNFHUNDERT MARK ...

338. Maffi eilt davon. Kalnischker schickt dem entschwindenden Rücken des Italieners eine Verbeugung hinterher, tritt an den Tisch und trinkt in kleinen Schlucken seine Milch aus.

339. Rogdaj spielt für den Maler. Der Arbeiter schnalzt mit den Fingern den Takt zum Tanz.

340. Das prächtige Foyer des Hotels »Imperia«. Maffi eilt mit dem Koffer in der Hand die Treppe hinauf. Nimmt drei Stufen auf einmal. Portier und Lakaien verbeugen sich vor ihm.

341. Der Hotelportier an seinem Pult. Der Portier ähnelt dem Kaiser Napoleon. Diese Ähnlichkeit wird bis ins letzte Detail unterstrichen, selbst die Haartolle ist auf der Stirn arrangiert wie beim Kaiser der Franzosen. Ein Porträt Napoleons prangt auch auf dem Pult. Auf der Brust des Portiers hängt an einem breiten Band ein Pincenez.
342. Der Sitz des Malers und seine baumelnden Beine, von unten aufgenommen.
343. Rogdaj spielt mit Inbrunst für den schlichten Zuhörer. Der Maler schleudert vor lauter Wonne sein Käppi auf die Erde. Plötzlich senkt sich zwischen dem Maler und Rogdaj ein Rollo herab.
344. Rogdaj dreht sich um. An der Tür steht Maffi und hält die Schnur, die das Rollo regelt. Maffi wirft den Koffer mitten ins Zimmer, schlägt sich mit der Reitgerte gegen die Beine und presst gedehnt durch die Zähne:
345. JETZT GIBTS SCHON SEIT EINEM HALBEN JAHR KEINEN JIDDENBENGEL RATKOVIČ MEHR, DAFÜR GIBT ES DEN BERÜHMTEN LEO ROGDAJ, DOCH DER BERÜHMTE LEO ROGDAJ HAT BIS ZUM HEUTIGEN TAG KEINE SEIDENWÄSCHE, KEINE RASSEPFERDE, KEINE GELIEBTE AUS HÖCHSTEN KREISEN … WANN WERDEN SIE EIN MANN, ROGDAJ …?
346. Maffi stößt die auf dem Boden herumliegenden Sachen mit dem Fuß beiseite und tritt an den Kamin. Er nimmt die Fotografie Rachils, runzelt die Stirn, mustert das Bild.
347. Das Porträt von Rachil Monko.
348. Rogdaj ist puterrot angelaufen. Er reißt Maffi das Foto aus der Hand, birgt es in der Tasche seines Jacketts.

Maffi lächelt kaum merklich und spießt mit der Reitgerte einen von Rogdajs Hausschuhen auf. Der Italiener lässt den alten, abgetragenen Schuh mit einem Loch beim großen Zeh auf der Spitze der Gerte kreiseln, dann wirft er ihn aus dem Fenster.

349. Rogdajs Schuh fällt auf das Dach des Nachbarhauses.
350. Maffi verweist Rogdaj auf den mitgebrachten Koffer.
351. FÜR SIE ... DAMIT SIE EIN MANN WERDEN ...
352. Rogdaj öffnet den Koffer, entnimmt ihm einen Sattel, einen Revolver ... Verblüfft blickt er auf Maffi. Der Italiener schlägt sich mit der Reitgerte gegen die Beine.
353. JA, JA ... SEIEN SIE EIN MANN!
354. Rogdaj widmet sich weiter dem Inhalt des Koffers. Entnimmt ihm ein Flakon mit Parfüm, Rasiermesser, Bartbinde, Damenstrumpfhalter, Spitzenhöschen und noch ein Objekt, das der Junge auf der Stelle in den Koffer zurückwirft. Maffi stampft mit dem Fuß auf:
355. SEIEN SIE EIN MANN ...!
356. Rogdaj zieht aus dem Koffer eine Flasche mit Absinth. Maffi schenkt ein, reicht Rogdaj ein Glas und ruft mit drohender Stimme:
357. KINDER TRINKEN MILCH, PFERDE TRINKEN WASSER, MÄNNER TRINKEN ABSINTH ... SEIEN SIE EIN MANN!
358. Verdattert stößt Rogdaj mit seinem Impresario an, der ihm zuruft:
359. ICH TRINKE AUF DEN MANN ...!
360. Sie trinken. Maffis Fuß bohrt sich in den Ledersitz eines Sessels, unter dem Druck des kräftigen langen Beins gibt der Sitz immer weiter nach. Das Leder platzt, Sprungfedern kommen zum Vorschein.
361. Rogdaj hat ausgetrunken, schwankt. Der Italiener

schenkt ihm erneut ein und zwingt ihn zu trinken. Ein Tick verzerrt Maffis Gesicht, lässt es zucken, gebieterisch verfolgt er, wie Rogdaj trinkt. Der Jüngling leert das Glas bis zum Grund, schwankt, lacht lauthals los. Maffi beugt sich über Rogdaj.

362. UND JETZT, MEIN KÜKEN, FAHREN WIR ZU DER FRAU, DIE SIE ZUM MANN MACHEN WIRD …

363. Maffis Gesicht wendet sich langsam zur Seite, und der Zuschauer erkennt, dass eines von Maffis Ohren abgeschnitten ist.

364. Wange mit abgeschnittenem Ohr. Abblende.

365. Foyer des Hotels »Imperia«. Der Portier, der Napoleon ähnelt, betrachtet sich im Spiegel, arrangiert die Tolle auf seiner Stirn à la Napoleon, nimmt das Telefon ab.

366. Büro für die Vermittlung von Dienstpersonal und Ammen, an der Wand drei schläfrige deutsche Ammen. Alle drei haben die Arme über dem Bauch verschränkt, stützen mit dicken Arbeiterhänden die schwere Brust. Am Pult die Chefin der Agentur – eine dürre Deutsche mit auftoupiertem Blondhaar und starrem Glasauge. Das Telefon klingelt. Die Chefin nimmt ab. Ihr Gesicht entfaltet sich wie eine lange Sprungfeder, und am Ende der Feder erscheint längst präpariertes Entzücken.

367. Der Portier am Telefon:

368. GUTEN TAG, FRAU PUTZKE. WIR BRÄUCHTEN FÜR DAS HOTEL EINE GÜNSTIGE BÜGELKRAFT UND EINEN SEHR GÜNSTIGEN HEIZER.

369. Die Augen der Frau Putzke. Das eine Auge rollt munter in seinem Sockel, das andere aus Glas bewahrt blaue Reglosigkeit.

369a. Frau Putzke verneigt sich und schüttelt den Hörer.
370. Ich erwarte jeden Moment einen Posten russischer Emigranten aus Königsberg. Lausiges Volk, aber sehr, sehr günstig ...
371. Eine der Ammen ist eingenickt, ihre Arme sinken herab. Die unermessliche Brust quillt in die Breite, bedeckt den gesamten Bauch.
372. Der Portier erklärt sich bereit, das lausige, aber günstige Volk zu übernehmen. Er legt den Hörer auf, macht sich daran, Rechnungen zu schreiben, aber sein Pult wackelt, das eine Bein ist eine Spur kürzer als die anderen.
373. Maffi kommt mit dem angetrunkenen Rogdaj die Treppe herunter.
374. Maffis Automobil schießt um die Ecke. In seinem flackernden Licht erscheint ein alter, schwerhöriger Briefträger und verschwindet wieder. Das Auto rollt zur Hotelauffahrt.
375. Maffi und Rogdaj steuern auf das Auto zu. Der betrunkene Rogdaj hält den Briefträger an, legt ihm eine Hand auf die Schulter und fragt mit seligem Lächeln:
376. SIND SIE SCHON EINMAL GLÜCKLICH GEWESEN, HERR BRIEFTRÄGER?
377. Der verdutzte Briefträger versteht nicht. Er ist schwerhörig. In den Händen hält er einen Packen Briefe und Zeitungen. Hastig nimmt sich der Alte die Watte aus den Ohren.
378. Nahaufnahme der Zeitung in den Händen des Briefträgers. Die ersten Zeilen eines Inserats: »Rachil Monko, Emigrantin, sucht ...«
379. Rogdaj lacht schallend, wiederholt die Frage. Der Briefträger hebt verwundert die Schultern. Ist er schon ein-

mal glücklich gewesen? Bisher hatte er nicht das Vergnügen. Der Briefträger macht eine Verbeugung vor den angeheiterten Herren, steckt sich die Watte wieder in die Ohren, tritt ins Hotelgebäude.

380. Maffi und Rogdaj nehmen im Auto Platz, fahren davon.
381. Im Hotelfoyer legt der Briefträger dem Portier den Stapel Briefe und Zeitungen aufs Pult und geht. Der Portier ist mit seiner Arbeit zugange, die mangelnde Stabilität des ständig wackelnden Tischs macht ihn rasend. Er zerreißt eine der soeben erhaltenen Zeitungen, legt sie unter das Tischbein, das augenblicklich stabil wird. Ein Fetzen ist davongeflattert und liegt ein Stückchen entfernt auf dem Boden.
382. Großaufnahme des Zeitungsfetzens. Anfang des Inserats:
383. RACHIL MONKO, EMIGRANTIN NACH VERBÜSSTER KATORGA IN NERČINSK, SUCHT LEV RATKOVIČ, GEBÜRTIG AUS DEM SCHTETL DERAŽNE IM GOUVERNMENT WOLHYNIEN, MITTEILUNG ERBETEN AN DIE ADRESSE: KÖNIGSB...
384. Der Portier schreibt und stützt sich dabei mit den Ellbogen auf den Tisch, der nicht mehr wackelt.
385. Das nächtlich strahlende Berlin. Hoch oben ein rotierender Leuchtkreis: LEO ROGDAJ.
386. Maffis Automobil schlängelt sich durch Ströme von Kutschen, Trambahnen, Lastautos.
387. Im Innern des Automobils. Zwischen Rogdaj und Maffi vollzieht sich ein hitziges Kartenspiel. Über den Boden ist Geld verstreut. Der Wagen rüttelt, die Spieler stoßen mit den Köpfen gegen die Decke und setzen, ohne darauf zu achten, ihre Partie fort.

388. Ein heftiger Ruck. Rogdaj hebt es aus seinem Sitz, ein in die Autodecke eingeschlagener Nagel bohrt sich in seinen Zylinder, der Zylinder hängt an dem Nagel fest. Rogdaj zückt einen Geldschein nach dem nächsten und schleudert sie auf den Sitz. Der Zylinder hängt einen halben Meter von seinem Kopf entfernt. Maffi hält die Bank.
389. Der Chauffeur wendet den Kopf nach hinten, verfolgt lächelnd das ungewöhnliche Spiel.
390. Das Spiel geht weiter. Maffi gewinnt.
391. In der Ferne rotieren, durch die Distanz verkleinert, vor schwarzem Himmel die Lettern: LEO ROGDAJ.
392. Rogdaj knallt einen Packen Geldscheine hin, dazwischen das Foto von Rachil Monko. Der betrunkene Rogdaj sieht das Foto nicht. Maffis große Hand bedeckt das Geld, er teilt die Karten aus, gewinnt, schnappt sich die Scheine, wirft das Foto in hohem Bogen weg.
393. Auffahrt zur Villa Grenne. Über dem Schild »Villa Grenne« eine Glühbirne.
394. Platanenallee. Eine Lichtgarbe. Auffunkelndes Laub. Maffis Automobil rast eine Anhöhe hinauf.
395. Im Innern des Automobils. Rachils Foto ist unter die Fußmatte geglitten. Rogdaj nimmt den Zylinder vom Nagel und drückt ihn sich schief in die Stirn.
396. Maffis Automobil hält vor der Auffahrt zur Villa Grenne. Maffi und Rogdaj betreten das Haus.
397. Empfangshalle im Haus der Baronin Grenne. Der Pförtner, ein stattlicher Kerl mit ebenso schöner wie zweideutiger Physiognomie öffnet die Paradetür. Rogdaj und Maffi treten ein, reichen dem Pförtner ihre Mäntel.
398. Die Garderobe in der Empfangshalle der Baronin Grenne. Zylinder in Reih und Glied.

399. Die Zylinder von oben, matter Glanz auf schwarzer Seide. Im Zylinder Rogdajs prangt ein Loch.
400. Maffi hat abgelegt, eilt die Treppe hinauf. Nimmt drei Stufen auf einmal.
401. Der Pförtner erkundigt sich bei Rogdaj: wen darf ich melden?
402. MELDEN SIE DER BARONIN: ROGDAJ.
403. Ein in geheimnisvolles und trübes Licht getauchtes Christusbild. Das Werk eines italienischen Meisters des Quattrocento. Vor den ans Kreuz genagelten Füßen Christi die Köpfe zweier halbwüchsiger Mädchen, über eine Handarbeit geneigt. In ihrem Haar üppige Schleifen.
404. Abend. Salon der Baronin Grenne. Ein Salon von luxuriöser Schlichtheit, ausgestattet mit Würde und Geschmack. Am Tisch liest ein milder Pater aus Alphonse Daudets Büchlein »Tartarin von Tarascon«.
405. Titelblatt des Buches.
406. Dem Pater lauschen die alte Baronin, eine majestätische Dame mit wichtiger Miene, und ihre beiden halbwüchsigen Töchter (üppige Schleifen im Haar, Schuhe mit flachem Absatz usw.). Die Alte lauscht aufmerksam und lächelt zart, kaum merkbar, die Mädchen lachen herzhaft. An der anderen Wand sitzen zwei aristokratische Greise mit Ordensbändern. Der eine ist dürr, lang, mit üppigem Haarschopf, der andere fett, kurzgeraten, kahl, doch irgendwie, auf unfassbare Weise, ähneln sich die beiden. Der Diener tritt ein, meldet:
407. GRAF DE ROGDAJ.
408. Die Alte legt die Handarbeit weg, geht dem Gast entgegen. Die Greise mit den Ordensbändern nehmen Haltung an. Der Pater unterbricht die Lektüre. Die Alte

stellt den Gast ihren Hausgenossen vor, geleitet ihn zu den Töchtern.
409. WIR FREUEN UNS SEHR ÜBER DIE BEKANNTSCHAFT MIT EINEM SOLCH GEFEIERTEN VIRTUOSEN.
410. Die Mädchen machen einen Knicks. Rogdaj begrüßt den Pater, die Baronin stellt ihn dem langen Alterchen vor:
411. GRAF SAN-SALVADOR.
412. Zeremonielle Begrüßung. Die Baronin stellt den Geiger dem zweiten Alterchen, dem Kurzgeratenen, vor:
413. BARON SANT-JAGO.
414. Zeremonielle Begrüßung. Man lässt Rogdaj Platz nehmen und lädt ihn ein, sich den »Tartarin von Tarascon« anzuhören.
415. Korridor im Haus Grenne. Maffi bleibt vor einer Tür stehen, klopft, fordert: Aufmachen.
416. Ecke im Zimmer von Ellen, der Tochter der Baronin Grenne. Ein Spiegel. Im Spiegel Ellens herrliche nackte Schultern.
417. Die halbbekleidete Ellen. Sie ist jung und sehr schön. Ellen hört das Klopfen an der Tür. In heller Aufregung stürzt sie zum Schrank, wühlt hektisch durch ihre Kleider, wirft sie beiseite, auf dem Fußboden wächst ein Kleiderhaufen. Bei einem schlichten schwarzen Kleid hält Ellen inne.
418. Maffi vor der verschlossenen Tür. Er trommelt mit der Reitgerte gegen sein Bein. Ellen kommt aus dem Zimmer … Mit wunderbar mädchenhafter Geste reicht sie Maffi beide Hände. Das Bewusstsein der eigenen Kraft, Jugend, Schönheit macht sie glücklich. Maffi brummt etwas vor sich hin, nimmt sie bei der Hand, dreht sie langsam um ihre Achse.

419. WAS FÜR EIN BILLIGER FETZEN …
420. sagt er und schlägt sich immer heftiger mit der Reitgerte gegen sein Bein. Ellen taumelt jäh zurück.
421. Das Christusbild. Ein Mädchen, eine der Töchter der Baronin, mustert durch ihre Lorgnette sehr aufmerksam …
422. Rogdaj, der auf seinem Sessel herumrutscht.
423. Der Pater liest mit Inbrunst. An besonders amüsanten Stellen hebt er den Finger.
424. Die Samtportiere, die den Salon vom Nebenzimmer trennt, tut sich auf. Ellens Gesicht erscheint – blendend und blass.
425. Maffi betritt den Salon, in seinem Schlepptau Ellen im dekolletierten Kleid. Eine lange, goldbestickte Schärpe schleift hinter ihr über den Boden. Rogdaj springt auf. Mit großen Augen starrt er Ellen an. Maffi sagt, mit der Reitgerte spielend, zu Ellen:
426. BARONESSE, VOR IHNEN STEHT NÄMLICHER LEO ROGDAJ, DESSEN BEWEGENDES SPIEL …
427. Der junge Mann, völlig geblendet, kann den Blick nicht von Ellen losreißen. Er küsst ihr langsam die Hand. Im selben Augenblick reicht ihm der Pförtner Rachils Fotografie.
428. DER HERR HABEN SELBIGES ZU VERLIEREN GERUHT … sagt der Pförtner mit einer Verbeugung. Peinlich berührt reißt ihm Rogdaj das Foto aus der Hand, steckt es in die Tasche. Ellen schenkt Maffi einen Blick voller Furcht und Anbetung.

SECHSTER TEIL

429. Ein Christbaum auf dem Tisch. An den Zweigen der Tanne hängt Spielzeug.
430. Salon der Baronin Grenne. Ellen, ihre kleine Schwester Augusta und Rogdaj schmücken den Baum. Sie sind fröhlich, albern herum, zünden Knallbonbons.
431. Ellen steigt auf den Tisch, krönt die Tannenspitze mit einem Weihnachtsmann, bestäubt den Baum mit künstlichem Schnee. Rogdaj befestigt die Kerzen. Zwischendurch hält er inne, um sich nach der lachenden, geröteten Ellen umzusehen. Sein Blick ist voller Zärtlichkeit.
432. Empfangshalle im Haus der Baronin. Der Pförtner poliert sich die Fingernägel.
433. Der kleine Kalnischker schellt an der Paradetür.
434. Der Pförtner lässt den Besucher ein. Kalnischker fragt:
435. IST SIGNOR MAFFI ZU SPRECHEN?
436. Der Besucher hinterlässt beim Lakaien einen ungünstigen Eindruck. Ohne eine Antwort macht dieser sich erneut daran, seine Fingernägel zu säubern, und knurrt beiläufig:
437. SIGNOR MAFFI EMPFÄNGT NIEMANDEN.
438. Der eisige Empfang dämpft den kleinen Kalnischker nicht im geringsten. Er macht eine Verbeugung und verkündet sanft:
439. ICH WERDE WARTEN …
440. Kalnischker legt gemächlich ab, versucht, seinen Mantel an der Garderobe aufzuhängen, doch es will ihm nicht gelingen; weil er so klein ist, langt er nicht an den Haken heran. Kalnischker schiebt ein samtenes Fußschemelchen an die Garderobe, stellt sich darauf, hängt Mantel und Melone auf und lässt sich ein wenig ent-

fernt in einem hohen Lehnstuhl nieder. Seine kurzen Beinchen reichen nicht bis zum Boden. Auf Kalnischkers Gesicht liegt eine unbezähmbare Geduld.

441. Der Lakai kehrt dem Besucher verächtlich den Rücken zu.

442. Die kurzen Beinchen Kalnischkers baumeln über dem Fußboden.

443. Ellen und Rogdaj staffieren für den Christbaum eine Puppe aus, ziehen ihr Strümpfchen und modische Strumpfhalter an. Sie stellen die Puppe ein Stück weit von sich auf und bewundern ihr Werk.

444. Die kurzen Beinchen Kalnischkers baumeln über dem Fußboden.

445. Der Lakai gebärdet sich nicht minder kaltblütig als Kalnischker. Er steht auf, zieht aus Kalnischkers Westentasche die Uhr, prüft – wie spät ist es? Kalnischker hebt einen ausdruckslosen Blick zu ihm.

446. ICH WERDE WARTEN …

447. sagt Kalnischker, mit den Beinen baumelnd. In diesem Moment schwingt die Tür auf und Maffi springt in die Empfangshalle. Als er Kalnischker erblickt, wird er schlagartig finster. Das kleine Männchen nähert sich dem Italiener mit Tippelschritten und vollführt eine tiefe Verbeugung.

448. Ellen und Rogdaj staffieren die Puppe für den Christbaum aus – ein großes Baby mit Pausbacken und Speckbauch. Aus Jux ziehen sie der Puppe einen Büstenhalter und Damenschlüpfer an, toupieren ihr die Haare auf.

449. Maffi mustert Kalnischker. Über sein Gesicht huscht der Tick. Genau wie zuvor der Lakai zieht er die Uhr aus Kalnischkers Tasche und prüft – wie spät ist es? Er überlegt: zuschlagen oder die Spielschuld begleichen.

Kalnischker verharrt in seiner Pose, das gescheitelte Köpfchen geneigt. Maffi eilt zur Treppe, Kalnischker trippelt hinterdrein.
450. Ellen und Rogdaj sind endlich mit der Puppe fertig; sie trägt jetzt Kleid, Cape, Schirm. Rogdaj presst sich die Puppe lachend an die Brust. In diesem Augenblick tritt Maffi in den Salon. Ellen greift sich eine weitere Puppe aus der Schachtel und läuft Maffi freudestrahlend entgegen. Sie reicht ihm beide Hände, doch der Italiener weicht beiseite, um Kalnischker Platz zu machen. Maffi:
451. BARONESSE, ICH MÖCHTE SIE MIT HERRN KALNISCHKER BEKANNTMACHEN ... ER INTERESSIERT SICH SEHR FÜR IHRE PORZELLANSAMMLUNG ...
452. Ellen wird bleich, lässt die Puppe fallen. Kalnischker hebt die Puppe vom Fußboden auf. Zitternd reicht Ellen Kalnischker die Hand, sie gehen hinaus. Rogdaj stürzt ihnen nach. Maffi hält ihn zurück:
453. GEMÄSS UNSEREM VERTRAG ...
454. sagt Maffi und fixiert Rogdaj.
455. Über den mit Statuen und Palmen vollgestellten Korridor gehen Kalnischker und Ellen. Kalnischker hält die Puppe in der Hand, scherzt höchst galant. Ellen schweigt. Ihr Gesicht ist starr und fahl.
456. Maffi sagt zu Rogdaj, der sich die mit dem Cape bekleidete Puppe an die Brust presst:
457. GEMÄSS UNSEREM VERTRAG, LIEBER ROGDAJ, BRECHEN SIE HEUTE ZU IHRER TOURNEE DURCH FRANKREICH UND ENGLAND AUF UND DESHALB ...
458. Kalnischker und Ellen betreten Ellens Boudoir. Sie lädt den Gast ein, Platz zu nehmen.

459. Rogdaj lässt die Puppe nicht aus den Händen. Maffi dreht sich halb zu ihm hin. Der Rest des verstümmelten Ohrs wird für den Zuschauer sichtbar.
460. UND DESHALB WERDEN SIE NICHT DAZU KOMMEN, SICH DIE SAMMLUNG VON BARONESSE ELLEN ANZUSEHEN ...
461. Maffi kehrt dem Zuschauer die entstellte Wange zu.
462. Das verstümmelte Ohr. Ihm entschlüpft ...
463. auf wackeligen Beinchen tapsend ein monströs hässliches, zotteliges aristokratisches Zwerghündchen.
464. Sechs geschniegelte Hunde und zwei milde alte Engländerinnen defilieren durchs Vestibül des Hotels »Imperia« zum Ausgang. Der Portier springt hinter seinem Pult hervor, lotst der Reihe nach die sechs ermatteten Hunde und die zwei Engländerinnen durch die Drehtür. Die Tür kreist langsam, der letzte Hund entschwindet durch ihre Schwebeflügel, nach ihm stolpert ein verdatterter Baulin mit Bündel ins Vestibül, gefolgt von Rachil. Der Portier stürzt sich auf Baulin – was haben Sie hier zu suchen? Baulin streckt ihm einen Brief entgegen.
465. VON FRAU PUTZKE ...
466. Der Portier pflanzt sich das am Seidenbändel hängende Pincenez auf die Nase. Er liest den Brief, misst Baulin mit kritischem Blick. Baulin ist älter geworden, müder, trägt Bart. Der Portier:
467. WIR SETZEN SIE ALS HEIZER DER DRITTEN KATEGORIE EIN.
468. Dann wendet sich der Portier zu Rachil. Er ist angenehm überrascht von ihrem klaren und feinen Gesicht. Er möchte sie davon überzeugen, dass auch er ein Mensch von außergewöhnlichem Gefühl ist. Der Por-

tier rückt das Seidenschnürchen zurecht und sagt unter Kratzfüßen:
469. ACH, FRÄULEIN, IM VORIGEN JAHRHUNDERT HAT MAN MENSCHEN VON MEINEM ÄUSSEREN ZUM KAISER GEKRÖNT, ABER HEUTZUTAGE ...
470. Der Portier macht eine resignierte Geste. Er ist nicht einverstanden mit dem zwanzigsten Jahrhundert.
471. Ins Vestibül des Hotels treten Maffi und Rogdaj. Rachil steht mit dem Rücken zu ihnen. Sie gehen die Treppe hinauf. Nach wenigen Stufen hält Rogdaj Maffi zurück.
472. WAS HAT ES MIT DIESER PORZELLANSAMMLUNG VON BARONESSE ELLEN AUF SICH ...?
473. Maffi winkt verächtlich ab, nimmt mit Schwung drei Stufen auf einmal und verschwindet. Rogdaj bleibt stehen, der Gedanke an die Sammlung von Fräulein Ellen lässt ihm keine Ruhe.
474. Rachil unterhält sich weiter mit dem Portier. Fragt ihn unvermittelt:
475. DÜRFTE ICH KURZ BEIM AUSKUNFTSBÜRO ANRUFEN?
476. Der Portier ist verwundert, entgegnet aber – bitte schön. Rachil tritt in die Telefonkabine, nimmt den Hörer ab ...
477. Rogdaj kommt langsam die Treppe herunter. Er tritt in die Nachbarkabine.
478. Rachil am Telefon:
479. IST DORT DAS AUSKUNFTSBÜRO? GEBEN SIE MIR BITTE DIE ADRESSE VON LEV RATKOVIČ, RUSSISCHER STAATSBÜRGER ...
480. Glasscheibe in der Trennwand zwischen den beiden

Kabinen. Durch die Scheibe sieht man Rachils Nacken und den Rücken Rogdajs.
481. Rogdaj am Telefon.
482. Salon der Grennes. Die alte Baronin tritt an den Apparat.
483. Rogdaj am Telefon.
484. DÜRFTE ICH BITTE DIE BARONESSE ELLEN SPRECHEN …?
485. Die Alte verlässt mit einem Nicken das Telefon.
486. Im Auskunftsbüro. Eine junge Frau sucht nach Ratkovičs Namen, ihr Finger verweilt beim Namen Rogdaj, wandert weiter, sie kann den gewünschten Namen nicht finden, spricht in den Hörer:
487. LEV RATKOVIČ, HERKUNFTSLAND RUSSLAND, IST BEI UNS NICHT REGISTRIERT …
488. Rachil hängt den Hörer auf, verlässt die Kabine.
489. Der Portier wendet sich an Rachil:
490. SIE SETZEN WIR ALS BÜGLERIN DER ERSTEN KATEGORIE EIN …
491. Der Portier weist den Hausdiener an, Rachil in den Gesindebereich zu führen. Rachil, Baulin und der Diener gehen ab.
492. Rogdaj wartet am Telefon.
493. Die mattgläserne Tür zu Ellens Zimmer. Die alte Baronin tritt an die Tür, will anklopfen, doch im selben Augenblick erlischt drinnen das Licht.
494. Rogdaj wartet am Telefon.
495. Die alte Baronin tritt an den Apparat:
496. VERZEIHEN SIE, ABER ELLEN HAT GERADE IHRE ENGLISCHSTUNDE.
497. Rogdaj lässt den Hörer sinken, vergisst aufzuhängen.
498. Der an der Wand baumelnde Telefonhörer.

499. Der Hausdiener und Rachil steigen ins Kellergeschoss hinab. Die mit Teppich belegte Marmortreppe weicht einer Treppe aus Zement, weiter unten folgen glitschige, düstere, schadhafte, mit allerlei Müll übersäte Stufen. Der Diener und Rachil passieren ein Kellergewölbe, treten an eine aus Balken zusammengezimmerte Tür. Der Diener reißt die Tür auf. Aus dem Zimmer quillt eine Dampfwolke. Rachil fährt zurück.
500. WAS IST DAS?
fragt sie den Diener.
501. DIE WÄSCHEREI ...
antwortet er, fasst sie an der Hand ...
502. geleitet sie in dichte, stinkige Schwaden aus Dampf und Qualm. Im weitläufigen Kellergewölbe, in den mächtigen, alles umschlingenden Dampfsäulen wabern verschwommen gekrümmte Menschensilhouetten. Im Hintergrund kaum erkennbar die durch den undurchdringlichen Dunst tappenden Gestalten des Dieners und Rachils.
503. Der Diener führt Rachil zum großen Plätttisch. Neben dem Tisch gähnt die Öffnung des Rohres, durch das die Schmutzwäsche in die Wäscherei gelangt. Aus dem Rohr purzeln Nachthemden, zerknüllte Laken. Rachil weicht zurück.
504. IN DIESER HÖLLE WERDE ICH NICHT ARBEITEN ...
505. ruft sie. Der Diener lacht.
506. DANN NEHMEN SIE SICH DOCH EIN ZIMMER IN DER BELETAGE, GNÄ FRÄULEIN ...
507. Zufrieden mit seinem Witz lacht er noch lauter. Aus dem wallenden Nebel gleiten nacheinander Chinesen mit nacktem Oberkörper, die Arme dampfend, schaum-

bedeckt. Sie rücken ganz dicht an Rachil heran, die Dunstschwaden lassen die vagen Linien ihrer gelben Leiber wanken, die Chinesen blicken auf den lachenden Lakaien und verziehen langsam die Münder zu einem Grinsen. In diesem Augenblick quillt aus dem Rohr ein gewaltiger Wäscheberg und begräbt Rachil unter sich.
508. Dunstverhangene Kinoleinwand. Zwei grelle Lichtkegel brechen durch den Nebelschleier, bewegen sich, schwellen an.
509. Über die blendende Friedrichstraße jagt ein Automobil. Neben dem Sitz des Chauffeurs türmen sich Koffer. Im Auto Maffi und Rogdaj. Sie fahren zum Bahnhof.

SIEBTER TEIL

510. NACH SEINEM SIEGESZUG DURCH DIE STÄDTE EUROPAS IST ROGDAJ NACH BERLIN ZURÜCKGEKEHRT UND HAT DORT SEIN ERSTES KONZERT ANGEKÜNDIGT.
511. Berlin. Nacht. Theatervorplatz. Der hell erleuchtete Koloss des Theaters. Stürmischer Angriff der Menge auf den Haupteingang.
512. An den geschlossenen Türen stemmen sich die Platzanweiser gegen die andrängende Menge. Zu beiden Seiten des Eingangs Litfaßsäulen. Daran kleben Konzertplakate für Leo Rogdaj. Straßenjungen sind auf die Säulen geklettert. Sie lauern auf den Moment, wo man in der Menge abtauchen und schwarz ins Theater gelangen kann.
513. Die Jungs, vorgebeugt, oben auf den Litfaßsäulen. Auf

dem Plakat das Datum für Leo Rogdajs Konzert: 9. MÄRZ 1914.
514. Die Seiteneingänge des Theaters. Ein Spalier grüner Gaslaternen. Anfahrt des aristokratischen Publikums.
515. Vor dem Eingang eine langgezogene Kette von Automobilen und Droschken.
516. Kassenraum des Theaters. Vor der Kasse eine Schlange. Der Kassierer übergibt die letzte Karte, hängt das Schild mit der Aufschrift »Ausverkauft« vor den Schalter und schlägt das Fensterchen zu.
517. Die brodelnde Menge vor dem Haupteingang. Berittene Schutzleute schlagen Breschen in die Menge.
518. Rogdaj in einer Ecke der Künstlergarderobe. Schummriges Licht. Eine Tischlampe mit Schirm. Rogdaj sitzt mit dem Rücken zu den Zuschauern. Die langen Beine sind ausgestreckt, der Kopf hängt herab. Rogdajs Gesicht wendet sich langsam in Richtung Zuschauer. Gespenstisch, leidenschaftlich, hager – innerhalb eines Jahres hat es sich bis zur Unkenntlichkeit verändert.
519. NACH EINEM JAHR RUHM UND EINEM JAHR FREUNDSCHAFT MIT SIGNOR VITTORIO MAFFI.
520. Der Geiger streckt eine schmale Hand nach der Weinflasche aus. Neben der Flasche Geige und Bogen. Rogdaj trägt Frack und Ballschuhe. Er mustert das Etikett auf der Flasche, sein Gesicht zuckt. Er sagt zu dem herbeieilenden Lakaien:
521. SCHAFFEN SIE DIESE PLEMPE WEG, BRINGEN SIE MIR ABSINTH …
522. Der Orchesterdiener trägt den Wein hinaus.
523. Geige und Bogen. Rogdajs Finger, die die Saiten greifen.

524. Der Lakai bringt eine neue Flasche. Rogdaj schenkt sich Absinth ein, trinkt.
525. Die lange, zurückgebogene Kehle Rogdajs, gebläht vom einströmenden Alkohol.
526. Haupteingang des Theaters. Die Platzanweiser öffnen die Türen. Die Menge strömt ins Foyer. Die Leute drängen einander beiseite, setzen die Ellbogen ein.
527. Die kleinen Jungs klettern von den Litfaßsäulen herab und arbeiten sich über Köpfe und Rücken des Publikums hinweg ins Foyer vor.
528. Seitenaufgang im Theater. Zerknautschte Menschen hasten erregt die Treppe hinauf. Ihr Anführer fuchtelt mit dem Rest seines Spazierstocks.
529. Der andere Seitenaufgang. Eine Menschenmenge, darunter Baulin und Rachil, eilt zur Galerie hinauf.
530. Der gleißend erleuchtete Theatersaal. Durch alle Türen strömen Leute herein.
531. Foyer. Professor Réti, der seine Begeisterungsfähigkeit kein bisschen eingebüßt hat, raunt der ihn umringenden Jugend zu:
532. MEINE HERREN, ER WAR MEIN SCHÜLER ...
533. Um den Alten schart sich eine Menge. Voller Enthusiasmus erzählt er ihr von seinem Schüler, dessen großartiger Geschichte.
534. Eine Gruppe Russen ist im Begriff, auf der Galerie die billigsten Plätze einzunehmen. Sie lachen laut, rempeln einander an und benehmen sich so, wie sich die glückliche Jugend auf allen Galerien der Welt benimmt. Baulin gibt Rachil eine Orange, sie beißt hinein.
535. Logenbalustrade. Darauf ein geschnitzter Fächer, ein perlenbesetztes Opernglas, eine lange Pralinenschach-

tel. Ellens Hand bricht eine Praline mittendurch und wirft sie weg.

536. In der Loge der Baronin Grenne. An der Balustrade sitzen steif die dekolletierte, erschütternd blasse Ellen und die alte Baronin im schwarzen Häubchen. In der Tiefe der Loge schlafen Graf San-Salvador und Baron Sant-Jago, geschmückt mit ihren ewigen Bändern und Orden.

537. Die vordersten Sitzreihen, die teuren Logen. Dekolletierte Frauen, die einander durch die Lorgnette beäugen. Herren, frischgebadet, frischrasiert.

538. Die Russen sitzen endlich auf ihren Plätzen. Rachil hat die Orange verspeist. Sie wendet sich zu Baulin:

539. ES HEISST, ROGDAJ SOLL AUS RUSSLAND STAMMEN ...

540. Baulin antwortet – ich weiß es nicht, reicht Rachil eine weitere Orange. Lachend gibt sie Baulin die Hälfte davon ab.

541. Rogdaj stimmt in der Garderobe die Geige.

542. Zuschauersaal. Das Publikum auf seinen Plätzen. Die Platzanweiser schließen die Türen. Die Lüster erlöschen langsam.

543. Die erlöschenden Lüster. Ihr gelbes, ersterbendes Licht.

544. Der Vorhang hebt sich. Auf der Bühne das Symphonieorchester. Man wartet auf den Dirigenten.

545. Rogdaj hat die Geige gestimmt. Zupft ein paar Akkorde, einer leiser als der andere, wirft die Geige beiseite und verbirgt sich hinter der Portiere. Ein Orchesterdiener kommt im Laufschritt herein.

546. IHR AUFTRITT ...

547. Hinter der Portiere setzt sich Rogdaj eine Morphiumspritze ...

548. Auf der Bühne. Der Dirigent tritt ans Pult, sieht sich um, sucht mit dem Blick nach Rogdaj.
549. Der Platzanweiser wuselt hektisch durch Rogdajs Garderobe.
550. IHR AUFTRITT ...
551. Rogdaj kommt hinter der Portiere hervor. Nimmt die Geige, eilt zum Ausgang.
552. Zuschauersaal. Dunkel. Schweigen. Hunderte von Händen beginnen zu applaudieren.
553. Die gleißende Bühne in der Totalen. An die Rampe tritt ein winziger, durch die Entfernung verkleinerter Rogdaj und macht eine Verbeugung.
554. Rachils Hände öffnen sich, ihnen entgleitet das Programm und ein Orangenschnitz.
555. Ein Blatt Papier flattert in der Luft, segelt von der Galerie und landet auf einem Haarschopf im Parterre.
556. Rachils Gesicht. Sie wirft sich nach vorn, eine schreckliche Aufregung bringt sie ins Zittern. Sie schreit:
557. LJOVUŠKA ...
558. Baulin hält ihr den Mund zu.
559. Die Bühne in der Totalen. Rogdaj spielt.
560. Der Kassierer läuft über den Korridor. In den Händen hält er eine metallene Gitterschatulle voller Geld.
561. Eine Ecke in Rogdajs Garderobe. Maffi überprüft die Abrisse der verkauften Eintrittskarten. Der Kassierer stürmt herein und stellt die Geldschatulle feierlich vor Maffi hin.
562. AUSVERKAUFT, SIGNOR MAFFI, RATZEKAHL AUSVERKAUFT ...
563. Maffi entnimmt der Schatulle einen Packen Geld, der Tick huscht über seine Wangen, der Tisch ist komplett mit Banknoten übersät.

564. Der Geldhaufen auf dem Tisch. Maffis große, weiße Hände breiten sich über die verstreuten Scheine, an seinem Zeigefinger funkelt ein Stein von erlesener, seltener Form.
565. Der funkelnde Brillant an Maffis Ring. Aus dem Brillanten ...
566. die Finger Rogdajs, wie sie mit diabolischem Tempo über die Saiten jagen.
567. Der begeisterte Professor Réti stört seine Nachbarn auf allerlei Weise: er gestikuliert, summt mit, fuchtelt mit den Händen.
568. Das Gesicht Rogdajs, blass, verzerrt, inspiriert. An die Geige gepresst.
569. Maffis Finger beim Zählen des Geldes.
570. Rogdajs Geige, sein singender Bogen, das wild zerzauste Haar.
571. Maffis Finger beim Zählen des Geldes. Auf sie bettet sich Ellens Hand.
572. Maffi hebt den Kopf. Vor ihm steht Ellen.
573. VITTORIO ...
574. sagt sie voller Zärtlichkeit:
575. ... SIE LIEBEN MICH NICHT, VITTORIO?
576. Ein unterdrücktes Gähnen dehnt Maffis Kiefer und Wangenknochen. Er kämpft gegen das über sein Gesicht huschende Gähnen an, und lässt den aufmerksamen Blick nicht von Ellen.
577. DOCH, ICH ... ICH LIEBE SIE ...
578. presst er hervor, neigt sich widerwillig hinab und küsst ihr die Hand, auf der Ellens Finger vier blutrote hysterische Streifen gezeichnet haben.
579. Die Finger Rogdajs, wie sie über die Saiten jagen.
580. Die erloschenen Lüster unter der bemalten Decke des

Theaters. Die Glühbirnen füllen sich mit gelbem Licht, lodern auf.
581. Hunderte applaudierende Hände. Der erste Teil ist zu Ende.
582. Treppe. Kahle, graue Wände. Rachil eilt nach unten.
583. Rogdaj in der Garderobe. Umringt von einer Schar von Verehrern und Verehrerinnen. Die Frauen applaudieren direkt unter seiner Nase. Der begeisterte Professor Réti attackiert ihn gestikulierend. Ellen geht an ihnen vorbei. Rogdaj stößt die ihn Umdrängenden beiseite, zieht Ellen in die Tiefe des Zimmers. Fragt atemlos:
584. ZUM LETZTEN MAL, ELLEN, – JA ODER NEIN …?
585. Ellen entreißt ihm ihre Hand, murmelt abwesend:
586. JA, JA …
587. Und geht.
588. Rachil läuft an blinden, grauen Wänden entlang die Treppe hinunter.
589. Rogdaj wendet sich an einen der Dandys, die direkt unter der Nase des Virtuosen applaudieren.
590. HÖREN SIE … HEUTE WILL ICH MICH BETRINKEN …
591. Der Geck nimmt militärische Haltung an und salutiert scherzhaft:
592. ZU BEFEHL, HERR KAPITÄN …
593. Vor dem Eingang zu Rogdajs Garderobe. Der Orchesterdiener versperrt Rachil, die versucht, hinter die Kulissen zu dringen, den Weg.
594. LASSEN SIE MICH ZU ROGDAJ …
595. schreit sie und stößt den Diener beiseite; der holt aus. Maffi blickt durch die Tür.
596. WAS IST DAS HIER FÜR EIN ZIRKUS?

597. Rachil stürzt zu Maffi, beschwört ihn, sie hinter die Kulissen zu lassen. Maffi verbeugt sich vor dem Mädchen; seine Verbeugung ist überaus weltmännisch, subtil, kaum wahrnehmbar:
598. MIT WEM HABE ICH DAS VERGNÜGEN?
599. Rachil:
600. ICH BIN RACHIL MONKO, EINE ... EINE LANDSMÄNNIN VON ROGDAJ ...
601. Der Italiener verbeugt sich ein zweites Mal, greift nach der Hand des Mädchens, und ehe er diese schwielig rote Hand mit den grob gestutzten Fingernägeln an die Lippen führt, misst er Rachil mit einem raschen Seitenblick und hält ihre bebenden Finger in seiner großen und ruhigen Hand. Rachils Hand zuckt, der Italiener küsst sie auf die Biegung des Handgelenks, verbeugt sich ein drittes Mal und sagt:
602. WÄHREND DES KONZERTS WOLLEN WIR ROGDAJ NICHT AUFREGEN, WARUM FAHREN SIE NICHT EINFACH ZU MIR, IN EINER STUNDE SOLLTE ER DORT SEIN ...
603. Rachil drückt Maffi die Hände. Der Italiener holt aus seiner Westentasche Puderdöschen und Lippenstift und reicht beides der verwirrten Rachil.
604. WARUM MACHEN SIE SICH NICHT EIN WENIG ZURECHT?
605. Rachil prallt zurück. Der Knopf an der Tasche ihres Kleids springt auf, in der Tasche die Mündung eines kleinen Brownings.
606. Maffis Finger, wie sie den Deckel des Puderdöschens zuklappen.
607. Die aus der Tasche hervorlugende Mündung des Brownings.

608. Maffi birgt Puderdöschen und Lippenstift in der Westentasche und führt Rachil weg.
609. Auffahrt zum Theater. Maffis Automobil. Im Auto döst der Chauffeur. Man sieht weder Gesicht noch Hände. Der Chauffeur ist in einen Pelz gehüllt, der sich als formlose Fellmasse über dem Lenkrad türmt. Der Mensch hinter der zottig ragenden Felswand ist kaum zu erkennen. Ans Auto treten Maffi und Rachil. Der Italiener hilft dem Mädchen in den Wagen, schlägt die Tür hinter ihr zu, rüttelt den Chauffeur wach. Aus der unergründlichen Pelzmasse schält sich gemächlich das kleine, runzlige und erstaunlich gleichgültige Gesicht des Chauffeurs. Maffi nennt das Ziel und springt in den Wagen ... Die Scheinwerfer leuchten auf. Zwei jähe Lichtkegel fallen auf die Fahrbahn. Der Wagen fährt los.
610. Nacht. Straße in Berlin. In der Höhe kreist eine blendende Leuchtgeige mit gigantischen Lettern: LEO ROGDAJ.
611. Maffis Automobil hat das Stadtzentrum hinter sich gelassen. Es windet sich zwischen Karren hindurch, die geschlachtete Schweine zum Markt bringen.
612. Die Platanenallee vor der Villa Grenne. Nacht. Wogende Baumwipfel. Unten jagt Maffis Automobil dahin, ihm voran die Feuerpfeile der beiden Scheinwerfer.
613. Salon der Baronin Grenne. Nacht. Venezianisches Fenster. Der Mond gleitet am Fenster vorbei und wirft sein totes Licht auf eine Statue in der Fensternische, das blinde Marmorgesicht des Apollo.
614. Maffi und Rachil steigen aus dem Auto. Der Italiener entnimmt der kleinen Vase in der Wand des Wagens eine Rose und reicht sie Rachil.
615. Vestibül im Haus Grenne. Es klingelt. Der Portier öff-

net die Tür. Maffi nimmt den Portier beiseite und erteilt ihm streng eine Anweisung. Der Portier – es handelt sich um den stattlichen Kerl mit dem ebenso schönen wie zweideutigen Gesicht – wirft einen schrägen Blick auf Rachil.
616. Salon der Grennes. Ein Diener macht Licht. Maffi lässt das Mädchen neben der Apollo-Statue Platz nehmen und fläzt sich gegenüber in einen Lehnstuhl. Steckt sich eine Zigarre an. Rachil:
617. WIR MÜSSEN ROGDAJ DAZU BRINGEN, DEN VERTRAG MIT SEINEM IMPRESARIO ZU LÖSEN, NICHT WAHR …? ER IST DOCH SCHWERKRANK, MUSS SICH KURIEREN, NICHT WAHR?
618. Maffi nickt zustimmend. Die Tür zum Salon öffnet sich einen Spalt breit. Rachil springt auf, erstarrt neben der Apollostatue.
619. Ins Zimmer tritt ein Polizeibeamter. Rachil reckt den ganzen Körper nach vorne und sieht den Polizisten, seinen glattgestriegelten, glänzenden Scheitel. Maffi nickt dem Beamten zu, schnappt sich den Revolver aus Rachils Tasche, legt ihn auf den Tisch und sagt, auf das Mädchen weisend:
620. HABE DIE EHRE, IHNEN RACHIL MONKO VORZUSTELLEN, EINE RUSSISCHE KRIMINELLE, AUS RUSSLAND FLÜCHTIG, UNTERLIEGT MIT SOFORTIGER WIRKUNG DER AUSLIEFERUNG AN DIE RUSSISCHE REGIERUNG.
621. Das Gesicht Rachils, Maffi zugekehrt. Sie lässt die Rose fallen, die ihr der Italiener verehrt hat. Die zerdrückte Rose landet auf dem Revolver.
622. Rose und Revolver.

ACHTER TEIL

623. Auf einer Servierplatte prangt eine Bratgans mit Federbusch. Die Gans hat der zechenden Gesellschaft als Aschenbecher gedient. Sie ist mit Kippen gespickt.
624. Die Platte mit der unangerührten Gans steht mitten auf dem von Geschirr übersäten und mit Wein bekleckerten Tisch. Rogdajs Hand bohrt eine qualmende Papyrosa in die Gans.
625. Séparée im Restaurant. Morgendämmer. Reste eines wüsten Gelages. Rogdaj macht ein paar taumelnde Schritte.
626. Er steigt über den Körper eines leblos auf dem Boden zusammengesackten Mannes hinweg. Der Schläfer hat die Beine untergeschlagen, er war dabei, ein auf eine Gabel gespießtes Beefsteak zu verzehren, und in dieser Pose ist er eingenickt.
627. Lodernder Himmel. Sonnenaufgang.
628. Straße in Berlin. Ein einsamer Hausmeister fegt das Trottoir vor dem Hotel »Imperia«. Der Hausmeister stützt sich auf den Besen, schlägt das Hemd hoch, kratzt sich den nackten Bauch und gähnt, den zerzausten Kopf zum Himmel hebend, lange, hartnäckig, von Schauern überlaufen.
629. Durch das Geäst sonnenbeschienener Bäume sieht man einen Kessel zum Anmischen von Zement. Im Kessel schlafen drunter und drüber, die schmutzigen Leiber ineinander verkeilt, obdachlose Kinder. Eines von ihnen erwacht, niest, reckt die schwarzen, dünnen Arme zum Himmel und zwinkert einem Betrunkenen zu, der an dem Kessel lehnt. Der Betrunkene ist Rogdaj. Er trägt

Frack, Ballschuhe, und hat einen zerdellten Zylinder in die Stirn gedrückt.
630. Rogdaj lüftet den Zylinder, seine trüben Augen richten sich ohne Sinn auf den zwinkernden Jungen; torkelnd geht er davon.
631. Baulins Verschlag neben der Dampfheizungskammer. Geschwollene Adern – die Rohre der Heizkessel – durchziehen den Raum kreuz und quer. Die staubigen Tatzen der Rohre haben den Raum fest im Griff. Ein bärtiger, schlecht gekleideter Mensch von russischem Äußeren wandert durch den Keller. Man spürt in diesem unermüdlichen Hin und Her die langgeübte Gefängnisroutine. Er hat sich von einer Ecke in die andere eine Bahn ausgetreten ... Der blankpolierte Streifen gleißt auf dem schartigen Boden. Neben dem Verschlag die Heizungskammer. Baulin macht sich an den Kesseln zu schaffen.
632. Baulin heizt einen Kessel an, zerkleinert Kohle mit dem Hammer. Er arbeitet zerstreut, drischt geistesabwesend auf die neben dem Kohlenhaufen umherliegenden Schuhe ein. Der Heizer ist von der Arbeit zermürbt, Schwermut überwältigt ihn. Die Schuhe hat er plattgehauen wie einen Pfannkuchen und sieht es nicht. Baulin wirft den Hammer hin, geht zu seinem Verschlag. Der Bärtige hält im Lauf inne, fixiert ihn und sagt:
633. GENOSSE BAULIN, WIR HABEN ALSO NICHTS DAGEGEN EINZUWENDEN, DASS SIE ZUR ILLEGALEN ARBEIT NACH RUSSLAND AUFBRECHEN ...
634. Baulin nickt. Er tritt an das hoch oben unter der Zimmerdecke in die Wand gehauene Fenster. Durchs Fens-

ter sieht man übereinander stolpernde Füße in Ballschuhen, die Füße von Rogdaj.
635. Wäscherei im Hotel »Imperia«. Ein Chinese ist über dem Stapel der von ihm gebügelten und gestärkten Herrenhemden eingenickt. Ein feiner Speichelfaden rinnt aus dem Mund des Schläfers und zerläuft auf einem blitzblanken Vorhemd. Rachils Tisch ist nicht besetzt. Ins Zimmer tritt Baulin. Er beugt sich über Rachils Tisch, blickt auf die Uhr, die vier Uhr morgens zeigt.
636. Über der Platanenallee, die zum Haus Grenne führt, geht die Sonne auf.
637. Rogdaj irrt zwischen den Bäumen umher, pirscht sich bis zur Villa vor.
638. Vestibül im Haus der Baronin. Gegenstände und Möbel stehen unordentlich durcheinander. Großreinemachen. Die Stühle sind auf die Tische gestellt, die Garderobe ist beiseite gerückt. Rogdaj stiehlt sich an der Wand entlang nach vorne.
639. Im Korridor. Rogdaj stößt auf die rote Samtportiere, die eines der Zimmer vom Korridor trennt. Aus dem Zimmer dringen Stimmen ... Rogdaj lauscht, erstarrt.
640. Das Zimmer der Baronin Grenne. Maffi trommelt mit der Reitgerte frenetisch auf den Tisch. Vor ihm in unterwürfiger Pose die Baronin, Graf San-Salvador und Baron Sant-Jago. Maffi brüllt:
641. ALLES, WAS ICH MIT ROGDAJS KONZERTEN VERDIENE, FLIESST IN EUER STINKENDES LOCH ... AB SONNTAG WIRD DER TARIF FÜR DIE FRAUEN ERHÖHT. VOR ALLEM FÜR ELLEN ...
642. Maffi fuchtelt der Baronin mit der Reitgerte vor der Nase herum.

643. Rogdaj wickelt sich in die Portiere.
644. Maffi rüttelt den Grafen San-Salvador.
645. SIE JAGE ICH FORT UND NEHME AN IHRER STELLE DEN EXKÖNIG VON PORTUGAL ...
646. Die bebende Portiere. Hinter ihren schweren Falten der zitternde Körper Rogdajs.
647. Der zerrupfte Graf San-Salvador weicht vor seinem fuchsteufelswilden Gebieter zurück. Zu Tode erschrocken schlägt der Alte ein fahriges Kreuz nach dem nächsten.
648. Rogdaj pirscht sich an der Wand entlang. Man sieht nur seinen gebeugten Rücken.
649. Die alte Kuckucksuhr im Korridor schlägt viermal. Der Kuckuck nickt hurtig mit dem Kopf.
650. Rogdaj öffnet die Tür zu Ellens Zimmer und prallt zurück.
651. Ein Stück Himmel. Sonnenaufgang.
652. In Ellens Zimmer. Sie schläft im Bett neben Kalnischker.
653. Rogdaj pirscht zum Nachttischchen, wo in einem Wasserglas Kalnischkers künstliches Gebiss liegt. Rogdaj nimmt das Gebiss, seine Finger pressen sich zusammen.
654. Rogdajs Finger, um Kalnischkers Gebiss gepresst. Abblende.
655. Aufblende: Apollos blindes Marmorgesicht.
656. Schreibutensilien, angeordnet mit außergewöhnlicher Sorgfalt und Liebe: ein Tintenfass, ein Glas mit Federhaltern und Bleistiften, Federläppchen, akkurat zurechtgeschnittenes Papier, Tintenroller, Bleistiftspitzmaschine.
657. Salon der Baronin. Rachil im Verhör durch den Polizeibeamten. Rachil presst sich gegen die Statue. Der Beamte

schreibt schon seit Stunden an seinem Protokoll. Schreibt langsam, in Schönschrift, vergisst alles auf der Welt. Seine Schrift ist von diabolischer Schönheit.

658. SIE SIND ALSO EINE POLITISCHE, KEINE KRIMINELLE ...?
659. fragt der Beamte, und als die Antwort positiv ausfällt, macht er sich erneut daran, eng beschriebene Blätter auszuschmücken, die eher japanischen Stichen gleichen als einem Schriftstück.
660. Rachil umschlingt die Marmorbeine Apollos. Die Statue verschiebt sich ein wenig von ihrem Holzsockel.
661. Rogdaj tritt in Ellens Ankleidezimmer. Er öffnet den Kleiderschrank und durchwühlt die auf Bügeln aufgereihten Kleider.
662. Ellens offenstehender Schrank. Gegenstände einer Dame von Welt. Schuhe, Kleider, Parfüm, Handschuhe.
663. Rogdaj findet das Kleid, das Ellen trug, als sie sich kennenlernten, das Kleid mit der langen, goldbestickten Schärpe.
664. Die Baronin Grenne und die beiden Alterchen kommen im Gänsemarsch aus ihrem Zimmer ... Der fuchsteufelswilde Italiener wirft ihnen die Reitgerte nach und trifft den gebeugten Rücken von San-Salvador.
665. In Ellens Ankleidezimmer. Rogdaj nimmt von der Wand ein Porträt, das ihn in der Zeit seiner jugendlichen Kraft zeigt. In die Wand ist ein Haken eingeschlagen.
666. Der Haken an der Wand.
667. Im Salon. Der Beamte hat die vierte Seite abgeschlossen und macht sich an die fünfte. Gemächlich löscht er das beschriebene Blatt, weidet sich daran, schwenkt es. Ins Zimmer tritt Maffi.

668. SIE SIND NOCH HIER?
669. Der Beamte, aus Himmelsgefilden hinabgestoßen in die irdischen Niederungen:
670. DAS FRÄULIN BEHAUPTET, ES HABE DIE EHRE, EINE POLITISCHE VERBRECHERIN ZU SEIN, ICH VERFASSE DIESBEZÜGLICH EIN KLEINES RESÜMEE ...
671. Maffi gähnt, winkt ab.
672. MACHEN SIE SCHLUSS, UND SCHAFFEN SIE SIE FORT ... ZEIT ZU SCHLAFEN ...
673. Maffi zieht den Frack aus, schleudert ihn von sich. Der Frack verhakt sich an der Statue, bleibt an der Hand des Apollo hängen. Die Ottomane ist als Bett für Maffi hergerichtet. Auf einem Nachttischchen liegt bereit, was ein vierzigjähriger Mann nächtens benötigt, Arzneikapseln, eine Flasche Sodawasser, ein französischer Roman, Morgenmantel usw. usf. Der Italiener knöpft sich den Kragen auf. Er runzelt die Stirn, der Kragen sitzt eng.
674. Rachil fragt Maffi, ohne sich von der Apollostatue zu entfernen:
675. WO IST ROGDAJ?
676. Maffi wirft den Kragen hin, schenkt sich Sodawasser ein, gibt zur Antwort:
677. SOLL ICH MEINES BRUDERS ABEL HÜTER SEIN ...?
678. Die Statue ist ein Stück verrutscht. Rachil stemmt sich mit der Schulter dagegen, stürzt die gewaltige Figur von ihrem Piedestal. Die Statue des Apollo kracht auf den Fußboden, die Ottomane, zertrümmert Maffi den Schädel, birst in tausend Stücke.
679. Rachil stößt Maffi auf die Liege. Sie zerkratzt ihm das Gesicht und schreit:

680. WO IST ROGDAJ?
681. Maffis Schädel ist aufgeplatzt, seine Augen sind verklebt. Rachil würgt ihn, der Beamte wirft sich auf das Mädchen, zwingt sie in Handschellen.
682. Maffi, blutüberströmt, geblendet, tastet mit den Händen durch die Luft. Er stemmt sich hoch und schleppt sich robbend zu Rachil.
683. Der Beamte schleift die sich sträubende Rachil über den Boden. Er tritt die Tür auf und prallt an der Portiere zum Nachbarzimmer gegen jemandes Beine.
684. Der an der goldbestickten Schärpe hängende Körper Rogdajs gerät durch den Stoß ins Schaukeln. Er dreht sich langsam und kehrt dem Zuschauer das strangulierte Gesicht zu.
685. Rachil wirft einen Blick auf das Gesicht des Selbstmörders, hebt die in Fesseln gelegten Hände und stürzt zu Boden.
686. Maffi kriecht Rachil hinterher. Tastet in der Tasche nach dem Revolver, zückt ihn und feuert, ohne zu zielen.
687. Rogdajs Hand, die sich um Kalnischkers Gebiss presst. Die Kugel durchschlägt die Hand, die Finger der Leiche lösen sich, geben das Gebiss frei. Der Körper des Erhängten dreht sich und kehrt dem Zuschauer den Rücken zu. Abblende.
688. Baulins Verschlag. Der Bärtige kauert an den Heizungsrohren und flickt seine Hosen, näht mit männlich ungelenken Soldatenstichen und wirft bisweilen einen Blick zur Dampfheizungskammer, wo Baulin die Kessel anfeuert.
689. Baulin vor einem lodernden Kessel. In den Keller tritt leise Rachil … Nimmt das Tuch ab. Ihr Kopf ist grau.

Sie lehnt sich an die Wand, schweigt, fragt dann, ohne den Kopf zu heben:
690. WOHIN JETZT?
691. Die Flamme der lichterloh brennenden Kohlen. Baulin antwortet:
692. NACH RUSSLAND ...
693. Im Geflecht der Rohre das über die Hose geneigte Gesicht des Bärtigen. Er schielt zu Baulin hinüber und wendet den Blick wieder ab.
694. Die von Baulin und seinem Freund auf dem Fußboden ausgetretene Bahn.

WANDERNDE STERNE

Kinoerzählung

Moskau, Brjansker Bahnhof. Über dem gläsernen Dach des Bahnhofs: Nacht. Am Bahnsteig Einfahrt des Zuges aus Kiew. Bahnsteiggetümmel, Bahnsteigliebe – und Gepäckträger, die Begleiter unserer Liebe für einen Augenblick. Die Träger schieben Karren, beladen mit Bündeln von geschlachtetem Geflügel und Käfigen voller lebender Vögel. Ein Mädchen aus dem jüdischen Schtetl Deražne irrt orientierungslos zwischen den ratternden Strömen umher, steht ihnen im Weg. Das Mädchen heißt Rachil Monko. Die Karren weichen ihr aus und fahren mit metallenem Gerassel im Zickzack um sie herum.

»Schon wieder so'n Trampel«, brüllt ein Träger über Rachils Ohr und rast mit Getöse weiter. Der Träger ist klein, sein hartes Gesicht gleicht jedem und keinem Gesicht dieser Welt, seine Stimme aber ist klar, gewaltig, voller Triumph und Raserei.

»Schon wieder so'n Trampel aus unserm Carevokokšajsk«, brüllt der Träger und rast mit Getöse weiter. Über Rachil rattern Donnermaschinen los, sie bekniet die Bahnsteigliebe um Hilfe, über das gläserne Dach des Brjansker Bahnhofs fegen mit Hufgeprassel alle Schwadronen der Nacht.

Rachil Monko ist aus dem Schtetl Deražne gekommen, um sich in die Moskauer Höheren Frauenkurse einzuschreiben oder, falls dies nicht gelingt, in eine Schule für Zahnmedizin. Rachil hat ein Gesicht wie einst Ruth, das Weib des Boas, wie Bathseba, die Beischläferin Davids, des Königs der

Juden, wie Esther, das Weib des Xerxes. Rachil hat ein Empfehlungsschreiben nach Moskau mitgebracht, ein Schreiben des Zemstvo-Agronomen von Deražne an Ivan Potapyč Bucenko, den Inhaber der Pension »Russland«. Von Rachil lässt sich sagen, dass ihre Liebe zur Wissenschaft ebenso groß ist wie die Liebe Lenins, Darwins, Spinozas zur Wahrheit.

Rachil setzt sich in eine Straßenbahn, die vom Brjansker Bahnhof abfährt. Der Lichterglanz in der Bahn macht sie sprachlos. Man muss bedenken, dass sie im Leben noch nie Deražne verlassen hat. Rachil kann sich nicht beherrschen, lacht vor lauter Glück. Neben ihr sitzt ein alter Herr, ein Herr mit Uniformmütze. Er dient als Arzt in einem Polizeirevier. Seinerzeit war er der Liebling der Frauen, und die Frauen, die ihn liebten, waren allesamt Hysterikerinnen. Der Arzt ist von zartem und apathischem Charakter. Er betrachtet Rachil und denkt sich, dass dieses Mädchen noch alles vor sich hat, was für ihn schon Vergangenheit ist, und dennoch weiß sie vom Leben mehr als er alter Mann, den bereits eine Ahnung vom Tod beschleicht. Das Mädchen weiß mehr, sonst würde sie nicht lachen.

»Warum lachen Sie?«, fragt der Arzt und lüftet die Mütze über dem zarten, sich lichtenden Kopf.

»Es ist so schön, mit der Moskauer Straßenbahn zu fahren«, entgegnet Rachil und lacht noch mehr.

Da rückt der Arzt ein Stück von ihr ab.

»Hysterikerin«, denkt er. »O Gott, lauter Hysterikerinnen.«

Die Pension »Russland« befindet sich in einer alten Gasse in der Nähe der Varvarka-Straße, beim Staraja Platz. Geführt wird sie vom hochbetagten Ehepaar Bucenko, Ivan Potapyč und Jevdokija Ignatjevna. Das Leben dieser Leute ist sauber und glücklich. Sie haben viele gesunde Kinder gezeugt, von denen jedes die Fachmittelschule abgeschlossen hat. Die Hochschule für Vermessungswesen oder das Bergbauinstitut oder die Land- und Forstwirtschaftsakademie von Petrovsko-Razumovskoe. An den schlimmen russischen Leidenschaften krankt keiner der Bucenko-Söhne, weder sind sie zu den Gottesleugnern gegangen, noch haben sie sich auf einer Bahnhofstoilette erhängt oder eine Jüdin geheiratet.

Das Hotel der alten Bucenkos ist von mustergültiger Reinheit. Einer Reinheit, so strahlend wie das Antlitz Christi. In jedem Zimmer ist am Bettvorhang aus Gaze ein Heiligenbildchen aufgehängt. Im »Russland« logieren Getreidehändler aus Livny, Jelec, Rjažsk – Leute mit harmlosen Vorlieben, die sich das Abendbrot aufs Zimmer servieren lassen und verlangen, dass es hausgemacht ist, ganz egal wie, bloß keine Restaurantkost.

Das Personal der Bucenkos ist außergewöhnlich herzlich. Stets sind es kränkliche Frauen aus fernen Regionen, aus dem Gouvernement Archangelsk oder vom Weißen Meer, und das Russisch dieser Frauen ist so blumig und wunderschön, dass sie, wenn sie nicht im Hotel dienten, als Sängerinnen nördlicher Märchen und Bylinen auf der Theaterbühne Erfolg haben könnten.

So verhält es sich im Hotel »Russland«.

Küche der Bucenkos. Jevdokija Ignatjevna, eine himbeerrote Alte, steht am Herd und kocht; Ivan Potapyč schreibt, umwölkt von duftig wehendem Silberhaar, das Menü für den nächsten Tag. Ans Ende jedes Blattes setzt er ein »hochachtungsvoll«. Beide Eheleute tragen eine Schürze, bei beiden wölbt sich schmuck ein praller Bauch.

Es schellt an der Tür. In die Küche tritt Rachil Monko und

zeigt schüchtern ihren Brief vor, Ivan Potapyč liest ihn im Stehen und voller Ernst, wie ein Richter die Zeugen beim Eid anhört, doch je weiter er liest, desto lichter und milder seine Miene.

»Von Vladimir Semjonyč«, sagt er zu der himbeerroten Alten, »unserem lieben Bekannten …«

Der Brief von Vladimir Semjonyč:

…mein teuerster Vanjok, Ivan Potapyč. Die Überbringerin selbigen Schreibens, meine Landsmännin und eine Seele von Mensch, empfehle ich Dir als Gast zum monatlichen Logis nebst Verpflegung im Hause. Unter allererdenklichsten Mühen ist sie aus unserem von Gott (weh und ach!) verlassenen Loch entfleucht, um eine Ausbildung in der Zahnheilkunde oder wozu sich auch sonst eine Gelegenheit bieten mag, zu verfolgen (worin ich fest auf Dich zähle, Vanjok, ebenso wie auf Deine nimmermüde Jevdokija Ignatjevna, an die ich mich erinnere, als wäre es gestern, ich weiß nicht, ob auch sie sich erinnert, wünschte mir aber aufrichtig, dass es beiderseitig wäre), für welchselbiges Vorhaben meine Landsmännin »eine Neigung hegt, die schon an Krankheit grenzt«.

Diesen Brief liest Ivan Potapyč unter Tränen der Rührung zu Ende und umschließt daraufhin Rachils Hände mit weichem Großvatergriff.

»Vladimir Semjonyč ist mir unvergesslich«, sagt der Alte, »im vorvergangenen Jahr haben wir zu Weihnachten in Ostankino miteinander geschwelgt …«

Und mehr kann Ivan Potapyč dazu nicht sagen, denn schwerlich ließe sich die Geschichte seiner Bekanntschaft mit Vladimir Semjonyč erklären, eine Geschichte, für andere gänzlich uninteressant und doch so voller Herzensschätze für ihn, Ivan Potapyč.

Im vorvergangenen Jahr, in einem prächtigen, stillen Winter voller Schnee, war er über Heiligabend zu seinem Ältesten nach Ostankino gefahren und hatte dort Bekanntschaft geschlossen mit irgendjemandes Freund, und dieser Freund war Vladimir Semjonyč. Nach ihrer Ankunft verteilten die Gäste Gaben an die Kinder, ließen zum Spaß den Schnee vom Dach herunterstäuben, schlugen von den Regenrinnen die Eiszapfen ab, und dann tranken sie französischen Wein. Im Rausch begann Vladimir Semjonyč den alten Bucenko in gewisse Intimitäten einzuweihen, die man mit Fremden besser nicht bespricht; aber der Agronom redete so gemessen und ehrlich, so zuvorkommend und ironisch, dass daran nichts Peinliches war, nur Liebe für einen Fremden, nämlich ihn, Ivan Potapyč. Er erzählte dem Alten, dass seine Frau, eine überaus schweigsame Person, darauf erpicht sei, keine Kinder von ihm zu bekommen, und weitere Intimitäten mehr.

Am nächsten Tag standen die Gäste um zwölf auf, ein Mittag wie die Morgenfrühe, der Schnee funkelte, die Fensterscheiben gleißten, und die mollige Kinderfrau versorgte voll verhaltener Freude schlurfend und ächzend die Öfen mit Feuerholz.

Zurück nach Moskau fuhr Ivan Potapyč gemeinsam mit dem Agronomen in einem kleinen Schlitten. Gezogen wurde der Schlitten von gut eingefahrenen Apfelschimmeln mit runden Kruppen, und der Alte konnte nicht genug darüber staunen, dass er vom gestrigen Weingenuss weder Sodbrennen noch Übelkeit verspürte, und deshalb schloss er den Zufallsgefährten noch mehr ins Herz.

Und das ist auch schon die ganze Bekanntschaft Bucenkos mit dem Agronomen. Vladimir Semjonyč schickte noch zwei Briefe aus der Provinz, in denen er jeweils um einen kleinen Gefallen ersuchte: im ersten Brief um die Übersendung eines

Saatgutkatalogs, im zweiten um Auskunft, ob das Simmentaler Fleckvieh aus Deražne bei der Moskauer Landwirtschaftsschau tatsächlich lobende Erwähnung gefunden habe, und der dritte Brief betraf Rachil. An die Erfüllung der letzten Bitte macht sich Ivan Potapyč nun mit Feuereifer. Er ruft seiner Frau lauthals zu: »Fach den Samowar an, Mutter, und walk uns ein paar Piroggen ...«, und zieht Rachil in das für sie bestimmte Zimmer. Durchs Fenster sieht man ein blaues Kirchlein, dessen gelbe Zwiebelkuppeln mit blauen Sternen bemalt sind. Als Rachil das Kirchlein erblickt, begreift sie, dass ihr Leben eine gute Wendung genommen hat, dass endlich Moskau vor ihren Augen liegt, das Ziel ihrer kühnsten Träume. Der Alte bringt schnaufend und von glänzendem Schweiß überströmt einen Krug Wasser und wartet mit einem Handtuch, bis Rachil sich frischgemacht hat. Doch das Frischmachen dauert seine Zeit. Mädchen, die in einer strengen Familie aufgewachsen sind und viel vom Leben erwarten, waschen sich ausgiebig. Dem Alten wird das Warten lang, und er blättert durch den auf den Tisch geworfenen Pass des neuen Hausgasts. Der Pass ist auf den Namen Rachil Chananjevna Monko ausgestellt, und auf der dritten Seite befindet sich der Stempel: »wo Juden das Wohnrecht gewährt ist ...«

Rachil ist mit dem Waschen fertig und streckt die roten kräftigen Arme nach dem Handtuch aus. Doch die Miene des Alten ist plötzlich wehleidig und zornig.

»Schämen Sie sich, uns so zu betrügen«, sagt er und zieht das Handtuch zurück. »Ach, welche Schande ...«

Mit schwachen Schritten läuft er aus dem Zimmer und prallt an der Schwelle auf die mit einem Tablett beladene, vom Dampf des Samowars, der Piroggen und Krapfen umhüllte Jevdokija Ignatjevna.

»Zurück«, ruft Ivan Potapyč, »hier kannst du lernen, wie die Leute alle Scham in die Gosse treten ...«

Im Gasthaus »Russland« hat Rachil kein Obdach gefunden. Bis Mitternacht irrt sie auf der Suche nach einem Nachtlager umher, um Mitternacht gelangt sie erschöpft zur Iverskaja-Kapelle am Voskresenskaja-Platz. Um die Iverskaja tost fröhlich der Moskauer Straßenlärm. Ein paar Zigeunerkinder, die auf der Fahrbahn tanzen, stürzen sich auf Rachil und umringen sie. Die Kinder wirbeln im Kreis, singen und schlagen das Tambourin. Ein alter Perser nähert sich dem Mädchen und legt ihr die Hand auf die Schulter. Mit gefärbtem Finger berührt er hoheitsvoll ihre Brust. Und dann schreitet ein Gottesnarr auf nackten, rosigen, monströs dürren Beinen auf sie zu. Die Beine knicken ihm ein und knirschen in den Gelenken, im verklumpten Schnurrbart brodelt gelber Speichel, und auf den um den Hals des Krüppels geschmiedeten Ketten gleißt blaues Licht. Blaues Licht gleißt auf dem Eisen, wie eine froststarre Allee im Mondschein gleißt, drinnen im Kirchlein leuchtet und schmilzt das Wachs, und um Rachil spielt der fröhliche Trubel der Moskauer Straßen.

Der Perser kneift Rachil, ohne die alten Augen von ihr zu wenden, mit den gefärbten Fingern, die Zigeunerkinder jagen ihr nach und zupfen sie am Rocksaum. Da ergreift Rachil Hals über Kopf die Flucht. Sie überquert den Roten Platz, die Moskva und biegt im Zamoskvorečie in eine krumme Gasse. Am Ende der Gasse blakt über einer schäbigen Tür heftig eine Laterne. Hotel für Zugereiste: Komfort garantiert, steht über der Laterne, Hotel – »Held von Pleven«.

Die Sterne über der Gasse sind gewaltig, der Schnee ist rein, der Himmel tief.

Im Dienstraum des Hotels »Held von Pleven« macht der

Hausknecht Orlov, ein Witwer, seinen Sohn Matvej bettfertig. Matvej ist zehn Jahre alt, er steckt in irgendwelchen purpurorangen Lumpen, seine Hose besteht aus allerlei Fetzen, der Vater streift ihm jeden Fetzen einzeln ab. Motjka hat gerade für den morgigen Schultag ein Gedicht auswendig gelernt. Und es hält ihn nicht, er muss es dem Vater aufsagen.

»Mit seinem Schwert zerteilte er«, raunt Motjka im Einschlafen, »Die Brust mir, nahm aus ihr, noch bebend, das Herz und füllte, was nun leer, mit Kohlenglut, zur Flamme strebend ...«

»Da steckt was drin, in dem Gereimse«, sagt Orlov zu seinem Sohn und segnet ihn zur Nacht mit einem dreifachen Kreuz. »In diesem bürgerlichen Gereimse, da ist manchmal das komplette Leben drin beschrieben. Da gehts ja auch um uns, Motja, wie wir uns von jedem Suppenbock auf die Hühneraugen treten lassen, um Gott gehts da und die Mütter ...«

Orlov belehrt Motja lange über unser Leben, die Mütter, die Suppenböcke, aber Motja schläft bereits. Der Hausknecht schüttelt die Jacke des Sohnes aus, prüft, ob sie nicht schadhaft ist, in diesem Augenblick kommt Rachil ins Zimmer.

»Hätten Sie vielleicht ein Zimmer für mich«, sagt sie schüchtern, »bitte ...«

»Ohne Kerl kein Zutritt«, erwidert Orlov, beißt einen Faden ab und setzt sich nieder, um die Jacke des Sohnes zu flicken, »haste wen mit, oder wer ist dein Macker ...?«

Rachil ist verdattert. Orlovs Worte sind ihr vollkommen schleierhaft. Sie geht die Treppe hinunter, tritt in die Gasse hinaus. Die Sterne über der Gasse sind gewaltig, der Schnee ist rein, der Himmel tief. Auf einer Vortreppe hockt eine versengte Schwangere, der Bauch schief schwellend, und singt leise ein ländliches Hochzeitslied. Neben ihr steht an der Treppe ein Student, ein aschblonder Bursche, auf dem Lockenkopf die Schirmmütze, achtlos, sorglos, bodenlos.

»Na so was«, sagt der Student zu Rachil, »was sind Sie denn für eine?«

»Ich bin Jüdin«, antwortet Rachil.

Und wären die beiden nicht übereingekommen, das Leben wäre die Mühe nicht wert, die man auf es verwendet.

»Hören Sie, Sie Herzensmensch«, sagt der Student zu Rachil, »Orlov gibt Ihnen kein Zimmer, weil sie keinen Kerl mithaben, und mich beschimpft er, weil ich kein Mädel hab... Hören Sie, Sie Herzensmensch, ich heiße Baulin, mir kann man trauen...«

Und hätte der Witwer Orlov noch das innere Feuer besessen, über etwas anderes zu staunen als das eigene seltsame Leben, er hätte nun gestaunt, wie zwei Menschen, die er einzeln hinausgeworfen hatte, so rasch wieder hereinschneiten und zwar gemeinsam.

»Mach uns mal 'ne Bude flott, Kollege...«, ruft Baulin ihm zu, ohne über die Schwelle zu treten. Orlov legt die Jacke weg und spuckt sich auf die von der Nähnadel zerstochenen Finger.

»Und sie sagt, sie hätt nich kein Macker«, brummt er vor sich hin und schlappt mit einer Kerze in den Korridor, um den Gästen das Zimmer zu zeigen.

Im Korridor des »Helden von Pleven« riecht es nach Sperma, Brot und Äpfeln. In einer Ecke sind an der Wand Nachttöpfe und Blechwaschtische aufgestapelt. In einer anderen liegen goldgerahmte Bilder. Orlov schlurft über den Korridor und öffnet die Tür zu einem Zimmer.

»So, Partner«, sagt er, »dann mal raus mit dem Zaster für die Bude.«

»Wechsel du erst mal das Messgewand in der Bude«, erwidert der Junge und weist auf das verfleckte Laken.

»Wir wechseln hinter jeden«, entgegnet der Hausknecht, reißt das schmutzige Laken herunter, breitet es als Decke über den Tisch und bezieht das Bett mit einem feuchten, nach Knoblauch stinkenden Lumpen. Dann schlappt Orlov aus dem Zimmer und kommt zurück, einen Nachttopf an die Brust gepresst.

»Alles tipptopp«, sagt er und stockt, weil ihn Baulin vor die Brust schlägt.

»Hau ab, du Mistkerl«, flüstert der Junge verzweifelt, »hau ab, Freund, tu mir den Gefallen«, und er schlägt auf Orlovs Hände ein. Da verbirgt der Hausknecht den Nachttopf hinter dem Rücken und verkündet voll bitterem Triumph:

»Du warst noch deine Mutter am Vollsabbern, wie ich schon 'ne Familie mit ganze sechs Nasen durchgebracht hab.«

Orlovs Wangen glühen, er ist plötzlich schön wie ein Schwindsüchtiger und will auch dann nicht weichen, als er das Geld fürs Zimmer erhalten hat. Doch fällt ihm plötzlich ein, dass er Motjkas Hemd waschen muss, und er trollt sich, lässt Baulin und das Mädchen im Zimmer zurück. Vor ihrem Fenster das schwarze Wasser der Moskva und eine Nacht voll goldener Löcher. Rachil schaut durchs Fenster, streichelt die klammen Scheiben mit seltsam zittrigen, zarten Fingern und bricht in Tränen aus. Sie tritt an den Spiegel, doch der ist ganz zerkratzt von schmutzigen Sprüchen. Einer der Sprüche ist mit verschnörkelten kirchenslawischen Lettern in den Spiegel geritzt:

»Heute zur ersten Stunde nach Mitternacht«, so steht es auf dem Spiegel, »hatte ich freundschaftlichen Umgang mit einem herrlichen Mädchen, ihren Namen will sie nicht nennen, lieber Gott, lass es gut ausgehen ...«

Auf dem Spiegel gibt es jede Menge solcher Sprüche, Baulin zieht Rachil weg von dieser beschämenden Stelle.

»Sie Herzensmensch«, tönt er so hell, wie er kann, »hauen Sie sich aufs Bett, und ich leg mich an die Tür, dann kriegen wir vielleicht noch 'ne Mütze Schlaf...«

Der Junge entnimmt seinem Mäntelchen einen Packen Flugblätter, herausgegeben vom Moskauer Komitee der sozialdemokratischen Partei, legt ihn sich unter den Kopf, streckt sich aus, lacht laut auf und schläft ein.

Es ist schon zwei Uhr morgens – der fröhliche Moskauer Trubel ist verstummt, die Kerze erloschen, Baulin schnarcht. Einzig hinter der Wand nörgelt unablässig eine harmonische Mädchenstimme in gelangweiltem Singsang:

»Bist doch ein richtiger Jid, Vanja«, nörgelt die gelangweilte Stimme, »was du immer für Mätzchen machst; aber auf dein Rubel, da beiß ich hinterher zur Probe drauf, draufbeißen tu ich, und wenn mir nie mehr die Sonne scheinen wird...«

1926

DIE CHINESISCHE MÜHLE

(Probemobilisierung)

ERSTER TEIL

Auf dem First eines Getreideschobers; ein Steppenadler, sonnenbestrahlt. Wolken. Die Ränder angestrahlt von der sinkenden Sonne. Saša Panjutin, dörflicher Enthusiast und Erfinder, installiert auf dem abgedeckten Dach des einstigen Herrenhauses eine Antenne. Vom Dach aus sieht man:

DAS HEIMATDORF VON JEGOR ŽIVCOV – POVARJONŠINO.

Dorf, von Wäldern gesäumt. Schlängelnder, gleißender Fluss.

Nicht abgetragene Felder, Getreidehocken.

Panjutin ist mit der Arbeit fertig – die Antenne steht, der letzte Nagel ist eingeschlagen.

Die Antenne, wie sie die Federwolken durchschneidet.

Saal des einstigen Herrenhauses – heute die Dorflesestube.

Säulen, Cupidos an geschnitzten Tischbeinen. Das Gesicht eines der Cupidos ist zur Hälfte von einer »Pravda« verdeckt.

Auf dem Tisch ein in eine metallene Pastila-Dose eingesetzter Radioempfänger samt Lautsprecher.

Bauern auf Bänken, bereit, die Frohbotschaft zu vernehmen.

Die großen, schwieligen Hände der Bauern.

Haufen von Pflügen in einer Scheune.

Die Handgriffe der Pflüge.

Auf einer weiteren Bank Komsomolzen, wilde Haarschöpfe, lachende Augen.

Zwei Reihen von Händen – die einen jung, die anderen alt – teilen sich und verlaufen in entgegengesetzte Ecken.

Čerevkov, Komsomolze und Lesestubenleiter, ein hochgewachsenes, gutmütiges Mannsbild, am Radioapparat. Er hebt die Hand.

HÖRT MOSKAU, BÜRGER …

Die Moskauer Rundfunkstation – ein Spitzengewebe aus Stahlverstrebungen.

Die Pastila-Dose, das Detektorradio, seine Hebelchen. Die Hand Panjutins, die sie betätigt.

In der Lesestube eine Reihe von alten, runzeldurchfurchten Dorfweibern.

Hinter den Bänken ein Gedränge von Bauern.

Herausgeputzte Mädchen.

Junge Burschen mit Ziehharmonika.

Vor dem Hintergrund der Wandzeitung ein grauer Alter mit Bastschuhen und Lederfell. Das Fell schleift hinter ihm her wie bei einem römischen Patrizier. Der begeisterte Čerevkov:

HÖRT MOSKAU, BÜRGER …

Dächer einer zentralen Straße in Moskau. Ein Wald von Antennen.

Eine Alte im geflickten Umhängetuch hält den Kopfhörer ans Ohr. Ihr Kopf ist von einem Metallbügel gerahmt.

DAS MOSKAU, ES SPRICHT.

Große Schweißtropfen rinnen über das Altweibergesicht. Das Bolschoi-Theater in Moskau. Bühne des Bolschoi. Am Podium ein chinesischer Redner. Vor ihm das Mikrofon des Rundfunks.

PROTESTKUNDGEBUNG DER IN MOSKAU AN-
SÄSSIGEN CHINESEN GEGEN DIE BRITISCHE GE-
WALT.
Das überfüllte Theater, lauter Chinesen.
Lichtflecken auf backenknochigen Gesichtern.
Serie von Hornbrillen.
Reihe chinesischer Studenten mit Hornbrillen.
Der Lüster des Bolschoi, wie er sich in den Brillen spiegelt.
Der chinesische Redner. Über ihm die Leninstatue mit ausgestrecktem Arm.
Blitzendes Licht auf dem Bronzekopf Lenins.
Durch die achtzigjährigen Finger der Alten der metallene Kopfhörer des Radios.
Das aufgewühlte Gesicht der Alten.
SIE SAGEN WAS HEILIGMÄSSIGES, ABER VER-
STEHEN TUT MAN NIX ...
Die Alte bekreuzigt sich.
Der chinesische Redner.
Reihe urwaldartiger Bauernbärte.
In einem der Bärte hat sich eine Ähre verfangen.
Die Hände der Chinesen auf der samtbezogenen Brüstung des Theaterbalkons. Unter den Studenten der vor Begeisterung tobende Živcov, Sekretär der Komsomolzelle von Povarjonšino. Er ist als Delegierter zum Kongress des AVIAChIM gefahren und hat einen Abstecher zur chinesischen Kundgebung gemacht. Sein über die Tolstoj-Bluse getragenes Jackett steht offen. Um den Leib windet sich die Kette von Großvaters Taschenuhr.
Er ist klein, picklig, langhaarig, trägt große, zerlumpte Stiefel. Seine Brust ist über und über mit Abzeichen geschmückt. Da sind KIM und AVIAChIM, MOPR, die Wasserrettungsgesellschaft und vieles mehr.

Der Chinese auf der Bühne redet sich in Hitze.

Živcov wiederholt sämtliche Gesten des Redners.

NIEDER MIT DEM WELTWEITEN IMPER-R-RIA-LISMUS.

Ruft Živcov selbstvergessen.

Der offene, verzerrte Mund Živcovs und die zweiunddreißig makellosen Zähne.

Živcovs Nebenmann – ein chinesischer Student – nimmt die Brille ab, wischt sie, blickt mit kurzsichtigen, freudigen Augen auf Živcov und reicht ihm die Hand.

Živcov und der Chinese schütteln einander leidenschaftlich die Hand.

Straße in Moskau. Dichter Dampf aus dem Fenster der Wäscherei »Persönliche Arbeit Su-Tschi-Fo«.

Aus dem Dampf taucht ein Stapel auf Hochglanz gebügelter Wäsche auf.

Ein Sonnenstrahl dringt durch die wabernden Dampfsäulen und legt sich auf die Wäsche.

Das Innere der chinesischen Wäscherei. Ein bis zum Gürtel nackter Chinese mit dem zerrupften Bärtchen der Asiaten reinigt prätentiöse Damenschlüpfer.

Über dem Chinesen ein goldgerahmter Öldruck: »Nacht in Venedig«.

Über das Gesicht des Gondolieres rinnen Tränen. Das kommt vom Dampf.

Fluggelände am Ufer der Moskva.

Plakat: »Agitflüge für die Delegierten des Kongresses der AVIAChIM«.

In eine Flugzeugkabine steigen Kirgisen in Kaftanen.

Bunter Kaftanschoß über Flugzeugrad.

Eine alte Chinesin – die Frau von Su-Chi-Fo – beim Bügeln. Tränen tropfen auf die Wäsche.

Sie bügelt darüber hinweg.

Die Flügel eines Flugzeuges in der Luft.

In die Wäscherei tritt der Sohn von Su-Chi-Fo – Student, Živcovs Nebenmann im Bolschoi-Theater.

Eine weitere Träne auf der Wäsche. Die Alte bügelt darüber hinweg.

Su-Chi-Fo befestigt an einem Koffer einen nagelneuen Teekessel aus Blech.

Moskau, vom Flugzeug aus gesehen.

Su-Chi-Fo holt aus den labyrinthischen Taschen der Strickjacke seiner Frau eine Zugfahrkarte und reicht sie dem Sohn.

Fahrkarte: Moskau – Čita – Mandschurei.

Spitzengewebe, vom Bügeleisen geplättet, die zitternde Hand der Chinesin.

Živcov, begeistert, beim Flug in der Flugzeugkabine.

Die Moskva aus der Vogelperspektive. Ihre Ufer sind mit Zeitungsblättern übersät.

Zeitunglesende Badegäste, die in der Sonne braten.

Živcov klopft an die Scheibe des Piloten.

SEHR SPANNEND, GENOSSE, KANN MICH KAUM LOSREISSEN, ABER ICH MUSS AUF DEN ZUG, NACH POVARJONŠINO.

Das Flugzeug im Sinkflug.

Vom Bügelbrett herabhängendes Spitzengewebe. Das Bügeleisen in der Hand der Chinesin.

Eine Träne fällt aufs Bügeleisen und siedet auf.

Der Sohn Su-Chi-Fos verabschiedet sich vor der Abreise von seinem Vater. Er ergreift die Hand in der Wolke von Seifenschaum.

Geht zur weinenden Mutter …

Das Flugzeug bei der Landung …

Seine Tür öffnet sich, Živcov springt heraus.

Auf der Schulter der Chinesin der aus Seifenschaum gebildete Abdruck von der Hand ihres Sohnes.

Die Räder des Flugzeugs.

Die rollenden Räder einer Straßenbahn.

Krücken auf dem Trittbrett der Straßenbahn.

Die rollenden Räder eines Busses.

Die mächtigen Räder einer Lokomotive.

Signal: dreifaches Schwenken der Laterne in der Hand eines Eisenbahners.

Die Räder der Lokomotive vibrieren, rollen an.

Auf die Plattform eines Waggons segelt Živcovs Gepäck, Živcov kommt hinterher.

Živcov begegnet auf der Plattform dem chinesischen Studenten.

Weichen beim Umstellen. Die Vielzahl der Gleise am großen Moskauer Bahnhof.

Živcov sagt:

FÄHRST DU WEIT?

In der einen Hand des Chinesen ein Überseekoffer, in der anderen ein Teekessel aus Blech. Er antwortet:

NACH HANKOU.

Vorstadtgebäude gleiten am Zug vorüber.

Weichen beim Umstellen (Totale).

Živcov presst die in Moskau erstandene Ziehharmonika an die Brust.

UND ICH NACH POVARJONŠINO … LIEGT AM WEG.

Sagt er.

Der Chinese lächelt, entblößt die blendend weißen Zähne.

Der Zug nimmt Fahrt auf.

Ein See, durchbohrt vom Mond, schwankendes Schilfrohr.

Zur Mitte des Sees schwimmt ein Vogel.

Živcov und der Chinese auf einem Trittbrett des dahinrasenden Zugs.

Lebhaftes Gespräch.

Der Chinese erzählt Živcov …

In blendendem Licht ein steiler Berghang, aufgeweicht von einem kürzlichen Wolkenbruch. Ein alter Kuli zieht zitternd vor Anspannung eine Rikscha bergan.

In der Rikscha ein Engländer mit Bulldogge.

Die schmalen lackierten Räder erbeben, kommen zum Stehen. Der Kuli kann nicht mehr.

Dann schieben sich die Räder weiter bergan, schieben sich langsam, beschwerlich bergan.

Der Chinese erzählt.

Am Zug entlang eine russische Landschaft: Mondüberfluteter Fluss, eine Hecke, die sich hügelan verflüchtigt.

Auf dem Trittbrett eines Waggons erzählt der Chinese dem erschütterten Živcov weiter von seiner Heimat.

Ein Kuhstall. Das Wasserfass. Die Lichter des vorübereilenden Zuges im Wasser.

Eine Kuh zersprengt sie, trinkt. Tropfen rinnen an ihrem haarigen Maul herab, in den Tropfen funkeln noch immer die Lichter des Zuges.

Die quälende Aufwärtsbewegung der Rikscha.

ZWEITER TEIL

Kühe in einem Fluss.

Über dem Wasser eine Ansammlung erhobener, vor Hitze schmachtender Kuhmäuler.

Feld. Sonnenglut. Staubige Schafherde.

Die Schafe haben einander die Mäuler unter die Bäuche gesteckt.

Mittag. Sengende Sonne. Das schläfrige Reich von Povarjonšino.

Der ausgestorbene Basarplatz, übersät mit allerlei Schalen, Heubüscheln, Mist.

Der Kooperativladen ist mit Brettern vernagelt …

An der Tür ein Schloss …

Am Schloss ein Zettel:

BIN WEG INNE MITTAGSPAUSE.

Im verschlossenen Laden bohrt ein Eber den Rüssel in einen Napf mit Futterbrühe.

Ein Passant in Husarenjacke reißt eine Ecke vom Zettel ab, dreht sich eine, steckt sie an.

Ein Rauchfähnchen steigt zur blendenden Sonnenscheibe empor.

Anpreschende Lokomotive.

Provinzbahnhof. Vorüberhuschende Bahnhofsgebäude.

Bahnsteig, zugestellt mit einer Menge von Milchkannen.

Auf dem Bahnsteig flanieren die jungen Damen der hiesigen »höheren Gesellschaft«.

Jede weist einen empfindlichen Makel auf – hier ist die Nase zu groß, dort sind die Beine krumm, oder es sprießen Pickel.

Der Zug rollt rasant in den Bahnhof ein. Vibrierend erhebt er sich zwischen schäbigen Baracken, ein schöner, komplexer, blitzender Koloss.

Der Chinese verabschiedet sich von Živcov.
FÜR DEN FALL, DASS IN CHINA WAS IST, SCHREIB MIR, BRUDER, WIR KLAMÜSERN WAS AUS.
Sagt Živcov.
Der Chinese nimmt sein Kuomintang-Abzeichen ab, steckt es Živcov an.
Živcov kommt sich auf der Stelle vor wie ein wehrloser Kämpfer unter dem Banner der Kuomintang.
Er reißt sich die geliebte, in Moskau erstandene Ziehharmonika vom Leib, reicht sie dem Chinesen. Der will sich sträuben, doch zu spät, der Zug fährt ab.
Im Fenster des internationalen Waggons gleitet an den örtlichen Fräuleins ein Engländer vorüber.
Vorbei gleitet ein betretener Chinese mit einer großen Ziehharmonika im Arm.
Anbindestange für Pferde vor der Wirtschaft »Eigene Arbeit zweite Kategorie Tischservice«.
Innenansicht der Wirtschaft, im Vordergrund die gewellte, abgewetzte Fläche eines Dorfbillardtischs mit Holzkugeln.
Eine Bauernhand zerquetscht ein geschältes Ei.
Über den Billardtisch geneigt Jerjoma, ein verträumter Bauer mit von Apostelfransen umkränztem Kahlkopf, …
… wie er mit dem Ei eine Kükenschar füttert, die sich auf dem Billardtisch breitgemacht hat.
In einer Ecke des Tischs die Reste von Jerjomas Mahl.
Ein Teekessel steht auf drei Kugeln mit abgewetzten Nummern.
Zur Kneipe kommt in forschem Laufschritt Živcov, brät einer schläfrigen Mähre eins über …
… klopft ans Fenster.
JERJOMA.

Jerjoma fährt auf ...

...läuft aus dem Wirtshaus.

Der Billardtisch. Von der Wucht der Schritte gerät eine der Kugeln unter dem Teekessel ins Rollen und fällt in den Billardbeutel.

Mitten auf dem Marktplatz schläft im Staub ein ermatteter Betrunkener.

Ein Hund scheuert sich an ihm wie an einem Türpfosten, gähnt, legt sich schlafen.

Die friedvolle russische Ebene, zerfurcht von krummen Wegen.

Über einen Feldweg holpern auf einem Leiterwagen Živcov und Jerjoma in lebhaftem Gespräch. Den Wagen zieht ein gewaltiges Pferd, das einem Kamel ähnelt. Es ist vor das winzige Gefährt gespannt. Dieses Pferd, das muss gesagt sein, ist ein altgedientes, gediegenes Geschöpf, das seinen leichtfertigen Herrn Jerjoma nicht billigt.

HAT UNSRE ZELLE EIGENTLICH DIE MÜHLE REPARIERT?

Fragt Živcov Jerjoma.

ES GEHT RUM, AUF DER MÜHLE HÄTT NE EULE ENTLEIN AUSGEBRÜTET ... WIE SOLL MAN DA REPARIEREN ...

Antwortet Jerjoma und wedelt mit einem Billardqueue, an dessen Spitze ein Gürtel festgemacht ist – und schon hat man eine Peitsche.

Auf einem Platz liegt ein verharzter Baumstumpf.

Er ist schweißbeperlt.

Der Basarplatz.

Ein kleiner Mužik, bittere Dorfarmut, melkt eine struppige Mickerkuh, die vor einen Leiterwagen gespannt ist. Der Mužik ist betrunken, legt sich unter dem Wagen schlafen.

In das schläfrige Reich platzt Živcov.

Mit der Peitsche brät er dem mitten auf dem Platz ruhenden Schläfer nebst Hund eins über.

IHR MACHT HIER WOHL DAUERRATZ, SEIT ICH WEG BIN ...

Brüllt Živcov und fuchtelt mit dem Queue.

Schläfer und Hund rappeln sich auf, suchen das Weite.

Živcov hämmert an die Tür des verschlossenen Kaufladens.

Der Wächter der Lesestube, der Živcov durchs Fenster erspäht hat, wuselt los. Aus dem Laden lugt das verquollene, mit Federn bedeckte Gesicht des Angestellten hervor und verbirgt sich gleich wieder.

Gerenne aufgescheuchter Hühner.

Der Angestellte im verschlossenen Laden senkt hektisch die Preise, reißt Etiketten ab ...

... und schreibt sie um, setzt die Preise um 10 Prozent niedriger an.

Živcov hämmert an die Tür der Lesestube.

Der Wächter der Lesestube, ein alter Hase, wirft das Grammofon an.

Aufgescheuchte Hühner flattern über einen Flechtzaun.

Ein Weibsbild läuft mit geschürztem Rock über den Platz.

Die kreisende Schallplatte auf dem Grammofon.

Živcov fuchtelt mit dem Queue:

IHR MACHT HIER DAUERRATZ, IHR TEUFEL.

Die frischgemolkene Kuh prescht davon.

Auf dem Kutschbock der verschreckte Mužik.

Der Kuh und dem Mužik entgegen rollt eine nicht enden wollende Reihe von Getreidefuhrwerken. Die Ernte ist dem Anschein nach groß.

Auf einem der Wagen, wo das Korn ohne Säcke aufgeschüttet ist, spielen im vom Sonnenlicht glänzenden Roggen zwei nackte Babys mit prallen Bäuchlein.

Die Reihe der Fuhrwerke kreuzt den Marktplatz.

DU LIEBER HERRGOTT … WAS DAS AN SELBSTGEBRANNTEM ABWIRFT, SO VIEL SELBSTGEBRANNTER.

Sagt Jerjoma gerührt …

…mit Blick auf den Strom der Leiterwagen.

Die spielenden Babys.

Korn im Sonnenlicht.

UND ZUM MAHLEN GEBT IHRS DEN BLUTSAUGERN?

Ruft Živcov verzweifelt.

LOS, JERJOMA, ZUR MÜHLE, MACH ZU …

Kreisende Schallplatte.

Auf dem Weg zur Mühle jagt in vollem Tempo Živcovs Leiterwagen.

Der Strom der Fuhrwerke, langsam, erhaben.

Ein Zugstrang an Jerjomas Wagen reißt.

Er bemerkt es nicht, peitscht auf sein Pferd ein.

Am Saum des Horizonts über dem Fluss die halbverfallene Mühle mit dem abgewrackten Rad.

Auf dem Speicher der Mühle eine reglose Eule.

MACH ZU, JERJOMA …

Schreit Živcov.

Vor der Mühle ein Steg, der bereits seit vier Jahren brüchig ist. Der Wagen rast auf den Steg zu. Jerjoma bekreuzigt sich …

… der Wagen rast auf den Steg …

… die Bretter brechen ein …

… in der Luft huscht Jerjomas Kreuzzeichen auf.

Živcov, das Pferd, der Wagen stürzen in die Tiefe.

Die Eule.

Ein Rad, das sich vom Wagen losgerissen hat, kollert über den Rain zwischen zwei ungemähten Feldern.

Der Rain trennt ein Feld, auf dem eine dichte, hohe Wand wogenden Korns prangt, von einem welken, schlecht bestellten Streifen.

Das kollernde Rad.

VERSUCHSFELD DER ZELLE DES VLKSM VON POVARJONŠINO.

Ernte. Auf dem Versuchsfeld stehen die Ähren dicht, schwer, hoch.

Zwei amerikanische Mähmaschinen im Einsatz.

Auf einer sitzt der Lesestubenleiter Čerevkov.

Auf der anderen Panjutin.

Komsomolzinnen beim Binden der Garben.

»VERSUCHSFELD« VON GERASIM ČEREVKOV.

Der schlecht bewirtschaftete Streifen hat welke, schüttere Ähren hervorgebracht.

Gerasim – ein hitziges, reizbares Bäuerlein und …

… Großvater Čerevkov – ein gebrechlicher Greis in Hanfhemd und weiten Hosen – ernten mit Sicheln.

Die Sichel des Alten schwingt kraftlos nieder.

Gerasims Frau – ein großes, forsches Weibsbild – bindet Garben.

BEIM SOHN WIRD DER WEIZEN ABER WEIZIGER.

Sagt sie tückisch zu ihrem Mann.

Eine Wand aus hohem Korn und die kläglichen Ähren Gerasims.

Die saubere, schwungvolle Arbeit der Mähmaschinen.

Die vorsintflutliche Sichel des Greises in matter Bewegung.

Vor Anspannung fällt der Alte auf den Rücken, kommt nicht mehr hoch, zappelt nur mit den Beinen. Gerasim spuckt beim Anblick des unseligen »Arbeiters« verärgert aus.

Die Alte voller Gift ...

BEIM SOHN WIRD DER WEIZEN ABER WEIZIGER.

Gerasim wirft fuchsteufelswild die Sichel hin, setzt über den Rain

... läuft zur Mähmaschine, auf der sein Sohn arbeitet, versperrt ihm den Weg.

FÜR DEINEN VATER SOLLST DU ARBEITEN, DU HURENSOHN, UND NICHT FÜR FREMDE LEUTE.

ICH GERB DIR DAS FELL.

Schreit er und klatscht sich dabei auf die Hose.

Čerevkov, ein grundgutmütiger Lulatsch, klaubt den kleinen Vater auf, klemmt ihn sich unter den Arm, arbeitet weiter.

Der Großvater sitzt auf seinem knochigen Hintern, kaut auf den Lippen. Die ausgeblichenen Augen tränen. Über ihm ist die Alte am Zetern.

Ein Bastschuh fliegt dem unter der Achsel des Sohnes klemmenden Gerasim vom baumelnden Fuß.

Den arbeitenden Mähmaschinen nähert sich Jerjoma, auf den Schultern die Überreste seines Leiterwagens.

Živcov, verdreckt, voller Schrammen, und Jerjomas melancholisches Pferd, wie es Bruchstücke der Deichsel hinter sich herschleift, in der sich der Queue mit dem Gürtel verfangen hat.

Die Komsomolzen erblicken Živcov, laufen ihm entgegen.

Čerevkov hat seinen Vater vergessen, lässt ihn fallen.

FÜR DEINEN VATER SOLLST DU ARBEITEN, DU HURENSOHN, UND NICHT FÜR FREMDE LEUTE.

Der ramponierte Gerasim stürzt sich erneut auf seinen Sohn.

Der Rain, der die beiden Felder teilt.

ARBEITE DU FÜR DEINEN SOHN, DU KNALLKOPF, DANN KOMMT WAS BEI RAUS ...

Sagt Živcov zu Gerasim, während er die Komsomolzinnen feierlich der Reihe nach mit Handschlag begrüßt.

Der Großvater, auf der Erde hockend.

Maschinell gefällte Ährenreihe.

Wand wogenden Korns ...

An der Spitze seiner Herde der weißhaarige Hirte Terjoša.

Pralle Ähren peitschen ihm gegen die Brust, das Abzeichen der KIM.

Der Hirte ist in die Lektüre eines Buchs mit arithmetischen Aufgaben vertieft.

Eine Seite des Aufgabenbuchs wandert durchs hohe Korn.

DRITTER TEIL

Die Komsomolzelle beim Dreschen des vom Versuchsfeld geernteten Korns.

Einvernehmliche Arbeit junger, dynamischer Hände.

Der Flug der Garben beschreibt vor dem abendroten Himmel einen Regenbogen.

Hände im Aufwärtsschwung.

Hemden, an verschwitzten Rücken klebend.

Mit dichtem Staub bedeckte Burschen reichen die Garben weiter.

Mädchen auf dem Dach der Dreschmaschine nehmen die Garben entgegen.

Die Mädels lachen einander zu, rempeln sich an, würzen ihre Garben mit ungehemmten Dorfscherzen.

Ein Mädchen hat sich beim Wurf einer Garbe verschätzt.

Die Garbe segelt über die Dreschmaschine hinweg.

Das Mädchen prustet los, tut einen Fluch.

An die Dreschmaschine ist eine Büchse genagelt, mit der Aufschrift: »Zum Ziele des Kulturkampfes gegen obszöne Sprache – eine Kopeke in Gold«.

Die Mädchen werfen flott ihre Kopeken in die Büchse.

Säcke füllen sich stetig mit Korn, das aus der Dreschmaschine rieselt.

Burschen tragen die Säcke auf muskelbepackten, schweißnassen Rücken fort.

Auf einem gigantischen Strohschober:

Čerevkov.

Vom Strohschober sieht man die friedliche russische Ebene – abgeerntete Felder, ein Wäldchen, ein kleiner Fluss.

Das Stroh wird auf Stahlseilen zu Čerevkov transportiert.

Im Stahldraht lodert und spielt die Sonne.

Der Hirte Terjoša ist noch immer am Lernen. Er hat sich ins goldene Stroh eingegraben. Schreibt aus dem Buch eine Aufgabe ab: 4 + 4 +4 +7, das macht nach Terjoša 24.

Barfüßige Jungs bringen, auf trächtigen Stuten reitend, Stroh zum Schober. Ihre Beine baumeln fröhlich auf den gewölbten Pferdebäuchen.

Die Jungs haben das Stroh herbeigeschafft. Čerevkov zieht es mit den Stahlseilen hoch und …

gabelt dabei den darunter verborgenen, fleißigen Terjoša samt Aufgabenbuch, Heftchen und Bleistift auf.

Neben der Dreschmaschine Säcke, die sich mit Korn füllen.

Die Dorfkirche, umfunktioniert zum Kornspeicher.

Junge Burschen laden dort Säcke ab.

Die Kirche ist bis zu den Augenbrauen des Heiligen Nikolaus angefüllt mit Korn.

Ein ölverschmierter Wimpel mit der Aufschrift RSFSR.

Der Wimpel ist an einem Lokomobil befestigt. Panjutin ist der Lokomobilführer.

Er macht sich am lodernden Kessel zu schaffen.

Heftig rotierendes Rad des Lokomobils.

Säcke, die sich mit Korn füllen.

Ein Bengel von ungefähr zehn Jahren mit Gürtel. Am Gürtel hängt ein Säbel.

Er gleitet auf einem Strohballen zu Čerevkov hinauf.

Überreicht ihm ein Sitzungsprogramm.

Das Programm: Tagesordnung für das Plenum der Dorfzelle des VLKSM von Povarjonšino:

1) Die internationale Lage in China – Referent Genosse Živcov.
2) Elektrifizierung der Wassermühle und möglichst allgemein – Referent Gen. Živcov.
3) Sexuelle Exzesse in der Zelle und Abweichlertum – Referent: Gen. Varja.

Der Bengel springt vom Strohschober und überreicht Panjutin ein Sitzungsprogramm.

Der liest sie im Licht eines brennenden Strohbüschels.

Der Flug der Garben am Himmel.

Der Junge mit dem Säbel klettert zu den Mädchen auf die Dreschmaschine.

Die Mädels sind schwarz vor Staub, ihre Augen und Lippen leuchten wie bei Afrikanern.

Sie studieren die Sitzungsordnung mit religiösem Ernst.

Wiederholung aus Teil 1: der chinesische Rikscha-Kuli beim endlos quälenden Aufstieg am Berg.

Živcov vor dem abgewrackten, kaputten Mühlrad, dem von Schweinen unterwühlten und mit allerlei Dorfunrat – Tierskelette, Eimer ohne Boden, morsche Vordächer – angefüllten Mühlwehr.

Er neigt sich über eine chinesische Nummer der Zeitschrift »Scheinwerfer«.

In der Tür zur Mühle träumt Jerjoma vor sich hin. Mit einer kleinen Peitsche zählt er:

… die am Himmel fliegenden Dohlen.

Jerjomas Pferd rupft Äpfel von einem fremden Baum und verspeist sie.

Das verzerrte Gesicht Živcovs über einer Fotografie.

Detailaufnahme: das schweißüberströmte Gesicht des Rikscha-Kulis.

Garbe im Flug.

FEIERABEND …!

Die Burschen reichen die letzte Garbe weiter. Der Platz an der Dreschmaschine, wo die Komsomolzen gearbeitet haben, ist leer, kein Mensch weit und breit.

(Überblendung.)

Die Komsomolzen sind mit dem Dreschen fertig, waschen sich an der Wassertonne. Das Wasser färbt sich schwärzer als Pech, doch spiegeln sich darin die Sonne und die lachenden Gesichter.

Ein Heuhaufen. Ein kreisförmiger Graben.

Die Köchin tischt eine große Schüssel mit Kohlsuppe auf.

In der Mitte der Schüssel, in der fetten Suppe schwimmt eine schillernde Sonnenscheibe.

Detailaufnahme: Aufstieg des Rikscha-Kulis.

Das über die Fotografie geneigte Gesicht Živcovs, durch das Gespinst seines wirren Haarschopfs sieht man eine Zeitschriftenseite mit dem Bild chinesischer Arbeiter, die bei einem Scharmützel mit ausländischen Truppen getötet wurden.

Das fröhliche Mahl der Komsomolzen, kauende Münder, lachende Augen, von den Löffeln rinnen funkelnde Tropfen. Die Burschen reißen Witze, und ...

... die Büchse zum Kampf gegen obszöne Sprache kreist in besessenem Tanz.

Die Schüssel mit Kohlsuppe ist zur Hälfte leer, doch die Sonne schwimmt weiter darin.

Auf dem Strohschober, hoch aufgerichtet, Živcov.

Sein Gesicht ist verzerrt von Trauer und Inspiration. Er kündet vom Strohschober herab:

ZUR SELBIGEN ZEIT, WO ...

Das Gesicht des Riksch-Kulis.

... WO DIE CHINESISCHE REVOLUTION AUF EURE HILFE WARTET ...

Der vollgestopfte Mund Terjošas, seine jäh erstarrten Wangenknochen, die hervorquellenden Augen.

Unter dem Tisch stößt ein draller, bloßer Mädchenfuß den Fuß eines Burschen an.

Der tändelnde Fuß.

Živcov sinkt tiefer ins Stroh. Seine Rede wird immer grimmiger:

... WO DAS PRIVATKAPITAL UNS AN DER GURGEL PACKT UND DREIST DEN PROLETARISCHEN WEIZEN MAHLT ...

Die Komsomolzen legen die Löffel beiseite.

Aus der Schmiede blicken zwei Zigeuner heraus: Der eine ist der Schmied, der andere hat sein Pferd zum Beschlagen gebracht.

Živcov ist bis zu den Knien ins Stroh eingesunken, er fuchtelt mit den Armen:

… WO DAS INTERNATIONALE KAPITAL UNS NICHT ERLAUBEN TUT, DIE MÜHLE WIEDER HERZUSTELLEN …

Der Halbkreis der beiseitegelegten Löffel.

Unter dem Tisch stößt das Mädchen seinen Nebenmann an. Der Fuß des Burschen bleibt reglos.

Der Huf des Pferdes zuckt in der Hand des Schmieds.

Živcov ist bis zum Gürtel ins Stroh gesunken. Staub und Sonne …

… WO DIE CHINESISCHEN BRÜDER IHR BLUT VERGIESSEN …

Das Gesicht des Rikscha-Kulis – furchtbar, nackt, schwarz, rund, wie eine glattpolierte Gusseisenkugel, über die Ströme aus Sonnenlicht und Schweiß rinnen.

Die Komsomolzen haben sich erhoben, treten zum Strohschober.

Junge Rücken, junge Köpfe, wilde Haarschöpfe.

… ZUR SELBIGEN ZEIT – SEID IHR …

Ein angeschnittener Rosinenkuchen.

Der Rikscha-Kuli ist gestürzt und kriecht auf allen vieren, kriecht direkt auf Živcov zu. Živcovs Gesicht. Irrlichternde Augen, seine Inspiration braucht ein Ventil, sie muss sich entladen und entlädt sich.

UND DESHALB VERKÜNDE ICH DEN BEREITWILLIGEN MITGLIEDERN DES LENINSCHEN KOMSOMOLS DIE MOBILISIERUNG ZUR VERTEIDIGUNG DER CHINESISCHEN REVOLUTION. FREIWILLIGE HEBEN DIE HAND!

Die Hände der Komsomolzen schießen in die Höhe.

Saša Panjutin hebt die verkrüppelte Hand.

Am Himmel, vor einer flammenden Wolke – die Hand Panjutins mit dem Fingerstumpf.

Die Komsomolzin Varja, die zuvor Garben gebunden hat, verpasst ihrer Nachbarin einen herzhaften Kuss.

Das Pferd hat seinen Huf aus der Hand des Schmiedes befreit.

Der Zigeuner springt auf das frisch beschlagene Pferd und prescht davon.

Um Živcov schließt sich ein fröhlich bebender Wald erhobener Hände.

Die Komsomolzen blicken drein, als leisteten sie einen Eid.

Und Živcov ...

Živcov begreift, dass er völlig unvermutet eine außergewöhnliche Heldentat begangen hat.

Irgendwie ratlos weicht er, bis zum Gürtel im Stroh, vor den jubelnd anrückenden Genossen zurück.

Der Zigeuner jagt wie von Sinnen im gestreckten Galopp über die Dorfstraße.

Ihm entgegen kommen zwei alte Frauen mit Eimern an einem Tragejoch. Die eine Alte ist groß, die andere klein.

KRIEG!

Ruft ihnen der Zigeuner zu und prescht weiter.

Die kleine Alte, von Kopf bis Fuß übergossen mit Wasser aus dem Eimer ihrer Gefährtin – der Großen.

Auf der Straße Staubwolken im Gefolge des dahinsprengenden Zigeuners.

VIERTER TEIL

Nacht in Povarjonšino. Seltsame, bedeutungsschwangere Nacht.

In den Fenstern flackern Lichter.

Rauch quillt aus allen Schornsteinen, breitet sich über den Sternenhimmel.

Wiese. Blumen, im Mondschein schwankend. Über die Blumen hinweg sprengt der Zigeuner auf seinem Pferd.

Blumen unter Pferdehufen.

Ein Lagerfeuer steigt in den Himmel.

Beim Feuer am Waldrand ein Zigeunerlager.

Ein Alter, beleuchtet vom Flammenschein, erzählt der Jugend eine Geschichte von großen Pferdedieben und großen Sängern.

Dorffriedhof. Kreuze im Mondschein.

Jerjoma eifrig am Schaufeln.

Schäumendes Pferdemaul.

Der Zigeuner sprengt zum Lagerfeuer.

Er dreht sich auf dem schäumenden Pferd nach allen Seiten und ruft:

KRIEG …!

Aus einem dem Feuer zugewandten Planwagen das Gesicht einer alten Zigeunerin.

In der Nähe des Lagers im Wald, in einer Pfütze mit Regenwasser, das zitternde Spiegelbild des jungen Mondes.

Fußboden mit Bergen von armseligen, reparaturbedürftigen Bauernstiefeln.

Eine trübe Ölfunzel beleuchtet die Hütte eines Schusters.

Der Schuster und seine Tochter, ein Mädchen von etwa zehn Jahren, fieberhaft bei der Arbeit.

Eine Altmännerhand und ein Kinderhändchen hämmern mit aller Kraft in wechselndem Takt auf die Schuhsohlen ein.

Durchs Fenster streckt sich eine Hand, wirft auf den Haufen drei weitere Stiefelpaare, kolossal wie Häuser.

Das Mädchen, den Mund voller Schusterzwirn, wendet mit ernster Arbeitsmiene den Kopf.

In den Häusern flackern Lichter.

Landkarte Chinas, beleuchtet von schwankendem Kerzenschein.

Über die Karte gleitet ein riesenhafter Finger.

Čerevkov, Terjoša und ein weiterer »Freiwilliger«, über die Karte geneigt.

Čerevkov fährt mit dem Finger über die Karte. Er erläutert folgenden strategischen Plan:

ÜBER SICHUAN GEHEN WIR FRONTAL AUF PEKING ...

Terjoša neigt zu bedachterem Vorgehen:

VON DER FLANKE HER MUSS MAN SIE PACKEN, DIE BESTIE.

Die alte Čerevkova packt weinend Piroggen in eine Tasche.

Ihr Sohn will die Alte trösten, nimmt sie in die Arme, schwenkt sie wild umher, tanzt mit ihr:

ACH MAMKA, WIR WERDEN DAS DING SCHON SCHAUKELN.

Die Alte tanzt, weint und lacht.

Das Gesicht der Dorfquacksalberin.

In der Izba eines reichen Bauern.

Die Quacksalberin gießt eine mit Zauberformeln besprochene Tinktur aus Fliegen in Gläser, verteilt sie an die entsetzten Burschen.

TRINKS MIT EINEM GEBET ... SO GOTT WILL, KRIEGSTE MORGEN FRÜH DIE KOTZEREI ... DANN MUSSTE IN KEINEN KRIEG ...

Die Zauberin spuckt überaus fachmännisch in alle Himmelsrichtungen und flüstert Beschwörungsformeln.

Einer der Burschen hastet besinnungslos vor Angst hierhin und dorthin, bekreuzigt sich und trinkt.

Čerevkov tanzt noch immer mit seiner lachenden und weinenden alten Mutter.

ACH DU MAMACHEN, WIR WERDEN DAS DING SCHON SCHAUKELN.

Der Bursche wälzt sich auf dem Fußboden ...

... sein Gesicht ist vom Krampf verzerrt, auf den Lippen steht Schaum.

Ein schneeweißes Modell des Volchovstroj, geschnitzt von Saša Panjutins inspiriertem Messerchen. Durch das Glimmerfensterchen des Miniaturkraftwerks sieht man die Flamme einer Kopekenkerze.

Die Köpfe Živcovs und Panjutins durch das Fensterchen des Kraftwerks.

Živcovs Zimmer. Schäbige Pritsche, Bücherregal, Aktenmappe, verdorrte Ähren. Das einzig Gute am Zimmer ist das prächtige Modell des Volchovstroj sowie das Bücherregal.

Das Regal ist vollgestellt mit Lenins gesammelten Werken.

Die Rücken der zahlreichen Bücher Lenins.

Bei Živcov befindet sich Panjutin, der klar begreift, dass sich etwas Großes und zugleich Zweideutiges ereignet hat.

DA HASTE EIN DING ANGEZETTELT, JEGOR.

Sagt Panjutin und blickt traurig um sich.

Sein Blick fällt auf einen Stuhl mit drei Beinen.

Seufzend greift er sich den Stuhl, nimmt Maß, macht sich an die Arbeit.

Živcov weiß selbst, dass er da etwas angezettelt hat. In tiefes Nachdenken versunken, geht er im Zimmer auf und ab.

Panjutin repariert den Stuhl, seufzt:

DA HASTE EIN DING ANGESTELLT, JEGOR ...

Auf dem Glockenturm von Povarjonšino schlägt ein Gottesnarr Alarm.

Das Zigeunerlager überquert mit den flimmernden Lichtern der Planwagen einen Fluss.

Der verwaiste Lagerplatz. Eingeschlagene Pflöcke, Dung, die verglimmenden Reste des Feuers.

Auf dem Friedhof schaufelt Jerjoma, was das Zeug hält.

Živcovs üppige, unerschöpfliche Mähne. In der Mähne spielen langsam seine unschlüssigen, grüblerischen Finger.

JEGOR, DA HASTE EIN DING ANGERICHTET …

Sagt der in die Reparatur des Stuhles vertiefte Panjutin.

Die Rücken der Bücher von Lenin.

Živcov tritt unschlüssig ans Regal, nimmt ein Buch heraus, öffnet es.

Titelblatt. Porträt Lenins mit zusammengekniffenen Augen, verschmitzt.

Živcovs über das Porträt geneigter Kopf, sein üppiges, wirres Haar.

In einer vom Mondlicht durchfurchten Scheune der mickrige, angetrunkene Gerasim Čerevkov. Er wühlt in einem Pferdegeschirr, sucht nach dem Zügel.

In Čerevkovs Izba stürmt der mickrige, zerzauste Vater.

Er wirft sich auf seinen großen Sohn, fuchtelt mit dem Zügel.

ICH GERB DIR DAS FELL FÜR DIE GANZE CHOSE.

Sein Sohn, der Lulatsch, setzt den Saufbold behutsam auf eine Bank, drückt ihm eine Pirogge in die Hand.

Das Bäuerlein isst, ohne die Zügel loszulassen, beleidigt, mit einer gewissen Begeisterung, die daher rührt, dass sich ungeheure Dinge vollziehen.

Langsam wenden sich die Seiten von Lenins Buch.

Licht fällt auf das humorige Gesicht Panjutins.

TJA, WAS SOLL MAN MACHEN, WENN DER SE-

KRETÄR DER DORFZELLE DES LKSM DIE GENE-
RALMOBILISIERUNG AUSRUFT?

Sagt Panjutin.

Živcovs verlegene Finger in der Haarmähne.

Lenins Gesicht mit den verschmitzt zusammengekniffenen Augen.

Langsam wenden sich die Seiten des Buchs.

Živcovs Gesicht über den sich wendenden Seiten.

Panjutin befestigt, ein Liedchen brummend, das vierte Bein am Stuhl.

Eine Seite hat sich gewendet, bleibt liegen. Hier muss die Passage aus Lenins Schriften beginnen, die sich auf das außergewöhnliche Geschehen in Povarjonšino anwenden lässt.

Die Passage.

Auf der Hängepritsche in Čerevkovs Izba liegt im Schafspelz der gebrechliche Großvater.

Er möchte auch etwas von den Piroggen abhaben. Der Enkel gibt ihm welche.

Passage aus Lenin.

Die sich aufhellende Miene Živcovs.

Der Großvater kaut auf der Hängepritsche Piroggen. Erbsen kullern über den Schafspelz.

Jerjomas Pferd streift durchs Dorf, stupft an die Fenster, sucht seinen Herrn.

Ein Fensterchen öffnet sich, Leute schreien:

JERJOMA IST NICHT DA, HAU AB ...

Und das Pferd setzt seine Wanderung fort.

Jerjoma schaufelt aus einem Grab einen länglichen, in eine Bastmatte eingewickelten Gegenstand hervor.

Er ist hochzufrieden, wischt sich mit der Hand den Schweiß.

Eine Deichsel hinter sich her schleifend, nähert sich ihm

seine knochige Freundin, das Pferd. Endlich hat es ihn gefunden.

Das Pferd heftet einen vorwurfsvollen Blick auf seinen Herrn, der besagt: Du bist doch ein Hallodri, Jerjoma, ein leichtfertiger Mensch.

Es packt ihn mit den Zähnen am Kragen, schleift ihn davon.

JA, JA, ICH KOMM JA SCHON.

Brummt Jerjoma verlegen.

Živcov klappt das Buch zu und hebt langsam das Gesicht, jäh erleuchtet von einem glücklichen Gedanken, der alles löst.

Modell des Volchovstroj. Durch das Glimmerfensterchen das Gesicht Živcovs.

Panjutin stellt den Stuhl auf den Fußboden, wo er stabil auf allen vieren steht.

Die vier Stuhlbeine.

Zwischen Blumen, in einer Pfütze mit Regenwasser, zittert der junge Mond.

Vor dem Hintergrund des fahl werdenden Himmels rauchen die Schornsteine von Povarjonšino.

FÜNFTER TEIL

Himmel. Morgenrot.

Ein Hahn flattert auf einen Zaun, kräht.

Hahnenkralle mit Sporn.

Bastschuh mit Sporn.

Terjoša geht in gespornten Bastschuhen die Straße entlang.

An der Spitze von Terjošas Herde ein neuer Hirte – alt, rauchgegerbt, schmutzig.

Eine unüberschaubare Kette von Leiterwagen quert die Furt des Flusses.

Der Fluss brodelt, gleißt, strömt zwischen den Rädern hindurch.

Auf einem bereits ins Wasser eingetauchten Wagen junge Mädchen und Mužiks. Die Bänder der Mädchen flattern im Wind.

Blumen treiben den Fluss hinab.

Drei Burschen halten sich an den Schultern umschlungen und ziehen mit lautem Gesang zum Sammelpunkt, um sich »zum Dienst« zu melden. Sie sind behängt mit Waffen und Ziehharmonikas. Am Saum des Horizonts strömen über krumme Wege Scharen von Bauern.

Die Zahl der Burschen hat sich vermehrt. Es sind jetzt fünf.

Sie klopfen bei den reichen Bauern ans Fenster.

KOMM RAUS, MAKSIMKA ... WIR MÜSSEN UNS MELDEN.

In der verriegelten Stube liegt ausgestreckt auf dem Fußboden der Kulakensohn.

Sein lebloses, entstelltes Gesicht.

Die Burschen ziehen weiter, es sind bereits sieben.

Vor der verschlossenen Schnapsschänke ...

Ein Plakat: »Aus Anlass des Bürgerkriegs in China ist der Verkauf von russischem Sprit für drei Tage geschlossen«.

Vor dem Hintergrund des Plakats die selig betrunkenen Zausköpfe von Vater und Großvater Čerevkov.

ACH DU RUSSENLAND, DU GROSSE MACHT.

JA DU RUSSENLAND, DU GROSSE MACHT.

Die Čerevkovs tanzen traumverloren.

Vom Hügel strömen Menschenmassen herbei. Die große Völkerwanderung von Povarjonšino.

In der Menge zwei einander ähnelnde Bauernriesen, vermutlich Brüder.

UND DAS SOLL MAN AN DIE HERREN ABGEBEN.

Sagt einer von ihnen und weist …

auf das sich vor ihnen unüberschaubar weit erstreckende, wunderschöne Russland.

WIR GEBENS NICHT AB.

Erwidert der andere.

Vier fest voranschreitende Füße in Bastschuhen.

Die alte Čerevkova gibt ihrem Sohn ein kleines Kreuz. Der Bursche ist verlegen; es abzulehnen, fällt ihm schwer, und zum Annehmen gibt es keinen Grund.

UND SIEH ZU, DASS DU DIE BEWOHNER VON DIESEM CHINA NICHT SCHLECHT BEHANDELST … NE KISTE MIT TEE KANNSTE DIR NEHMEN, UND DAMIT HAT SICHS.

Instruiert die Alte den Sohn.

Der Junge birgt das Kreuz unbemerkt im Stiefelschaft.

Die Straße ist komplett eingenommen von den singenden, einander an den Schultern umschlungen haltenden Burschen.

Es sind nicht mehr sieben, sondern fünfzehn.

Blumen treiben den Fluss hinab. Abbl[ende].

In einer hohen Pelzmütze, die Aktentasche in der Hand, schreitet der mit allen erdenklichen Abzeichen geschmückte Jegor in Richtung Mühle, zum Sammelpunkt.

In seinem Schlepptau folgt eine in Reihen formierte, nicht zu zählende Heerschar.

Da sind die Komsomolzen mit Fahne und Jagdgewehren und Ziehharmonika.

Da ist die bärtige Bauerninfanterie in Bastschuhen, umlagert von heulenden Weibern,

brüllenden Babys,
bellenden Hunden.

Da ist die Kavallerie, fünf Waldhüter in germanischen Stahlhelmen aus der Zeit des Großen Krieges.

Živcov hat einen Hügel erklommen, hebt majestätisch die Hand.

Die Heerschar verstummt.

Alle Blicke heften sich auf den Oberbefehlshaber Jegor.

Durch die Reihen drängt sich der atemlos keuchende Jerjoma. In den Händen trägt er den in eine Bastmatte gewickelten Gegenstand, den er auf dem Friedhof ausgegraben hat. Mit Schwung stellt er ihn vor Živcov hin, wickelt ihn aus, zum Vorschein kommt – ein Maschinengewehr.

ACHT JAHRE HAB ICHS AUFBEWAHRT – ICH SPENDE ES DER SOWJETMACHT.

Spricht Jerjoma, vor begeisterten Worten überfließend.

Die Heerschar präsentiert die Waffen.

Der Zigeuner jagt im Galopp über die Straße der Provinzstadt.

Der Chef der Kreismiliz von N. in vollem Eifer des friedlichen Aufbaus.

Hof der Miliz in der Provinzstadt.

Der Milizchef in Galoschen an den bloßen Füßen und Reithosen mit Steg beim Scheren eines Schafs.

In den Hof prescht der Zigeuner.

KRIEG!

Brüllt er, dreht sich auf seinem Pferd umher und erstattet ...

dem verdutzten Milizchef Meldung von den in der Nachbargemeinde begonnenen Kriegshandlungen gegen die Militaristen, die sich in Schanghai festgesetzt haben.

Živcov oben auf dem Hügel bei der Mühle.

Jerjoma streichelt das Maschinengewehr.

Živcov hebt die Hand:

BÜRGER UND FREIWILLIGE, LETZTE NACHT WAR ICH IN KONTAKT MIT DEM VCIK ... DIE CHINESISCHEN BRÜDER SCHAFFEN DAS AUS EIGENER KRAFT ... DAS VCIK DER UDSSR SCHLÄGT EINDEUTIG VOR, SICH DEN LAUFENDEN ANGELEGENHEITEN ZUZUWENDEN: REPARATUR DER MÜHLE BEI HUNDERTPROZENTIGER ERFÜLLUNG DER VORGABE.

Terjošas Hund gähnt, wedelt mit dem Schwanz, trollt sich.

Jerjoma wendet enttäuscht den Blick vom ...

... Maschinengewehr auf Jegor ...

... von Jegor aufs Maschinengewehr ...

Gruppe sich aufhellender Altweibergesichter.

Reihe von Komsomolzengesichtern: ihr Mienenspiel, erst Verblüffung, dann Spott.

REINGELEGT HAT ER UNS ... DER POCKENNARBIGE TEUFEL ...

In einer Scheune hantiert Panjutin mit Werkzeug: Spaten, Hämmer, Sägen, Sandsäcke.

Terjoša löst begeistert die Sporen von den Bastschuhen und steckt sie in die Tasche.

REINGELEGT HAT ER UNS ... IVANYČ.

Varja ruft Terjoša zu:

WOZU STECKST DU DIE EIN ... WIRF SIE DOCH WEG.

Terjoša antwortet:

VIELLEICHT KANN MAN SIE JA NOCH MAL BRAUCHEN ...

Ein Sporn dellt Terjošas Tasche aus.

Čerevkov stürzt in Windeseile zu seiner Mutter.

DA HAM SIE'S WIEDER, MAMAŠA.

Er gibt der alten Frau das Kreuz, ist es endlich los.

Jerjoma schleppt, begleitet von dem angetrunkenen Gerasim Čerevkov, empört das Maschinengewehr von dannen.

ICH MUSS HEUT UNBEDINGT NOCH WEM BESIEGEN.

Brüllt Jerjoma.

DIE LAUFENDEN ANGELEGENHEITEN DES VCIK DER UDSSR.

Offene Scheune neben der Mühle. Die Komsomolzen begutachten das Werkzeug: Spaten, Hämmer, Sägen, Schubkarren.

Über die Landstraße galoppieren die berittenen Milizionäre, angeführt von ihrem Chef.

Das nicht zu Ende geschorene Schaf.

Am Grund der Schlucht hocken Jerjoma und Gerasim.

Sie testen das Maschinengewehr.

Die Kugeln zeichnen Muster auf die senkrechten Wände der Schlucht.

DIE LAUFENDEN ANGELEGENHEITEN DES VCIK DER UDSSR.

Aufwärtsschwingende Spaten.

Aufwärtsschwingende Hände.

Aufwärtsschwingende Spaten.

Aufwärtsschwingende Hände.

Kaskaden von Erdreich.

Einvernehmliche Arbeit der Komsomolzen auf dem Mühlwehr.

Der Sporn hat sich durch Terjošas Tasche gebohrt und ragt heraus.

Der Haufen der beiseitegelegten Ziehharmonikas.

Der Haufen der beiseitegelegten Waffen.

Aufwärtsschwingende Spaten.

Aufwärtsschwingende Hände.

Bauarbeiten an der Mühle – Staubwirbel – Getrappel.

Inmitten der Staubwirbel ein frenetischer Živcov.

Ein feines Wasserrinnsal fließt in den schmutzigen Teich.

Die Miliz vollführt ein raffiniertes strategisches Manöver, umzingelt die Schlucht, wo Jerjoma am Schießen ist.

Die Milizionäre kriechen mit gefälltem Gewehr bäuchlings voran.

In der Schlucht schlafen Jerjoma und seine Mitstreiter eng miteinander und mit dem Maschinengewehr umschlungen den Schlaf der Gerechten.

Die Milizionäre kriechen mit gefälltem Gewehr bäuchlings zum Rand der Schlucht.

Sie werfen sich auf den schlafenden Jerjoma.

Jerjoma, begraben unter einem Haufen zappelnder Milizionäre.

HU-R-R-R-A-A-A!

Schreit der erwachte Jerjoma, ohne zu begreifen, was los ist.

DIE LAUFENDEN ANGELEGENHEITEN DES VCIK DER UDSSR.

Čerevkov nagelt neue Schaufelbretter an das abgewrackte Mühlrad.

Das Mühlwehr wächst in die Höhe, Sandsäcke purzeln ins Wasser.

Arbeit im Innern der Mühle.

Die aufgescheuchte Eule …

… flattert aus ihrem finsteren Versteck.

Die Mündung eines Gewehrs – ein Schuss.

Ein Seitenarm des Flusses, der vorher am Teich vorbeiführte, fließt nun auf ihn zu. Ein anschwellender Wasserstrom ergießt sich in den Teich.

Faules Holz, Haufen von Lumpen, allerlei Dorfunrat steigt an die Oberfläche, dann erscheint klares Wasser.

Jerjomas Pferd steht über der Strömung, wartet, bis das schmutzige Wasser abgeflossen ist, als es so weit ist, beginnt es zu trinken.

Das Wasser ist gestiegen, der Teich ist voll.

Živcov hebt die Wehrklappe an.

Auf das abwechselnd mit alten und neuen Schaufelbrettern bestückte Mühlrad stürzt gleißendes Wasser herab. Das Rad erwacht zum Leben, setzt sich in Bewegung, kommt in Gang.

Die getötete Eule. Abbl[ende].

DIE LAUFENDEN ANGELEGENHEITEN DES VCIK DER UDSSR.

Die reparierten Mühlsteine in rotierender Bewegung.

Das laufende Rad, in der Sonne blitzt das herabrinnende Wasser.

Von den Mühlsteinen rieselt Mehl.

Aus der zu einem Kornspeicher umfunktionierten Kirche schaffen Bauern Getreide zur Mühle.

Der Heilige Nikolaus ist allmählich wieder zu sehen.

ACH DU RUSSENLAND, DU GROSSE MACHT.

Vater und Großvater Čerevkov tanzen.

Von den Mühlsteinen rinnt Mehl.

Dorfstraße. Zwischen den Reihen alter Strohdächer glänzt in der Sonne ein neues Dach.

Blumen treiben den Fluss hinab.

Durch das laufende Rad, durch die Wasserströme hindurch die müden, schweißbedeckten, fröhlichen Gesichter der Komsomolzen.

Ende

DIE DEUTSCHEN IN DER UKRAINE

[Fragmente eines Drehbuchs nach dem Roman von
N. Ostrovskij »Wie der Stahl gehärtet wurde«]

Über die Chaussee, die durch Šepetovka führt, ziehen im Exerzierschritt die Truppen Wilhelms II. Sie tragen dunkelgraue Uniformen, auf den Köpfen Stahlhelme; auf die Gewehre sind Bajonette, breit wie Messer, aufgepflanzt. Vorneweg schreiten, die langen Beine werfend, die Offiziere; auf dünnen Hälsen erbeben klein und fahl die versteinerten Gesichter; der farblose Blick ist starr vor sich hin geheftet – vorbei an den Menschen, die sich gegen die Mauern pressen. Diese Menschen, das ist die Schtetlbevölkerung jener Jahre: verkrümmte Juden, mit Jarmulke und Kaftan, umgürtet von einem Strick; Chederjungen, vor der Zeit erschöpfte »Prinzen der Thora«, die großäugigen und kummervollen Gesichter umrahmt von kastanienbraunen Peies; Arbeiterfrauen mit schweren Kopftüchern; Bauersleute in weißen Kitteln und breitkrempigen, groben Strohhüten.

Hinter ihnen krümmt sich bitter eine wüst übers Kreuz geflochtene Welt fauliger Querbalken, chassidischer Izbas, schmal zum Himmel gereckter Holzsynagogen.

Trommelwirbel. Das Getöse der Militärkapellen fliegt pfeilgerade durch die verwüsteten Straßen. Auf der Chaussee marschiert dröhnend die Artillerie.

»Das ist Macht ...«, seufzt ein Alter in zerlumpter Jacke.

»Kommt drauf an ...«, entgegnet ihm vage ein junger Bursche und taucht in der Menge unter.

An der Bahnstation von Šepetovka zerren Deutsche mit

Adlerhelmen das sich sträubende Vieh zu den Güterwagen – graue ukrainische Ochsen, beleidigt kreischende Schweine, sanftmütige Färsen. Ein weiterer Zug wird mit Geschützen, Maschinengewehren, Soldaten beladen.

Aus der Bahnhofshütte heraus verfolgen zwei ukrainische »Onkels« die Verladung der Truppen.

»Jetzt müssten die Partisanen ran, obwohl …«, sagt einer der beiden langsam, »wie willst du ankommen gegen so ne Macht …?«

An den Waggons entlang schreitet über den Bahnsteig wütend der puterrote, breitbrüstige Kommandant mit neuem Riemenzeug und hoher grauer Preußenmütze mit lackiertem Schild.

Die Türen der Güterwaggons schließen sich langsam. Der Kommandant springt auf das Trittbrett eines Passagierwagens. An der Spitze des Zuges vibriert in einer Dampfwolke die ölverschmierte dunkelblaue Lokomotive. Der Kommandant setzt eine Trillerpfeife an die Lippen.

»*Abfahrt.*«

Der Zug rührt sich nicht vom Fleck.

»*Donnerwetter*!«, brummt der Deutsche und läuft noch röter an.

Mit wackelndem Hintern, das fleischige lilafarbene Gesicht auf dem steifen Hals balancierend, hastet der Kommandant über den Bahnsteig. Keuchend erklimmt er die Lokomotive. Unerträglich grelles Geräusch des jäh entweichenden Dampfes, zitternde Zeiger auf den Instrumenten. Die Lokomotive ist leer, verlassen.

»*Das ist Russland*«, wendet sich der Kommandant zu seiner Ordonnanz und steigt, sich an den Griffstangen festhaltend und mit den dicken Beinen zappelnd, von der Lokomotive.

Im Eisenbahndepot arbeiten an benachbarten Schlosserbänken zwei Männer – Artjom Korčagin, ein Gigant mit einer Miene, die vor lauter Gutmütigkeit stets schuldbewusst wirkt, und Žuchraj – ein kräftig gebauter, stämmiger Mensch im Russenkittel mit stetem Strahlen im ruhigen Blick.

»Artjom, wie stehst du zur Kommunistischen Partei …?«, fragt Žuchraj und sieht Artjom scharf in die Augen.

Artjoms Miene wirkt noch schuldbewusster als sonst.

»Also ich hab nicht so recht den Durchblick mit den ganzen Parteien, Fjodor Ivanovič«, sagt er unsicher. »Wenn Not am Mann ist, dann helf ich …«

»Streiken wirst du?«, bohrt Žuchraj und fixiert ihn weiter mit scharfem Blick.

»Ich richt mich da ganz nach den andern, Fjodor Ivanovič …«

»Du solltest den anderen vorangehen«, sagt Žuchraj mit einem fragenden Seitenblick auf den Maschinisten.

In diesem Augenblick öffnet sich krachend das Tor zum Depot. Durch die Werkhalle marschiert mit hallendem Schritt der Kommandant im Glanz seiner Achselschnüre und Schnallen, der blank gewichsten Stiefel. Ihm folgen zwei zum Leben erwachte Säulen, zwei preußische Feldwebel von übermenschlichem Wuchs, und neben ihnen schlängelt sich auf dürren Beinen in schlaffen Hosen eine Gestalt mit Hängeschnauzbart und reger Nasenspitze.

In abgehackten Worten, ohne den Hals zu wenden, bellt der Kommandant auf Deutsch eine Tirade heraus:

»*Übersetzen, übersetzen Sie, bitte*«, sagt er über die Schulter des Menschen mit der regen Nasenspitze hinweg.

ÜBERSETZER: Also, der Herr deutscher Offizier will sagen: So wie ihr, das Arbeitervolk, sich das zusammenträumen tut, so wirds aber nun mal nicht ...
KOMMANDANT (eine neue Tirade auf Deutsch – heiser, abgehackt, bellend; man kann einzelne Phrasen unterscheiden: *Seine Majestät Kaiser und König*) ... Seine Hohe Exzellenz Feldmarschall und kommandierender ... Wer sich gegen Deutschland stellt, stellt sich gegen Gott. Wer sich gegen Gott stellt, stellt sich gegen Deutschland.
ÜBERSETZER: Also er sagt, gebt uns Maschinisten und Züge, weil – man muss Deutschland ernähren ...
Der Kommandant weist mit dem Finger auf Artjom Korčagin.
ÜBERSETZER (zu Artjom): Du da ...
Wie zwei Säulen, die man an einen neuen Standort versetzt, treten die beiden Feldwebel auf Artjom zu.
Der Kommandant weist mit dem Finger auf Polentovskij – einen gebückten hageren Alten mit silbergrauem, kurzgeschorenem Kopf.
ÜBERSETZER (zu Polentovskij): Du auch, Alter ...
ARTJOM (blickt zu Boden): Also, wieso denn ich ...
ÜBERSETZER: Los, gehen wir ...
ARTJOM (blickt zu Boden): Wohin denn?
ÜBERSETZER: Den Militärzug werdet ihr führen ...
ARTJOM (wendet sich ab): Ich bin malad ...
ÜBERSETZER (zeigt auf die beiden Feldwebel): Für die Maladen ham wir unsre Herrn Doktors hier ...
KOMMANDANT (läuft lila an): Deutschland weiß Dienste zu schätzen, *Donnerwetter. Übersetzen, übersetzen Sie, bitte.*
ÜBERSETZER: Also er sagt, ihr kriegt auchn Trinkgeld ...
ARTJOM: Ich sag doch: Ich bin malad.

ÜBERSETZER (zu einem der Feldwebel): Also, Herr Doktor ...

Durch die in eisengrauen Dämmer getauchte Werkhalle gehen Artjom mit hängenden Pranken und der grauhaarige Polentovskij; die Feldwebel und der Kommandant mit dem unbeweglichen Hals beschließen den Zug.

»Artjom«, sagt Žuchraj halblaut und blickt starr vor sich hin.

»Wozu mich jetzt noch triezen«, flüstert Korčagin traurig.

»Die setzen euch zur Befriedung ein«, sagt Žuchraj noch leiser.

Schmerzhaft scharfer Trommelwirbel. Ein Wald von breiten, gedrungenen Messern zieht an den Eisenbahnwerkstätten vorüber.

Auf schmalen Schienen holpernd, schließen sich die Flügel des Tors zum Depot, und augenblicklich explodiert die riesige Halle in wütendem Lärm.

»So, Jungs, Schluss mit dem Getös«, sagt Žuchraj mit gewohnt derber Stimme und wirft den Arbeitskittel auf den Boden. »Ab nach Hause, Jungs ...«

»Serjoža, wir streiken«, klingt eine helle Jungenstimme fröhlich durch die Halle.

»Das gibt uns den Rest, Fedja«, sagt grüblerisch, während er auf Žuchraj zutritt, ein älterer Arbeiter mit Schürze und einem schwarzen Lederriemen um die hohe, klare Stirn.

»Egal, wir fahren die nicht«, erwidert Žuchraj, »gegen die Arbeiterklasse fahren wir nichts und niemand ...«

»Was setzt du dem Volk da in den Kopf, du Sterbensmann ...«, vor Žuchraj erscheint ein erhitztes, himbeerrotes Gesicht mit dickem Schnauzbart, »ich hab acht Leute zu Hause, du Teufelskopf ...«

»Wir fahren nicht«, sagt Žuchraj halblaut, hebt den Kopf und erbleicht. Ein dumpf schwellendes Zischen, ein Rasseln von Eisen, ein Dröhnen, krampfartig, unterirdisch, rückt immer näher.

Eine Wolke aus schwanenweißem Dampf fliegt am Fenster vorbei, bauscht sich üppig, zergeht. Die blaue Lokomotive mit den ölig dunklen Flanken schwebt am Fenster vorbei.

»Wie sind wir da bloß reingeraten, Artjom?«, murmelt Žuchraj vor sich hin.

Am Fenster vorbei gleiten langsam Flachwagen mit Geschützen, gedrungene Rüssel, dem Himmel drohend, Panzerspähwagen mit blind glänzenden Scheinwerfern, fest verriegelte Güterwaggons mit ihrer versiegelten Seelenfracht.

Der Zug ist vorbei. Die Nacht vor dem Fenster ist wieder klar: über ihr leuchtet totenfahl eine schmale Laterne auf. Das ersterbende Surren der Treibriemen in der Halle, die sich abschwächende Rotation der Drehbänke ...

Durch das Dunkel der ukrainischen Steppen jagt der Zug mit den Truppen Wilhelms II. Ein Wald huscht vorüber, Schluchten, ein Weiler – im Mondlicht blaue Katen, blaue, blühende Bäume.

»Da fahren wir also und befrieden sie«, sagt Artjom und schaufelt Kohle in die Feuerbüchse. »Was ein verfluchtes Leben, Batjko ...«

Angestrahlt vom rosigen Gold des Feuers klappt er das Türchen zu, wischt sich mit dem Ärmel das mit Kohlenstaub und Schweiß verschmierte Gesicht, setzt sich auf einen Hocker, lässt die schwarzen Hände hängen. Auf dem Tender sitzt mit baumelnden fetten Beinen ein deutscher Soldat mit Adlerhelm. Nacht. Der leuchtende Mond ist in einen See gesunken, auf der Erde neigen sich die dunklen Köpfe der Sonnenblumen.

»An die zwanzig Werst ham wir schon gemacht«, sagt Artjom.

»Das ist Krivaja Balka«, sagt der aus dem Fenster blickende Polentkovskij.

ARTJOM: Stimmt. (Und plötzlich mit der ganzen Verzweiflung einer dumpfen, gutmütigen Seele): Aber er ist doch auch ein Mensch, Batjko …!

Der Deutsche bläst die Backen auf, steckt sich eine lange, schwarze Groschenzigarre an.

ARTJOM: Aber er ist doch auch nurn armer Sünder vor Gott …

»Und wir, wieso wärn denn wir arme Sünder vor Gott?«, fragt Polentovskij.

»Wo's doch ne Sünde ist«, sagt Artjom schwermütig.

»Da gibts keine Sünde bei«, erwidert Polentovskij.

Der Deutsche pafft, die dicken Backen aufgeblasen, an der Zigarre, schnauft und nickt ein, das Gewehr umarmend. Über ihm wächst, den Himmel verdeckend, Artjom mit einem Brecheisen empor. Der Körper des Soldaten kippt in den Durchgang.

»Ich sags dir, Söhnchen, da gibts keine Sünde«, der gebückte Polentkovskij hat sich aufgerichtet, seine Augen blitzen.

Der Zug rast zwischen matt schimmernden Blumen über eine Wiese. Der dunklen, tosenden Masse folgt mühelos schwebend der Mond. Zwei Schatten lösen sich von der Lokomotive und purzeln den Bahndamm hinunter.

Befreit, führerlos prescht der Zug mit einem Beben voran, schießt einen Hügel hinauf, kreischt über eine Brücke, und erhebt sich, jäh erleuchtet, über den berstenden Weichen wahnwitzig in die Luft.

In dem Berg lodernder Trümmer explodieren nacheinander die Munitionskisten.

IN PETLJURAS GEFÄNGNIS

[Fragmente eines Drehbuchs nach dem Roman von
N. Ostrovskij »Wie der Stahl gehärtet wurde«]

Auf Pritschen, in schummrigen Ecken reglose menschliche Gestalten. Schwaches Licht fällt durch die Deckenluke. Ein alter Mann ist an der Wand zusammengesackt und schläft, den Mund schief offen: Eine seiner Wangen ist mit wildem Fleisch überwuchert. Gegenüber dem Fenster durchsucht eine Frau mit einem Tuch um die runden, fetten Schultern das Haar eines kleinen Mädchens, das ihr den Kopf in den Schoß gelegt hat. In einer entfernteren Ecke liegt auf dem rissigen Lehmboden Korčagin mit zerhacktem Gesicht. Lautlos, zaghaft nähert sich ihm ein Bauernmädchen mit Kopftuch und Dorfschuhen.

»Wir heißtn du?«, sagt der Alte im Erwachen heiser.

»Christja«, antwortet das Mädchen kaum hörbar.

Das Schnarchen des Alten schallt erneut durch die Zelle.

Christja geht in die Hocke und reicht Pavel einen Becher mit Wasser.

Die magere Hand Korčagins zittert, er klappert mit den Zähnen.

»Die Leut ham recht, wenn sie sagen, dass es kein Gott gibt«, flüstert Christja, ohne den Blick von dem ausgestreckt auf dem Boden liegenden Korčagin zu wenden. »Wie kanns den geben, wenn einer so jung leiden muss …?«

Sie breitet nach bäuerlicher Art den Rock auf dem Boden aus, wird schwermütig, stützt den Kopf in die Hand. Hinter der Wand dröhnen laute Stimmen, Salven von Soldatengelächter. Das Rasseln des zurückgeschobenen Riegels lässt Christja zusammenzucken, auffahren. Mit den ungeschickt befestigten Sporen klirrend, tritt der Kommandant in die Zelle, ein mit Żupan bekleideter fetter junger Bursche mit rosigem Schwabbelgesicht und Stirnlocke auf dem ansonsten kahlrasierten Schädel. Er kneift ein Auge zu und winkt Christina mit dem Finger her. Sie nähert sich ihm schlingernd, im Zickzack taumelnd, wie ein angeschossener Vogel.

»Mädel, wir wolln doch nich für immer un ewig hier hocken?« Und der Kommandant berührt das Mädchen mit seiner fetten Schulter.

»Lassen Sie mich raus, Pan«, sagt Christina und hebt den in unerträglichem Leiden glänzenden Blick zum Kommandanten.

Der rotbackige Petljura-Mann beugt sich tiefer herab, kneift erneut ein Auge zu und blickt mit dem zweiten, offenen Auge totenstarr vor sich hin:

»Mitn bisschen guten Willen – lass ich dich auch raus …«

»Bitte nicht, Pan«, flüstert Christja.

»Bei bitte nicht«, wiederholt der Kommandant Christjas Worte, »überlass ich dich den Kosaken …«

Mit den Sporen rasselnd, als wären es Tambourine, geht der Kommandant ab, breit, dickbeinig, mit rundem Rücken. Christina folgt ihm mit dem Blick, in ihr Gesicht tritt eine klägliche, kindliche Verwirrung – dann stürzt sie lautlos, mit voller Wucht auf den Boden.

»Wie die das Mädel sekkieren …«, seufzt die Frau im Schultertuch.

»Was gibts da zu Heulen«, sagt der ausgeschlafene Alte mit zufriedener Stimme, »gib der Obrigkeit, was sie haben will, dann wird die Obrigkeit schon weich …«

»Opa, Sie sind vielleicht alt«, erwidert die Frau und wühlt

im dichten Haarschopf des kleinen Mädchens, »alt, aber blöd ...«

Pavels brennender Blick ist auf die Frau geheftet. In diesem Blick pulsiert ein Gedanke. Pavel erhebt sich auf den Ellenbogen, seine verkrusteten Lippen lösen sich:

»Nicht nachgeben, Christja ...«

Christja wiegt sich, den Kopf zwischen den Knien vergraben, untröstlich, einförmig, endlos hin und her.

»Oj, dass die die Macht ham müssen«, klingt ihre Stimme kaum hörbar, wie von fern. »Oj, mein Jung, wie is das Leben schwer auf dieser Welt ... Quälen werden sie die Christja, die Verfluchten ...«

»Könntest ja längst zu Haus sein«, krächzt der im Dämmerlicht verschwimmende Greis gleichgültig und lässt sich bequemer gegen die Wand zurücksinken, »wenn du nicht so blöd wärst ...«

»Ich bin doch noch Jungfrau, Opa«, sagt Christja und hebt den Kopf.

Wieder rasselt der Riegel an der Tür. Gebückt, riesenhaft, dürr, argwöhnisch witternd, tritt ein Schreiber mit Zwicker in die Zelle. In seiner Hand liegt ein gefaltetes, vollgeschriebenes Blatt Papier.

»Gnatjuk, Christina Filippovna?«

Und sein lodernder Blick streift über das Papier:

»Bezirk?«

Christja fährt zurück, drückt sich an die Wand.

»Gouvernement Kiew, Bezirk Šepetovka.«

»Rechtgläubig?«

»Jawohl.«

»Wie viel Land?«

»Ohne Land ...«

»Unterschreiben kannst du?«

Christja nickt stumm.

»Danke, Pan ...«

Das Mädchen stürzt zu dem gebückten Schreiber, küsst ihm die große, sehnige Hand, richtet sich auf und wendet sich zu den Zurückbleibenden:

»Lebt wohl, ihr guten Leut ...«

Und zu Pavel:

»Leb wohl, du mein Lieber ...«

Die Tür schließt sich hinter ihr, der Riegel rasselt.

Der Alte steckt sich eine Selbstgedrehte an und stößt einen wirbelnden Rauchstrom aus.

»Heim kommt sie jetzt zu sich ins Dorf, zum Vater in die Kate ... Kocht sich Haluschken, nen ganzen Schwung ...«

Vor der Tür ein gellender Schrei Christjas, das Getrappel von Füßen, der Aufprall von Körpern. Der Alte hebt den Kopf, lauscht:

»Verderbt haben sie die Jungfrau ...«

Die dumpfen Schläge von Korčagins Körper, der sich gegen die Tür wirft. Rasend rennt er gegen sie an, den Kopf schüttelnd, mit den Fäusten hämmernd. Die Luke in der Tür geht einen Spalt weit auf, das Gesicht des Postens taucht auf:

»Willst wohl den Kolben über die Rübe?«

STARAJA PLATZ NR. 4

I.

Aus dem Gebäude des ZK der AKP(b) tritt ein hagerer Herr im Ledermantel.

Über seinem Kopf die erhabenen Lettern eines Behördenschilds: »ZK der AKP(b)«.

Die Augen des Mannes im Ledermantel blicken, ohne zu blinzeln, starr vor sich hin.

Eine Passantin mit Paket rempelt ihn an; er fühlt den Stoß nicht, schreitet langsam weiter – zu der langen Reihe von Autos, die schräg gegenüber dem ZK-Gebäude parken.

Er hat seinen Wagen gefunden, öffnet die Tür und nimmt neben dem Chauffeur Platz.

Der Chauffeur, ein Schlaks mit Stupsnase und treuherzig draufgängerischer Miene lässt den Motor an.

Das Auto fährt durch Moskau.

Als es den Kreml passiert, blickt der Chauffeur den Mann im Ledermantel von der Seite an:

»Peripherie …?«

Der Hagere schüttelt den Kopf:

»Moskau …«

Das Auto taucht in immer neue Gassen ein.

»Und? Wie heißen wir, Aleksej Kuzmič?«, fragt der Chauffeur, ohne den Kopf zu wenden.

Der Mann im Ledermantel erwacht aus seiner Erstarrung.

»Wie wir heißen …? Luftschiffwerk.«

»Sauber …!«, sagt der Chauffeur mit einem Kopfschütteln.

Die Lichter der Hauptstadt fliegen vorüber.

Der Chauffeur, ohne den Kopf zu wenden:

»Mal ganz wissenschaftlich: Wie hat man sich das vorzustellen – so'n Luftschiff?«

»Das muss man sich so vorstellen, Vasja: Leichter als Luft ...«

Vasja schüttelt erneut den Kopf.

»Sauber ...!«

Aleksej Kuzmič wird lebhaft:

»Wenn mal bloß wir beide mit diesem Luftschiffwerk nicht auch noch leichter werden als Luft ...!«

Vasja kurbelt am Lenkrad:

»Gut möglich ...«

Das Auto fährt durch Moskau.

»Welche Richtung, Aleksej Kuzmič?«

»Zur Chaussee, wie wir im Sommer zur Datscha gefahren sind ... Kilometermarkierung zwölf ...«

Das Auto lässt die Stadt hinter sich.

Zu beiden Seiten schimmern smaragdgrün erste Frühlingsfelder.

Vasja hält bei der zwölften Kilometermarkierung. Aleksej Kuzmič steigt aus dem Auto und entfernt sich über das feuchte Gras von der Chaussee. Vasja stapft auf langen Beinen ungelenk hinterdrein.

Aleksej Kuzmič steht inmitten eines endlosen Brachfelds. Feuchtes Gras haftet an seinen Stiefeln. Vasja steht neben ihm.

Beide schweigen. Aleksej Kuzmič schaut umher, umfängt mit dem Blick das Feld – Leere, soweit das Auge reicht, nur in der Ferne ragt schwarz die Ruine einer alten Kaserne, steht einsam eine krumme, kahle Weide.

»Das Werksgelände ...«, sagt Aleksej Kuzmič.

Vasja umfängt mit dem Blick das »Werksgelände« und stößt halb mitleidig, halb schadenfroh hervor:

»Warst grade noch Feld, und schon biste Werksgelände ...!«

»Alles da«, sagt Aleksej Kuzmič. »Werft, Hellinge, Gasreinigungsstation, Gasbehälter, Konstruktionsbüro – komplettes Luftschiffwerk!«

»Und wo liegt das Problem?«, unterbricht ihn Vasja hitzig. »Wo liegt das Problem, Aleksej Kuzmič ...? Im Werk Nr. Sechsundzwanzig haben sie uns zum Abteilungsleiter gemacht, und wir haben uns auch nicht schlechter geschlagen wie andere. In der Zweiundvierzig haben sie uns zum Vizedirektor gemacht – auch da haben wir nicht lumpen lassen! Wo liegt das Problem, Aleksej Kuzmič? Wär doch gelacht – leichter als Luft ...«

»So reden sie auch im ZK ...«, sagt Aleksej Kuzmič, halb zustimmend, halb nachdenklich ...

II.

Eine Holzbaracke auf dem Gelände des Luftschiffwerks. Mit Sperrholzplatten ist ein kleiner Verschlag abgetrennt mit der Aufschrift: »Leiter des Luftschiffwerks«.

Das lange, schwarze Rohr eines provisorischen Eisenofens hat sich durch den Sperrholzzaun genagt und zieht sich durch den gesamten Raum.

Im »Büro« des Leiters sitzt Aleksej Kuzmič auf einem Opernsessel mit Perlmuttintarsien. Vor ihm ein wackeliger, mit Papieren, Entwürfen, Materialmustern überhäufter Tisch. Im »Büro« herrscht Lärm, Stimmengewirr, drängt sich das Bauvolk; ein Polier in kalkverschmierten Gummistiefeln verkündet mit traurigem Bass:

»Sie wollen nicht – und basta!«

Muraško hebt den Blick zu ihm:

»Wie, sie wollen nicht?«

»Und wieso sollten sie bitteschön wollen?«, kläfft der Polier zurück. »Im Anilin-Werk scheffeln sie Lohn nach der vierten Kategorie, und bei uns sollste für die zweite rackern! Und dann diese Kantine ... die ist irgendwie ... na ja ... nicht akzeptabel ...«

»Wieso das?«

»Ganz und gar nicht akzeptabel, Genosse Muraško ... Wie denkt so'n Erdarbeiter heutzutage? Der lässt sich Buletten bringen, und der ein oder andere verlangt auch schon mal ein Bœuf Stroganoff. Ist auf den Geschmack gekommen, das Volk ...!«

Muraško schreibt etwas auf einen Notizblock und wendet sich dem nächsten Vorarbeiter zu – einem pockennarbigen Mann mit Metallzollstock in den Händen.

»Was willst du?«

Die zahllosen Dauerscherereien auf dem Bau haben bei dem Vorarbeiter eine düstere Entschlossenheit des Ausdrucks bewirkt:

»Ich ...? Noch zwei Tage, und ich werd ...«

»Zement?«

»Genau ... Um die vierzig Fässer kratz ich noch zusammen – und dann Amen.«

Hinter der Zwischenwand sitzt auf einer Kiste anstelle eines Stuhls die Sekretärin – füllig, gutmütig, rosig. Auf einer weiteren, etwas größeren Kiste liegen Papiere, und dort steht das Telefon, das einem Feldsprecher gleicht und vom Aussehen her an Front und vorderste Linien erinnert. Die Sekretärin sagt mit abgeklärter Stimme durch die Zwischenwand:

»Aleksej Kuzmič! Der vierte Bautrust ...«

Muraško nimmt den Hörer ab:

»Hier spricht Muraško ...«

Das große Büro des Bautrustdirektors, ein Mensch mit ferkelhaft staunendem Milchgesicht.

Hinter dem Sessel des Direktors steht sein Stellvertreter mit blauschwarzer Mähne und der übertrieben ausdrucksvollen Miene einer Provinzcharge und flüstert ihm etwas ins Ohr.

Der Direktor des Bautrusts klagt mit dünner, gekränkter Stimme ins Telefon:

»Man könnte meinen, Genosse Muraško, Sie sind vom Mond gefallen ...!«

»Wir sind ja auch von der Luftfahrt«, entgegnet Muraško düster, »uns schreckt das nicht ...«

Der Stellvertreter beugt sich zum Ohr seines Chefs und zischt:

»Nimm ihn härter ran ...!«

Der Direktor plustert sich ordentlich auf:

»Ich wiederhole, es gibt keinen Zement, und es ist auch keiner in Aussicht!«

Der Stellvertreter rückt dicht ans Ohr seines Chefs:

»Knallhart ...!«

»Zu Ihrer Information«, ertönt darauf die bedrückend gelassene Stimme Muraškos, »zu Ihrer Information: Laut Frachtbrief Nr. 94611 wurden am vierzehnten aus Novorossijsk zweitausend Tonnen Zement verladen. Am einundzwanzigsten ist der Zement in ihrem Moskauer Magazin eingetroffen.« Und der Leiter des Luftschiffwerks hängt auf.

Auf dem Ferkelgesicht des Direktors liegt ein Ausdruck höchster Verblüffung und Kränkung.

»Er sagt ... am vierzehnten wurde er verladen«, stammelt

er verwirrt, »und am einundzwanzigsten ist er im Magazin eingetroffen!«

Der Stellvertreter mit der übertrieben ausdrucksvollen Miene wird erst puterrot, dann blass:

»Also, da war tatsächlich so ein Wisch, Ivan Semjonyč, …«, flüstert er und äugt umher.

Muraškos »Büro«. Vor dem Tisch des Leiters der kurzgeratene Buchhalter, der einer zum Flug ansetzenden Gans ähnelt. Er streicht mit den Händen an sich herum und sagt zuckersüß:

»Den Generalkostenvoranschlag beziffern wir auf achtundzwanzig Millionen.«

Vor dem Fenster eine urwüchsige Stimme:

»Aksinja, schnorr uns mal vierzig Kopeken für 'nen Aufguss Tee!«

Muraško blickt auf den an sich herumstreichenden Buchhalter.

»Damit kommen wir nicht hin. Nehmen Sie meine Zahl: fünfunddreißig Millionen.«

Der Buchhalter windet sich wie unter einem Peitschenhieb:

»Aleksej Kuzmič, gestatten Sie mir den Hinweis …«

Hinter der Trennwand die besänftigende Stimme der Sekretärin Agnija Konstantinovna:

»Nehmen Sie den Hörer ab … Das ZK des Komsomol …«

Das Büro des Sekretärs des ZK VLKSM. Im Sessel ein hellblondes Mädchen mit um den Kopf gewundenen Flechten. Sie überfliegt die auf dem Tisch liegenden Papiere und redet mit einem Elan los, in dem sich nicht bloß Arbeitseifer äußert, sondern eine schier überströmende Jugend, Fröhlichkeit, Kraft.

»Genosse Muraško, du brauchst also, warte einen Moment ...?« Das Mädchen überfliegt ein weiteres Mal eines der Papiere: »Luftschiffkonstrukteure, Hellinge, Ankermasten, Piloten für Luftfahrzeuge der Kategorie »Leichter-als-Luft«, Mechaniker für die Gasreinigungsstation ..., Moment ...« Sie wendet das Blatt und liest noch unbändiger bis zum Ende: »Ingenieure mit Luftfahrtspezialisierung, Zeichner, die schon für das Luftschiffprojekt gearbeitet haben ...?«

Muraško, angesteckt von dem Strom an Jugend und Fröhlichkeit, antwortet dem Mädchen im selben Ton:

»Stimmt, brauch ich.«

Die Sekretärin des ZK legt das Papier beiseite.

»Also, du kriegst gute Komsomolzen ohne jede Spezialisierung.«

Muraško zuckt zusammen:

»Was soll ich mit denen anfangen?«

»Was fangen die andern mit ihnen an?« Die Sekretärin des ZK blickt aus dem Fenster – vor dem Fenster liegt Moskau. »Du wirst sie eben auf deine Walze umspulen.«

»Und die vielgepriesene Hilfe, wo bleibt die?«, fragt daraufhin Muraško.

»Dafür haben wir dir einen prima Komsorg ausgesucht«, unterbricht ihn das Mädchen mit den Flechten, »Montagebrigadier beim Elektrowerk. Ein Mann wie ein Fels.«

Muraško hängt den Hörer auf, doch der Widerschein ihrer Lebhaftigkeit weicht lange nicht von seinem Gesicht.

»Aleksej Kuzmič«, sagt der Buchhalter und hüpft neben seinem Tisch auf und nieder, »gestatten Sie mir den Hinweis ... Auch ohne die Verordnung Nr. 380 würgen die uns mit ihren Limits nach Strich und Faden ab.«

In Muraškos Zimmer tritt, nein stürmt ein winziges Mädchen mit widerspenstigen flachsblonden Locken; aus ihrem

Gesicht spricht der ganze unbeugsame Starrsinn ihrer achtzehn Lenze ...

»Ich sags lieber gleich: Ich hab sie noch nie zu Gesicht gekriegt!«, sagt sie von der Schwelle her.

»Wen denn?«, fragt Muraško, der sich über nichts mehr wundert.

»Na diese Luftschiffe ...«

»Und wozu sollten Sie sie bitteschön ›zu Gesicht kriegen‹?«

»Na das ist mal neu!«, staunt das Mädchen. »Kommt der Komsorg vom Komsomol-ZK, und er: Wozu sie zu Gesicht kriegen?«

»Sie sind der Komsorg vom ZK?«

»Klar doch«, entgegnet das Mädchen. »Dann haben wir uns ja jetzt kennengelernt ...«

Sie schüttelt Aleksej Kuzmič die Hand und steuert die Tür an.

»Ich geh das Wohnheim für die Bauarbeiter inspizieren, sieht irgendwie muffig aus bei euch. Ein Sauladen ...«

Und sie geht, nein stürmt hinaus.

»Die ist auf Krawall gebürstet«, konstatiert der erste Buchhalter, während er ihr nachblickt.

»Eine Bombe«, fügt der Vorarbeiter hinzu und macht dem Buchhalter Platz, der immer heftiger ins Hüpfen gerät.

»Aleksej Kuzmič, für mich persönlich ist der Standpunkt der Regierung absolut klar. Es ist so, dass die Limits ...«

»Setzen Sie die fünfunddreißig fest ...«, unterbricht ihn Muraško in einem Ton, der keine Diskussion duldet.

Die Sekretärin öffnet die Tür und lässt ein rosiges, blauäugiges altes Männlein herein.

»Professor Polibin«, sagt sie, und auf ihrem gutmütigen Gesicht malen sich Schrecken und Wichtigkeit.

Muraško winkt alle hinaus; das Zimmer leert sich. Muraško rückt dem Professor den einzigen Sessel mit den Intarsien hin und lässt sich selbst auf einem Stapel zusammengeschnürter Parkettbrettchen nieder.

Polibin wirft einen Blick durchs Fenster, sieht sich um und spricht mit Honigstimme:

»Ich darf anmerken, dass Sie bereits begonnen haben ...«

Hinter der Trennwand versucht der zum Flug ansetzende Buchhalter, seinen Kummer bei der Sekretärin loszuwerden:

»Der Standpunkt der Regierung ist mir ja hinreichend bekannt, Agnija Konstantinovna ...«

Im »Büro« bringt Polibin, der seine blauen Äuglein über den Gesprächspartner wandern lässt, eine ganze Deklaration vor:

»Meiner Einschätzung nach, wertester Aleksej Kuzmič, ist die Frage der Kandidatur für den Posten des Hauptkonstrukteurs als solche mehr oder minder unlösbar ... Wer vertritt denn bei uns in der Sowjetunion überhaupt die betreffende Disziplin?«

Muraško rückt auf seinem Stapel näher.

»Unser berühmter Ivan Platonovič Tolmazov«, fährt Polibin fort und lässt seine Augen unermüdlich umherwandern: »Akademiemitglied, Theoretiker reinsten Wassers ...«

»Von dem träumen wir auch gar nicht«, sagt Muraško.

»Aus der Schule von Ivan Platonovič«, plätschert Polibins Tenörchen, »würde ich für Vasiljev plädieren, aber ... er ist jung, unerlaubt jung ...«

»Ein Manko, das mit den Jahren vergeht«, bemerkt Muraško. »Und wen könnte man, abgesehen von Ivan Platonovičs Schule, andenken?«

Polibins Äuglein stehen still, als wollten sie ins Innerste seines Bewusstseins dringen:

»Žukov, Pjotr Nikolajevič ... Ein Perpetuum mobile ... Ein Fantast, wenn ich mich so ausdrücken darf, Psychopath ... Dann gibt es noch Jastrzembski, aber der – wie soll ich sagen – kommt nicht in Betracht ... ist keiner von uns ...«

Muraško stimmt ihm zu:

»Der kommt nicht in Betracht.«

Pause.

»Und Sie, wertester Herr Professor, wenn man Sie vergattern könnte ...?«

Etwas ungemein Ehrwürdiges erscheint auf Polibins rosigem Gesicht ... Er öffnet den Mund, doch im selben Moment entbrennt hinter der Trennwand bei der Sekretärin eine Schlacht: Dort gehen die sanfte Agnija Konstantinovna und eine ältere Frau in Baskenmütze und schäbigem Pelzkragen aufeinander los.

»Professor Polibin ist vielleicht eine Koryphäe«, schreit die Frau mit dem Pelzkragen und traktiert Agnija Konstantinovna mit ihrer Handtasche, »aber ich bin Mutter, vor Ihnen, Bürgerin, steht eine Mutter!«

Das Liebeswerben in Muraškos Büro neigt sich dem Ende zu.

»Abschließend darf ich noch« – eine Woge seelischer Erregung kräuselt das Salböl von Polibins Stimme – »auf meine umfassende wissenschaftliche Laufbahn von achtundzwanzig Jahren verweisen, mein umfassendes Engagement als jemand, der seit 1927 sympathisiert ...«

Muraško trommelt mit dem Zeigefinger auf seinem Knie und erhebt sich:

»Wir denken darüber nach, mein lieber Herr Professor, wir beraten darüber ... Wir bleiben im Gespräch ...«

Polibin krümmt den Rücken, schüttelt mit dürrer Hand

die breite Hand Muraškos und geht rückwärts davon. In der Tür segelt ihm der Pelzkragen entgegen. Seine Trägerin lässt Polibin vorbei, dann blockiert sie mit ihrem Körper die Tür und geht zum Angriff über:

»Genosse Direktor ...«

Muraško drückt sich die Mütze in die Stirn:

»Übermorgen ... Muss gleich wegfahren ...«

Aber das Wegfahren ist noch in weiter Ferne. In der Tür steht ein Wesen, siegessicher und kampfbereit.

»Wenn eine Mutter mit einem solchen Kummer zu Ihnen kommt, kann das Wegfahren warten.« Und sie zieht einen Brief aus der Tasche.

»Das ist kein Brief von irgendwem ... Der ist von Jelisejev.«

Muraško überfliegt den Brief und mustert die Besucherin interessiert.

»Sie sind die Mutter von Fridman?«

»Die Mutter vom Himmelsstürmer ...«, erwidert die Frau betrübt.

Muraško, während er Papiere in seine Aktentasche stopft:

»Genossin Fridman ... Raisa Lvovna?«

»Genau die.«

»Gut und schön, als Piloten werden wir ihn nehmen, warum auch nicht, aber konkret wird die Sache ja erst in einem Jahr, nicht früher ... Und er ist doch auf Stratosphärenballons spezialisiert, aber wir sind ein Luftschiffwerk ...«

Doch Raisa Lvovna bleibt standhaft.

»Was will ich von Ihnen wissen? Nur das eine: Hat eine Mutter das Recht zu wünschen, dass ihr einziger Sohn seinen Fallschirm nicht erst fünfzig, sondern dreihundert Meter über der Erde öffnet ...? Wäre ich an Stelle des Genossen Vorošilov«, sagt Raisa Lvovna schluchzend, »ich würde einen solchen Menschen in Stücke reißen, aber als Mutter muss ich es erdulden ...«

Muraško greift entschlossen nach der Aktentasche:

»Raisa Lvovna, ich habe jetzt wirklich keine Zeit ...«

Raisa Lvovna schneuzt sich und wischt sich die Augen.

»Sie haben doch bestimmt auch eine Mama ...? Ihre Mama, die würde mich verstehen ... Wie ist er denn großgeworden ...?«, heult sie unvermittelt los. »Warum fragen Sie mich nicht, was ich durchgemacht habe, als ich ihn hochzogen habe ...? Mit reiner Butter, Hühnerklopsen, mit lauter Vitaminen habe ich ihn großgekriegt. Meine Seele habe ich in diese Hühnerklopse hineingelegt, alles habe ich gegeben für diese Hühnerklopse, dass sie, Gott behüte, nur ja nicht verbraten, dass sie, Gott behüte, nur ja nicht zu wenig durchgebraten sind ... Und was habe ich damit erreicht ...? Heute ein ewig langer Sprung vom Himmel, morgen einer vom Mond ...«

»Wissen Sie was, Raisa Lvovna«, unterbricht Muraško sie plötzlich.

»Nein«, sagt Mamaša Fridman schluchzend.

»Wissen Sie was?« Muraškos Augen funkeln, und er rückt dicht an sie heran. »Sie werden uns eine Kantine auf die Beine stellen, Raisa Lvovna. Und wenn Ihr Ljova dann zu uns kommt, dann füttern Sie ihn und alle anderen mit Klopsen aus lauter Vitaminen ...«

Die verdatterte Mamaša Fridman tritt einen Schritt zurück:

»Sie sind wohl auch so ein Himmelsstürmer, Genosse Direktor ... Da komme ich zu Ihnen mit so einem Kummer ...«

Aber Muraško ist schon zum Angriff übergegangen:

»Reine Butter, lauter Vitamine. Na, Genossin Fridman?«

III.

Nacht. Fahrender Zug. Abteil der ersten Klasse.

Muraško, in ein englisches Buch über Technik vertieft. Neben ihm häkelt eine ruhige, etwa sechsundzwanzigjährige Frau mit aschblondem Scheitel einen Spitzenkragen für ein Kleid.

Die Frau blickt auf die Uhr:

»Gleich eins ...«

»Ich gehe schon ... Sie können sich schlafenlegen.«

Muraško tritt in den Korridor und steckt sich eine Zigarette an.

Vom Waschraum her kommt ein hochgewachsener Bursche, braungebrannt, rotwangig, langbeinig, in Aeroflot-Uniform an ihm vorbei. Über die Schulter hat er ein Frottiertuch geworfen, in der Hand trägt er eine Seifendose.

»Muraško ...! Schön, dich zu sehen ...! Wo gehts hin?«

»Nach Voronež ...«

»Hast du wen im Abteil ...? Mann oder Frau ...?«

»Frau ...«

»Kategorie ...?«

Muraško überlegt kurz.

»Richtung Haustiertyp ...«

»Uninteressant«, sagt der hochgewachsene Bursche mit dem Frottiertuch und geht in sein Abteil.

Muraško raucht am Fenster seine Zigarette; vor der Scheibe nasse, schwarze Felder, vibrierend von der raschen Fahrt.

Muraškos Abteilgefährtin hat inzwischen den Pyjama angelegt und das weiche Haar gekämmt. Sie holt aus ihrem Koffer eine schwarze Lederröhre mit Zeichnungen, legt sie in den Winkel zwischen Wand und Bett und bedeckt sie mit dem Laken; dann entnimmt sie ihrer Handtasche einen kleinen Revolver und prüft die Patronen. Den Revolver packt sie unters Kopfkissen, legt sich hin und zieht die Bettdecke über sich.

IV.

Unbeschreiblicher Radau. Mit Holzsäbeln fuchtelnd, liefern sich zwei kleine Jungs zwischen fünf und sechs Jahren eine Schlacht. Ein Neunjähriger bearbeitet eine selbstgebastelte Trommel, derweil der Patriarch – der zwölfjährige Igor – durchs Zimmer fliegt, an das große Holzmodell eines Luftschiffs geklammert, das an Seilen von der Decke hängt. Ruhe bewahrt einzig der Hund – ein altes, zottiges Tier, das auf der Schwelle philosophisch vor sich hindöst.

Die kleinen Fenster sind mit Geranien und Kakteen vollgestellt. Über den Pflanzen hängen Vogelkäfige: Stare, Drosseln, Kanaris und irgendwelche Vögel unbestimmbarer Art. All das singt, zirpt, pfeift.

In einer Ecke auf zwei Schemeln ein Waschtrog. Eine mollige Frau mit üppiger Frisur macht die Wäsche, seift sie langsam und gleichmäßig ein. Dabei liest sie in einem Buch, das auf der Fensterbank steht.

Auf der Schwelle dieses ungewöhnlichen Zimmers Muraško, starr vor Verwunderung. Niemand hat sein Kommen bemerkt, nur der Hund öffnet ein Auge und schließt es gleich wieder.

»Bürgerin, ich hab ewig lange geschellt ...«

Beim Klang der fremden Stimme halten die Kinder im Spiel inne und starren mit unverhohlenem Staunen auf Muraško. Der Junge, der eben noch durchs Zimmer flog, springt herab. Der Hund zuckt vor Überraschung zusammen.

»Bei uns wird nicht abgeschlossen«, entgegnet die Frau mit dem aufgetürmten Haar offenherzig und schüttelt den Seifenschaum von den geröteten Händen. »Was gibts bei uns schon zu holen? Sie wollen zu Žukov …? Petja!«, ruft die Frau. »Petja!«

Ein Star antwortet ihr mit wütendem Gepfeif.

»Er ist nicht zu Hause …?«, fragt Muraško verärgert.

Die Frau wischt sich die Hände an der Schürze ab.

»Klar ist er zu Hause, aber er antwortet nicht. Er antwortet nie. Gehen Sie nur rein …«

Und schon hat sie Muraško vergessen und sich wieder an ihre Lektüre gemacht.

Žukovs Zimmer. An den Fenstern auch hier Geranien und Vogelkäfige. Auf Holzregalen Retorten, Kolben, Fläschchen. In der Ecke eine Werkbank. Auf dem Fußboden zerstreute Bücherstapel. Auf Stühlen, Tisch und Bett sind Zeichnungen ausgebreitet. Am Tisch mit dem Wachstuch voller Schnitte sitzt, umwölkt von einer schwarzen Haarmähne, ein etwa fünfzigjähriger Mann mit Stahlbrille und unnötigem Bärtchen und zeichnet hurtig mit der Reißfeder.

Muraško räuspert sich, steht eine Weile, scharrt mit den Füßen. Doch der Mensch am Tisch hört nichts, oder besser gesagt, er hört nur eine geheimnisvolle, ihm allein verständliche Musik. Muraško räuspert sich lauter. Žukov hebt den Blick von der Zeichnung:

»Ja …?«

»Ich komme aus Moskau …«, sagt Muraško.

»Machen Sie's kurz«, fällt ihm Žukov ins Wort.

»Ich möchte Ihnen Arbeit anbieten …«

Žukov wirft den Kopf in den Nacken, lacht auf, verstummt, sagt abgehackt:

»Ich bin angestellt … Konstrukteur von Fesselballons … Mit Pfusch hab ich nichts am Hut.«

»Darum gehts nicht«, unterbricht ihn Muraško. »Sie haben doch beim Sovnarkom eine Projekteingabe für ein neues Luftschiff gemacht?«

Žukov springt auf:

»Kommission? Sie sind von der Kommission? Hol Sie der Teufel!«

Er schnappt sich aus der offenen Schublade einen Haufen von Papieren und schleudert sie eines nach dem anderen Muraško hin:

»Da, da haben Sie sie!«

»Wer – sie?«, sagt Muraško.

»Die ärztlichen Bescheinigungen, hol Sie der Teufel! Die Bescheinigungen, dass ich gesund bin … Eure Tolmazov-Bande hat es nicht geschafft, mich um den Verstand zu bringen!«, kreischt Žukov in unerwartetem Falsett los. »Und sie wird es auch nicht schaffen …!«

Muraškos unerschütterliche Ruhe bringt ihn wieder zu sich. Er wird verlegen, funkelt hinter der Brille wütend mit den Augen, dreht sich weg.

»Weshalb sind Sie hier?«

»Um Sie zur Mitarbeit im Luftschiffwerk einzuladen.«

Žukov zieht mit Schwung eine Linie mit der Reißfeder, lehnt sich zurück, überlegt kurz und sagt friedlich, fast schon beifällig:

»Einladen, mich …? Sind Sie verrückt?«

Muraško zückt ein kleines Pappquadrat mit Foto.

Žukov prallt entsetzt zurück.

»Ausweis?!«

»Nur mein Ausweis als Leiter des Luftschiffwerks.«

Žukov blickt seinen Gast durchdringend an – hinter der

Stahlbrille brennt ungestüm ein störrischer Gedanke. Er fährt sich mit der Hand durchs Haar, dann rollt er schnell ein paar Zeichnungen zusammen, greift sich zwei Mappen, verschnürt alles mit Bindfaden, streift den Mantel über, stülpt sich den Hut auf.

»Fahren wir«, sagt er.

Beide treten ins Nachbarzimmer.

»Katja, ich fahre nach Moskau«, murmelt Žukov kaum vernehmlich und fährt den Kindern ungelenk übers Haar.

Žukovs Frau wischt sich die Hände ab, geht zu ihrem Mann, küsst ihn auf den Bart und sagt:

»Bring Zitronen mit.«

Žukov blickt über die Köpfe der Kinder hinweg:

»Vergesst nicht die Zitwersamen für Cicero ... Cicero – das ist der Star«, sagt er zerstreut zu Muraško und brüllt unvermittelt die Kinder an: »Dass ihr eure Mutter nicht ärgert!«

»Auf Wiedersehen, Genossin Žukova«, sagt Muraško mit einer Verbeugung.

»Wiedersehen!« Sie hat ihre Lektüre unterbrochen und fragt mit kindlicher Neugier: »Und wozu nehmen Sie ihn mit?«

»Er wird sehr gebraucht«, sagt Muraško.

Der Hund öffnet beide Augen zugleich. Der Star tut einen verzweifelten Pfiff ...

Auf einer öden Provinzstraße halten Muraško und Žukov in einer Kurve an und lassen ein Auto vorbei.

»Ihre Aufgabe wird sein ...«

»Im Luftschiffwerk würde ich auch die Fußböden fegen!«, sagt Žukov rasch.

Muraško lächelt.

»Sie werden der Chefkonstrukteur sein, Pjotr Nikolajevič.«

Žukov schüttelt seinen Bart:
»Egal ... Hauptsache, sie fliegen ...«
»Wer – sie?«
»Die sowjetischen Luftschiffe ...«

V.

Empfangshalle des Wirtschaftsrats beim Sowjet der Volkskommissare. Von Papierstößen umlagerte Gruppen von Wirtschaftsleitern, Direktoren, Referenten, Menschen aus allen Winkeln des Landes, die gekommen sind, um ihre Projekte zu verteidigen.

Ein Mann mit mongolischen Zügen geht vorbei, sein bestickter Mantel leuchtet auf.

Die Tür zum Allerheiligsten öffnet sich, aus dem Sitzungssaal fliegt ein Mensch mit offener Militärjoppe und klaffender Aktentasche, der ein Wust von Papieren zu entflattern droht. Sein vor der Tür wartender Stellvertreter stürzt auf ihn zu.

»An die Instruktion Nr. 380 sollen wir uns halten«, flüstert der Hereingekommene böse, fast mystisch.

Der Stellvertreter wirft sich in Positur.

»Aber erlauben Sie ...«

»Gar nichts erlauben die«, sagt der erste mit hohler Stimme.

An einem Tisch in der Empfangshalle studiert Muraško irgendwelche Unterlagen. Der Hauptbuchhalter wirft ihm einen flammenden Blick zu und stöhnt:

»Aleksej Kuzmič!«

Aus der Tür zum Allerheiligsten walzt der Direktor des vierten Bautrusts und wischt sich den Schweiß vom Gesicht.

Vor ihm wächst in einem gut geschnittenen Anzug der blauschwarz bemähnte Stellvertreter aus dem Boden.

»Abgeschossen!«, stammelt der Direktor.

Der Stellvertreter richtet sich auf:

»Abgeschossen? Mit welcher Begründung?«

»Wir sollen uns gefälligst an die vorgegebenen Limits halten ...«

Und wieder ein Stöhnen des Hauptbuchhalters vom Luftschiffwerk:

»Aleksej Kuzmič ...!«

Die Tür zum Allerheiligsten schwingt auf. Die scheppernde Stimme des Sekretärs:

»Luftschiffwerk ...«

Der Referent, eine lange Gestalt mit Kneifer an einem Schnürchen, schießt von seinem Platz auf. Er schleift Muraško mit sich. Die Tür schließt sich hinter ihnen.

Der Buchhalter wendet sich daraufhin zum Stellvertreter vom vierten Bautrust. In ihm findet er einen Gleichgesinnten:

»Man will absolut nicht in Betracht ziehen, dass man einen Mann, der den Standpunkt der Regierung kennt, in Betracht ziehen muss ...«

Sitzungssaal. Ein Dutzend Menschen um einen runden Tisch. Der geschmeidige Referent verströmt, am schwarzen Schnürchen seines Kneifers ruckend, die üblichen Worte:

»Im Wesentlichen hat das Luftschiffwerk die Instruktion Nr. 380 erfüllt, mit gewissen, der Spezifik des Projekts geschuldeten Korrekturkoeffizienten. Unter weiterer Einbeziehung der erhöhten Limits im Bausektor schlägt die Kommission vor, die Kosten für das Objekt auf 32 Millionen und 446 Tausend Rubel zu beziffern ...«

In der Empfangshalle vor der Tür zum Allerheiligsten hüpft der Buchhalter auf und nieder.

Im Sitzungssaal das Schlusswort des Vorsitzenden:
»Genossen, der Standpunkt ist definiert ...«, sagt er. »In Anbetracht der mangelnden Überzeugungskraft des Generalprojekts, in Anbetracht der Tatsache, dass der kleinkrämerisch berechnete Voranschlag für dieses wichtige Unterfangen keine realen Perspektiven bietet, ist das Projekt, so lautet der Standpunkt, Genossen, zur Überarbeitung zurückzuweisen ... Die maximale Frist für das Bauvorhaben soll auf anderthalb Jahre festgelegt werden ... Die Summe der Kapitalinvestition ist auf einen Richtwert von neunzig Millionen Rubeln anzusetzen. Das Luftschiffwerk wird hiermit aufgefordert, ein neues Projekt sowie einen auf den genannten Daten basierenden Voranschlag vorzulegen. Gibt es Einwände?«

»Nein«, sagt Muraško mit veränderter, rauh gewordener Stimme, »keine Einwände.«

Der Vorsitzende nickt dem protokollführenden Sekretär zu:
»Keine Einwände ...«

VI.

Über die Chaussee jagt in rasender Fahrt ein Auto ... An einer Kreuzung wird es von einem Milizionär angehalten:
»Ihre Fahrerlaubnis.«

Auf dem Chauffeursitz Vasja, der unverzüglich zu feilschen beginnt:
»Fünfundsechzig, drüber bin ich nicht gefahren!«

»Hundertzwanzig bist du gefahren«, erwidert der Milizionär. »Wem gehört das Auto?«

»Mir«, ertönt Raisa Lvovnas Stimme, und eine pelzkragenbesetzte Schulter reckt sich durchs Autofenster.

»Und Sie sind wer?«

»Ich bin das Luftschiffwerk«, erwidert Raisa Lvovna. Und als das Auto anfährt, erscheint die pelzkragenbesetzte Schulter noch einmal im Fenster und sagt mit Nachdruck: »Genosse, man muss schon wissen, wenn man anhält!«

Das Auto fährt über das Gelände des Luftschiffwerks, bahnt sich mühsam seinen Weg zwischen aufgetürmten Ziegelstapeln, Brettern, Balken, Zementfässern. Das Auto fährt vorbei an einer emporwachsenden Backsteinwand, an Baggern, die sich in den Grund nagen, Schleppern, die auf Anhängern Fracht befördern. Es hält kurz an, um den Miniaturzug einer Schmalspurbahn passieren zu lassen. In dem kleinen offenen Waggon sind Fensterrahmen und Normtüren gestapelt. Dumpfes Getöse der Bagger, Knirschen von Seilwinden, Baustellenmusik. Im hinter dem Schlagbaum wartenden Auto führt Raisa Lvovna mit Vasja ein Produktionsgespräch:

»Wie stehen Sie zu gehacktem Hering, Vasja, als morgige Vorspeise für die ITR...?«

»Topp!«, verkündet Vasja.

»Als ersten Gang Hühnersuppe mit Klößchen...«

»Geritzt!«, bestätigt Vasja.

»Als zweiten Gang süß-saures Fleisch...«

Da muss Vasja passen:

»Das – das kenn ich nicht...«

»Ein wundervolles Gericht«, versichert Raisa Lvovna. »Zum Nachtisch Strudel...«

»Topp!«, sagt Vasilij und schüttelt den Kopf. »Bei Ihnen, Mamaša, kriegen wir richtig Schliff ...«

In der Kurve steigt Raisa Lvovna aus dem Auto.

»Aber was mich das kostet«, sagt sie im Weggehen. »Es ist schon so weit, dass ich meinen Mann tagsüber rein gar nicht mehr zu Gesicht kriege ...«

Raisa Lvovna geht an den Überresten einer Baracke vorbei, neben der sich wie durch ein Wunder eine einsame Weide erhalten hat. Die Baracke wird mit blitzartigem Tempo abgeräumt.

Raisa Lvovna segelt majestätisch auf den Vorarbeiter zu:

»Bürger, wo ist hier die zweite Kantine?«

Der Vorarbeiter weist auf die Arbeiter, die die Baracke demontieren:

»Na da ...«

»Die gerade abgerissen wird?!«

»Abgerissen, genau«, bestätigt der Vorarbeiter.

»Und die neue ...?«, fragt Raisa Lvovna mit sinkender Stimme.

»Muss noch gebaut werden ... Wo wollen Sie hin, Bürgerin?!«

Raisa Lvovna stürmt, über die Barackentrümmer hinwegspringend, zum Gebäude des Hauptkontors.

Hier hat Muraško sein neues Büro – ein Zimmer, in dem Arbeiter dabei sind, neben der Tür die vierte Fertigwand zu installieren. Aber Muraško sitzt schon am Schreibtisch. Zwei Putzfrauen legen auf dem Fußboden den Teppich aus.

Raisa Lvovna prescht an der Sekretärin vorbei.

»Aleksej Kuzmič! Sie ist weg ...«

»Wer?!«

»Na die Kantine! Ich bin außer mir ...!«

»Wir bauen wieder eine, Raisa Lvovna ...«

»Aber Sie haben doch gesagt, ich soll sie leiten?«

»Das werden Sie auch. Am besten machen Sie, solange die Sache noch im Werden ist, schon mal den Bauarbeitern, Zulieferern und denen von der Materialausrüstung Dampf ...«

Das Gespräch wird durch das überraschende Erscheinen von Agnija Konstantinovna unterbrochen. Mit roten Flecken im Gesicht verkündet sie unheilvoll flüsternd:

»Tolmazov ...«

Muraško springt auf, knöpft sich die Uniformbluse zu:

»So, Raisa Lvovna, jetzt brennts! Von Tolmazov haben Sie gehört?«

»Ich bin ja wohl eine intelligente Person ...«, erklärt Raisa Lvovna mit Würde.

Muraško schiebt hastig die Papiere auf dem Tisch zusammen, stopft einen Teller mit Gebäck in die Schublade, hebt ein paar Papierfetzen vom Fußboden auf und wirft sie in den Korb. Dabei sagt er zu Raisa Lvovna:

»Treten Sie also in Aktion ... Ihnen muss man doch nicht auch noch beibringen, wie's geht?«

»Mir nicht«, sagt Raisa Lvovna mit Zweifel in der Stimme, »aber da Sie mich nun mal um die Leitung gebeten haben ...«

Und sie geht hinaus.

Muraško rückt den Polstersessel näher an den Tisch.

Im Vorzimmer neben der rot angelaufenen Sekretärin zwei Menschen im Gespräch: Der eine, ein nicht mehr junger Mann mit kurzgeschorenem Haar und im voluminösen, teuren Anzug, atmet Ruhe und Selbstbewusstsein. Er ist eine Berühmtheit – Tolmazov. Neben ihm steht ein kräftig gebauter Bursche, breitschultrig, massig, leicht backenknochig, mit unglücklicher Miene – Tolmazovs Aspirant Vasiljev.

»Ivan Platonovič«, sagt Vasiljev, »Sie sind meine letzte Hoffnung. Ein Wort von Ihnen …«

»Wir werden es sagen, dieses Wort«, antwortet Tolmazov mit einer Stimme, so voluminös wie sein Anzug, »wir werden es sagen, Serjoža … So lassen wir nicht mit uns umspringen …«

In der Tür Muraško.

»Bitte sehr, Ivan Platonovič …«

Muraško hinter dem Schreibtisch, Tolmazov im Sessel.

»Man bekommt Sie ja nur so selten zu sehen, Ivan Platonovič.«

Tolmazov mit dem für ein Akademiemitglied angemessenen Grad an Koketterie:

»Diesmal bin ich als Bittsteller hier …«

»Da haben wir ja noch mal Glück«, rutscht es Muraško heraus.

Tolmazov wirft einen fragenden Blick auf den Werkleiter.

»Tolmazov eine Bitte zu erfüllen«, erklärt Muraško seinen Einwurf, »ist hocherfreulich … Erfreuliches gibt es nicht gerade viel, Ivan Platonovič.«

Das Akademiemitglied lächelt.

»Danke. Es geht um einen Aspiranten unseres Instituts, Vasiljev. Er hat kürzlich seine Dissertation verteidigt und zwar glänzend. Thema war meine Wirbeltheorie.«

Muraško nickt verständnisvoll.

»Vasiljev vereint in sich ein fundiertes Wissen über Aerodynamik mit großer Sorgfalt und Präzision bei der Arbeit …«

Muraško nickt erneut.

»Und nun stellt sich heraus, dass Vasiljev plötzlich als Mitglied des VLKSM in Ihr Werk versetzt werden soll. Ich muss doch sehr hoffen, Genosse …«

Der Werkleiter souffliert:

»… Muraško.«

»… Genosse Muraško, dass Sie nichts dagegen haben, ihn an meinem Lehrstuhl zu belassen.«

»Doch«, sagt Muraško. »Offen gesagt, hatte ich wegen dieser Kandidatur gewisse Bedenken, aber nach der Beurteilung, die Sie ihm gegeben haben … Sie werden Vasiljev ans Luftschiffwerk abtreten müssen, Ivan Platonovič …«

Über Tolmazovs Gesicht huscht ein Schatten. Er erhebt sich.

»Dann bleibt mir nichts, als mich an eine höhere Instanz zu wenden …«

Ins Büro stürmt der zerzauste Žukov.

»Aleksej Kuzmič, Sie sind doch ein richtiger Backstein, nach dem, was …! Auf der Werft ist schon wieder ….«

Tolmazov weicht verdutzt beiseite, doch Žukov hat ihn erblickt – und beide erstarren.

»Guten Tag, Ivan Platonovič!«, ertönt nach einer Pause Žukovs verblüffend dünne Stimme.

Tolmazov macht eine Verbeugung. Žukov erwidert sie, aber in seinen Augen funkeln bereits Blitze:

»Sie sehen, ich bin am Leben und nicht übergeschnappt …«

»Nach Ihrem jüngsten Artikel zu schließen …«

Žukov reckt sich und prescht los:

»Sie sind nicht einverstanden?«

Tolmazov schüttelt den Kopf:

»Absolut nicht …«

»Sie wollen es also nicht mal im Ansatz verstehen?!«, schreit Žukov und rückt gegen das Akademiemitglied vor.

Tolmazov wendet sich zu Muraško und erklärt herablassend:

»So streite ich mich mit Pjotr Nikolajevič seit gut zwanzig Jahren ...«

»Ich bin im Bild«, sagt Muraško.

Unterdessen schreit Žukov etwas an Fieberwahn Grenzendes:

»Ein Erbsenzähler, Ivan Platonovič, ich bin also ein Erbsenzähler, ich kriege nichts gebacken, und Sie, Sie werden immerzu schöner, mein Ehrenwort, immerzu schöner ... Ein Adonis ... als Junge, als Mann, als Greis – immerzu ein Adonis ... Ein Gott, Ivan Platonovič, eine Gottheit ...!«

Žukov windet sich, ruckt mit den Armen, hastet im Zimmer umher.

Tolmazov runzelt die Stirn und sagt, um dem unangenehmen Gespräch eine andere Richtung zu geben:

»Sie statten dem Genossen Muraško also auch einen Besuch ab?«

Žukov spuckt fast aus:

»Was heißt da Besuch? Alles wegen der Werft ...«

Muraško neigt sich ein wenig vor:

»Pjotr Nikolajevič ist Hauptkonstrukteur des Luftschiffwerks.«

»Aahhh«, sagt der fassungslose Tolmazov gedehnt.

»Jawohl, da haben Sie ihr ›Aahhh‹!« In Žukovs Augen blitzt ein herausfordernd spitzbübisches Feuer, und er eilt unter allerlei Gemurmel davon.

»Ein hochgefährlicher Schritt«, sagt darauf Tolmazov, der sein offizielles Gebaren komplett abgelegt hat. »Das ist ein Fantast, ein Autodidakt ... Ein brandgefährlicher Mann!«

»Wir haben ihn schon ins Lot gebracht«, sagt Muraško mit einem Blick auf Tolmazov. »Man hat mich heute angerufen, Ivan Platonovič ... Der Wissenschaftsrat des Luftschiffwerks ist ernannt worden, mit dem verehrten Akademiemitglied Tolmazov an der Spitze ...«

»Sie machen wohl Witze?«, sagt das Akademiemitglied.

»Was für Witze?«, entgegnet Muraško, »wichtig ist doch vor allem, dass sie fliegen!«

»Wer – sie?«, fragt Tolmazov.

»Die sowjetischen Luftschiffe ...«

VII.

Blick auf die langgezogenen Blöcke der Werft, die über den weitläufigen Platz verstreuten Hellinge, die Gasbehälter, den Landemast. Einige Gebäude sind bereits fertig, andere bekommen gerade den letzten Schliff, manche stehen noch im Gerüst. Ein gewaltiger Bagger packt mit prähistorischem Kiefer das Erdreich und frisst sich unermüdlich voran.

Blick auf die fertigen Gebäude der Verwaltung, des aerodynamischen Labors, der neuen Kantine.

Im Konstruktionsbüro. Auf die Zeichentische, die geneigten Köpfe der jungen Zeichnerinnen fallen grelle Lichtgarben.

Über dem Tisch in der Ecke ein Schild: »Oberingenieur der Leitwerkgruppe«.

Einst hat der Zufall Nataša Malceva und den Genossen Muraško im selben Zugabteil zusammengeführt. Nun hat sie den Posten inne, der ihr gebührt – »Oberingenieur der Leitwerkgruppe«, eine sechsundzwanzigjährige aschblonde Frau mit gescheiteltem Haar ...

Grell erleuchteter Korridor. Strahlende Wände und Krankenhausstille.

Über den Korridor stürmt ein zerzauster Žukov, der Hauptbuchhalter folgt ihm auf den Fersen.

»Pjotr Nikolajevič, Ihre Reinemachefrau hat eine Eingabe gemacht, sie bittet um einen Gehaltsvorschuss!«

Žukov, abgehackt, im Laufen:

»Aksinja ... Tüchtige Frau. Sehr tüchtig. Geben Sie ihr fünftausend!«

Es fehlt nicht viel, und der Hauptbuchhalter breitet die kurzen Flügelchen aus und hebt ab.

»Pjotr Nikolajevič! Sie bittet um achtzig Rubel ...!«

Doch Žukov ist bereits in der Tür zum Konstruktionsbüro verschwunden.

Nataša Malceva hebt den unverwandten, ruhigen Blick zu Žukov, schiebt ihm wortlos eine große Zeichnung hin mit der Aufschrift »Schnellluftschiff UdSSR-1, Konstrukteur Ingenieur Žukov« und nickt der Reinemachefrau zu:

»Holen Sie Sergej Ivanovič!«

Žukov blättert rasch einen Stapel weiterer Zeichnungen auf dem Nebentisch durch. Dann heftet er den Blick auf eine Querschnittsskizze des Flugschiffs.

»Mordsgerät!«

Nataša, den eindringlichen, ruhigen Blick noch immer auf Žukov gerichtet:

»Genial.«

Žukov blitzt wütend mit seiner Brille:

»Jungmädchenschwärmerei ...?«

Nataša zuckt die Achseln:

»Evidenz ...«

Vasiljev tritt ein. Žukov dreht sich lebhaft zu ihm.

»Sergej Ivanovič, na los, machen Sie dem Baby den Weg ins Leben frei ...«

»Wie Sie sehen, Sergej Ivanovič«, sagt Malceva leise, »ist die Sache bereits bis zu den aerodynamischen Berechnungen gediehen ... Jetzt haben Sie das Wort ...«

Vasiljev tritt zu den Zeichnungen, beugt sich über sie:
»Ich verstehe nicht ganz. Die Gondel ...«
»Zum Teufel mit der Gondel!«, schreit Žukov. »Drinnen ... Reinsteigen ...! Ganz ohne angehängte Kasten ...! Drinnen ...«
»Die Treibstofftanks ...«, beginnt Vasiljev.
»Ohne Tanks! Ohne Treibstoff. Wasserstoffmotoren ... Mit eigenem Gas ...«
»Die Grundideen von Pjotr Nikolajevič ...«, sagt Malceva.
»Die Grundideen von Pjotr Nikolajevič sind mir bekannt«, unterbricht sie Vasiljev, »nichtsdestotrotz würde ich gerne die Steuerräder sehen ...«
Grell und leidenschaftlich blitzen hinter der Brille Žukovs Augen hervor:
»Sie werden keine finden!«
»Dann gestatten Sie mir die Frage«, sagt Vasiljev mit unverhohlenem Spott, »wie Sie das Luftschiff zu steuern gedenken?«
Žukov prescht vor, der Zeichentisch hält ihn auf.
»Vasiljev, Sie leben im achtzehnten Jahrhundert! Keine Steuerräder, sondern ein Ring, ein Ring von acht Metern Durchschnitt am Heck. Er garantiert Ihnen Steuerung, Tempo, Mobilität ... Um Himmels willen, schon vier vorbei ...!«, schreit er mit einem Blick auf die Uhr. »Man wird doch den Herrgott nicht warten lassen? Sergej Ivanovič, Sie werden uns also zerpflücken!«
Und im Hinauseilen stößt der Hauptkonstrukteur halb deklamierend, halb krähend hervor:
»A-e-ro-dy-na-misch!«
Vasiljev blickt ihm nach, bis die Tür zuschlägt.
»Ich weiß nicht, wo man zuerst anrufen soll«, sagt er zu

Malceva, »bei der Psychiatrie oder beim NKVD. Ist er wahnsinnig oder ein Schädling?«

»Ein Genie«, erwidert Nataša.

»Das zwei mal zwei gleich vier verneint?«

Nataša Vasiljevna greift seinen Ton auf:

»Zwei mal zwei – das wäre dann wohl die Wirbeltheorie von Tolmazov?«

Vasiljev explodiert, seine Hände pressen den Tisch.

»Nein, verehrte Genossen«, schreit er, als träte er schon auf einem Meeting auf. »Nein, Genossen, mit Wissenschaft ist hier Fehlanzeige! Das ist eine Parteisache, Genossen!«

»Bei uns ist alles Parteisache«, sagt Muraško, der in der Tür erscheint. »Nur mit der Ruhe, ihr Jungspunde.«

»Weil er selber so'n alter Knacker ist!«, murmelt Askinja aus ihrer Ecke.

»Aleksej Kuzmič« – Vasiljev strafft sich –, »ich erkläre hiermit in voller Verantwortung: Meine Gruppe wird dieses Hirngespinst nicht berechnen. Ich verlange eine Expertise.«

Nataša kneift die Augen zusammen:

»In Gestalt des Akademiemitglieds Tolmazov?«

Vasiljev, der seinen Zorn kaum noch bezähmen kann:

»Wüssten Sie eine größere Autorität?«

VIII.

Im aerodynamischen Labor des Luftschiffwerks. Von der Decke hängen Luftschiffmodelle. An einem straff gespannten Draht schwankt sacht eine glatt lackierte Silberzigarre mit nach innen verlegter Gondel und Propellergruppe.

Nebenan, im Windkanalraum, die Kommission: Tolmazov, Žukov, Muraško, Vasiljev, Malceva, Polibin, die Ingenieure vom Konstruktionsbüro. Der Luftpumpenmotor dröhnt. Alle Augen sind auf die Zeiger der Geräte gerichtet.

Malceva schaltet den Motor ab.

Tolmazov geht in den Raum mit den Modellen hinüber, gefolgt von den anderen. Er postiert sich vor der Wand, wirft einen vergewissernden Blick in seinen Notizblock.

»Jetzt zu den Versuchsresultaten im Windkanal. Ich akzeptiere den Wasserstoffmotor, das kann man riskieren. Die Möglichkeit einer geringfügigen Geschwindigkeitszunahme räume ich ein.«

»Geringfügige Zunahme?«, unterbricht ihn Žukov aufbrausend. »Von hundertfünfzig auf dreihundert Kilometer!«

Tolmazov fährt fort:

»Im Übrigen möchte ich an Dinge erinnern, die jeder Schüler kennt. Bei Ihrer Konstruktion eines das Steuerrad ersetzenden Rings wird dieser Ring unweigerlich in der Grenzschicht der Luft festkleben, mit anderen Worten – das Luftschiff wird unsteuerbar. Wenn Sie sich bitte die Mühe machten, einen Blick in das Handbuch der Firma Armstadt in Mannheim zu werfen.«

»Alles klar«, sagt Žukov, »und den Mond hat ein Deutscher erfunden …!«

»Zum Mond haben Sie gewollt, Pjotr Nikolajevič«, wendet Tolmazov ein.

»Der Mond kommt auch noch dran«, knurrt Žukov.

Polibin schaltet sich ein, als er bemerkt, dass die Diskussion von der wissenschaftlichen Schiene abzukommen droht.

»Ich darf anmerken«, ergießt sich seine Honigstimme, »ein gewisser Dilettantismus in der Konstruktion des geschätzten Pjotr Nikolajevič …«

»Vom Ring müssen Sie sich verabschieden, Pjotr Nikolajevič«, wirft ihm Tolmazov barsch ins Gesicht.

»Ich wäre geneigt, mich der Meinung unseres verehrten Ivan Platonovič anzuschließen ...«, säuselt Polibin.

Žukov hat sich in einen Sessel gesetzt. Er lässt den Kopf sinken, umfasst ihn mit beiden Händen, schließt die Augen.

»Jahre ...«, hört man ihn flüstern, »Jahrzehnte ... Schlaglöcher ... Verzweiflung ... Sich quälen?« Er springt auf. »Sich ein Leben lang quälen?« Sein hagerer Körper zuckt. In seinen Augen liegt ein schmerzlicher Glanz. »Priester der Wissenschaft ...! Archimandriten ...!«, schreit er heraus. »Dreifingerkreuz – Zweifingerkreuz ... Alter Glaube ... Nikonianer ...!«

»Das ist alles, was Sie an Argumenten vorzubringen haben?«, fragt Tolmazov kalt.

Žukov schließt die Augen und verstummt für einen Moment.

»Mein Argument ist dieses:«, sagt er überraschend deutlich, »Das von uns konstruierte Luftschiff ..., von mir konstruiert, von ihr ...«, er weist auf Malceva, »und von ihr ...«, er weist auf die Reinemachefrau, »wird über eure Popenköpfe hinwegfliegen! Fliegen wird es, höher als alle, weiter als alle, schneller als alle!«

Tolmazov zuckt die Achseln.

»Das ist Poesie, keine Wissenschaft. Die Möglichkeit eines Aufstiegs des Luftschiffs in seiner gegenwärtigen Konstruktion halte ich für ausgeschlossen ...«

»Ich schlage vor, die Sitzung des Wissenschaftlichen Rats zu eröffnen«, sagt Muraško mit gewohnter Stimme.

Tolmazov hat sich erhoben und schiebt seinen Sessel weg: »Ich halte das für überflüssig.«

Žukov:

»Zum ersten Mal schließe ich mich der Meinung des hochgeschätzten Genossen Ivan Platonovič an ...«

Muraško blickt sich um, dann leicht zögernd:

»Da die Versuche im Kanal ein unklares Resultat ergeben haben«, sagt er ohne jeden Nachdruck, »werden wir die Diskussion per Test in der Luft entscheiden ...«

»Dann stellt sich mir eine andere Frage«, stürzt Vasiljev auf ihn los, »eine andere, rein menschliche Frage: Wer wird sich dazu hergeben, mit dem eigenen Sarg in die Luft zu steigen ...«

IX.

»Die Testbesatzung des Luftschiffs ›UdSSR-1‹ ist zu ihrer Verfügung eingetroffen, bestehend aus Luftschiffkommandeur Jelisejev, Höhenpilot Fridman, Luftschiffnavigator Petrenko, Bordingenieur Bitjugov, Steuermann Aleksejev, Funker Asparjan, erstem Bordmechaniker Guljajev, zweitem Bordmechaniker Borisov.«

Vor dem geschlossenen Tor der Helling macht Testpilot Jelisejev Meldung an Muraško. Neben ihm stehen aufgereiht acht Flieger in Aeroflot-Uniform.

Gleißender Julimorgen. Flugfeld. In der Luft eine Kette von Flugzeugen.

»Guten Morgen, Genossen!«, sagt Muraško.

»Guten Morgen!«, antworten die Piloten.

»Wer von Euch ist Fridman?«

Jelisejev führt Muraško zu einem blauäugigen Giganten.

»Höhenpilot Lev Fridman.«

»Kein schlechter Brocken, das Kindchen!«, sagt Muraško.

Fridman wird rot:

»Hat Mama Ihnen was vorgequatscht?«

Die gigantischen Torflügel der Helling gleiten auseinander. An den Haltetrossen hängt silbern das Luftschiff »UdSSR-1«.

Beim Luftschiff die Montagebrigade, geleitet von Wuschelköpfchen. Neben ihr Nataša, die ihre Aufregung zu unterdrücken versucht. Žukov sitzt in einem Sessel am Heck.

Die Piloten machen einen Rundgang um das Luftschiff. In ihren Augen liegt brennende Neugier.

Fridman drückt im Vorübergehen Wuschelköpfchen verstohlen die Hand. Die Piloten und Muraško treten ans Heck des Luftschiffs.

»Denn mal los, Nataša, zerpflücken Sie uns.« Žukov winkt Malceva heran. »Sonst muss ich selbst was zusammenflunkern ...«

Natašas überraschend kräftige Stimme:

»Genossen, vor Euch habt ihr das Luftschiff ›UdSSR-1‹, eine Konstruktion des Ingenieurs Žukov. Diese Konstruktion basiert auf einer neuartigen Idee, die uns eine rapide Steigerung in punkto Geschwindigkeit, Aktionsradius, Gipfelhöhe und vor allem eine unkomplizierte und zuverlässige Steuerung bringen soll ...«

Das Gesicht Žukovs, der mit geschlossenen Augen zuhört ...

Die lichtdurchflutete neue Kantine des Luftschiffwerks. Gestärkte Tischtücher, gebohnerte Fußböden, jede Menge Blumen.

Raisa Lvovna lässt sich die Gelegenheit nicht entgehen, eine Produktionsberatung abzuhalten.

»Was würden Sie für den ersten Gang empfehlen«, fragt sie den Hauptbuchhalter, »gefüllten Hering oder gehackte Leber?«

»Kohlsuppe, Verehrteste!«, erwidert der Buchhalter zornig. »Wann geben Sie uns endlich eine hundsgewöhnliche Kohlsuppe?«

Die Sonne steht hoch. Über das Flugfeld schreitet eine Gruppe von Piloten und Konstrukteuren in Richtung Kantine.
Die Landsleute Muraško und Jelisejev gehen zu zweit.
»Bist du schon lange nicht zu Hause gewesen?«
»Doch, komme gerade von dort«, sagt Jelisejev.
»Was machen unsere Jungs?«
»Blühen und gedeihen«, sagt Jelisejev. »Fedjka Kostromin ist jetzt Rajkomsekretär.«
»Donnerwetter!«
»Vitjka steht an der Werkbank ... Soll irgend so eine fantastische Norm geschafft haben ...«
»Varjucha ...?«, fragt Muraško.
»Verheiratet, der Kerl ist in Ordnung, nur am Abend vor dem freien Tag kann man ihn vergessen.«
»Säuft?«
»Und wie ...«
»Und Ponomarjov ...?«
Das zweite Paar – Wuschelkopf und Fridman.
»Wenn du wirklich um mich werben willst«, sagt Wuschelkopf belehrend, »dann denk dir bloß nix Neues aus. Zwei Karten für ›Anna Karenina‹, und am freien Tag fahren wir nach Chimki zum Nördlichen Flussbahnhof ...«
Als drittes Paar gehen der junge Pilot Petrenko und Agnija Konstantinovna.
»Persönlich bin ich, was das Tempo betrifft, mit Volodja Kokkinaki prinzipiell nicht einverstanden. Natürlich wird ein Luftschiff auf langer Strecke immer schneller sein. Das hab ich Volodja auch gesagt ...«

»Spannende Maschine«, sagt nachdenklich der mit Vasiljev gehende zweite Bordmechaniker, eine ausgezehrte und irgendwie trübselige Gestalt, »sehr spannend ... Die Wirbeltheorie von Tolmazov ist damit ja wohl ...«

»Das sehe ich anders ...«, presst Vasiljev durch die zusammengebissenen Zähne hervor. Er blickt sich rasch nach allen Seiten um:

»Ein Sarg ... Ein fliegender Sarg. Wobei: Ob er auch fliegen kann, ist noch die Frage ...«

Die trüben Augen Borisovs ruhen mit stummer Verwunderung auf Vasiljev. Der blickt sich noch einmal um.

»Dilettantismus ... Abenteurertum ...!«

»Moment mal ...«, nuschelt Borisov gedehnt, »du ...«

»Wir reden später darüber!« Vasiljev hat bemerkt, dass Nataša und Wuschelkopf näher kommen.

»Genosse Vasiljev!«, ruft Nataša. »Das ist Verrat!«, sagt sie zu ihm. »Schlimmer als Verrat, das ist Borniertheit!«

»Heute Abend trommle ich das Komsomolkomitee zusammen«, erklärt Wuschelkopf und schüttelt den Kopf.

Vasiljev braust auf:

»Die Frage bringe ich selbst vors Komitee und auch sonst noch wohin ...«

Nataša mustert ihn, als sähe sie ihn zum ersten Mal.

»Bist du am Ende wirklich so ein borniertes Mensch?«, sagt sie langsam, nachdrücklich, forschend, als stellte sie sich selbst die Frage.

Vasiljev will antworten, beherrscht sich, geht, kommt wieder zurück.

»Gib mir bitte ein frisches Taschentuch.«

Nataša gibt ihm ein frisches Tuch und packt das gebrauchte in ihre Handtasche.

Wuschelkopf ist außer sich vor Verblüffung.

»So ein Ekel …!«

»Wieso Ekel?«, fragt Nataša verwundert.

»Jubelt dir einfach sein schmutziges Taschentuch unter!«

»Na er hats halt verschwitzt, ein frisches einzustecken, wie er von zu Hause losgefahren ist«, sagt Nataša. »Wenn du erst mal verheiratet bist, wirst du auch an Taschentücher denken.«

»Dein Mann?«, schreit Wuschelkopf auf.

»Denk mal an!«, lacht Nataša. »Schon das vierte Jahr …«

Am Eingang zur Kantine steht aufgereiht das komplette Personal mit Raisa Lvovna an der Spitze.

»Genossen Piloten!«, begrüßt sie die Ankömmlinge in einer wohlpräparierten Rede. »Im Namen des Kollektivs der Stachanov-Kantine Nummer eins darf ich Sie …« Da bemerkt sie ihren Sohn. »Schaut nur, mein Himmelsstürmer …!«, ruft Mama Fridman.

»Mamaša«, sagt Ljova ungehalten, »sind Sie mal wieder am Abheben?«

X.

Wohnheim der Piloten. Nacht vor dem Start. Petjka schwingt Reden:

»Dem Miška hab ichs vielleicht gegeben …«

»Welchem Miška?«

»Na, dem Miška Gromov. Wem sonst …? Nein, Miša, in punkto Höhenflug bin ich mit dir nicht einverstanden … Man kann auch ohne Sauerstoffgerät Höhe machen … Auf den Mumm kommt es an …«

»Ihr quatscht hier rum«, bemerkt der auf seinem Bett sitzende Borisov trocken, »und dabei ist das ein Sarg …!«

»Was für einer? Mit Glanzbrokat?«, erkundigt sich Ljova.

»Wie's dem Kunden beliebt«, gibt Borisov bissig zurück. »Der fliegende Sarg des Ingenieurs Žukov mit dem Ring am Schwanz! Ich habe auch die Wirbeltheorie studiert, in der Grenzschicht wird der Ring unsteuerbar, das ist Fakt ...«

»Wenn dich der Vasja hören täte!«, ruft Petrenko aus.

»Welcher Vasja?«, fragt Borisov verdrossen.

»Na, Molokov ...«

»Lasst mich doch in Frieden!«, sagt Borisov traurig. »Hier wird eine komplette wissenschaftliche Theorie missachtet ...!«

In der Tür erscheint Jelisejev.

»Meeting vor dem Start ...? Schlafen!«

»Verstanden, schlafen!«, antwortet Ljova und streckt sich auf seinem Bett aus.

Der zweite Bordmechaniker Borisov steht blinzelnd vor Jelisejev.

»Genosse Kommandeur, gestatten Sie eine Meldung ... Unter Berufung auf die Fluginstruktion der UdSSR trete ich in Anbetracht der mangelnden Zuverlässigkeit des Ringsteuersystems vom Start zurück.«

Pause.

Schweigen; Jelisejevs Backenknochen zucken und erstarren.

»Bitte sehr«, sagt er, »das ist Ihr Recht. Sonst noch ein Rücktritt?«

Schweigen.

»Keine Rücktritte«, sagt Ljova.

»Keine Rücktritte«, wiederholt Jelisejev. »Schlafen!« Und er dreht sich zu Borisov: »Sie ziehen ins Wohnheim Nr. Vier um ...«

Jelisejev geht hinaus.

Borisov klaubt hastig seine Sachen zusammen.

Schweigen. Das Schweigen zieht sich unerträglich in die Länge.

»Mir solls recht sein«, brummt Borisov, während er seine Sachen packt, »die Fluginstruktion hat man ja schließlich nicht umsonst geschrieben …«

In der Helling Test der Wasserstoffmotoren. Vor Muraško taucht plötzlich Jelisejev auf.

»Der zweite Bordmechaniker ist vom Testflug zurückgetreten, begründet es mit der Unzuverlässigkeit des Steuersystems.«

»Genosse Kommandeur«, sagt Wuschelkopf bebend, »die Propellergruppe hab ich komplett eigenhändig montiert …«

»Ich kann keinen Nichtpiloten auf den Flug mitlassen«, sagt Jelisejev.

»»Keinen Nichtpiloten!«, knurrt Žukov. »Wen denn, wenn nicht sie …? In ihren Augen steht nicht Flug geschrieben, da stehen die Sterne drin!«

Jelisejev lächelt: »Sterne in den Augen sind im Statut nicht vorgesehen …«

Muraško zerstreut die Bedenken:

»Du gehst als Mitglied der Testkommission an den Start.«

»Muss ich jetzt Danke sagen?«, schnaubt Wuschelkopf.

»Ohne geht auch.«

»Flug in den Augen«, knurrt Žukov. »Was wollt ihr mehr …?«

XI.

Früher Morgen. Schräge Sonnenstrahlen. Die Startmannschaft manövriert das Luftschiff aus der Helling. Ein Stück entfernt stehen in einer Gruppe die Mitglieder des Wissenschaftlichen Rats.

»Ich darf auf die höchst originelle Form des Objekts verweisen.«

Dieser Satz kann nur aus Polibins Mund stammen.

Tolmazov, der abseits steht, erblickt neben sich Vasiljev und hebt die Braue.

»Sie fliegen nicht mit?«

»Ich hab eine Sondermeinung vorgebracht«, sagt Vasiljev düster.

Das mächtige Dröhnen eines Motors.

»Ich darf ...«, beginnt Polibin.

»Jetzt sagen Sie's schon«, unterbricht ihn Tolmazov.

Tolmazov ist unhöflich. Da staunt selbst Polibin mit offenem Mund ...

In der Steuerkanzel des Luftschiffs Jelisejev, Fridman, Petrenko.

Bei der Motorengruppe der Bordmechaniker und Wuschelkopf.

Durch den Innenkorridor des Luftschiffs gehen Nataša und Muraško.

»Jetzt fliegen wir also, Aleksej Kuzmič ...«

»Sie haben es ja grade so mit Ach und Krach durchgewunken«, sagt Muraško. »Tolmazov und Vasiljev haben ... agiert ..., nach allen Regeln der Kunst ...«

Kommando Jelisejevs:

»Achtung – anlüften!«

»Verstanden, anlüften!«, gibt der Starter zurück.
»Leinen sind los!«, brüllt der Starter.
»Verstanden, Leinen sind los!«, gibt Jelisejev zurück.
Das Luftschiff löst sich von der Erde.
Žukov steht am Fenster, sein Bart zittert, dann tritt er, stolpernd und blicklos vor sich hinsehend, an die Instrumente.
»Steuer klar zum Aufstieg!«, ertönt Jelisejevs Kommando.
»Verstanden, Steuer ist klar!«
»Höhe halten, achthundert Meter über Grund!«
Das mächtige, gleichmäßige Dröhnen der Motoren.
Wuschelkopfs Handgriffe an den Motoren, blitzschnell, gewandt, sicher.
Die Stimme Jelisejevs:
»Äußerste Kraft voraus!«
»Verstanden, äußerste Kraft voraus!«, ertönt das Echo des Piloten ...

Am Boden. Die Mitglieder des Wissenschaftlichen Rats verfolgen die Manöver des Luftschiffs.
»Ich darf sagen«, sickert Polibins Stimme durch, »dass der atmosphärische Schatten Žukovs Ring nicht wirklich zu paralysieren vermag ...«

Im Luftschiff. Die ferne Stimme Jelisejevs:
»Kurs hundertzwanzig halten!«
Und sogleich das Echo:
»Verstanden, Kurs hundertzwanzig halten!«
Žukov wirft einen Blick auf die Apparatur.
»Tempo dreihundert!«, schreit er, dass man es im ganzen Luftschiff hört, und streckt die Arme aus – Wuschelkopf

springt auf ihn zu, küsst ihn und eilt zu ihren Motoren zurück.

»Ich bin überglücklich!«, sagt Nataša und richtet den gewohnt unverwandten Blick auf Žukov.

Am Boden.

Polibin kann sich das Vergnügen nicht verkneifen, Tolmazov zu verkünden:

»Ich darf anmerken, dass das Luftschiff vollkommen frei in der Horizontalen navigiert, was die Wirbeltheorie bis zu einem gewissen Grad widerlegt ...«

In der Luft.

Die Stimme Jelisejevs im Lautsprecher:

»Ich gehe zur Landung über!«

»Recht so, Jelisejev«, antwortet Muraško freudig.

Die Stimme Jelisejevs, jetzt deutlicher:

»Fertigmachen zur Landung! Steuerung auf Landung stellen!«

Und sogleich das Echo der gehorsamen Stimmen:

»Verstanden, Steuerung auf Landeflug stellen!«

Doch die Höhe verringert sich nicht.

Das Luftschiff beschreibt einen weitere Schleife. Fridman dreht erneut das Steuerrad. Žukov blickt auf den Höhenmesser. Die Höhe verringert sich nicht.

»Genosse Kommandeur«, meldet Fridman leise. »Die Höhenlenkung versagt!«

Jelisejev läuft rot an.

»Steuerung voll auf Landeflug stellen!«

»Verstanden, Steuerung voll auf Landeflug stellen.«

Eine weitere Schleife. Fridman dreht das Steuerrad herum. Der Ring am Schwanz des Luftschiffs vibriert. Die Höhe verringert sich nicht.

»Hab ein Ringlein ich verloren«, zischt Jelisejev leise durch die Zähne, »hab den Liebsten ich nicht mehr …«

Eine weitere Schleife.

Am Boden.

»Was ist da los, Ivan Platonovič?«, fragt Vasiljev nervös.

»Sie können nicht herunter«, sagt Tolmazov, »was zu erwarten war …«

»Na erlauben Sie mal«, kreischt Polibin auf, »Sie haben gesagt, sie können nicht aufsteigen!«

In der Luft.

»Wind«, sagt Jelisejev mit gewohnter Stimme, »wenn der uns bloß nicht hochtreibt …« Und in verändertem Ton gibt er das Kommando: »Steuer bis zum Anschlag auf Sinkflug!«

Ljova Fridman reißt mit aller Kraft das Steuerrad herum. Der Ring am Heck des Luftschiffs platzt mit lautem Knall; die gerissene Steuerleine schnellt los und steigt in die Höhe.

»Ich lasse Gas ab«, sagt Jelisejev mit gewohnter Stimme zu Muraško, »und mache eine statische Landung. Mit diesem Ring kommt man nicht anders runter.«

Das Luftschiff schlingert über dem Feld. Jelisejev blickt nach unten, auf die schwankende Erde …

»Piloten Fridman und Petrenko: Ausstieg auf die Hülle«, sagt er, »Schwanzleitwerk prüfen und Steuerleine fixieren!«

»Verstanden, Ausstieg auf die Hülle.«

An den Steuerrädern nehmen Jelisejev und der Luftschiffführer Platz.

Fridman und Petrenko steigen durch den Innenschacht auf die Hülle hinaus. Sie kriechen über die Hülle, klammern sich an den windgepeitschten Haltetrossen fest. Sich gegenseitig stützend, kriechen sie zum Schwanz, ertasten das abgerissene Stück Leine, knoten es zusammen.

Der Wind drückt das Luftschiff in Richtung Erde.

»Wie stehts ...?«, fragt Muraško.

»Besser geht nicht«, gibt Jelisejev zur Antwort. »Das Seitenruder greift wieder.«

Und er sagt durch den Lautsprecher:

»Gesamte Mannschaft, außer den Piloten, fertigmachen zum Absprung!«

»Verstanden, fertigmachen zum Absprung!«

»Wozu?«, fragt Muraško.

»Keine Debatte!« Jelisejev läuft puterrot an. »Befehl ausführen! Absprung nach Notfallplan ...!«

Als Erster springt Muraško. Der Bordmechaniker, der Luftschiffführer, der Funker, der Luftschiffingenieur purzeln hinterdrein.

Wuschelkopf schafft es, im Laufschritt auf dem Weg zur Ausstiegsluke Ljova Fridman noch rasch die Hand zu drücken.

Nataša hält einen Augenblick an der Luke inne:

»Pjotr Nikolajevič, und Sie ...?«

»Diskussionen, jetzt?!«

Und Nataša stürzt in die Tiefe.

Als weiße Wölkchen schweben die Fallschirmspringer in der Luft.

Drinnen bleiben Jelisejev und Žukov und die an den Steuerrädern erstarrten Piloten zurück.

»Genosse Žukov, springen Sie!«

Žukov winkt ab.

»Lassen Sie den Unsinn! Ich bleibe bis zum Schluss.«

Jähes Umlegen des Hebels zur Gasregelung. Das Gasventil öffnet sich mit einem Knall.

Das Luftschiff senkt sich herab. Für einen Augenblick erscheinen das backenknochige Gesicht Jelisejevs, die weit aufgerissenen Augen Fridmans ...

Am Boden.

Raisa Lvovna tritt in Uniformjacke aus dem Kantinengebäude. In ihrem Schlepptau tragen zwei Serviererinnen eine Platte mit einer Schokoladentorte in Form eines Luftschiffs.

»Beeilt euch«, sagt Raisa Lvovna. »Sie kommen nach Hause ...!«

Das Luftschiff senkt sich herab.

»Leinen auswerfen«, kommandiert Jelisejev.

Anker segeln durch die Luft. Ein paar Meter über der Erde gerät das Luftschiff ins Schlingern und erzittert.

Übers Feld läuft die Startmannschaft, packt die windgepeitschten Trosse. Das Luftschiff kracht mit der Nase voran auf die Erde. Jelisejev wird zur Seite geschleudert. Die zu Bruch gegangene Apparatur prasselt auf ihn nieder. Žukov stürzt aufs Deck, sackt zur Seite. Die Piloten klammern sich am Steuerrad fest.

»Hab ein Ringlein ich verloren ...«, sagt Jelisejev. »Alles in Ordnung.« Und wischt sich den Schweiß von der Stirn.

Fridman sitzt da, umklammert mit beiden Händen das Steuerrad.

»Raus mit dir, wir sind da!«, sagt Jelisejev zu ihm.

Einer nach dem anderen landen die Fallschirmspringer.

Vasiljev läuft zitternd zu Nataša. Keuchend sagt sie:

»Serjoža, weißt du noch, wie wir die Reynolds-Zahlen berechnet haben?«

Leute laufen zum Luftschiff. Durch die offene Luke hieven Jelisejev und Ljova Žukovs reglosen Körper hinaus.

Die Mama schluchzt auf, feine Tränen rieseln auf die Torte ...

Unter der schwarzen Mähne breitet sich feuerrot ein Blutfleck über Žukovs hohe Stirn. Die zerknackte Brille hängt in zwei Teilen lose herab.

»Hören Sie, Žukov ...«, sagt Tolmazov, der als Erster im Laufschritt bei dem Verletzten anlangt.

Der Blutfleck auf Žukovs Gesicht wird immer größer, quillt über die Wangen.

XII.

Nacht. Drei Hängelampen beleuchten mit blendenden Lichtkegeln die gesenkten Köpfe von Malceva, der Zeichnerin Varja, die kahle Birne des gutmütigen, dürren, alten Ingenieurs Lejbovič.

Aus der in Dunkel gehüllten Ecke glänzen unverwandt die Augen von Wuschelkopf.

»Bist du bald so weit, Nataša?«, fragt sie kaum hörbar, ohne sich von der Stelle zu rühren.

»Ja ...«

Malcevas Gruppe sucht nach dem Fehler in der Konstruktion des Luftschiffs. Nach ihm sucht man auch am anderen Ende des Korridors – in Muraškos Büro, seinem neuen Büro mit dem schweren Mobiliar, den Teppichen und Portieren.

Hier findet die stürmische Sitzung einer der zahllosen Kommissionen statt, mit jener Hitze der Leidenschaften, wie sie Veränderungen im Leben einer Institution voranzugehen pflegt.

Der unvorstellbar blasse Muraško sitzt kerzengerade am Tisch. Geballte Fäuste recken sich ihm entgegen, wütende Schreie ertönen.

»Tausend Mal haben wir euch Signal gegeben!«, brüllt Borisov.

»Recht auf Risiko!« Fridman haut mit der Karaffe auf den Tisch.

Ein Tumult von Ausrufen übertönt seine Worte. Durch den Tumult dringt ein unbekümmertes Tenörchen.

»Was ist denn hier für ein Jubel und Krawall?«, sagt Polibin beim Eintreten, wedelt mit dem Taschentuch über einen Sessel und lässt sich darin nieder.

Die fast schon an Abscheu grenzende Verächtlichkeit und Anmaßung, mit der er sich in den Sessel flätzt, passen so wenig zu dem früheren Polibin, dass die Versammlung erstarrt ...

»Schießen Sie los, Verehrtester«, nickt Polibin Muraško zu und steckt das Taschentuch weg. »Schießen Sie los, ich höre ...«

Die Zeichenstube, wo die Geister der Besorgnis und des Schweigens hausen.

»Nataša, bist du bald so weit?«

Nataša erhebt sich und geht zögernd, wie auf fremden Beinen, zu Lejbovičs Tisch, breitet eine Zeichnung aus, winkt mit den Augen Wuschelkopf herbei.

»Ich glaube, der Fehler liegt hier, Lejbovič.«

Im Lichtkegel die über die Berechnung geneigten Köpfe ...

Muraškos Büro. Muraško spricht, den Kopf in den Nacken geworfen, die Handflächen auf den Tischrand gestützt:

»Ich widerspreche und werde bis zum Schluss widersprechen ...«

»Machen Sie's kurz, Verehrtester«, fällt ihm Polibin ins Wort.

In der Zeichenstube.

Varja, Nataša und Lejbovič sind aufgesprungen, als hätten sie statt der Zeichnung eine sich regende Schlange erblickt.

Nataša schließt die Augen, öffnet sie wieder, ihr Gesicht ist tränennass ...

»Mein lieber Wuschelkopf ...«, sagt sie und streckt beide Arme aus.

»Daran hats also gelegen«, sagt Varja und schüttelt erbittert den Bubikopf. »Deshalb die Havarie!«

Wuschelkopf lenkt den Blick von Lejbovič auf Varja, von Varja auf Nataša.

»Mein lieber Lejbovič«, sagt Nataša, fährt auf, schnappt sich die Berechnungen und eilt im Sturmschritt davon.

Aus Muraškos Büro quellen als lärmender Haufen die Sitzungsteilnehmer auf den Korridor.

Fridman sagt mit ungewohnter Bestimmtheit zu dem neben ihm gehenden Petrenko.

»Das Luftschiff werde ich natürlich verbrennen ... Die Totengräber kriegen es nicht zu Gesicht ...! Du kennst mich noch nicht, Petrenko ...«

»Doch«, widerspricht Petrenko.

Muraško geht an ihnen vorbei. Polibin holt ihn im Trippelschritt ein und fasst den Direktor des Luftschiffwerks unter:

»Angeboten hat sich euch der alte Polibin – aber ihr habt ihn links liegen lassen! Und jetzt ist er plötzlich da, der Polibin – war eben keine gute Idee, mit einem alten Mann zu streiten ...«

Und mit eifrig hämmerndem Getrippel eilt er weiter. Nataša stürmt ihm auf Flügeln des Glücks entgegen. Diese Flügel tragen sie zu Muraško.

»Tja, so siehts aus«, sagt Muraško, »erst Anhörung, dann Verfügung: Einem gewissen Muraško wird nahegelegt, die Arbeit bis auf weiteres niederzulegen; Žukov wird suspendiert, das Luftschiff kommt auf den Schrottplatz, oder es wird versteigert ...!«

»Aleksej Kuzmič«, unterbricht ihn Nataša zitternd.

»Das ist noch nicht alles! Die Unterlagen sind dem Staatsanwalt auszuhändigen. Das wärs.«

»Aleksej Kuzmič«, sagt Nataša leise und fasst den Direktor an der Hand. »Ich habe den Fehler gefunden ...«

XIII.

Er liegt fast auf dem Tisch. Das Zauberlicht der Lampe fällt auf die Mähne, den Verband, durch den Blut sickert. Žukov zeichnet.

Es schellt.

»Herein«, und er rückt mit dem Gesicht ganz nah an die Zeichnung heran.

Aber es hat an der Haustür geschellt. Vor der Tür Nataša, Fridman, Wuschelkopf.

Nacht. Hinter der Autoscheibe scheint Vasjas Gesicht auf. Die Türklingel schrillt ohne Unterlass.

»Er hört uns nicht«, sagt Fridman und ruckt an der Klinke. Die Tür geht auf. Sie war nicht abgeschlossen. Die Komsomolzen tappen auf Zehenspitzen durch den Korridor und die Kinderstube, wo die vier kleinen Žukovs schlafen.

Žukov hebt den Kopf von der Zeichnung und erblickt die Gäste.

»Pjotr Nikolajevič!« Wuschelkopfs Stimme zittert, sie klingt auf unbeholfene Weise streng und feierlich. »Im Namen des Komsomol-Komitees, im Namen aller Komsomolzen drücken wir Ihnen unser Mitgefühl aus ... Und dann noch ... unsere Überzeugung ...«

»Ich habe den Fehler gefunden«, sagt Nataša mit ihrer sanften Stimme.

»Fliegen wird es, Maestro ...!«, ruft Fridman und stockt. Das geistesabwesende Gesicht Žukovs. Der Blutfleck auf seinem Verband wie ein Stern, sein über die Gesprächspartner hinweg in die Höhe gehefteter Blick.

»Pjotr Nikolajevič«, prescht Wuschelkopf vor, »wir müssen sofort ...«

»Das hier müssen wir ...«, erwidert Žukov und breitet vor den Komsomolzen ein auf Whatman-Papier gezeichnetes Monstrum von nie gesehener Form aus. »Den Boliden der Zukunft müssen wir machen ...«

Er zerrt an seinem Verband.

»Das hier sind realisierte interplanetarische Reisen ... Das ist der Flug zum Mond. Mit einer Geschwindigkeit von Tausenden Kilometern durch die oberen Schichten der Atmosphäre.«

»Der Mond kann warten«, entgegnet Fridman. »Fahren wir zur Werft, Pjotr Nikolajevič ...«

Auf den Gesichtern der Komsomolzen Unruhe, fast schon Verzweiflung.

»Hier sitzen Sie, Pjotr Nikolajevič«, sagt Wuschelkopf voller Erregung, »und ahnen nicht ... Muraško steht hoffnungslos unter Druck ... Schon morgen werden andere alles leiten, nicht Sie ...«

»Das ist nicht recht von Ihnen«, sagt Nataša.

Beim Klang von Natašas leiser, unnachgiebiger Stimme zieht sich Žukov zusammen, gerät in Wallung, erstarrt.

»Heute zählt nur eines: dass die UdSSR-1 die Tests besteht ...«

»Zeigen Sie her«, sagt Žukov und streckt die Hand zu ihr aus.

Nataša reicht ihm die Berechnungen.

Wuschelkopf stiehlt sich auf Zehenspitzen ins Nebenzimmer. Sie geht zum Telefon, wählt rasch eine Nummer:

»Das ZK der Partei ...? 518 ... Bei Ihnen ist doch ein gewisser Muraško, vom Luftschiffwerk ... Aleksej Kuzmič, wir haben ihn mit Ach und Krach rumgekriegt ...«

Die Stimme Muraškos:

»Wie ist sein Zustand?«

»Na wie schon ... Bolid der Zukunft ... Wir schleppen ihn jetzt zur Werft ...«

Žukov sitzt schweigend über den Berechnungen. Dann steht er auf, blickt sich wehmütig um; etwas Hilfloses und Trauriges erscheint auf seinem Gesicht.

»Pjotr Nikolajevič«, sagt Wuschelkopf zaghaft, »wir warten nur noch auf Sie ... Die Montagebelegschaft ist schon komplett vor Ort ...«

Žukov schließt die Augen.

»Neue aerodynamische Berechnung ...«, sagt er gleichsam zu sich selbst. »Korrekturen am Ring ... Wir schaffen es nicht ... Wir werden es niemals schaffen ...«

Er wandert durchs Zimmer, ungewohnt langsam und

müde. Plötzlich lächelt er Nataša zu. Er wirft den Kopf in den Nacken, geht ins Nebenzimmer zum Telefon und wählt eine Nummer. Schleppend, in den unbeholfenen Worten eines Provinzlers, spricht er in den Hörer.

»Telefoniere ich mit der Wohnung des Akademiemitglieds Tolmazov …? Wenn Ivan Platonovič bitte an den Apparat kommen möchte …«

In Tolmazovs Wohnung antwortet eine alte Dame vom Typus Moskauer Professorin in einem bunten Schlafrock, der sie jünger wirken lässt.

»Ivan Platonovič ist schon seit zwei Stunden am Schlafen … Wer spricht überhaupt?«

»Žukov am Apparat, mit einem Anliegen an Ivan Platonovič … Etwas, das in der ganzen Sowjetunion keiner außer Ivan Platonovič leisten kann.«

Die Stimme von Anna Nikolajevna Tolmazova unterbricht ihn:

»Ich bitte darum, Ivan Platonovič zu so später Stunde nicht zu behelligen …«

Und sie hängt den Hörer auf.

Žukov wischt sich die Stirn und wendet sich zu den Komsomolzen.

»Sie bittet darum …«, sagt er stockend, »sie bittet darum, ihn nicht zu behelligen …«

XIV.

Die Frau des Akademiemitglieds hat sich geirrt. Das Akademiemitglied schläft nicht. Auf seinem langen Tisch sind Žukovs Konstruktionszeichnungen ausgebreitet.

Tolmazov wandert von einer Zeichnung zur nächsten. Er

ist zerzaust, ihm zittern die Hände. Mit bebender Hand greift er nach dem Aschenbecher. Der Aschenbecher fällt herunter.

In der Tür erscheint das gepuderte Gesicht von Anna Nikolajevna mit den schwarz angemalten Brauen.

»Ivan Platonovič, du bist wach?«

»Wie du siehst ...«

»Ivan Platonovič, dieser Žukov hat angerufen ... Ich hab dich nicht geholt ...«

»Ruf ihn zurück, auf der Stelle!«

»Dich soll mal einer verstehen, Ivan Platonovič«, sagt Anna Nikolajevna gekränkt, »dann schreist du wieder, er sei verrückt ...«

Tolmazov studiert die Zeichnungen ...

»Ivan Platonovič, wo du schon wach bist, wollte ich noch wegen Tamara mit dir reden ... Sie braucht einen Kur-Scheck ...«

»Žukov ist wahnsinnig«, sagt er, »normal ist Tamara, normal bist du ... normal ist Polibin ... Mit euch im Verbund bin auch ich normal geworden – und habe aufgehört, Tolmazov zu sein ...!«

Anna Nikolajevna bricht fast in Tränen aus:

»Großer Gott ... Ivan Platonovič ... was ist bloß los? Alle schreien um die Wette, dass das Luftschiff nicht landen konnte, und du ...«

»Dumme Gans!«, keucht Tolmazov erstickt. »Und wieso hat es aufsteigen können?!«

»Genau diese Frage sollen Sie beantworten«, sagt eine Stimme in der Tür.

Tolmazov dreht sich um. Auf der Schwelle steht Muraško.

»Wie sind Sie hereingekommen?«, stammelt Anna Nikolajevna.

»Die Haushelferin hat mir aufgemacht …«

Hinter der Tür die verstörte, halbbekleidete Haushelferin.

»Verschwinde«, sagt Tolmazov zu seiner Frau.

Anna Nikolajevna huscht davon und bricht, kaum draußen, in Tränen aus.

Tolmazov steht neben den Zeichnungen, als müsste er sie verteidigen.

»Womit kann ich dienen?«

»Um zu erreichen, dass die ›UdSSR-1‹ die Tests besteht, dass die Theorie des Akademiemitglieds Tolmazov vervollständigt und modifiziert wird, dass die Sowjetunion erfährt, welch herausragenden Konstrukteur sie in Pjotr Žukov besitzt, – um all dies zu erreichen, muss das Akademiemitglied Tolmazov für Žukovs Ring die aerodynamische Berechnung vornehmen …«

»Ich habe nicht ganz verstanden.«

Tolmazov zittern die Hände.

»Nein, Sie haben sehr wohl verstanden. Und im Übrigen sollten Sie verstehen, dass dieses Anliegen …«

Tolmazovs fragender Blick.

»Na, dass sie fliegen müssen. Ich handle im Auftrag der Kommunistischen Partei, der Sowjetunion … Diesen Auftrag … na, wie soll ich es auf den Punkt bringen … diesen Auftrag werde ich erfüllen.« Muraško hat sich gesetzt. »Ich warte auf Ihre Antwort«, sagt er.

XV.

Im Innern eines sehr schönen Autos hat sich Polibin breitgemacht. Neben ihm der mürrische Vasiljev, mürrischer denn je.

Felder fliegen vorüber, bedeckt mit reifem Roggen.

»Mein junger Freund«, salbadert Polibin, »ich darf anmerken: In der Hauptverwaltung waren Sie nicht auf der Höhe ... Neue Vögel ... neue Lieder ... Vom Stellvertreter des Oberkonstrukteurs erwarte ich mehr Selbstvertrauen und, scheuen wir nicht das Wort, mehr Aplomb ... Lassen Sie sich ein wenig von Ivan Platonovič inspirieren ...«

»Da gibts nichts zu inspirieren ... Der ist doch seit dem Flug völlig verrutscht ...«

»Kein Wunder, junger Freund ... Schließlich hat dieser Flug, der Žukov kompromittiert hat, auch der Wirbeltheorie unseres weithin berühmten Akademiemitglieds Tolmazov einen höchst empfindlichen Schlag versetzt ... Billardspieler nennen so etwas einen Kombinationsschlag, bei dem der Queue mit einem einzigen Stoß das Tuch durchbohrt, die Lampe über dem Tisch zerscherbt und dem Partner das Auge durchsticht ... Wie dem auch sei, jedenfalls hätte man in der Hauptverwaltung energischer handeln müssen, dann hätten sich Žukov und seine Bande gar nicht erst zu rühren gewagt ...«

Das Auto jagt zum Luftschiffwerk, vorbei an den matt schimmernden Feldern ...

In der Werkstatt der Hauptwerft ist Wuschelkopfs Montagebrigade dabei, den Ring in seine Bestandteile zu zerlegen.

»Kinder, seid auf Draht«, ertönt Wuschelkopfs helle Stimme, »an der Komsomolbrigade darf das Ding nicht scheitern ...!«

»Wann wäre an uns schon mal was gescheitert?«, antwortet mit Bassstimme ein schlaksiger, von Kopf bis Fuß mit Maschinenöl verschmierter Kerl.

In der Tür erscheint die allzeit präsente Aksinja:

»Ihr sollt in die Zeichenstube kommen …«

Wuschelkopf rennt los. Sie muss sich sputen, denn der neue Mitarbeiter im Konstruktionsbüro mag es nicht, wenn man ihn warten lässt.

Dieser neue Mitarbeiter ist Ivan Platonovič Tolmazov.

»Malceva, mit Ihnen möchte ich die Längsschnitte überprüfen … Lejbovič, Sie haben vier Stunden für die Berechnung … Wo ist der Montagebrigadier?«

»Hier«, sagt Wuschelkopf verschüchtert.

»Name …?«

»Anja Ivanova …«

»Kinder, Wuschelkopf hat einen Namen!«

»Genossin Ivanova, um sechs Uhr muss die Demontage des Rings abgeschlossen sein. Žukov, sind Sie eingeschlafen, oder was?«

»Nein, bin ich nicht«, erwidert Žukov.

Voll schüchternem Entzücken blickt er auf Tolmazov, der sein Jackett abgelegt hat, und wuselt ohne Sinn und Ziel von einem Zeichentisch zum andern.

»Serjoža«, sagt Tolmazov beim Anblick des auf der Schwelle erstarrten Vasiljev, »wo haben Sie denn gesteckt? Überprüfen Sie die Montage des Rings. Morgen fliegen wir …«

»Womit?«, fiept hinter Vasiljevs Rücken ein Tenörchen, und Polibin erscheint.

Den kleinen Fuß verschiebend, beugt er sich zu Tolmazov herab und zischt, außerstande zu dauerhaft bekundeter offener Feindseligkeit:

»Eine für ein Akademiemitglied löbliche Wendigkeit, aber sie dürfte wohl zu spät kommen …«

In der Tür erscheint Muraško.

Polibin verschiebt das Füßchen in seine Richtung.

»Genosse Muraško, seien Sie gegrüßt! Komme gerade von

der Hauptverwaltung ... Man hat eine Havariekommission gebildet ... Vor Ihnen steht der Vorsitzende selbiger Kommission ... Als Erstes versiegeln Sie jetzt die Helling, mein Freund, und verhängen einen kompletten Arbeitsstopp.«

»Nur auf schriftliche Anordnung«, sagt Muraško.

»Erfolgt unverzüglich«, fiept Polibin und wirkt plötzlich einen Kopf größer.

XVI.

Im Gebäude neben der Helling arbeiten Vasiljev und Nataša schweigend und zügig an der Verbindung einer Leitung.

Wuschelkopf und Fridman deponieren Metallkörper im Gebüsch neben dem Gasbehälter und führen rasch ein Stromkabel von ihnen weg.

In einem Verschlag nicht weit vom Verwaltungsgebäude des Luftschiffwerks bündeln der Chauffeur Vasja und die Zeichnerin Varja eine Reihe von feinen Kabeln und schrauben einen Schalthebel an eine Marmortafel.

Vasja blickt auf die Uhr und betätigt den Starkstromschalter.

Aus einem der im Gebüsch liegenden Metallkörper quillt dichter Rauch.

In der Wachstube des Luftschiffwerks liest Petrenko in einem Buch.

Eine Sirene heult los. Alarmglocken antworten ihr. Signallämpchen flackern auf, der Feuertelegraf beginnt zu rasseln, auf dem Tisch des Wachmanns schrillen zahllose Telefone.

Petrenko nimmt zwei Hörer auf einmal ab.

»Feuer auf der Reinigungsstation?! Erste und zweite Helling ...? Feuer im Materiallager?!«

Petjka wirft beide Hörer hin und greift nach dem einzigen stummen Apparat.

»Muraškos Wohnung! Den Werksdirektor …! Den Direktor!«

Petrenkos Geheul erfüllt lange die Wachstube. Schwarze Qualmwolken bedecken den Himmel. Ein Feuerlöschtrupp rast zur Gasreinigungsstation.

Jelisejevs ruhige Stimme spricht ins Telefon:

»Der Rauch nähert sich der Helling, Aleksej Kuzmič …«

»Was schlagen Sie vor?«, fragt Muraško.

»Das Luftschiff aufsteigen lassen.«

»Handeln Sie gemäß den Brandschutzregeln«, sagt Muraško, hängt den Hörer auf die Gabel und lächelt zum ersten Mal in all diesen Tagen.

Die Flieger kleiden sich im Laufen an.

Die Startmannschaft manövriert das Luftschiff energisch aus der Helling.

Eine Gruppe von Komsomolzen aus Wuschelkopfs Montagebrigade läuft mit Feuerlöschern vorbei.

Qualm, ölig und schwarz, türmt sich am Himmel zu hohem Gewölk, das immer weiter anschwillt.

Das Luftschiff hat sich vom Boden gelöst und steigt in die Höhe …

Es segelt über die Chaussee hinweg, auf der Polibins Auto dahinrast.

Als er den Motorenlärm hört, sieht Polibin aus dem Auto und erblickt das Luftschiff, wie es in den Himmel steigt.

Muraško tritt aus seinem Büro und wendet sich zur Sekretärin:

»Agnija Konstantinovna, geben Sie Entwarnung des Feueralarms.«

Vom Bord des Luftschiffs meldet Wuschelkopf über Funktelefon:

»Aleksej Kuzmič, Steuerung funktioniert reibungslos. Geschwindigkeit zweihundertvierzig. Alles in Ordnung.«

Das Luftschiff dreht plötzlich gegen den Wind.

»Kurs hundertzwanzig!«, kommandiert Jelisejev.

»Verstanden, Kurs hundertzwanzig!«, antwortet Petrenko und blickt betont finster.

Das Luftschiff führt folgsam alle Manöver aus, nimmt immer mehr Tempo auf.

Und schließlich folgt das schwierigste aller Manöver.

»Spiralflug abwärts!«, kommandiert Jelisejev.

»Verstanden, Spiralflug abwärts!«, antwortet Fridman mit vor Anspannung gebleckten Zähnen.

Die zweihundert Meter lange Silberzigarre senkt die Nase und geht im Spiralflug abwärts, kommt einen Moment lang zum Halt und gewinnt jäh an Höhe.

Nataša über Funktelefon:

»Zu Befehl, Spiralflug abwärts, Aleksej Kuzmič! Alles in Ordnung!«

Ein verdatterter Polibin stürzt mit einem Paket in der Hand auf den aus dem Verwaltungsgebäude tretenden Muraško zu.

»Wofür werden die bloß bezahlt, diese Feuerwehrleute! Machen einfach mal so Alarm …!«, sagt Muraško zu ihm.

Und geht zum Flugfeld.

Bei der Helling sitzen auf einem leeren, umgekehrten Tankbehälter nebeneinander zwei alte Männer und blicken, indem sie sich mit der Handfläche gegen die Sonne abschirmen, zu dem schwebenden Luftschiff hinauf.

Neben ihnen lärmt die vielstimmige Menge der Arbeiter und Konstrukteure des Luftschiffwerks.

Zu den beiden Alten gesellt sich ein nicht minder alter Schlosser aus der Montagewerkstatt, er nimmt neben Tolmazov und Žukov Platz und verfolgt, sich ebenfalls mit der Hand gegen die Sonne schützend, den Flug der »UdSSR-1«.

Die Landebahn füllt sich mit aus Moskau angereisten Fliegern, Korrespondenten, Arbeitern der Luftfahrtwerke ...

Der Flug der »UdSSR-1« geht in die dritte Stunde. Höhen- und Geschwindigkeitsrekorde sind bereits gebrochen.

Da tritt ein schlicht wirkender Fünfziger, Leiter der Kommission, die den Kostenvoranschlag für das Luftschiffwerk bewilligt hat, an Muraško heran.

»Also vom Sovnarkom haben sie mich weggeholt, mein Lieber ...«

»Wohin denn ...?«

»Na zurück ins ZK. Ich sags dir, mein Lieber, für den Fall, dass du mal was von mir brauchst ... Das Luftschiffwerk hat ja jetzt die Werksphase hinter sich ...«

Am flammenden Himmel erscheint eine letzte Vision der silbrigen »UdSSR-1«.

XVII.

Aus dem Gebäude des ZK der AKP(b) tritt ein hagerer Herr. Er hält einen Moment inne, schreitet dann zu der langen Reihe von Autos, die gegenüber der Auffahrt warten.

Der Wagen setzt sich in Bewegung ...

»Moskau?«, fragt Vasja.

»Peripherie ...«

Pause.

»Und, Aleksej Kuzmič, wie heißen wir also ...?«

»Höhenbomber ... So heißen wir jetzt ... Werk Nummer ...«
Vor den Fenstern fliegt Moskau vorüber.

TAGEBUCH 1920

TAGEBUCH 1920

Das Tagebuch beginnt mit Seite 55. Die ersten 54 Seiten fehlen.

Žitomir. 3.6.20.
Morgens im Zug, gekommen um Uniformbluse und Stiefel in Empfang zu nehmen. Ich schlafe zusammen mit Žukov, Topolnik, es ist dreckig, morgens die Sonne in die Augen, der Dreck im Waggon. Der lange Žukov, der verfressene Topolnik, das gesamte Redaktionskollegium – unvorstellbar schmutzige Menschen.

Widerlicher Tee aus geborgten Geschirren. Briefe nach Hause, Pakete an die Jug-Rosta, Interview mit Pollak, die Operation zur Eroberung von Novograd, die Disziplin in der polnischen Armee – bröckelt ab, polnische weißgardistische Literatur, Broschüren auf Zigarettenpapier, Streichhölzer, ehemalige (ukrainische) Juden, Kommissare, alles ist dumm, bösartig, kraftlos, unbegabt und erstaunlich wenig überzeugend. Michajlovs Abschriften aus polnischen Zeitungen.

Die Küche im Zug, dicke Soldaten mit roten Gesichtern, graue Seelen, stickig die Hitze in der Küche, Kaša, Mittag, der Schweiß, dickbeinige Wäscherinnen, apathische Weiber – die Haltestellen – die Soldaten und Weiber beschreiben, dick, satt und verschlafen.

Liebe in der Küche.

Nach dem Mittagessen nach Žitomir. Eine weiße, nicht verschlafene, aber geschlagene, verstummte Stadt. Ich suche nach Spuren der polnischen Kultur. Die Frauen schön gekleidet, weiße Strümpfe. Die katholische Kathedrale.

Bade bei Nuska im Teterev, ein lausiger Bach, die alten Juden im Badehaus mit ihren langen mageren graubehaarten Beinen. Die jungen Juden. Weiber spülen am Teterev Wäsche. Eine Familie, die schöne Ehefrau, das Kind hat der Mann.

Basar in Žitomir, der alte Schuster, Waschblau, Kreide, Bindfaden.

Die Gebäude der Synagogen, die alte Architektur, wie mir das alles ans Herz greift.

Ein Uhrglas 1200 R. Markt. Der kleine Jude ist Philosoph. Ein unvorstellbarer Laden – Dickens, Besen und goldene Pantoffeln. Seine Philosophie – alle sagen, sie kämpften für Freiheit und Gerechtigkeit und alle stehlen. Wenn doch nur irgendeine Regierung gut wäre. Wunderbare Worte, der schüttere Bart, wir unterhalten uns, Tee und drei Stück Apfelpirogge – 750 R. Interessant die alte Frau, boshaft, geschäftstüchtig, ohne Eile. Wie geldgierig alle sind. Den Basar beschreiben, die Obstkörbe, Kirschen, das Innere der Garküche. Das Gespräch mit der Russin, die gekommen ist, um sich einen Waschzuber zu leihen. Schwitzen, dünner Tee, ich verbeiße mich in das Leben, ihr Toten adieu.

Der Schwager Podolskij, ein halbverhungerter Intellektueller, etwas über die Gewerkschaften, über den Dienst bei Budjonnyj, ich bin, natürlich, Russe, die Mutter Jüdin, wieso?

Der Pogrom von Žitomir, von den Polen veranstaltet, danach, natürlich, von den Kosaken.

Nach dem Eintreffen unserer Vorausabteilungen waren die Polen in die Stadt eingedrungen für 3 Tage, Judenpogrom, sie haben die Bärte abgeschnitten, das ist das Übliche, haben auf dem Marktplatz 45 Juden zusammengetrieben, ins Gebäude des Schlachthofs gebracht, Misshandlungen, haben ihnen die Zungen herausgeschnitten, Wehgeschrei über den ganzen Platz. Sie haben 6 Häuser angesteckt, das Haus Koniuchowski am Domplatz besichtige ich, wer hat gerettet – aus Maschinengewehren, den Hausmeister, dem in die Arme die Mutter aus dem brennenden Fenster den Säugling zugeworfen hatte – haben sie erstochen – der katholische Priester hatte an die Rückwand eine Leiter angestellt, so haben sie sich gerettet.

Der Samstag neigt sich dem Ende zu, wir gehen vom Schwiegervater zum Zaddik. Den Namen nicht verstanden. Für mich ein erschütterndes Bild, obwohl klar sichtbar das Sterben und der absolute Verfall. Der Zaddik – seine breitschultrige, magere kleine Gestalt. Sein Sohn – ein vornehmer Junge in der Kapote, man sieht in kleinbürgerliche, aber geräumige Zimmer. Alles ist aufgeräumt, sauber, die Ehefrau – eine gewöhnliche Jüdin, vom Typ beinahe Jugendstil.

Die Gesichter der alten Juden.

Gespräche in der Ecke über die Teuerung.

Ich finde mich im Gebetbuch nicht zurecht. Podolskij hilft mir.

Statt der Kerze – ein Kienspan.

Ich bin glücklich, riesengroße Gesichter, Hakennasen, schwarze, grau durchwirkte Bärte, ich denke an vieles, auf Wiedersehen, ihr Toten. Das Gesicht des Zaddik, sein vernickeltes Pincenez:

Woher kommen Sie, junger Mann?

Aus Odessa.

Wie lebt man dort?

Die Menschen leben.

Hier ist das Grauen.

Ein kurzes Gespräch.

Ich gehe erschüttert.

Podolskij, blass und bekümmert, gibt mir seine Adresse,

ein wunderschöner Abend. Ich gehe, denke an vieles, stille, fremde Straßen. Kondratjev mit einer schwarzhaarigen Jüdin, der arme Kommandant mit Papacha, er hat einfach keinen Erfolg.

Und dann Nacht, der Zug, aufgemalt die Losungen des Kommunismus (der Kontrast zu dem, was ich bei den alten Juden gesehen habe).

Das Hämmern der Maschinen, eigene Elektrostation, eigene Zeitungen, der Kinematograf läuft, der Zug erstrahlt, dröhnt, die dickmäuligen Soldaten stehen bei den Wäscherinnen Schlange (für zwei Tage).

Žitomir. 4.6.20.
Morgens Pakete an die Jug-Rosta, Meldung über den Pogrom von Žitomir, nach Hause, an Orešnikov, Narbut.

Ich lese Hamsun. Sobelman erzählt mir das Sujet seines Romanes.

Ein neues Manuskript Hiobs, ein alter Mann, der seit Jahrhunderten lebt, seine Schüler haben es ihm gestohlen, um eine Himmelfahrt zu simulieren, der übersättigte Ausländer, die russische Revolution.

Schulz, das ist das Wichtigste, die Wollust, Kommunismus ist, wie wenn wir bei den Herren Äpfel klauen, Schulz erzählt, seine Glatze, Äpfel unterm Arm, der Kommunismus, eine Dostojevskij-Figur, hier ist etwas vorhanden, da muss man sich was einfallen lassen, diese unersättliche Fleischeslust, Schulz in den Straßen von Berdičev.

Die Chelemskaja, die Pleuritis hatte, Durchfall, ganz vergilbt, in schmutziger Kapote, Apfelmus. Was willst du hier, Chelemskaja? Heiraten solltest du, Ehemann – technisches Kontor, ein Ingenieur, Abtreibung oder erstes Kind, das war dein Leben bisher, deine Mutter, einmal pro Woche hast du ein Bad genommen, deine Liebesgeschichte, Chelemskaja, so solltest du leben und dich der Revolution anpassen.

Eröffnung des kommunistischen Clubs in der Redaktion. Da haben wir – das Proletariat, diese aus dem Untergrund unwahrscheinlich geschwächten Jüdinnen und Juden. Jämmerliches, schreckliches Volk, schreite voran. Beschreiben danach das Konzert, die Frauen singen kleinrussische Lieder.

Baden im Teterev. Kiperman, wie wir nach Essbarem suchen. Was für ein Mensch ist Kiperman? Was bin ich für ein Dummkopf, habe das Geld verplempert. Er schwankt wie ein Rohr im Wind, hat eine große Nase und er ist nervös, vielleicht wahnsinnig, aber ein Gauner, wie er die Zahlungen verzögert, den Club leitet. Seine Hosen beschreiben, die Nase und die bedächtige Rede, die Folter im Gefängnis, furchtbarer Mensch dieser Kiperman.

Nacht auf dem Boulevard. Die Jagd auf Frauen. Vier Alleen, vier Stadien: Bekanntschaft, Plauderei, Aufkeimen der Begierde, Befriedigung der Begierde, unten der Teterev, der alte Sanitäter, der sagt, die Kommissare hätten alles, sogar Wein, aber er ist wohlwollend.

Ich und die ukrainische Redaktion.

Gužin, über den sich die Chelemskaja heute beschwert hatte, sie suchen etwas Besseres. Ich bin müde. Und plötzlich die Einsamkeit, vor mir strömt das Leben vorüber, aber was bedeutet es.

Žitomir. 5.6.20.
Habe im Zug Stiefel, Uniformbluse bekommen. Fahre bei Morgengrauen nach Novograd. Automobil Marke *Thornycroft*. Alles von Denikin erbeutet. Morgengrauen auf dem Kloster- oder Schulhof. Im Auto geschlafen. Um 11 Uhr in Novograd. Weiter in einem anderen *Thornycroft*. Umge-

hungsbrücke. Die Stadt ist lebendiger, Ruinen erscheinen als etwas Normales. Ich nehme meinen Koffer. Der Stab ist weitergefahren nach Korec. Eine Jüdin hat entbunden, im Krankenhaus natürlich. Ein Langer mit Hakennase bittet um Einstellung, läuft mit dem Koffer hinter mir her. Ich verspreche, morgen wiederzukommen. Novograd ist Zvjagel.

Auf dem Lastwagen ein Versorgungssoldat mit weißer Papacha, ein Jude und der leicht bucklige Morgan. Warten auf Morgan, er ist in die Apotheke, Brüderchen hat den Tripper. Der Wagen kommt aus Fastov. Zwei dicke Fahrer. Wir fliegen, ein echt russischer Fahrer, alle Eingeweide durchgerüttelt. Der Roggen steht gut, Meldereiter sprengen uns entgegen, unglückliche, riesige, eingestaubte Lastwagen, entkleidete polnische dickliche weißblonde Jungen, Gefangene, ihre polnischen Nasen.

Korec, beschreiben, die Juden vor dem großen Haus, der J'schiwe bocher mit Brille, worüber sie sprechen, die Alten mit gelben Bärten, leicht bucklige Händler, kränklich, einsam. Ich will bleiben, aber die Telefonisten rollen die Kabel auf. Natürlich, – der Stab ist weitergefahren. Wir pflücken Äpfel und Kirschen. In rasender Geschwindigkeit weiter. Dann der Fahrer, roter Gürtel, isst Brot mit motorölverschmierten Fingern. Nach kaum 6 Werst Fahrt – der Magneto im Öl ersoffen. Reparatur bei sengender Sonne, Schweiß, die Fahrer. Ich komme an auf einem Heuwagen – (habe vergessen – Artill.-Inspekteur Timošenko [?] inspiziert die Geschütze in Korec. Unsere Generäle). Es ist Abend. Nacht. Der Park von Gošča. Zotov und der Stab eilen weiter, der Tross donnert vorüber, der Stab ist weiter nach Rovno, verdammt. Die Juden, ich beschließe bei Duvid Učenik zu bleiben, die Soldaten raten mir ab, die Juden bitten darum. Ich wasche mich, eine Wohltat, viele Juden. Die Gebrüder

Učenik – Zwillinge? Die Verwundeten wollen mich kennenlernen. Gesunde Teufel, nur Fleischwunden im Bein, können allein gehen. Guter Tee, ich esse zu Abend. Učeniks Kinder, ein kleines, aber leidgewohntes Mädchen mit gerunzeltem Blick, ein zitterndes Mädchen von 6 Jahren, die dicke Ehefrau mit Goldzähnen. Sie sitzen um mich herum, im Haus herrscht Unruhe. Učenik erzählt – die Polen haben geplündert, dann sind die hier eingezogen, mit Hetzrufen und Geschrei, sie haben alles mitgehen lassen, die Sachen seiner Frau.

Das Mädchen – sind Sie kein Jude? Učenik sitzt und schaut zu wie ich esse, auf seinen Knien zittert das Mädchen. Sie ist verängstigt, die Keller, die Schießereien und dann eure. Ich spreche zu ihnen – alles wird gut, was die Revolution bedeutet, der Mund geht mir über. Uns wird es schlecht gehen, uns wird man ausplündern, gehen Sie nicht schlafen.

Nacht. Eine Laterne vor dem Fenster, eine hebräische Grammatik, die Seele schmerzt, meine Haare frisch gewaschen, meine Schwermut auch. Ich schwitze vom Tee. Als Unterstützung – Cukerman, mit Gewehr. Radiotelegrafist. Auf dem Hof Soldaten, man treibt sie in die Quartiere, sie kichern. Horche: sie argwöhnen, los aufstehn, ich mach dich mit der Sense nieder. Die Jagd auf die Verhaftete. Sterne, Nacht über dem Städtchen. Der lang aufgeschossene Kosak, mit Ohrring, weißem Mützendeckel. Verhaftet hatten sie die Verrückte der Stasova – eine Matratze, sie lockte mit dem Zeigefinger, komm, ich lasse dich, bei mir hätte sie die ganze Nacht zu tun gehabt, sich gewunden, gehüpft aber wäre nicht weggelaufen. Man treibt die Soldaten in die Quartiere. Sie essen – Rührei, Tee, Braten, unvorstellbare Grobheit, über den Tisch geflezt, Wirtin, rück raus. Učenik vorm Haus, sie haben einen Wachsoldaten aufgestellt, eine Komödie, geh schlafen, ich bewache mein Haus selbst. Die schreckliche Geschichte mit der verhafteten Verrückten. Wenn sie sie finden – sie schlagen sie tot.

Ich kann nicht schlafen. Ich habe gestört, sie haben gesagt – alles ist verloren.

Bedrückende Nacht, der Dummkopf mit dem Körper eines Ferkels – der Radiotelegrafist.

Dreckige Fingernägel und geziertes Gehabe. Gespräch über die jüdische Frage. Der Verwundete im schwarzen Hemd – ein Grünschnabel und Grobian, die alten Juden ergreifen die Flucht, die Frauen in einigem Abstand. Niemand schläft. Irgendwelche jungen Mädchen auf der Treppe vor dem Haus, ein Soldat schläft auf dem Sofa.

Schreibe Tagebuch. Eine Lampe ist da. Der Park vor dem Fenster, Trossfahrzeuge fahren vorüber. Niemand geht schlafen. Das Auto ist gekommen. Morgan sucht nach einem Geistlichen, ich bringe ihn zu den Juden.

Der Goryn, die Juden und alten Frauen auf den Treppen vor den Häusern. Gošča ist geplündert, in Gošča ist nichts mehr zu holen, Gošča schweigt. Saubere Arbeit. Im Flüsterton – sie haben alles mitgehen lassen und sie weinen nicht einmal, das waren Spezialisten. Der Goryn, ein System von Seen und Zuflüssen, Abendlicht, hier war die Schlacht um Rovno. Gespräche mit den Juden, die mir nahe sind, sie denken, ich sei Russe, und mir geht das Herz auf. Wir sitzen am Steilufer. Stille und leises Seufzen in meinem Rücken. Ich gehe Učenik beschützen. Ich habe ihnen gesagt, dass meine Mutter Jüdin ist, die Geschichte, Belaja Cerkov, der Rabbiner.

Rovno. 6.6.20.
Unruhig geschlafen, einige Stunden. Ich wache auf, Sonne, Fliegen, das Bett gut, jüdische rosa Kopfkissen, Daunen. Die Soldaten klopfen mit ihren Krücken. Wieder – Wirtin, rück raus. Gebratenes Fleisch, Zucker aus einem geschliffenen Glassturz, sie sitzen hingeflegelt, mit hängendem Haarschopf, feldmarschmäßig gekleidet, rote Hosen, die Papacha, schneidig hängen die Beinstümpfe heraus. Die Frauen mit hochroten Gesichtern, sie laufen weg, keiner hat geschlafen. Duvid Učenik ist blass, in Weste. Zu mir – fahren Sie nicht weg, solange sie hier sind. Er stellt ein Fuhrwerk zusammen. Sonne, gegenüber der Park, das Fuhrwerk wartet, sie sind weg. Das Ende. Die Erlösung.

Gestern abend war das Auto angekommen. Um 1 Uhr fahren wir von Gošča nach Rovno. Der Goryn glänzt in der Sonne. Morgenspaziergang. Wie sich herausstellt, hat die Hausfrau nicht zu Hause geschlafen, das Dienstmädchen hat mit Freundinnen bei den Soldaten gesessen, die es vergewaltigen wollten, die ganze Nacht bis zum Morgengrauen, hat sie unaufhörlich mit Äpfeln gefüttert, ernste Gespräche, keine Lust mehr zu kämpfen, wir wollen heiraten, gehen Sie schlafen. Das schielende Mädchen ist ins Schwatzen gekommen, Duvid hat die Weste angezogen, den Tales, betet mit Würde, dankt, in der Küche Mehl, Teig wird geknetet, man beginnt sich zu bewegen, das dickbeinige Dienstmädchen, barfuß, eine dicke Jüdin mit weicher Brust räumt auf und erzählt, erzählt ohne Ende. Worte der Hausfrau – sie ist dafür, dass alles gut wird. Das Haus lebt auf.

Ich fahre mit dem *Thornycroft* nach Rovno. Zwei verendete Pferde. Zerstörte Brücken, das Auto auf hölzernen Planken, alles kracht, endlose Kolonnen des Trosses, Staus, Flüche, den Tross beschreiben um Mittag vor der zerstörten Brücke,

Reiter, Lastwagen, Karren mit Munition. Unser Lastwagen rast wie wahnsinnig, obwohl völlig kaputt, Staub.

8 Werst vor dem Ziel bleibt er stehen. Kirschen, ich schlafe, schwitze in der Sonne. Kuzickij, eine erfreuliche Gestalt, sagt dir im Nu dein Schicksal voraus, legt Karten, Feldscher aus Borodjanicy, die Weiber haben ihn für die Behandlung in Naturalien bezahlt, mit Brathühnern und mit sich selbst, ist ständig in Unruhe – ob die Divisionssanitätsabteilung ihn wohl entlässt, er zeigt mir echte Wunden, wenn er aufsteht und geht, zieht er das eine Bein nach, hat ein Mädchen verlassen unterwegs 40 Werst vor Žitomir, geh, hat sie zu ihm gesagt, weil ihr der Divisionsstabskommandeur den Hof machte. Verliert seine Peitsche, sitzt halbnackt, plappert, lügt ununterbrochen, die Fotografie seines Bruders, ehemaliger Stabsrittmeister, jetzt Divisionskommandeur, verheiratet mit einer polnischen Fürstin, Denikin-Leute haben ihn erschossen.

Ich bin Medikus.

In Rovno Staub, staubiges Gold dahingeschmolzen, verströmt über den langweiligen Häuschen.

Vorbeimarsch einer Brigade, Zotov am Fenster, die Einwohner von Rovno, das Aussehen der Kosaken, ein erstaunlich ruhiges, selbstbewusstes Heer. Die jüdischen jungen Mädchen und Jünglinge folgen ihm entzückt, die alten Juden schauen gleichgültig hinterdrein. Rovno Luft geben, etwas Zerrissenes, Unbeständiges, hier gibt es Lebensart und polnische Ladenschilder.

Den Abend beschreiben.

Die Chasts, das schwarzhaarige und schlaue Mädchen, aus Warschau, führt uns, der Feldscher, bösartiger Gestank in Worten; Koketterie, Sie werden bei uns essen, ich wasche mich in einem Durchgangszimmer, alles ist peinlich, eine

Wohltat, ich bin verdreckt und verschwitzt, dann heißer Tee mit meinem Zucker.

Beschreiben: dieser Chast, die Furie, kompliziert, unerträgliche Stimme, sie denken, ich verstünde kein Jiddisch, streiten sich ununterbrochen, Todesangst, der Vater – die Sache ist nicht einfach, der lächelnde Feldscher, behandelt Tripper [?], lächelt, ist unsichtbar, aber anscheinend jähzornig, die Mutter – wir sind Intellektuelle, wir haben nichts, er dagegen ist Feldscher, Arbeiter, lass die nur, aber still, wir sind zu Tode erschöpft, eine niederschmetternde Erscheinung – der runde Sohn mit einem schlauen und idiotischen Lächeln hinter den runden Brillengläsern, die einschmeichelnde Plauderei, mir ist man gefällig, eine Menge Schwestern, lauter Pack [?]. Der Zahnarzt, irgendein Enkel, mit dem alle ebenso winselnd und hysterisch sprechen wie mit den Alten, es kommen die jungen Juden – Leute aus Rovno mit flachen und vor Angst vergilbten Gesichtern und Fischaugen, sie erzählen von den Verhöhnungen durch die Polen, zeigen ihre Pässe, es hatte ein feierliches Dekret gegeben über die Vereinigung Wolhyniens mit Polen, ich rufe mir die polnische Kultur in Erinnerung, Sienkiewicz, die Frauen, Großpolen, sie sind zu spät geboren, heute herrscht das Klassenbewusstsein.

Gebe meine Wäsche zum Waschen. Trinke ununterbrochen Tee und schwitze wie ein Tier, und beobachte die Chasts aufmerksam, hartnäckig. Die Nacht auf dem Sofa. Habe mich zum ersten Mal seit meiner Abreise ausgezogen. Man schließt alle Fensterläden, das elektrische Licht brennt, schreckliche Schwüle, da schlafen viele Menschen, Erzählungen über Plünderungen der Budjonnyj-Kämpfer, Zittern und Schrecken, vor dem Fenster schnauben die Pferde, auf der Schulstraße Trossfahrzeuge, es ist Nacht …

Die folgenden 21 Seiten des Tagebuchs sind verloren.

Beljov. 11.7.20.
Übernachtet mit den Soldaten der Stabs-Schwadron, im Heu. Habe schlecht geschlafen, denke an die Manuskripte. Sehnsucht, Erlahmen der Energie, ich weiß, dass ich das überwinden werde, aber wann wird das sein? Denke an die Chasts, die Nissen, erinnere mich an alles, an diese stinkenden Seelen, die Hammelaugen, die hohen kreischenden überfallartigen Stimmen, den lächelnden Vater. Vor allem – das Lächeln und er ist jähzornig, und die vielen Geheimnisse, die üblen Erinnerungen an die Skandale. Die riesenhafte Gestalt – die Mutter, sie ist böse, feige, verfressen, widerwärtig, der haftende, lauernde Blick. Die abscheuliche und ausgeschmückte Lügengeschichte der Tochter, die lachenden Augen des Sohns unter den Brillengläsern.

Schlendere durch das Dorf. Fahre nach Klevan, das Städtchen ist gestern von der 3. Kav.-Brigade der 6. Division eingenommen worden. Unsere Patrouillen sind auf der Linie der Landstraße Rovno–Luck gesichtet worden. Luck wird evakuiert.

8.–12. schwere Kämpfe, Dundić ist gefallen, Ščadilov ist gefallen, der Kommandeur des 36. Regiments, viele Pferde sind getötet, morgen werden wir es genau wissen.

Befehle Budjonnyjs über unseren Verlust Rovnos, über die unglaubliche Müdigkeit der Einheiten, darüber, dass die heftigen Attacken unserer Brigaden nicht die früheren Ergebnisse zeitigen, ununterbrochene Kämpfe seit dem 27. Mai, wenn man keine Atempause gewährt – wird die Armee kampfunfähig.

Ist es nicht verfrüht für solch einen Befehl? Vernünftig, sie spornen das Hinterland an – Klevan. Beerdigung von

6 oder 7 Rotarmisten. Ich unterwegs, einen Maschinengewehrwagen holen. Begräbnismarsch, auf dem Rückweg vom Friedhof – der Infanterie-Parademarsch, keine Beerdigungsprozession weit und breit. Der Tischler – ein bärtiger Jude – läuft durchs Städtchen, er ist der Sargschreiner.

Die Hauptstraße auch hier – *Schosowa*.

Meine erste Requisition ist – ein Notizbuch. Mich begleitet der Synagogendiener Menasche. Ich esse bei Mudrik, das alte Lied, die Juden sind ausgeplündert, Misstrauen, sie hatten die Sowjetmacht als Befreierin erwartet, und dann auf einmal Gebrüll, Peitschenhiebe, Saujuden. Ich stehe umringt von einem ganzen Kreis, erzähle ihnen von der Wilsonschen Note, von den Armeen der Arbeit, die kleinen Juden hören zu, schlaues und mitleidiges Lächeln, der Jude in den weißen Hosen hat sich im Kiefernwald kurieren lassen, will nach Hause. Die Juden sitzen auf den Erdwällen um ihre Häuser, junge Mädchen und alte Männer, es ist tot, verschwitzt, staubig, ein Bauer (Parfentij Melnik, derselbe, der seinen Militärdienst in Jelisavetpol geleistet hatte) beschwert sich, sein Pferd habe Blähungen von der Milch, man hatte es von seinem Fohlen getrennt, Schwermut, die Manuskripte, die Manuskripte, sie sind es, die mir das Herz schwer machen.

Oberst Gorov, von der Bevölkerung gewählt, – der Dorfvorsteher, – 60 Jahre, eine Aristokratenratte aus der Zeit vor der Bauernbefreiung. Wir sprechen über die Armee, über Brusilov, wenn Brusilov marschiert wäre, was sollten wir denken. Grauer Schnurrbart, zahnloses Genuschel, ein gewesener Mensch, raucht selbstgezogenen Tabak, wohnt im Verwaltungsgebäude, der Alte tut mir leid.

Der Schreiber in der Kreisverwaltung, ein schöner Ukrainer, mustergültige Ordnung, hat auf Polnisch umgelernt, zeigt mir die Bücher, die Statistik des Kreises – 18 600 Menschen, davon 800 Polen, sie wollten sich mit Polen vereinigen, feierlicher Akt des Anschlusses an den polnischen Staat.

Der Schreiber entstammt derselben Zeit, in Samthosen, ukrainische »mowa«, von der neuen Zeit berührt, dünnes Schnurrbärtchen.

Klevan, seine Wege, Straßen, die Bauern und der Kommunismus sind weit auseinander.

Hopfenanbau, viele Baumschulen, viereckige grüne Mauern, eine verfeinerte Kultur.

Der Oberst hat blaue Augen, der Schreiber – einen seidenweichen Schnurrbart.

Nacht, Stabsarbeit in Beljov. Was für ein Mensch ist Žolnarkevič? Pole? Seine Gefühle? Die rührende Freundschaft der beiden Brüder. Konstantin und Michajlo. Žolnarkevič ist ein altgedienter Haudegen, präzise, nimmermüde bei der Arbeit, energisch auf lautlose Weise, polnischer Schnurrbart, dünne polnische Beine. Der Stab – das ist Žolnarkevič, noch 3 Schreiber, die, wenn es Nacht wird, erschöpft sind.

Eine kolossale Arbeit, die Verteilung der Brigaden, kein Proviant, das Allerwichtigste – die Ausrichtung der Operationen, geschieht unmerklich. Die Meldereiter schlafen auf der bloßen Erde beim Stab. Dünne Kerzen brennen, der Div.-Stabskommandeur in Mütze reibt sich die Stirn und diktiert, diktiert ununterbrochen – operative Berichte, Befehle, an die Divisions-Artillerie, den Feldstab der Armee, wir halten Richtung auf Luck.

Nacht, ich schlafe im Heu neben Lepin, einem Letten, Pferde haben sich losgerissen, streunen umher, fressen uns das Heu unterm Kopf weg.

Beljov. 12.7.20.
Morgens – habe mit dem Tagebuch der Kriegshandlungen begonnen, analysiere die Operationsberichte. Das Tagebuch wird eine interessante Sache.

Nach dem Essen reite ich auf dem Pferd des Meldereiters Sokolov (an Rückfalltyphus erkrankt, liegt neben mir auf der Erde in Lederjacke, schlank und rassig, die Peitsche in der abgemagerten Hand, ist aus dem Lazarett weggelaufen, man hat ihm da nichts zu essen gegeben und es war langweilig, lag dort als Patient in jener schrecklichen Nacht des Rückzugs aus Rovno, völlig durchnässt, ist großgewachsen, schwankt beim Gehen, unterhält sich interessiert mit den Wirtsleuten, aber auch gebieterisch, so als seien alle Bauern seine Feinde). Špakov, eine tschechische Kolonie. Reiche Gegend, viel Hafer und Weizen, ich reite über die Dörfer – Peresonnica, Milostovo, Ploski, Špakov. Anbau von Lein, daraus Öl, viel Buchweizen.

Reiche Dörfer, ein heißer Mittag, staubige Straßen, der durchsichtige Himmel ohne eine Wolke, das Pferd träge, wenn ich ihm die Peitsche gebe, geht es. Mein erster Ritt. In Milostovo – nehme ein Fuhrwerk von Špakov – fahre, um einen Maschinengewehrwagen und Pferde zu holen, auf Befehl des Stabes der Division.

Das Herz geht mir auf. Ich betrachte voller Entzücken das nichtrussische, saubere, starke Leben der Tschechen. Ein guter Dorfvorsteher, in alle Richtungen sprengen Reiter, jedesmal neue Forderungen, vierzig Fuhren Heu, 10 Schweine, die Agenten der Proviantversorgung – Getreide, eine Quittung für den Dorfvorsteher – haben Hafer erhalten – danke. Komm. der Aufklärung des 34. Regiments.

Die festgebauten Hütten glänzen in der Sonne, Ziegeldächer, Eisen, Stein, Äpfel, das steinerne Schulgebäude, Frauen von halb städtischem Typ, helle Schürzen. Wir gehen zum Müller Juripov, der reichste und intelligenteste, ein großgewachsener schöner typischer Tscheche mit westeuropäischem Schnurrbart. Sehr schöner Hof, Taubenschlag, das rührt mich, neue Mahlwerke, ehemaliger Wohlstand, weiße Mauern, weiträumiger Hof, ebenerdiges geräumiges helles Haus und ein gutes Zimmer – wahrscheinlich hat er auch eine gute Familie, dieser Tscheche, der Vater – ein sehniger armer Kerl – alles gute Menschen, der kräftige Sohn mit Goldzähnen, schlank und breitschultrig. Die wahrscheinlich gute junge Ehefrau und Kinder. Die Mühle natürlich modernisiert.

Der Tscheche hat haufenweise Quittungen. Wir haben ihm vier Pferde genommen und ihm dafür Zettel ans Bezirkskommissariat in Rovno gegeben, das Kabriolet genommen, ihm dafür den kaputten Maschinengewehrwagen gegeben, drei Quittungen, für Mehl und Hafer.

Eine Brigade zieht ein, rote Fahnen, ein mächtiger fest verschweißter Körper, selbstbewusste Kommandeure, die erfahrenen, ruhigen Augen der Kämpfer, Kosakenschöpfe, Staub, Stille, Ordnung, die Kapelle, man verteilt sich auf die Quartiere, der Brigadekommandeur ruft mir zu – hier wird nichts beschlagnahmt, das ist unser Gebiet. Der Tscheche folgt mit besorgtem Blick dem in der Ferne sich umtreibenden jungen geschickten Brigadekommandeur, unterhält sich höflich mit mir, gibt mir den kaputten Maschinengewehrwagen zurück, doch der fällt auseinander. Ich lege keine Energie an den Tag. Wir gehen in ein zweites, in ein drittes Haus. Der Dorfälteste gibt Hinweise, wo etwas zu holen ist. Ein Alter hat tatsächlich ein Kabriolet, der Sohn säuselt mir ins Ohr, es ist kaputt, das Vordergestell ist nicht mehr gut, ich denke – du hast eine Braut oder ihr fahrt sonntags damit in die Kirche, es ist heiß, ich bin träge, sie tun mir leid, die Reiter stöbern herum, so sieht zu Anfang die Freiheit aus. Habe nichts genommen, obwohl ich es hätte tun können, aus mir wird kein Budjonnyj- Kämpfer.

Zurück, es ist Abend, im Roggen hat man einen Polen gefangen, sie jagen ihn wie ein Tier, weite Felder, glutrote Sonne, goldener Nebel, wogendes Getreide, im Dorf wird das Vieh zusammengetrieben, rosa staubige Straßen von ungewöhnlich zärtlichen Formen, aus den Rändern der perlgrauen Wolken – flammende Zungen, orangefarbene Flammen, die Bauernfuhrwerke wirbeln Staub auf.

Ich arbeite im Stab (das Pferd ist gut gegangen), lege mich neben Lepin schlafen. Er ist Lette, die Schnauze stumpf, wie bei einem Ferkel, Brille, anscheinend ein guter Mensch. Generalstäbler.

Reißt stumpfsinnig und unvermittelt Witze. Mütterchen, wann wirst du sterben und klammert sich an sie.

Im Stab kein Kerosin. Er sagt – wir streben zum Licht, aber Beleuchtung haben wir keine, ich gehe mit den Dorfschönen spielen, hält den Arm ausgestreckt, lässt ihn nicht sinken, angespannte Schnauze, die Schweinslippe zittert, die Brille wackelt.

Beljov. 13.7.20.
Mein Geburtstag. 26 Jahre. Denke an zu Hause, an meine Arbeit, mein Leben fliegt dahin. Die Manuskripte nicht da. Dumpfe Schwermut, ich werde sie überwinden. Führe mein Tagebuch, das wird eine interessante Sache.

Die Schreiber hübsche junge Kerle, die Stabsleute junge Russen singen Arien aus Operetten, sind ein wenig verkommen durch die Stabsarbeit. Die Meldereiter beschreiben, den Div.-Stabskommandeur und die anderen – Čerkašin, Tarasov, – Marodeure, Speichellecker, Schmeichler, Vielfraße, Faulpelze, das Erbe des Alten, sie wissen, wer ihr Herr ist.

Die Stabsarbeit in Beljov. Eine gut eingespielte Maschine, sehr gut der Stabskommandeur, mechanisches Arbeiten und ein lebendiger Mensch. Meine Entdeckung – er ist Pole, man hatte ihn entlassen, auf Befehl des Divisionskommandeurs zurückgeholt, ist bei allen beliebt, gutes Verhältnis zum Div.-Kommandeur, was empfindet er? Ist kein Kommunist, ist Pole, und dient treu wie ein Kettenhund, das soll einer begreifen.

Über unsere Operationen.

Wo stehen unsere Einheiten.

Der Vormarsch auf Luck.

Zusammensetzung der Division, die Brigadekommandeure.

Wie ist der Ablauf der Stabsarbeit – Direktive, dann der Befehl, dann der Operationsbericht, dann Bericht der Aufklärung, wir schleppen die politische Abteilung mit, das Revolutionstribunal, die Kavallerie-Reserve.

Ich fahre nach Jasineviči, um die Kutsche gegen einen Maschinengewehrwagen und Pferde einzutauschen. Unwahrscheinlicher Staub, Hitze. Wir fahren über Peresonnica, Trost in den Feldern, mein 27. Lebensjahr, ich denke, der Roggen ist reif, die Gerste, stellenweise steht der Hafer sehr gut, der Mohn ist abgeblüht, keine Kirschen mehr, die Äpfel sind noch nicht reif, viel Lein, Buchweizen, viele zerstampfte Felder, Hopfen.

Ein reiches Land, wenn auch mit Maßen.

Der Chef der Kavallerie-Reserve Djakov – ein Bild wie aus einer Feerie, rote Hosen mit Silberlampassen, goldverzierter Gürtel, stammt aus Stavropol, eine Figur wie ein Apoll, gestutzter grauer Schnurrbart, 45 Jahre alt, hat einen Sohn und einen Neffen, fantastische Flüche, man bringt Sachen aus der Versorgungsabteilung, dort hat er einen Tisch zertrümmert, aber bekommen, was er wollte. Djakov, die Soldaten lieben ihn, unser Kommandeur ist ein Held, er war Athlet, kann kaum lesen und schreiben, jetzt »bin ich Kavallerie-Inspektor«, General. Djakov ist Kommunist, ein tapferer alter Budjonnyj-Kämpfer. Begegnung mit einem Millionär, eine Dame am Arm, Herr Djakov, sind wir uns nicht öfter im Club begegnet? Bin in 8 Ländern gewesen, komme ich auf die Bühne, zwinkere ich nur.

Er ist Tänzer, Harmonikaspieler, Schlitzohr, Aufschneider, eine höchst malerische Gestalt. Liest Papiere nur mit Mühe, verliert sie dauernd, macht mich krank, der Kanzleikram, sagt er immer, ich lehne das ab, was würden die ohne mich machen, Flüche, das Gespräch mit den Bauern, die reißen die Mäuler auf. Der Maschinengewehrwagen und ein Paar ausgemergelter Pferde, über die Pferde.

Zu Djakov mit Anforderungen, uff, ihr macht einen wahnsinnig, Wäsche ausgeben, dauernd in den Hintern, väterliches Verhältnis, du wirst (zu einem Kranken) der Oberviehtreiber hier. Nach Hause. Nacht. Stabsarbeit.

Wir wohnen im Haus der Mutter des Dorfältesten. Eine fröhliche Wirtin, plappert ohne Ende, den Rocksaum aufgeschürzt, arbeitet wie eine Ameise für die Ihren, und für noch 7 Mann. Čerkašin (Lepins Meldereiter) ist frech und zudringlich gibt keine Ruhe, dauernd verlangen wir etwas, irgendwelche Kinder streunen herum, wir holen uns Heu, in der Hütte, voller Fliegen, Kinder, alter Leute, eine Braut, Soldaten drängeln sich und grölen. Die alte Frau ist krank. Alte Leute kommen zu Besuch und schweigen bekümmert, das Lämpchen.

Nacht, der Stab, der exaltierte Telefonist, K. Karlyč,

schreibt Berichte, Meldereiter, die diensthabenden Schreiber schlafen, im Dorf ist es stockfinster, ein verschlafener Schreiber hämmert einen Befehl, K. Karlyč ist präzise wie ein Uhrwerk, schweigend treffen Meldereiter ein.

Der Vormarsch auf Luck. Geführt von der 2. Brigade, eingenommen haben wir es noch nicht. Wo stehen unsere Voraus-Einheiten?

Beljov. 14.7.20.
Bei uns wohnt Sokolov. Liegt im Heu, ein langer Kerl, Russe, in Lederstiefeln. Aus Orjol stammend, mit roten Wangen, Miša, ein harmloser Junge. Lepin spielt, wenn niemand es sieht, mit der Magd, sein stumpfes, angespanntes Gesicht, unsere Wirtin plappert und plappert, scherzt, arbeitet unermüdlich, die Alte, ihre Schwiegermutter liebt sie – ein verdorrtes altes Weiblein, Čerkašin, Lepins Meldereiter, scheucht sie, quasselt ohne Punkt und Pause.

Lepin ist im Stab eingeschlafen, ein vollkommen idiotischer Gesichtsausdruck, er kann und kann einfach nicht aufwachen. Im Dorf ein Stöhnen, sie wechseln die Pferde, geben ihnen Schindmähren dafür, zertrampeln das Getreide, treiben das Vieh zusammen, Beschwerden an den Stabschef, Čerkašin wird verhaftet, er hat einen Bauern mit der Peitsche verprügelt. Lepin schreibt 3 Stunden an einem Brief ans Tribunal, Čerkašin, schreibt er, habe unter dem Einfluss der empörend provokativen Ausfälle des roten Offiziers Sokolov gestanden. Kann nur abraten – 7 Soldaten in einer Hütte.

Der bösartige und hagere Sokolov sagt zu mir – wir vernichten alles, ich hasse den Krieg.

Warum sind sie alle – Žolnarkevič, Sokolov hier im Krieg? All das ist ohne Bewusstsein, indolent und hat mit Denken nichts zu tun. Schönes System.

Frank Moscher. Ein abgeschossener Flieger, Amerikaner, barfuß, aber elegant, einen Hals wie eine Säule, blendend weiße Zähne, sein Anzug voller Öl und Schmutz. Besorgt fragt er mich, habe ich etwa ein Verbrechen begangen, gegen Sowjetrussland zu kämpfen. Unsere Sache ist stark. Ach, wie es nach Europa roch, nach Cafés, Zivilisation, nach Kraft, nach der alten Kultur, viele Gedanken, ich beobachte ihn, lasse ihn nicht aus den Augen. Ein Brief des Majors Fount-Le-Roy – um Polen steht es schlecht, keine Verfassung, die Bolschewiki sind stark, die Sozialisten im Mittelpunkt der Aufmerksamkeit, aber nicht an der Macht. Man muss die neue Art der Kriegführung studieren. Was sagt man den westeuropäischen Soldaten? Der russische Imperialismus, sie wollen die Nationalitäten vernichten, die Sitten – das ist das Wichtigste, alle slawischen Länder erobern, was für alte Wörter. Nicht enden wollendes Gespräch mit Moscher, ich versenke mich ins Alte, dich werden sie auseinandernehmen, Moscher, ach, Conan Doyle, Briefe nach New York. Ob Moscher sich verstellt oder nicht – krampfhaft versucht er herauszubekommen, was der Bolschewismus sei. Trauriger und süßer Eindruck.

Ich lebe mich im Stab ein, habe einen Kutscher, den 39 Jahre alten Grišcuk, 6 Jahre Gefangenschaft in Deutschland, 50 Werst hat er von hier bis zu sich nach Hause (stammt aus dem Kreis Kremenec), sie lassen ihn nicht hin, er schweigt.

Divisionskommandeur Timošenko ist im Stab. Eine farbige Figur. Ein Koloss, rote halblederne Hosen, rote Mütze, gut gebaut, ehemaliger Zugführer, war in der Vergangenheit MG-Schütze, Fähnrich der Artillerie. Legendäre Geschichten. Der Kommissar der 1. Brigade war vor dem Feuer erschrocken, Jungs auf die Pferde; und er fing an, auf alle Kommandeure mit der Peitsche einzuschlagen, auf Kniga, die Regimentskommandeure, er schießt auf den Kommissar, auf die Pferde ihr Scheißkerle, jagt hinter ihnen her, 5 Schüsse, Genossen, helft mir, dir werd ichs zeigen, helft mir, hatte sich die Hand durchschossen, ein Auge, Revolver versagt, und ich hab dem Kommissar die Leviten gelesen, er elektrisiert die Kosaken, Budjonnyj-Kämpfer, mit ihm in die Stellungen reiten – entweder töten die Polen ihn oder er sie.

Die 2. Brigade attackiert Luck, ist gegen Abend abgerückt, Gegenangriff des Gegners, starke Kräfte, er will bis Dubno vordringen. Dubno wird von uns gehalten.

Bericht – erobert sind Minsk, Bobrujsk, Molodečno, Proskurov, Svenciany, Staro-Konstantinov, sie rücken nach Galizien vor, wo ein K[avallerie].-Manöver stattfinden soll – am Styr oder am Bug. Kovel wird evakuiert, starke Kräfte in Lemberg, die Aussage Moschers. Das wird der Stoß.

Der Dank des Divisionskommandeurs für die Kämpfe vor Rovno. Den Befehl überbringen.

Das Dorf, dumpf, Licht im Stab, verhaftete Juden. Die Budjonnyj-Kämpfer bringen den Kommunismus, ein Mütterchen weint. Ach, wie trübe leben die Russen. Wo bleibt die ukrainische Fröhlichkeit? Die Ernte beginnt. Der Mohn wird reif, woher nehme ich Korn für die Pferde und Kirschknödel.

Welche Divisionen stehen weiter links?

Moscher barfuß, Mittag, der stumpfe Lepin.

Beljov. 15.7.20.
Verhör der Überläufer. Sie zeigen unsere Flugblätter vor. Ihre Kraft ist groß, die Flugblätter helfen den Kosaken.

Interessant unser Kommissar – Bachturov, kämpferisch, dick, flucht viel, ist immer in den Stellungen.

Die Arbeit eines Kriegskorrespondenten beschreiben, was ist ein Kriegskorrespondent?

Ich muss mir die operativen Berichte von Lepin holen, das ist – eine Qual. Der Stab ist untergebracht im Haus eines getauften Juden.

Die Meldereiter stehen die Nacht über vor dem Stabsgebäude.

Man beginnt mit der Mahd. Ich lerne, die Pflanzen zu unterscheiden. Morgen hat die Schwester Geburtstag.

Beschreibung Wolhyniens. Widerwärtig, wie die Bauern leben, schmutzig, wir essen, der lyrische Matjaž, ein Schürzenjäger, selbst wenn er mit einer alten Frau spricht, sonst noch ausgedehnter.

Lepin macht der Magd den Hof.

Unsere Einheiten stehen 1 1/2 Werst vor Luck. Die Armee bereitet einen Angriff der Kavallerie vor – konzentriert die Kräfte auf Lemberg, nimmt Luck im Vorbeigehn.

Haben einen Aufruf Piłsudskis aufgefangen – Krieger der Rzeczpospolita. Ein rührender Aufruf. Unsere Gräber leuchten weiß von den Gebeinen von fünf Generationen von Kämpfern, unsere Ideale, unser Polen, unser lichtes Haus, Eure Heimat blickt auf Euch, es erzittert unsere junge Freiheit, noch eine einzige Anstrengung, wir werden Euch nicht vergessen, alles für Euch, Soldaten der Rzeczpospolita.

Rührend, traurig, keine stählernen bolschewistischen Argumente – keine Versprechungen, und die Wörter sind – Ordnung, Ideale, Leben in Freiheit. Unsere Sache wird siegen!

Novosjolki. 16.7.20.
Einen Armeebefehl erhalten – die Übergänge über den Styr im Abschnitt Rožišče–Jaloviči besetzen. Der Stab zieht nach Novosjolki, 25 Werst. Ich reite mit dem Divisionskommandeur, die Stabsschwadron, die Pferde sprengen dahin, Wälder, Eichen, Waldwege, die rote Mütze des Div.-Kommandeurs, seine mächtige Gestalt, Trompeter, Schönheit, das neue Heer, der Divisionskommandeur und die Schwadron sind ein Körper.

Quartier, die Wirtsleute sind jung, ziemlich reich, haben Schweine, eine Kuh, mit einem Wort – nichts.

Žolnarkevičs Erzählung von dem schlauen Feldscher. Zwei Frauen, man muss sich zu helfen wissen. Der einen gab er Rhizinus, wenn es sie packte, – ging er zur anderen.

Ein schrecklicher Fall, Soldatenliebe, zwei gesunde Kosaken wurden mit einer handelseinig – hältst du das aus, ich halte es aus, der eine dreimal, steigt der andere drauf – sie torkelte durchs Zimmer und besudelte den ganzen Fußboden, sie warfen sie raus, bezahlten ihr das Geld nicht, sie hatte den Eifer übertrieben.

Über Budjonnyjs Kommandeure – sind sie Condottieri oder künftige Usurpatoren? Sie kommen aus dem Kosakenmilieu, das ist das Wichtigste – die Herkunft dieser Truppe beschreiben, alle diese Timošenkos, Budjonnyjs haben die Truppen selbst aufgestellt, hauptsächlich sind es Nachbarn aus der Stanica, jetzt haben ihre Truppen durch die Sowjetmacht eine Organisation erhalten.

Der Befehl wird ausgeführt, eine starke Kolonne setzt sich von Luck nach Dubno in Bewegung, die Evakuierung von Luck wird offensichtlich abgeblasen, dorthin kommen Truppen und Technik.

Bei jungen Wirtsleuten – sie groß, mit Spuren einer Dorfschönheit, wurstelt inmitten ihrer 5 Kinder herum, die auf der Bank herumliegen. Interessant – jedes Kind kümmert sich um das andere, Mama, gib ihm die Brust. Die Mutter – schlank und rot, liegt streng inmitten dieser wimmelnden Kinderschar. Der Ehemann ist ein guter Kerl. Sokolov: diese Welpen sollte man abschießen, wozu sie vermehren. Der Mann: aus Kleinen werden Große.

Unsere Soldaten beschreiben – Čerkašin (kam heute ein wenig beklommen vom Tribunal zurück) – unverschämt, lang aufgeschossen, verkommen, was ist er für ein Bewohner des kommunistischen Russland, Matjaž, Ukrainer, grenzenlos faul, ein Weiberheld, immer entkräftet, schlaff, mit nicht geschnürten Stiefeln, trägen Bewegungen, Sokolovs Meldereiter – Miša, war in Italien, hübsch, schlampig.

Den Ritt mit dem Divisionskommandeur beschreiben, die kleine Schwadron, Suite des Div.-Kommandeurs, Bachturov, die alten Budjonnyj-Kämpen, beim Ausrücken – einen Marsch.

Der Div.-Stabskommandeur sitzt auf einer Bank – ein Bauer ist außer sich vor Ärger, zeigt eine halbtote Mähre vor, die man ihm für ein gutes Pferd gegeben hatte. Djakov kommt, die Unterhaltung ist kurz, für so ein Pferd kannst du 15 Tausend kriegen, für so eins – 20 Tausend. Wenn es aufstehen kann, heißt das, es ist ein Pferd.

Sie beschlagnahmen Schweine, Hühner, das Dorf stöhnt. Unsere Versorgung beschreiben. Ich schlafe in der Hütte. Entsetzlich, so ein Leben. Fliegen. Eine Untersuchung über die Fliegen, Myriaden. Fünf kleine, schreiende, unglückliche Kinder.

Lebensmittel werden vor uns versteckt.

Novosjolki. 17.7.20.
Ich beginne das Kriegstagebuch mit dem 16. VII. Fahre nach Polža [Pelča] – die Politabteilung, die Leute dort essen Gurken, Sonne, sie schlafen barfuß hinter den Heuschobern. Jakovlev verspricht Unterstützung. Der Tag vergeht mit Arbeit. Lepin hat eine geschwollene Lippe. Seine Hängeschultern. Mit ihm ist schwer auszukommen. Eine neue Seite – ich studiere die operative Wissenschaft.

Neben einer der Hütten – eine abgestochene Kuh, die zum ersten Mal gekalbt hatte. Das bläuliche Euter auf der Erde, die pure Haut. Unbeschreiblicher Jammer! Eine junge Mutter hat man getötet!

Novosjolki – Mal. Dorostaj. 18.7.20.
Die polnische Armee konzentriert sich im Abschnitt Dubno–Kremenec zum Entscheidungsangriff. Wir stoppen das Manöver, geben Warnung. Die Armee geht im südlichen Abschnitt zum Angriff über, unsere Division bildet die Armee-Reserve. Unsere Aufgabe – die Übergänge über den Styr im Bereich Luck zu besetzen.

Wir rücken morgens nach Mal. Dorostaj (nördlich von Mlynov) ab, ohne Tross, Verwundete und administrativen Stab, offenbar steht die Operation kurz bevor.

Befehl von der Südwestfront erhalten, beim Einmarsch in Galizien – erstmals überschreiten sowjetische Truppen die Grenze – die Bevölkerung gut zu behandeln. Wir kommen nicht in ein erobertes Land, das Land gehört den Arbeitern und Bauern Galiziens und nur ihnen, wir kommen, um ihnen zu helfen, die Rätemacht zu errichten. Ein wichtiger und vernünftiger Befehl, werden die Marodeure ihn ausführen? Nein.

Wir rücken ab. Trompeter. Es leuchtet die Mütze des Divisionskommandeurs. Gespräch mit dem Div.-Kommandeur, dass ich ein Pferd bräuchte. Wir fahren, Wälder, die Felder werden gemäht, aber wenig, armselig wenig, irgendwo zwei Weiber und zwei alte Männer. Die jahrhundertealten Wälder Wolhyniens – majestätische grüne Eichen und Weißbuchen, mir wird klar, warum die Eiche König der Bäume ist.

Wir fahren über Waldwege mit zwei Stabsschwadronen, sie folgen dem Div.-Kommandeur auf Schritt und Tritt, es sind Elitetruppen. Den Schmuck ihrer Pferde beschreiben, die Säbel in rotem Samt, die Krummsäbel, Westchen, Teppiche über den Sätteln. Armselig gekleidet, obwohl jeder 10 Feldröcke hat, der Schick will es wahrscheinlich so.

Äcker, Straßen, Sonne, der Weizen reift, wir zerstampfen die Felder, eine schlechte Ernte, das Getreide steht niedrig, hier sind viele tschechische, deutsche und polnische Ansiedlungen. Andere Menschen, Wohlstand, Sauberkeit, wunderschöne Gärten, wir essen unreife Äpfel und Birnen, alle wollen zu den Ausländern ins Quartier, ich ertappe auch mich bei dem Wunsch, die Ausländer sind verängstigt.

Der jüdische Friedhof hinter Malin, Jahrhunderte alt, die Grabsteine umgestürzt, fast alle von derselben Form, oben oval, der Friedhof von Gras überwuchert, er hat Chmelnickij gesehen, und jetzt Budjonnyj, unglückliche jüdische Bevölkerung, alles wiederholt sich, jetzt diese Geschichte – Polen – Kosaken – Juden – mit bestürzender Genauigkeit wiederholt sich alles, das Neue ist der Kommunismus.

Immer häufiger trifft man auf Schützengräben des alten Kriegs, überall Stacheldraht, er würde noch 10 Jahre für Weidezäune reichen, zerstörte Dörfer, überall wird aufgebaut, aber nur schlecht, es gibt nichts, kein Baumaterial, kein Zement.

Auf den Rastplätzen mit den Kosaken, Heu für die Pferde,

jeder hat eine lange Geschichte – Denikin, der eigene Hof, die eigenen Anführer, Budjonnyjs und Knigas, Feldzüge mit 200 Mann, Raubüberfälle, das reiche freie Kosakenleben, wie viele Offiziersköpfe sind gerollt. Sie lesen die Zeitung, aber wie schlecht sich die Namen einprägen, wie leicht ist alles wieder umkehrbar.

Großartige Kameradschaft, Zusammengehörigkeit, sie sind wie miteinander verschweißt, die Liebe zu den Pferden, auf das Pferd wird 1/4 des Tages verwandt, unendliche Tauschgeschäfte und Gespräche. Die Rolle und das Leben des Pferdes.

Der höchst eigene Umgang mit den Vorgesetzten – ganz einfach, per »du«.

M. Dorostaj war völlig zerstört, wird aufgebaut.

Wir kommen in den Garten des Priesters. Holen uns Heu, essen Obst, ein schattiger, sonnenüberfluteter schöner Garten, das weiße Kirchlein, hier hatte man Kühe, Pferde, der kleine Pope mit Zöpfchen geht verloren hin und her und sammelt Quittungen. Bachturov liegt auf dem Bauch, isst Dickmilch mit Kirschen, dir werde ich Quittungen geben, das Recht geb ich dir.

Bei dem Popen haben wir uns für ein ganzes Jahr sattgegessen. Er geht angeblich zugrunde, möchte Gottesdienst halten. Gibt es bei euch Feldgeistliche?

Abends im Quartier. Wieder – wir haben nichts, alle lügen, ich schreibe mein Tagebuch, man gibt uns Kartoffeln mit Butter. Die Nacht im Dorf, ein riesiger purpurroter Feuerkreis vor Augen, aus dem zerstörten Dorf laufen gelb die Äcker. Es ist Nacht. Licht im Stab. Immer ist im Stab Licht, Karl Karlovič diktiert auswendig einen Befehl, er vergisst nie etwas, die Köpfe eingezogen, sitzen die Telefonisten. Karl Karlovič hat in Warschau gedient.

M. Dorostaj – Smordva – Berežcy. 19.7.20.
Habe die Nacht schlecht geschlafen. Magengrimmen. Die grünen Birnen von gestern. Ich fühle mich miserabel. Wir rücken bei Morgengrauen aus.

Der Gegner attackiert im Abschnitt Mlynov–Dubno. Wir sind bis nach Radzivillov vorgedrungen.

Heute im Morgengrauen ist der Entscheidungsangriff aller Divisionen – von Luck bis Kremenec. Die 5., die 6. Division sind in Smordva konzentriert, Kozino ist erreicht.

Wir ziehen also in Richtung Süden.

Rücken aus M. Dorostaj ab. Der Divisionskommandeur begrüßt die Schwadronen, sein Pferd fiebert. Musik. Werden auf der Straße auseinandergezogen. Die Straße ist unerträglich. Wir ziehen über Mlynov nach Berežcy, nach Mlynov hinein geht nicht, und das ist ein jüdisches Städtchen. Wir kommen nach Berežcy, Geschützfeuer, die Stabskanzlei zieht sich zurück, es riecht nach Masuth, über die Böschungen bewegen sich Einheiten der Kavallerie vorwärts. Smordva, das Haus des Geistlichen, verweinte Provinzfräuleins in weißen Strümpfen, solche habe ich lange nicht gesehen, die verletzte Popenfrau, sie hinkt, der sehnige Pope, ein Haus aus Stein. Stabskommandeur und Kommandeur der 14. Division, wir warten auf das Eintreffen der Brigaden, unser Stab auf einer Anhöhe, ein echt bolschewistischer Stab – der Div.-Kommandeur, Bachturov, die Kriegskommissare. Wir liegen unter Beschuss, der Div.-Kommandeur ist ein Mordskerl, – klug, energisch, leicht stutzerhaft, von sich überzeugt, denkt an Umgehungsbewegung nach Bokunin, der Angriff wird gestoppt, Anordnungen an die Brigaden. Kolesov und Kniga kommen angesprengt (der berühmte Kniga, berühmt wofür). Das herrliche Pferd Kolesovs, Kniga hat das Gesicht eines Backwarenverkäufers, ein geschäftstüchtiger Ukrainer. Die

Befehle schnell, alle beraten, der Beschuss wird stärker, Einschläge in 100 Schritt Entfernung.

Der Kommandeur der 14. Division ist dünner, dumm, redselig, ein Intellektueller, will als Budjonnyj- Kämpfer gelten, flucht ununterbrochen, ich kämpfe sogar nachts, er gibt gern ein bisschen an. In langen Bändern verteilen sich am gegenüberliegenden Ufer die Brigaden, der Tross wird beschossen, Staubsäulen. Budjonnyjs Regimenter mit Tross, mit ihren Teppichen in den Sätteln.

Mir geht es immer schlechter. Habe 39,8. Budjonnyj und Vorošilov treffen ein.

Beratung. Der Div.-Kommandeur fliegt vorüber. Die Schlacht beginnt. Ich liege beim Popen im Garten. Griščuk ist vollkommen apathisch. Was für ein Mensch ist dieser Griščuk, Ergebenheit, unendliche Stille, grenzenlose Schlaffheit. 50 Werst von zu Hause entfernt, 6 Jahre nicht zu Hause gewesen, er läuft nicht weg.

Weiß, was Vorgesetzte und Chefs bedeuten, das haben ihm die Deutschen beigebracht.

Erste Verwundete treffen ein, Verbände, nackte Bäuche, Langmut, unerträgliche Hitze, Beschuss von beiden Seiten ununterbrochen, unmöglich sich gehen zu lassen. Budjonnyj und Vorošilov auf der Treppe vor dem Haus. Das Bild der Schlacht, die Kavallerie kehrt zurück, verstaubt, verschwitzt, rot, keine Spur von Erregung, von den Metzeleien, sie sind Professionals, alles verläuft in größter Ruhe – das ist die Besonderheit, die Selbstgewissheit, schwere Arbeit, Krankenschwestern auf Pferden sprengen vorüber, ein Žgučij-Panzerwagen. Uns gegenüber – die Villa des Grafen Ledochowski, weißer Bau über dem Seeufer, nicht hoch, nicht protzig, sehr vornehm, ich denke an meine Kindheit, die Romane – ich denke noch an vieles. Bei dem Feldscher – ein jämmerlicher hübscher junger Jude – womöglich hat er vom Grafen ein Gehalt bezogen, ist grau vor Kummer. Entschuldigen Sie, wie ist die Lage an der Front? Die Polen haben sie verspottet und gefoltert, jetzt, denkt er, werde das Leben beginnen, übrigens die Kosaken benehmen sich nicht immer gut.

Echos der Schlacht – die sprengenden Reiter, Berichte, Verwundete, Gefallene.

Ich schlafe in der Kircheneinfriedung. Der Brigadekommandeur schläft, den Kopf auf dem Bauch irgendeines Fräuleins.

Ich habe geschwitzt, mir ist wohler. Ich fahre nach Berežcy, dort ist die Stabskanzlei, ein zerstörtes Haus, ich trinke Kirschblütentee, lege mich ins Bett der Wirtin, schwitze, Aspirin-Pulver. Schlafen wäre gut. Ich rufe mir ins Gedächtnis – ich habe Fieber, schwitze, in der Kircheinfriedung Soldaten mit Gebrüll, andere mit Kaltblütigkeit, sie lassen die Hengste ran.

Berežcy, Sienkiewicz, ich trinke Kirschblütentee, liege auf einer Federmatratze, neben mir schwer atmend ein Kind. Bin eingeschlafen, ein-zwei Stunden weggetreten. Werde geweckt. Ich durchgeschwitzt. Wir fahren nachts zurück nach Smordva, von dort weiter, Waldrand. Weiter in der Nacht, Mondschein, irgendwo vor uns die Schwadron.

Hütte im Wald. Die Bauern und Weiber schlafen entlang der Wände. Konstantin Karlovič diktiert. Seltenes Bild – ringsum schläft die Schwadron, überall Finsternis, nichts zu sehen, aus dem Wald weht Kälte, ich stoße gegen Pferde, im Stab wird gegessen, krank lege ich mich neben einem Maschinengewehrwagen auf die Erde, schlafe 3 Stunden, zugedeckt mit dem Schal und dem Mantel Barsukovs, gut.

20.7.20. Anhöhe bei Smordva. Pelča.
Wir rücken um 5 Uhr morgens ab. Regen, es ist nass, wir ziehen durch die Wälder. Die Operation verläuft erfolgreich, unser Divisionskommandeur hat die Umgehung richtig gewählt, wir setzen die Kreisbewegung fort. Durchnässt, Waldwege. Die Umgehung über Bokujka nach Pelča. Informationen, um 10 Uhr ist Dobryvodka eingenommen, um 12 Uhr nach nicht nennenswertem Widerstand Kozin. Wir setzen dem Gegner nach, ziehen Richtung Pelča. Wälder, Waldwege, die Schwadronen schlängeln sich vorwärts.

Meine Gesundheit ist besser, unerforschlich wieso.

Ich studiere die Flora des Gouvernements Wolhynien, vieles ist abgeholzt, abgeholzte Waldränder, Überreste des Krieges, Stacheldraht, weiße Gräben. Majestätisch die grünen Eichen, Weißbuchen, viele Kiefern, die Weide ist ein majestätischer und sanfter Baum, der Regen im Wald, aufgeweichte Waldwege, Eschen.

Auf Waldwegen nach Pelča. Kommen gegen 10 Uhr an. Wieder ein Dorf, großgewachsene Wirtin, langweilig – wir haben nichts, sehr sauber, ihr Sohn war bei den Soldaten, gibt uns Eier, Milch gibt es keine, in der Hütte ist es unerträglich stickig, es regnet, alle Straßen sind aufgeweicht, schwarzer schmatzender Morast, unmöglich in den Stab zu gelangen. Sitze den ganzen Tag in der Hütte, es ist warm, draußen vor dem Fenster der Regen. Wie langweilig und fade ist mir dieses Leben – Küken, die versteckte Kuh, Schmutz, Stumpfsinn. Über der Erde eine unaussprechliche Trostlosigkeit, alles ist nass, schwarz, der Herbst, bei uns dagegen in Odessa ...

In Pelča haben wir den Tross des 49. polnischen Infanterieregiments erbeutet. Verteilung der Sachen vor dem Fenster, völlig idiotische Flucherei, aber ununterbrochen, manche

Wörter sind langweilig, man möchte sie nicht in den Mund nehmen, über das Fluchen, die Heilsmutter, Saumutter, die Bäuerinnen schaudert es, die Kinder fragen – die Soldaten fluchen. Gottesmutter. Ich schieß dich ab, stich zu.

Ich bekomme eine Aktenmappe und eine Satteltasche. Dieses trübsinnige Leben beschreiben. Der Bauer geht nicht zur Arbeit auf den Acker. Ich schlafe im Ehebett der Wirtsleute.

Wir haben erfahren, England habe Sowjetrussland und Polen einen Friedensplan unterbreitet, sind wir etwa bald am Ende?

21.7.20. Pelča – Boratin.
Wir haben Dubno eingenommen. Der Widerstand, was immer darüber gesagt werden mag, war nicht nennenswert. Warum? Die Gefangenen reden, und klar wird, es ist die Revolution der kleinen Leute. Viel wäre darüber zu sagen, die Schönheit der Ziergiebel Polens, etwas wie Sentimentalität, meine Gräfin. Schicksal, Dünkel, die Juden, Graf Ledochowski. Die proletarische Revolution. Wie ich den Geruch Europas einatme – der von dort herüberweht.

Wir rücken nach Boratin ab, über Dobryvodka, Wälder, Felder, sanfte Konturen, Eichen, wieder Musik und der Divisionskommandeur, und beiseite – der Krieg. Rast in Žabokriki, ich esse Weißbrot. Griščuk kommt mir manchmal schrecklich vor – eingeschüchtert? Die Deutschen, diese mahlenden Kiefer.

Griščuk beschreiben.

In Boratin – ein starkes, sonniges Dorf. Chmil, lächelt der Tochter zu, der schweigsame, aber reiche Bauer, Rührei in Butter, Milch, Weißbrot, Verfressenheit, Sonne, Sauberkeit, die Krankheit weicht von mir, für mich haben alle Bauern ein und dasselbe Gesicht, die junge Mutter. Griščuk strahlt, ihm hat man Rührei mit Speck gegeben, schöne schattige Tenne, Klee. Warum läuft Griščuk nicht weg?

Ein herrlicher Tag. Mein Interview mit Konstantin Karlovič. Was für ein Mensch ist unser Kosak? Mehrere Schichten: Raubgier, Verwegenheit, Professionalismus, revolutionäre Einstellung, viehische Grausamkeit. Wir sind die Avantgarde, aber wovon? Die Bevölkerung erwartet die Erlöser, die Juden die Freiheit – und geritten kommen die Kuban-Kosaken ...

Der Armeekommandant befiehlt den Divisionskommandeur zur Beratung nach Kozin. 7 Werst. Ich reite. Sand. Jedes Haus bleibt mir im Herzen. Grüppchen von Juden. Die Gesichter, das ist das Ghetto, wir sind ein altes Volk, gequält, noch haben wir Kraft, der Laden, ich trinke herrlichen Kaffee, gieße Balsam auf die Seele des Krämers, der auf den Lärm in seinem Laden horcht. Die Kosaken schreien, fluchen, klettern auf die Regale, unglückseliger Laden. Der rotbärtige Jude kommt ins Schwitzen ... Streife endlos umher, kann mich nicht losreißen, das Städtchen war zerstört, wird aufgebaut, besteht seit 400 Jahren, Überreste einer Synagoge, ein herrlicher zerstörter alter Tempel, ehemals katholische, jetzt orthodoxe Kirche, bezaubernd weiß mit dreiflügeliger Tür, weithin sichtbar, jetzt orthodoxe Kirche. Der alte Jude – ich spreche so gern mit den Unsern – sie verstehen mich. Der Friedhof, das zerstörte Häuschen des Rabbi Asrail, drei Generationen, der Grabstein unter dem darüber aufragenden Baum, diese alten Steine, alle von der gleichen Form, vom gleichen Inhalt, dieser leidgeprüfte Jude – mein Führer, eine Familie stumpfsinniger dickbeiniger Juden, die in einem hölzernen Schuppen am Friedhof wohnen, drei jüdische Soldatengräber, gefallen im Russisch-Deutschen

Krieg. Die Abramovičs aus Odessa, zur Beerdigung war die Mutter angereist und ich sehe die Jüdin, die ihren Sohn zu Grabe trägt, der umgekommen ist für eine widerwärtige, ihr unbegreifliche, verbrecherische Tat.

Ein neuer und ein alter Friedhof – das Städtchen ist 400 Jahre alt.

Abend, ich gehe zwischen den Häusern auf und ab, Juden und Jüdinnen lesen die Plakate und Proklamationen. Polen ist der Kettenhund der Bourgeoisie und dergleichen. Todbringende Insekten und Lasst die Öfen in den Güterwaggons.

Die Juden – Porträts, großgewachsen, schweigsam, mit langen Bärten, nicht wie die Unseren dick und *jovial*. Hochaufgeschossene alte Männer, die nichts zu tun haben und herumlungern. Am wichtigsten – der Laden und der Friedhof.

7 Werst zurück nach Boratin, ein herrlicher Abend, das Herz ist voll, die reichen Wirtsleute, verschmitzten Mädchen, Rührei, Speck, unsre Soldaten fangen Fliegen, die russisch-ukrainische Seele. Mir, wirklich, uninteressant.

22.7.20. Boratin.
Vor dem Mittagessen – Bericht an den Armee-Feldstab. Schönes sonniges Wetter, ein reiches starkes Dorf, ich gehe zur Mühle, was ist – eine Wassermühle, der Knecht ist Jude, danach bade ich im kalten Mühlbach unter der milden Sonne Wolhyniens. Zwei kleine Mädchen spielen im Wasser, der merkwürdige, nur mühsam unterdrückte Wunsch, etwas Obszönes zu sagen, grobe schlüpfrige Wörter.

Sokolov geht es schlecht. Ich gebe ihm Pferde zum Abtransport ins Lazarett. Der Stab wird nach Lesźniów verlegt (Galizien, erstmals überschreiten wir die Grenze). Ich warte auf die Pferde. Schön ist es in dem Dorf, hell, satt.

Zwei Stunden später reite ich nach Chotyn. Straße durch Wald, Unruhe. Griščuk ist stumpf und furchteinflößend. Ich auf Sokolovs schwerem Pferd. Ich allein auf der Straße. Es ist hell, durchsichtig, nicht heiß, angenehme Wärme. Vor mir ein Fuhrwerk mit fünf Mann, sehen aus wie Polen. Ein Spiel, wir reiten auf sie zu, halten an, woher? Gegenseitig Angst und Unruhe. Vor Chotyn sehen wir die Unseren, wir reiten hin, werden unter Beschuss genommen. In wildem Galopp zurück, ich zerre das Pferd am Zügel. Die Kugeln surren, pfeifen. Artilleriefeuer. Griščuk ist mal von finsterer und schweigsamer Energie, mal in gefährlichen Augenblicken unbegreiflich, schlaff, schwarz, der zugewachsene Kiefer. In Boratin ist niemand mehr. Hinter Boratin der Tross, es beginnt ein Riesendurcheinander. Die Epopöe mit dem Tross, Abscheulichkeit, Scheußlichkeit. Das Kommando hat Gusev. Wir stehen die halbe Nacht vor Kozin, Schusswechsel. Wir senden Kundschafter aus, niemand weiß irgendetwas, Berittene schwärmen aus, mit sachlichem Blick, der lange Deutsche – des Bezirkskommandeurs, es ist Nacht, man will schlafen, das Gefühl der Hilflosigkeit – man weiß nicht, wohin man dich führt, ich denke, es sind 20–30 Mann von denen, die wir in die Wälder gejagt haben, ein Überfall. Aber woher die Artillerie? Schlafe für eine halbe Stunde ein, angeblich hat ein Schusswechsel stattgefunden, unsere haben eine Kette ausgesandt. Wir schleppen uns weiter. Die Pferde sind übermüdet, eine schreckliche Nacht, wir bewegen uns als kolossaler Tross durch stockfinstre Nacht, weiß der Himmel durch welche Dörfer, eine Brandstätte irgendwo abseits, andere Trosse kreuzen unsern Weg – gerät die Front ins Wanken oder ist das nur Panik im Tross?

Die Nacht zieht sich endlos hin, wir fallen in eine Grube, Griščuk lenkt seltsam, uns fährt eine Deichsel ins Kreuz, irgendwo in der Ferne Schreie, jede halbe Werst halten wir an und stehen quälend, ziellos lange.

Uns reißt der Lenkriemen, der Maschinengewehrwagen gehorcht nicht mehr, wir landen auf dem Acker, Nacht, Griščuk hat einen Anfall viehischer, stumpfer, hoffnungsloser Verzweiflung, die mich rasend macht: oh, dass die Lenkriemen doch verbrennen, ja, verbrennt, verbrennt. Er ist blind, gibt es zu, Griščuk, er sieht nachts nichts. Der Tross zieht an uns vorbei, die Straßen sind schwer, schwarzer Morast, Griščuk, den abgerissenen Lenkriemen in der Hand – unvermittelt mit seinem hellen dünnen Tenor – wir sind verloren, der Pole holt uns ein, Geschützfeuer von überall, Trossfahrzeuge, – wir sind eingekreist. Wir fahren aufs Geratewohl mit gerissenem Lenkriemen. Der MG-Wagen quietscht, ein schweres trübes Morgengrauen in der Ferne, nasse Felder. Violette Streifen am Himmel, von Schwarz durchbrochen. Bei Morgengrauen – das Städtchen Verba. Der Bahndamm – tot, klein, es riecht nach Galizien. 4 Uhr morgens.

23.7.20. In Verba.
Die Juden die die Nacht nicht geschlafen haben, stehen armselig, wie Vögel, blau, zerlumpt in Westen und ohne Socken. Ein nasses freudloses Morgengrauen, ganz Verba ist vom Tross verstopft, Tausende von Fahrzeugen, alle Fahrer haben dasselbe Gesicht, Sanitätseinheiten, der Stab der 45. Division, bedrückende und wahrscheinlich unsinnige Gerüchte, und diese Gerüchte trotz der Kette unserer Siege ... Zwei Brigaden der 11. Division sind in Gefangenschaft, die Polen haben Kozin zurückerobert, unglückliches Kozin, was wird dort jetzt sein. Die strategische Lage ist interessant, die 6. Division steht in Leszniów, die Polen in Kozin, in Boratin, in

unserem Rücken, eingedrückte Piroggen. Wir warten an der Straße hinter Verba. Stehen zwei Stunden, Miša mit hoher weißer Mütze und rotem Band sprengt über das Feld. Alle essen – Brot mit Stroh, grüne Äpfel, mit dreckigen Fingern, stinkenden Mündern – dreckiger, widerwärtiger Fraß. Wir fahren weiter. Sonderbar – alle 5 Schritte wird angehalten, die endlosen Linien der Trosse der 45. und 11. Division, mal verlieren wir unseren Tross mal finden wir ihn wieder. Felder, das zerstampfte Getreide, die kahlgefressenen, noch nicht gänzlich kahlgefressenen Dörfer, eine hügelige Gegend, wo kommen wir hin? Es ist die Straße nach Dubno. Wälder, herrliche alte schattige Wälder. Hitze, in den Wäldern ist Schatten. Viel ist abgeholzt für den militärischen Bedarf, verflucht sollen sie sein, die nackten Waldränder mit den aufragenden Stümpfen. Die alten wolhynischen Wälder von Dubno, in Erfahrung bringen, wo man Honig herbekommt, den duftenden, schwarzen.

Die Wälder beschreiben.

Krivicha, ruinierte Tschechen, ein appetitliches Weib. Dann das Entsetzen, sie kocht für 100 Mann, Fliegen, die aufgedunsene und durchgewalkte Šurka des Kommissars, frisches Fleisch mit Kartoffeln, sie nehmen alles Heu, mähen den Hafer, pudweise Kartoffeln, das Mädchen völlig erschöpft, Reste einer wohlgeordneten Wirtschaft. Erbärmlich der lange lächelnde Tscheche, eine hübsche füllige ausländische Frau ist seine Frau.

Ein Bacchanal. Gusevs appetitliche Šurka mit Suite, die Rotarmisten – Pack, Trossfahrer, alles stapft in der Küche herum, holt sich Kartoffeln, Schinken, Fladen werden gebacken. Eine unerträgliche Temperatur, wir ersticken. Wolken von Fliegen. Die gepeinigten Tschechen, Schreie, Grobheit, Gier. Dennoch habe ich ein wunderbares Essen – Schweinebraten mit Kartoffeln und herrlichen Kaffee. Nach dem Essen schlafe ich unter Bäumen – ein stiller schattiger Abhang, Schaukeln fliegen vor meinen Augen. Vor meinen Augen – stille grüne und gelbe Hügel, sonnenüberflutet und Wälder, die Wälder von Dubno. Ich schlafe vielleicht drei Stunden. Dann nach Dubno. Ich fahre mit Priščepa, eine neue Bekanntschaft, Soldatenrock, weiße Kapuze, Analphabet und Kommunist, er bringt mich zu der Frau. Der Ehemann – a grober Mensch – fährt mit seinem Kleppergaul über die Dörfer und kauft bei den Bauern Lebensmittel auf. Seine Frau – eine appetitliche, verträumte, schlaue, empfindsame junge Jüdin, 5 Monate verheiratet, liebt ihren Mann nicht, übrigens, Unsinn, sie spielt mit Priščepa. Ich im Mittelpunkt der Aufmerksamkeit – *er ist ein* [1 unleserlich], sie verschlingt mich mit Blicken, fragt nach meinem Familiennamen, lässt kein Auge von mir, wir trinken Tee, ich in einer idiotischen Situation, bin still, matt, höflich und bedanke mich für jede Bewegung. Vor meinen Augen – das Leben einer jüdischen Familie, die Mutter kommt, irgendwelche Fräuleins, Priščepa ist ein Charmeur. Dubno hat mehrmals den Besitzer gewechselt. Unsere haben anscheinend nicht geplündert. Und wieder zittern alle, wieder Demütigungen ohne Ende, und der Hass auf die Polen, die ihnen die Bärte ausgerissen haben. Der Ehemann – werden wir Handelsfreiheit bekommen, ein bisschen was kaufen und gleich wieder verkaufen, nicht um zu spekulieren. Ich sage – ihr werdet, alles wird sich zum Besseren wenden – meine übliche Leier – in Russland geschehen Wunderdinge – Schnellzüge, kostenlose Kinderspeisung, die Theater, die Internationale. Sie hören zu, voller Genuss und Misstrauen. Ich denke – euch hängt der Himmel voller Geigen, alles wird umgestürzt, alle wird es um und um wälzen zum wievielten Mal und sie tun mir leid.

Die Synagogen von Dubno. Alles zerstört. Stehen geblieben sind zwei kleine Vorhallen, Jahrhunderte, zwei winzig kleine Räume, alles voll von Erinnerungen, daneben vier Synagogen, dahinter eine Weide, Felder, die untergehende Sonne.

Die Synagogen sind ebenerdige alte grüne und blaue Häuschen, die chassidische, innen – keinerlei Architektur. Ich gehe in die chassidische. Es ist Freitag. Was für verwachsene kleine Gestalten, was für ausgemergelte Gesichter, alles ist für mich auferstanden, was 300 Jahre lang war, alte Männer laufen in der Synagoge auf und ab – kein Gejammer, aus irgendeinem Grunde laufen alle hin und her, höchst zwanglos das Gebet. Wahrscheinlich haben sich hier die äußerlich hässlichsten Juden von Dubno versammelt. Ich bete, genauer, bete beinahe und denke an Herschele, so wäre er zu beschreiben. Ein stiller Abend in der Synagoge, das wirkt auf mich immer unwiderstehlich, die vier kleinen Synagogen nebeneinander. Religion? Keinerlei Verzierungen in dem Gebäude, alles ist weiß und glatt bis zur Askese, alles fleischlos, blutlos bis ins Ungeheuerliche, um das zu begreifen, muss man die Seele eines Juden haben. Aber worin besteht die Seele? Gehen sie nicht gerade in unserem Jahrhundert zugrunde?

Der Winkel von Dubno, vier Synagogen, Freitagabend, die Juden und Jüdinnen versammelt bei den zerstörten Steinen – all das bleibt haften. Dann der Abend, Salzhering, traurig, weil ich niemanden habe, mit dem ich schlafen kann. Priščepa und die neckische, aufreizende Ženja, ihre jüdischen Glitzeraugen, die dicken Beine und die weiche Brust. Priščepa – die Hände graben sich immer tiefer und ihr beharrlicher Blick, und ein Dummkopf ihr Mann, der in dem winzigen Stall das gewechselte Pferd füttert.

Wir übernachten bei anderen Juden, Priščepa bittet, ihm etwas vorzuspielen, ein dicker Junge mit hartem stumpfsinnigen Gesicht, atemlos vor Schrecken, sagt, er sei dazu nicht aufgelegt. Das Pferd im Hof gegenüber. Griščuk hätte 50 Werst bis nach Hause. Er läuft nicht weg.

Die Polen greifen an im Bezirk Kozin–Boratin, sie stehen in unserem Rücken, die 6. Division ist in Leszniów, Galizien. Die Operation zielt in Richtung Brody, vor uns Radzivillov und mit einer Brigade im Rücken. Die 6. Division ist in schwere Kämpfe verwickelt.

24.7.20.
Morgens – im Armeestab. Die 6. Division liquidiert den Gegner, der uns in Chotyn angegriffen hat, umkämpftes Gebiet ist Chotyn–Kozin und ich denke – unglückliches Kozin.

Der Friedhof, die runden Steine.

Von Krivicha fahren Priščepa und ich nach Leszniów Richtung Demidovka. Priščepas Seele – als Junge nicht lesen und schreiben gelernt, Kommunist, die Eltern von Kadetten umgebracht, er erzählt, wie er in der Stanica seine Sachen zusammengesucht hat. Malerisch herausgeputzt, die Kapuze, ist schlicht wie das Gras, wird ein Marodeur, verachtet Griščuk, weil der die Pferde nicht liebt und versteht. Wir fahren über Chorupan, Smordva und Demidovka. Das Bild einprägen – Trossfahrzeuge, Reiter, halbzerstörte Dörfer, Felder und Wälder, Eichen, zuweilen Verwundete und mein Maschinengewehrwagen.

In Demidovka gegen Abend. Ein jüdisches Städtchen, ich horche aufmerksam. Die Juden in der Steppe, alles ist zerstört. Wir in einem Haus, wo viele Frauen sind. Die Familie Lachecki, Švechveli, nein das ist nicht Odessa. Die Zahnärztin – Dora Aronovna, liest Arcybašev, um sie herum spaziert das Kosakenvolk. Sie ist stolz, böse, sagt, die Polen hätten das Gefühl der persönlichen Würde verletzt, verachtet die Kommunisten als Plebejer, eine Menge Töchter in weißen Strümpfen, die bigotten Eltern, Vater und Mutter. Jede Tochter ist eine Individualität, die eine erbärmlich, schwarzhaarig, krumme Beine, die andere üppig, die dritte hausfraulich und alle, wahrscheinlich, alte Jungfern.

Ausgangspunkt allen Zanks – heute ist Samstag. Priščepa lässt Kartoffeln braten, morgen sind Fasten, der 9. Ab und ich schweige, denn ich bin Russe. Die Zahnärztin, blass vor Stolz und dem Gefühl der persönlichen Würde verkündet, dass niemand Kartoffeln ausgraben würde, denn es sei Feiertag.

Der lang von mir in Zaum gehaltene Priščepa platzt – Saujuden, er flucht, das ganze Repertoire herunter, sie alle, voller Hass auf uns und mich, buddeln Kartoffeln aus, fürchten sich im fremden Garten, stoßen Kreuze um, Priščepa ist ungehalten. Wie bedrückend das alles – Arcybašev, die Gymnasiastin ein Waisenkind aus Rovno, Priščepa in seiner Kapuze. Die Mutter ringt die Hände, – wir haben am Sabbath Feuer gemacht, Gezänk überall. Hier war Budjonnyj und ist wieder weggefahren. Streit zwischen einem jüdischen Jüngling und Priščepa. Der Jüngling mit Brille, schwarzhaarig, nervös, rote flackernde Lider, fehlerhaftes Russisch. Er glaubt an Gott, Gott ist das Ideal, das wir in unserer Seele tragen, jeder Mensch hat in der Seele seinen Gott, handelst du schlecht – ist Gott betrübt, diese Dummheiten werden triumphierend und voll Schmerz hervorgebracht. Priščepa ist unverzeihlich dumm, er erzählt von der Religion in der Antike, verwechselt Christentum und Heidentum, vor allem – in der Antike hat es die Kommune gegeben, er schwätzt natürlich Unsinn, eure Bildung ist keine, und der Jude – 6 Klassen Gymnasium in Rovno – beruft sich auf Platonov – rührend und komisch –

die Geschlechter, Stammesoberhäupter, Perun, das Heidentum.

Wir essen, wie die Ochsen, gebratene Kartoffeln und dazu 5 Glas Kaffee. Wir schwitzen, alles wird uns serviert, all das ist entsetzlich, ich erzähle meine Märchen über den Bolschewismus, das Aufblühen, die Schnellzüge, die Moskauer Manufaktur, die Universitäten, kostenlose Speisung, die Delegation aus Reval, und als Krönung – die Geschichte von den Chinesen und versetze alle diese gepeinigten Menschen in Begeisterung. Der 9. Ab. Die Alte schluchzt, auf dem Boden sitzend, ihr Sohn, der seine Mutter anhimmelt und sagt, er glaube an Gott, weil er ihr etwas Gutes antun will – singt mit angenehmem dünnen Tenor und erzählt die Geschichte der Zerstörung des Tempels. Die schrecklichen Worte der Propheten – Kot werden sie essen, die Mädchen werden geschändet sein, die Männer getötet, Israel unterjocht, zornige und traurige Worte. Das Lämpchen blakt, die Alte heult, melodisch singt der Jüngling, die Mädchen in weißen Strümpfen, draußen vor dem Fenster Demidovka, Nacht, die Kosaken, alles ist wie damals, als der Tempel zerstört wurde. Ich gehe schlafen auf dem Hof, der stinkt und nass ist.

Es ist ein Elend mit Griščuk – er ist in eine Art Starrkrampf verfallen, geht wie ein Mondsüchtiger, die Pferde füttert er schlecht, Notfälle meldet er *post factum*, redet den Bauern und Kindern nach dem Mund.

Aus den Stellungen treffen MG-Schützen ein, sie halten bei uns auf dem Hof, es ist Nacht, sie in Filzmänteln. Priščepa macht einer Jüdin aus Kremenec den Hof, eine hübsche, rundliche in glattem Kleid. Sie errötet zart, der krumme Schwiegervater sitzt nicht weit entfernt, sie blüht auf, mit Priščepa kann man reden, sie blüht auf und ziert sich, worüber sie reden, dann – er will schlafen, die Zeit verbringen, für sie ist es qualvoll, wer versteht ihre Seele besser als ich? Er – wir werden rammeln, ich denke mit Sehnsucht – wird sie etwa, Priščepa redet – sie ist einverstanden (bei Priščepa sind alle einverstanden). Ich denke zurück, er hat, wahrscheinlich, Syphilis, die Frage – ob er geheilt ist.

Das Mädchen danach – ich werde schreien. Beschreiben: ihre ersten empfindsamen Gespräche, woran denken Sie – sie ist eine Intellektuelle, sie hat im Revolutionskomitee gearbeitet.

Mein Gott, denke ich, die Frauen hören jetzt all das Gefluche, leben wie die Soldaten, wo bleibt die Zärtlichkeit?

Nachts Gewitter und Regen, wir fliehen in einen Stall, es ist schmutzig, dunkel, feucht, kalt, die MG-Schützen werden morgens in die Stellungen getrieben, sie sammeln sich bei strömendem Regen, die Filzmäntel und durchgefrorenen Pferde. Armes Demidovka.

25.7.20.
Morgens Abrücken aus Demidovka. Qualvolle zwei Stunden, sie haben die Jüdinnen um 4 Uhr früh geweckt und gezwungen, russisches Fleisch zu kochen, und das am 9. Ab. Halbnackt und zerzaust laufen die Mädchen durch die nassen Gärten, Priščepa packt immer wieder die Geilheit, er fällt die Braut des Sohnes des krummen Alten an, währenddessen wird der Wagen beschlagnahmt, unwahrscheinliches Fluchen und Schimpfen setzt ein, die Soldaten essen das Fleisch aus Kesseln, sie – ich werde schreien, ihr Gesicht, er presst sie gegen die Mauer, schamlose Szene. Sie will auf keinen Fall den Wagen herausrücken, sie hatten ihn auf dem Dachboden versteckt, wird einmal eine gute Jüdin. Sie zankt sich mit dem Kommissar, der sagt, die Juden wollten der Roten Armee nicht helfen.

Ich habe meine Aktenmappe verloren, finde sie wieder im Stab der 14. Division in Lesznió́w.

Wir fahren nach Ostrov – 15 Werst, von dort gibt es eine Straße nach Lesznió́w, dort ist es gefährlich, polnische Patrouillen. Der Pope, seine Tochter, hat Ähnlichkeit mit der Plevickaja oder einem fröhlichen Skelett. Studentin in Kiew, alle verzehren sich vor Sehnsucht nach Höflichkeit, ich erzähle meine Märchen, sie kann sich nicht losreißen. 15 gefährliche Werst, Posten sprengen dahin, wir überschreiten die Grenze. Holzplanken. Überall Schützengräben.

Wir kommen in den Stab. Lesznió́w. Ein halbzerstörtes Städtchen. Die Russen haben hier ziemlich übel gehaust. Katholische und unierte Kirche, Synagoge, schöne Gebäude, unglückliches Leben, irgendwelche gespenstischen Juden, eine widerwärtige Wirtin, Galizierin, Fliegen und Dreck, ein langer, menschenscheu gewordener Schafskopf, Slawen zweiter Sorte. Vermitteln: den Geist des zerstörten Lesznió́w, Kräfteverfall und trübseliger halb-ausländischer Schmutz.

Schlafe auf einer Tenne. Kämpfe um Brody und am Flussübergang – Szczurowice. Zirkulare über ein sowjetisches Galizien. Pastoren. Die Nacht in Lesznió́w. Wie unvorstellbar traurig das alles, diese menschenscheuen und armseligen Galizier, die zerstörten Synagogen und das kleine Leben vor dem Hintergrund der schrecklichen Ereignisse, zu uns dringt nur ein schwacher Abglanz.

26.7.20. Lesznió́w.
Die Ukraine in Flammen. Vrangel ist nicht liquidiert. Machno unternimmt Raubüberfälle in den Gouvernements Jekaterinoslav und Poltava. Neue Banden sind aufgetaucht, in der Gegend um Cherson – ein Aufstand. Aufstand warum, passt ihnen das kommunistische Jackett nicht?

Was ist mit Odessa, Sehnsucht.

Viel Arbeit, rufe mir die vergangenen Ereignisse in Erinnerung. Heute Morgen ist Brody eingenommen worden, wieder ist der eingekreiste Gegner entkommen, schroffer Befehl von Budjonnyj, 4 Mal haben wir ihn entwischen lassen, wir können ihn aufscheuchen, haben aber nicht die Kraft ihn festzunageln.

Beratung in Kozin, Ansprache Budjonnyjs, wir haben aufgehört zu manövrieren, nur noch Frontalangriffe, wir verlieren die Verbindung zum Gegner, keine Aufklärung, keine Sicherung, die Divisionskommandeure haben nicht die Initiative, es sind tote Aktionen.

Ich spreche mit Juden, zum ersten Mal – uninteressante Juden. Abseits die zerstörte Synagoge, ein Rothaariger aus Brody, Landsleute aus Odessa.

Ziehe zu einem Juden um, der beide Beine verloren hat, eine Wohltat: Sauberkeit, Stille, herrlicher Kaffee, saubere Kinder, der Vater hat an der it[alienischen] Front beide Beine verloren, ein neues Haus, sie bauen, die Frau eigennützig, aber anständig, höflich, ein kleines schattiges Zimmerchen, ich erhole mich von den Galiziern.

Ich bin traurig, muss alles überdenken – Galizien, den Weltkrieg, mein eigenes Schicksal.

Das Leben unserer Division. – Über Bachturov, über den Divisionskommandeur, über die Kosaken, das Marodieren, die Avantgarde der Avantgarde. Ich bin ein Fremder.

Abends Panik, der Gegner hat uns aus Szczurowice verdrängt, er stand 1 1/2 Werst vor Leszniów. Der Divisionskommandeur galoppiert davon, kommt wieder angaloppiert. Und die Irrfahrt beginnt, wieder eine Nacht ohne Schlaf, Trossfahrzeuge, der geheimnisvolle Griščuk, die Pferde lautlos, Gezänk, Wälder, Sterne, wir stehen irgendwo. Bei Tagesanbruch Brody, all das ist schrecklich – überall Stacheldraht, abgebrannte Schornsteine, eine blutleere Stadt, langweilige Häuser, man sagt, es gebe hier Waren, unsere fackeln nicht lange, hier hat es Fabriken gegeben, einen russischen Militärfriedhof und tatsächlich – unbeschriftete einsame Kreuze auf den Gräbern – russische Soldaten.

Eine schlohweiße Straße, abgeholzte Wälder, alles verunstaltet, Galizier auf den Straßen, österreichische Uniformen, barfuß mit Pfeifen im Mund, was steht in ihren Gesichtern, irgendein Geheimnis der Nichtswürdigkeit, der Gewöhnlichkeit und Unterwürfigkeit.

Radzivillov ist noch schlimmer als Brody, Stacheldraht an Pfählen, schön die Gebäude, Morgengrauen, Jammergestalten, abgerissenes Obst, zerschlissene gähnende Juden, zerstörte Straßen, geschändete Kruzifixe, ein unbegabtes Land, verwüstet die katholischen Gotteshäuser, wo sind die Priester – und hier hat es einmal Schmuggler gegeben und ich sehe das Leben von früher.

Chotyn. 27.7.20.
Von Radzivillov – endlose Dörfer, vorwärtssprengende Reiter, es ist schwer nach einer schlaflosen Nacht.

Chotyn ist dasselbe Dorf, wo man uns beschossen hatte. Entsetzliches Quartier – Armut, das Badehaus, Fliegen, ein gesetzter, sanftmütiger, schlanker Bauer, ein hartgesottenes Weib, das nichts rausrückt, ich bekomme Speck, Kartoffeln. Ein sinnloses Leben, wie die Wilden, ein winziges Zimmer und Myriaden von Fliegen, schrecklicher Fraß und sie brauchen es nicht besser – die Geldgier, die abscheuliche immergleiche Einrichtung des Hauses, in der Sonne stinkende Felle, der Dreck überall machen mich gereizt.

Hier hat es einen Gutsbesitzer gegeben – Svešnikov, die

Fabrik ist zerstört, das Gutshaus zerstört, das majestätische Gerippe der Fabrik, ein roter Ziegelbau, die weit ausgreifenden Alleen, keine Spur mehr, die Bauern gleichgültig.

Bei uns lahmt der Nachschub für die Artillerie, ich stürze mich in die Stabsarbeit – die scheußliche Arbeit des Mordens. Das ist ein Verdienst des Kommunismus – er predigt nicht die Feindschaft gegen die Feinde, nur eben gegen die polnischen Soldaten.

Gefangene werden gebracht, einen vollkommen gesunden Mann hat ein Rotarmist mit zwei Schüssen ohne jeden Grund verwundet. Der Pole krümmt sich und stöhnt, man legt ihm ein Kissen unter.

Zinovjev ist gefallen, ein junger Kommunist in roten Hosen, das Röcheln in der Kehle und die blauen Lider.

Erstaunliche Gerüchte – am 30. sollen Verhandlungen über einen Waffenstillstand beginnen.

Ich übernachte in einem stinkigen Loch, Hof genannt. Kann nicht schlafen, gehe spät nachts in den Stab, die Dinge an dem Flussübergang stehen alles andere als gut.

Späte Nacht, die rote Fahne, Stille, die nach Frauen dürstenden Rotarmisten.

28.7.20. Chotin.
Schlacht um den Flussübergang bei Szczurowice. Die 2. Brigade in Anwesenheit Budjonnyjs – blutet aus. Das gesamte Infanterie-Bataillon ist verwundet, fast gänzlich zerschlagen. Die Polen in den alten, mit Unterständen ausgebauten Gräben. Unsere haben nichts ausrichten können. Erstarkt bei den Polen der Widerstandsgeist?

Von Auflösungserscheinungen angesichts des Friedens – nichts zu erkennen.

Ich wohne in einer armen Hütte, wo der Sohn mit großem

Kopf Geige spielt. Ich terrorisiere die Hausfrau, sie rückt nichts heraus. Griščuk, versteinert kümmert sich schlecht um die Pferde, wie sich herausstellt, war der Hunger sein Lehrmeister.

Die zerstörte Wirtschaft, der Gutsbesitzer Svešnikov, zerschossene majestätische Schnapsbrennerei. (Symbol für den russischen Gutsbesitzer?) Als sie den Sprit austeilten, waren alle Truppen sinnlos betrunken.

Ich bin gereizt – kann nicht aufhören mich zu empören, der Dreck, die Apathie und Hoffnungslosigkeit des russischen Lebens sind unerträglich, hier wird die Revolution etwas bewirken.

Meine Wirtin versteckt die Schweine und die Kuh, spricht sehr schnell, salbungsvoll und mit kraftloser Wut, ist faul, und ich spüre, dass sie die Wirtschaft vor die Hunde gehen lässt, ihr Mann glaubt an die Macht, ist bezaubernd, sanft, passiv, Ähnlichkeit mit Strojev.

Es ist langweilig auf dem Dorf, hier zu leben – entsetzlich. Ich vergrabe mich in die Stabsarbeit. Den Tag beschreiben – Bilder der Schlacht, die wenige Werst von uns entfernt stattfindet, die Meldereiter, Lepin hat eine geschwollene Hand.

Die Rotarmisten schlafen mit den Weibern.

Geschichte – wie ein polnisches Regiment viermal die Waffen niederlegte und sich erneut verteidigte, als man anfing, es niederzumachen.

Abend, es ist still, Gespräch mit Matjaž, er ist grenzenlos faul, dürr, rotznasig und irgendwie angenehm, liebevoll lüstern. Die schreckliche Wahrheit – alle Soldaten sind an Syphilis erkrankt. Matjaž wird wieder gesund (fast ohne ärztliche Behandlung). Er hatte Syphilis, hat sich zwei Wochen lang behandeln lassen, er und sein Gevatter hätten in Stavropol 10 Kop. in Silber bezahlen sollen, der Gevatter ist gestorben, Miša hatte sie mehrmals, Senečka, Gerasja haben Syphilis, alle gehen sie zu den Weibern, und zu Hause haben sie Bräute. Die Geißel der Soldaten. Die Geißel Russlands – es ist schrecklich. Sie essen zerstoßenes Kristall, trinken auch mal Karbolsäure, gemahlenes Glas. Alle Kämpfer – Samtmützen, Vergewaltigungen, Haarschöpfe, Schlachten, die Revolution und die Syphilis. Ganz Galizien ist infiziert.

Brief an Ženja, Sehnsucht nach ihr und nach zu Hause.

Muss ein Auge haben auf die Sonderabteilung und das Revolutionstribunal.

Sind wirklich am 30. Friedensverhandlungen?

Befehl von Budjonnyj. – Wir haben den Gegner zum vierten Mal entwischen lassen, bei Brody war er völlig eingekreist. Matjaž beschreiben, Miša. Die Bauern, in sie möchte ich eindringen.

Wir haben Kräfte um zu manövrieren, die Polen einzukreisen, aber der Zugriff ist im Grunde zu schwach, sie durchbrechen unsere Linien, Budjonnyj ist wütend, Verweis für den Divisionskommandeur. Biografien schreiben: der Divisionskommandeur, Kriegskommissar Kniga u. a.

28.7.20. Leszniów.
Morgens rücken wir nach Leszniów ab. Wieder im alten Quartier – beim schwarzbärtigen Froim, der keine Beine mehr hat. In meiner Abwesenheit hat man ihm 4 Tausend Gulden geraubt, seine Stiefel abgenommen. Seine Frau – ein schmeichlerisches Aas, mir gegenüber kühl, sieht, dass bei mir nichts zu holen ist, wie geldgierig sie sind. Ich unterhalte mich mit ihr auf Deutsch. Das Wetter wird schlecht.

Froims Kinder hinken, er hat viele, ich kann sie nicht unterscheiden, Kuh und Pferd hält er versteckt.

In Galizien ist es unerträglich trostlos, die zerstörten Kirchen und Kruzifixe, der düstere Himmel, die geprügelte, unbegabte, unbedeutende Bevölkerung. Erbärmlich, gewöhnt an das Morden, an die Soldaten, die Unordnung, würdige russische weinende Weiber, aufgewühlte Straßen, niedrigstehendes Getreide, keine Sonne, die Priester in breitkrempigen Hüten – ohne Kirchen. Eine bedrückende Schwermut geht aus von allen, die hier das Leben organisieren.

Die Slawen – der Abfall der Geschichte?

Der Tag verläuft unruhig. Die Polen haben die Stellungen der 14. Division rechts von uns durchbrochen, erneut Berestečko genommen. Keinerlei Informationen, eine Quadrille, sie stoßen uns in den Rücken.

Die Stimmung im Stab. Konstantin Karlovič schweigt. Die Schreiber – diese verfressene, freche, venerische Bande ist in Sorge. Nach einem schweren eintönigen Tag – regnerische Nacht, Morast – ich in Halbschuhen. Und nun setzt ein mächtiger Regen ein, der wahre Sieger.

Wir patschen durch den Morast, ein durchdringender feiner Regen.

Geschütz- und Maschinengewehrfeuer immer näher. Ich bin unerträglich müde. Kein Futter für die Pferde. Ich habe einen neuen Kutscher – der Pole Gowiński, groß, geschickt, gesprächig, umtriebig und, natürlich, ein frecher Knabe.

Griščuk geht nach Hause, manchmal explodiert er – ich bin zu Tode erschöpft, Deutsch hat er nicht lernen können, weil sein Herr ein strenger Mann war, sie haben sich nur gestritten, aber nie miteinander geredet.

Wie sich weiter herausstellt – hat er sieben Monate gehungert, und ich habe ihm den Proviant zu knapp bemessen.

Völlig barfuß, mit eingefallenen Lippen, blauen Augen – Pole. Er ist gesprächig und fröhlich, Überläufer, mir ist er zuwider.

Ich bin todmüde. Schlafen ist gefährlich. Ich lege mich in Kleidern hin. Neben mir auf dem Stuhl stehen Froims Beine. Das Lämpchen brennt, sein schwarzer Bart, auf dem Fußboden die Kinder.

Zehnmal stehe ich auf – Gowiński und Griščuk schlafen – ich böse. Eingeschlafen gegen vier Uhr, Klopfen an die Tür – Abrücken, Panik, der Feind steht vor dem Städtchen, MG-Feuer, die Polen kommen näher. Alles rennt durcheinander. Sie können die Pferde nicht ins Freie bringen, brechen die Tore auf. Griščuk in seiner widerwärtigen Verzweiflung, wir sind vier Mann, die Pferde nicht gefüttert, wir müssen die Krankenschwester mitnehmen, Griščuk und Gowiński wollen sie hierlassen, ich schreie sie mit einer Stimme an, die nicht mehr meine ist – die Schwester? Ich bin böse – die Schwester ist dumm, hübsch. Wir fliegen über die Chaussee nach Brody, ich schaukle hin und her und schlafe. Es ist kalt, durchdringender Wind und Regen. Man muss auf die Pferde achten, ein Geschirr ist lose, der Pole singt, ich zittere vor Kälte, die Schwester redet dummes Zeug. Ich schaukle und schlafe. Neue Wahrnehmung – ich kann ein Lid nicht öffnen. Beschreiben – den unaussprechlichen Wunsch zu schlafen.

Wieder fliehen wir vor dem Polen. Das ist er, der Krieg der Kav[allerie]. Ich wache auf – wir stehen vor weißen Häusern. Ein Dorf? Nein, Brody.

30.7. Brody.
Trüber Tagesanbruch. Die Schwester geht mir auf die Nerven. Irgendwo haben wir Griščuk verloren. Gott mit ihm.

Wohin nun weiter? Die Müdigkeit drückt. 6 Uhr morgens. Irgendein Galizier, zu ihm. Seine Frau auf dem Fußboden mit einem Säugling. Er – ein stiller alter Mann, die Kinder bei der nackten Frau, es sind ihrer drei, vier.

Noch eine Frau. Der Staub klebrig vom Regen. Der Keller. Das Kruzifix. Bildnis der heiligen Jungfrau. Die Unierten sind tatsächlich weder das eine noch das andere. Stark katholischer Einschlag. Eine Wohltat – es ist warm, irgendein beißender Geruch von den Kindern, den Frauen. Stille und Niedergeschlagenheit. Die Schwester schläft, ich kann nicht, die Wanzen. Kein Heu, ich schreie Gowiński an. Die Wirtsleute haben kein Brot, keine Milch.

Die Stadt ist zerstört, geplündert. Eine Stadt von größtem Interesse. Polnische Kultur. Alte, reiche, eigenartige jüdische Siedlung. Diese schrecklichen Basare, Zwerge in Kapotes, Kapotes und Pejes, uralte Männer. Die Schulstraße, 9 Synagogen, alles halbzerstört, ich besichtige die neue Synagoge, die Architektur [1 unleserlich], kondjesch, der Schammes, ein bärtiger und gesprächiger Jude – wenn nur der Frieden käme, dann gäbe es wieder Handel, er erzählt von der Plünderung der Stadt durch die Kosaken, von den Demütigungen, die ihnen die Polen angetan haben. Sehr schöne Synagoge, welch ein Glück, dass wir wenigstens die alten Steine haben. Das ist eine jüdische Stadt – das ist Galizien, beschreiben. Schützengräben, zerschossene Fabriken, das Bristol, Kellnerinnen, »westeuropäische« Kultur und wie gierig man sich auf sie stürzt. Diese kläglichen Spiegel, bleiche österreichische Juden – die Besitzer. Und ihre Geschichten – hier hat es amerikanische Dollars gegeben, Apfelsinen, Tuch.

Die Chaussee, Stacheldraht, abgeholzte Wälder, und Trübsinn, Trübsinn ohne Ende. Nichts zu essen, nichts zu hoffen, es ist Krieg, alle sind gleich schlecht, gleich fremd, feindselig, roh, es war mal ein stilles und vor allem von Traditionen erfülltes Leben.

Budjonnyj-Kämpfer auf den Straßen. In den Geschäften – nichts außer Limonade, die Friseure haben noch geöffnet. Auf dem Basar bei Megären – Mohrrüben, die ganze Zeit regnet es, unaufhörlich, durchdringend, atembenehmend. Unerträgliche Trauer, die Menschen und ihre Seelen sind getötet.

Im Stab – rote Hosen, Selbstgewissheit, kleine graue Seelen tun sich wichtig, eine Menge junger Leute, unter ihnen auch Juden, stehen dem Armee-Kommandanten persönlich zur Verfügung und kümmern sich um Proviant.

Brody nicht vergessen und diese Jammergestalten, die Friseure, die Juden, die aus dem Jenseits gekommen sind, und die Kosaken auf den Straßen.

Es ist schlimm mit Gowiński, absolut kein Futter für die Pferde. Das Odessaer Hotel Galperin, in der Stadt herrscht Hunger, nichts zu essen, abends guten Tee, ich tröste den Besitzer, der blass ist und verschüchtert wie eine Maus. Gowiński hat Polen getroffen, ihnen die Käppis abgenommen, jemand hat Gowinski dabei geholfen. Er ist unerträglich, füttert die Pferde nicht, geht irgendwo spazieren, schwatzt, kann nirgends etwas bekommen, hat Angst, dass man ihn verhaftet, und sie haben schon versucht ihn zu verhaften, sie waren mehrmals bei mir.

Nacht im Hotel, nebenan Eheleute und ihre Unterhaltungen, ihre Wörter und ... aus dem Mund einer Frau, o russische Menschen, wie ekelhaft verbringt ihr eure Nächte und was für Stimmen haben eure Frauen bekommen. Ich höre mit angehaltenem Atem zu und mir wird schwer ums Herz.

Eine schreckliche Nacht in diesem gepeinigten Brody. Auf dem Sprung sein. Ich schleppe nachts Heu für die Pferde herbei. Im Stab. Man kann schlafen, der Gegner greift an. Kehre nach Hause zurück, habe fest geschlafen, mit erstorbenem Herzen, Gowiński weckt mich.

31.7.20. Brody. Leszniów.
Morgens vor dem Abrücken auf der Goldenen Straße wartet der Maschinengewehrwagen, eine Stunde in einer Buchhandlung, ein deutscher Laden. Lauter herrliche, nicht aufgeschnittene Bücher, Bilderalben, der Westen, da ist er, der Westen, und das Polen der Ritterzeit, Chrestomathie, die Geschichte aller Bolesławs, und irgendwie kommt es mir so vor, das sei die Schönheit, Polen, das über einen hinfälligen Körper Glitzerkleider geworfen hat. Ich wühle, wie ein Verrückter, überfliege, blättere, es ist dunkel, eine Meute kommt und Plünderung von Kanzleibedarf, widerwärtige junge Leute von der Beutekommission mit erzsoldatischem Benehmen. Verzweifelt reiße ich mich aus der Buchhandlung los.

Die Chrestomathie, Tetmajer, neue Übersetzungen, eine Masse neuer nationalpolnischer Literatur, Lehrbücher.

Der Stab ist in Stanisławczyk oder Koniuszkow. Die Schwester, hat bei der Čeka gedient, sehr russische, zärtliche und gebrochene Schönheit. Sie hat mit allen Kommissaren geschlafen, so denke ich, und auf einmal – ein Album des Gymnasiums Kostroma, Klassenlehrerinnen, ideale Herzen, Romanovsches Pensionat, Tante Manja, Schlittschuhlaufen.

Wieder in Leszniów, meine alten Wirtsleute, schrecklicher Schmutz, ein Anflug von Gastfreundschaft, der Respekt vor den Russen ist auch dank meiner Güte verflogen, es ist unfreundlich bei Menschen, die ruiniert sind.

Über die Pferde, für die kein Futter da ist, sie magern ab, der Maschinengewehrwagen fällt auseinander, wegen läppischer Kleinigkeiten, ich hasse Gowiński, er ist ein fröhlicher, verfressener Pechvogel. Kaffee bekomme ich keinen mehr.

Der Gegner hat uns umgangen, vom Flussübergang zurückgedrängt, unheilverkündende Gerüchte über einen

Durchbruch in den Stellungen der 14. Division, Meldereiter galoppieren. Gegen Abend – in Grzymalowka (nördlich von Szczurowice) – ein zerstörtes Dorf, wir haben Hafer ergattert, ununterbrochener Regen, den kurzen Weg in den Stab halten meine Schuhe nicht aus, eine qualvolle Reise, die Stellung wird vorverlegt, habe wunderbaren Tee getrunken, heiß, die Wirtin hatte sich anfangs krank gestellt, das Dorf hatte die ganze Zeit im Kampfgebiet um den Flussübergang gelegen. Dunkelheit, Unruhe, der Pole bewegt sich.

Gegen Abend ist der Divisionskommandeur eingetroffen, großartige Gestalt, Handschuhe, immer in den Stellungen, nachts im Stab, die Arbeit Konstantin Karlovičs.

1.8.20. Grzymalowka. Leszniów.
O Gott, es ist August, bald werden wir sterben, die menschliche Grausamkeit ist unausrottbar.

Die Lage an der Front verschlechtert sich. Schüsse direkt beim Dorf. Sie drängen uns vom Flussübergang zurück. Alle sind weg, nur ein paar Leute vom Stab sind noch da, mein MG-Wagen steht beim Stab, ich horche auf den Gefechtslärm, mir ist aus irgendeinem Grunde wohl, wir sind wenige, kein Tross, kein administrativer Stab, es ist ruhig, leicht, Timošenkos enorme Selbstbeherrschung. Kniga ist apathisch, Timošenko: – wenn er uns nicht raushaut – erschieße ich ihn, richte ihm das wortwörtlich aus, trotz allem muss der Div.-Kommandeur lächeln. Vor uns die vom Regen aufgeweichte Straße, da und dort flammt MG-Feuer auf, die unsichtbare Anwesenheit des Feindes in diesem leichten, grauen Himmel. Der Feind ist bis an das Dorf vorgerückt. Wir verlieren den Übergang über den Styr. Fahren ins unselige Leszniów, zum wievielten Mal? Der Div.-Kommandeur ist zur 1. Brigade. In Leszniów ist es entsetzlich, wir kommen für zwei Stunden, der administrative Stab setzt sich ab, die Mauer des Feindes wächst überall.

Die Schlacht vor Leszniów. Unsere Infanterie in den Gräben, es ist wundervoll, wolhynische Jungen, barfuß, halbidiotisch – das russische Dorf und sie kämpfen wirklich gegen die Polen, gegen die unterdrückerischen Panie. Sie haben keine Gewehre, die Patronen passen nicht, diese Kinder rennen in den hitzeüberströmten Gräben hin und her, man verlegt sie von einem Waldrand zum nächsten. Eine Hütte am Waldrand, ein hilfsbereiter Galizier macht mir Tee, die Pferde stehen in einem Hohlweg.

Bin zu einer Batterie hingegangen, eine präzise, unhektische, technische Arbeit.

Unter Maschinengewehrbeschuss, das Winseln der Kugeln, miserables Gefühl, wir schleichen uns durch die Gräben, ein Rotarmist ist in Panik und – natürlich sind wir eingekreist. Gowiński war an der Straße, wollte die Pferde zurücklassen, ist dann doch gefahren, ich fand ihn an einem Waldrand, der Maschinengewehrwagen kaputt, Peripetien, ich suche einen Platz, wo ich sitzen kann, die MG-Schützen schmeißen mich runter, sie verbinden einen verwundeten Jungen, das Bein in der Luft, er brüllt, bei ihm ein Freund, dem man das Pferd unter dem Körper weggeschossen hat, wir binden den Maschinengewehrwagen irgendwie zusammen, fahren an, er quietscht, fährt nicht. Ich spüre, Gowiński ist mein Untergang, er ist – mein Schicksal, sein nackter Bauch, die Löcher in den Schuhen, die jüdische Nase und seine ewigen Rechtfertigungen. Ich steige um in die Kutsche zu Michail Karlovič, welche Erleichterung, ich döse vor mich hin, es ist Abend, ich bin erschüttert, der Tross, wir stehen an der Straße nach Bielawce, dann sind wir auf der Straße, von Wald gesäumt, es ist Abend, Kühle, die Chaussee, Sonnenuntergang – wir rollen zu unseren Stellungen, bringen Konstantin Karlovič Fleisch mit.

Ich bin gierig und erbärmlich. Die Einheiten im Wald, sie sind abgezogen, das übliche Bild, die Schwadron, Bachturov verliest eine Mitteilung über die III. Internationale, darüber, dass man aus allen Ländern der Erde zusammengekommen sei, das weiße Kopftuch der Schwester blinkt zwischen den Bäumen, weshalb ist sie hier? Wir fahren zurück, was für ein Mensch ist Michail Karlovič? Gowiński ist abgehauen, die Pferde sind weg. Es ist Nacht, ich schlafe in der Kutsche neben Michail Karlovič. Wir stehen vor Bielawce.

Beschreiben – die Menschen, die Luft.

Der Tag ist vorüber, ich habe den Tod gesehen, die weißen Straßen, die Pferde unter den Bäumen, Sonnenaufgang und Sonnenuntergang. Vor allem – die Budjonnyj-Kämpfer, ihre Pferde, die Truppenbewegungen und der Krieg, durchs Getreide schreiten gemessen, barfuß und gespenstisch, die Galizier.

Die Nacht in der Kutsche.

(Am Wäldchen gestanden mit dem Maschinengewehrwagen der Schreiber.)

2.8.20. Bielawce.
Die Geschichte mit dem Maschinengewehrwagen. Gowiński nähert sich dem Städtchen, einen Schmied hat er natürlich nicht gefunden. Meine Brüllerei mit dem Schmied, habe eine Frau weggestoßen, Gezeter und Tränen. Die Galizier wollen ihn nicht reparieren. Das gesamte Repertoire der Mittel, Überredungskünste, Drohungen, Bitten, die größte Wirkung hat das Versprechen, Zucker zu besorgen. Lange Geschichte, der eine Schmied ist krank, ich schleppe ihn zu einem andern, Geheul, sie schleppen ihn nach Hause. Mir

will man die Wäsche nicht waschen, keine Beeinflussungsmaßnahme fruchtet.

Schließlich reparieren sie ihn doch.

Ich bin müde. Im Stab Unruhe. Wir rücken ab. Der Gegner setzt nach, ich laufe Gowiński warnen, Hitze, habe Angst zu spät zu kommen, ich laufe über Sand, warne ihn, hole den Stab hinter dem Dorf wieder ein, niemand nimmt mich auf, sie rücken ab, ich bin traurig, fahre eine Zeit lang mit Barsukov, unser Ziel ist – Brody.

Mir wird ein Sanitäts-Wagen der 2. Schwadron zugeteilt, wir fahren auf den Wald zu, halten dort mit meinem Kutscher Ivan. Es kommen Budjonnyj, Vorošilov, das wird die Entscheidungsschlacht, keinen Schritt weiter. Weiter vorn marschieren alle drei Brigaden auf, ich spreche mit dem Stabskommandeur. Die Atmosphäre vor Beginn der Schlacht, ein großes Feld, Flugzeuge, Manöver der Kavallerie auf dem Feld, unsere Reiterei, Detonationen in der Ferne, die Schlacht hat begonnen, MG-Feuer, Sonne, irgendwo treffen sie aufeinander, gedämpftes Hurra, ich ziehe mich mit Ivan zurück, Lebensgefahr, was ich empfinde, ist nicht Angst, es ist Passivität, er scheint sich zu fürchten, wohin fahren, die Gruppe mit Koročajev fährt nach rechts, wir aus irgendeinem Grunde nach links, die Schlacht tobt, wir werden eingeholt von Verwundeten zu Pferde – einer totenblass, Bruder, nimm mich mit, die Hose blutüberströmt, er droht auf uns zu schießen, wenn wir ihn nicht mitnehmen, wir greifen in die Zügel, in schrecklichem Zustand, Blut tropft auf Ivans Jacke, ein Kosak, wir halten an, ich werde ihn verbinden, der hat nur eine leichte Wunde, Bauchschuss, der Knochen ist getroffen, wir nehmen noch einen mit, der kein Pferd mehr hat. Den Verwundeten beschreiben. Lange irren wir unter Beschuss über die Felder, nichts ist zu sehen, diese gleichgültigen Straßen und das dünne Gras, wir senden Berittene aus, kommen an die Chaussee – wohin, nach Radzivillov oder Brody?

In Radzivillov muss der administrative Stab sein und der gesamte Tross, meiner Ansicht nach wäre interessanter nach Brody zu fahren, die Schlacht geht um Brody. Ivans Meinung setzt sich durch, manche Trossfahrer sagen, in Brody seien die Polen, der Tross sei auf der Flucht, der Armeestab abgerückt, wir fahren nach Radzivillov. Kommen in der Nacht an. Die ganze Zeit nur Möhren und Erbsen gegessen – roh, bohrender Hunger, wir sind verdreckt, unausgeschlafen. Ich wähle eine Hütte am Stadtrand von Radzivillov. Gut getroffen, meine Nase war richtig. Ein alter Mann, ein Mädchen. Die Dickmilch herrlich, wir essen sie auf, Tee mit Milch wird zubereitet, Ivan geht Zucker besorgen, MG-Feuer, das Dröhnen der Trossfahrzeuge, wir springen auf, das Pferd lahmt plötzlich, so ist das nun mal, wir fliehen in Panik, werden beschossen, begreifen nichts, gleich hat er uns, wir stürmen auf die Brücke zu, Menschengedränge, wir fallen in den Sumpf, wilde Panik, da liegt ein Toter, verlassene Fuhrwerke, Granaten, Maschinengewehrwagen. Stau, Nacht, Angst, ein endlos langer Tross, der steht, wir kommen vorwärts, ein Feld, wir bleiben stehen, schlafen, Sterne. An dieser ganzen Geschichte tut es mir am meisten leid um den entgangenen Tee, so leid, dass es geradezu merkwürdig ist. Daran denke ich die ganze Nacht und hasse den Krieg.

Was für ein unruhiges Leben.

3.8.20.
Die Nacht auf dem Feld, wir bewegen uns mit einem Kremser nach Brody. Die Stadt wechselt immer wieder den Besitzer. Dasselbe schreckliche Bild, halbzerstört, wieder wartet

die Stadt. Versorgungspunkt, am Stadtrand treffe ich Barsukov. Fahre in den Stab. Es ist wüst, tot, trübsinnig. Zotov schläft auf Stühlen wie tot. Auch Borodulin und Pollak schlafen. Das Gebäude der Prager Bank, geplündert und demoliert, die Klosetts, die Bankschalter, Spiegelglas.

Der Divisionskommandeur ist angeblich in Klekotów, wir verbringen ein-zwei Stunden im verwüsteten ahnungsvollen Brody, Tee im Friseurladen. Ivan steht beim Stab. Fahren oder nicht fahren. Wir fahren nach Klekotów, biegen von der Chaussee nach Leszniów ab, die Ungewissheit, sind es Polen oder wir, wir fahren uns vortastend, die Pferde übermüdet, das eine lahmt immer stärker, essen in einem Dorf Kartoffeln, Brigaden tauchen auf, unerklärliche Schönheit, die drohende Gewalt, die sich vorwärtsbewegt, endlose Reihen, eine Meierei, das Gutshaus zerstört, Dreschmaschine, ein Lokomobil von Klentov, Traktor, das Lokomobil funktioniert, es ist heiß.

Das Schlachtfeld, ich treffe den Divisionskommandeur, wo ist der Stab, wir haben Žolnarkevič verloren. Die Schlacht beginnt, Deckung durch die Artillerie, Detonationen in der Nähe, bedrohlicher Augenblick, die Entscheidungsschlacht – bringen wir den polnischen Angriff zum Stehen oder nicht, Budjonnyj zu Kolesnikov und Grišin – ich erschieße euch, sie gehen bleich zu Fuß von dannen.

Zuvor – ein Feld des Schreckens, übersät mit zerstückelten Gefallenen, unmenschliche Grausamkeit, unvorstellbare Wunden, eingeschlagene Schädel, junge weiße nackte Körper blinken in der Sonne, verstreute Notizbücher, einzelne Blätter, Soldbücher, Evangelien, Menschenleiber im Korn. Die Eindrücke nehme ich mehr mit dem Verstand auf. Die Schlacht beginnt, man gibt mir ein Pferd. Ich sehe, wie sich die Kolonnen formieren, Ketten, sie gehen in die Attacke, leid tun mir diese Unglücklichen, nein, nicht Menschen, es sind Kolonnen, das Feuer erreicht höchste Intensität, wortlos geschieht das Abschlachten. Ich reite weiter, Gerüchte über die Abberufung des Divisionskommandeurs?

Beginn meiner Abenteuer, ich reite mit dem Tross zur Chaussee, die Schlacht wird heftiger, ich finde einen Versorgungspunkt, die Chaussee liegt unter Beschuss, das Pfeifen der Granaten, Detonationen in 20 Schritt Entfernung, das Gefühl der Hoffnungslosigkeit, Trossfahrzeuge donnern vorüber, ich habe mich zum 20. Regiment der 4. Division durchgeschlagen, Verwundete, der rechthaberische Kommandeur, nein, sagt er, der ist nicht verwundet, er ist gegen was angerannt, wir sind Professionelle, und überall Felder, Sonne, Leichen, ich sitze in der Küche, habe Hunger, rohe Erbsen, kein Futter für das Pferd.

Die Feldküche, Gespräche, wir sitzen im Gras, das Regiment wird plötzlich abgezogen, ich muss nach Radzivillov, das Regiment marschiert nach Leszniów und ich erschöpft, fürchte die Verbindung zu verlieren. Endlose Reise, staubige Straßen, ich steige auf ein Bauernfuhrwerk um, ein Quasimodo, zwei Maultiere, ein grausamer Anblick – dieser bucklige Kutscher, schweigsam, ein Gesicht finster wie die Wälder von Murom.

Wir fahren, ich habe das schreckliche Gefühl – ich entferne mich von der Division. Ich nähre eine Hoffnung – dann plötzlich die Möglichkeit, einen Verwundeten nach Radzivillov zu begleiten, der Verwundete hat ein jüdisches bleiches Gesicht.

Wir fahren in einen Wald, Beschuss, Granaten in 100 Schritt Entfernung, endlose Irrfahrt entlang der Waldränder.

Schwerer Sand, kaum befahrbar. Das Poem von den geschundenen Pferden.

Eine Imkerei, wir durchsuchen die Bienenstöcke, vier Hütten im Wald – nichts mehr da, alles geplündert, ich bitte einen Rotarmisten um ein Stück Brot, er gibt mir zur Antwort – mit Juden will ich nichts zu tun haben, ich bin ein Fremder, in langen Hosen, ich gehöre nicht dazu, bin einsam, wir fahren weiter, vor Müdigkeit kann ich mich kaum auf dem Pferd halten, um das ich mich selbst kümmern muss, wir kommen nach Koniuszkow, stehlen Gerste, man sagt mir – sucht nur, nehmt, nehmt alles – ich suche im Dorf nach der Krankenschwester, Hysterie bei den Weibern, binnen 5 Minuten nach unserer Ankunft ist alles beschlagnahmt, irgendwelche Weiber prügeln sich, zetern, schluchzen unerträglich, mir ist schwer von diesen Schrecklichkeiten, die kein Ende nehmen, ich suche nach der Schwester, unbezähmbare Traurigkeit, habe dem Regimentskommandeur einen Krug Milch abgeluchst, dem Sohn einer Bäuerin den Fladen aus der Hand gerissen.

10 Minuten später rücken wir ab. Von wegen! Die Polen sind irgendwo in der Nähe. Wieder zurück, ich denke, ich halte es nicht mehr aus, noch dazu im Trab, zuerst reite ich mit dem Kommandeur, dann bitte ich die Trossfahrer, will mich auf einen Wagen setzen, alle geben mir nur die eine Antwort – die Pferde können nicht mehr, komm, hol mich runter und setz dich selber drauf, komm rauf, mein Lieber, nur – hier liegen Leichen drauf, ich schaue unter die Plane, tatsächlich Leichen.

Wir kommen auf ein Feld, dort stehen viele Trossfahrzeuge der 4. Division, eine Batterie, wieder eine Feldküche, ich suche nach den Schwestern, schwere Nacht, ich will schlafen, müsste das Pferd füttern, liege, die Pferde fressen den herrlichen Weizen, Rotarmisten im Weizen – bleich, ganz und gar tot. Das Pferd peinigt mich, ich renne ihm nach, hänge mich an eine Schwester, wir schlafen auf einem Maschinengewehrwagen, die Schwester – alt, kahlköpfig, wahrscheinlich Jüdin, eine Märtyrerin, dieses unerträgliche Gekeife, dauernd stößt sie der Kutscher, die Pferde irren umher, der Kutscher ist nicht zu wecken, er ist grob und flucht, sie sagt – unsere Helden sind schreckliche Menschen. Sie deckt ihn zu, sie schlafen und halten sich gegenseitig umarmt, unglückliche alte Schwester, gut wäre, den Kutscher zu erschießen, Gezänk, Gefluche, die Schwester ist nicht von dieser Welt – wir schlafen ein. Wache zwei Stunden später auf – das Zaumzeug ist geklaut. Verzweiflung. Morgengrauen. Wir stehen 7 Werst vor Radzivillov. Ich setze mich an die Spitze. Das unglückliche Pferd, wir alle sind unglücklich, das Regiment zieht weiter. Ich bin gerührt.

Für diesen Tag – das Wichtigste – die Rotarmisten beschreiben und die Luft.

4.8.20.
Ich reite allein nach Radzivillov. Die Straße ist schwer. Niemand unterwegs, das Pferd entkräftet, ich fürchte bei jedem Schritt auf Polen zu treffen. Alles ist gut gegangen, im Abschnitt Radzivillov stehen keine Einheiten, im Städtchen die Lage unübersichtlich, man schickt mich zum Bahnhof, eine verödete und ganz an Veränderungen gewöhnte Bevölkerung. Šeko in einem Automobil. Ich im Quartier Budjonnyjs. Eine jüdische Familie, Fräuleins, eine Gruppe aus dem Buchtejevschen Gymnasium, Odessa, mir erstirbt das Herz.

O Glück, man gibt mir Kakao und Brot. Neuigkeiten – der neue Divisionskommandeur heißt Apanasenko, der neue Divisions-Stabskommandeur Šeko. Wunder über Wunder.

Žolnarkevič kommt mit seiner Schwadron, er ist bemitleidenswert. Zotov erklärt ihm, er sei abgesetzt, ich gehe jetzt auf der Sucharevka Fladen verkaufen, was heißt hier neue Schule, ihr, sagt er, Truppen aufstellen, das könnt ihr, früher habe ich das auch gekonnt, heute ohne Reserven kann ich es nicht.

Er hat Fieber, sagt Dinge, die er besser nicht sagen sollte, Wortwechsel mit Šeko, der hebt sofort die Stimme, der Stabskommandeur hat Ihnen befohlen, sich im Stab zu melden, ich hab dazu nichts zu sagen, ich bin kein kleiner Junge, dass ich mich dauernd im Stab herumdrücke, lässt die Schwadron stehen und geht. Die alte Garde geht, alles bricht auseinander, nun ist auch Konstantin Karlovič nicht mehr da.

Noch ein Eindruck – bedrückend und unvergesslich – Ankunft des neuen Divisionskommandeurs auf einem weißen Pferd mit seinen Meldereitern. Das ganze Stabsgesindel, das mit Hühnern für den Armeekommandanten angelaufen kommt, man benimmt sich gönnerhaft, frech, Šeko – anmaßend, fragt nach den Operationen, der erklärt, lächelt, eine großartige, stattliche Figur und Verzweiflung. Die gestrige Schlacht war ein glänzender Erfolg der 6. Division – 1000 Pferde, 3 Regimenter in die Gräben getrieben, der Gegner ist zerschmettert, zurückgeworfen, der Divisions-Stab in Chotyn. Wessen Erfolg das ist – von Timošenko oder Apanasenko? Genosse Chmelnickij – Jude, Vielfraß, Feigling, unverschämter Kerl, für den Armeekommandeur – ein Huhn, ein Ferkel, Mais, die Meldereiter verachten ihn, die Meldereiter frech, ihre einzige Sorge – Hühner, Speck, sie fressen, sind fett, die Fahrer fressen Speck, – alles auf der Treppe vor dem Haus. Die Pferde haben nichts zu fressen.

Vollkommen andere Stimmung, die Polen weichen zurück, auch wenn sie Brody noch besetzt halten, wir schlagen wieder los, Budjonnyj hat uns rausgehauen.

Ich will schlafen, kann nicht. Die Veränderungen im Leben der Division werden große Bedeutung haben. Šeko auf einem Fuhrwerk. Ich mit der Schwadron. Wir reiten nach Chotyn, wieder im Trab, 15 Werst. Ich wohne bei Bachturov. Er ist wie erschlagen, der Divisionskommandeur nicht mehr da, er spürt, dass auch er bald nicht mehr da sein wird. Die Division ist erschüttert, die Kämpfer gehen still und leise, – wächst sie wieder zusammen oder nicht. Endlich habe ich zu Abend gegessen – Fleisch, Honig. Bachturov beschreiben, Ivan Ivanovič und Petro. Schlafe auf der Tenne, endlich Ruhe.

5.8.20. Chotyn.
Ruhetag. Ich esse, schlendere durch das sonnenüberflutete Dorf, wir ruhen aus, habe zu Mittag gegessen, zu Abend – es gibt Honig, Milch.

Das Wichtigste – die inneren Veränderungen, alles ist auf den Kopf gestellt.

Um den Divisionskommandeur tut es mir leid, es schmerzt, die Kosaken sind empört, Unterhaltungen an der Ecke, interessante Beobachtung, sie versammeln sich, flüstern miteinander. Bachturov ist deprimiert, der Divisionskommandeur war ein Held, der neue Kommandeur lässt ihn nicht ins Zimmer, von 600–6000, eine schwere Demütigung, man hat ihm ins Gesicht geschleudert – Sie sind ein Verräter, Timošenko musste lachen, – Apanasenko, eine neue und auffällige Figur, hässlich, rauhbeinig, leidenschaftlich, eitel, ehrgeizig, hat einen Aufruf verfasst und nach Stavropol und an den Don geschickt über die Unruhen im Hinterland, nur um in seiner Heimat bekannt zu machen, dass er Divisionskommandeur geworden ist. Timošenko war leichter, fröhlicher, weitherziger und vielleicht schlechter. Zwei Männer, sie haben sich bestimmt nicht gemocht, gegenseitig. Šeko blüht auf, unwahrscheinlich rauhbeinige Befehle, Hochmut. Völlig anders die Stabsarbeit. Tross und administrativer Stab sind nicht mehr da. Lepin hebt den Kopf – er ist böse, stumpf und widerspricht Šeko.

Abends Musik und Tanz – Apanasenko wirbt um Popularität, der Kreis erweitert, er sucht für Bachturov unter den polnischen Beutepferden ein Pferd aus, alle reiten jetzt polnische Pferde, herrliche Pferde, schmalbrüstig, hochbeinig, englisch, fuchsrot, das ist unvergesslich. Apanasenko lässt die Pferde vorführen.

Den ganzen Tag – Gespräche über Intrigen. Der Brief ans Hinterland.

Sehnsucht nach Odessa.

Mir merken – Gestalt, Gesicht, die Freude Apanasenkos, seine Liebe zu den Pferden, wie er ein Pferd führt, für Bachturov eins aussucht.

Über die Meldereiter, die ihr Schicksal an das der »Herren« binden. Was wird Michejev machen, was der hinkende Suchorukov, all die Grebuški, Tarasovs, was Ivan Ivanovič und Bachturov. Alle werden folgen.

Über die polnischen Pferde, die Schwadronen, die im Staub auf den hochbeinigen, goldbraunen, schmalbrüstigen Pferden der Polen dahinsprengen. Die Haarschöpfe, Kettchen, Kleider aus Teppichen.

Im Sumpf stecken geblieben sind 600 Pferde, unglückliche Polen.

6.8.20. Chotyn.
An derselben Stelle. Wir bringen uns in Ordnung, beschlagen die Pferde, essen, Pause in den Kriegshandlungen.

Meine Wirtin – eine kleine, ängstliche, zerbrechliche Frau mit leidgeprüften und sanften Augen. Gott, wie die Soldaten sie peinigen, die endlose Kocherei, wir stehlen Honig. Ihr Mann ist nach Hause gekommen, Bomben aus einem Flugzeug haben ihm die Pferde vertrieben. Der Alte hat 5 Tage lang nichts gegessen, jetzt macht er sich auf, in der weiten Welt seine Pferde zu suchen, eine Epopöe. – Sehr alter Mann. Ein schwülheißer Tag, dichte weiße Stille, das Herz freut sich, die Pferde stehen, für sie wird Hafer gedroschen, neben ihnen schlafen den ganzen Tag die Kosaken, die Pferde können sich erholen – das steht an erster Stelle.

Gelegentlich blitzt die Gestalt Apanasenkos vorbei, im Unterschied zum verschlossenen Timošenko gehört er zu uns, ein väterlicher Kommandeur. Morgens verlässt uns Bachturov, gefolgt von seiner Suite, ich beobachte die Arbeit des neuen Kriegskommissars, ein stumpfer, aber in Kämpfen gestählter Moskauer Arbeiter, genau darin liegt die Stärke – ausgetretene, aber dafür weite Wege gehen, die drei Kriegskommissare – unbedingt den hinkenden Gubanov beschreiben, den Schrecken des Regiments, ein schrecklicher Draufgänger, ein junger 23 Jahre alter Jüngling, der bescheidene Širjajev, der verschlagene Grišin. Sie sitzen in dem Gärtchen, der Kriegskommissar fragt sie aus, sie erzählen Klatschgeschichten, sprechen hochtrabend über die Weltrevolution, die Bäuerin schüttelt Äpfel, weil alle weggefressen werden, der Sekretär des Kriegskommissars, ein langer Kerl mit heller Stimme geht auf Proviantsuche.

Im Stab weht ein neuer Wind – Šeko schreibt Sonderbefehle, hochtrabend und schmetternd, aber kurz und energisch, reicht seine Ansichten beim Rev.-Kriegsrat ein, handelt auf eigene Initiative.

Alle trauern Timošenko nach, Meuterei wird es aber keine geben.

Warum will meine Traurigkeit nicht vergehen? Weil ich

fern von zu Hause bin, weil wir zerstören, weiterziehen wie ein Wirbelsturm, ein Lavastrom, von allen gehasst, das Leben stiebt auseinander, ich bin auf einer großen, nicht enden wollenden Totenmesse.

Ivan Ivanovič – auf einem Bänkchen sitzend, erzählt von den Tagen, an denen er 20 Tausend, 30 Tausend ausgegeben hat. Alle haben Gold, alle haben in Rostov geplündert, einen Sack voll Geld über den Sattel geworfen und weg. Ivan Ivanovič hat Frauen eingekleidet und ausgehalten. Nacht, die Tenne, das duftende Heu, aber die Luft ist schwer, ich bin von etwas bedrückt, von der traurigen Unsinnigkeit meines Lebens.

7.8.20. Berestečko.
Jetzt ist Abend, 8. Eben sind im Städtchen die Lichter angezündet worden. Im Nachbarzimmer eine Totenmesse. Viele Juden, die wehmütigen heimatlichen Gesänge, sie wiegen sich im Takt, sitzen auf den Bänken, zwei Kerzen, das ewige Licht auf dem Fensterbrett. Die Totenmesse gilt der Enkelin des Hausherrn, die nach den Plünderungen vor Schreck gestorben ist. Die Mutter weint, während des Gebets, erzählt mir, wir stehen am Tisch, das Leid schlägt mich nun schon seit zwei Monaten. Die Mutter zeigt mir eine Fotografie, ganz von Tränen verwaschen, und alle sagen – sie war eine außergewöhnliche Schönheit, irgendein Kommandeur ist ihr nachgestiegen, brünstig, nachts ein Klopfen, sie haben sie aus dem Bett geholt, erst haben die Polen alles durchwühlt, dann die Kosaken. Erbrechen ohne Unterlass, sie ist verblutet. Und das Wichtigste für die Juden – eine Schönheit, wie sie es im ganzen Städtchen nicht gegeben hat.

Ein denkwürdiger Tag. Morgens – von Chotyn nach Berestečko. Ich fahre mit Ivanov, dem Sekretär des Kriegskommissars, ein langer, verfressener Knabe ohne Mark, ein verlotterter Kerl – und siehe, er ist der Mann der Sängerin Komarova, wir haben Konzerte gegeben, ich werde sie herkommen lassen. Eine russische Mänade.

Die Leiche eines getöteten Polen, eine furchtbare Leiche, aufgequollen und nackt, ungeheuerlich.

Berestečko hat mehrmals den Besitzer gewechselt. Die historischen Stätten in der Umgebung Berestečkos, Kosakengräber. Und vor allem: alles wiederholt sich – die Kosaken gegen die Polen, mehr – Cholop gegen Pan.

Das Städtchen werde ich nicht vergessen, überdachte, lange, enge, stinkende Höfe, all das ist 100–200 Jahre alt, die Bevölkerung kräftiger als in anderen Orten, vor allem – die Architektur, die weißen wasserblauen Häuschen, Sträßchen, Synagogen, Bäuerinnen. Das Leben renkt sich mühsam wieder ein. Hier hat es sich leben lassen – angesehene Juden, reiche Ukrainer, sonntags Märkte, eine besondere Klasse russischer Kleinbürger – die Gerber, Handel mit Österreich, Schmuggel.

Die Juden hier sind weniger fanatisch, besser gekleidet, kerniger, wirken sogar fröhlicher, sehr alte Männer, Kapotes, alte Frauen, alles riecht nach der alten Zeit, nach Tradition, das Städtchen ist gesättigt von der blutigen Geschichte des jüdisch-polnischen Ghettos. Der Hass auf die Polen ist einhellig. Sie haben geplündert, gefoltert, dem Apotheker glühende Eisen an den Körper gehalten, Nadeln unter die Fingernägel, die Haare ausgerissen – dafür, dass man auf einen polnischen Offizier geschossen hatte – Idiotie. Die Polen haben den Verstand verloren, sie richten sich selbst zugrunde.

Die uralte katholische Kirche, Gräber polnischer Offiziere innerhalb der Einfriedung, frische Grabhügel, 10 Tage alt, weiße Birkenkreuze, all das ist schrecklich, das Haus des

Priesters ist zerstört, ich finde alte Bücher, höchst wertvolle lateinische Handschriften. Der Priester Tuzynkiewicz – ich finde eine Fotografie von ihm, dick und kurzgeraten, er hat hier 45 Jahre gewirkt, an ein und demselben Ort gelebt, Scholastiker, die Auswahl der Bücher, viel Lateinisches, Ausgaben aus dem Jahre 1860, der Zeit, zu der Tuzynkiewicz lebte, die altmodische Wohnung, riesengroß, gedunkelte Bilder, Aufnahmen von Konzilen der Prälaten in Žitomir, Porträts von Papst Pius X., ein schönes Gesicht, ein wunderschönes Porträt von Sienkiewicz – das ist der Extrakt einer Nation. Über alledem stinkt die kleine erbärmliche Seele Suchins. Wie neu das für mich ist – die Bücher, die Seele des katholischen Paters, eines Jesuiten, ich versuche, Herz und Seele Tuzynkiewiczs einzufangen und habe sie eingefangen. Lepin spielt auf einmal anrührend auf dem Klavier. Überhaupt – er singt manchmal auf lettisch. Mir merken: seine nackten Füßchen – zum Totlachen. Er ist ein sehr komisches Wesen.

Ein schreckliches Ereignis – die Plünderung der Kirche, sie zerfetzen die Ornate, kostbare glänzende Stoffe sind zerrissen, auf dem Boden, die Krankenschwester hat drei Ballen fortgeschleppt, sie zerfetzen das Futter, die Kerzen sind geraubt, die Truhen aufgebrochen, die Bullen herausgerissen, das Geld geraubt, ein herrliches Gotteshaus – 200 Jahre alt, was hat es nicht alles gesehen (die Handschriften Tuzynkiewiczs), wie viele Grafen und Knechte, herrliche italienische Malerei, rosige Patres, die das Christuskind wiegen, der herrliche dunkle Christus, Rembrandt, eine Madonna wie von Murillo, womöglich wirklich von Murillo, und vor allem – diese heiligen wohlgenährten Jesuiten, das unheimliche chinesische Figürchen hinter einem Schleier, in himbeerroter Kontusche, der bärtige Jude, das Bänkchen, der aufgebrochene Sarkophag, die Gestalt des hl. Valentin. Der Messdiener zittert wie Espenlaub, windet sich, vermengt Russisch und Polnisch, ich kann ihn nicht anrühren, er schluchzt. Bestien, sie sind gekommen, um zu plündern, das ist so klar, die alten Götter werden zerstört.

Abend im Städtchen. Die Kirche ist geschlossen. Vor dem Abend gehe ich ins Schloss der Grafen Raciborski. Ein 70-jähriger Greis und seine Mutter von 90 Jahren. Sie waren immer zu zweit, sind verrückt, wie man im Volke sagt. Dieses Paar beschreiben. Das alte polnische Grafenhaus, sicher über 100 Jahre, Geweihe, alte helle Deckenmalerei, Reste von Geweihen, kleine Zimmer für das Gesinde oben, Fliesen, Durchgänge, Exkremente auf dem Fußboden, jüdische Bengel, ein Steinway-Flügel, die Sofas bis auf die Sprungfedern aufgeschlitzt, mir merken: die Türen, die weißen, leichten und die aus Eiche, die französischen Briefe aus dem Jahr 1820, *notre petit héros achève 7 semaines.* O Gott, wer hat das geschrieben, wann geschrieben, die Briefe zertrampelt, habe mir einige Reliquien mitgenommen, einhundert Jahre, die Mutter eine Gräfin, Steinway-Flügel, Park, der Teich.

Ich kann mich einfach nicht losreißen – denke an Hauptmann, an Elga.

Meeting im Schlosspark, die Juden von Berestečko, der stumpfsinnige Vinokurov, Kinder toben herum, man wählt ein Revolutions-Komitee, die Juden wickeln ihre Bärte auf, die Jüdinnen hören zu – über das Paradies in Russland, die internationale Lage, den Aufstand in Indien.

Unruhige Nacht, jemand hat gesagt, wir sollten uns bereithalten, allein mit dem gebrechlichen Mischures, überraschend schöne Rede, worüber hat er gesprochen?

8.8.20. Berestečko.
Ich lebe mich im Städtchen ein. Hier wurden Jahrmärkte abgehalten. Die Bauern verkaufen Birnen. Bezahlt wird mit längst ungültigem Geld. Hier hat das Leben gebrodelt – die Juden haben Getreide nach Österreich ausgeführt, Schmuggel mit Waren und Menschen, die Nähe der Grenze.

Ungewöhnliche Speicher, unterirdische Gewölbe.

Ich wohne bei der Besitzerin einer Herberge für Fuhrleute, ein rothaariges ausgemergeltes Miststück. Ilčenko hat Gurken eingekauft, liest das »Žurnal dlja vsech« und schwadroniert über die Wirtschaftspolitik, an allem sind die Juden schuld, ein stumpfsinniges slawisches Geschöpf, das sich bei der Plünderung von Rostov die Taschen vollgestopft hat. Irgendwelche Adoptivkinder, vor Kurzem gestorben. Die Geschichte mit dem Apotheker, dem die Polen Stecknadeln unter die Fingernägel getrieben haben. Wahnsinnige.

Ein heißer Tag, die Einwohner schlendern umher, nehmen das Leben wieder auf, Handel wird es wieder geben.

Die Synagoge, Thorarollen, vor 36 Jahren von einem Handwerker aus Kremenec erbaut, man hatte ihm monatlich 50 Rubel gezahlt, goldene Pfauen, gekreuzte Arme, alte Thorarollen, bei keinem Schammes eine Spur von Enthusiasmus, zerkaute alte Männer, die Brücken nach Berestečko, wie sie in die Luft flogen, die Polen haben allem ein längst verlorenes Kolorit verliehen. Der kleine Alte, bei dem Koročajev, der degradierte Div.-Kommandeur, mit seinem Waffenträger, einem Juden, abgestiegen ist. Koročajev war Vorsitzender der Čeka irgendwo in Astrachan, wo man an ihm kratzt, fängt es an zu rieseln. Freundschaft mit dem Juden. Wir trinken bei dem Alten Tee. Stille, Güte. Ich schlendere durch das Städtchen, im Innern der jüdischen Elendshütten pulsiert das jämmerliche, mächtige, unsterbliche Leben, Fräuleins in weißen Strümpfen, Kapotes, wie wenig dicke Menschen es hier gibt.

Unsere Aufklärung geht in Richtung Lemberg. Apanasenko verfasst Sendschreiben an das Exekutivkomitee von Stavropol, wir werden euch im Hinterland die Köpfe abschlagen, er ist entzückt. Die Schlacht bei Radziechów, Apanasenko schlägt sich prächtig – augenblicklich die Aufteilung der Truppen, um ein Haar hätte er die zurückweichende 14. Division unter Feuer genommen. Wir nähern uns Radziechów. Moskauer Zeitungen vom 29. VII. Eröffnung des II. Kongresses der III. Internationale, endlich vollzieht sich die Einigung der Völker, alles ist klar: zwei Welten, und der Krieg ist erklärt. Wir werden ewig Krieg führen. Russland hat den Fehdehandschuh hingeworfen. Wir werden nach Europa ziehen, um die Welt zu unterwerfen. Die Rote Armee ist zu einem Faktor der Weltpolitik geworden.

Muss mir Apanasenko genauer anschauen. Ein Ataman.

Die Totenmesse des stillen alten Mannes für seine Enkeltochter.

Abend, Theatervorstellung im gräflichen Park, Amateure aus Berestečko, der dumme Offiziersbursche, die Fräuleins aus Berestečko, es wird still, hier möchte ich leben, mehr erfahren.

9.8.20. Laszków.
Verlegung von Berestečko nach Laszków, Galizien. Die Kutsche des Divisionskommandeurs, der Meldereiter des Div.-Kommandeurs Ljovka – derselbe, der Pferde tauscht und auf Pferde Jagd macht. Seine Erzählung, wie er seinen Nachbarn Stepan ausgepeitscht hat, der, ehemaliger Wachsoldat unter Denikin, der Bevölkerung Leid zugefügt hatte, als er ins

Dorf zurückgekehrt war. Ihn »abzustechen« wäre zu wenig gewesen, sie schlugen ihn im Gefängnis, schlitzten ihm den Rücken auf, sprangen auf ihm herum, tanzten, episches Gespräch: geht es dir gut, Stepan? Nein, schlecht. Und die, denen du Leid angetan hast – ist es denen gut gegangen? Nein, schlecht. Und hast du daran gedacht, dass es auch dir einmal schlecht gehen könnte? Nein, hab ich nicht. Hättest du aber sollen, Stepan, wir, Stepan, wir denken, wenn ihr uns erwischt, dann stecht ihr uns ab, na ja [1 unleserlich: f... eure M...], aber jetzt Stepan, jetzt machen wir dich fertig. Sie ließen erst von ihm ab, als er schon fast kalt war. Eine andere Erzählung von der Krankenschwester Šurka. Nacht, ein Gefecht, die Regimenter nehmen Aufstellung, Ljovka im Kabriolet, Šurkas Liebhaber ist schwer verwundet, gibt Ljovka sein Pferd, sie bringen den Verwundeten fort, kehren in die Schlacht zurück. Ach, Šura, einmal gelebt einmal gestorben. Also schön, in Ordnung. Sie in Rostov zur Schule gegangen, reitet mit dem Regiment, kann einem fünfzehn vorgeben. So, Šura, und jetzt reiten wir zurück, die Pferde verfingen sich im Stacheldraht, er ritt 4 Werst, ein Dorf, er sitzt, reißt den Stacheldraht nieder, das Regiment zieht vorbei, Šura reitet außer der Formation, Ljovka macht Abendessen, die Lust zu fressen, sie essen zu Abend, reden, los, gehn wir, Šurka, noch einmal. In Ordnung. Aber wo?

Sie ritt dem Regiment nach, er ging schlafen. Wenn deine Frau kommt – ich bringe sie um.

Laszków – ein grünes, sonniges, stilles, reiches galizisches Dorf. Ich wohne beim Küster. Seine Frau hat eben ein Kind zur Welt gebracht. Die Menschen sind niedergedrückt. Eine saubere, neue Hütte, aber in der Hütte – nichts. Ringsumher typische galizische Juden. Sie denken – ist er nicht Jude? Ihre Erzählung – sie haben geplündert, er hat zwei Hühnern den

Kopf abgeschlagen, die Sachen auf der Tenne gefunden, aus der Erde ausgegraben, alle in der Hütte zusammengetrieben, die übliche Geschichte, mir merken den Jungen mit den Koteletten. Man erzählt mir, der Oberrabbiner lebe in Belz, man habe die Rabbiner ausgerottet.

Wir ruhen uns aus, in meinem palisadenumzäunten Hof die 1. Schwadron. Es ist Nacht, bei mir auf dem Tisch ein Lämpchen, ruhig schnauben die Pferde, hier sind alle vom Kuban, sie essen, schlafen, kochen zusammen, ein wunderbares, schweigsames Zusammenleben. Sie alle sind eher bäuerlich, singen abends mit vollen Stimmen ihre Lieder, die wie Kirchenlieder klingen, die Liebe zu den Pferden, kleine Bündel – Sattel, Zaumzeug, der verzierte Säbel, der Mantel, ich schlafe, von ihnen umgeben.

Schlafe tagsüber im Feld. Keine Kriegshandlungen, was für eine schöne und notwendige Sache – Rast. Die Kavallerie, von den Pferden weicht diese unmenschliche Arbeit, von den Menschen die Grausamkeit, sie leben zusammen, singen Lieder mit stillen leisen Stimmen, erzählen sich etwas.

Der Stab ist in der Schule. Der Divisionskommandeur beim Geistlichen.

10. 8. 20. Laszków.
Die Rast wird verlängert. Aufklärung in Richtung Radziechów, Sokolówka, Stojanów, alles in Richtung Lemberg. Die Nachricht aufgefangen, Aleksandrovsk sei erobert worden, gigantische Komplikationen in der Weltlage, werden wir etwa gegen die ganze Welt Krieg führen?

Feuer im Dorf. Die Tenne des Geistlichen brennt. Zwei Pferde, obwohl man mit aller Kraft auf sie eingedroschen hatte, sind verbrannt. Pferde führt man aus einem Feuer nicht ins Freie. Zwei Kühe sind ausgebrochen, der einen ist die Haut geplatzt, aus den Wunden – Blut, rührend, bemitleidenswert.

Rauch hüllt das ganze Dorf ein, die helle Flamme, die dicken schwarzen Rauchschwaden, viel viel Holz, es ist heiß im Gesicht, alle Sachen aus dem Popenhaus, aus der Kirche werden in den Hof geworfen. Apanasenko im roten Kosakenrock, im schwarzen Kosakenmantel, das Gesicht glattrasiert – eine schreckliche Erscheinung, ein Ataman.

Unsere Kosaken, bedrückender Anblick, schleppen über die Hintertreppe, die Augen brennen, allen ist es peinlich, sie genieren sich, unausrottbar ist diese sogenannte Angewohnheit. Alle Kirchenfahnen, alten Menäen, Ikonen sind herausgebracht worden, merkwürdige weiß-rosa, weiß-blau bemalte Figürchen, missgestaltet, plattgesichtig, chinesisch oder buddhistisch, eine Menge Papierblumen, brennt die Kirche ab oder nicht, die Bäuerinnen ringen schweigend die Hände, die Bevölkerung, erschrocken und schweigsam, läuft barfuß, jeder sitzt vor seiner Hütte mit einem Eimer. Sie sind apathisch, niedergedrückt, fühllos – ungewöhnlich, normalerweise würden sie doch löschen, was das Zeug hält. Mit dem Diebstahl sind sie noch zurechtgekommen – die Soldaten umschleichen wie beklommene Raubtiere des Popen Truhen, sagen, da ist Gold drin, beim Popen kann man es sich holen, das Porträt des Grafen Andrej Szeptycki, des Metropoliten von Galizien. Ein stattlicher Würdenträger mit schwarzem Ring an seiner großen und rassigen Hand. Die Unterlippe des alten Geistlichen, der 35 Jahre in Laszków Gottesdienst gehalten hat, zittert die ganze Zeit, er erzählt mir von Szeptycki, der ist nicht »im polnischen Geiste« erzogen, stammt von ruthenischen Magnaten ab, »Graf von Szeptycki«, dann sind sie zu den Polen übergelaufen, sein Bruder – ein Oberkommandierender der polnischen Armee,

Andrej ist zurück zu den Ruthenen. Zu seiner alten Kultur, der stillen, sicheren. Ein guter, gebildeter Dorfgeistlicher, hat sich mit Mehl, einem Huhn eingedeckt, will reden – über die Universitäten, die Ruthenen, der Unglückliche, bei ihm wohnt Apanasenko im roten Kosakenrock.

Heute Nacht – ein ungewöhnlicher Anblick, hell brennt die Dorfchaussee nieder, mein Zimmer ist hell erleuchtet, ich arbeite, das Lämpchen brennt, Ruhe, die Kuban-Kosaken singen gefühlvoll, ihre schmalen Gestalten an den Lagerfeuern, ihre Lieder sind ganz und gar ukrainisch, die Pferde legen sich schlafen. Ich gehe zum Divisionskommandeur. Von ihm erzählt mir Vinokurov – er war Partisan, Ataman, Aufrührer, das freie Kosakentum, ein wilder Aufstand, sein Ideal – Dumenko, die offene Wunde, man muss sich der Organisation unterordnen, tödlicher Hass auf die Aristokraten, die Popen und vor allem die Intellektuellen, den er in der Armee nie verwinden wird. Wird auf die Universität gehen – Apanasenko, worin unterscheidet er sich von den Zeiten Bogdan Chmelnickijs? – Tiefe Nacht. 4 Uhr.

11.8.20. Laszków.
Ein Arbeitstag, Herumsitzen im Stab, ich schreibe bis zum Umfallen, Ruhetag. Gegen Abend Regen. Bei mir im Zimmer nächtigen die Kuban-Kosaken, merkwürdig – friedliche und kriegerische, häusliche und durchaus nicht junge Bauern von unverkennbar ukrainischer Herkunft.

Über die Kuban-Kosaken. Eine Gemeinschaft, immer unter sich, vor dem Fenster schnauben Tag und Nacht die Pferde, der herrliche Geruch der Pferdeäpfel, der Sonne, die schlafenden Kosaken, zweimal am Tag kochen sie riesige Eimer mit Suppe und Fleisch. Nachts sind sie meine Gäste. Unaufhörlicher Regen, sie trocknen ihre Kleider und essen in meinem Zimmer ihr Abendbrot. Ein religiöser Kuban-Kosak mit weichem Hut, blasses Gesicht, heller Schnurrbart. Sie sind unverfälscht, gesellig, wild, aber irgendwie angenehmer, häuslicher, nicht so streitsüchtig, ruhiger als die Donkosaken und die aus Stavropol.

Die Schwester ist gekommen, wie klar das alles, das muss ich beschreiben, sie ist abgegriffen, will weg, an ihr waren alle dran – der Kommandeur, so wird zumindest gesagt, Jakovlev, und, o Schreck, Gusev. Sie ist mitleiderregend, will gehen, traurig, redet unverständliche Dinge, will mit mir über etwas reden und schaut mich zutraulich an, ich, sagt sie, sei ein Freund, die andern dagegen, die anderen seien Tränen. Wie schnell hat man einen Menschen vernichtet, gedemütigt, hässlich gemacht. Sie ist naiv, dumm, empfänglich sogar für revolutionäre Phrasen, und die Närrin redet viel über die Revolution, sie hat in der Kulturaufklärung der Čeka gearbeitet, viele männliche Einflüsse.

Interview mit Apanasenko. Sehr interessant. Das muss ich mir merken. Sein stumpfes, schreckliches Gesicht, eine kräftige, gebeugte Figur wie Utočkin.

Seine Meldereiter (Ljovka), stattliche goldbraune Pferde, seine Kostgänger, Kutschen, Adoptivsohn Volodja – ein kleiner Kosak mit Greisengesicht, flucht wie ein Großer.

Apanasenko – ruhmsüchtig, das ist sie, die neue Klasse. Über und trotz allen operativen Dingen – schweift er ab und kommt jedesmal auf das eine zurück, er hat die Einheiten aufgestellt, einfach gegen die Offiziere, 4 Georgskreuze, Berserker im Dienst, Unteroffizier, Fähnrich unter Kerenskij, Vorsitzender des Reg[iments].-Komitees, hat den Offizieren die Schulterstücke heruntergerissen, lange Monate in den Steppen von Astrachan, unantastbare Autorität, professioneller Militär.

Über die Atamane, ihrer hat es dort viele gegeben, sie haben sich Maschinengewehre besorgt, sich mit Škuro und Mamontov geschlagen, sich der Roten Armee angeschlossen, ein Heldenepos. Das ist keine marxistische Revolution, das ist ein Kosakenaufstand, der alles gewinnen und nichts verlieren will. Apanasenkos Hass auf die Reichen, die Intellektuellen, unauslöschlicher Hass.

Die Nacht mit den Kuban-Kosaken, Regen, es ist stickig, ich habe ein merkwürdiges Jucken.

12.8.20. Laszków.
Den vierten Tag in Laszków. Ein über die Maßen verschlossenes galizisches Dorf. Man hat besser gelebt als die Russen, gute Häuser, viel Ordnungssinn, Ehrfurcht vor den Geistlichen, ehrlich, aber blutleer, das verbrühte Kind meiner Wirtsleute, wie es geboren und wozu es geboren wurde, in der Mutter kein Blutstropfen mehr, irgendwo wird dauernd irgendetwas versteckt, irgendwo grunzen Schweine, irgendwo ist wahrscheinlich Tuch versteckt.

Ein freier Tag, eine schöne Sache – Briefwechsel, wenn man ihn nicht vernachlässigt hat.

Ich muss für die Zeitung schreiben und die Biografie Apanasenkos.

Die Division ruht aus – so eine Stille im Herzen, auch die Menschen sind besser – Lieder, Lagerfeuer, Feuer in der Nacht, Scherze, glückliche, apathische Pferde, jemand liest Zeitung, der wiegende Gang, die Pferde werden beschlagen. Wie das alles aussieht. Sokolov fährt auf Urlaub, ich gebe ihm einen Brief nach Hause mit.

Ich schreibe – dauernd über Pfeifen, über längst vergessene Dinge, Gott mit ihr, der Revolution, und gerade auf die müsste man sich stürzen.

Nicht vergessen den Geistlichen in Laszków, schlecht rasiert, gutherzig, gebildet, möglicherweise eigennützig, aber was heißt da Eigennutz – ein Huhn, eine Ente, sein Haus, hat gut gelebt, die komischen Stahlstiche.

Reibereien zwischen Kriegskommissar und Divisionskommandeur, der steht auf und geht mit Kniga in dem Moment, als Jakovlev, der Divisions-Politkommissar, einen Vortrag hielt, Apanasenko ist zum Kriegskommissar gegangen.

Vinokurov – ein typischer Kriegskommissar, er reitet seine Linie, will die 6. Division auf Vordermann bringen, Kampf dem Partisanengeist, schwerfällig im Denken, redet mich mit seinen Ansprachen tot, manchmal grob, mit allen auf du.

13.8.20. Niwice.
Nachts der Befehl – nach Busk aufzubrechen, – 35 Werst östlich von Lemberg.

Morgens rücken wir ab. Alle drei Brigaden sind an einer Stelle konzentriert. Ich auf Mišas Pferd, es hat gelernt Galopp zu gehen, geht aber nicht Schritt, ist furchtbar ängstlich. Den ganzen Tag zu Pferd mit dem Divisionskommandeur. Die Meierei Porady. Im Wald 4 feindliche Flugzeuge, Feuer in Salven. Drei Brigadekommandeure – Kolesnikov, Koročajev, Kniga. Vasilij Ivanovič wendet eine List an, zieht zur Umgehung nach Toporów (Czaniz), hat nirgends Feindberührung. Wir in Porady, zerstörte Hütten, ich zerre aus einer Luke eine alte Frau, Krautwickel. Zusammen mit dem Kundschafter an der Batterie. Unsere Attacke bei dem Wäldchen.

Ein Elend – Sumpf, Kanäle, die Kavallerie kann sich nirgends entfalten, Attacken als Infanterie, schlaff, sinkt die Moral? Verbissener und (verglichen mit dem imperialistischen Gemetzel) dennoch leichter Kampf bei Toporów, Angriff von drei Seiten, wir können es nicht erobern, Trommelfeuer unserer Artillerie aus zwei Batterien.

Es ist Nacht. Alle Attacken sind fehlgeschlagen. Zur Nacht wird der Stab nach Niwice verlegt. Dichter Nebel, durchdringende Kälte, das Pferd, die Straße durch Wälder, Lagerfeuer und Kerzen, die Schwestern auf Maschinengewehrwagen, schwerer Weg nach einem Tag der Unruhe und des Misserfolgs am Ende. Den ganzen Tag durch Felder und Wälder. Am interessantesten – der Divisionskommandeur, spöttisches Lächeln, Flüche, kurze Rufe, Schnauben durch die Nase, er zuckt die Achseln, ist nervös, die Verantwortung für alles, Leidenschaftlichkeit, wenn er dort wäre, wäre alles gut.

Was habe ich mir gemerkt? Den nächtlichen Ritt, das Kreischen der Weiber in Porady, als man bei ihnen anfing (das Schreiben abgebrochen, in 100 Schritt Entfernung sind zwei Bomben detoniert, aus einem Flugzeug abgeworfen. Wir stehen an einem Waldrand westlich St. Majdan) Wäsche zu requirieren, unsere Attacke, etwas schlecht Sichtbares, kaum Beunruhigendes aus der Ferne, irgendwelche Ketten, Reiter durchqueren eine Wiese, in der Ferne das alles, man weiß nicht warum, all das macht keine Angst.

Als wir bis dicht vor das Städtchen vorgedrungen waren, begann das Fiebern, der Moment der Attacke, der Moment, wann die Stadt genommen wird, das beunruhigende, fieberhafte, sich steigernde, einen in Verzweiflung Hoffnungslosigkeit stürzende Hämmern der Maschinengewehre, ununterbrochen Detonationen und über alledem – Stille von oben und nichts zu sehen.

Die Arbeit des Stabes Apanasenko – jede Stunde Meldung an den Armeekommandanten, er macht sich lieb Kind.

Durchgefroren, müde in Niwice angekommen. Die warme Küche. Schulhaus.

Die hinreißende Lehrersfrau, Nationalistin, eine Art innerer Fröhlichkeit in ihr, sie fragt nach allem, kocht uns Tee, verteidigt ihre »mowa«, eure mowa ist gut und unsere mowa auch, und ständig ein Lachen in den Augen. Und das in Galizien, das ist schön, so etwas habe ich lange nicht gehört. Ich schlafe im Klassenzimmer, auf Stroh neben Vinokurov.

Schnupfen.

14.8.20.

Zentrum der Operationen – die Einnahme von Busk und Überschreitung des Bug. Den ganzen Tag Attacke auf Toporów, nein wird abgebrochen. Wieder ein unentschiedener Tag. Waldrand bei St[ary]. Majdan. Łopatyn ist vom Gegner zurückerobert.

Gegen Abend haben wir sie rausgehauen. Wieder Niwice. Übernachtung bei alter Frau, Hof zusammen mit Stab.

15.8.20.

Morgens in Toporów. Kämpfe bei Busk. Der Stab ist in Busk. Den Bug forcieren. Feuersbrunst auf der anderen Seite. Budjonnyj ist in Busk.

Übernachtung in Jabłonówka mit Vinokurov.

16.8.20.

Nach Rakobuty, eine Brigade hat übergesetzt.

Fahre die Gefangenen verhören.

Wieder in Jabłonówka. Wir rücken weiter vor nach N[owy]. Milatyn St[ary]. Milatyn, Panik, Übernachtung in Pilgerherberge.

17.8.20.
Gefechte an der Eisenbahn, bei Lisko. Niedermachen der Gefangenen.
Übernachten in Zadwórze.

18.8.20.
Hatte keine Zeit zu schreiben. Wir rückten ab. Abgerückt am 13. 8. Seitdem ständig in Bewegung, unendliche Straßen, Standarte der Schwadron, Apanasenkos Pferde, Gefechte, Bauernhöfe, Leichen. Frontalangriff auf Toporów. Kolesnikov in die Attacke, Sumpf, ich auf einem Beobachtungspunkt, gegen Abend Trommelfeuer aus zwei Batterien. Die polnische Infanterie sitzt in den Gräben, unsere gehen vor, kehren zurück, Pferdeknechte stützen die Verwundeten, Frontalangriffe mögen die Kosaken nicht, Rauch über den verdammten Gräben. Das war am 13. Der Tag des 14. – die Division rückt auf Busk vor, muss es um jeden Preis erreichen, gegen Abend stehen wir bis auf zehn Werst davor. Dort muss die wichtigste Operation durchgeführt werden – die Überschreitung des Bug. Gleichzeitig die Suche nach einer Furt.
Tschechischer Bauernhof bei Adamy, Frühstück im Wirtschaftsgebäude, Kartoffeln mit Milch, Suchorukov, der sich unter jedem Regime über Wasser hält, [1 unleserlich], in seinen Gesang fällt Suslov ein, alle diese Ljovkas. Vor allem – die dunklen Wälder, Trossfahrzeuge in den Wäldern, Kerzen über den Krankenschwestern, Gepolter, die verschiedenen Tempi der Truppenbewegungen. Wir stehen an einem Waldrand, die Pferde grasen, die Helden des Tages sind die Flugzeuge, die Lufttätigkeit nimmt ständig zu, Luftangriff, ununterbrochen kreisen 5–6 Flugzeuge, Bomben in 100 Schritt Entfernung, ich habe einen aschfalben Wallach, ein schreck-

liches Pferd. Im Wald. Die Intrige mit der Krankenschwester. Apanasenko hat ihr sofort einen ekelhaften Antrag gemacht, sie hat, angeblich, mit ihm geschlafen, jetzt spricht sie von ihm voller Abscheu, dafür gefällt ihr Šeko, und sie gefällt dem Divisions-Kriegskommissar, der sein Interesse an ihr damit bemäntelt, dass sie eine schutzlose Frau sei, kein Fortbewegungsmittel, keinen Beschützer habe. Sie erzählt, wie ihr Konstantin Karlovič den Hof gemacht, ihr zu essen gegeben und verboten habe, ihr Briefe zu schreiben, aber alle haben ihr unaufhörlich geschrieben. Jakovlev hat ihr schrecklich gefallen, der Chef der Registratur, ein blondgelockter Knabe mit roter Mütze, hat ihr Hand und Herz angetragen und geschluchzt wie ein Kind. Da war noch eine Geschichte, über die habe ich aber nichts erfahren können. Die Epopöe mit der Krankenschwester – und vor allem, es wird viel über sie geredet und alle verachten sie, ihr eigener Kutscher spricht nicht mit ihr, ihre Stiefelchen, Schürzchen, sie beschenkt sie, Broschüren von Bebel.

Die Frau und der Sozialismus.

Über die Frauen in der Reiterarmee kann man einen ganzen Band schreiben. Die Schwadronen ins Gefecht, Staub, Gedröhn, die Säbel blankgezogen, wildes Gefluche, sie mit geschürzten Röcken reiten voraus, verstaubt, mit dicken Brüsten, alle sind Nutten, aber Kameraden, und Nutten, weil sie Kameraden sind, das vor allem, sie sind mit allem zu Diensten, was ihnen zu Gebote steht, sind Heldinnen, und zugleich die Verachtung für sie, sie tränken die Pferde, schleppen das Heu, flicken das Zaumzeug, klauen das Zeugs in den Kirchen, wie auch bei der Bevölkerung.

Die Nervosität Apanasenkos, seine Flucherei, ist das Willenskraft?

Die Nacht wieder in Niwice, ich schlafe irgendwo im

Stroh, weil ich mich an nichts erinnern kann, alles an mir ist zerrissen, alles tut mir weh, EINHUNDERT Werst zu Pferde.

Übernachte gemeinsam mit Vinokurov. Sein Verhältnis zu Ivanov. Was für ein Mensch ist dieser verfressene und arme große Junge mit der weichen Stimme, der welken Seele und dem scharfen Verstand. Der Kriegskommissar ist zu ihm unerträglich grob, flucht ununterbrochen, wüst, reibt sich an allem, was machst du da – und Mat, weißt du denn nicht, hast du nicht, sammel die Klamotten ein, ich jage dich fort.

Ich muss in die Seele des Kämpfers eindringen, dringe ein, all das ist schrecklich, wilde Tiere mit Prinzipien.

Über Nacht hat die 2. Brigade im nächtlichen Sturmangriff Toporów genommen. Unvergesslicher Morgen. Wir reiten im Trab. Ein schreckliches, unheimliches Städtchen, die Juden in den Türen wie Leichen, ich denke, was wird euch noch alles geschehen, schwarze Bärte, geduckte Rücken, zerstörte Häuser, da ist auch [1 unleserlich], Reste von deutscher Ordnung, ein unsägliches gewohntes und brennendes jüdisches Leiden. Da ist auch das Kloster. Apanasenko strahlt. Die zweite Brigade reitet vorbei. Haarschöpfe, Kleider aus Teppichen, rote Tabaksbeutel, kurze Karabiner, die Kommandeure auf stattlichen Pferden, eine Budjonnyj-Brigade. Parade, Kapelle, seid gegrüßt, Söhne der Revolution, Apanasenko strahlt.

Von Toporów weiter – Wälder, Straßen, der Stab an der Straße, Meldereiter, Brigadekommandeure, wir fliegen im Trab nach Busk, in seine Osthälfte. Was für ein bezaubernder Ort (18., ein Flugzeug in der Luft, gleich wird es Bomben abwerfen), reinliche Jüdinnen, die Gärten voller Birnen und Pflaumen, strahlend heller Mittag, kleine Gardinen, in den Häusern Reste kleinbürgerlicher, reinlicher und womöglich ehrlicher Schlichtheit, Spiegel, wir bei einer dicken Galizierin, Lehrerswitwe, breite Sofas, viele Pflaumen, unerträgliche Müdigkeit vor Überanstrengung (eine Granate vorbeigeflogen, ist nicht explodiert), habe nicht einschlafen können, lag an der Mauer neben den Pferden und erinnerte mich an den Staub der Straße und die Schrecken des Gedrängels im Tross, der Staub – eine majestätische Erscheinung unseres Krieges.

Schlacht in Busk. Tobt auf der anderen Seite der Brücke. Unsere Verwundeten. Schönheit – dort brennt das Städtchen. Ich reite zur Übergangsstelle – die scharfe Wahrnehmung der Schlacht, ein Stück Straße muss ich laufen, weil sie unter Beschuss liegt, Nacht, der Feuerschein, die Pferde stehen entlang der Hütten, eine Beratung mit Budjonnyj ist im Gang, der Revolutions-Kriegsrat kommt heraus, das Gefühl der Gefahr, wir haben Busk im Frontalangriff nicht genommen, wir verabschieden uns von der dicken Galizierin, und reiten in tiefer Nacht nach Jabłonówka, die Pferde können kaum mehr, wir übernachten in einem Erdloch, auf Stroh, der Divisionskommandeur ist weggeritten, weiter zu reiten haben weder ich noch der Kriegskommissar die Kraft.

Die 1. Brigade hat eine Furt gefunden und bei Poburzany den Bug überschritten. Morgens mit Vinokurov an der Übergangsstelle. Das also ist der Bug, ein kleines Flüsschen, der Stab auf einem Hügel, ich von dem Ritt wie zerschlagen, man schickt mich zurück nach Jabłonówka, die Gefangenen verhören. Es ist ein Elend. Beschreiben das Gefühl des Reiters: Müdigkeit, das Pferd kann nicht mehr, aber man hat noch weit zu reiten, keine Kraft, die verbrannte Steppe, Einsamkeit, niemand hilft dir, eine Werst – eine Unendlichkeit.

Verhör der Gefangenen in Jabłonówka. Männer in Unterwäsche, es sind Juden darunter, blondlockige kleine Polen, entkräftet, ein intelligenter Knabe, der dumpfe Hass auf sie, die blutgetränkte Wäsche eines Verwundeten, sie geben ihm kein Wasser, ein Dicklippiger drückt mir die Dokumente in die Hand. Ihr Glücklichen – denke ich – wie seid ihr entkommen. Sie umringen mich, freuen sich am Klang meiner wohlwollenden Stimme, der unselige Staub, welch ein Unterschied zwischen den Kosaken und ihnen, feinnervig wie sie sind.

Von Jabłonówka fahre ich mit einem Maschinengewehrwagen zum Stab zurück. Wieder Übersetzen, endlos die überzusetzenden Trossfahrzeuge (sie warten nicht einen Augenblick, direkt im Gefolge der vorrückenden Einheiten), sie versinken im Fluss, die Strangriemen reißen, der stickige Staub, galizische Dörfer, man gibt mir Milch, in einem Dorf ein Essen, eben erst sind die Polen von hier abgezogen, alles ist ruhig, das Dorf erstorben, schwüle Hitze, mittägliche Stille, im Dorf ist niemand, erstaunlich, diese durch nichts getrübte Stille hier, Licht, Frieden – als sei die Front 100 Werst weit entfernt. Kirchen in den Dörfern.

Weiter vorn steht der Feind. Zwei nackte erstochene Polen mit kleinen zerstückelten Gesichtern blinken im Roggen in der Sonne.

Wir kehren zurück nach Jabłonówka, Tee bei Lepin, Dreck, Čerkašin demütigt ihn und will ihn loswerden, wenn man ihn sich genau anschaut, hat Čerkašin ein schreckliches Gesicht, in seiner hohen, wie ein Stock geraden Gestalt ahnt man den Bauern – den Trinker, Dieb und Fuchs.

Lepin ist dreckig, stumpfsinnig, schnell beleidigt, unbegreiflich.

Die lange endlose Geschichte des schönen Bazkunov, Vater, Nižnij Novgorod, Chemiker, Rote Armee, Gefangenschaft unter Denikin, Biografie eines russischen jungen Mannes, der Vater – Kaufmann, war Erfinder, stand in geschäftlicher Verbindung mit Restaurants in Moskau. Habe mich den ganzen Weg über mit ihm unterhalten. Wir reiten in Richtung Milatyn, an der Straße – Pflaumen. In St[ary]. Milatyn die Kirche, die Wohnung des Priesters, der Priester in einer luxuriösen Wohnung – unvergesslich – er drückt mir jeden Augenblick die Hand, geht einen toten Polen beerdigen, setzt sich zu uns, fragt – ist euer Kommandeur ein guter Mensch, typisches Jesuitengesicht, glattrasiert, die grauen Augen fliehen ständig und wie ist das schön, die weinende Polin, seine Nichte, die bittet, dass man ihr ihre Kuh zurückgibt, Tränen und kokettes Lächeln, ganz polnisch. Die Wohnung nicht vergessen, irgendwelcher Nippes, angenehmes Dunkel, jesuitische, katholische Kultur, reinliche Frauen und der überaus wohlriechende und besorgte Pater, ihm gegenüber das Kloster. Ich möchte bleiben. Wir warten auf Bescheid – wo wir bleiben sollen – im alten oder neuen Milatyn, Nacht. Panik. Irgendwelche Trossfahrzeuge, irgendwo sind die Polen durchgebrochen, auf der Straße – babylonische Verwirrung, Trossfahrzeuge in drei Reihen, ich in der Schule von Milatyn, zwei schöne alte Jungfern, mir wurde angst und bang, wie sehr sie mich an die Schwestern Šapiro aus Nikolajev erinnerten, zwei stille intellektuelle Galizierinnen, Patriotinnen, die eigene Kultur, das Schlafzimmer, womöglich Lockenwickler, in diesem dröhnenden Krieg führenden Milatyn, vor den Mauern Fahrzeuge, Geschütze, die väterlichen Kommandeure erzählen von ihren Heldentaten, orangefarbener Staub, Staubsäulen, das Kloster ist von ihnen eingehüllt. Die Schwestern bieten mir Papyrosy an, inhalieren meine Worte, darüber, wie herrlich alles wird – wie Balsam, blühen auf und schon sind wir mitten im intellektuellen Gespräch über Kultur.

Klopfen an die Tür. Der Kommandeur ruft. Erschrecken.

Wir fahren nach Nowy Milatyn. *N. Milatyn.* Mit dem Kriegskommissar in der Pilgerherberge, überdachter Hof, Scheunen, Nacht, ein Gewölbe, das Dienstmädchen des Priesters, dunkel, schmutzig, Myriaden von Fliegen, Müdigkeit mit nichts zu vergleichen, die Müdigkeit der Front.

Morgengrauen, wir rücken ab, sollen die Bahnlinie unterbrechen (all das geschieht am 17/VIII.), die Eisenbahnlinie Brody – Lemberg.

Meine erste Schlacht, ich habe die Attacke gesehen, man sammelt sich im Gebüsch, Apanasenko empfängt die Brigadekommandeure – der vorsichtige Kniga, der Schlaue, kommt, deckt ihn mit Worten zu, sie zeigen mit den Fingern auf die Hügel – da unterhalb des Walds, da über der Senke haben sie den Feind ausgemacht, die Regimenter reiten vor zur Attacke, die Säbel in der Sonne, die bleichen Kommandeure, die festen Beine Apanasenkos, Hurra.

Was war? Ein Feld, Staub, der Stab in der Ebene, der wüst fluchende Apanasenko, der Brigadekommandeur – vernichten das Pack diese … Banditen. Die Stimmung vor der Schlacht, Hunger, Hitze, sie reiten zur Attacke, die Schwestern.

Dröhnendes Hurra, die Polen sind geschlagen, wir reiten aufs Schlachtfeld, ein kleiner Pole mit polierten Fingernägeln reibt sich den rosigen Kopf mit wenigen Haaren, antwortet ausweichend, Ausflüchte suchend, »mährend«, nun ja, Šeko ist wütend und blass, antworte, wer bist du – ich, windet sich der – bin – eine Art Fähnrich, wir rücken ab, er wird abgeführt, ein Junge mit schönem Gesicht hinter ihm lädt durch, ich schreie – Jakov Vasiljevič! Er tut so, als habe er nichts gehört, reitet weiter, ein Schuss, der Pole in Unterhosen fällt aufs Gesicht und zuckt. Es ist widerlich zu leben, Mörder, unerträglich, Niedertracht und Verbrechen.

Man treibt die Gefangenen zusammen, zieht sie aus, ein merkwürdiges Bild – sie ziehen sich furchtbar schnell aus, schütteln die Köpfe, alles in der Sonne, leicht peinlich, der gesamte Stab steht daneben, peinlich, aber wen kümmerts, durch die Finger. Ich kann diesen »eine Art« Fähnrich nicht vergessen, den man hinterrücks erschossen hat.

Vor uns – schreckliche Dinge. Wir haben die Eisenbahn bei Zadwórze überschritten. Die Polen schlagen sich entlang der Eisenbahn nach Lemberg durch. Am Abend Attacke nahe einem Einzelgehöft. Eine blutige Schlacht. Ich reite mit dem Kriegskommissar die Bahnstrecke ab, wir bitten flehentlich, die Gefangenen nicht niederzumachen, Apanasenko wäscht die Hände in Unschuld. Šeko hat sich verplappert – das Niedermachen hat eine schreckliche Rolle gespielt. Ich habe nicht in die Gesichter gesehen, sie haben sie erstochen, erschossen, die Leichen mit Leibern zugedeckt, den einen ziehen sie aus, den andern erschießen sie, Stöhnen, Schreie, Röcheln, den Angriff hat unsere Schwadron geführt, Apanasenko steht abseits, die Schwadron hat sich eingekleidet, wie es sich gehört, Matusevič hat man das Pferd unter dem Körper weggeschossen, er mit schrecklichem, schmutzigem Gesicht, läuft, sucht ein Pferd. Die Hölle. Wie wir die Freiheit bringen, schrecklich. Ein Gehöft wird durchsucht, man findet noch welche, Apanasenko – keine Patronen verschwenden, abstechen. Er sagt immer – die Schwester abstechen, die Polen abstechen.

Übernachten in Zadwórze, schlechtes Quartier, ich bei Šeko, gutes Essen, ununterbrochene Kämpfe, ich führe das Leben eines Kämpfers, bin völlig zerschlagen, wir stehen in den Wäldern, haben den ganzen Tag nichts zu essen, Šekos Kutsche kommt, bringt was, oft auf dem Beobachtungspunkt, die Arbeit der Batterien, Waldränder, Senken, die

Maschinengewehre mähen, die Polen verteidigen sich hauptsächlich mit Flugzeugen, sie werden eine Bedrohung, einen Luftangriff beschreiben, von Ferne und das gleichsam langsame Hämmern des Maschinengewehrs, die Panik im Tross, es macht nervös, sie gleiten ununterbrochen mit abgeschaltetem Motor, wir gehen vor ihnen in Deckung. Eine neue Anwendung der Fliegerei, ich denke an Moscher, den Hauptmann Fount-Le-Roy in Lemberg, unsere Irrfahrten von Brigade zu Brigade, Kniga nur unter Umgehung, Kolesnikov nur im Frontalangriff, ich reite mit Šeko Patrouille, endlose Wälder, Lebensgefahr, auf den Hügeln, vor dem Angriff surren überall die Kugeln, Suchorukovs erbärmliches Gesicht mit Säbel, ich eile dem Stab hinterher, wir warten auf Meldungen, und sie manövrieren, reiten Umgehungen.

Kämpfe bei Barszczowice. Nach einem Tag des Schwankens schlagen sich die Polen abends in Marschkolonnen nach Lemberg durch. Apanasenko hat es gesehen und wird wahnsinnig, er zittert, die Brigaden werfen alles nach vorn, obwohl sie es mit einem zurückweichenden Feind zu tun haben, die Brigaden werden zu endlosen Bändern auseinandergezogen, 3 Kavallerie-Brigaden in die Schlacht geworfen, Apanasenko triumphiert, schnaubt durch die Nase, ernennt Litovčenko zum neuen Kommandeur der 3. Brigade, anstelle des verwundeten Kolesnikov, siehst du, da sind sie, geh hin und vernichte sie, sie fliehen, er korrigiert das Artilleriefeuer, mischt sich ein in die Befehle des Batteriekommandanten, fieberhafte Erwartung, man hatte die Geschichte von Zadwórze zu wiederholen gehofft, nichts draus geworden. Auf der einen Seite Sumpf, auf der anderen das mörderische Feuer. Marschrichtung Ostrów, die 6. Reiter-Division soll Lemberg von Südosten her nehmen.

Kolossale Verluste im Kommandobereich: schwer verwundet ist Koročajev, sein Bursche gefallen – der Jude gefallen, verwundet der Kommandeur des 34. Regiments, alle Kommissare des 31. Regiments kampfunfähig, verwundet alle Brigade-Stabskommandeure, vor allem die Kommandeure Budjonnyjs.

Die Verwundeten schleppen sich auf die Maschinengewehrwagen. So sollen wir Lemberg nehmen, die Meldungen an den Armeekommandeur werden im Gras geschrieben, die Brigaden galoppieren, nachts Befehle, wieder Wälder, die Kugeln surren, von einer Stelle zur anderen vertreibt uns Artilleriefeuer, bange Furcht vor Flugzeugen, mach schnell, gleich knallt es, im Mund einen schlechten Geschmack – und du haust ab. Kein Futter für die Pferde.

Ich habe begriffen, was für den Kosaken und Kavalleristen das Pferd bedeutet.

Die zu Infanteristen gewordenen Reiter auf den staubigen glühendheißen Straßen, die Sättel im Arm, schlafen wie Tote auf fremden Wagen, überall verwesen Pferde, Gespräche nur über Pferde, über die Sitte des Tausches, ein Glücksspiel, die Pferde sind Märtyrer, die Pferde sind Dulder, über sie – eine Epopöe, bin selbst von dem Gefühl durchdrungen – jeder Marsch tut einem für das Pferd weh.

Apanasenkos Besuche mit Gefolge bei Budjonnyj. Budjonnyj und Vorošilov in einem Vorwerk, sitzen am Tisch. Bericht Apanasenkos, langgezogen. Der Fehlschlag eines Sonderregiments – geplant war ein Angriff auf Lemberg, sie sind ausgerückt, im Sonderregiment, haben die Vorposten, wie immer, geschlafen, man hat sie abgezogen, die Polen hatten 100 Schritt vor ihnen ein Maschinengewehr in Stellung bringen können, ihnen die Pferde weggefangen, das halbe Regiment ist verwundet.

Tag des Erlösers – der 19. August – in Barszczowice, dem

todgeweihten, aber noch atmet das Dorf, Ruhe, Wiesen, viele Gänse (mit denen befassten wir uns später, Sidorenko oder Egor schlagen den Gänsen mit dem Säbel auf einem Brett den Kopf ab), wir essen gekochte Gans, an eben jenem Tag, weiß, sie verschönern das Dorf, auf den grünen [Wiesen], die Bevölkerung feiertäglich, aber schwächlich, gespenstisch, kaum aus ihren Hütten kommen die Leute, schweigsam, sonderbar, wie verwundert und vollkommen niedergedrückt.

Dieser Feiertag hat etwas Stilles und Bedrückendes.

Der unierte Geistliche in Barszczowice. Der zerstörte, verheerte Garten, hier war Budjonnyjs Stab stationiert und der aufgebrochene, ausgeräucherte Bienenstock, das ist eine schreckliche barbarische Sitte – ich erinnere mich an die zerbrochenen Rahmen, Tausende von Bienen, die summen und sich um ihren zerstörten Stock scharen, ihre aufgeregten Schwärme.

Der Geistliche erklärt mir den Unterschied zwischen der unierten und orthodoxen Kirche. Szeptycki ist ein großer Mann, trägt ein Ornat aus Segeltuch. Ziemlich dick, schwarzes, feistes Gesicht, rasierte Wangen, glänzende Äuglein und ein Gerstenkorn.

Der Vormarsch auf Lemberg. Die Batterien rücken immer näher heran. Wenig erfolgreiches Gefecht bei Ostrów, trotzdem ziehen die Polen ab. Informationen über die Verteidigung Lembergs – Lehrer, Frauen, Halbwüchsige. Apanasenko wird sie abstechen – er hasst die Intellektuellen, das sitzt tief, er will einen aristokratischen Staat auf seine Art, einen bäuerlichen, einen Kosakenstaat.

Eine Woche der Schlachten ist vergangen, am 21. August stehen unsere Einheiten 4 Werst vor Lemberg.

Befehl – die gesamte Reiterarmee hat sich der Westfront zur Verfügung zu stellen. Wir werden nach Norden verlegt –

Richtung Lublin. Dort soll ein Angriff sein. Sie ziehen die Armee ab, die 4 Werst vor der Stadt steht, die zu erreichen so viel Zeit gekostet hat. Uns ersetzen soll die 14. Armee. Was ist das – Wahnsinn oder die Unmöglichkeit, eine Stadt durch Kavallerie zu nehmen? Der 45 Werst lange Marsch von Barszczowice nach Adamy wird mir mein ganzes Leben in Erinnerung bleiben. Ich auf meinem Schecken, Šeko in der Kutsche, Hitze und Staub, der Staub der Apokalypse, stickige Wolken, endloser Tross, alle Brigaden sind in Bewegung, Staubwolken, vor denen es keine Rettung gibt, man hat Angst, man erstickt, ringsum Geschrei, Bewegung, ich reite mit einer Schwadron über die Felder, wir verlieren Šeko, es beginnt das Allerschrecklichste, der Ritt auf meinem Gaul, der es nicht schafft, wir reiten endlos und dauernd Trab, ich bin am Ende meiner Kräfte, die Schwadron will den Tross überholen, wir überholen ihn, ich habe Angst zurückzubleiben, das Pferd fliegt wie eine Feder, aus Trägheit, alle Brigaden sind unterwegs, die ganze Artillerie, als Nachhut lässt man je ein Regiment, das bei Einbruch der Dunkelheit zur Division stoßen soll. Nachts kommen wir durch das tote, stille Busk. Was ist das Besondere an den Städten Galiziens? Die Mischung aus dem schmutzigen und schwerfälligen Osten (Byzanz und die Juden) mit dem deutschen Bier-Westen. Von Busk 15 km. Ich halte es nicht aus. Wechsle das Pferd. Wie sich herausstellt, hat es keine Satteldecke. Der Ritt wird qualvoll. Jedesmal nehme ich eine andere Stellung ein. Rast in Kozłów. Eine dunkle Hütte, Brot mit Milch. Der Bauer, ein weicher sanfter und entgegenkommender Mensch, war als Kriegsgefangener in Odessa, ich liege auf der Bank, darf einfach nicht einschlafen, über mir ein fremder Soldatenrock, die Pferde im Dunkeln, in der Hütte ist es schwül, die Kinder auf dem Fußboden. Angekommen sind wir in Adamy um 4 Uhr nachts. Šeko schläft. Ich stelle irgendwo das Pferd ab, Heu ist da, und lege mich auf der Tenne schlafen.

21.8.20. Adamy.
Erschrockene Ruthenen. Sonne. Schön. Ich bin krank. Ausruhen. Den ganzen Tag auf der Tenne, ich schlafe, gegen Abend wird es besser, der Schädel brummt, schmerzt. Ich wohne bei Šeko. Der Arschkriecher des Div.-Stabskommandeurs, Jegor. Wir essen gut. Wie wir Verpflegung beschaffen. Vorobjov hat die 2. Schwadron übernommen. Die Soldaten sind zufrieden. In Polen, wohin wir marschieren, braucht man sich keinen Zwang anzutun, mit den völlig unschuldigen Galiziern musste man vorsichtiger umgehen, ich ruhe aus, sitze nicht im Sattel.

Gespräch mit dem Divisions-Artillerie-Kommandanten Maksimov, unsere Armee marschiert, um sich zu bereichern, das ist keine Revolution, sondern ein Aufstand der wilden Kosakenanarchie.

Das ist einfach ein Mittel, vor dem die Partei nicht zurückschreckt.

Zwei Odessiten – Manujlov und Boguslavskij, oper. Kriegskommissar der Luftwaffe, Paris, London, ein hübscher Jude, Schwadroneur, Artikel in einer europäischen Zeitschrift, Adjutant des Divisions-Stabskommandeurs, die Juden in der Reiterarmee, ich bringe sie zurück auf den Boden der Tatsachen. Im schmucken Soldatenrock, der Reichtum der Odessaer Bourgeoisie, bedrückende Nachrichten aus Odessa. Sie drücken ihnen die Kehle ab. Wie geht es Vater? Haben sie ihm etwa alles weggenommen? Ich muss an zu Hause denken.

Ich schnorre.

Apanasenko hat einen Brief an die polnischen Offiziere

geschrieben. Banditen, hört auf mit dem Krieg, ergebt euch, sonst machen wir euch alle nieder, Panie. Brief Apanasenkos an den Don, nach Stavropol, dort machen sie den Kämpfern Schwierigkeiten, Söhne der Revolution, wir sind Helden, wir sind unerschrocken, wir marschieren vorwärts.

Beschreibung der Ruhepause der Schwadron, das Quieken der Schweine, sie stehlen Hühner, die Agenten, Tuschs auf dem Dorfplatz. Sie waschen Wäsche, dreschen Hafer, reiten mit Garben, die Pferde, mit den Ohren wackelnd, kauen Hafer. Das Pferd ist das ein und alles. Namen: Stepan, Miša, Brüderchen, Alte. Das Pferd ist der Retter, das spürt man jeden Augenblick, auch wenn man es unmenschlich verprügeln kann. Um mein Pferd kümmert sich niemand. Man kümmert sich kaum.

22.8.20. Adamy.
Manujlov – Adjutant des Div.-Stabskom. – hat Bauchschmerzen. Natürlich. Hat bei Muravjov gedient, in der Čeka, irgendwas mit Militärgericht, ist Bourgeois, Frauen, Paris, die Fliegerei, irgendein Ehrenhändel und er ist Kommunist. Der Sekretär Boguslavskij – schweigt erschrocken und isst.

Ein ruhiger Tag. Der Marsch geht weiter nach Norden.

Ich lebe mit Šeko zusammen. Kann nichts tun. Bin müde, zerschlagen. Ich schlafe und esse. Wie wir essen. Das System. Die Kapteure, Fourageleute, rücken nichts raus. Ankunft der Rotarmisten in einem Dorf, sie durchstöbern alles, kochen, die ganze Nacht lang prasseln die Öfen, die Bauerntöchter leiden, das Quieken der Schweine, zum Kriegskommissar kommen sie mit den Quittungen. Die armen Galizier.

Eine Epopöe – wie wir essen. Und essen gut – Schweine, Hühner, Gänse.

»Dummschwätzer«, »Milchbärte« sind die, die nicht mitmachen.

23.–24.8.20. Witków.
Weiterfahrt nach Witków auf einem Fuhrwerk. Ein kleinstädtisches Fuhrunternehmen, unglückliche Kleinstädter, man schüttelt sie zwei-drei Wochen durch, lässt sie laufen, gibt ihnen einen Passierschein, andere Soldaten schnappen sie sich, schütteln sie wieder durch. Ein Zufall – in unserer Gegenwart kam ein kleiner Junge aus dem Tross nach Hause. Nacht. Die Freude der Mutter.

Wir marschieren in den Abschnitt Krasnystaw–Lublin. Haben die Armee eingeholt, die 4 Werst vor Lemberg gestanden hatte. Die Kavallerie hat es noch nicht schaffen können.

Die Straße nach Witków. Sonne. Die Straßen Galiziens, die endlosen Trosskolonnen, Fabrikpferde, das zerstörte Galizien, die Juden in den Städtchen, irgendwo ein heilgebliebenes Gehöft, ein tschechisches, nehmen wir an, Sturmangriff auf die unreifen Äpfel, auf die Bienenstöcke.

Über die Bienenstöcke ein andermal ausführlich.

Unterwegs, auf dem Wagen, denke ich nach, trauere um die Geschicke der Revolution.

Das Städtchen ist besonders, nach der Zerstörung nach einheitlichem Plan wieder aufgebaut, weiße Häuschen, hohe Holzdächer, Sehnsucht.

Wir leben mit dem Adjutanten des Div.-Stabskommandeurs, Manujlov hat von Stabsarbeit keine Ahnung. Quälereien mit den Pferden, niemand gibt ihm eins, wir fahren mit dem Wagen des Fuhrunternehmers, Boguslavskij hat fliederfarbene Unterhosen, in Odessa ein Erfolg bei den Mädchen.

Die Soldaten bitten um eine Theatervorstellung. Man gibt ihnen – »Der Offiziersbursche hat ihm eins ausgewischt«.

Die Nacht des Div.-Stabskommandeurs – wo ist das 33. Regiment, wohin ist die 2. Brigade gezogen, Telefon, Armeebefehl an Brigadekommandeur 1, 2, 3! Die diensthabenden Meldereiter. Zusammensetzung der Schwadronen, die Schwadronskommandeure – Matusevič und der ehemalige Kommandeur Vorobjev, ein unveränderlich fröhlicher und, wie es scheint, dummer Mensch.

Die Nacht des Div.-Stabskommandeurs – Sie werden zum Divisionskommandeur gebeten.

25.8.20. Sokal.
Endlich eine Stadt. Wir fahren durch das Städtchen Tartaków, Juden, Ruinen, Reinlichkeit jüdischen Typs, Rasse, kleine Lädchen.

Ich bin immer noch krank, komme nicht wieder auf die Beine nach den Kämpfen vor Lemberg. Was für eine stickige Luft in diesen Städtchen. In Sokal hatte Infanterie gestanden, die Stadt ist unversehrt, der Div.-Stabskommandeur bei den Juden. Bücher, ich habe Bücher gesehen. Ich bei einer Galizierin, einer reichen noch dazu, wir essen gut, Huhn in Sahne.

Ich reite ins Stadtzentrum, es ist sauber, schöne Gebäude, alles vom Krieg besudelt, Reste von Sauberkeit und eigener Art.

Das Revolutionskomitee. Requirierungen und Beschlagnahmungen. Interessant: die Bauern lässt man völlig ungeschoren. Alle Ländereien stehen ihnen zur Verfügung. Die Bauernschaft steht abseits.

Die Verlautbarungen des Revolutionskomitees.

Der Sohn meines Hausherrn ist Zionist und *ein ausgesprochener Nationalist.* Normales jüdisches Leben. Es zieht sie nach Wien, nach Berlin, der Neffe, ein junger Mann, befasst sich mit Philosophie und will an die Universität. Wir essen Butter und Schokolade. Bonbons.

Manujlov hat Schwierigkeiten mit dem Div.-Stabskommandeur. Šeko schickt ihn zum ...

Ich habe meinen Stolz, ihm geben sie kein Quartier, kein Pferd, da hast du die Reiterarmee, das ist kein Erholungsheim. Die Bücher – *polnische, Juden.*

Abends – der Divisionskommandeur in neuer Jacke, wohlgenährt, in verschiedenfarbigen Hosen, rot und stumpfsinnig, zerstreut sich – Musik in der Nacht, der Regen treibt sie auseinander. Es regnet, ein quälender galizischer Regen, es schüttet und schüttet, endlos, hoffnungslos.

Was machen unsere Soldaten in der Stadt? Dunkle Gerüchte. Boguslavskij hat Manujlov verraten. Boguslavskij ist eine Sklavenseele.

26.8.20. Sokal.
Stadtbesichtigung mit dem jungen Zionisten. Die Synagogen – die chassidische, ein erschütternder Anblick, 300 Jahre alt, blasse hübsche Knaben mit Pejes, die Synagoge, die 200 Jahre alt ist, dieselben kleinen Gestalten in Kapotes, bewegen sich, fuchteln mit den Armen, heulen. Das ist die Partei der Orthodoxen – sie stehen hinter dem Rabbiner von Belz, dem berühmten Rabbiner von Belz, der sich nach Wien abgesetzt hat. Die Gemäßigten stehen hinter dem Rabbiner von Husiatyn. Ihre Synagoge. Die Schönheit des Altars, angefertigt von irgendeinem Handwerker, herrliche grünliche Leuchter, wurmstichige Tischchen, die Synagoge von Belz ist eine Vision des Altertums. Die Juden bitten darauf hinzuwirken, dass man sie nicht ausplündert, sammeln Essen und Waren.

Der Jude versteckt alles. Der Schuster, der Schuster von

Sokal, ein Proletarier. Die Gestalt des Gesellen, rothaariger Chassid – ist Schuster.

Der Schuster hat auf die Sowjetmacht gewartet – und zu sehen bekommt er Judenfresser und Plünderer, und es wird nichts zu verdienen geben, er ist erschüttert und schaut argwöhnisch drein. Umrechnungsschwierigkeiten mit dem Geld. Im Grunde genommen bezahlen wir nichts, 15–20 Rubel. Das jüdische Viertel. Unbeschreibliche Armut, Schmutz, die Abgeschlossenheit des Ghettos.

Die kleinen Lädchen, sämtlich geöffnet, Kreide und Harz, die Soldaten wühlen, schimpfen auf die Saujuden, schlendern ziellos umher, gehen in die Quartiere, kriechen unter die Ladentische, gierige Augen, zittrige Hände, eine ungewöhnliche Armee.

Die organisierte Plünderung des Schreibwarenladens, der Besitzer in Tränen, sie reißen alles auseinander, irgendwelche Forderungen, die Tochter mit westeuropäischer Erziehung, aber armselig und rot, gibt es ihnen, bekommt irgendwelches Geld und will mit ihrer kaufmännischen Höflichkeit beweisen, dass alles zugeht, wie es zuzugehen hat, nur sind zu viele Kunden da. Die Besitzerin kann sich vor Verzweiflung auf nichts einen Reim machen.

In der Nacht werden sie die Stadt plündern – das ist allen klar.

Abends Musik – der Divisionskommandeur amüsiert sich. Am Morgen hat er Briefe an den Don und nach Stavropol geschrieben. Der Front ist es unerträglich, Unverschämtheiten des Hinterlands zu dulden. Er sagts ihnen!

Die Arschkriecher des Div.-Kommandeurs führen ihre stattlichen Pferde, aufgeputzt an Brust und Schweif, durch die Stadt spazieren.

Kriegskommissar und Krankenschwester. Er ist Russe –

ein schlaues Bäuerlein, grob, manchmal unverschämt und verworren. Hat von der Schwester eine hohe Meinung, zupft mich am Ärmel, fragt mich aus, er ist verliebt.

Die Schwester geht sich vom Divisionskommandeur verabschieden, nach allem, was gewesen ist. Mit ihr haben alle geschlafen. Der Flegel Suslov im Nebenzimmer – der Div.-Kommandeur hat zu tun, er reinigt seinen Revolver.

Ich bekomme Stiefel und Wäsche. Suchorukov hat welche bekommen, hat sie selber verteilt, er ist der Ober-Arschkriecher, beschreiben.

Unterhaltung mit dem Neffen, der an die Universität will.

Sokal – das sind Makler und Handwerker, der Kommunismus, sagt man mir, wird hier kaum heimisch werden.

Was für zerrissene, gequälte Menschen.

Unglückliches Galizien, unglückliche Juden.

Mein Hausherr hat 8 Tauben.

Manujlov hat einen heftigen Konflikt mit Šeko, er hat viele Sünden auf dem Kerbholz. Ein Abenteurer aus Kiew. Kam degradiert zu uns, war Stabskommandeur der 3. Brigade.

Lepin. Eine finstere, schreckliche Seele.

Die Krankenschwester – 26 und 1.

27.8.20.
Kämpfe bei Żniatyn, Dłużniow. Wir ziehen nach Nord-Westen. Den halben Tag beim Tross. Marschrichtung ist Laszczów, Komarów. Am Morgen sind wir aus Sokal abgerückt. Ein normaler Tag – mit den Schwadronen, dem Divisionskommandeur irren wir durch Wälder, über Brachland, die Brigadekommandeure kommen, Sonne, 5 Stunden bin ich nicht aus dem Sattel gestiegen, Brigaden ziehen vorüber. Panik im Tross. Ich lasse den Tross an einem Waldrand zu-

rück, reite zum Divisionskommandeur. Die Schwadronen auf einem Berg. Meldungen an den Armeekommandanten, Geschützfeuer, keine Flugzeuge, wir wechseln ständig von einem Ort an den anderen, ein normaler Tag. Gegen Abend bleierne Müdigkeit, wir übernachten in Wasyłów. Unseren Zielort – Laszczów haben wir nicht erreicht.

In Wasyłów oder in der Nähe steht die 2. Division, Verwirrung, Bachturov – eine ganz kleine Division, er ist ein bisschen verwelkt, die 4. Division führt siegreiche Kämpfe.

28.8.20. Komarów.
Von Wasyłów 10 Minuten nach den Schwadronen losgeritten. Ich reite mit drei Reitern. Erdhaufen, Brachland, zerstörte Landwirtschaft, irgendwo im Grün die roten Kolonnen, Pflaumen. Eine Schießerei, wir wissen nicht, wo der Gegner steht, rings um uns niemand, Maschinengewehre hämmern ganz nah und aus verschiedenen Richtungen, das Herz krampft sich zusammen, so suchen jeden Tag vereinzelte Reiter die Stäbe, überbringen Meldungen. Gegen Mittag habe ich ihn gefunden in einem ausgestorbenen Dorf, wo sich alle Einwohner in Löchern versteckt haben, unter Bäumen, die mit Pflaumen vollhängen. Ich reite mit der Schwadron. Wir reiten mit dem Divisionskommandeur, rote Mütze, in Komarów ein. Noch im Bau befindlich eine großartige rote katholische Kirche. Bevor wir Komarów erreichen, nach der Schießerei – war ich allein geritten – Stille, es ist warm, ein klarer Tag, eine merkwürdige durchsichtige Ruhe, die Seele tut weh, einsam, niemand geht einem auf die Nerven, Felder, Wälder, gewellte Täler, schattige Straßen.

Wir stehen gegenüber der Kirche.

Ankunft von Vorošilov und Budjonnyj. Vorošilov liest in Gegenwart aller die Leviten, Mangel an Energie, er erhitzt sich, ein hitziger Mensch, die Unruhe der ganzen Armee, reitet und schreit, Budjonnyj schweigt, lächelt, seine weißen Zähne. Apanasenko verteidigt sich, wir gehen in eine Wohnung, warum schreit er, wir lassen den Gegner immer wieder aus, verlieren die Fühlung, ohne Fühlung kein Schlag.

Ist Apanasenko untauglich?

Der Apotheker, der mir ein Zimmer anbietet. Gerüchte über Greueltaten. Ich gehe ins Städtchen. Unaussprechliche Angst und Verzweiflung.

Man erzählt mir. Heimlich in einer Hütte, sie haben Angst, dass die Polen wiederkommen könnten. Hier waren gestern die Kosaken von Jessaul Jakovlev. Ein Pogrom. Die Familie von David Zis, in den Wohnungen, ein nackter, kaum noch atmender, alter Mann, der Prophet, die erschlagene alte Frau, ein Kind mit abgehackten Fingern, viele atmen noch, der stinkende Blutgeruch, alles umgestürzt, Chaos, die Mutter über dem erschlagenen Sohn, eine alte Frau, zusammengerollt wie ein Kringel, 4 Menschen in einer Hütte, Schmutz, Blut unter dem schwarzen Bart, so liegen sie in ihrem Blut. Die Juden auf dem Platz, ein leidgeprüfter Jude, der mir alles zeigt, ein hochgewachsener Jude tritt an seine Stelle. Der Rabbi hat sich versteckt, bei ihm ist alles demoliert, bis zum Abend hat er seine Höhle nicht verlassen. 15 Menschen sind ermordet – Husid Jitzka Galer – 70 Jahre, David Zis – Diener in der Synagoge – 45 Jahre, Frau und Tochter – 15 Jahre, David Trost, seine Frau – der Metzger.

Bei einer Vergewaltigten.

Abends – bei meinen Wirtsleuten, städtisches Haus, Samstagabend, sie wollten nicht kochen, bevor der Samstag nicht vorüber wäre.

Ich suche nach den Krankenschwestern, Suslov lacht. Eine jüdische Ärztin.

Wir sind in einem merkwürdigen alten Haus, in dem es einmal alles gegeben hat – Butter, Milch.

Nachts – Rundgang durchs Städtchen.

Mondschein, hinter den Türen, ihr Leben nachts. Geheul hinter den Mauern. Sie werden aufräumen. Angst und Schrecken unter der Bevölkerung. Vor allem – unsere gehen, gleichgültig, und plündern, wo sie nur können, reißen den Ermordeten die Sachen vom Leib.

Der Hass ist einhellig, die Kosaken sind genauso, die Grausamkeit ist dieselbe, verschiedene Armeen, was für ein Unsinn. Das Leben der Städtchen. Es gibt keine Rettung. Alle richten sie zugrunde, die Polen haben keine Geborgenheit gebracht. Alle Mädchen und Frauen können kaum gehen. Eines Abends – ein gefälliger Jude mit Bärtchen, hatte einen Laden, seine Tochter stürzte sich vor dem Kosaken aus dem ersten Stockwerk, brach sich die Arme, solche gibt es viele.

Welch ein mächtiges und schönes Leben der Nation hier einmal war. Das Schicksal des Judentums. Abends bei uns, Abendessen, Tee, ich sitze und trinke die Worte des Juden mit dem Bärtchen, der wehmütig fragt – ob man wieder wird Handel treiben können.

Bedrückende unruhige Nacht.

29.8.20. Komarów, Łabunie, Pniowek.
Abrücken aus Komarów. Nachts haben unsere geplündert, in der Synagoge die Thora-Rollen herausgerissen und die Samtsäckchen für ihre Sättel gestohlen. Der Meldereiter des Kriegskommissars betrachtet die T'filin, will die Riemen einstecken. Die Juden lächeln liebedienerisch. Das ist – Religion.

Alle schauen voller Gier auf das, was noch da ist, stochern

in Knochen und Ruinen herum. Sie sind gekommen, um sich zu bereichern.

Mein Pferd lahmt, ich nehme das Pferd des Divisions-Stabskommandeurs, will tauschen, ich bin zu weich, Gespräch mit dem Soltyk, es kommt nichts heraus.

Łabunie. Eine Schnapsfabrik. 8 Tausend Vedro Sprit. Unter Bewachung. Ein durchdringender, unaufhörlicher Regen. Herbst, alles geht auf den Herbst zu. Die polnische Familie des Verwalters. Die Pferde unter Dach, die Rotarmisten trinken, trotz Verbot. Łabunie ist eine drohende Gefahr für die Armee.

Alles ist geheimnisvoll und schlicht. Die Leute schweigen und man scheint nichts zu bemerken. Oh, russischer Mensch. Alles atmet Geheimnis und Bedrohung. Sidorenko, der sich wieder beruhigt hat.

Operation in Richtung Zamość. Wir stehen 10 Werst vor Zamość. Dort werde ich mich nach R. Ju. erkundigen.

Die Operation ist wie immer unkompliziert, im Westen Umgehung und Angriff aus dem Norden. Besorgniserregende Nachrichten von der Westfront. Die Polen haben Białystok zurückerobert.

Wir reiten weiter. Das geplünderte Herrengut Kułaczkowski bei Łabuńki. Weiße Säulen. Bezaubernde, wenn auch herrschaftliche Einrichtung. Unvorstellbare Zerstörung. Das wahre Polen – Verwalter, alte Frauen, hellblonde Kinder, reiche, halbeuropäische Dörfer mit Soltyk, Vojt, alle Katholiken, schöne Frauen. Auf dem Gut stehlen sie Hafer. Die Pferde im Salon, Rappen. Tja – wir müssen sie vor dem Regen schützen. Wertvollste Bücher in einer Truhe, die sie keine Zeit hatten mitzunehmen – die Verfassung, Anfang des XVIII. Jahrhunderts vom Sejm bestätigt, alte Folianten aus der Zeit Nikolaus I., eine polnische Gesetzessammlung, wertvolle Einbände, polnische Handschriften aus dem XVI. Jahrhundert, Aufzeichnungen von Mönchen, alte französische Romane.

Oben ist nichts zerstört, aber durchsucht worden, alle Stühle, Wände, Sofas aufgeschlitzt, der Fußboden aufgerissen, man hat nicht zerstört, sondern gesucht. Feines Kristall, das Schlafzimmer, Eichenbetten, die Puderdose, französische Romane auf kleinen Tischchen, viele französische und polnische Bücher über Kinderhygiene, Gegenstände des weiblichen Intimbedarfs zerschlagen, Butterreste in einer Butterdose, Jungverheiratete?

Vergangenes Leben, Gymnastikgeräte, gute Bücher, Tische, Glasflaschen mit Arzneien – alles ist frevlerisch verheert. Ein unerträgliches Gefühl, weglaufen von den Vandalen, sie dagegen gehen herum, suchen, ihren Gang vermitteln, die Gesichter, die Flüche – Saukerl, Gottesmutter, Heilsmutter, durch abgrundtiefen Morast schleifen sie garbenweise den Hafer weg.

Wir nähern uns Zamość. Ein schrecklicher Tag. Der Regen ist der Sieger, er lässt keinen Augenblick nach. Die Pferde schaffen es kaum, die Hufe aus dem Schlamm zu ziehen. Diesen unerträglichen Regen beschreiben. Wir quälen uns ab bis in die tiefe Nacht. Sind nass bis auf die Haut, müde, die rote Kapuze Apanasenkos. Wir umgehen Zamość, die Einheiten stehen 3–4 Werst davor. Die Panzerzüge lassen uns nicht weiter vor, belegen uns mit Artilleriefeuer. Wir sitzen auf den Feldern, warten auf Meldungen, trübe Bäche strömen dahin. Brigadekommandeur Kniga in einer Hütte, Meldung. Ein väterlicher Kommandeur. Gegen die Panzerzüge richten wir nichts aus. Wie sich herausstellt, wussten wir nicht, dass hier die Eisenbahn verläuft, auf der Karte war sie nicht verzeichnet, pure Konfusion, das ist unsere Aufklärung.

Wir warten und warten, dass Zamość genommen wird. Zum Teufel, die Polen schlagen sich immer besser. Menschen und Pferde zittern. Wir übernachten in Pniowek. Eine polnische [1 unleserlich: einträchtige] Bauernfamilie. Der Unterschied zwischen Russen und Polen ist schlagend. Die Polen leben sauberer, fröhlicher, spielen mit den Kindern, schöne Ikonen, schöne Frauen.

30.8.20.
Morgens rücken wir aus Pniowek ab. Die Operation gegen Zamość wird fortgesetzt. Das Wetter nach wie vor furchtbar, Regen, Morast, die Straßen unbefahrbar, fast nicht geschlafen, auf dem Boden, auf Stroh, in Stiefeln, immer in Bereitschaft.

Wieder die Warterei. Ich reite mit Šeko zur 3. Brigade. Er mit dem Revolver in der Hand geht zum Angriff auf die Bahnstation Zawady vor. Sitze mit Lepin im Wald. Lepin krümmt sich. Kampf um die Bahnstation. Šeko mit todesmutigem Gesicht. Ein »Schnellfeuer« beschreiben. Die Bahnstation ist genommen. Wir reiten den Bahnkörper entlang. 10 Gefangene, einen können wir nicht mehr retten. Wunde aus einem Revolver? Ein Offizier. Blut läuft ihm aus dem Mund. Dickes rotes Blut in Klumpen, strömt ihm über das Gesicht, es ist schrecklich, rot, mit einer dicken Blutschicht bedeckt. Die Gefangenen sind alle entkleidet. Ein Schwadronskommandeur hat ein Paar Hosen über den Sattel geworfen. Šeko zwingt ihn, sie wieder herzugeben. Wollen die Gefangenen anziehen, sie ziehen nichts an. Eine Offiziersmütze. »Es waren ihrer neun.« Um sie herum – schmutzige Wörter. Sie wollen sie umbringen. Der kahlköpfige hinkende Jude in Unterhosen, der mit dem Pferd nicht Schritt hält, ein schreckliches Gesicht, sicher ein Offizier, fällt allen auf die Nerven, er kann nicht laufen, sie alle in Todesangst, arme, unglückliche Menschen, polnische Proletarier, ein anderer Pole – stattlich, ruhig, mit kleinen Koteletten, in Strickjacke, hält sich würdevoll, alle fragen sich – ist er nicht ein Offizier. Sie wollen sie niedermachen. Über dem Juden braut sich ein Gewitter zusammen. Der wütende Putilov-Arbeiter, man muss sie alle niedermachen das Pack, der Jude hüpft hinter uns her, wir schleppen die Gefangenen die ganze Zeit mit, dann übergeben wir sie der Verantwortung der Begleitsoldaten. Was wird aus ihnen werden. Die Wut des Putilov-Arbeiters, Schaum vor dem Mund, den Säbel, ich mache das Pack nieder und werde mich nicht dafür verantworten.

Wir reiten zum Divisionskommandeur, er ist bei der 1. und 2. Brigade. Die ganze Zeit stehen wir in Sichtweite von Zamość, sehen seine Schornsteine, Häuser, versuchen von allen Seiten es zu nehmen. Ein Nachtangriff wird vorbereitet. Wir stehen 3 Werst vor Zamość, warten auf die Einnahme der Stadt, werden dort übernachten. Feld, Nacht, Regen, durchdringende Kälte, wir liegen auf der nassen Erde, den Pferden nichts zu geben, es ist dunkel, Meldereiter kommen geritten. Den Angriff führen werden die 1. und 3. Brigade. Wie üblich kommen Kniga und Levda, Kommandeur der 3. Brigade, Ukrainer, halber Analphabet. Müdigkeit, Apathie, unausrottbar der Wunsch zu schlafen, beinahe Verzweiflung. In der Dunkelheit rückt eine Kette vor, eine ganze Brigade zu Fuß. Neben uns – ein Geschütz. Eine Stunde später – die Infanterie. Unser Geschütz feuert ununterbrochen, ein weiches platzendes Knallen, Lichter in der Nacht, die Polen lassen Raketen steigen, heftiges Feuer, Gewehr- und MG-Feuer, die Hölle, wir warten, 3 Uhr nachts. Die Schlacht verebbt. Nichts ist herausgekommen. Immer häufiger und häufiger kommt bei uns nichts heraus. Was ist los. Gibt die Armee sich auf?

Wir reiten ins Nachtlager etwa 10 Werst nach Sitaniec. Der Regen wird stärker. Unsägliche Müdigkeit. Nur ein Traum – das Quartier. Der Traum geht in Erfüllung. Ein alter zerstreuter Pole mit seiner Alten. Die Soldaten nehmen ihn natürlich auseinander. Außerordentlicher Schreck, alle haben in den Kellern gesessen. Viel Milch, Butter, Nudeln, ein Schwelgen. Ich hole mir jedesmal etwas anderes zu essen. Das leidgeprüfte gute alte Mütterchen. Zerlassene Butter, ein Genuss. Plötzlich Beschuss, Kugeln pfeifen um die Pferdeställe, den Pferden um die Beine. Wir machen uns aus dem Staub. Verzweiflung. Wir reiten ans andere Dorfende. Drei Stunden Schlaf, unterbrochen von Meldungen, Nachforschungen, Alarm.

31.8.20. Cześniki.
Beratung mit den Brigadekommandeuren. Ein Vorwerk. Schattige Waldwiese. Die Zerstörung total. Nicht einmal Sachen sind übriggeblieben. Den Hafer holen wir uns bis zum letzten Rest. Der Obstgarten, Bienenstöcke, die Zerstörung des Bienenhauses, schrecklich, die Bienen summen verzweifelt, sie sprengen mit Pulver, hüllen sich in Mäntel und gehen zum Angriff auf die Bienenstöcke vor, ein Bacchanal, sie ziehen die Rahmen mit den Säbeln heraus, der Honig tropft auf die Erde, die Bienen stechen, sie räuchern sie mit teergetränkten, brennenden Lappen aus. Čerkašin. In dem Bienenstock Chaos und totale Zerstörung, die Trümmer rauchen.

Ich schreibe im Garten, eine Waldwiese, Blumen, es tut mir weh um das alles.

Armeebefehl, Zamość aufzugeben, der 14. Division zu

Hilfe zu kommen, die von Komarów aus bedrängt wird. Die Polen haben das Städtchen zurückerobert. Unglückliches Komarów. Ritt an die Flanken und zu den Brigaden. Vor uns die feindliche Kavallerie – freies Feld, wen niedermachen, wenn nicht sie, die Kosaken des Jessaul Jakovlev. Eine Attacke steht bevor. Die Brigaden sammeln sich im Wald – 2 Werst vor Cześniki.

Vorošilov und Budjonnyj sind die ganze Zeit bei uns. Vorošilov, klein, graumeliert, in roten Hosen mit Silberlampassen, drängt dauernd zur Eile, ist nervös, treibt Apanasenko an, warum rückt die 2. Brigade nicht nach. Wir warten auf das Nachrücken der 2. Brigade. Die Zeit zieht sich quälend in die Länge. Drängen Sie mich nicht, Genosse Vorošilov. Vorošilov – es ist alles i. A.

Budjonnyj schweigt, lächelt manchmal, zeigt seine blendend weißen Zähne. Zuerst muss die Brigade vorrücken, dann das Regiment. Vorošilov reißt die Geduld, er wirft alle in die Attacke, die zur Hand sind. Das Regiment zieht an Vorošilov und Budjonnyj vorüber. Vorošilov hat einen riesigen Revolver gezückt, keine Gnade den polnischen Panie, der Ruf wird freudig aufgenommen. Das Regiment fliegt ungeordnet nach vorn, Hurra, gib ihm, der eine im Galopp, der zweite verhalten, der dritte reitet Trab, die Pferde gehen nicht, Kopfputz und Teppiche. Unsere Schwadron geht in die Attacke. Wir galoppieren etwa vier Werst. Sie erwarten uns in Kolonnen auf einem Hügel. Ein Wunder – niemand hat sich vom Fleck gerührt. Haltung, Disziplin. Ein Offizier mit schwarzem Bart. Ich unter Kugeln. Meine Wahrnehmungen. Die Flucht. Die Kriegskommissare kehren um. Nichts hilft. Zum Glück setzen sie nicht nach, sonst hätte es eine Katastrophe gegeben. Sie versuchen, die Brigade für eine zweite Attacke zu sammeln, daraus wird nichts. Manujlov bedrohen sie mit Nagantrevolvern. Heldinnen sind die Schwestern.

Wir reiten zurück. Šekos Pferd ist verletzt, er hat einen Streifschuss, sein schreckliches versteinertes Gesicht. Er begreift nichts von allem, weint, wir führen sein Pferd. Das verliert Blut.

Erzählung der Schwester – es gibt Schwestern, die nur auf Sympathie aus sind, wir helfen dem Kämpfer, gehn mit ihm durch dick und dünn, auf solche würde ich schießen, aber schießen womit, Sch…kerle, nicht mal das haben wir.

Der Kommandeursstab ist niedergeschlagen, bedrohliche Anzeichen der Zersetzung der Armee. Der fröhliche, dümmliche Vorobjev, erzählt von seinen Heldentaten, ist herbeigesprengt, 4 Schüsse aus nächster Nähe. Apanasenko dreht sich unvermittelt zu ihm um, du hast die Attacke abgebrochen, Scheißkerl.

Apanasenko düster, Šeko bemitleidenswert.

Gespräche, dass die Armee nicht mehr sei, was sie war, es sei Zeit für Urlaub. Was weiter. Wir übernachten in Cześniki – durchgefroren, müde, wir schweigen, tiefer, schmatzender Morast, Herbst, die Straßen zerstört, Trauer. Vor uns – düstere Perspektiven.

1.9.20. Terebin.
Wir rücken nachts aus Cześniki ab. Zwei Stunden gestanden. Nacht, Kälte, auf den Pferden. Wir zittern. Armeebefehl – Rückzug, wir sind eingekreist, haben die Verbindung zur 12. Armee verloren, Verbindung zu niemandem mehr. Šeko weint, er wackelt mit dem Kopf, das Gesicht eines beleidigten Kindes, erbärmlich, zerschlagen. Die Leute sind Flegel. Vinokurov hat ihn den Armeebefehl nicht lesen lassen – er ist nicht im Dienst. Apanasenko überlässt ihm wi-

derwillig die Kutsche, ich bin doch nicht der Kutscher von denen.

Unendliche Gespräche über die gestrige Attacke, Geschwätz und Lügen, ehrliches Mitleid, die Kämpfer schweigen. Vorobjev der Dummkopf, tönt. Ihn hat der Divisionskommandeur heruntergeputzt.

Der Anfang vom Ende der 1. Reiterarmee. Gerüchte über den Rückzug.

Šeko – ein Mensch im Unglück.

Manujlov hat 40 Fieber, ihn hassen alle, er beobachtet Šeko, warum? Er hat kein Benehmen. Der schlaue, schmeichlerische, nicht auf den Kopf gefallene Meldereiter Borisov, niemand hat Mitleid mit ihm – das ist das Schreckliche. Jude?

Gerettet wird die Armee durch die 4. Division. Und der Verräter ist – Timošenko.

Wir kommen nach Terebin, ein halbzerstörtes Dorf, Kälte. Herbst, ich schlafe tagsüber auf der Tenne, nachts mit Šeko.

Gespräch mit Arzam Sljagit. Mein Nachbar zu Pferde. Wir sprechen über Tiflis, das Obst, die Sonne. Ich denke an Odessa, es zerreißt mir die Seele.

Wir schleppen Šekos blutendes Pferd mit uns.

2.9.20. Terebin – Metelin.
Armselige Dörfer. Nicht fertiggebaute Hütten. Halbnackte Bevölkerung. Wir ruinieren sie endgültig. Der Divisionskommandeur bei der Truppe. Armeebefehl – den Gegner aufzuhalten, der auf den Bug vorrückt, angreifen in Richtung Wakijów – Hostyne. Wir stoßen vor, erzielen aber keine Erfolge. Die Gerüchte über die Schwächung der Kampfkraft der Armee werden immer lauter. Desertion. Massenhaft Rapporte über Beurlaubungen, Krankheiten.

Hauptkrankheit der Division ist das Fehlen der Kommandeursebene, alle Kommandeure kommen aus den Reihen der Kämpfer, Apanasenko hasst die Demokraten, denen fällt doch nichts ein, niemand, der ein Regiment in die Attacke führen könnte.

Schwadronskommandeure befehligen Regimenter.

Tage der Apathie, Šeko kommt wieder zu sich, ist deprimiert. Schweres Leben in der Atmosphäre einer Armee, die einen Riss bekommen hat.

3., 4., 5.9.20. Malice.
Wir sind vorgerückt nach Malice.

Neuer Adjutant des Divisions-Stabskommandeurs – Orlov. Eine Gogolfigur. Pathologischer Aufschneider, Schwätzer, plappert ohne Unterlass, jüdisches Gesicht, vor allem – die schreckliche, wenn man sich hineindenkt, Leichtigkeit der Rede, des Geplappers, des Lügens, Schmerzen (er hinkt), Partisan, Machno-Kämpfer, Realschule abgeschlossen, ein Regiment befehligt. Diese Leichtigkeit macht mir Angst, was ist dort drinnen bei ihm?

Manujlov ist endlich, wenn auch mit Skandal, geflohen, es gab Drohungen ihn zu verhaften, welch Unsinnigkeit von Šeko, man hatte ihn zur 1. Brigade versetzt, Idiotie, der Armeestab versetzte ihn zur Luftwaffe. Amen.

Ich lebe mit Šeko. Er ist dumpf, gutherzig, wenn man ihn an der richtigen Stelle packt, unbegabt, ohne festen Willen. Ich krieche, also esse ich. Der schmachtende Halbodessit Boguslavskij, der von den Odessaer »Mädchen« träumt, nein, nein, und reitet nachts einen Armeebefehl abholen. Boguslavskij im Kosakensattel.

Der 1. Zug der 1. Schwadron. Kuban-Kosaken. Sie singen. Würdevoll. Lächeln. Krakeelen nicht.

Levda meldet sich krank. Der schlaue Ukrainer. »Ich habe Rheumatismus, bin außerstande zu arbeiten.« Drei solcher Meldungen aus den Brigaden, sie haben sich abgesprochen: wenn sie uns nicht auf Urlaub schicken – geht die Division vor die Hunde, kein Kampfgeist, die Pferde bleiben stehen, die Leute apathisch, die 3. Brigade zwei Tage auf dem Acker, Kälte, Regen.

Ein trübsinniges Land, unwegsamer Morast, die Bauern nicht da, verstecken die Pferde in den Wäldern, die leise weinenden Weiber.

Meldung von Kniga – da ich mich außerstande sehe, eine Brigade ohne Kommandostab zu führen …

Alle Pferde sind in den Wäldern, die Rotarmisten tauschen, eine Wissenschaft, ein Sport.

Barsukov verfällt. Will auf die Hochschule.

Weitere Kämpfe. Unsere versuchen, Wakijów – Honiatyczki anzugreifen. Es kommt nichts dabei heraus. Eine seltsame Kraftlosigkeit.

Der Pole drängt uns langsam, aber sicher hinaus. Der Divisionskommandeur ist untauglich, weder Initiative noch die gebotene Ausdauer. Sein verschwitzter Ehrgeiz, seine Schürzenjägerei, seine Fresssucht, und wahrscheinlich fieberhafte Aktivität, wenn es nötig werden sollte.

Die Lebensweise.

Kniga schreibt – der ehemalige Kampfgeist sei nicht mehr vorhanden, die Kämpfer gehen mit schlaffem Schritt.

Die ganze Zeit ein Wetter, das schwermütig macht, die Straßen zerstört, ein schrecklicher russischer Morast, man bekommt den Stiefel kaum heraus, keine Sonne, Regen, es ist trübe, ein verfluchtes Land.

Ich bin krank, Angina, Fieber, kann mich kaum bewegen, schreckliche Nächte in verräucherten stickigen Katen auf

Stroh, der ganze Körper zerschlagen, zerbissen, es juckt, blutig, ich kann nichts tun.

Die Operationen verlaufen schlaff, Phase des Gleichgewichts mit ersten Vorteilen aufseiten des Polen.

Die Kommandeursebene ist passiv, ja es gibt sie nicht mehr.

Ich laufe zur Schwester, Verbandsmaterial holen, muss durch die Gemüsegärten, unwegsamer Morast. Die Schwester wohnt bei einem Zug. Eine Heldin, auch wenn sie mit vielen schläft. Eine Hütte, man raucht, flucht, wechselt die Fußlappen, Soldatenleben, noch ein Mensch ist – die Schwester. Wer sich ekelt, aus einem Glas zu trinken – wird rausgeworfen.

Der Gegner greift an. Wir haben Lotów genommen, geben es wieder preis, er drängt uns ab, keiner unserer Angriffe glückt, wir ziehen den Tross ab, ich fahre nach Terebin auf Barsukovs Fuhrwerk, weiterhin – Regen, Morast, Schwermut, wir überqueren den Bug, fahren durch Budiaticze. Es ist also beschlossen, die Bug-Linie aufzugeben.

6.9.20. Budiaticze.
Budiaticze ist besetzt von der 44. Division. Zusammenstöße. Sie sind überrascht von einer wilden Horde, die sich auf sie stürzt. Orlov – gib ihm, verzieh dich.

Die stolze Krankenschwester, etwas stumpf, die schöne Schwester weint, der Arzt empört, dass die Leute schreien – schlagt den Juden, rettet Russland. Sie sind platt, den Versorgungschef haben sie mit der Hetzpeitsche verprügelt, sie werfen das Lazarett raus, requirieren und schleppen Schweine weg ohne jeden Beleg, bei ihnen dagegen herrscht Ordnung, alle möglichen Bevollmächtigten kommen mit Beschwerden zu Šeko. Das sind eben Budjonnyj-Kämpfer.

Die stolze Schwester, so eine haben wir nie gesehen – in

weißen Stiefeln und Strümpfen, ein schlankes volles Bein, sie haben Organisation, Achtung vor der Menschenwürde, schnelle, sorgfältige Arbeit.

Wir wohnen bei Juden.

Der Gedanke an zu Hause immer drängender. Kein Ausweg in Sicht.

7.9.20. Budiaticze.

Wir belegen zwei Zimmer. Die Küche voller Juden. Darunter Flüchtlinge aus Kryłów, ein erbärmliches Grüppchen von Menschen mit Gesichtern von Propheten. Sie schlafen in einer Reihe auf Feldbetten. Kochen und backen den ganzen Tag, eine Jüdin arbeitet wie eine Zuchthäuslerin, näht, wäscht. Sie beten auch hier. Kinder, Fräuleins. Flegel – die Arschkriecher fressen ununterbrochen, trinken Wodka, lachen, werden fett, japsen vor Begierde nach einer Frau.

Wir essen alle zwei Stunden.

Eine Einheit wird hinter den Bug verlegt, neue Phase der Kriegshandlung.

Jetzt sind es schon zwei Wochen, dass immer hartnäckiger und hartnäckiger darüber gesprochen wird, dass man die Armee in Urlaub schicken müsse. In Urlaub – das ist der Kriegsruf!

Eine Delegation frisst sich voll – zu Gast beim Divisionskommandeur – sie essen immer, seine Geschichten aus Stavropol, Suslov wird fett, gib dem Flegel den kleinen Finger.

Entsetzliche Taktlosigkeit – zum Orden des Roten Banners vorgeschlagen sind Šeko, Suslov, Suchorukov.

Der Gegner versucht, auf unsere Seite des Bug vorzudringen, die 14. Division, aus dem Sattel gesprungen, hat ihn abgewiesen.

Ich schreibe Bescheinigungen.

Bin auf einem Ohr taub. Folgen der Erkältung? Der ganze Körper zerkratzt, alles blutig, mir ist unwohl. Herbst, Regen, es ist trüb, der dicke Morast.

8.9.20. Vladimir-Volynsk.
Morgens auf dem Wagen des Fuhrunternehmens zum administrativen Stab. Attest, Schererei mit dem Geld. Widerlichkeit halb im Hinterland – Gusev, Naljotov, das Geld beim Revolutionstribunal. Essen bei Gorbunov.

Mit denselben Mähren nach Vladimir. Schwere Fahrt, unwegsamer Morast, die Straßen unbefahrbar. Wir kommen nachts an. Gemähre mit dem Quartier, kaltes Zimmer bei einer Witwe. Juden – Ladenbesitzer. Papaša und Mamaša – alte Leute.

Hast du Kummer, Großmutter? Ihr schwarzbärtiger, sanfter Mann. Eine rothaarige schwangere Jüdin wäscht die Füße. Das kleine Mädchen hat Durchfall. Enge, aber elektrisches Licht, es ist warm.

Abendessen – Mehlklöße mit Sonnenblumenöl – eine Herrlichkeit. Da ist sie, die jüdische Dickfelligkeit. Sie denken, ich verstünde kein Jiddisch, sie sind listig, wie die Fliegen. Die Stadt ist bettelarm.

Schlafe mit Borodin im Federbett.

9.9.20. Vladimir Volynskij.
Die Stadt ist bettelarm, schmutzig, hungrig, für Geld ist nichts zu kaufen, Bonbons für 20 Rubel und Papyrosy. Traurigkeit. Der Armeestab. Es ist trübsinnig.

Der Gewerkschaftsrat, junge jüdische Leute. Meine Wanderung zu Volkswirtschaftsräten, Gewerkschaftskommissionen, es ist traurig, Soldaten fordern, werden unverschämt. Schwächliche junge Juden.

Üppiges Mittagessen – Fleisch, Kaša. Die einzige Freude ist das Essen.

Der neue Stabs-Kriegskommissar – ein Affengesicht.

Meine Wirtsleute wollen meinen Schal eintauschen. Ich gebe ihn nicht her.

Mein Kutscher – barfuß, mit verschwommenen Augen. O ja, altes Russland.

Die Synagoge. Ich bete, kahle Wände, irgendein Soldat klaut die Glühbirnen.

Badehaus. Sei verflucht, Soldatenleben, Krieg, diese Ansammlung junger, abgequälter, verwilderter, noch gesunder Menschen.

Das Innenleben meiner Wirtsleute, irgendwelche Geschäfte werden abgewickelt, morgen ist Freitag, sie bereiten sich schon darauf vor, die gutherzige alte Frau, der alte Mann mit seinem schlauen Gesicht, sie stellen sich nur arm. Sagen – besser unter den Bolschewiken hungern, als Brötchen essen unter den Polen.

10.9.20. Kovel.
Einen halben Tag auf dem zerschossenen, trübseligen, schrecklichen Bahnhof in Vladimir Volynskij. Sehnsucht. Ein schwarzbärtiger Jude arbeitet. In Kovel kommen wir nachts an. Unverhoffte Freude – der Zug der Polit. Aufklärung der Armee. Abendessen bei Zdanevič, Butter. Ich übernachte in der Rundfunkstation. Blendendes Licht. Wunder über Wunder. Die Chelemskaja hat ein Verhältnis. Die Lymphdrüsen. Volodja. Sie hat sich nackt ausgezogen. Meine Prophezeiung hat sich erfüllt.

11.9.20. Kovel.
Die Stadt bewahrt Spuren europäisch-jüdischer Kultur. Sowjetisches [Geld] nimmt niemand, ein Glas Kaffee ohne Zucker – 50 Rubel, schauderhafter Fraß auf dem Bahnhof – 600 Rubel.

Sonne, ich suche mehrere Ärzte auf, lasse mein Ohr behandeln, Krätze.

Zu Gast bei Jakovlev, stille Häuschen, Wiesen, jüdische Sträßchen, ein stilles Leben, kernig, junge jüdische Mädchen, Jünglinge, die Alten vor der Synagoge, womöglich Perücken, die Sowjetmacht hat, so scheint es, die Oberfläche nicht getrübt, diese Viertel jenseits der Brücke.

Im Zug ist es dreckig, herrscht Hunger. Alle sind abgemagert, verlaust, vergilbt, alle hassen einander, sitzen eingeschlossen in ihren Abteilen, sogar der Koch ist abgemagert. Eine auffällige Veränderung. Sie leben in einem Käfig. Die Chelemskaja dreckig, kocht selbst, ihr Kontakt zur Küche, sie verpflegt Volodja, jüdische Ehefrau »aus gutem Hause«.

Den ganzen Tag auf der Suche nach Essbarem.

Der Abschnitt untersteht der 12. Armee. Luxuriöse Institutionen – Clubs, Grammofone, selbstbewusste Rotarmisten, es ist lustig, das Leben brodelt, die Zeitungen der 12. Armee, Armeeverwaltungs-Rosta, der Armeekommandant Kuzmin schreibt Artikel, nach außen steht es um die Arbeit der Politabteilung bestens.

Das Leben der Juden, die Mengen auf der Straße, die Hauptstraße heißt Lucker Straße, ich gehe mit zerschlagenen Beinen, trinke unbeschreiblich viel Tee und Kaffee. Ein Eis – 500 R. Ziemliche Frechheit. Samstag, alle Lädchen sind geschlossen. Die Arznei – 5 R.

Übernachte in der Rundfunkstation. Blendendes Licht,

die Radiotelegrafisten führen kluge Reden, einer versucht Mandoline zu spielen. Beide lesen ohne aufzusehen.

12.9.20. Kivercy.
Morgens – Panik auf dem Bahnhof. Artilleriebeschuss. Die Polen in der Stadt. Unvorstellbar erbärmliche Flucht, Trossfahrzeuge in fünf Reihen, die armselige, verdreckte, erstickende Infanterie, Höhlenmenschen, sie flüchten über die Wiesen, werfen die Gewehre weg, Meldereiter Borodin sieht schon die Polen, wie sie alles niedermachen. Der Zug setzt sich schnell in Bewegung, Soldaten, Tross, alles flieht, Verwundete mit entstellten Gesichtern springen auf, zu uns in den Waggon, der Politarbeiter, dem die Hosen runtergerutscht sind, atemlos, ein Jude mit feinem durchgeistigten Gesicht, vielleicht ein schlauer Jude, Deserteure mit gebrochenen Armen springen auf, Kranke aus dem fliegenden Lazarett.

Die Institution, die sich 12. Armee nennt. Auf einen Kämpfer kommen – 4 Mann nichtkämpfende Truppe, 2 Damen, 2 Truhen mit Sachen, und auch dieser einzige Kämpfer kämpft nicht. Die Zwölfte Armee ruiniert die Front und die Reiterarmee, öffnet unsere Flanken, zwingt uns, alle Löcher mit uns selbst zuzustopfen. Bei ihnen hat sich ein Regiment aus dem Ural oder eine Brigade Baschkiren gefangennehmen lassen, haben die Front aufgerissen. Eine schmähliche Panik, die Armee kampfunfähig. Die Soldatentypen. Der russische Infanterist der Roten Armee – barfuß, nicht nur nicht modernisiert, sondern ganz das »arme Russland«, Pilger, aufgedunsene, verlauste, kleinwüchsige hungrige Bauern.

In Goloby werden alle Kranken und Verwundeten rausgesetzt, auch die Deserteure. Gerüchte, dann Tatsachen: dem Gegner in die Hände gefallen die in die Sackgasse Vladimir

Volynskij geschickte Versorgung der 1. Reiterarmee, unser Stab ist verlegt nach Luck, bei der 12. Armee eine Masse Gefangener, Verluste an Gerät, die Armee ist auf der Flucht.

Abends kommen wir nach Kivercy.

Bedrückendes Leben im Waggon. Die Radiotelegrafisten versuchen dauernd mich rauszuekeln, der eine hat nach wie vor einen zerrütteten Magen, spielt Mandoline, der andere führt kluge Reden, weil er ein Dummkopf ist.

Das Waggonleben, schmutzig, bösartig, verhungert, feindselig untereinander, ungesund. Rauchende und fressende Moskauerinnen, ohne Aussehen, viele jämmerliche Menschen, hustende Moskauer, alle wollen essen, sind bösartig, alle haben zerrüttete Mägen.

13.9.20. Kivercy.
Klarer Morgen, Wald. Das jüdische Neujahr. Hunger. Ich gehe ins Städtchen. Kleine Jungen mit weißen Krägen. Jisas Chakl bewirtet mich mit Brot und Butter. Sie verdient alles »selbst«, ein Dragonerweib, Seidenkleid, im Hause ist aufgeräumt. Ich bin zu Tränen gerührt, hier hat nur die Sprache geholfen, wir unterhalten uns lange, ihr Mann ist in Amerika, eine vernünftige und unhektische Jüdin.

Langer Halt auf dem Bahnhof. Sehnsucht wie zuvor. Wir holen uns Bücher im Club, lesen ohne aufzusehen.

14.9.20. Klevan.
Wir stehen 24 Stunden in Klevan, ständig auf dem Bahnhof. Hunger, Sehnsucht. Rovno nimmt uns nicht auf. Der Eisenbahnarbeiter. Wir backen bei ihm Fladen, Kartoffeln. Der Bahnwärter. Sie essen zu Mittag, sagen freundliche Worte, uns geben sie nichts ab. Ich mit Borodin, sein leichtfüßiger Gang. Den ganzen Tag versuchen wir, etwas Essbares aufzu-

treiben, von einer Bahnwärterin zur nächsten. Übernachtung in der Rundfunkstation bei blendendem Licht.

15.9.20. Klevan.
Es beginnt der dritte Tag unseres qualvollen Stehens in Klevan, dieselbe Suche nach Essbarem, morgens reichlich Tee getrunken mit Fladen. Abends fahre ich nach Rovno, auf einer Fliegerlafette der 1. Reiterarmee. Gespräch über unsere Fliegerei, die es nicht mehr gibt, alle Geräte sind kaputt, die Flieger können nicht fliegen, die Maschinen sind alt, geflickt, taugen zu nichts mehr. Ein Rotarmist mit Angina – das ist ein Typ. Kann kaum sprechen, im Hals ist wahrscheinlich alles verstopft, entzündet, steckt den Finger in den Hals, um sich in der Kehle zu kratzen, man hat ihm gesagt, Salz würde helfen, er schüttet sich Salz in den Hals, hat vier Tage lang nichts gegessen, trinkt kaltes Wasser, weil ihm niemand warmes gibt. Spricht stammelnd über den Angriff, über den Kommandeur, darüber, dass alle barfuß sind, die einen gehen, die anderen gehen nicht, lockt mit dem Finger.
   Abendessen bei der Gasnikova.

BRIEFENTWURF

13. August 1920, Adressat unbekannt
Als Schlagzeile müsste ich heute schreiben: Waldrand, nordwestlich ist Starye Majdany. Hier im Wald zusammen mit den Stabsschwadronen steht der Stab der Division vom frühen Morgen an ... Tagelang fahren wir von einer Brigade zur anderen, beobachten die Kämpfe, schreiben Berichte, übernachten bei [1 unleserlich] in den Wäldern, gehen in Deckung vor den Flugzeugen, die Bomben auf uns werfen. Über uns ein bezaubernder Himmel, milde Sonne, ringsum atmet die Kiefer, schnauben Hunderte von Steppenpferden, hier könnte man leben, doch all unsere Gedanken sind aufs Morden ausgerichtet. Meine Worte haben dumm geklungen, aber der Krieg ist, wirklich, manchmal schön, aber auf alle Fälle schädlich.

Ich habe hier zwei Wochen der Verzweiflung erlebt, die kam von der furchtbaren Grausamkeit, die hier keinen Augenblick lang aussetzt, und davon, dass ich begriffen habe, wie untauglich ich für das Werk der Zerstörung bin, wie schwer es mir fällt, mich vom Alten loszureißen, vom [1 unleserlich], von dem, was vielleicht schlecht war, für mich aber nach Poesie gerochen hat, wie der Bienenstock nach Honig, gehe ich jetzt weg, was soll sein – die einen werden die Revolution machen, und ich werde, werde das besingen, was sich abseits befindet, das, was tiefer sitzt, ich habe gespürt, dass ich das können werde, dafür wird Zeit sein und auch Raum. [Unleserlich] bin ich aufgewacht, in der Brust brausten hundert Pferdestärken, ich denke wieder an meine Idee und ein zwei Teufel, d. h. zwei Bomben, die eine halbe Stunde zuvor in hundert Schritt Entfernung von uns explodiert sind, können mich daran nicht hindern.

Ich schreibe Dir oft – ohne Antwort, ich lebe in großer Unruhe, man sagt, irgendwo irrten Briefe und Telegramme an mich umher, – also, ein Elend; welche Blutsverwandschaft ...

SKIZZEN UND ENTWÜRFE ZUR REITERARMEE

[1] Beljov – Boratin.
Vier Tage langer Marsch. Tagebuch. Einfache lange Erzählung. – Anfangen – wunderbar der Marsch? – ich habe gesehen, mir gemerkt – Marsch in den Wäldern mit dem Divisionskommandeur, Rast bei den Deutschen, dann beim Pfaffen. Der Feldgeistliche. K[onstantin]. K[arlovič]. Nachts im Stab ... Der Stab, ein Symbol ... Die Schlacht bei Smordva.
– Meine Krankheit. Die Nacht in Smordva. Rast in Žabokriki. – Griščuk. – Die Beratung in Kozin.

[2] Demidovka.
Anfang – Beschreibung der Familie, Analyse ihrer Gefühle und ihres Glaubens. – Wie bekomme ich das alles heraus? Ein allgemeines Phänomen. (Ihre) politische Weltanschauung. Ein Waisenkind im Haus. – II. Unsere Ankunft. Kartoffeln, Kaffee. Priščepas Streit mit dem Jüngling. Meine Erzählung über die Sowjetmacht. – Abend. Vor den Fenstern das Städtchen. Der 9. Ab. – Die Zerstörung Jerusalems. – Beschreibung des Mädchens aus Kremenec. Im Hause des *künftigen* Schwiegervaters. Am Morgen sie – zerstrubbelt, grau im Gesicht, verteidigt den Wagen, das Gespräch mit dem Kommissar, Priščepa umkreist und drückt sie, unsere Mädchen kochen Schweinefleisch, das aus Kremenec näht. – Externe in Demidovka. – Die Zahnärztin – der Stolz der Familie. Beschreibung der Familie – der Vater von altem Schrot und Korn, ein ehrwürdiger Jude, neue Sprösslinge, [...], horcht auf das Neue, stört nicht, die Mutter Vermittlerin, die Kinder gehen auseinander, leben, erfüllt von Tradition, die eine

ist bucklig, die andere stolz (die Zahnärztin), die dritte (verheir.) mollig, die sich der Familie und dem Haushalt gewidmet hat, die andere ist Geburtshelferin, hilft den Weibern, sie kann alt werden in Demidovka. – Jede Schwester einzeln beschreiben. (Drei Schwestern – von Čechov?). – Lyrische Einleitung. – In diese Familie, die noch nicht ganz auseinandergebrochen war, kamen ich und Priščepa. – Uns bedient die Bucklige, dann gegen Morgen lässt sich auch Dora Aronovna erweichen, wie schwer es fällt, den gebrochenen Stolz einer Frau anzusehen. Ein hübsches Mädchen, das einzige hübsche, deshalb ist es so schwierig zu heiraten – sie ist eine Mischung aus der Gesundheit des Städtchens, den jüdischen feuchten, sehr schwarzen Augen, der polnischen Verschlagenheit und die Warschauer Schühchen, sie haben diese ständig besorgten Eltern in einem einfachen fröhlichen Augenblick gezeugt, die anderen sind kompliziert, eitel – der einzige Sohn – 16 Jahre alt, das heißt sechs Jahre Krieg, nervös, ein Fantast, der Liebling der Mutter. – Die Klagelieder Jeremias. – Der Sohn liest, die Töchter liegen auf den Betten, in weißen Strümpfen. – Sie bedienen uns. – Über den 9. Ab. – aufbauen auf der Übereinstimmung des Gebets und dem, was nebenan geschieht. – Schüsse – Schloss. Maschinengewehrschützen aus den Stellungen, die Kosakenmeute feiert. – Dora Aronovna – wir haben Feiertag – wird blass vor Stolz. – Priščepa – wir vergießen unser Blut. – Ich lenke alle mit einer Erzählung ab – am längsten widersteht Dora Aronovna. –

I. Beschreibung der Familie. II. Kartoffeln, der Skandal, wir essen, Priščepa mit von Zärtlichkeit verschleierten Augen. – Sie sind bemitleidenswert. Wir sprechen über die Polen, Dora Aronovna träumt von Westeuropa, sie war in Kiew in Zirkeln, ich erzähle Märchen, – Priščepa und der Gymnasiast. – Der Abend. Trübes Wetter. Das Städtchen unsäglich traurig, der krumme Schwiegervater, die MG-Schützen kommen, Pr[iščepa]. macht dem Mädchen den Hof, wir werden rammeln, der Gymnasiast geht in die Synagoge. – III. Der 9. Ab. – Die Klagelieder Jeremias. Die Nacht auf dem Hof. Der Morgen. Die MG-Schützen rücken ab, der Wagen, das Mädchen aus Kremenec. Der Stolz Dora Aronovnas ist gebrochen. – Was wird am 9. Ab. gelesen?

Einfach. Kurz. Beschreibung des feuchten Abends. – Beschreibung des Städtchens. Schrecken in der Synagoge. – Priščepas Liebeswerben.

[3] Demidovka 1.
Kurz. – Der nackt ausgezogene Priščepa. – Das blutüberströmte Schwein. – Barsukov. – Die Synagoge. – Vergewaltigung. – Die Küche.

Ich fahre mit Priščepa, Priščepas Erzählung, jüdisches Städtchen, ich horche auf (mein Vater in der Brodskij-Synagoge, auf dem Chor, von Kaufleuten umgeben. Die Frauen weinen). Der Vater taub. – Ein majestätischer Alter. Die beunruhigte Würde tauber Menschen.

Der Streit Priščepas mit dem Gymnasiasten oder mit Ida Aronovna. –

Kapitel: Priščepa. – Die Alte, Gebet, Schwein. – Ida Aronovna. Die Vergewaltigung. – Die Synagoge. –

Form?

[4] Demid[ovka]2.
Zentrum – die Synagoge, der Schrei in der Nacht, das Innere der Synagoge, grünliche Kronleuchter, weiße Unterkleider, bucklige alte Männer. –

Beg[inn]. Beschreibung der Schwestern, die in verschiedenen Ecken liegen, die Schöne, Seidenstrümpfe, das herabhängende Bein, ich schaue sie an wie angeschmiedet, ihr weiches Becken. – Zahnärztin, stolz, Russi[scher]. Reichtum, glaubt meine Lügenmärchen nicht, als Belohnung fürs Abendessen, nicht existente Delegation. Pantoffeln aus Wien in diesem Zimmer ists wie eine Durchfahrtsstraße. – Priščepa und die Schöne. – Sie ist erschöpft, schmutzig, das weibliche Feuer erblüht, der taube Vater. – Wir werden vögeln, sie ist einverstanden, er wartet, weich auftretend mit seinen Kosakensohlen. Der nackte Priščepa. – Ich sehe sie danach als Frau, Priščepa schläft im Sessel, die Beine gespreizt, Kopf, Sporen hängen herab. – Ich gehe in die Synagoge – die Frau, die eben erst einen nackten Mann gesehen hat, so ekelhaft und unabweisbar nackt. Und er küsste sie gierig, lange, der Sohn Israels ist in mir erwacht, ich beneide ihn. –

Die Synagoge, Nacht, das Schtetl, Haussuchung, der lange Kosak, der stehend ein Stück Papier fängt. –

Die Synagoge ein Lehmbau, helles Licht, wie angenehm. – Alle auf dem Boden, die Füße in weißen Socken, wie Stümpfe. – Der Schrei. – Ich kehre um. Begegne. Maschinengewehrschützen. Gefühl des Hasses weicht der Trauer um den Menschen. – Barsukov das Schwein. Jeremia. Die Bucklige. – Requirierung des Wagens, die Vergewaltigung. – Griščuk? –

Beginn der Erzählung – Nacht am Fenster, das Schtetl, Regen, Durchsuchungen, die Nacht brodelt vom wortlosen Morden. – Schluss – Griščuk fahr nach Hause, wir schlafen in gegenseitiger Umarmung. –

Beginn: Mein Herz blutet. Wird Priščepa dieses Mädchen haben. Mein Gebet. – Das Gebet schreiben. –

[5] Demid[ovka] 3.
Beginn. – Beschreibung des Schtetls – die Synagoge – Lombertische. – Ich komme. – Wir gehen schlafen. Priščepas Streit mit dem Gymnasiasten. Das Brodeln des wortlosen Mordens. – Sie sitzen in einer Reihe – rauchen. –

Zeit des Geschehens – Verlauf von zwei Stunden. I – Misslungene Vergewaltigung. II – In der Synagoge. Das Schtetl. – III – Ich begegne Maschinengewehrschützen, Küche, Griščuk, Regen. – Griščuk will nicht fliehen.

Schlanke Gestalt Priščepas – in der Etappe haben sie sich festgesetzt, die Schweine. – Gespräch über den Rev.-Kommissar. – Sie ist einverstanden. Die Nacht brodelt vom wortlosen Morden, die Juden in angespannten Posen, als wären [1 unleserlich]. –

Ein jüdisch-polnisch-ukrainisches Schtetl. – Das polnische Schloss des Grafen Ledóchowski. Der Haushofmeister? – Beginn – Über das Schloss. – Drum herum dieses alltägliche wolhynische Leben – jüdisch-polnisch …

Priščepa – Quartiermeister. –

Griščuk will nicht fliehen. Mein Kopf ist heiß – ich untergrabe meine Autorität als Vorgesetzter – er – sie werden mich schnappen, mir wird schwindlig, ich spreche hastig und leidenschaftlich. –

Beg[inn]. Morgen ist der 9. Ab. Das Schtetl brodelt vom wortlosen Morden. Kosaken und Juden. – Haussuchung. – Das Schloss des Grafen Ledóchowski. – Die Dunkelheit senkt sich mit ungestümer, furchterregender Geschwindigkeit. – Die Synagoge – meine Flucht. – Regen. – Die Maschinengewehrschützen kommen zurück. – Mitleid mit ihnen. – Wie viel Kraft muss man haben – um Beobachter zu sein in unseren Tagen. – An den Lombertischen. – Das Gebet. – Wir werden vögeln. – Barsukov. – Drei Zitate aus Jeremia. – Unter Begleitung des Gebets. – Misserfolg Priščepas, Morgengrauen, die Maschinengewehrschützen verlassen den Hof. Ich stürze zu Griščuk. – Flieh – er lehnt ab, – sein warmer schwerer Rücken, sein aufgeschwemmter Körper, der grenzenlos traurige Himmel über uns.

Die Erzählung ungestüm, schnell. – Nacht geht in Tag über – sie sind gleich. – Die Synagoge ist ein Pilz, erleuchtet, grüne Kronleuchter, die berühmten siebenarmigen Kerzenhalter, Kupfer, grünlich, Drachen, Schlangen – Vision des Altertums. – Struktur des Schtetls, vorn die Reichen, die Rabbiner, Beschreibung des Rabbiners mit den aufgestülpten Augenlidern, der Kantor, junge [Text bricht ab]

[6] Demidovka 4.
Leute, Schreiber der heiligen Bücher, Schmuggler – die Wasserträger, Hausierer, Bediensteten. – Struktur des Schtetls – seit Jahrhunderten. – Durchsuchung – der junge Kosak, steht gebieterisch, den Rumpf gereckt, Brust raus. –

Chassidische Synagoge – ein Lehmbau. –

Reihenfolge. Die Nacht brodelt … Durchsuchung … die Juden auf der Treppe. Morgengrauen – Synagoge. – Wir werden vögeln – Rose?

Gegen Morgen. Abrücken – Priščepas Streit mit dem Gymnasiasten.

I – Synagoge. – II – Priščepas Streit mit Gymnasiasten. – Die Rose auf dem Sofa. Der Taube. Auf dem Hof. – III – der 9. Ab. –

Kurze Kapitel. Der Rabbiner hat eine weiche Greisenhand.

[7] <I. Umzug zu dem Beinamputierten. Befehl Budjon[-nyjs]. K[onstantin] K[arlovič] und Bachturov. Erzählung von K[onstantin] K[arlovič].
II. Panik. – Der Divkom. – Meine Pferde. Nacht. Brody. – Radzivillov. – Chotin. Griščuk. – Sein Hunger. – Matjaš.
–
Überfall auf die Schwester. – Der Handschuh [unleserl.] Timošenkos.>
–

[8] Leszniów 29. 7. 20.
Die Widrigkeiten eines Kavallerie-Feldzuges. – Der Regen ist der Sieger, ein galizisches Städtchen durch das Netz des Regens. – Die Nacht bei Froim. – Unruhige Nacht. – Gowiński und Griščuk. – Die Chaussee nach Brody.
Einfach die Nacht beschreiben. Anfang: es wird eine unruhige Nacht. Der Zustand der Wartestellung und Müdigkeit.

[9] seines feinen und ungerührten Auflachens.
Grzymalowka, ein Weiler von zwanzig-dreißig Hütten, auf einer Anhöhe gelegen, von wo sich ein hervorragender Blick auf den Styr und die denkwürdige Flussquerung bei Szczurowice öffnet. An der Brücke lautloses und zermürbendes Getümmel. An einem <ihrer> Ufer stehen die Polen, an unserem operieren die abgesessenen Schwadronen von Kniga. Es ist still, von Zeit zu Zeit blitzt in kurzer Verzweiflung eine trockene Maschinengewehrsalve auf, man spürt die heuchlerische, unsichtbare Anwesenheit des Feindes im leichten grauen leeren Himmel.

[10] 3. August. Schlacht um Br[ody] 1. *Die Schlacht um Brody.*
– Meine Irrfahrt.

I. Die jüdische Schwester. Was bedeutet das? Schlafe auf dem Feld, den Steigbügel ans Bein gebunden. Möchte den Kutscher umbringen! – Das Wichtigste – über die Schwester. –

II. In Radzivillov. – Besuch von Konst. Karl. und Timošenko. Die Schlacht endete mit einem Wechsel auf Kommandeursebene.

III. *Ruhepause.* Neue Menschen. Die Nacht auf dem Feld. Pferde, ich an den Steigbügel gebunden. – Nacht, Mais, die Schwester. Morgengrauen. – Ohne Sujet.

Kapitel über Brody – in einzelnen Fragmenten – die Division verloren, was das bedeutet. –
Vasja Rybočkin.
Stil – »In Beljov«. – Kurze Kapitel, gesättigt mit Inhalt. –

Konkin. Treffe die Brigade in Wartestellung. Die Vorstellung beim Pfaffen. Was fehlt dir, Itzig? – Nachricht von dem Helden Vasja Rybočkin. – Befehl des Armeekommandanten. Der andere Rybočkin. – Spielt den Kosaken. – Dann zurück aus der Schlacht, goldene Uhr, Koffer, das Pferd. – Wenn ich nach Nižnij komme, oh, dann ist was los ... Die Krankenschwester zu Pferde. Ein Aas ... – Der Kommissar hat sich bereichert. – Das Foto als Clown. Gruß aus Nižnij. – Der weltberühmte Zauber-Clown und Parforcereiter, Ausländer. – Die Brigade entfernt sich.

[11] Schlacht um Brody.
Aufrufe Piłsudskis 2.
Gefallene, Niedergemachte, Sonne, Weizen, Soldbücher, Blätter aus dem Evangelium. – Aufruf Piłsudskis?

[12] Schlacht um Brody.
Keinerlei Erörterungen. – Sorgsame Wortwahl. – Konkin. – Sprichwörter: Wenn der liebe Gott nicht will, platzt nicht mal eine Blase. – Abraham, dem Barte nach, und in Taten Fluch und Schmach. – Voller Sünden, wie voll Kletten. – Auch Mücken stechen bis zum letzten Augenblick. – Eigene Decke ist mehr wert als ein fremder Kopf.

[13] Schlacht um Brody.
1. *Abrücken aus Bielawce.* Schlacht um Brody. – *Ich* lege Verbände an. – Beschreibung der Schlacht. – Koročajev. Tod des Verwundeten in meinen Armen. – Radzivillov. Ivan erschießt das Pferd, der Reiter flüchtet. – Auf der Brücke. – Schade um die Dickmilch.
2. Abfahrt aus Brody. Das unberührte Lokomobil. Sparsamkeit. Gehe meine Notdurft verrichten … eine Leiche. Strahlender Tag. Alles ist mit Leichen übersät, im Getreide kaum zu sehen. – Aufrufe Piłsudskis. – Feuergefecht, das Abschlachten geschieht wortlos. – Der Div.-Kommandeur. – Ich mache mich davon. Warum? Kann es nicht ertragen.
3. Irrfahrten. Zuerst geriet ich … [darübergeschrieben: Konkin]. Koniuszkowo. – Antisemiten. – Die Schwester.
4. Radzivillov.

[14] Schlacht um Brody.
1. Auf der Chaussee nach Radzivillov. Die Schlacht. In Radzivillov. Nacht. Die Überführung der Pferde ist das Wichtigste.
2. Nacht in Brody. Nebenan die Synagogen.
3. (Kurz) Abfahrt aus Brody. Die Leiche. Ein Feld, mit Leichen übersät. Aufrufe Piłsudskis. Die Schlacht. Kolesnikov und Grišin. Ich gehe weg. – Der verwundete Zugführer. Gesonderter Einschub. –
4. Konkin. Auf Irrfahrt. – Antisemiten. –
5. Die Schwester. Nacht. Verzweiflung. Morgengrauen. Episodenform – je eine halbe Seite.
Die Schlacht.
1. Die Verwundeten auf dem Maschinengewehrwagen. Heldenmut des Kosaken. Ich schieße. Tod des Verwundeten.
2. Nacht, Pferde werden überführt. –
3. Brody. Nebenan.
4. Abfahrt aus Brody. Die Leichen. Aufrufe Piłsudskis. Die Schlacht beginnt. Kolesnikov und Grišin. Beginn des Umherirrens.
[5. Ljovka.]
[6. Konkin.]
7. Die Schwester. –

[15] Schlacht um Brody. II.
Auf Ivans Maschinengewehrwagen. Verwundete. Ljovka? Brody oder Radzivillov. Dickmilch manque.
Schlacht bei Klekotów. Budjonnyj beim Stab. Habe meine Einheit verloren. – Irrfahrten mit der 4. Division. – Die Schwester. –
Ende der Schlacht. Der Div.-Nachtkommandeur mit

Suite. K[onstantin]. K[arlovič]. in Radzivillov. Kurze Kapitel? – Ljovka.

I. Auf Ivans Maschinengewehrwagen. Der Tod. – Die Verwundeten beschreiben. – Budjonnyj. Kolesnikov. Grišin. Irrfahrten. Ich rede nicht mit dem Juden. So fern von den Städten. – Unsere Helden sind furchtbare Menschen.

Beschreibung der Schlacht sofort – Staub, Sonne, Details, tableau einer Budjonnyj-Schlacht. – Einzelheiten – Mord an dem Offizier u. dgl. – Danach – auf unserem Wagen, Leichen. – Brody oder Radzivillov?

II. [Das Feld. In Erwartung eines Nachtlagers. Die Schwester. – Die Pferde ziehen die Menschen. –]

I. Abrücken aus Bielawce. Schlacht um Brody. Auf Ivans Maschinengewehrwagen.

II. Radzivillov.

III. Einfahrt nach Brody. Das Feld bei Klekotów. Sparsamkeit. Das Feld, mit Gefallenen übersät. Aufrufe Piłsudskis. – Begegnung mit dem Div.-Kommandeur. –

IV. Schlacht bei Klekotów. – Konkin. – Tod des polnischen Generals.

V. Irrfahrten mit der 4. Division. Nacht auf dem Feld. – Die Schwester ist Jüdin.

VI. In Radzivillov. K[onstantin]. K[arlovič]. Šeko.

[16] Dialoge. Schlacht um Brody.
Rastplätze. Heu. Tennen. Pferde. –
Sujets? –
Der schlaue Feldscher. – Ankunft im Nachtlager. Versorgung der Pferde. Wir schleppen den Bauern das Heu weg. –
Nacht. – Zwei Stunden ausgeruht. Auf die Pferde.
– *Schlacht um Brody.* – Das Zaumzeug geklaut.

[17] Brody.
Ich habe nie eine traurigere Stadt gesehen. – Die Ursprünge des Judentums, ein Stempel für das ganze Leben. Die Brodskij-Synagoge in Odessa, die Aristokratie. – Freitagabend. Die Stadt – schnell das Zentrum abgehen, zerstörte Stadtränder, eine jüdische Stadt. – Beschreibung der Synagogen ist das wichtigste.
I. Bei dem Galizier. Ein höflicher Tod. – II. Die Synagogen. – III. Die Nacht, nebenan. – Talmudisten. – Chassidismus mit ausgelaufenen Augenhöhlen. Vision des Altertums – für den Rabbi von Belz und für den von Husiatyn. Kronleuchter, alte Männer, Kinder, Talmudisten. – Ich habe viele Nächte erlebt, zitternd auf Korridoren, aber so eine nasse, langweilige, schmutzige Nacht habe ich noch nicht erlebt. – Sie ist Schwester, er aus der Intendantur. – Durch die Ritze. – Die Flüche der Frau. – Die Geschichte der Synagoge. – Mehr erfahren zur Geschichte von Brody. – Sie verstecken ein verdorrtes altes Männlein – den Rabbi von Belz. – ? – Ohne Vergleiche und historische Parallelen. – Einfach erzählen.

[18] Feuer in Laszków.
Die galizische Kultur. – Der Geistliche Szeptycki, Beschreibung der Ikonen, Ornate, das Weibsvolk, wie sie beerdigen, die Kirche. – Apanasenko beim Feuer, Ähnlichkeit mit Utočkin. – Die Kosaken wühlen. – Die ganze Nacht ist mein Zimmer beleuchtet. – Meine Wirtsleute in Laszków. – Vor dem Fenster Kuban-Kosaken. – Dabei auch – die Kapelle – die Schwester. Ein Antrag? Die Galizier löschen widerlich träge, sie können es nicht. – Die verbrannten Pferde, versengten Kühe. – Apathie der Galizier. – Apanasenko. –
Kurz. – Sofort – das Feuer, Apanasenko, die Galizier, Kosaken. – Menschentraube vor der Kirche, Gespräch mit dem

Geistlichen, der Graf von Szeptycki. – Metropolit Galiziens.

1 Seite. Miniatur.

[19] *Milatyn.*
Sofort die Beschreibung des Klosters. – Katholischer Priester. Beerdigung. Die Polin. – Koročajev. Erinnerung – Tage der Ruhe. Kauende Pferde, der Himmel schaut durch, wir liegen im Heu. – Dann – bei dem Juden. Koročajev benimmt sich wie ein Gutsbesitzer. – Der Jude hatte nichts von einem Revolutionär. – Der degradierte Divisionskommandeur. – Dann Koročajevs Star – Jude, Adjutant des Schwadronskommandeurs. – Kniga. – Hoch aufgeschossener unbeweglicher Mensch, schwerfällig, wie der Inspektor bei Korolenko, setzt sich aufs Sofa, schweigt, Wodka – stumme Szene – eine Gestalt hinter der Einfriedungsmauer, ein Basilianerkloster, Mönch in grauer Kutte, groß, breitschultrig, betet den Rosenkranz – ich stehe da – verzaubert – dann Lärm, Dröhnen der Trossfahrzeuge. – Ein Pole, im Sarg liegend. – Zwei Meldereiter – einer Borisov, geht auf leisen Sohlen über den Hof, den Kopf gesenkt, – der andere – Kirgise – Vergewaltigung – ihr Gesicht, vor Lust verzerrt, die Knie aufgestellt. – Morgens. – Die Leiche ist zerhauen – wird aufgeschnitten und wieder zusammengelesen. – Mir tut die Polin so leid – ich wäre gern elegant, galant. – Sie kehren aus der Schlacht zurück – die besondere Ruhe, gewohnte Haltung im Sattel, der Professionalismus! Gesondert: Milatyn, Koročajev – <Sie sitzen> Vergewalt[igung]. – Sitzen einander gegenüber – glotz[en] –

[20] Milatyn 2.
Die Dienstmagd – eine winzige dunkelbraune verwachsene Polin – eine Färse mit Zitzen, junge Mutter. – Der kühle Luxus des Zimmers. – Die leeren verschrumpelten Zitzen.
Reihenfolge. Der schwüle, staubige goldene Abend. –Trossfahrzeuge. – Gleich Beschreibung des Klosters. Der Pater und seine Nichte, die Wege im Kloster. – Er beerdigt heimlich ... Ich schlage mich bis zum Kloster durch. Die herrische Stimme des Priesters. (Nicht achten auf Fluss der Erzählung.) Der Ritus der Beerdigung. – Neuer Befehl, Ankunft der Kosaken, ich gehe. – Rückkehr der Kosaken aus der Schlacht sachlich. –
II. Kapitel – über Koročajev. –
Die Dienstmagd am Tor – die Hauptvertrauensperson.

[21] <Zadwórze. Einfach und kurz.
Anfang – übliche Situation einer Attacke. Der junge Kombrig vor Ananasenko[j]. Ich bring dich u[m]. Die Banditen zur verf Mutter ... Kniga reitet mit [unleserl.].

Betriebsamkeit – einen erschießen sie, den anderen erstechen sie. Diese sich krümmende, zuckende Erde. – Um Gnade bitten sie nicht. – Ich stech dich ab, der Pole biegt sich w[ie] bei der Gymnastik. –
II. Brief an Ševeljov?
Zadwórze>

[22] Zadwórze. 17.8.20.
In meinem Gedächtnis brennt dieser Tag, wie
   ein purpurroter Schild steigt die Flamme auf
   ass ohne Sinn und Kinderblut
   Wir müssen durch die eisernen
   <die Ebene.> Die Schlacht tobt

zur Attacke gegen die polnische Infante
Stab, steht im Gesträuch. <Sein>
fliegt im Wind. Der Vorgesetzte
zu einem jungen Kosaken. Der hört
aus seinem Mund <ausgeschlagenen in>
<der Schlacht.> Sein <Mund> die Lippen zerfetzt vom Bajo
Finger in die Luft. Die Karten bei
<Führe die Tru zum am Wald.
Reiß ihm, dem Banditen,
<dieses Schwein> zur verf Mutter
<Mittag. Gleißende Hitze>
Die Kavallerie reitet übers Feld.
Keine Angst. Die Pferde,
wirken spielzeughaft. Biegen
trampeln die lodernde Erd
in alle Richtungen als ob
mit der Hand und irgendwo hagelt es un
Das Regiment hängt über dem Wald
der Felder Hals über Kopf heraus
blaue und glänzende
Talsenke hacken die Reiter
<senko springt auf, Ist aufgesprungen>
<die festen Beine von Apanas>

[23] Schlacht um Lemberg.
Tageweise. Kurz. Dramatisch. – Aufnehmen – die polnische Luftwaffe. Milatyn – Zadwórze.

[24] Die polnische Luftwaffe. Schlacht um Lemberg.
Die Reiterarmee weicht zurück. Vor wem? Vor zwanzig Flugzeugen.

Das Geheimnis ist gelüftet, die Arznei gefunden. Moscher hatte recht. Flugzeuge wirken demoralisierend. – Die Verwundung Koročaevs. – Die Briefe des Majors Fount-Le-Roy an den Stab in New York. – Zum ersten Mal Begegnung mit westeuropäischer Technik. – Sie steigen morgens auf.

Die Schlacht um Lemberg. – Beschreiben den Kampf mit den Flugzeugen. – Danach Erörterung. – Die Schlacht. – Die Fliegerstaffel sitzt uns im Genick, verfolgt uns, wir werfen uns hin und her, wechseln von einer Stelle zur andern. Die Schlacht um Lemberg. – Den Tag beschreiben. – Erörterung nach der Erzählung. – Zwei Phasen des Krieges. – Unsere Siege, die Fruchtlosigkeit unserer Anstrengungen, aber als Misserfolg ist der Krieg nicht zu sehen.

[25] Sokal 1.
Auf dem Platz vor der Synagoge. Streiterei der Juden. Die Kosaken heben ein Grab aus. Trunovs Leichnam. Timošenko. Ein Flugzeug? – Die Juden flüchteten vor dem Flugzeug, da ging ich zu Timošenko. Ein Satz aus Melnikovs Brief – und ich verstehe die Leiden inmitten dieser Armee.

Reihenfolge: Juden. Flugzeug. Grab. Timošenko. Brief. Beerdigung Trunovs, der Ehrensalut.

Die Orthodoxen, der Rabbi von Belz. – Ich habe dich verloren, Saša. – Religiöse Schlägerei, man hätte meinen können, man sei im achtzehnten Jahrhundert, Gaon Ilija, Baal Schem, wenn nicht die Kosaken (Beschreibung) das Grab ausheben würden. – Der unierte Pope, Bein wie ein Krummholz. – Der unierte Pope, Flurschaden, Flurschaden, sage ich, es gibt wichtigere Dinge, gleich kommt das Flugzeug, ein Punkt in der Ferne, die Kosaken – da bleibt man besser im Haus.

Denkt an Melnikov, der weiße Hengst, Eingabe an die Armee. Er lässt grüßen und versichert euch seiner Liebe. Timošenko schreibt auf dem Sargdeckel, sein Feldbüchlein.

[26] Sokal 2.
Scheren Sie sich zu den Schweinen mit Ihrem Flurschaden, hier gibt es wichtigere Dinge. – Trunovs Körper mit den dazugelegten Beinen, blankgeputzte Stiefel. – Der Kopf auf dem Sattel, die Steigbügel um die Brust. –
– Ich habe dich verloren, Pava. –
Sehr einfach, *Schilderung der Fakten,* ohne überflüssige Beschreibungen. – Stillgestanden. Wir begraben Pavel Trunov. Kriegskommissar, sag dein Wort.
Und der Kriegskommissar hielt eine Rede über die Sowjetmacht, über die Verfassung der UdSSR und über die Blockade.
Vergangenheit.
Ich weiß noch, sagte Timošenko, gerade jetzt könnten wir ihn brauchen. – Wir begraben Pavel Trunov, den Helden der Welt. – Kriegskommissar, gedenke des Helden hier vor den Kämpfern.

[27] Trunovs Tod.
Auch ich würde an die Auferstehung Ilijas glauben, wenn da das Flugzeug nicht wäre, das näher kam usw. Es warf mit weichem Knallen Bomben ab, die Artilleriegespanne. –
Das Flugzeug, der Kosak aus dem Grab – melde, Genosse Divisionskommandeur, es ist nicht unmöglich, dass wir hier verbleiben. Klar – und ging, den Gefallenen herzurichten. Sattel, Steigbügel, Kapellen und Abordnungen der Regimenter. Wir begraben Trunov, den Helden der ganzen Welt, das Wort um das auszudrücken hat der Kriegskommissar. Ge-

nossen, – die kommunistische Partei ist eine eiserne Schar, die ungezählt ihr Blut in der ersten Reihe hingibt. Und wenn aus Eisen Blut fließt, dann ist das für euch, Genossen, kein Scherz, sondern geht um Sieg oder Tod. Sujet ist die Rede des Kriegskommissars.

[28] Łabunie.
Disziplin, R[ote]. Armee. – Alle sind betrunken. – Sie schweigen. – Kommen schweigend an. – Das Sujet – sie haben sich betrunken, aber wortlos, kommen schweigend ins Nachtlager, absolut schweigend. – Zu Beginn über die Bedingungen beim Militär. – Der betrunkene Ap[anasenko]. reitet der betrunkenen Schwadron voraus, verbergen es voreinander gegenseitig. – Der Verwalter stattlich, grau, ein stämmiger Pole mit großen Ohren, junge Ehefrau, bezaubernde Kinder. – Nationale Institution, solchen Paaren begegnet man oft und die Kinder kräftig, stattlich. –
II. Herrensitz der Kułaczkowski. – Ljovka ist durchgebrochen, aber wie Feuer im luftleeren Raum – erloschen. – Mir bringen sie Essen finster und [un]freundlich. – Apanasenko führen sie ein Pferd vor.

[29] Terebin.
Situation nach der Niederlage. Šeko und Vinokurov. – Manujlov ... Arzak ... Tiflis ...

[30] Budiaticze.
Begegnung mit der 44. Div. Der Arzt, die Schwester, schlag die Juden, rette Russland. Eine stolze Schwester, die gute Organisation der mediz. Versorgung, in der Brigade Ordnung. Orlov. Mach, dass du fortkommst ... Gleichzeitig – der elegante *Šeko*. – Der Streit mit Orlov. Die Schwester, wie ein

Gruß aus Russland, da ist was Neues geschehen, wenn solche Frauen zur Armee gehen. Eine neue Armee, eine echte. – Die Charakteristik Orlovs. Er wirft seine Sachen weg. – Sie packen ihre Sachen ein – Kultur – Thermosflasche, Plaid, Klappbetten.

[31] Vladimir Vol[ynskij]. –
Ich hocke in einer warmen Grube. Hitzigkeit der jüdischen Familie. Sitze, gehe nicht in die Stadt. Ich schlafe gegenüber einer schwangeren Frau. Borodins leichter Gang. –
    Das Schwitzbad. Ein fantastisches Schauspiel. Das erbärmliche, russische Schauspiel. – Hauptsache, – wie gut man sich fühlt in dieser verschwitzten heißen Grube. Nicht mal der Eigennutz ärgert, er ist freundschaftlich, sie freuen sich über ihren Profit, Freitag, Abend, sie sind mir dankbar. –
    Psychologische Anmerkung – die Russen haben den Tod, sie hier dagegen nicht. Man kann sich diese Gesichter nicht im Sarg vorstellen. – Nach diesem gespenstischen, trockenen, gnadenlosen Leben, mit einer so schlichten Güte und sinnlosen Wildheit – hier weichst du im heißen Dampf, sammelst Kräfte für die Unsterblichkeit. – Diese geheimnisvolle Glut der Familie. – Den Alten und die Alte beschreiben, eigennützig, arbeitsam, gierig nach Leben ohne zu erlöschen. – Ein erdrücktes Leben, aber lodernd, wie eine Flamme, – aus der Grube heraus. –
    Erörterung. Ereignisse einpassen: –

[32] <[D]emidovka, sei intel-
<[unleserl.]>
    dort, sei intelligent,
    ich bitte dich Ševeljov.>

[33] Begleiche die unwillentliche Sünde
von den Früchten des Talmuds.
    Ševeljov. Ich
nung. –
Wir reiten ein in Demido
simpel wie Gras und der graus Priščepa
Dreckskerl, analphabe
ativer Fleck, künfti
Syphilitiker und kein
roten Tscherkessenmantel
schneeweiß
hinter den Rücken. Die ganze
mir darüber, wie er
<im heimatlichen> durch die Staniza
um zu
Kuban kamen die Wei
seine Eltern waren
bei der Gegenaufklärung
von den Nachbarn.
kehrte zurück ins heimatli
otarmist, unter

[34] Handtücher. Er ging hinaus
oten Tscherkessenmantel mit schiefem
  ürtel, der Karren mit den Möbeln
Priščepa ging von
und blutige <Spur> Abdruck seiner Sohlen
<Weg.> In den Hütten wo
die Küken ihrer Mutter
Vater – er ließ zurück
die Schädel der kleinen Kinder,
aufgehängt über

besudelte Ikonen
Greise mit <Stir>nlocke
verfolgten seinen Weg
<niza schwieg>
die Kosaken schwärmten aus
und die Staniza schwieg
in ihr verwüst-
<die den Nachbarn abgenommenen Möbel>

[35] Griščuk.
Beljov. Griščuks Ohnmacht.

Zwei Russlands. Vor sechs Jahren weggegangen. Wiedergekommen – was er gesehen hat. – Monolog Griščuks. – Stil. –

[36] Gowiński.
Polnischer Deserteur. Wo gibt es so eine Armee noch einmal? Sie haben ihn aufgenommen und sofort zu mir als Kutscher. Er ist erschüttert, dann drischt er auf die Pferde ein und singt aus vollem Halse.

Rev.Kapitel – Afonka Bida. Man hat ihn geschnappt, wollte ihn töten, am wichtigsten – warum haben sie ihn nicht getötet? – dann hat man ihn vergessen, dann auf die Verpflegungsliste gesetzt. Sujet – wie Gowiński auf die Verpflegungsliste kam.

[37] Koročajev und der Jude.
Ein stolzer Jude. Man hat ihn zum Regimentskommandeur ernannt. Sich nicht zu erkennen geben – vor den Kosaken. Der Tod des Juden. –

[38] Lepin.
Aufruhr der Seele. Wollte zu den Letten. Seine Eingabe.

[39] Lebensbeschreibung Apanasenkos.
Unteroffizier. 4 Georgskreuze. Sohn eines Schweinehirten. – Hat das Dorf zusammengetrommelt. Auf eigene Gefahr und Risiko gehandelt. – Sich mit Budjonnyj vereinigt. – Der Feldzug nach Astrachan. –

Sendschreiben an die Polen, das so beginnt: Saukerle. Den Brief entwerfen.

[40] Ap[anasenko]. und Vinokurov.
Der Zwischenfall mit Jakovlev. – Kosaken zur Verbeugung. Vinokurov drückt seine Linie durch. – Tafelbild, der jugendliche Eifer Jakovlevs.

Der Inzident mit der Schwester. – Kniga und noch eine ganze Reihe – fühlen sich wie zu Hause. – Die Schwester kam für Timošenko. Das Haus des Geistlichen … Chef d. Registratur schießt … Apanasenko kommt sich entschuldigen … Vinokurov verstellt sich, klopft auf die Schulter … Entlarvung des Stellvertreters … Sie angeekelt, dann wie der Ausdruck der Frau sich verändert. Unter einer Ikone …

[41] Timošenko.
C'est superbe! – Dekorativer Divkom – Stellungswechsel, rote Schirmmütze, der weiße Hengst. – Ein ruhiger, genauer, reinrassiger Abenteurer. Kämpfer für das Leben. Die Pferde, die Arschkriecher. Das Automobil. Das Handwerk des Divkom – Beim Popen – Arschkriecher, Sklaven. – Der gute Div.-Stabschef. –

Biografie. – Stellungswechsel. – Tag des Divkom – Seine Arschkriecher. –

[42] Der Tag des Divisionskommandeurs. Versammlungstag. Einfach erzählen.
I. Der Franzose. II. Das plumpe Weib aus dem Volkswirtschaftskomm. III. Der Morgen des Div.-Kommandeurs. Im Stab. Die Arschkriecher des Div.-Kommandeurs.
–
Anfang – die Arschkriecher bringen die Pferde weg, ihr Essen, Gespräch mit den Kosaken, die geringschätzige Haltung gegenüber anderen. – Erzählung – Form.
Der Morgen des Divkom.

[43] Drei Kriegskommissare.
Abschied von Bachturov. Gubanov, Širjajev, Vinokurov ... Die Erzählung von Gubanov – ein hinkender zweiundzwanzigjähriger junger Kerl, Machthaber wider Willen, Schüler einer städtischen Lehranstalt, kleiner Kleinbürger, ich sehe, wie er an der Spitze des Regiments reitet ...
Širjajev und Kniga ... – Grišin ... Die neue Generation sind – Kleinbürger ... Grišin ist Donkosak ... Gubanov macht die Rasse kleiner, na, wer ist schon Apanasenko, ich gehe, ich bin es müde, seine Ordonnanzen, er spreizt sich, steigt langsam aufs Pferd. Grišin mit seinen roten Lippen ...
Über die neue Rasse der Kleinbürger. –

[44] Reihenfolge.
Ruhetag. Ich gehe am Hof vorbei, auf dem Bachturov lebt. Seine Frau. – Abschweifung – über die Frauen in der Reiterarmee – Gusevs Šurka, lässt Hengste dran, die erstochene Schwester – Schwestern, denen niemand Hafer drischt – der Hass. – »Russische Schönheit.« –
–
Erholung. – Die Kämpfer, Pferde, – Koročajev und der

Jude. – Šurka. – Al[eksej]. Vas[iljevič]. – Der Divkom am verhängten Fenster, das Erfolgsgeheimnis. – Hauptsache – die Kämpfer dreschen Hafer. – Kubankosaken an den Kesseln. – Die Wäsche im ganzen Dorf aufgehängt. – Das Pferd scharrt, dann schläft es im Heu. – Der Divkom ist den ganzen Tag bei sich zu Hause – dann in den Stab, dann auf dem weißen Hengst zu den Stellungen. – Inspektionen Laszków, Chotyn. – Die Kutsche mit aufragenden Deichseln. – Der offene Motor des Automobils. – Irrfahrten mit dem Tross – der Preis für die wenigen Tage gutsherrlicher Ruhe.

Erholung. – 1 Seite. – Bachturovs Ehefrau, der Morgen des Divkom, die Gestalt des Divkom, einige Zeilen.

Bachturovs Ehefrau.

Im Tross. Braungebrannte Kosakenfrau mit Glasperlen. – Steht regungslos, traurige Figur. – Auf der Rast – Familienleben, beide hochgewachsen, sitzen bei Tisch, sie kocht, Iv[an]. Ivanyč, Pferde, Offiziersburschen, Equipagen, er in roten Hosen und im Hemd. –

Beginn – über die Frauen in der Reiterarmee. – Heute hat Bachturov geheiratet. – Im Dorf – er wie ein Gutsherr – ich schau mir den Hof mal an. – Nachts – er kommt heraus, kratzt sich.

Sie schlank, im Umschlagtuch, lange Beine, der Haushalt. – Ehefrau oder Beischläferin. – Über die Frauen in der Reiterarmee. – Gusev und Šurka. – Er wird verachtet – ist feige, Kriegskommissar in der Etappe, diese dicke Saška, mit einem Schweinerüssel, isst in aller Seelenruhe, sie weiß, weshalb sie hier ist und versteht nicht warum sie noch alle möglichen anderen Pflichten versehen soll. Erzählung von der erstochenen Schwester. – Der Kutscher von Bachturovs Frau. – Sie hält sich abseits. – Beljov? – *Chotyn.*

[45] Die Schwester. Ap[anasenko]. Geschichte der russischen Frau. Die Geschichte, tageweise erzählen. – Die Moral. –

[46] Ankunft der Ehefrau.
15 Zeilen. – Wir sitzen beim Essen. – Ein gutes, unverhofftes Essen. – Die Ehefrau ist gekommen, und er ist ein Weiberheld und freier Kosak. – Schnallt den Gürtel um. Geht. Sie lacht höhnisch. – Warum bist du gekommen. Peinige mich nicht. Eine boshafte, blinde, hasardeurhafte und qualvolle Liebe. Er hat sie getötet. – Kommt zum Essen zurück. – Verhaftung. – Eine lange, alte Familiengeschichte, ein blindes Weib. – Habe sie getötet – werde mich verantworten. –

[47] Apanasenkos Sohn.
Über Minderjährige in der Armee. – Der Sohn des Atamans, sein Pferd, sein Reitstil, Ordonnanzen. Protektionismus. – Aleksandra Vas[iljevna] – bezaubernd.

Anfangen – ihre Erzählungen, die Geschichte mit Apanasenko ist dumm. Die Čeka und die Liebe. Wald, sie machen sie betrunken, – das Abendmahl. – Die Kosaken schauen zu. – Die Geschichte vom Weib. –

[48] Jenseits der Wand.
Brody. Hotel Odessa. Ich sitze und höre zu, wie sie kopul[ieren]. Erneute Kopulation. Er ist aus der Vers[orgungs]-Einheit, sie von einem Verpflegungspunkt. Ihre Unterhaltung. – Sie hat eine heisere Stimme. – Flauschwäsche aus Kaserne. – Sind schmutzig. – Dialog? – Sie flucht wie ein Kutscher, trinkt Wodka, beide in Männerkleidern, ich denke, es sind beides Männer. – Sie – die Brüder, diese Scheiß ...

Beginn – wie langweilig, wie peinigend und lange Russen kopulieren. – Darüber könnte man einen ganzen Traktat schreiben. – Als Halbwüchsiger habe ich auf Korridoren gestanden, gelauscht, Kichern, Frauen finden Wörter, die einem die Seele im Leibe herumdrehn, und heute ... Schildkröten drei Jahre, so auch diese hier ... Die soziale Seite dieser Kopul[ationen] ... Sie erzählt von Scherereien in Büros, in den Kanzleien, sie schlafen in fauligem Stroh ... Er – und wieder starrt mich das Totengesicht an. – Widerwärtige Kopul[ation] ... Sie sind aus der Versorgungsorganisation – diese Nachfolger der Intendanturen – ihre soziale Struktur. –

Sie raucht angewidert eine Selbstgedrehte. – Beide liegen sie – wie Tote und draußen Alarm, trübe Nacht. – Sie – trinken wir ... Beide trinken, wie zwei Männer, aus Zahnputzgläsern. – Ihre hochgereckten Beine mit den Knöcheln. – Sie in langen Unterhosen aus Segeltuch. –

Rybočkin. – Beginn der Nacht, Alarm. Hauptsache – die Nacht ist in Brody, vor diesem Hintergrund der Nacht – das Paar ...

[49] Schweigen.
Haben Telegramm erhalten – Krasnostav, Cholm. – Die Kosaken im Kreis. Schweigen. – Mit jedem muss man umzugehen wissen. –

[50] Manujlov und Boguslavskij.
Tageweise erzählen? – Boguslavskij reitet Armeebefehl abholen. Fliederfarbene Unterhosen. Kapitelweise ordnen.

Menschen. Kozickij. Stelldichein mit der Frau, dicke russische Dame. Ignatij.

Orlov. Seine Gespräche.

[51] Quarkpiroggen mit Kirschen.
Iwaczkowo. K[onstantin]. Karlov[ič]. – Stillleben. – Die Arschkriecher fressen sich satt. – Seine Erzählungen vom schlauen Feldscher, von Warschau, Wodka. –
Stillleben. – Aus den folgenden Kapiteln nehmen.

[52] Žitom[ir]. Volkskom.
In Finnland sah ich, echte Proletarier, hier – Juden, die aus ihren Särgen gekrochen sind. Sträflinge am Tisch. Halbtot, gekrümmt unter der Last der Waffe, unterm Joch der Polen, die Kommunisten des Schtetls. *Juden, die die Internationale singen.* – Ein Sujet für Andrejev. –
  Rasse von Gnomen, ungewöhnlich kurz gewachsen, ernst und schweigsam, mit Waffen behängt, Riemen, nur ein einziger ungewöhnlich groß und mager in Wickelgamaschen, bläulich-rothaarig in kurzer Joppe.
  Die jungen Juden, polnische Handwerker. – Die Juden haben etwas Zärtliches – wie an einem Feiertag – ihre Familiennamen. – Uvarov, Bartenev. – Russische Droschkenkutscher. Die soziale Herkunft des Žit[omir'schen]. Volkskom. –

[53] Kommunist und Kosaken.
Sie plündern. Er ermahnt sie. Dann in rasendem Zorn – wir schmeißen euch raus, Himmela … zwirn. Wir tun es mit dreckigen Händen, Brillanten im Feuer – tragen sie in den Handschuhen mit sich.
  Ich mit verbundener Wange und die Juden. Sie sind Vorgesetzter? – Die Vorgesetzten, hatten sie es nötig, Blut zu vergießen. –

[54] Die Tschechen.
Russischer Beamter in Finnland. – Poème en prose. Ein zerzaustes halbwahnsinniges Bäuerlein. Der Herr – dort bin ich geboren, hier werde ich sterben – ich besitze hier meine eigene Parzelle. Er ackert mit dem Pflug, die Kinder in die Schule, die alten Frauen
Kvas aus Äpfeln, eigenen – wenig – wenig. –
Und ich denke an Finnland …
Beg[inn]. Bin nach Szpaków gefahren. An mich dran hängt sich ein Bäuerlein, aufgeregt. Ich sehe ihn. Beschreibung. Die Reden des Bauern. Abrücken, das Regiment, das in das Dorf einrückt … Einfach. Ich brauchte Pferde. Bin aus Beljov gekommen. Sehe den Wohlstand. Reite durchs Dorf. – Aus mir wird nie ein Kosak. – Schluss. – Poème en prose. – Hauptsache – der Wohlstand des tschechischen Dorfs. Das Konzert in Katharinenstadt. – Als Zentrum – 3 Sätze? – In der Schenke – eine Gruppe von Tschechen. – Was tun sie? – Sie rauchen. Schlafen. – Schlachten Tauben. – Ich gehe.
Zwei Teile – der erste – ein Gedicht in Prosa, Stille und Wohlstand der tschechischen Kolonie – zweiter – ich treffe auf Akinfiev [?], habs nicht gekonnt – f[ick]. d. M. und Schlag in die Fresse. Du kannst nicht, ich kann. Du bist ein Arsch, ich ein Plünderer … F. d. M. … Totschlagen müsste man dich. – In Stücke reißen, Scheißkerl …
Der Kom.-Brig. – hier, Junge, gibt es nichts zu erben. Das ist unser Bezirk … Ihn, den sie plündern, bemitleidest du, und ich, der ich plündre, tu dir nicht leid. – Der Schlag ins Gesicht. – Wie ich gekommen war, so fahre ich zurück, ich hatte nicht das Herz. Schade … Ich werde nie ein Budjonnyj-Kämpfer …
Wovon hast du geträumt, Herr Schriftsteller? … Aus mir wird nie ein Budjonnyj-Kämpfer. Das sag ich dir … Ein biss-

chen blöd und erst seit Kurzem in der Partei. – Schreit mich an – wovon hast du geträumt, wirst nie ein Budjonnyj-Kämpfer, das sage ich dir! Reitet weg, um Pferde zu besorgen, tut mir leid, hols der Geier. – Dunkel im Gesicht, reitet weg. Ich werf einen Blick auf das Dorf, Hühner flattern über die Zäune.

[55] Die Tschechen. 2.
Er tut dir leid, sitzt da auf seinen zwei Arschbacken, und selber, Lumpensack, tust du dir nicht leid. Hätte ich Mitleid mit euch allen, das Herz müsst mir springen. – Mitleid mit euch, Scheißern.

Wie viele Adler hat man in Russland erschlagen, und euch soll man mit Samthandschuhen anfassen, ihr richtet uns zugrunde … Mitleid mit euch, Scheißern. – Er fing an zu zittern, wurde blass, und schlug mir ins Gesicht.

Das Bäuerlein – seine Frau lebt in Schweigen, der Pope verbeugt sich vor jedem Menschen. Es gibt keinen Grund sie zu schlagen, aber man schlägt sie, vielleicht gerade deshalb, weil es keinen Grund dafür gibt …

[56] Über die Bienen. Erzählung? Die Gestalt des alten Tschechen. Er ist umgekommen – totgestochen.

[57] Sow[jetische]. Kapitel
Der alte Jude. – Das Himmelreich ist angebrochen.

[58] Die Bücher.
Stil, Umfang. – Der Friedhof in Kozin …
Das Gut Kułaczkowski, die Pferde im Salon – Verzeichnis der Bücher.
Poem in Prosa.

Bücher – ich griff so viel ich konnte, jedesmal wird nach mir gerufen – ich kann mich nicht losreißen. – Wir galoppieren davon – jedesmal werfe ich eins weg – ein Stück Seele – habe sie alle weggeworfen. – Zentrum – das Bücherverzeichnis. – Bücher und Schlacht – Héloise und Abaelard. – Pietro Aretino. – Napoleon. – Anatole France.

DER ROTE KAVALLERIST

Fünf Beiträge des Korrespondenten
Kirill V. Ljutov, 1920

AN DIE REDAKTION
DER ZEITUNG »ROTER KAVALLERIST«

11. Sept. 1920
Sehr geehrter G. Zdanevič.

Die unaufhörlichen Gefechte des letzten Monats haben uns aus dem Gleis geworfen.

Wir leben unter erschwerten Bedingungen – endlose Stellungswechsel, Angriffe, Rückzüge. Von dem, was kultiviertes Leben genannt wird – sind wir völlig abgeschnitten. Nicht eine einzige Zeitung haben wir im letzten Monat gesehen, was in der weiten Welt geschieht – wir wissen es nicht. Wir leben wie im Wald. So ist es auch tatsächlich, wir schleppen uns durch die Wälder.

Ob meine Korrespondentenberichte ankommen – ich weiß es nicht. Unter solchen Bedingungen lässt man die Hände sinken. Unter den Kämpfern, die in völliger Unkenntnis dessen leben, was vor sich geht – laufen die unsinnigsten Gerüchte um. Der Schaden, den sie anrichten, ist unberechenbar. Es müssen dringend Maßnahmen ergriffen werden, damit unsere vielköpfige 6. Division mit unserer und anderen Zeitungen versorgt wird.

Für mich persönlich bitte ich Sie um Folgendes: geben Sie Anweisung an die Expedition: 1) mir ein vollständiges Exemplar der Zeitung mindestens der letzten 3 Wochen zu schicken, legen Sie dazu auch alle anderen, die Sie noch haben, 2) mir täglich mindestens 5 Expl. unserer Zeitung zu schicken, – an folg. Adresse: Stab der 6. Division, für Milit.-Korrespondent K. Ljutov. Das muss unbedingt geschehen, damit ich mich wenigstens irgendwie orientieren kann.

Wie geht es in der Redaktion? Meine Arbeit hat nicht wirklich regelmäßig werden können. Wir sind zu Tode erschöpft. Manchmal war eine ganze Woche lang nicht die halbe Stunde Zeit, um ein paar Worte zu schreiben.

Ich hoffe, es wird jetzt möglich, mehr Ordnung in die Sache zu bringen.

Schreiben Sie mir über Ihre Vorschläge, Pläne und Forderungen, auf diese Weise bekäme ich Kontakt zur Außenwelt.
Mit kameradschaftlichem Gruß
K. Ljutov

MEHR SOLCHE TRUNOVS!

In unsere heroische, blutige und betrübliche Liste muss ein weiterer Name eingetragen werden – der 6. Division unvergesslich, – der Name des Kommandeurs des 34. Kav.-Regiments Konstantin Trunov, gefallen am 3. VIII. im Gefecht bei K. Ein weiteres Grab birgt der Schatten der dichten Wälder Wolhyniens, ein weiteres berühmtes Leben, voller Selbstaufopferung und treuer Pflichterfüllung, wurde hingegeben für die Sache der Unterdrückten, ein weiteres Proletarierherz hat aufgehört zu schlagen, um mit seinem heißen Blut die roten Fahnen der Revolution zu röten. Die Geschichte der letzten Lebensjahre des Gen. Trunov ist untrennbar verbunden mit dem Titanenkampf der Roten Armee. Er hat den Becher geleert bis zur Neige – hat alle Feldzüge mitgemacht von Caricyn bis Voronež, von Voronež bis an die Küste des Schwarzen Meeres. In der Vergangenheit – Hunger, Entbehrungen, Wunden, der Kräfte übersteigende Kampf in der Reihe der Ersten und in den ersten Reihen, und schließlich, die Offizierskugel der polnischen Panie, die den Stavropoler Bauern aus den fernen Steppen niederstreckte, der fremden Menschen die Kunde der Befreiung brachte.

Seit den ersten Tagen der Revolution hat G. Trunov, ohne eine Minute zu zögern, seinen wahren Platz eingenommen. Wir fanden ihn unter den Organisatoren der ersten Einheiten der Truppen von Stavropol. In der regulären Roten Armee versah er konsequent die Pflichten des Kommandeurs des 4. Stavropoler Regiments, des Kommandeurs der 1. Brigade der 32. Division, des Kommandeurs des 34. Kav.-Regiments der 6. Division.

Sein Andenken wird in unseren Kämpferreihen nicht verblassen. Unter schwersten Bedingungen entrang er dem Feinde den Sieg durch vorbildliche selbstlose Tapferkeit, unbeugsame Beharrlichkeit, durch Kaltblütigkeit, die ihn nie verließ, und durch seinen großen Einfluss auf die ihm anvertraute Masse der Roten Armee. Hätten wir mehr solcher Trunovs – die Pans der ganzen Welt könnten einpacken.

RITTER DER ZIVILISATION

Die polnische Armee ist wahnsinnig geworden. Zu Tode getroffen, im letzten Atemzug werfen sich die Panie in Todesagonie hin und her, türmen Verbrechen auf die Dummheit, sterben und steigen ruhmlos ins Grab unter den Verwünschungen der Ihren wie der Fremden. Nichts anderes fühlend als früher, – gehen sie über Leichen, ohne sich um die Zukunft zu sorgen, und haben gründlich vergessen, dass sie – nach Meinung ihrer Entente-Kindermädchen – sie, die Ritter der europäischen Kultur, Wächter sein sollten von »Ordnung und Gesetz«, Barriere gegen die bolschewistische Barbarei.

Hier, wie die Zivilisation geschützt wird von der polnischen Barriere.

Es lebte einmal in Berestečko ein bescheidener arbeitsamer Apotheker, der das täglich Nötige organisierte: er arbeitete, ohne die Hände sinken zu lassen, beschäftigt mit seinen Patienten, Reagenzgläsern und Rezepten, – er hatte keinerlei Verhältnis zur Politik und dachte, vielleicht, sogar selbst, dass den Bolschewiki die Ohren über den Augen wüchsen.

Dieser Apotheker ist Jude. Für den Polen – klar – ein verantwortungsloses Schwein, die Kugel ist für ihn zu schade – erstich ihn, vergewaltige, misshandle ihn. Die Demonstration war im Nu vorbereitet. Der friedliche Apotheker, der sich bei seinen Fläschchen wohlbehalten Hämorrhoiden angesessen hatte, wurde beschuldigt, irgendwann-irgendwo einen polnischen Offizier getötet zu haben, deshalb sei er ein Helfershelfer der Bolschewiki.

Das, was danach folgte, trägt uns fort in die stickigsten Jahrhunderte der spanischen Inquisition. Wenn ich nicht mit eigenen Augen dieses zerfetzte Gesicht gesehen hätte, diesen zerstückelten verstümmelten Körper – ich hätte nie geglaubt, dass in unserer wenn auch grausamen, wenn auch blutigen Zeit ein so unglaubliches Verbrechen auf Erden möglich sei. Sie stießen dem Apotheker glühende Eisenstangen in den Körper, sie brannten ihm die Lampassen ab (du hältst es mit den bolschewistischen Kosaken!), sie trieben ihm glühende Nadeln unter die Fingernägel, ritzten ihm den

Stern der Roten Armee in die Brust, rissen ihm die Haare einzeln vom Kopf.

All das geschah ohne Eile, begleitet von allerlei Witzen an die Adresse des Kommunismus und der jüdischen Kommissare.

Das ist noch nicht alles – die vertierten Panie zerstörten die Apotheke bis auf die Grundmauern, alle Arzneien sind zertreten, sie haben kein einziges Tütchen unversehrt gelassen, und nun – geht das Städtchen ohne medizinischen Beistand zugrunde. Sie finden in Berestečko kein Pulver gegen Zahnweh. Die zwanzigtausendköpfige Bevölkerung ist Epidemien und Krankheiten zum Fraß vorgeworfen.

So richtet die Schlachta zugrunde, sich selbst. So verreckt ein böser, tollwütiger Hund. Erschlagt ihn, rote Kämpfer, erschlagt ihn, koste es was es wolle, erschlagt ihn auf der Stelle, noch heute! Keine Minute verliert.

NICHT TOTGESCHLAGENE MÖRDER

Sie rächten sich an den Arbeitern von 1905. Sie gingen auf Strafexpeditionen, um unsere düsteren Sklavendörfer zu beschießen und zu würgen, über denen sich der kurze Atemzug der Freiheit erhoben hatte.

Im Oktober 1917 warfen sie die Maske ab und zogen mit Feuer und Schwert gegen das russische Proletariat. Fast drei Jahre zerrissen sie das ohnehin zerrissene Land. Es sah so aus, als seien sie am Ende. Wir überließen es ihnen, eines natürlichen Todes zu sterben, aber sie wollten nicht sterben.

Heute zahlen wir für unsere Fehler. Auf der Krim lässt der erlauchte Vrangel die Muskeln spielen, die jämmerlichen Reste russischer Schwarzhundertschaftler aus den Denikin-

Banden erschienen in den Reihen der so kultivierten hochmögenden polnischen Truppen. Dieses nicht erledigte Gesindel eilte den Grafen Potocki und Taraszczyński zu Hilfe, um Kultur und Gesetz vor den Barbaren zu retten. Hier, wie die Kultur in der St. Komarów gerettet wurde, am 28. August eingenommen von Einheiten der 6. Kav.-Division.

Am Abend zuvor hatten in dem Städtchen die feinen Kerls von Jessaul Jakovlev übernachtet, eben jenes Jessauls, der uns immer wieder aufgerufen hat, zum süßen und friedlichen Leben in die heimischen Stanizen zurückzukehren, die übersät sind mit den Leichen von Kommissaren, Juden und Rotarmisten.

Beim Vorrücken unserer Schwadron verflüchtigten sich diese Ritter wie Rauch. Doch zuvor hatten sie ganze Arbeit geleistet.

Wir fanden die jüdische Bevölkerung des Städtchens bis auf das Hemd ausgeplündert, niedergemetzelt, verwundet. Unsere Kämpfer, die manches gesehen haben, selbst manchen Kopf vom Rumpf getrennt haben, traten entsetzt vor dem Bild zurück, das sich ihren Augen bot. In ihren elenden, bis auf die Grundmauern zerstörten Hütten lagen in Blutlachen nackte siebzigjährige Greise mit zerschmetterten Schädeln, oft noch lebende Kleinkinder mit abgehackten Fingern, vergewaltigte alte Frauen mit aufgeschlitzten Bäuchen, in den Ecken zusammengekrümmt, mit Gesichtern, auf denen die wilde, unerträgliche Verzweiflung erstarrt war. Bei den Toten bewegten sich die am Leben Gebliebenen, stießen gegen wundenübersäte Leichen, benetzten sich Gesicht und Hände am klebrigen, übelriechenden Blut, ängstigten sich, die Häuser zu verlassen in der Furcht, es sei noch nicht alles vorbei.

Durch die Straßen des ausgestorbenen Städtchens schlichen geduckte, zu Tode erschrockene Schatten, die vor menschlichen Stimmen zusammenfuhren und bei jedem Anruf begannen, um Gnade zu flehen. Wir stießen auf Wohnungen, die erfüllt waren von schrecklicher Stille – neben dem alten Großvater lag dessen gesamte Familie. Vater, Enkel – alle in unnatürlichen unmenschlichen Posen.

Insgesamt getötet wurden 30, etwa 60 Männer sind verwundet. 200 Frauen vergewaltigt, viele bis zur totalen Erschöpfung. Um der Vergewaltigung zu entgehen, sprangen Frauen aus dem ersten, zweiten Stockwerk und brachen sich Arme, Köpfe. Unsere Sanitätskräfte arbeiteten den ganzen Tag, ließen die Hände nicht sinken, und konnten dennoch nicht im vollen Umfang das Bedürfnis nach Hilfe befriedigen. Die Entsetzen des Mittelalters verblassen vor der Bestialität der Jakovlev-Banditen.

Der Pogrom war natürlich nach allen Regeln der Kunst durchgeführt worden. Zuerst verlangten die Offiziere von der jüdischen Bevölkerung für deren Sicherheit 50 Tausend Rubel. Geld und Wodka wurden unverzüglich herbeigeschafft, dennoch schritten die Offiziere in den ersten Reihen der Mordbrenner und suchten bei zu Tode verängstigten jüdischen Greisen nach Bomben und Maschinengewehren.

Das ist unsere Antwort auf das Wehgeschrei des polnischen Roten Kreuzes über die russische Bestialität. Das ist eine Tatsache unter tausend schlimmeren Tatsachen.

Nicht erschlagene Hunde haben ihr heiseres Gebell angeschlagen. Nicht totgeschlagene Mörder sind aus ihren Särgen gekrochen.

Schlagt sie tot, Kämpfer der Reiterarmee! Nagelt sie fest zu, die angehobenen Deckel ihrer stinkenden Särge!

IHR TAG

Ich hatte Halsschmerzen. Und ging zur Schwester der ersten Stabsschwadron der N.-schen Division. Eine verräucherte Hütte, voller Qualm und Gestank. Die Kämpfer liegen auf den Bänken, rauchen, kratzen sich und reißen Zoten. In einem Eckchen hat sich die Schwester eingerichtet. Einen nach dem anderen, ohne großen Lärm und ohne überflüssige Eile verbindet sie die Verwundeten. Einige freche Kerle behindern sie, wo es nur geht. Alle versuchen sich zu übertreffen in den schauerlichsten, gotteslästerlichsten Flüchen. In diesem Augenblick – Alarm. Befehl Auf die Pferde. Die Schwadron formiert sich. Wir rücken aus.

Die Schwester hat ihr Pferd allein aufgezäumt, das Säckchen mit dem Hafer umgebunden, ihre Tasche gepackt und reitet los. Ihr jämmerliches dünnes Kleidchen flattert im Wind, durch die Löcher in den schlechten Schuhen sieht man die erfrorenen roten Zehen. Es regnet. Die entkräfteten Pferde schaffen es kaum, die Hufe aus diesem schrecklichen, saugenden, klebrigen wolhynischen Morast zu ziehen. Die Feuchtigkeit dringt bis auf die Knochen. Die Schwester hat weder Umhang noch Mantel. Neben ihr dröhnt ein schweinisches Lied. Die Schwester summt leise ihr eigenes Lied – über das Sterben für die Revolution, über unser besseres Schicksal in der Zukunft. Ein paar Mann fallen ein, und so ergoss sich in das verregnete herbstliche Dämmer unser Lied, unser nie verstummender Aufruf zur Freiheit.

Abends – Attacke. Mit weichem unheilverkündenden Knall platzen die Granaten, die Maschinengewehre rattern immer schneller, in fieberhaftem Alarm.

Unter heftigstem Beschuss verband die Schwester mit todesverachtender Kaltblütigkeit die Verwundeten, schleppte sie auf ihren Schultern aus dem Gefecht.

Die Attacke ist vorbei. Wieder ein peinigender Stellungswechsel. Nacht, Regen. Die Kämpfer schweigen finster, man hört nur das hitzige Flüstern der Schwester, die den Verwundeten Trost zuspricht. Eine Stunde später – das gewohnte Bild – eine schmutzige, dunkle Hütte, in der der Zug sich einquartiert hat, und in der Ecke bei einem kümmerlichen Kerzenstummel verbindet die Schwester, verbindet, verbindet …

Dicht hängt das Fluchen in der Luft. Die Schwester hält es nicht aus und beißt zurück, dann wird lange über sie gelacht. Niemand hilft ihr, niemand schichtet ihr Stroh auf zur Nacht, niemand schüttelt ihr das Kissen.

Das sind sie, unsere heroischen Schwestern! Mütze ab vor diesen Schwestern! Kämpfer und Kommandeure, haltet die Schwestern in Ehren. Es muss endlich ein Unterschied sein zwischen den Tross-Feen, die unserer Armee Schande machen, und den Märtyrerinnen der Krankenschwestern, die ihr zur Zierde gereichen.

SELBSTZEUGNISSE

AUTOBIOGRAFIE

Geboren bin ich 1894 in Odessa, auf der Moldavanka, als Sohn eines jüdischen Händlers. Auf Drängen meines Vaters studierte ich bis zum sechzehnten Lebensjahr Hebräisch, die Bibel, den Talmud. Das Leben zu Hause war schwer, weil man mich zwang, mich von morgens bis abends mit allerlei Wissenschaften zu befassen. Ausruhen konnte ich mich in der Schule. Meine Schule hieß Odessaer-Zar-Nikolaus-I.-Kommerzlehranstalt. Dort lernten die Söhne ausländischer Kaufleute, die Kinder jüdischer Makler, vornehme Polen, Altgläubige und jede Menge Billardspieler, die über das Schulalter hinaus waren. In den Pausen gingen wir zu den Estakaden am Hafen oder in die griechischen Cafés zum Billardspielen oder in die Kellerkneipen der Moldavanka, wo wir billigen bessarabischen Wein tranken. Die Schule ist mir auch deshalb unvergesslich, weil dort ein gewisser Monsieur Vadon Französischlehrer war. Er war Bretone und besaß literarisches Talent, wie alle Franzosen. Er brachte mir seine Sprache bei, mit ihm büffelte ich die französischen Klassiker, fand engen Anschluss an die französische Kolonie von Odessa, und mit fünfzehn begann ich Erzählungen auf Französisch zu schreiben. Zwei Jahre lang schrieb ich sie, doch dann ließ ich es sein: Die Paysans und all die Gedankeneinschübe des Autors gerieten mir irgendwie farblos, nur die Dialoge waren immer gelungen.

Nach dem Ende der Schulzeit verschlug es mich nach Kiew und 1915 nach Petersburg. In Petersburg fristete ich ein fürchterlich karges Dasein, eine Aufenthaltsgenehmigung besaß ich nicht, der Polizei ging ich aus dem Weg, und kampiert habe ich bei einem abgewrackten, besoffenen Kellner in einem Keller in der Puškinstraße. Damals, 1915, begann ich mit meinen Erzeugnissen die Redaktionen abzuklappern, aber man jagte mich überall davon, die Redakteure (der verstorbene Izmajlov, Posse u. a.) legten mir einhellig nahe, in irgendeinem Laden anzufangen, doch ich hörte nicht auf sie, und Ende 1916 geriet ich an Gorkij. Und ja, dieser Begegnung verdanke ich alles, und den Namen Aleksej Maksimovičs spreche ich bis zum heutigen Tag mit Liebe und Ehrfurcht aus. Er druckte meine ersten Erzählungen im Novemberband der »Letopis'« von 1916 (für diese Erzählungen wurde ich nach § 1001 vor Gericht belangt), er lehrte mich außerordentlich wichtige Dinge, und dann, als klar wurde, dass meine zwei bis drei halbwegs akzeptablen Jugendversuche bloße Zufallserfolge waren, dass ich mit der Literatur auf keinen grünen Zweig kommen würde und dass ich verblüffend schlecht schrieb, – da schickte mich Aleksej Maksimovič unter die Menschen.

Und ganze sieben Jahre lang – von 1917 bis 1924 – ging ich unter die Menschen. Während dieser Zeit war ich Soldat an der rumänischen Front, dann diente ich bei der Čeka, dem Narkompros, den Lebensmittelexpeditionen des Jahres 1918, bei der Nordarmee gegen Judenič, der Ersten Reiterarmee, im Gubkom von Odessa, ich war verantwortlicher Redakteur bei der 7. Sowjetischen Druckerei von Odessa, Reporter in Petersburg und Tiflis und vieles mehr. Und erst 1923 habe ich gelernt, meine Gedanken klar und nicht zu weitschweifig auszudrücken. Da machte ich mich erneut ans Schreiben.

Den Beginn meiner literarischen Arbeit datiere ich deshalb auf Anfang 1924, als im vierten Heft der Zeitschrift »Lef« meine Erzählungen »Salz«, »Ein Brief«, »Dolgušovs Tod«, »Der König« u. a. erschienen.

ANFANG

Vor zwanzig Jahren, in überaus zartem Alter, streifte ich durch St. Petersburg mit falschen Papieren in der Tasche und – mitten im grimmigen Winter – ohne Mantel. Einen Mantel, ich muss es gestehen, besaß ich zwar, aber ich trug ihn aus prinzipiellen Erwägungen nicht. Meine gesamte Habe bestand zu jener Zeit aus ein paar Erzählungen – ebenso kurz wie gewagt. Mit diesen Erzählungen klapperte ich die Redaktionen ab, niemand fiel es ein, sie zu lesen, und wenn sie doch einmal irgendwem unter die Augen kamen, erzielten sie das Gegenteil der gewünschten Wirkung. Ein Zeitschriftenredakteur ließ mir durch den Pförtner einen Rubel aushändigen, ein anderer nannte mein Manuskript blanken Unsinn, doch habe sein Schwiegervater eine Mehlhandlung, wo ich als Ladenschwengel anfangen könne. Ich lehnte ab und begriff, dass mir nichts blieb, als zu Gorkij zu gehen.

In Petrograd kam damals die internationalistische Zeitschrift »Letopis« heraus, die sich in den wenigen Monaten ihres Bestehens zur besten Monatsschrift des Landes gemausert hatte. Ihr Redakteur war Gorkij. Ich begab mich zu ihm in die Große Monetnaja. Mein Herz hämmerte und stockte. Im Vorzimmer der Redaktion war ein denkbar kurioses Völkchen versammelt: vornehme Damen und sogenannte »Barfüßler«, Telegrafisten aus Arzamas, Duchoborzen und Arbeiter, illegale Bolschewiki, die sich abseits hielten.

Die Besucherstunde sollte um sechs Uhr beginnen. Um Punkt sechs öffnete sich die Tür, und herein trat Gorkij, der mich schwer beeindruckte mit seinem Wuchs, seiner Hagerkeit, der Kraft und Größe des immensen Knochengerüsts, dem Blau der kleinen, unverwandt blickenden Augen, dem ausländischen Anzug, der sackartig und doch elegant an ihm herabhing. Ich habe gesagt: Die Tür öffnete sich um Punkt sechs. Sein ganzes Leben lang ist Gorkij dieser Pünktlichkeit treu geblieben, dieser Tugend der Könige und Arbeiter, alter, fähiger, selbstbewusster Arbeiter.

Die Besucher im Vorzimmer zerfielen in zwei Gruppen: solche, die ihre Manuskripte mitgebracht hatten, und solche, die darauf warteten, dass über ihr Schicksal entschieden wurde.

Gorkij trat auf die zweite Gruppe zu. Sein Gang war leicht, lautlos, ich möchte sagen, elegant. In den Händen hielt er die Manuskripthefte, wo manchmal mehr von seiner Hand als von der des Autors geschrieben stand. Mit jedem Einzelnen sprach er konzentriert und lange, hörte seinem Gesprächspartner mit regelrecht verzehrender, brennender Aufmerksamkeit zu. Seine Meinung äußerte er ohne Umschweife und hart und wählte dabei Worte, deren Kraft wir erst viel später erkannten, nach Jahren und Jahrzehnten, als diese Worte in unseren Seelen einen langen, unausweichlichen Weg durchlaufen hatten und zur richtungsweisenden Regel des Lebens wurden.

Als er mit den ihm bereits bekannten Autoren fertig war, kam Gorkij zu uns und sammelte die Manuskripte ein. Mich streifte er mit flüchtigem Blick. Ich stellte damals eine rosige, rundliche, unausgegorene Mischung aus Tolstojaner und Sozialdemokrat dar, einen Mantel trug ich nicht, doch war ich mit einer Brille gewappnet, um die sich ein gewachstes Schnürchen schlang.

Das Ganze spielte sich an einem Dienstag ab. Gorkij nahm mein Heftchen und sagte: »Antwort nächsten Freitag, hier.« Unwahrscheinlich klangen damals diese Worte … Gewöhnlich gammelten die Manuskripte monatelang in den Redaktionen vor sich hin, wenn nicht gar eine Ewigkeit.

Am Freitag kam ich also wieder und traf neue Leute an: Wie schon beim ersten Mal waren Fürstinnen und Duchoborzen darunter, Arbeiter und Mönche, Flottenoffiziere und Gymnasiasten. Wieder streifte mich Gorkij mit einem raschen, flüchtigen Blick, wandte sich mir aber als letztem zu. Alle waren gegangen. Wir waren allein, Maksim Gorkij und ich, der ich von einem anderen Planeten kam, aus unserem eigenen Marseille (ich weiß nicht, ob ich noch erklären muss, dass ich Odessa meine). Gorkij bat mich in sein Büro. Die Worte, die er dort sprach, besiegelten mein Schicksal.

»Es gibt«, sagte er, »kleine Nägel und große, so wie dieser Finger.« Und er hielt mir einen langen, kräftig und zart geformten Finger vor die Augen. »Der Weg eines Schriftstellers, verehrter Malefizkerl (mit Betonung auf dem »e«), ist mit Nägeln besät, vor allem mit großformatigen Nägeln. Über sie muss man mit bloßen Füßen gehen, man lässt dabei ordentlich Blut, und mit jedem Jahr wird das Blut reichlicher fließen ... Sind Sie ein schwacher Mensch, wird man Sie kaufen und verkaufen, man wird Sie triezen, einlullen, und Sie, der Sie eben noch vorgaben, ein Baum in voller Blüte zu sein, werden verwelken ... Für einen ehrlichen Menschen, einen ehrlichen Literaten und Revolutionär ist es jedoch eine große Ehre, diesen Weg zu beschreiten, zu welch schwierigem Unterfangen ich Ihnen, werter Herr, meinen Segen erteile ...«

In meinem Leben hat es wohl keine wichtigeren Stunden gegeben, als die, die ich in der Redaktion der »Letopis« verbrachte. Als ich sie verließ, hatte ich jegliches körperliche Empfinden meiner selbst verloren. Bei dreißig Grad unter Null, im blauen, sengenden Frost, lief ich wie im Fieber durch die kolossalen, prachtvollen Korridore der Hauptstadt, die sich zu einem fernen, dunklen Himmel hin öffneten, und kam erst wieder zu mir, als Černaja Rečka und Novaja Derevnja hinter mir lagen ...

Die Hälfte der Nacht war um, als ich auf die Petersburger Seite zurückkehrte, in das Zimmer, das ich tags zuvor bei der Frau eines Ingenieurs angemietet hatte, einer jungen, unerfahrenen Frau. Als ihr Mann von der Arbeit nach Hause kam und meine rätselhafte und jugendliche Person erblickte, ließ er sämtliche Mäntel und Galoschen aus der Diele entfernen und die Tür zwischen meinem Zimmer und dem Esszimmer absperren.

Ich war also in mein neues Quartier zurückgekehrt. Hinter der Wand lag die ihrer Galoschen und Überwürfe beraubte Diele, in heißen Schauern durchrieselte mich eine Freude, die tyrannisch nach Ausdruck begehrte. Mir blieb keine Wahl. Ich stand in der Diele, lächelte vor mich hin und öffnete zu meiner eigenen Überraschung die Tür zum Esszimmer. Der Ingenieur und seine Frau tranken Tee. Als sie mich zu solch später Stunde erblickten, erbleichten sie, vor allem erbleichten ihre Stirnen.

»Das ist der Anfang vom Ende«, dachte der Ingenieur und schickte sich an, sein Leben teuer zu verkaufen.

Ich machte zwei Schritte auf ihn zu und bekannte, dass Gorkij versprochen hatte, meine Erzählungen zu drucken.

Der Ingenieur begriff, dass er fälschlicherweise einen Verrückten für einen Einbrecher gehalten hatte und erbleichte noch tödlicher.

»Ich lese Ihnen meine Erzählungen vor«, sagte ich, während ich mich setzte und ein fremdes Teeglas zu mir heranrückte, »die Erzählungen, die er drucken will ...«

Die Kürze des Inhalts konkurrierte in meinen Schöpfungen mit einem entschiedenen Vergessen jeglichen Anstands. Ein Teil von ihnen hat – zum Glück für alle staatstreuen Menschen – nie das Licht der Welt erblickt. Von der Zensur aus den Zeitschriften getilgt, dienten sie als Anlass, mich nach gleich zwei Paragrafen vor Gericht zu bringen – wegen Umsturzversuches wider die bestehende Ordnung und wegen Pornografie. Mein Prozess sollte im März 1917 stattfinden, doch das Volk schlug sich auf meine Seite, es erhob sich Ende Februar und verbrannte die Anklageschrift nebst dem Gebäude des Kreisgerichts.

Aleksej Maksimovič wohnte damals in der Kronverkskaja-Straße. Ich brachte ihm alles, was ich schrieb, und damals schrieb ich pro Tag eine Erzählung (von diesem System musste ich später abrücken, um ins Gegenteil zu verfallen). Gorkij las alles, verwarf alles, und forderte, dass ich weiterschrieb. Am Ende waren wir beide erschöpft, und er sagte mit seinem dumpfen Bass:

»Es ist nun klar erwiesen, dass Sie, mein Herr, nichts wirklich wissen, aber vieles ahnen ... So gehen Sie also unter die Menschen ...«

Und am nächsten Tag erwachte ich als Korrespondent einer noch ungeborenen Zeitung mit zweihundert Rubeln Reisegeld in der Tasche. Die Zeitung wurde nie geboren, aber das Reisegeld kam mir gelegen. Meine Dienstreise dauerte sieben Jahre, viele Wege habe ich durchlaufen, war Zeuge vieler Kämpfe. Als ich nach sieben Jahren demobilisiert wurde, nahm ich einen zweiten Anlauf, meine Sachen zu drucken und erhielt von Gorkij den schriftlichen Bescheid: »Sieht aus, als könnten Sie anfangen ...«

Und wieder trieb mich seine Hand voran, leidenschaftlich und unablässig. Seinen Anspruch – unentwegt und um jeden Preis die Zahl der notwendigen und schönen Dinge in der

Welt zu vermehren –, trug er an Tausende Menschen heran, die er selbst gefunden und herangezogen hatte, und durch sie an die ganze Menschheit. Ihn beherrschte eine nie erlahmende, unerhörte, grenzenlose Leidenschaft für das menschliche Schaffen. Erwies sich ein Mensch, von dem er viel erwartet hatte, als unfruchtbar, litt er. Und glücklich rieb er sich die Hände, zwinkerte der Welt, dem Himmel, der Erde zu, wenn aus dem Funken eine Flamme schlug …

REPORTAGEN, REISEBERICHTE

REPORTAGEN AUS GEORGIEN

IM ERHOLUNGSHEIM

Jenseits der Veranda ist Nacht, eine Nacht voll sachtem Rauschen und erhabener Finsternis. Unerschöpflicher Regen durchkämmt die lila Berghänge, die graue Seide seiner Wasserwände hängt raschelnd über dem schaurig kühlen Dämmer der Klüfte. Im rastlosen Grollen des wühlenden Wassers blinkt wie ein ferner Stern die Flamme unserer Kerze und flackert vage auf den faltigen, vom schweren Meißel der Arbeit ausdrucksvoll behauenen Gesichtern.

Drei alte Schneider, sanft wie Ammen, der charmante M., der erst kürzlich an der Werkbank ein Auge eingebüßt hat, und ich, ausgelaugt vom bitteren, hektischen Staub unserer Städte – wir sitzen auf der Veranda, die sich in die Nacht verliert, eine Nacht, grenzenlos und balsamisch. Unsagbare Ruhe streicht uns mit mütterlichen Händen über die nervösen, zerschundenen Muskeln, und wir trinken Tee, geruhsam und träumerisch, – drei sanfte Schneider, der charmante M. und ich, ein abgehetzter und begeisterter Gaul.

Ihr Kleinbürger, die ihr euch diese »Datschen« erbaut habt, ohne jedes Talent und trostlos wie ein Krämerwanst, könntet ihr doch nur sehen, wie wir uns hier erholen. Könntet ihr doch nur sehen, wie die vom Stahlkiefer der Maschine zerfressenen Gesichter aufblühen ...

In diesem männlich schweigsamen Reich der Ruhe, in den vulgären Datschen, die durch die wundersame Kraft der Dinge in Arbeitererholungsheime verwandelt wurden, hat sie geschlummert: die ebenso flüchtige wie edle Substanz belebender Muße, friedlich, besonnen, schweigsam ... O die mit nichts zu vergleichende Geste der ruhenden Arbeiterhand, ihre keusche Kargheit und weise Berechnung. Mit unverwandtem Entzücken verfolge ich sie, diese krampfhaft zielgerichtete schwarze Hand, so gewöhnt an die nimmermüde, komplexe Seele der Motoren ... Von ihnen bezog die Hand die Starre des Körpers in seiner Erschöpfung, ergeben, stumm, bedacht. Die Philosophie der Atempause, die Lehre von der Erneuerung der verausgabten Energie – was habe ich nicht alles darüber erfahren an jenem rauschenden, klaren Abend, als die Schneider und Metallarbeiter auf der Terrasse des Arbeitererholungsheims in Mzcheta Tee tranken, ihren patriarchalen, nie versiegenden, langsam erkaltenden Tee.

Wir berauschen uns am Tee, diesem kraftvollen Armenchampagner, und geraten mit besonnenem Eifer in Schweiß, tauschen liebevoll leise Worte und erinnern uns an die Geschichte von der Entstehung der Arbeitererholungsheime.

Es ist der erste Sommer seit ihrer Geburt. Erst im Februar dieses Jahres war eine Kommission des georgischen Gewerkschaftsrats zur anfänglichen Sondierung nach Mzcheta gekommen. Die Datschen fand sie in einem fürchterlichen Zustand vor – unbewohnbar, verdreckt, verwüstet. Die Sache wurde mit anhaltender Energie vorangetrieben, und die Bourgeoisie hat dem Gewerkschaftsrat bei diesem noblen Projekt im Rahmen ihrer bescheidenen Kräfte unter die Arme gegriffen. Bekanntlich beliefen sich die Bußgelder, die der Gewerkschaftsrat wegen Verletzung des Arbeitsschutzes über die Krämer jeder Couleur verhängte, auf die tröstliche Summe von sechshundert Millionen Rubeln. Von diesem Geld sind also hundertfünfzig Millionen auf die Umwandlung der halbzerfallenen Datschen in Arbeitererholungsheime verwendet worden, – woraus überzeugend hervorgeht, dass die Bourgeoisie von ihrem mit Herzblut (die Betonung liegt auf »Blut«) erworbenen Geld die ersten Arbeitersanatorien Georgiens unterhalten wird, wofür ihr ergebenst gedankt sei. Es herrscht die unerschütterliche Überzeugung, dass dank der in dieser Gattung angelegten spezifischen Eigenschaften der Strom erzwungener Spenden nicht abreißen wird, was dem Gewerkschaftsrat die Möglichkeit gibt, auf den blühenden Hängen von Mzcheta an Stelle der heutigen Datschen eine Mustersiedlung für Arbeiter zu errichten. Leider wird das klingende Arsenal der oben angeführten Komplimente unweigerlich vergiftet durch die Erwähnung der ebenso erstaunlichen wie heroischen Anstrengungen der Datschenbesitzer in ihrem Kampf gegen den Gewerkschaftsrat. Sie drohten, bis zum »Herrscher« vorzudringen. Und vorgedrungen sind sie. Der Weg war lang und gepflastert mit dem feinen Gift juristischer Haarspalterei. Doch der »Herrscher« (nach der neuen Orthografie – das AZEK) war rasch und gerecht. Die Bittsteller verließen die Audienz mit einem Tempo, umgekehrt proportional zur Langsamkeit ihres Hinwegs. Sie waren gute zwanzig Jährchen zu spät geboren – das war die Moral, die die Besitzer auf ihrer unermüdlichen Wahrheitssuche von dieser belanglosen Geschichte davontrugen. Eine Moral, die von einer gewissen Beobachtungsgabe zeugt.

Die Datschen sind auf je sechzig Plätze ausgelegt. Die Abteilung für Arbeitsschutz erstrebt eine Kapazität von tausend bis anderthalb tausend Personen pro Saison, bei einer Aufenthaltsdauer von zwei Wochen pro Arbeiter. In Einzelfällen kann diese Dauer bis zu einem Monat verlängert werden. Dieser Vorbehalt ist unabdingbar, da in der erdrückenden Mehrheit der Fälle zwei Wochen für den ausgelaugten Organismus unseres Arbeiters nicht ausreichen.

Die Umbau- und Einrichtungsphase der Datschen von Mzcheta dauert noch an. Ratschläge werden hier also nicht fehl am Platz sein, sofern sie von gutem Willen und von Liebe geleitet sind. Die an sich gesunde und reichliche Verpflegung müsste morgens wie abends aufgestockt werden. Und noch etwas: Es wäre gut, wenn sich in den Heimen des Gewerkschaftsrats diese althergebrachte, leidige Wohnheimatmosphäre ausmerzen ließe. Uns, den Wanderern durch möblierte Löcher, durch Kanzleien und Kasernen, ist davon schon speiübel. Ein Winkel, sauber, behaglich und einigermaßen privat, ist alles, was wir brauchen in diesen zwei glücklichen Wochen, wo wir Leben in die überanstrengte, röchelnde Brust bringen.

Eine Bibliothek ist bereits in Betrieb. Das ist gut. Ab nächster Woche werden für die Feriengäste kleine Abendkonzerte gegeben. Und wir begnügen uns einstweilen damit, Durak zu spielen. Doch ihr Götter, mit welchem Feuer, mit welch unverbrauchter Vitalität, welchem Eifer verläuft dieses zärtliche, endlose Spiel, warm wie Großvaters Joppe. Nie werde ich sie vergessen, diese Gesichter, schlicht und strahlend, wie sie sich über die verschmierten, zerfledderten Karten beugen, und lange werde ich die Erinnerung an das glückliche, verhaltene Gelächter bewahren, seinen Klang, begleitet vom Rauschen des ersterbenden Regens und der Gebirgswinde.

»KAMO« UND »SCHAUMJAN«

Wenn sich nicht vor lauter Freude das Herz zusammenzöge, ließe sich kohärent und sachlich davon berichten …

Besonders vom Urteil des Volksgerichts von Adscharistan. O dieses Urteil, voll dürrer Gelehrsamkeit und flammendem Pathos! Es ist geschmiedet in den unerbittlichen Panzer des Rechts, und die Galle der Empörung brodelt in ihm. Die Gesetze der zu ihrem Schöpfer heimgegangenen Imperatoren, die steifgestärkten Normen einer internationalen »Höflichkeit«, der uralte Staub des Römischen Rechts, das Abkommen zwischen Krasin und Lloyd George, die zwielichtigen Beschlüsse zwielichtiger Konventionen und Konferenzen und schließlich die sowjetischen, mit dem roten Saft der Revolte getränkten Dekrete – all dies hat es in sich vereint, dieses unumstößliche Urteil, gefällt von einem unbedeutenden, ölverschmierten Arbeiter aus Batumi.

Was war der Zweck des Ganzen? Der Zweck war zu zeigen, wie dreifach wundersam das Kamel mit Namen Justiz durch das Nadelöhr der bourgeoisen Statuten geht. Der Zweck war, die vielzüngigen Finten zum Dienst an der Wahrheit zwingen und die aalglatten Gauner, die am Quai von Batumi ihr Unwesen treiben, hart an die Wand drücken. Die Herren Christie und Popandopoulo, Meister lyrischer Aufschwünge und Schiffsagenten für die Herren Schembri, diese ehrwürdigen maltesischen Ordensritter und Reeder – sie toben jetzt in der Falle, in dem von ungeübter Handwerkerhand geschaffenen Flechtwerk aus den modrigen Schatten der Vergangenheit (man muss offenbar kein Professor für Internationales Recht sein, um den Dreh rauszuhaben) und dem stürmischen Blut der Gegenwart ...

Die »George« und die »Edwig« liegen unter roter Flagge am Quai der Schwarzmeer-Transportgesellschaft. Die Speicher der maltesischen Kreuzritter sind versiegelt, drohend ballen sich über ihnen die Gewitterwolken von Zwangsgeldern, Bußgeldern, Requisitionen, und selbst das Einschreiten des italienischen Konsuls, der an die hohe Politik appellierte, hat nicht bewirkt, dass sich diese Wolken in einem segensreichen Regen von Frachtgebühren entluden.

Die »George« und die »Edwig« (vormals »Russland« und »Maria«) waren in räuberischer Manier aus den russischen und georgischen Häfen entführt worden, um unter fremder Flagge den Suezkanal und das Rote Meer zu befahren. Doch die Welt ist eng geworden für die Malteser. Im Hafen von Marseille liegen dreißig Dampfschiffe ohne Beschäftigung fest, in den Häfen von London, Triest, Konstantinopel rottet eine Millionentonnage ungenutzt vor sich hin, Tausende Matrosen leiden Hunger. Die globalen Routen sind verwaist, erstickt im fatalen Spiel der Pariser Diplomaten. Es gibt keine Fracht für Haifa, Jaffa, San-Francisco, nur in die sowjetischen Häfen kann Europa noch Fracht befördern. Und die Herren Schembri haben sich ein Herz gefasst, die geraubten Dampfer gegen die Beschlagnahmung durch die Bolschewiken versichert und fahren nun also die sowjetischen Häfen an …

Die Herren Schembri werden die Versicherungsprämie kassieren. Wir haben die Dampfer kassiert.

Die roten Wasserlinien der »Kamo« und der »Schaumjan« blühen auf dem blauen Wasser wie das Feuer des Sonnenuntergangs. Ringsum schwanken die anmutigen Silhouetten der türkischen Feluken, auf Prahmen flammen rote Feze wie Schiffslaternen, Dampferrauch steigt gemächlich in den blendenden Himmel von Batumi.

Unter dem bunten Kroppzeug wirken die gewaltigen Rümpfe der »Kamo« und der »Schaumjan« wie Giganten, ihre schneeweißen Decks erstrahlen in spiegelndem Glanz, und der Neigungswinkel der Masten durchschneidet als schlanke und mächtige Linie den Horizont.

Wenn sich nicht vor lauter Freude das Herz so hartnäckig

zusammenzöge, ließe sich kohärent und sachlich davon berichten.

Aber heute wedeln wir die Kohärenz weg wie eine Julifliege.

Grüppchen von alten Schwarzmeermatrosen hocken mit untergeschlagenen Beinen auf der hölzernen Anlegestelle, hocken beseelt und erstarrt wie kiffende Araber und können den Blick nicht von den schwarzlackierten Bordwänden wenden.

Mit einer ganzen Schar von Leuten steige ich an Deck der entthronten »George«. Die Maschine mit ihrer uhrengleichen Präzision, dem Blitzen der rotkupfernen Röhren und perlmuttschimmernden Zylinder versetzt uns in gebanntes Entzücken. Wir sind umgeben von den Kristallmassiven der mit Marmor und Eiche ausgestatteten Offiziersmesse, der strengen Sauberkeit der Kajüten und der duftenden Farbe der Wände.

»Sie ist grade mal zwei Monate von der Generalüberholung zurück«, erzählt mir der alte Bootsmann, den man auf die »Schaumjan« beordert hat, »vierzigtausend Pfund Sterling hat das ganze gekostet ... Mehr wie dass ich sterbe auf diesem Dampfer, kann ich ja wohl von Gott nicht verlangen. Vierzigtausend Pfund – was ist das in unserem Geld, Jakov?«

»Vierzigtausend Pfund«, wiederholt Jakov nachdenklich und schwankt auf den nackten Füßen, »das kann man nicht sagen in unserm Geld ...«

»Das ist ja das Tolle«, ruft der Bootsmann triumphierend aus, »die ›Edwig‹ kostet gleich noch mal so viel. Und jetzt rechne das mal in unserm Geld aus ...«

»In unserm Geld«, wiederholt der schwankende Jakov störrisch, »krieg ich so 'ne Rechnung im Leben nicht hin ...«

Und selig sinkt Jakovs puterrotes Gesicht zum Schiffsdeck

hinab, voll listiger Begeisterung und unterdrücktem Lachen. Seine Finger schnalzen selbstvergessen in der Luft, und sein Rücken neigt sich immer tiefer.

»Du hast doch wohl heute nicht einen in der Krone, Jakov?«, fragt ihn im Vorübergehen der neue Kapitän der »Kamo«.

»Nee, Genosse Kapitän, in der Krone hab ich keinen«, erwidert Jakov belehrend, »aber aus Anlass von diesem Anlass hier bin ich am heutigen Tag ordentlich unter Dampf, weil das Schiff ist ja schon bald auf dem Weg nach Odessa, und außerdem könnt ich mich über die Sache hier endlos beömmeln ... Das ist so, wie wenn Sie, Genosse Kapitän, mir – sagen wir mal – aus lauter Bosheit die Frau ausgespannt hätten ... Kein weltbewegendes Weibsstück, aber für mich armen Schlucker grade recht ... Sie haben sie mir also ausgespannt und Punkt ... Ein Jahr geht ins Land, und dann geht noch mal ein Jahr ins Land. Da lauf ich plötzlicherweise meinem Weibsstück übern Weg, glatt wie ein Eber, ausstaffiert mit Kleidchen und Schühchen, ein Wänstlein und Ohrringe dazu, die Taschen voller Geld und auf dem Kopf allerhand Frisur, das Gesicht eine einzige Provokation, die Fassade nicht zu beschreiben und das Ganze respektabel bis zum Gehtnichtmehr ...

Kann ich da nicht, Genosse Kapitän, aus Anlass von diesem Anlass hier Dampf machen, wo doch das Schiff schon bald auf Fahrt geht?«

»Mach Dampf«, sagt der Kapitän lachend, »vergiss nur nicht, die Ventile zu schließen.«

»Zu Befehl, Kapitän«, ruft Jakov.

Wir kehren alle in den Maschinenraum mit seiner uhrenhaften Präzision zurück.

… Und am Ende haben wir den Dieb geschnappt. Der Kragen des Diebs erwies sich als geräumig. Zwei Passagierfrachter hatten darin Platz gefunden. Dann glitt die protzige Flagge der Aggressoren traurig hinab, und zur Mastspitze stieg eine andere auf, gefärbt vom Blut des Kampfes und vom Purpur des Sieges. Reden wurden gehalten, und vor lauter Freude feuerte man Kanonenschüsse ab. Der eine oder andere knirschte unterdessen mit den Zähnen. Soll er nur knirschen …

Fahren wir fort. Es waren einmal auf dem Schwarzen Meer drei Öltankschiffe – »Strahl«, »Licht« und »Glanz«. Die »Licht« starb eines natürlichen Todes, während »Strahl« und »Glanz« in besagtem steifgestärkten Kragen landeten. Und am Ende haben wir die »Strahl«, alias »Lady Eleanor«, vor drei Tagen wieder herausgeschüttelt, einen soliden Dreimaster mit einer Kapazität für hunderttausend Pud Erdöl, prunkend mit dem Kristallglanz der Kajüten, der Schwärze der mächtigen Bordwände, den roten Adern der Ölleitungen und dem blanken Silber der Zylinder. Eine überaus nützliche »Lady«. Sie sollte wohl imstande sein, die erloschenen Feuerungen an den sowjetischen Küsten mit sowjetischem Erdöl zu nähren.

Die »Lady« liegt bereits an der Landungsbrücke der Schwarzmeer-Transportgesellschaft, an derselben Stelle, an die man zuvor die »Schaumjan« verbracht hat. Über ihr flaches Deck schlendern noch irgendwelche Gentlemen mit lila Hosenträgern und Lackschuhen. Die dürren, glattrasierten Gesichter sind verzerrt vor Müdigkeit und Missmut. Aus den Kajüten bringt man ihnen Necessaires und Käfige mit Kanarienvögeln heraus. Die Gentlemen schimpfen mit heiserer

Stimme aufeinander ein und horchen auf das Autogehupe, das durch Regen und Nebel herüberdringt ...

Fahle Flamme tiefroter Rosen ... Graue Seide um wohlkonturierte Beine ... Gezwitscher überseeischer Rede ... Macintoshs an hochgewachsenen Herren und die Stahlstäbe ihrer steifgebügelten Hosen ... Der Schrei der Motoren, schrill und forsch.

Kanarienvögel, Necessaires und Gentlemen werden in Autos verstaut und entschwinden. Zurück bleibt der Regen, der unerbittliche Regen von Batumi, er grollt aus der Fläche der schwarzen Wassermassen, verdeckt die Bleigeschwulst des Himmels, wühlt unter der Landungsbrücke wie Millionen von bösen, hartnäckigen Mäusen. Zurück bleibt auch ein zusammengekauertes Häuflein Menschen vor den Kohlenbunkern der »Lady Eleanor«. Eine stumme und düstere Verwehung aus geduckten marineblauen Kitteln, erloschenen Papyrosy, schwieligen Fingern und freudlosem Schweigen. Das sind die, um die sich keiner schert ...

Der russische Konsul in Batumi hatte der ehemaligen Besatzung der von uns beschlagnahmten Dampfer gesagt:

»Ihr nennt euch Russen, aber ich kenne euch nicht. Wo seid ihr gewesen, als Russland unter der unerträglichen Last eines ungleichen Kampfes am Boden lag? Ihr wollt auf euren früheren Plätzen bleiben, aber habt nicht ihr Dampf angelassen, habt nicht ihr die Anker gelichtet und die Signallichter gesetzt in den schrecklichen Stunden, als die Feinde und ihre Mietlinge den verarmten sowjetischen Häfen ihr letztes Gut raubten? Bürger eines Arbeiterlandes zu sein – diese Ehre muss man sich verdienen. Ihr habt sie nicht verdient.«

Und so sitzen sie also, diese Heimatlosen, vor den Kohlenbunkern der »Lady Eleanor«, gefangen in einem Käfig aus Regen und Einsamkeit.

»Seltsam«, sagt ein alter Heizer zu mir, »was sind wir denn nun? Wir sind Russen, aber Bürger sind wir keine. Hier nimmt man uns nicht auf, und dort wirft man uns raus. Der Russe will mich nicht kennen, und der Engländer hat mich noch nie gekannt. Wo sollen wir hin, was sollen wir anfangen? In New York liegen viertausend Dampfer ohne Beschäftigung, in Marseille sind es dreihundert. Man bittet mich freundlich: Fahr zurück, wo du hergekommen bist. Hergekommen bin ich doch vor dreißig Jahren, und zwar aus dem Gouvernement Rjazan.«

»Ihr hättet euch nicht aus dem Staub machen sollen«, sage ich. »Du bist ein Heizer ohne jeden Verstand, vor wem hast du dich aus dem Staub gemacht?«

»Ich weiß«, gibt der Heizer zur Antwort, »jetzt weiß ich Bescheid ...«

Und am Abend gingen sie, eine traurige Herde, mit ihren Seesäcken zum Hafen, um sich auf einem ausländischen Dampfer einzuschiffen, der nach Konstantinopel fuhr. An der Gangway wurden sie von den Reisekoffern der schwer parfümierten Damen und grauen Macintoshs herumgepufft und zurückgedrängt. Der puterrote Kapitän mit der goldbestickten Mütze brüllte von der Brücke herab:

»Weg mit euch, ihr Kanaillen ... Mir reichts mit dem kostenlosen Pack ... Platz machen sollt ihr. Lasst die Passagiere durch ...«

Dann verfrachtete man sie auf einen Haufen Taue am Heck. Und dann wieder wurden die Taue gebraucht, und man verjagte sie ans andere Ende des Dampfers. Sie lungerten auf dem Deck herum, betäubt, ängstlich, mucksmäuschenstill, mit ihren verdreckten Kitteln und trostlosen Bündeln. Und als der Dampfer das Signal zum Ablegen gab und die Damen an Bord ihren Angehörigen am Ufer Blumen zuwarfen, trat der alte Heizer an die Reling und rief mir voller Verzweiflung zu:

»Wenn wir Staatsbürger wären, egal von wo, dann tät er uns nicht so behandeln, der kahle Hund.«

MEDRESSE UND SCHULE

Der Kampf, bedeutend und unbemerkt, vollzieht sich mit heimlicher, dumpfer Beharrlichkeit. Er vollzieht sich allerorten – auf den rauhen Hängen der unzugänglichen Berge wie in den feuchten Tälern von Niederadscharien. In einem Lager steht die Moschee mit ihrem fanatischen Hodscha, im anderen eine unscheinbare Holzhütte, oftmals ohne Fenster und Türen, mit der verblassten Aufschrift »Arbeitsschule« auf rotem Wimpel. In wenigen Tagen werde ich in die Berge aufbrechen, um mir vor Ort ein Bild von den taktischen Windungen im Kampf um die kulturelle Vorherrschaft zu machen, den unergründlichen Serpentinen, die man in diesen hinterwäldlerischen, vom Zentrum abgeschnittenen Dörfern beschreiten muss, welche noch ganz durchdrungen sind von der giftigen, blinden Poesie des Feudalismus und der religiösen Verknöcherung. Aber zuerst will ich die Fakten mit Ihnen teilen, die ich durch meinen Einblick in die Arbeit des hiesigen Narkompros gewonnen habe.

Um in menschliche Seelen einzudringen, braucht es Weitsicht und Behutsamkeit. Unter den schwierigen Bedingungen des Orients müssen diese Eigenschaften zehnfach gesteigert, bis zum Äußersten ausgeprägt sein. Das ist die Lage, da bedarf es keiner weiteren Beweise. Doch die menschewistischen Bildungskavalleristen waren anderer Ansicht. In das ins Wanken geratene Reich des adscharischen Mullahs trugen sie den unverhohlenen Eifer eines kurzsichtigen Nationalchauvinismus. Das Ergebnis war kaum überraschend. Die Bevölkerung entbrannte in wütendem Hass gegen alles, was von der Macht kam. Die staatliche Schule, die Dutzende Dörfer vereinte, kam auf zehn bis fünfzehn Schüler, während die Medresse vor lauter Kindermassen aus den Nähten platzte. Die Bauern brachten den Hodschas Geld, Lebensmittel, Material für die Renovierung der Gebäude. Und die menschewistische Schule kümmerte in gähnender Leere vor sich hin und untergrub nicht nur die Autorität ihrer Verfechter, was nicht weiter schlimm wäre, sie gefährdete auch den Glauben an das ABC der Kultur, das die Schulen der Vorreformära gebracht hatten.

Die Menschewiken hatten also ein Erbe hinterlassen, ein verfluchtes Erbe. Von ihm musste man sich befreien. Kein leichtes Unterfangen. Das Misstrauen der muslimischen Bauern war zuverlässig geweckt, die Leidenschaften kochten hoch. Der primitive Kampf ums Alphabet war bis in die Wurzeln verquickt mit den gigantischen Aufgaben der politischen Bildung. Der Kongress der adscharischen Exekutivkomitees war sich darüber vollkommen im Klaren. Er verfügte jene Methode eines umsichtigen, schrittweisen Vorgehens und einer Konkurrenz der Ideen, die nun erste Früchte trägt.

Die Medressen ließ man bestehen. Sie existierten parallel neben der sowjetischen Schule. Außerdem arbeitete das Narkompros hartnäckig darauf hin, überall dort Schulen zu eröffnen, wo es zuvor schon religiöse Schulen gegeben hatte. Es kam nicht selten vor, dass man den Hodscha einlud, in der sowjetischen Schule die türkische Sprache zu unterrichten. Die Hodschas kamen und brachten Scharen von Kindern mit. Eine entscheidende Rolle spielte die Einführung des Türkischen als obligatorische Unterrichtssprache, wobei das Georgische stets führende Amtssprache blieb.

Vor uns liegt die Erfahrung von anderthalb Jahren Arbeit. Die Bilanz? Außerordentlich günstig. Der Umbruch ist vollbracht. Der lebendige Prozess der Bildungsarbeit an unseren Schulen hat über die tote Scholastik der Medresse gesiegt. Die Kinder flüchten buchstäblich aus den Unterrichtsstunden der Hodschas, sie springen aus dem Fenster, brechen manchmal die Türen auf und verstecken sich vor dem furchteinflößenden Lehrer. In den sowjetischen Schulen steigt die Zahl der Schüler rapide. Und dieser Sieg wurde ohne jede repressive Maßnahme, ohne auch nur einen Schatten von Gewalt errungen. All das haben der unerbittliche Fortgang des Lebens, die Macht des Offensichtlichen mit beispiellosem Tempo und völliger Klarheit bewirkt. Unsere unmittelbare Aufgabe ist es, diese unblutigen, lebenswichtigen Eroberungen zu bewahren und auszuweiten, aber … und hier folgt eine solche Vielzahl von »aber«, dass ich mich gezwungen sehe, mit dem nächsten Satz zugleich einen neuen Absatz zu beginnen.

Das Narkompros von Adscharistan hat kein Geld. Auf dieses gewohnte Phänomen müsste man nicht weiter eingehen, wenn der Geldmangel des adscharischen Narkompros nicht eine legendäre Dimension erreicht hätte. Ein Beispiel genügt: Das Gehalt für sieben Monate, von Januar bis August, ist den Lehrern vor wenigen Tagen ausbezahlt worden, dank einem Kredit von vier Milliarden, den das adscharische Sovnarkom nach fast einjähriger Bedenkzeit endlich bewilligt hat. Bedenkt man die unerträglichen Lebensbedingungen des Kulturarbeiters, den es in die wilden Schluchten von Oberadscharien verschlagen hat, den ganzen Winter lang abgeschnitten von jeglicher Kommunikation mit der Außenwelt, eingeschlossen unter misstrauischen Bauern, die langfristiger und beharrlicher Formung bedürfen – und all dies ohne jedes Gehalt, dann muss man sich aufrichtig wundern, dass nicht längst alle geflüchtet sind. Die Ausbildung des Lehrpersonals hat das Narkompros als elementare Voraussetzung begriffen. In Chuzubani arbeitet bereits eine pädagogische Hochschule, wo ca. zwei Dutzend junge Adscharen studieren, und die Stunde ist nicht fern, da die Schule einen ersten Kader muslimischer, von den Ideen der Sowjetherrschaft durchdrungener und mit den Grundlagen der neuen Pädagogik vertrauter Lehrer entlassen wird, die das Georgische ebenso gut beherrschen wie das Türkische. In Batumi wird im kommenden Studienjahr eine Fachschule für Pädagogik eröffnen, die dieselben Ziele verfolgt. Ihr gebührt ungeteilte Aufmerksamkeit. Die Brosamen vom menschewistischen Lehrertisch, aber auch unsere eigenen Akteure, die noch nicht auf die spezifische Mentalität der Bevölkerung eingestellt sind, haben der Arbeit erheblich geschadet. All dies wird sich ab dem Moment ändern müssen, wo die Adscharen, Fleisch vom Fleisch und Blut vom Blut der Dörfer, die sie entsandten, als Lehrer und Propagandisten in ihre Heimatorte zurückkehren. Ehre, Glaube und Liebe werden ihr Lohn sein.

Heimkehren werden sie als Lehrer und Propagandisten. Das Wort »Propagandist« verwende ich mit Bedacht. Nicht umsonst formiert sich in den Verwaltungskreisen für die einheitliche Entwicklung der Schulen eine Troika aus dem Ortsvorsitzenden des Narobraz, einem Bevollmächtigten des Partkom und einem Berater des Narkompros. Die Hütte mit der verblichenen Aufschrift »Arbeitsschule« auf rotem Wimpel bildet den Kern, an den sich künftig eine Lesehütte, eine Schauwerkstatt und ein Kulturfilmkino angliedern sollen.

Es gibt keinen besseren Weg, in die halbgeöffneten Herzen der Bergbewohner zu dringen. Der Lehrer muss in Personalunion das Dorf-Narkompros, das Glavpolitprosvet und die Agitprop des Parteikomitees vertreten. Schon im kommenden Jahr werden an einigen Schulen kleine Schauwebereien und Kurse für Seidenraupenzucht eröffnen. Der Erfolg dieser Vorhaben ist garantiert. Selbst Frauen, die verschleierten adscharischen Frauen, nehmen gerne an solchen Kursen teil.

Denkbar schlecht steht es um die Renovierung der Schulgebäude. Momentan handelt es sich bei den meisten um halbverfallene Bruchbuden. Von den lokalen Exekutivkomitees kommen Verlautbarungen, dass man bereit sei, den Schulbau so weit als irgendwie möglich zu fördern. Im Vergleich zum Vorjahr, als ein Bauer, der sein Kind in die Schule gab, aufrichtig überzeugt war, dem Staat einen unschätzbaren Gefallen zu erweisen, markiert diese Verlautbarung ein bedeutendes Umdenken. Doch das Dorf kann nur geben, was es hat. Im Dorf fehlt es an Eisenmaterial, Fensterscheiben, Dachziegeln, es fehlt an Lehrmitteln. Hoffen wir, dass sich die aktuelle Neubesetzung des adscharischen Narkompros in diesem Punkt als konsequent erweist. Natürlich wird es wenig ausrichten können, solange die zentralen Organe in Tiflis es nicht mit der Zusendung von Lehrbüchern, Materialien für den Werkunterricht u. ä. unterstützen.

GAGRA

Durch den Willensakt eines mächtigen Despoten wuchs die Stadt auf dem Felsen empor. Man baute Paläste für die Auserwählten und Hütten für jene, die den Auserwählten dienen sollten. An unwirtlicher Küste funkelten Lichter auf, und stramme Geldsäcke mit durchlöcherten Lungen strömten zum Felsen des erlauchten Despoten.

Alles lief wie geplant. Die Paläste blühten, die Hütten moderten. Die porösen Lungen der Auserwählten heilten, die gesunden Lungen der Bediensteten zerfielen und kollabierten, und der zügellose alte Prinz jagte unermüdlich Schwäne auf seinen Teichen, legte Blumenrabatten an und kraxelte über Steilhänge, um in schwindelnder Höhe Paläste und Hütten zu errichten, nichts als Paläste und Hütten. In Petersburg erwog man, den Prinzen für verrückt zu erklären und unter Kuratel zu stellen. Dann brach der Krieg aus. Man erklärte den Prinzen zum Genie und ernannte ihn zum Leiter des Sanitätsdienstes. Fünf Millionen Kranke und Verwundete, so will es die verblüffende Kunde, soll der Prinz von Oldenburg geheilt haben, doch wer spricht von Gagra, dieser Ausgeburt seiner eigenwilligen und müßigen Fantasie?

Erst Krieg, dann Revolution. Ebbe und Flut roter Fahnen. Den modischen Kurorten gingen die Kranken aus und den Pflegerinnen das Brot. Gefechtslärm auf den Magistralen und kauernde Stille in entlegenen Käffern. Der allrussische Sturm spült unnützen Schotter an ferne Küsten, Kadaver von Ratten, die das sinkende Schiff verließen. Und das leichenhafte Gagra, dieser erlauchte Wahnwitz, kümmert auf seinem zerstörten Felsen von allen vergessen dahin und produziert nichts …

Auch jetzt hinterlässt dieses trostlose, wunderliche Städtchen einen furchtbaren Eindruck. Es gleicht einer von Regen und Schlamm ramponierten Schönen oder einer Truppe spanischer Tänzerinnen, die in einem hungernden Wolgadorf gastiert. Die rings um den Palast künstlich angelegten Teiche sind zu Sumpf geworden, und ihr giftiger Atem raubt der gespenstisch elenden Bevölkerung die allerletzte Kraft. Bizarre, safrangelbe Gestalten in Beamtenuniformen ergehen sich mit ihren Krückstöcken zwischen schummrigen Buden, die von den Granitmauern vielstöckiger Kolosse erdrückt werden. Goyas Wahnsinn und Gogols Hass hätten nichts Schlimmeres ersinnen können. Wie Trümmer eines Schiffsunglücks, sinnlose Phantome der Vergangenheit, irrt diese abgehalfterte Beamtenschaft aus der Vorreformära hier umher, ausgebrannt von Armut und Malaria, aus irgendeinem Grund im Leben verharrend, trauriges Symbol einer erstorbenen Stadt.

Fünf Jahre lang hat Gagra nichts getan, weil es nichts zu tun gab und weil Gagra sich nicht darauf versteht, etwas zu tun. Gagra versteht sich nur aufs Konsumieren – diese Siedlung der Pflegerinnen, Gastronomen, Etagendiener und Badegehilfen, die unter ihrem alten Herrn die Schule eines Lakaienschicks und kurörtlicher Trinkgelder durchlaufen haben.

Und in diesem Jahr hat nun der neue Herr erstmals wieder die Kursaison in Gagra eröffnet. Die Sanatorien werden gereinigt und in Ordnung gebracht. Man erwartet kranke Genossen aus der RSFSR und Transkaukasien. Die Zahl der Schlafplätze in den Sanatorien soll auf 150 bis 200 gesteigert werden. Gagra verfügt über ein gewaltiges Potential. Einziger Wermutstropfen ist das ziemlich akute Problem der Lebensmittel, aber die Hotelgebäude und der ehemalige Palast des Prinzen von Oldenburg sind zwar ärmer an Inventar, aber immer noch wunderschön. Die Kurverwaltung, die bis dato bekanntlich nicht an Überarbeitung gelitten hat, zeigt gewisse Lebenszeichen.

Auf den eingesunkenen Wangen des Städtchens spielt ein schüchternes Hoffnungslächeln. Gagra erwartet neue Vögel und neue Lieder. Die erschöpften und siechen, aber unermüdlichen Vögel, die einst die endlosen Weiten unseres Landes befruchteten – mögen sie doch einen winzigen Teil ihrer lebensspendenden Energie darauf verwenden, diesen Luftkurort zu neuem Leben zu erwecken, denn auch wenn er bis heute schlecht geführt und heruntergekommen ist, so hat er doch jedes Recht, weiter zu existieren.

TABAK

Ein halbblindes Mütterchen bittet im Narkomsobes um Unterstützung.

»Mit Tabak ist Schluss«, gibt man ihr dort entrüstet zur Antwort. »Aus und vorbei ... Den Tabak können Sie vergessen ...«

Wieso Tabak? Ein dunkles Mysterium. Weiter. Eine Lehrerin erkundigt sich im Narkompros wegen ihres Gesuchs.

»Der Tabak ist futsch und vorbei«, entgegnet ihr der Genosse aus dem Narkompros giftig, »hat den Geist aufgegeben, das Tabäkchen. Noch ein, zwei Monate – und Sense ...«

Und schließlich der Assanierungsarbeiter, der im Kommunchoz wütend Geld verlangt.

»Woher soll ich ihn bitteschön nehmen, den Tabak«, brüllt der Genosse vom Kommunchoz erzürnt, »ihr glaubt wohl, ich lass mir euren Tabak aus der flachen Hand wachsen ... Oder soll ich im Vorgarten eine Plantage hochziehen?«

Wunderliches Abchasien! Assanierungsarbeiter und alte Mütterchen rauchen gleichermaßen passioniert, und selbst die sanftesten Lehrerinnen stehen ihnen in dieser edlen Leidenschaft in nichts nach.

Ein dunkles Mysterium. Doch wie trist klärt es sich auf, wenn man dem autoritativen Klagelied der Tabakabteilung auch nur das geringste Gehör schenkt.

1914 erreichte die Tabakernte in Abchasien eine Million Pud. Es war eine Rekordzahl, und alle Umstände sprachen dafür, dass sie weiterhin stetig steigen würde. Schon vor dem Krieg hatte der Tabak aus dem Gebiet von Suchumi klar über den aus Kuba und von der Krim gesiegt. Die Fabriken in Petrograd, in Rostov am Don, im russischen Süden arbeiteten mit Rohmaterial aus Suchumi. Der Export ins Ausland wuchs mit jedem Jahr. Die einstigen Monopollieferanten – Mazedonien, die Türkei, Ägypten – konnten nicht umhin, die einzigartigen Qualitäten des neuen Konkurrenten anzuerkennen. Die erlesenen Sorten, die von den berühmten Fabriken in Kairo, Alexandria, London produziert werden, verdankten ihre besondere Kostbarkeit der Beimischung von abchasischem Tabak. Mit blitzartigem Tempo erwarb sich unser Produkt den Ruf als eines der weltweit besten; ausländisches Kapital strömte eilig an unsere Küste und sorgte für die Errichtung gigantischer Lagerspeicher und das Anlegen industrieller Plantagen.

In der Vorkriegszeit schwankte der Tabakpreis je nach Sorte zwischen 14 bis 30 Rubeln pro Pud. Die durchschnittliche Ernte betrug achtzig bis hundert Pud pro Desjatine. Der verbreitetste Typus einer bäuerlichen Plantage umfasste drei bis vier Desjatinen. Als Pioniere der Tabakkultur an der hiesigen Küste hatten Griechen und Armenier gewirkt. Die angestammte Bevölkerung konnte ihre Erfahrung erfolgreich nutzen und machte den Tabakbau zum ökonomischen Rückgrat des Landes. Der Wohlstand der Bauernschaft von Suchumi zeigte Anzeichen von Wachstum, trotz der Bedrängnis durch räuberische Aufkäufer und die zaristische Verwaltung. Nun wird verständlich, warum der Tabak »an allem schuld ist«, warum er gebrechlichen Mütterchen ebenso wenig fremd ist wie leidenden Lehrerinnen.

Nach 1914 begann der Krieg sein Zerstörungswerk. Wellen von Umsiedlern walzten die wertvolle Kultur nieder, der erste Ansturm der Revolution musste die Krise noch vertiefen, und die Menschewiken, diese fatalen Männer, schlugen alles restlos kaputt.

In dem fruchtbaren Märchengarten, der Abchasien heißt, lernt man sie wahrhaftig mit aller Macht hassen, diese Abart matter Asseln, die hier allerhand Spuren ihres schöpferischen Genies hinterlassen haben. In den zwei Jahren ihrer Herrschaft ist es ihnen gelungen, alle lebenswichtigen Einrichtungen der Stadt zu zerstören; die Holzreichtümer überließen sie dem Raubbau ausländischer Haie, und durch die Verhängung eines Tabakmonopols zerstörten sie vollends den zentralen Nerv des Landes. Das Monopol wäre noch halb so schlimm. Eine Staatsmacht, die eine vernünftige Wirtschaftspolitik verfolgt, kann auch noch härtere Maßnahmen ergreifen, aber sie tut es mit Verstand. Doch das menschewistische Monopol zielte auf den sicheren Tod der Tabakindustrie. Parallel zum staatlichen Preis, der nicht einmal die Selbstkosten deckte, existierte die Taxierung des ausländischen Markts, die um exakt 400 Prozent höher lag als die verfügten Sätze. Was blieb dem Pflanzer unter solchen Bedingungen übrig? Gar nichts zu tun. Diese einfache Aufgabe hat er glücklich bewältigt.

Unter der Ägide der aufgeklärten Seefahrer ging der Tabakbau von Abchasien friedlich zugrunde. So ungeheuerlich es klingt – in den Jahren 1918–1920 hat nicht ein Pfund der neuen Ernte den Markt erreicht. Die Plantagen wurden zu Mais umgepflügt, was durch das Aussetzen der Getreidelieferungen aus der RSFSR noch befördert wurde. Die klaffende Wunde schwärte und blieb offen.

Solcherart war das Erbe der Menschewiken. Und wenn man nun unter die Lupe nimmt, wie die Sowjetmacht daranging, dieses Erbe zu liquidieren, muss man in aller Offenheit eingestehen, dass in dieser Sache weder hinreichende Kompetenz, noch planmäßige Strenge an den Tag gelegt worden ist.

Gewiss, das Monopol wurde abgeschafft, aber nur, um einem wirren Wust von Dekreten zu weichen. Die Fragen der Tabakindustrie wurden alle zwei Wochen neu verhandelt – die widersprüchlichsten Erlasse ergossen sich über das Haupt des verwirrten, desorientierten Pflanzers. Jede Behörde war ein bisschen für den Tabak zuständig, aber keine so, wie es sich gehört. Bis heute schwelt zwischen dem Vneštorg und dem abchasischen Sovnarkom ein unentschiedener Streit, wer über einen Teil des von den Menschewiken hinterlassenen Tabakfonds bestimmen soll. Während der anderthalbjährigen Sowjetperiode sind zur Deckung der laufenden Staatsausgaben ca. eine halbe Million Pud umgesetzt worden, ohne Plan und zu Niedrigstpreisen. Und für 1922 steht uns eine Ernte bevor, die kaum einmal zehntausend Pud frischen Tabaks abwerfen wird. Die dahinsiechenden Plantagen werden nicht instandgesetzt. Halbherzige Genehmigungen, halbherzige Verbote, tiefsinnige Fußnoten zu gewichtigen Paragrafen haben bei den Pflanzern, die keine Gewissheit über den morgigen Tag haben, zu heilloser Verwirrung geführt. Ohne diese Gewissheit wird es keinen Neuanfang geben. Und deshalb krautert der Bauer auf seiner Desjatine Mais herum, die ihm einen Bruttoertrag von zehn bis fünfzehn Millionen in Frachtbons einbringen kann, und verschmäht den Tabak, der bei einer durchschnittlichen Ernte fünfundsiebzig bis hundert Millionen verspricht. Die materiellen Existenzbedingungen des abchasischen Bauern haben sich rapide verschlechtert. Seine Kleidung ist zerschlissen, sein Haus voller Löcher, weil für die Reparatur das Geld fehlt.

Der Wille, Tabak zu pflanzen, ist allgemein vorhanden. Das Einzige, worum der Pflanzer dringend ersucht, ist ein solides Gesetz für die Tabakindustrie. Ob dies über eine Naturalsteuer oder die Regulierung des Handels erfolgt – es ist an den Wirtschaftsorganen zu entscheiden, was das Land und die Werktätigen am meisten benötigen. Aber Klarheit muss sein. Die Vermischung unterschiedlichster Sichtweisen und das Verwirrspiel müssen ein Ende haben. Andernfalls droht die Goldgrube des Tabaks auf lange Zeit ungenutzt zu versiegen, zum großen Schaden der Föderation.

IN TSCHAKWA

Tee. Tee-Ernte. Auf diese beiden Wörter zielen hier wie auf eine Schießscheibe alle Bemühungen, Hoffnungen, Interessen. Die alten Hänge von Tschakwa sind mit ebenmäßigen Reihen der wohlbehüteten Sträucher bedeckt. In deren gewöhnlichem Grün lassen sich weder Früchte, noch Blüten, noch Fruchtknoten erblicken. Gleichgültig gleitet das Auge, das die feuchten Felder Ceylons ersehnt, das Auge, das sich auf die gelben Ebenen Chinas einstimmt, über das grüne

Gebüsch und sucht »den Tee«. Und wer würde ihn erkennen in der klitzekleinen lila Knospe, die das Zwergenkrönlein des Strauches ziert, und in dem frischen, unter der Knospe sich verbergenden Blättchen, das Abermillionen ebensolcher hundsgewöhnlicher Blättchen gleicht? Erkannt, gefunden, gepflückt werden sie von der übermenschlich geschickten kleinen Maschine, die in den Händen der hiesigen Griechen, den zerstochenen roten Fingern ihrer zehnjährigen Töchter verborgen sitzt.

All die Archilevs, Ambarzakis und Theotokis sind aus ihren adscharischen, von blauem, niemals sich lichtenden Nebelgewölk bedeckten Bergschluchten zur Tee-Ernte nach Tschakwa heruntergekommen. Langsam, unermüdlich gleiten ihre aus Kindern bestehenden Artels über die ausgewaschenen Terrassen, und über den Sträuchern schwirren flinke Hände wie ein flüchtiger Vogelschwarm. Mit untrüglichem Blick ortet das geübte Auge in der unerschöpflichen Blüte dieses grünen Labyrinths die begehrten zwei Blättchen, und wer nicht an das Unmögliche glaubt, soll wissen, dass manche der Mädchen pro Arbeitstag bis zu hundertfünfzig Pfund dieser federleichten Knospen und Stengel ernten.

Wächter mit fuchsroten Schnauzbärten galoppieren auf scheckigen Pferdchen über die rosigen Pfade von Tschakwa, sanfte Büffel ziehen mit knarrendem Joch zweirädrige Karren voll frischgepflückter Blätter ins Tal, olivenhäutige Griechen, die Vorsteher der Artels, klettern über die Hügel, klappen mit den Notizbüchern, mahnen die Arbeiter mit gedehnten Rufen und sprudeln plötzlich ein übermütiges Lied hervor, wild wie die Weisen der Fischer von Balaklava.

Doch alle – Aufseher, Karren, olivenhäutige Griechen – zieht es ins Tal hinunter, zu jenem planierten, in Zement gebannten Stück Land, wo das unveräußerliche Erbe des Tsündschou seinen Platz hat: die Teefabrik.

Tsün-dschou, der ruhmreiche Ivan Ivanyč. Ihn kennen alle Bewohner diesseits und jenseits der Chaussee, die von Tschakwa nach Batumi führt. Sein unerschütterlicher Ruhm ist zwar gering an Reichweite, aber unerschöpflich in der Tiefe. Vor siebenundzwanzig Jahren brachte der Tee-Enthusiast und Tee-Kapitalist Popov den zwanzigjährigen Dschou aus Mittelchina mit, aus den heiligen Wildnissen des Orients, wohin noch kein Europäer seinen Fuß gesetzt hatte. Dem einstigen Sklaven auf den Plantagen irgendeines Mandarins und heutigen Ivan Ivanyč war es beschieden, zum Pionier und unangefochtenen Herrn des Teeanbaus in Russland zu werden. Und nur auf dem grenzenlosen und ebenen Boden Chinas, wo die Menschen zahllos sind wie Bambushalme im Tropenwald, nur auf diesem rätselhaften, von gesichtslosen Millionen gedüngten Grund, konnte sich die flammende Leidenschaft eines Tsün-dschou entfalten, seine Tätigkeit, lärmend und rastlos, das fahrige, krampfhafte, beharrliche und abwägende Temperament des Asiaten.

Alle Fäden laufen bei ihm zusammen. Wenn die Büffel von den Hügeln herabkommen, sehen sie die zementierten, stufenförmigen Plateaus, die an die Fabrik angrenzen. Über dem roten Spitzengewebe der Landschaft von Tschakwa blüht eine australische Sonne. Die gigantischen Plateaus, bestreut mit einem smaragdgrünen Teppich welkenden Tees, wirken wie weiße, frisch gewaschene Tischtücher, widerstrahlend unter den Kristallfluten elektrischen Lichts. Der Welkungsprozess an der Luft ist das Relikt einer aussterbenden, vorindustriellen Produktionsweise, die nur deshalb beibehalten wird, weil es an überdachten Gebäuden fehlt für die dreißigtausend Pfund frischen Blattguts, das täglich von den Plantagen geliefert wird.

Nachdem die Blätter vierundzwanzig Stunden gewelkt werden, kommen sie in die Pressen zum Rollen. Erst jetzt entsteht das Urbild der uns so vertrauten aromatischen schwarzen Krümel. Dann folgt der Fermentierungsprozess. Sobald ein Blatt vom braunen, feuchten Gift der Fäulnis berührt wird, ist es reif für die Trocknung. In einem hermetisch abgeschlossenen Ofen, der einem Vorstadthäuschen gleicht, rotiert ein endloses Metallnetz, auf das eine gleichmäßige Teeschicht gestreut ist. In diesem dicht versiegelten Dampfhaus von der Komplexität eines Motors wird der Tee einer allmählichen und gleichmäßigen Erwärmung unterzogen. Dieser Trocknungsprozess wiederholt sich zweimal. Und wenn der Tee zum zweiten Mal aus dem Ofen kommt, ist er fertig. Er ist bereits schwarz, gekräuselt, aber noch fehlt das Aroma. Den letzten Schliff erledigen die Sortiermaschinen.

Der Aufbau der Sortiermaschinen ist schlicht, ihre Funktionsweise allgemein verständlich, doch in dieser Produktionsphase liegt der Schlüssel zum Erfolg; hier offenbaren die undurchsichtigen Eigenschaften des Tees eine Tyrannei, deren subtile Tücke sich der Wahrnehmung des Uneingeweihten entzieht.

Als Sortiermaschine bezeichnet man ein in verschiedene Sektoren unterteiltes Trommelsieb mit einer spezifischen Maschenweite für jeden Sektor. Mit einer raschen Rotationsbewegung siebt die Trommel den Tee, wobei die kleinsten und kostbarsten Partikel durch die ersten Sektoren fallen; je näher die Ausgangsöffnung, desto größer die Maschenweite, und desto gröber die herausgesiebten Teekrumen. Unter jedem Sektor steht ein Holzkasten. In ihn rieselt der Tee, der vom jeweiligen Teil der Trommel bearbeitet wird. So birgt jeder Kasten eine spezifische Teesorte. Im zweiten und dritten Kasten sind die hochwertigen Sorten, weil sie auf der ausschließlichen Sortierung von Knospen und obersten Blättchen beruhen; in den folgenden Kästen befinden sich die Sorten von niederer Qualität, die durch die Siebung von bereits harten und alten Blättern entstehen.

Auf die Sortierung folgt die Verpackung. Und das ist alles. So sieht das Schema aus. Am dritten oder vierten Tag nach dem Eintreffen des grünen Blattguts von der Plantage gelangt der Tee als Produkt höchst simpler und unkomplizierter Prozesse in die Lagerhallen der Fabrik, wo er während der mehrmonatigen Lagerung sein spezifisches Aroma gewinnt.

So sieht das Schema aus, doch es ist armselig wie ein menschliches Gerippe, ohne Fleisch, Muskeln, Haut. Nicht das Schema ist hier entscheidend. Das verborgene Leben des Materials, die scheinbar so simplen, in Wahrheit jedoch sublimen Veränderungen des Blattes, die tyrannische Unbeständigkeit seiner Grundeigenschaften – all das verlangt unermüdliche, unbegrenzte Aufmerksamkeit und in Jahrzehnten geschärfte Erfahrung. Das Endresultat hängt ab von der geringsten Temperaturschwankung, einer halbstündigen Verzögerung beim Welken und Trocknen, kaum fassbaren Faktoren bei der Ernte. Und es ist kein Geheimnis, dass das voreilige Anpflanzen, die Verwahrlosung der Plantagen, die barbarisch undifferenzierte, auf die Bedürfnisse der Kriegszeit zugeschnittene Sortierung die Qualität des russischen Tees von Tschakwa gesenkt haben. Dabei könnte man diesen Tee dahin bringen, dass er selbst dem unerbittlichen Geschmack eines Pflanzers aus Mittelchina genügen würde. Besuchen Sie einmal die Teefabrik an einem jener gesegneten Tage, da Tschakwa aussieht wie die ziselierte Landschaft um Melbourne, und lassen Sie sich von Tsün-dschou in einem weißen Porzellantässchen eine Probe kredenzen. In diesem korallenroten, duftenden Trank, der in Dichte und Öligkeit an spanischen Wein erinnert, ahnen Sie die Essenz heiliger, fremdländischer Kräuter, todbringend und süß.

Umflutet vom verschwenderischen Gold eines unvergesslichen Sonnenuntergangs gehe ich zu den Mandarinenhainen. Niedriggewachsene Bäume, beschwert von Früchten, in deren tief smaragdgrüner Tönung sich kaum das flammende Kupferrot künftiger Reife ahnen lässt. Vereinzelte Arbeiter besprühen die Bäume mit Kalk und behäufeln sie.

Wir kommen an Bambusgebüsch vorbei, das in der Wirtschaft von Tschakwa keine geringe Rolle spielt, und stoßen auf die verbotenen und undurchdringlichen Wäldereien des Anwesens. Sie umfassen hier elftausenddreihundertsechsundvierzig vollkommen ungenutzte Desjatinen – ein unerschöpflicher Reichtum, der bis in die Gipfelregionen hinaufreicht. Und bis heute besitzt unsere vermessene Axt nicht die Kühnheit, in diese dunklen und kühlen Schlünde vorzudringen. Die vor wenigen Jahren ins Leben gerufene Forstwirtschaft von Tschakwa ist zum Erliegen gekommen. Um sie weiterzuführen, bräuchte man Geld, das es vorerst nicht gibt.

... Über dem Meer hängt das himbeerrote Rund der untergehenden Sonne. Aus zerfetzten, rosigen Wolken fließt zärtliches Blut. Mit farbigen Feuersbrünsten flutet es die blauen Meeresflächen, dringt bis zu jener Biegung der Küste, wo man in einem Spitzbogenfenster die gelben Gesichter Tsün-dschous und seiner Familie, zierlich zarter Chinesinnen, sieht.

Starr säumen die Kronen von Chamaeropsen und Drachenbäumen die spielzeugkleinen Wege. Die staubigen Blätter der Eukalyptusbäume durchschneiden silbrig die blutroten Ebenen des Himmels – und diese ganze zurechtgestutzte

Fülle berauscht die Seele mit der filigranen Lineatur japanischer Seide.

RENOVIERUNG UND SÄUBERUNG

Ein wenig Geschichte. Man muss sie kennen, um zu sehen, wie richtig, mit welch sicherem Instinkt manchmal (leider nicht immer) die NEP vor Ort (leider nicht allerorts) angewandt wird.

Im vorigen Jahr erreichte die Kommunalwirtschaft von Suchumi den Punkt, an dem die Katastrophe beginnt. Die Menschewiken hatten sie vollends ruiniert. Die ersten Monate nach der Sowjetisierung brachten keine nennenswerte Besserung. Das Kommunchoz befasste sich mit der Vergabe von Möbeln und anderem Plunder. Das Krankenhaus lag darnieder. Das primitive, an die heutige Stadtentwicklung nicht angepasste Wasserleitungssystem funktionierte nur unter heftigen Störungen. Eine Inventur der Gebäude, Handelsflächen, Einnahmequellen ist nicht durchgeführt worden. Die Häuser verfielen sang- und klanglos. Das von den Menschewiken geplünderte Elektrizitätswerk lag in den letzten Zügen. Vor allem aber fehlte jegliches Bewusstsein für die Notwendigkeit, unsere Städte, die Wiege des Proletariats, wiederaufzubauen, koste es, was es wolle.

Das Kommunchoz hatte weder die Autorität noch die Mittel – das übliche Bild. Und als man sich der Gefahr bewusst wurde, stand der Zeiger auf der Uhr der Kommunalwirtschaft bereits kurz vor zwölf.

Wichtig ist hier nicht, dass eine unserer Institutionen ihrer Aufgabe gerecht wird. Erfreulich ist vielmehr die Erkenntnis, dass eine erst seit relativ Kurzem akute, heikle und komplexe

Frage in einem fern vom Zentrum gelegenen Winkel verstanden und gelöst worden ist, einem Winkel, der sich von den dürftigen Ressourcen einer horrenden Provinzinformation nährt. Die gewaltige Renovierungsanstrengung der reinen Föderation findet hier, in diesem kleinen Spiegel, ihr getreues Abbild.

Hinter dem Tisch sitzt ein Arbeiter mit lederner Schirmmütze. An den Tisch schlagen die schrillen Wogen des »bourgeoisen Elements«, die Bittgesuche einer falsch verstandenen NEP, die gefährliche Kriecherei der Unternehmer, die launischen Ansprüche der Ingenieure, die Klagen der alten Weiblein.

Eine der Maschinen im Elektrizitätswerk ist schrottreif. Das Kraftwerk ist überlastet. Also rüstet man eine Expedition nach Poti aus, wo ein leistungsstarker, von den Menschewiken dorthin verbrachter Turbogenerator ungenutzt herumsteht. Ein glücklicher Ausgang der Expedition verheißt nicht mehr und nicht weniger als die Elektrifizierung von ganz Abchasien: Umstellung der Fabriken auf Elektrizität, potente Entwicklung einer mit Motorenkraft ausgestatteten Industrie, vollständige Versorgung der Stadt mit Energie und Elektrifizierung der Dörfer. Falls es gelingt, den Generator zu beschaffen, lässt sich die gesamte Arbeit innerhalb weniger Monate abschließen.

Die Wasserleitung. Das Flüsschen, das sie speist, spendet nicht genügend Wasser. Das Projekt einer neuen Wasserleitung und Kanalisation ist bereits ausgearbeitet, und Voruntersuchungen sind im Gang. Das Kommunchoz bemüht sich um die Erteilung von Nutzungsrechten für mehrere Waldparzellen und verspricht im Gegenzug, bis zum kommenden Sommer sämtliche Arbeiten an der städtischen Kanalisation und Wasserversorgung abzuschließen.

Die Finanzen. Vor einem halben Jahr hatte das Kommunchoz nichts als Schulden. Nun wird es aus eigenen Mitteln die Schulen des Narkompros, das Krankenhaus des Narkomzdrav, ein Waisenhaus des Sobes unterhalten. Dies alles ist durch ein vernünftiges Pachtwesen und eine Handelspolitik erreicht worden, die nicht an der Steuerschraube dreht.

»Geben Sie uns drei Jahre«, sagt der Leiter des Kommunchoz, »und Sie werden Suchumi nicht wiedererkennen. Vor einem Jahr war es schlecht, jetzt ist es besser geworden, in drei Jahren wird es richtig gut sein. Bei uns ist alles bereit für die Elektrifizierung. Wasserleitung und Kanalisierung sind eine Frage der nächsten Monate. Die Pflasterung der Straßen haben wir in Angriff genommen. An der Verschönerung der Datschenvororte arbeiten wir. Das Sanitätswesen haben wir verbessert, und mit der diesjährigen Epidemie sind wir spielend fertiggeworden. Im Sommer werden wir die städtische Kühleisfabrik in Betrieb nehmen. Wir ringen mit der Frage der Schaffung eines Renovierungsfonds für Engroskäufe von Baumaterialien, die sich als Darlehen für Hausbesitzer und den eigenen Bedarf nutzen ließen. Die Waren würden uns um 100 % billiger kommen als auf dem Privatmarkt. Damit könnten wir für die Renovierung der städtischen Gebäude eine feste Basis schaffen. Die Elektrifizierung wird es uns ermöglichen, eine reguläre Holzwirtschaft zu etablieren und als Erstes eine Karbidfabrik zu eröffnen, für die es hier alle Voraussetzungen gibt. Kommen Sie in drei Jahren nach Suchumi – Sie werden es nicht wiedererkennen.«

Und daran glaube ich. Die drei Stunden, die ich im Kommunchoz von Suchumi verbrachte, einem ganz gewöhnlichen, erzprovinziellen Kommunchoz, haben mich von der Richtigkeit dieser stolzen Worte überzeugt.

»PARISOT« UND »JULIA«

Es geschah vor Kurzem. Auf der »Parisot« hat man die englische Flagge eingeholt. Die »Parisot«, das ist der russische Dampfer »Julia«, der 1919 von den Weißen gekapert wurde. Vier Jahre lang war die »Julia« auf dem Mittel- und dem Marmarameer unterwegs, dann wurde sie der Anatolischen Linie überstellt. Im vergangenen Dezember fuhr sie von Konstantinopel nach Zonguldak, um Kohle zu laden. In Zonguldak begab sich der Erste Offizier zum Schiffsagenten.

»Effendi«, sagte der Erste Offizier, »in deinem Hafen stauen sich die Schiffe, ich bin mit dem Kohleladen noch lange nicht an der Reihe, ich fahre nach Ereğli und sitze die Sache dort aus, Effendi.«

»Yakşı«, sagte der Türke und legte die Hand an die Stirn, aufs Herz und wo man sie sonst noch überall hinlegt.

Und bei Einbruch der Nacht fuhr die »Julia« nach Ereğli aus. Sie war gerade fünfzehn Seemeilen von der Küste entfernt, da griff sich der Erste Offizier Gavriličenko mit jeder Hand einen Revolver und trat auf die Brücke.

«Genossen«, sagte er zur Mannschaft, »wir fahren nicht nach Ereğli, wir fahren nach Hause, nach Odessa. Wer dagegen ist, soll auf die Brücke kommen und mich über Bord werfen.«

Keiner war dagegen. Gavriličenko steckte die Revolver weg. Der Steuermann drehte das Steuerrad. Die »Julia« nahm Kurs auf zu Hause, auf Odessa.

Sie fuhr mit abgedunkelten Lichtern, kämpfte mit einem unerhörten Sturm. Der Wind erreichte eine Stärke von 11 Knoten, in Novorossijsk riss sich in jenen Tagen die gigantische »Transbalt« aus ihrer Vertäuung los. Die »Kapnaro« und die »Admiral de Ruyter« gingen auf dem Meer zugrunde, aber die »Julia« fuhr mit abgedunkelten Lichtern, gebrochener Schraube, ohne Kohle und die Verfolger dicht auf den Fersen nach Hause, nach Odessa.

Ihr Rumpf schwankte im Abgrund, Funkrufe und Sirenen heulten in den schwarzen Klüften des Abgrunds, aber die Nussschale fuhr mit zersplitterter Schraube im Schlepptau eines Eisbrechers in Odessa ein. Und heute hat man also auf der »Parisot« die englische Flagge eingeholt. In den Hafen kamen Orchester, der komplette Komsomol und Matrosen. Langsam, wie ein angeschossener Vogel, sank die englische Flagge aufs Deck, und der Purpur unserer Flagge klomm empor, auf der mühsamen Leiter unseres sechsjährigen Aufstiegs.

Die englischen Matrosen lachten, als sie von Bord des Dampfers gingen, die russische Mannschaft lachte, als sie ihn bestieg. Und dann gingen alle in die Offiziersmesse, tranken Wein und tanzten auf Deck und polterten lauter mit den Absätzen, als der alte Gott mit seinem zahnlosen Donner poltert.

Denn es war ja wirklich zum Lachen: Die englischen Matrosen verloren nichts, als sie das Raubgut ihrer Herren zurückgaben, und wir gewannen alles, als wir den Dampfer kassierten, der seinen früheren Herren nicht rechtmäßig gehörte.

Die Proletarier haben an diesem Tag nichts verloren, und deshalb tranken sie Wein und polterten auf Deck lauter, als Gott mit seinem Donner poltert.

REISE NACH FRANKREICH

»STADT DES LICHTS«

Seit meiner Kindheit habe ich von dieser großen Stadt gehört. Die Franzosen nennen sie »Stadt des Lichts« (ville-lumière), im Westen ist sie die allseits anerkannte Hauptstadt der Welt …

Und nun ist unser Zug also im Gare du Nord von Paris eingefahren. Wir treten auf den Bahnsteig hinaus und sind irgendwie enttäuscht: Schmuddelig, lärmig, keine erkennbare Ordnung …

Unter den Schildern »Durchgang verboten« wird hindurchgegangen; unter den Aufschriften »Rauchen verboten« wird geraucht. Einer singt, ein anderer lacht grölend. Eine Gruppe von jungen Leuten schmatzt sich lärmend ab, Pfiffe, Lieder …

Wir verlassen den Bahnhof. Verrußte und düstere Häuser, drei bis vier Etagen hoch, reichlich Müll auf den Trottoirs. Am Tag unserer Ankunft herrscht drückende Hitze. Über den glühenden Steinen der Stadt hängt eine gelbe Sonne. Auf den Trottoirs, in den Cafés sitzen ohne Jackett, nur in Weste, beleibte Leute und geben sich laut und ungezwungen, sie erinnern mich an meine Landsleute, die Odessiten – ein ebenso wuseliges, selbstbewusstes Dutzendvolk.

Wir finden also nicht, was wir erwartet haben: keine Spur von Feierlichkeit, Steifheit, aufgesetztem Pomp; keinen besonderen Glanz, keine kolossalen Gebäude. Eine alte, schlecht gelegene Stadt; weiträumige Glitzerboulevards neben engen Sträßchen, Sackgassen, chaotischer und dröhnender Verkehr.

Und nun leben wir also bereits eine Weile in Paris, das Auge hat sich bereits gewöhnt an etwas, das man selbst noch nicht durchschaut, was aber dennoch wichtig ist, und allmählich wird man unaufhaltsam von einem neuen Gefühl durchdrungen und begreift immer besser die Künstler, die aus aller Herren Länder für eine Woche oder einen Monat nach Paris kamen und ihr ganzes Leben in dieser Stadt geblieben sind, dieser Stadt, die selbst wie ein Kunstwerk erschaffen wurde.

Ein Jahrtausend ist die Stadt alt. Hier leben Menschen aller Nationen, und man lebt nach der Weise aller Nationen – die Welt im Miniaturformat. Eine Vielfalt herrscht hier, wie sie an keinem anderen Ort denkbar wäre. Keine Sprache, die man in Paris nicht vernähme, kein menschliches Gefühl, das nicht in einer der zahllosen fremden Sprachen zum Ausdruck gelangte. Kein Wein, den man dort nicht zu trinken bekäme. Und nicht ohne Grund wollte mich ein Franzose leidenschaftlich davon überzeugen, dass man den besten ukrainischen Borschtsch nicht etwa in Poltava bereitet, sondern in Paris, in einem der Gässchen, die an die Champs-Élysées grenzen. Elysische Felder – wie seltsam klingt für unsere Ohren der Name dieser Straße, die die Franzosen für die schönste der Welt halten. Sie zieht sich von der Place de la Concorde hin bis zum uralten und ewig jungen Bois de Boulogne, ihr triumphaler, weiträumiger Verlauf ist unterbrochen von kristallklaren Brunnen und grünen Rasenflächen, gepflastert ist sie mit Marmorplatten, auf denen bei Regen das Wasser glänzt und schillert.

So löst man sich also allmählich vom ersten Eindruck, um anderen Eindrücken Raum zu geben. Auf den Boulevards gibt es kaum Kinder ... dafür jede Menge Alte, Männer wie Frauen, strickend, Zeitung lesend, Kinder hütend. Diese

Leute können stundenlang vom Essen reden, davon, wie letzten Donnerstag das Wetter war, – und ich muss gestehen, sie haben mich schließlich von meiner verächtlichen Haltung gegenüber dem, was man »übers Wetter reden« nennt, abgebracht. Ich habe begriffen: Für den Städter ist das eine wenn auch nur schwache Art von Annäherung an die Natur.

Auf den Straßen sehen wir ein Volk, spottlustig und rastlos. Es braucht nur irgendwo ein Straßensänger aufzutauchen, und schon scharen sich die Leute um ihn, reißen ihm die Blätter mit den Liedern, die er im Repertoire hat, aus den Händen und stimmen im Nu ein. Es braucht nur eine Straßenbahnschaffnerin jemandem einen Rüffel zu erteilen, und schon erhebt sich für eine halbe Stunde ein fröhlicher Skandal. All das mag den Eindruck eines oberflächlichen Daseins erwecken. Zunächst denkt man: Dieses leichtlebige und respektlose Volk soll eine Kunst geschaffen haben, unerreicht an Schönheit, Schlichtheit und Leichtigkeit der Ausführung? Dieses Volk soll uns Balzac und Hugo, Voltaire, Robespierre geschenkt haben …? Es braucht seine Zeit, um zu spüren, worin der Zauber und das Geheimnis dieser Stadt liegen, ihres Volkes, des ganzen wunderschönen, mit so viel Sorgfalt, Liebe und Geschmack gut bestellten Landes. In Paris gibt es Verlage, die seit Jahrhunderten existieren, und in manch einem Buchladen sitzt der Ururenkel ersten Grades des Mannes, der diesen Laden vor rund dreihundert Jahren begründet hat, zu einer Zeit also, als bei uns an den Rändern von Moskau noch Wölfe und Bären auftauchten. Das Ansammeln von Reichtümern, von Wissen und technischer Expertise hat hier Jahrhunderte früher eingesetzt als bei uns. Die Kultur Frankreichs besteht nicht in vorgetäuschtem Glanz: Es braucht Aufmerksamkeit und Ernst, um in ihre Tiefe vorzudringen.

Was den sogenannten Nationalcharakter betrifft, sind die Franzosen in ihrer Masse ein philosophisches Volk, ein Volk des klaren, präzisen, eleganten Gedankens, das häufig den tieferen Inhalt hinter einem Scherz verbirgt. Entgegen seinem Ruf ist es ein verschlossenes Volk, das sein Herz nicht ohne Weiteres offenlegt. Schade nur, dass die Macht der Kapitalisten, die politische Verfasstheit des kapitalistischen Staates das bildschöne Antlitz dieses Landes entstellen, seine Lebenszentren schädigen.

DIE SCHULE IN FRANKREICH

Nach unseren sowjetischen Vorstellungen ist es schlecht um sie bestellt. In dieser Hinsicht ist Frankreich eines der rückständigsten Länder Europas, mit einer veralteten, scholastischen Lehre, mit Auswendigbüffeln als Unterrichtsbasis.

Bis zu zehn Stunden verbringen die Kinder täglich in der Schule. Eingeschult werden sie mit sechs Jahren. Es gibt viele Hausaufgaben, und die Anforderungen sind hoch. Sportunterricht setzt sich erst ganz allmählich durch. Der französische Schüler ist ein kränkliches und gedrücktes Wesen. Mit ihrer Kraft, ihrer schlichten und robusten Fröhlichkeit unterscheiden sich unsere Jungs und Mädels wohltuend von den französischen. Die altertümlichen Collèges der französischen Kinder gleichen Kasematten oder Festungen, – es sind düstere Verwahranstalten. Die Gebäude und vor allem die Struktur des schulischen Lebens unterdrücken die Fantasie und wirken auf sie verschreckend. Mit dem Büffeln von Latein und Griechisch beginnt man praktisch in der zweiten Klasse. Am Ende ihrer Ausbildung kennen die französischen Schüler die alten Sprachen und die klassischen Autoren, aber das ist erkauft durch eine schier übermenschliche Anspannung der physischen Kräfte. Und die Franzosen bekennen selbst, dass gut die Hälfte von dem, was an den Schulen durchgenommen wird, so lebensfremd, so verlogen und scholastisch ist, dass es ihnen um die verlorene Zeit und die vergeudeten Kräfte leidtut.

Besser steht es um den Unterricht an den Schulen, die dem Jesuitenorden gehören – einer der fähigsten, beharrlichsten und gebildetsten Kohorten der katholischen Kirche. Das Gift der religiösen Erziehung wird dem kindlichen Bewusstsein so subtil und unmerklich eingeträufelt, mit solch geschmeidigen und vollendeten Methoden, dass man diese Gefahr mitnichten unterschätzen darf. Bei den Jesuiten gibt es die besten Lehrer, eine reiche Ausstattung, warmes Frühstück, eine geschickte außerschulische Erziehung, äußere Würde und Milde. Viele werktätige Menschen gehen der Sache auf den Leim und werden in einem Geist geprägt, der für die Jesuiten von Vorteil ist.

Ein ganz anderer Geist weht an der Hochschule. Als Gebäude ist die Sorbonne – der Komplex der Pariser Universitäten – zwar grau, massig, kalt, aber drinnen brodelt eine fröhliche, polyglotte, ungestüme Menge.

Zur Sorbonne kann jeder kommen, sich für einen beliebigen Kurs einschreiben, ein paar Dutzend Francs bezahlen und den Kurs hören. Nehmen wir an, Sie haben Archäologie oder Geografie studiert. Sie können also an einen berühmten Professor herantreten und sagen:

»Herr Professor, ich möchte die Prüfung für Ihren kompletten Geografiekurs ablegen.«

Er ist verpflichtet, sie zu prüfen und Ihnen ein Zeugnis auszustellen. Sie müssen nicht einmal für die Vorlesungen eingeschrieben sein.

Ich weiß nicht, ob dieses System gut ist, – es ist jedenfalls unbürokratisch.

STADT UND LAND

Ich fuhr eine wundervolle französische Chaussee entlang, mit der Landkarte in der Hand; die Summe der zurückgelegten Kilometer besagte unwiderlegbar, dass ich gleich in ein Dorf einfahren sollte.

Doch stattdessen erhoben sich zu beiden Seiten der Straße kahle, blinde Gemäuer, ohne Fenster und Türen. Ich fuhr an dieser abweisenden Ansammlung von Speichern oder Zeughäusern vorbei und fragte den erstbesten Passanten, wo denn das Dorf sei.

Er antwortete: »Sie sind gerade durchgefahren.« Die Gemäuer, die ich für Zeughäuser oder Scheunen gehalten hatte, erwiesen sich in Wahrheit als Speicher für menschliche Herzen und Bestrebungen, nicht nur für Pflüge und Korn.

Die reichen französischen Bauern (oder Kulaken – in der Sprache der ehrlichen Menschen) bauen ihre Häuser mit den Fenstern und Höfen nach innen, sie errichten hermetisch abgeriegelte Festungen, die sich einzig in ihrer Dimension und Gewöhnlichkeit von den feudalen Burgen des Mittelalters unterscheiden. »Der Mensch ist dem Menschen ein Wolf«: In unsichtbaren Lettern steht es an diese Mauern geschrieben. Ein Hof ist dem anderen Feind. Eine Wirtschaft steht gegen die andere. Die Seele atmet auf, als diese düstere Vision dem Panorama eines Städtchens weicht, wie sie hier häufig begegnen, geborgen im Grün, umgeben von Blumen, ruhig, gotisch, romantisch. Vieles in Frankreich ist veraltet, aber vieles ist auch neu erbaut: Die Erde ist von Händen verschönt und bereinigt, die sie seit Generationen bewirtschaften. Das gesegnete Klima des Südens kam der Arbeit zugute.

Unvergesslich die Tage, die ich in Marseille verbrachte, am Ufer des Mittelmeeres, »wo ewig hoch der Himmel blaut«, die Sonne verschwenderisch funkelt. Ein frischer Meereswind wiegt die Zweige der Palmen, der Oliven-, Zitronen- und Orangenbäume. Fröhliche südliche Straßen nehmen ihren Anfang am Meer. Und hier, in demselben Marseille, gibt es eine Altstadt, wo die Sonne keinen Zutritt hat. Enge Straßen gibt es da, sechs- bis achtstöckige Häuser aus dem Mittelalter. Die Sonne dringt nicht in die Klüfte zwischen den dicht an dicht gebauten mittelalterlichen Massiven, sie dringt nicht in die verwinkelten, feuchten Straßenschluchten, wo keine zwei Fuhrwerke aneinander vorbeikommen, in den betäubenden Gestank dieser verfemten Viertel. Oben zwischen den Häusern hängt Wäsche; unten garen auf Herden und Kohleöfchen, auf der Straße und in den Hausfluren Speisen, die scharfe, würzige Aromen verströmen. Hier leben Mauren, Araber, Schwarze – das Armenpack, die geknechtete Arbeiterschaft des Hafens von Marseille. Keine fünfhundert Meter entfernt funkelt smaragdgrün das Meer, das Wasser spiegelt die weißen, schnittigen Rümpfe der Jachten, oben erheben sich die Bezirke der Villen und Paläste, durch die Straßen schießen unaufhaltsam die mächtigen Leiber der Luxuskarossen ... Genossen, das nennt man Kapitalismus ...

GERICHTSWESEN UND PARLAMENT

Eine Kammer des Strafgerichts. Da thront der Richter inmitten eines solchen Gekreisches, eines solchen Lärms, einer solchen Hektik, dass man nicht dahinterkommt, welches der Angeklagte, der Verteidiger, die Parteien sind.

Das Urteil wird beiläufig verkündet, sozusagen am Rande. »Zwei Jahre. Drei Jahre. Sechs Monate. Raus mit dir, Angeklagter ...«

Zunächst findet man den Rummel amüsant, aber wenn sich dann herausstellt, dass die im Radau dieses Marktgetümmels flüchtig, beiläufig hingeworfenen Urteile ein jahrelanges Leben im Zuchthaus mit Schwerstarbeit zur Folge haben, wandelt sich die Stimmung. Wegen der Vielzahl an Verfahren verläuft die Gerichtsverhandlung mit dem Tempo einer Maschinengewehrsalve. Geleitet wird sie von einem Vorsitzenden, der verschwenderisch eingestreute Bonmots für ein Zeichen guten Tons hält. Die Vernehmung sieht in etwa so aus: Der Vorsitzende wendet sich an den Angeklagten:

»Mein Freund, ich grüße Sie. Nun lernen wir uns also endlich kennen. Sie sind natürlich durch ein Missverständnis zu mir gelangt, Sie sind natürlich vollkommen unschuldig ...? Aber vielleicht wollen Sie uns trotzdem erzählen, wie sie all diese Schandtaten begangen haben ...?«

Die zweitwichtigste Figur im französischen Gericht ist der Advokat. Mag die Sache auch noch so geringfügig sein, der Advokat hält es für seine Pflicht, Verbosität, Pathos zu bekunden, mit ausladenden Gesten, Nachforschungen im Dunkel der Zeit. Man lauscht ihm wie einem Schauspieler im Theater. Und man beurteilt ihn auch wie einen Schauspieler. Den Vorsitzenden hindert dieses Spektakel im Übrigen nicht daran, seinen eigenen Kram zu machen, sich mit den Mitarbeitern zu besprechen, zu schreiben. Es hindert ihn nicht daran, nach beendetem Plädoyer einmal mit dem Oberkörper nach links und rechts zu den beiden Nebenrichtern zu wippen, zwei Tattergreisen, die sich kaum von ägyptischen Mumien unterscheiden, und achtlos zu verkünden:

»Drei Jahre. Gehen Sie, mein Freund. Gendarmen, führt ihn ab.«

Auch nicht viel besser verhält es sich mit dem französischen Parlament.

Ein schöner, halbrunder Saal, für gewöhnlich zu drei Vierteln leer. Die Abgeordneten hören nicht auf den Redner, schwatzen laut miteinander, schreiben Briefe, lesen. Der Redner spricht nicht für sie, sondern fürs Stenogramm. Eine gewisse Belebung zeigt sich beim Auftritt eines namhaften Redners oder anlässlich irgendeines Skandals, woran nie ein Mangel herrscht.

FRONT POPULAIRE

Die letzten Wahlen haben die Rolle der kommunistischen Fraktion und ihre Bedeutung im Parlament gestärkt. Die Kommunisten in Frankreich waren die Initiatoren einer Volksfront gegen den Faschismus. Sie haben die Parteien der Kommunisten, der Sozialisten und Radikalen zur gemeinsamen Aktion in einer geschlossenen Volksfront vereint.

Jetzt hat Frankreich eine Regierung, die sich auf die Volksfront stützt. Beteiligt sind an dieser Regierung Sozialisten und Radikale. Die Kommunisten unterstützen sie im Namen des Kampfs gegen die widerwärtige Bedrohung, die über der Welt schwebt – im Namen des Kampfes gegen den Faschismus. Die Kommunisten stehen an der Spitze des Volkskampfes für den Frieden, für ein glückliches, freies Frankreich.

Nie werde ich den 14. Juli 1935 vergessen, den Tag des Sturmes auf die Bastille, den ich in Paris verbrachte. An der Place de la Bastille befand sich einst das Gefängnis, welches das aufständische Volk am 14. Juli 1789 zerstörte und damit die Revolution auslöste, die den Sturz des Königs und die Beseitigung des Feudalsystems herbeiführte und eine neue Epoche in der Menschheitsgeschichte einleitete. Dieser Tag wird feierlich begangen: Das Volk von Paris strömt auf die Straßen, tanzt rund um die Uhr, vergnügt sich, wie ein Weiser oder ein Kind sich vergnügt. Und nun, am 14. Juli 1935, sah dieser alte Platz, der schon so vieles gesehen hat, Millionen von Proletariern, eingeschworen auf Einheit und Kampf.

An der Spitze der Demonstration schreiten die Führer der Front populaire. Eine hunderttausendköpfige Menge füllt die Trottoirs, Fenster, Simse. Eine französische Menge ist eine fröhliche Menge. Sie lacht, treibt Allotria, Knallfrösche krachen, Lieder dröhnen falsch, aber fröhlich. Und nun erscheinen die Führer der Front populaire, gefolgt von den Zentralkomitees der drei Parteien, und dann die einzelnen Akteure der Volksfront: Schriftsteller, Wissenschaftler, Künstler.

Am Applaus, an den Rufen, mit denen man die Führer der drei Parteien begrüßt, erkennen wir, welcher Seite die Liebe des Volkes gilt. Die leidenschaftlichsten Begrüßungsrufe, den lautesten Applaus spendet das werktätige Volk von Paris dem ZK der kommunistischen Partei.

Es ist eine Arbeiterdemonstration, eine Prozession von Menschen mit schwieligen Händen und phrygischen Mützen. Unterdessen ziehen in einer anderen Demonstration andere Menschen mit anderen Zielen über die Champs Élysées. Ich nehme mit den Genossen ein Taxi, und wir fahren von der Place de la Bastille zu den Champs Élysées. Dazwischen ist alles wie ausgestorben ... Auf den Boulevards, den Plätzen, den Uferpromenaden weder Kinder noch alte Männer und Frauen, nur auf den Grünflächen stehen Trupps von Soldaten mit Gewehrpyramiden.

Eine andere Welt und ein anderer Geist begegnet uns auf den Champs Élysées. Franzosen auch hier, wie auf der Place de la Bastille. Aber während man dort jubelt: »Es lebe Sowjetrussland!«, schallt über die Champs Élysées der rasende Ruf: »Räte an den Galgen!«, »Nieder mit Sowjetrussland!«. Über die Place de la Bastille zieht die fröhliche Menge der Werktätigen, hier aber, auf den Champs Élysées, marschieren im soldatischen Stechschritt die Faschisten mit ihren schwarzen Hemden und Mützen.

DIE MACHT DES GELDES

Die Arbeiter unterstützen die jetzige Regierung in Frankreich, weil sie für den Frieden und gegen den Faschismus kämpft, die Beziehungen zur Sowjetunion festigt. Aber nichtsdestotrotz ist Frankreich ein bourgeoises Land, und die oberste Macht in diesem Land ist die Macht des Geldes. Die Regierung kann sie nicht beseitigen: Sie kann nur versuchen, die ungeteilte Macht der Großbankiers und Geldbonzen über das Land zu beschränken.

Das fordern nicht nur die Arbeiter und Landwirte, sondern auch ein Großteil der Intelligenz und ein Teil des Kleinbürgertums, denen die Bankiers und Fabrikanten die Luft abschnüren.

An der Spitze der Bank von Frankreich, der wichtigsten Finanzinstitution des Landes, stand ein Rat von zwölf Direktoren. Diese zwölf waren somit die obersten Finanzherren des Landes.

Die Regierung hat diesen Zwölferrat aufgelöst, einen neuen Leiter der Staatsbank eingesetzt und damit den Bankiers und Spekulanten eine mächtige Waffe aus der Hand geschlagen.

Alle haben wir sie gelesen, die freimütigen und erstaunlichen Geschichten von der Käuflichkeit der Presse in den bourgeoisen Ländern. Aber erst hier, an Ort und Stelle, sind wir diesem täglichen Unwesen tatsächlich begegnet und konnten nicht genug staunen, wie leicht das vonstattengeht.

Irgendwo in Marokko oder Algerien hat jemand Blei- oder Zinkvorkommen entdeckt. Entdeckt hat man genau zweieinhalb Pud; die »Vorkommen« besitzen also keinerlei industrielle Bedeutung. Doch die Spekulanten lassen sich eine solche Gelegenheit nicht entgegen. Man bildet auf der Stelle eine Aktienhandelsgesellschaft mit einem Kapital von, sagen wir, einer Million Francs, mit dem Ziel, die neuen Minen auszubeuten. Um diese Million zusammenzubekommen, druckt man hunderttausend Papiere – Aktien, die es zu verkaufen gilt. Doch das Ganze ist ja ein Luftschloss, von Zink keine Spur, die Aktien verkaufen sich schlecht. Da bestellt man einen Journalisten ein und sagt:

»Hier hast du zehntausend Francs, schreib, dass du dort warst und alles gesehen hast ...«

Und drei Tage später erscheint in der Zeitung ein Artikel:

»Überreiche Vorkommen an Blei, Zink, Kupfer ... Wunderbare Natur. Wer reich werden will, kaufe diese Aktien.«

Ein Artikel, ein zweiter, ein dritter – und alles vom hauseigenen Korrespondenten, dazu Bilder und Fotografien.

Dem Käufer einer Obligation für 100 Francs winkt das Versprechen, im nächsten Jahr 200 Francs dafür zu bekommen. Und die Leute bringen ihre letzten Groschen an ...

All das vollzieht sich dank einer breit angelegten und lügnerischen Werbekampagne. Im Land gibt es eine Sparte Menschen, die man Rentiers nennt. Oft handelt es sich dabei um zwei Alterchen, die sich ein kleines Kapitel zusammengespart haben; sie sitzen in der Sonne, drehen Däumchen, arbeiten nicht, und denken permanent darüber nach, wie sie sich bereichern könnten, ohne zu arbeiten. Eine Zeitung rät: Investieren Sie in Zinkvorkommen. Die andere schreit: »Kupferminen ...!« Endlich haben die beiden sich entschieden ... Sie glauben, dass sie für ihre zehntausend Francs im nächsten Jahr zwanzigtausend erhalten. Doch in Wirklichkeit werden sie weder die zwanzigtausend noch ihre zehntausend je wieder zu Gesicht bekommen. Die Rede ist von zwei Alterchen; aber natürlich geht es nicht nur um sie. Es finden sich genügend Leute, die so erzogen sind, dass sie den Gedanken, sich auf fremde Kosten zu bereichern, keineswegs verbrecherisch finden, sondern darin ihren innigsten, heißgeliebten Traum sehen.

So verhält es sich mit allem.

Überall Lüge, käufliche und verkäufliche Lüge. Im Theater ist es wie überall sonst. Wenn ich Geld habe, kann ich nach Paris kommen, verkünden, ein berühmter Sänger sei eingetroffen, Journalisten einbestellen. Die schreiben dann fünfzig Artikel darüber, was für eine Stimme ich habe, wie ich singe, dass man mich in Moskau auf Händen getragen hat, und schon strömt das Publikum herbei. Eines ist sicher: Je schlechter meine Stimme, desto mehr muss ich für die Werbung berappen.

Und diese Fäulnis zersetzt dieses in seiner Vielfalt, seinem

Reichtum so wundervolle Land, das Land der großen Gelehrten, Dichter und Maler.

DER »ROTE GÜRTEL«

Paris ist von kleinen Städtchen umgürtet. Sie gelten als seine Vororte. Hier befinden sich die meisten Fabriken und Betriebe der Hauptstadt, ihre größten Betriebe und Behörden. Die Stimmen dieser werktätigen Masse gehören den Kommunisten. In der Mehrzahl der umliegenden Städtchen liegt die Munizipalität (Selbstverwaltung) in kommunistischer Hand. Der Gürtel, der sich um Paris zieht, ist ein »roter Gürtel«.

Und nun begab sich also unsere sowjetische Delegation (wir waren zum Kongress zur Verteidigung der Kultur angereist) nach Villejuif, einem jener roten Vororte der Hauptstadt. Der Bürgermeister von Villejuif – Vaillant-Couturier – ist Mitglied des ZK der kommunistischen Partei Frankreichs, Schriftsteller und Journalist, Redakteur der Zeitung »L'Humanité«.

Der Wechsel von der Stadt, diesem komplexen, widersprüchlichen und furchtbaren Apparat des bourgeoisen Staates, nach Villejuif, der Zelle der Zukunft, war frappierend.

Es gibt keine geografische Grenze, wo Paris endet und die Vorstädte beginnen: Die Stadt erstreckt sich endlos über Dutzende von Kilometern, nur werden die Viertel immer ärmer, je weiter man sich vom Zentrum entfernt, und immer häufiger sieht man Arbeiterkittel, bis diese schließlich zur vorherrschenden Bekleidung werden.

Wir kommen also nach Villejuif und begeben uns in die Mairie. Im Büro reden sich alle mit »Genosse« an, und überall herrscht eine solch freundschaftliche Atmosphäre, eine solche Schlichtheit und Ehrlichkeit, dass wir uns im Nu wie zu Hause fühlen und begreifen, mit dem Herzen und nicht bloß mit dem Verstand: Die Heimat der kommunistischen Idee ist groß und grenzenlos wie die Welt.

In der Mairie sind wir für ein paar Stunden bei der Sprechstunde von Vaillant-Couturier zugegen. Zu ihm, dem kommunistischen Bürgermeister, kommen Menschen mit den ungewöhnlichsten Anliegen. Es kommen Arbeiter, aber auch der ein oder andere Bourgeois, Spekulant oder Militär.

Die meisten sind Arbeitslose. Einer von ihnen beschwert sich bei Vailland:

»Dieses Kamel – mein Chef – hat mich entlassen, und jetzt will er den Schein für die Arbeitslosenkasse nicht rausrücken. Hilf mir bitte, Vailland.«

Und Vailland hilft. Schreibt sogleich an das »Kamel«:

»Sehr geehrter Herr … Soundso … Ich lege Ihnen nahe, die Endabrechnung mit Herrn Soundso zu begleichen. Andernfalls …«

Es besteht jede Hoffnung, dass das »Kamel« es nicht auf das »andernfalls« ankommen lässt. Der Arbeiter nimmt das Schreiben und dankt.

Eine halbe Stunde später stürmt ein missgelaunter, aufgebrachter Chef herein:

»Monsieur Vailland, ich schwöre, im Herzen bin ich ja selbst Kommunist, aber ich schwöre: Die hundert Francs schulde ich ihm nicht. Sie ruinieren mich, Sie rechnen nicht richtig. Die Arbeiter leben besser als ich; ich bin ruiniert. Ich habe nicht genug Geld, um die Zinsen zu bezahlen …«

Da klopft ihm Vailland auf die Schulter:

»Halb so wild, mein Freund, Ihr Leiden hat bald ein Ende … Wenn wir erst den Kommunismus haben, müssen

Sie keine Zinsen mehr zahlen und der Staat keine Arbeitslosenhilfe ...«

Der Chef erstarrt und trollt sich nachdenklich.

In Villejuif hat die kommunistische Munizipalität die beste Schule von ganz Frankreich gebaut. Eine ungewöhnlich ansprechende Architektur, heiter und virtuos. Wandgemälde des Künstlers Lurçat, lichte Klassenzimmer voller Harmonie, Blumenrabatten, Sportsäle und ein Kino. Für die an die düsteren, mittelalterlichen Collèges gewöhnten Franzosen war diese kommunistische Schule so etwas wie das achte Weltwunder. Selbst die offizielle Macht musste kapitulieren vor der Schönheit und Schlichtheit des Gebäudes, den neuen Lehrmethoden der neuen Schule. Der Minister für Volksbildung äußerte den Wunsch, an der Eröffnung der Schule teilzunehmen. Man gab ihm zu verstehen, dass sein Kommen nicht zur allgemeinen Fröhlichkeit beitragen würde ... Er hat verstanden und ist nicht erschienen.

Ein »roter Gürtel« umgibt Paris, und die Stunde ist nicht fern, da die roten Vororte – zum Glück der gesamten progressiven Menschheit – mit dem roten Paris verschmelzen werden.

AUFSÄTZE, REDEN, INTERVIEWS

REDEBEITRAG AUF DER SITZUNG DES SEKRETARIATS DER FÖDERATION SOWJETISCHER SCHRIFTSTELLERVERBÄNDE (FOSP)

Dieser Beitrag von Dan wirft eine Reihe von Fragen auf. Als ich im Ausland war, war ich von meiner Popularität in Polen und Deutschland erschüttert. Die Herkunft des in der polnischen Zeitung abgedruckten Fotos, das mich zusammen mit meinem Sohn zeigt, erklärt sich durch folgenden Umstand, aufgrund dessen ich auch mit dem kommunistischen »Malik-Verlag« in Berlin eine Auseinandersetzung hatte. Als der Verlag jemanden vorbeischickte, um den Ankündigungstext für mein Buch abzuholen, gab ihm meine Mutter mit dem nötigen Material versehentlich auch dieses Foto von mir und meinem Sohn mit. Der »Malik-Verlag« druckte die Ankündigungstexte zusammen mit dem Bild, und später tauchte das Foto dann auch in den amerikanischen Übersetzungen auf. Aus dem Artikel von B. Jasieński lässt sich schließen, dass Dans »Interview« unter dem offenkundigen Einfluss meiner Erzählung »Gedali« verfasst wurde. Der junge Mann von der polnischen Zeitung hat das Thema einfach in Form eines Interviews neu aufbereitet. Besonders verwunderlich ist die Tatsache, dass dieses »Interview« zwei Jahre nach meiner Rückkehr aus dem Ausland veröffentlicht wurde. Seinerzeit haben im Ausland meine Erzählungen über meine frühere Mitarbeit bei der Čeka einen fürchterlichen Skandal hervorgerufen, und ich wurde mehr oder minder boykottiert. Natürlich hätte eine solche Information zu jener Zeit nicht veröffentlicht werden können.

Dennoch hat die »Literaturnaja gazeta« nicht richtig gehandelt, indem sie mir den Artikel nicht vorab gezeigt hat. Nach meinem Dafürhalten geht es hier um einen Menschen von untadeligem Ruf, und im Hinblick auf diesen Menschen hat die »Litgazeta« etwas voreilig gehandelt. Es ist wahr: Ich bin schwer aufzufinden. Aber hätte ich den Artikel rechtzeitig zu Gesicht bekommen, sähe die Sache natürlich anders aus, es wäre klar, dass es sich nur um eine Fälschung handeln kann. Der Artikel ruft einen unangenehmen Eindruck hervor. Wie war es möglich, dass man einem Menschen, der ab dem Oktober 1917 für die Čeka gearbeitet hat, gegen den sich während all dieser Jahre nie auch nur eine Stimme erhob und auch gar nicht erheben konnte, – wie war es möglich, dass man einem solchen Menschen einen derartigen Kübel Dreck über den Kopf geschüttet hat? Ich glaube, die Erklärung liegt zu einem beträchtlichen Teil darin, dass ich, nachdem ich 1925–26 mein Buch veröffentlichte, aus der Literatur verschwand.

Als Grünschnabel bin ich an Gorkij geraten und habe mit zwanzig Jahren – im November 1916 – meinen ersten Text in seiner »Letopis« veröffentlicht. Sofort wurde ich gerichtlich angeklagt, und zwar gleich nach drei Paragrafen des zaristischen Gesetzesbuchs: Man beschuldigte mich der Pornografie, der Gotteslästerung und des Umsturzversuchs gegen die zaristische Ordnung. Im März 1917 sollte ich vor Gericht kommen. Ich schrieb damals einen Monat lang. Laut Gorkij schrieb ich schlecht. Und es war auch wirklich schlecht. Darauf ging ich, ähnlich wie Gorkij selbst, »unter die Menschen«. »Die Menschen« – das waren in meinem Fall die Rote Armee, die Čeka, die sowjetischen Behörden, wo ich übrigens auch einmal mit Žiga zusammengearbeitet habe, der mir als Erstem seine Gedichte zeigte, an denen er damals schrieb. Simmen war Leiter des Staatsverlags in Odessa, und mit ihm arbeitete ich als Leiter der redaktionellen Verlagsabteilung. Nach einer siebenjährigen Pause wurden meine Texte innerhalb von sechs Monaten gedruckt. Dann hörte ich mit dem Schreiben auf, weil mir alles, was ich bisher geschrieben hatte, nicht mehr gefiel. Ich kann nicht mehr schreiben wie bisher, keine einzige Zeile. Und ich bedauere, dass S. M. Budjonnyj seinerzeit nicht auf die Idee gekommen ist, mich für das Bündnis gegen meine »Reiterarmee« zu gewinnen, denn die »Reiterarmee« gefällt mir nicht. In all diesen Jahren habe ich einen langen Weg zurückgelegt – von Archangelsk bis nach Batumi. Es gibt vieles im Leben, was ich nicht achte, aber die sowjetische Literatur achte ich höher als alles andere. Ich hatte damals eine Wohnung, um die zweitausend Rubel Honorar pro Monat, ich war hochgeachtet, konnte mir »Rote Möbel« ordern. Wozu sollte ich das alles hinter mir lassen, die bewährte Methode aufgeben, das Wissen darum, wie man ein Kunstwerk beginnt, wie man es beendet, wo man ein Fremdwort einfügt, da doch mit anderen Worten das Auskommen auf ein gutes Jahrzehnt gesichert war? Den Verzicht auf all das betrachte ich als mein größtes Verdienst und als eine Folge meiner richtigen Einstellung zur sowjetischen Literatur. Seit nunmehr zwei Jahren lebe ich »unten«, auf dem Land, in den Kolchosen, und mühe mich, das Leben von innen zu betrachten. Ich habe davon nicht schon früher gesprochen, weil ich der Meinung war, dass ich zuerst ein Buch schreiben, es vermittels eines Buches sagen müsste. Womöglich darf man so in unserer Zeit nicht handeln.

Vor Kurzem hatte ich das Gefühl, dass mir das Schreiben wieder von der Hand gehen könnte. Ich habe schon länger begriffen, dass die »Mitläufer«-Literatur ihrem Tod entgegengeht. Sie hinterlässt einen überaus kläglichen Eindruck, steht in monströser Dissonanz zum Tempo unserer bolschewistischen Epoche. Ich habe äußerst schwierige Jahre durchlebt. Ich habe eine neue Sprache gesucht, ein neues Bild, das der führenden Rolle der Sowjetliteratur gerecht wird. Ich habe gehandelt wie einer ihrer wenigen fanatischen Anhänger. Das Hinterwäldlerdasein hat mir einen neuen Rhythmus diktiert. Im letzten Jahr, einem Jahr intensiver Arbeit, habe ich gesehen, wie diejenigen meiner Genossen, die in ihrem tagtäglichen Gerenne nicht innehielten, vor lauter Bäumen den Wald nicht mehr sahen. Und nun, wo ich wieder voller Schaffensdrang bin, kommt mir dieser Artikel von Jasieński in die Quere, der von meinem Aufenthalt im Ausland handelt, wo ich auf meiner eigenen Straße von betrunkenen Offizieren verprügelt wurde.

Es wäre mir während dieser ganzen Zeit nicht in den Sinn gekommen, dass es meinerseits irgendwelcher Verlautbarungen über mein Verhältnis zur Sowjetmacht bedurfte; es wäre mir nicht in den Sinn gekommen, dass ein Mensch, der zehn Jahre lang ehrlich in einer sow[jetischen] Behörde gedient hat, unterschreiben sollte, dass er diese Behörde nicht bestehlen wird.

Erst kürzlich wurde ich vom Finanzbeamten mit Triumph entlassen, weil ich als einziger Schriftsteller der Sowjetunion nicht mit Einkommenssteuer belegt worden bin. Meine gesamte Habe besteht aus anderthalb Koffern und Schulden beim GIZ.

Ich wiederhole noch einmal: Ich hatte geglaubt, dass ich dieses Gespräch in drei Monaten führen würde, vermittels meines Buchs.

ARBEIT AN DER ERZÄHLUNG

Als ich mit der Arbeit, dem Schreiben von Erzählungen begann, ging ich oft so vor, dass ich auf zwei, drei Seiten die gebührende Anzahl von Wörtern auffädelte, aber ohne ihnen ausreichend Luft zu lassen. Ich las diese Wörter laut, gab mir Mühe, den Rhythmus streng zu bewahren, und im gleichen Zug verdichtete ich meine Erzählung so, dass man kaum noch Atem schöpfen konnte.

In den Erzählungen junger Schriftsteller, die ich gelesen habe, sieht es besser aus.

Die Qualität dieser Erzählungen besteht darin, dass sie einfach geschrieben sind. Da gibt es nichts Prätentiöses, Verschnörkeltes, aber es fehlt am eigenen Stil, an Schwung und Leidenschaft.

Ich denke, man muss die Fabrik detaillierter beschreiben, das Spezifische an ihr stärker hervorheben, damit die ihr eigene Atmosphäre spürbar wird. Natürlich darf man die Erzählung nicht mit allerlei technischen Begriffen beschweren, aber die Rhythmik des Fabriklebens muss prägnanter erfasst werden.

In den Beschreibungen finden sich Wörter, die nicht vom Autor selbst stammen, nicht vom ihm hervorgebracht wurden. Solche Sätze haben wir schon mehr als einmal gelesen.

Nehmen wir zum Beispiel folgenden Satz: »Die saftigen Pappeln dampfen.« Das ist doch schon einmal gesagt worden; ich bin überzeugt, dass der Autor diese Wörter nicht ersonnen hat. Er hat sich nicht richtig an den von ihm beschriebenen Abend erinnert, seine Farben, den Himmel. Aber wenn er darüber nachgedacht, die ganze Schönheit dieses Abends empfunden hätte, dann hätte er einzigartige Wörter gefunden, um ihn zu beschreiben.

Ich will damit keineswegs sagen, dass wir Wörter finden müssen, die den Leser frappieren. Ich fordere keineswegs irgendwelche besonderen Schnörkel, dass die Leute ah und oh schreien und sagen: »Na der hat mal was geschrieben, das macht ihm keiner nach.« Aber die alten, abgedroschenen Bilder muss man verändern oder mit eigenen Worten ergänzen.

Auch dieser Satz gefällt mir nicht: »Tonja machte der Freundin gedankliche Vorwürfe« – das ist schon viele Male gesagt worden.

Die russische Sprache ist noch unausgegoren, und im Hinblick auf die Sprache befinden sich die russischen Schriftsteller in einer günstigeren Lage als die französischen. Was die künstlerische Geschlossenheit, den Schliff betrifft, hat das Französische die höchste Stufe der Vollkommenheit erreicht und erschwert damit den Schriftstellern die Arbeit. Das haben mir junge französische Schriftsteller voller Traurigkeit berichtet. Wodurch soll man die Lakonie, den Glanz, die Geschliffenheit der alten Bücher ersetzen, – etwa durch eine lärmende Amateurjazzkapelle?

Wir befinden uns in einer anderen Lage. Wir müssen leidenschaftliche, aber einfache und neue Wörter finden. Ein Satz wie »In Gedanken machte Tonja der Freundin Vorwürfe« ist jedenfalls definitiv schon dagewesen.

Nehmen wir Gorkij. Es ist wichtig, ihn gründlich zu lesen, er hat uns viel zu geben für das Verständnis der Technik der Erzählung und der Novelle. Ich will damit nicht sagen, dass man Gorkij blind nachahmen sollte, sondern dass er Erzählungen schreibt, die dort, wo sie mit dem Rhythmus unseres Lebens verschmelzen, verblüffende Ergebnisse zeitigen.

Nehmen wir seine kleinen Erzählungen von anderthalb bis

zwei Seiten, sie schweben, schweben wie ein Lied. Wer kennt seine Erzählung »Sie fahren«?

Die Erzählung ist sehr kurz. Alle sollten sie lesen. Aber kehren wir zu Menšikov zurück.

Bei ihm findet man folgenden Satz: »Die Kolchose wuchs entschlossen und schnell.« Die Wörter »entschlossen und schnell« sind vielleicht gut, aber in diesem Fall wirken sie schlecht, banal.

Oder der folgende Satz: »Die Revolution dröhnte und kanonadete vorüber ...« Ich liebe neue Wörter, aber dieses Wort ist irgendwie plump, unpassend.

Oder der Satz: »Und als die Sehnsucht verging ...« Das ist schon oft wiederholt worden, abgegriffen. Ich muss sagen, dass mir an dieser Erzählung besser gefällt, was sie nicht enthält, als das, was sie enthält. Sie enthält keine Trivialität – das ist gut und überaus wichtig.

Kehren wir wieder zu Gorkij zurück. Die Grundlage seiner Artikel zur Literatur bildet der Kampf gegen die Trivialität, die unter unseren Bedingungen, den Bedingungen unserer Literatur, eine mächtige Waffe in den Händen der feindlichen Kräfte ist.

Wir wollen unsere Gedanken, unsere Wünsche und Bestrebungen zum Gemeingut von Millionen Menschen machen. Aber wenn die Wörter und Sätze abgegriffen sind, wenn der Autor keine mutige Haltung gegenüber den Wörtern und Sätzen zeigt, werden sie zu einer Kraft, die unser Bewusstsein vergiftet. Es ist wichtig, das zu begreifen.

Unsere Literatur gleicht nicht der westlichen Literatur, – besonders nicht der französischen. Worüber schreibt man dort? Ein junger Mann verliebt sich in ein Mädchen, doch es wird nichts draus. Er will arbeiten, wieder wird nichts draus. Also erschießt er sich.

Bei uns schreibt man nicht so. Unserem Autor ist absolut klar, dass es – egal, worüber er schreibt – um eine gigantische Umgestaltung des Menschen, um den Bruch mit der alten Welt geht. Und egal, wovon er erzählt, genau davon wird er sprechen. Und davon darf man nicht trivial sprechen, wie es bei uns leider häufig geschieht.

Wenn man sich leichtfertig, ohne Verantwortungsgefühl über die revolutionären Umwälzungen auslässt, wird man damit nur konterrevolutionäre Gefühle fördern.

Diesen Defekt haben Menšikovs Erzählungen nicht. Und das ist sehr gut.

Doch zugleich fließen bei ihm die Gedanken spärlich, den Wörtern fehlt es an Schwung, an echter innerer Muskulatur. Man sieht hier nicht das innere Leben des Autors, das Fundament seiner Wörter. Sie schwimmen an der Oberfläche.

Im Bereich der Literatur bin ich Optimist, und ich bin überzeugt, dass wir noch nie dagewesene Werke hervorbringen werden. Sie werden durch die Verbindung einer hervorragenden Technik mit Leidenschaft, mit dem Rhythmus unserer Epoche entstehen.

Wir brauchen jetzt kleine Erzählungen. Die vielen Millionen neue Leser haben wenig Freizeit, und deshalb fordern sie kleine Erzählungen. Wir müssen eingestehen, dass unsere Romane schlecht geschrieben sind. Unseren Autoren fehlt es noch an Temperament und eigenen Gedanken für dreihundert Seiten. Was dabei herauskommt, sind Dutzende von mechanisch vollgeschriebenen Heften.

Menšikov. Sagen Sie, wie sind Sie selbst der literarischen Manieriertheit entgangen? Wie haben Sie Ihre eigene Identität gefunden?

Babel. Als Kind war ich ein schlechter Schüler. Mit siebzehn »packte« es mich, und ich begann viel zu lesen und zu lernen. In nur einem Jahr erlernte ich drei Sprachen, las viele Bücher. Bis heute zehre ich in beträchtlichem Maß von diesem Gepäck. Nun ist es an der Zeit, dieses Gepäck fundamental zu erneuern und zu ergänzen. In unseren Tagen kann aus einem Schriftsteller, der wenig weiß, sich nur auf seine innere Stimme verlässt, nichts werden. Natürlich muss die Eigenständigkeit des Schriftstellers eine beständige Sorge sein.

Erst jetzt nähere ich mich dem Professionalismus an. Bevor ich etwas schreibe, prüfe ich mich selbst. Man muss nicht den Hunderttausenden gedruckten, schlecht geschriebenen Seiten noch eine weitere Seite mit Geschwätz hinzufügen.

Sie fragen mich: Lässt sich eine Erzählung in kurzer Zeit schreiben? Wenn man Ihnen zum Beispiel jetzt sagt: »Fahren Sie nach Frankreich und schreiben Sie darüber sehr rasch eine gute Erzählung«, dann werden Sie das wahrscheinlich nicht zustandebringen. Aber wenn Sie bereits einen klar ausgeprägten Blick, Lebenserfahrung, eine eigene Einschätzung der Erscheinungen besäßen, dann könnten Sie eine solche Erzählung schreiben.

Stellen Sie sich vor, Lenin, vom Fach her kein Schriftsteller, hätte den Wunsch verspürt, die Lebensweise einer amerikanischen Völkerschaft zu erforschen. Er wäre in die Arbeiterviertel gegangen, in die Fabriken, Werke, Banken, Forschungsinstitute, und hätte die im Laufe seines gesamten Lebens gesammelten Gedanken und Überzeugungen überprüft, um unter diesem Blickwinkel genauso glänzend über die Erfahrung irgendeines Volkes zu schreiben, wie er auch die anderen, uns bekannten Untersuchungen geschrieben hat.

Menšikov. Wie schreiben Sie: frisch drauflos, oder arbeiten Sie lange an jedem Satz?

Babel. Früher habe ich gewissermaßen Satz für Satz deklamiert, alles nach dem Gehör überprüft, dann habe ich mich hingesetzt, ohne Änderungen geschrieben und die Sache direkt in die Redaktion gegeben. Alle meine früheren Erzählungen, die Sie gelesen haben, sind ohne Änderungen geschrieben, sozusagen aus dem Gedächtnis. Dann habe ich die Methode gewechselt. Wenn mir jetzt ein Gedanke kommt, notiere ich ihn. Dann lege ich die Sache erst einmal für lange Zeit weg. Wenn zwei bis drei Monate verstrichen sind, greife ich wieder darauf zurück, und so geht das manchmal mehrere Jahre lang. Ich habe irgendwie eine besondere Liebe fürs Umarbeiten. Es gibt Menschen, die können das, was sie geschrieben haben, nicht mehr sehen. Bei mir ist das anders: Das Schreiben fällt mir schwer, aber das Umarbeiten behagt mir.

Alles, was ich jetzt sage, kann man natürlich zur Kenntnis nehmen, aber arbeiten muss jeder auf seine Weise. Ich kenne Menschen, die nur bei absoluter Stille arbeiten können. Ilja Erenburg schreibt dagegen am liebsten auf einem Bahnhof. Da kann man gleich neben einem dröhnenden Flugzeugmotor arbeiten. Das Beste, was Erenburg geschrieben hat, ist samt und sonders in dem Café entstanden, das er jeden Morgen besucht. Ein brillantes Beispiel für hohe Professionalität und einen guten Arbeitsstil finden wir in Gorkij. Von ihm sollte man, denke ich, lernen.

Warum ich in den letzten Jahren kaum veröffentlicht habe? Ich habe mir große Mühe gegeben, mich umzukrempeln, zu lernen, wie man lange Sachen schreibt. Ein stolzes Ansinnen, aber falsch. Jetzt bin ich zu mir selber zurückgekehrt und suche aus dem Haufen des vorbereiteten Materials (ich hatte Geschmack genug, es nicht zu veröffentlichen), das Taugliche heraus.

Für die Arbeiter im Bereich der Literatur ist das Denken keine überflüssige Angelegenheit, und besonders jetzt nicht. Man darf nicht neuen Wein in alte Schläuche gießen. Den von der proletarischen Revolution hervorgebrachten Ideen, den Ideen des neuen Menschen ist es zu eng im Pelzjäckchen eines Barancevič, Ryškov oder Potapenko.

Man muss beharrlich arbeiten an der Form wie am Inhalt, eingedenk des hohen Ranges des Schriftstellers im Sowjetland.

REDE AUF DEM ERSTEN ALLUNIONSKONGRESS DER SOWJETSCHRIFTSTELLER

Genossen, Gorkijs Artikel über die Sprache dürfen meines Erachtens nicht zu eng ausgelegt werden. In ihnen steckt ein weitreichender Sinn, eine weitreichende Bedeutung. Wichtig sind nicht nur die Äußerungen über irgendwelche Fehler eines Autors, seine Nachlässigkeit, Ignoranz – hier mag das Versagen eher beim Redakteur liegen als beim Autor selbst. In diesen Artikeln geht es um die enorme Verantwortung der Worte, ihr revolutionäres Gewicht in unseren Tagen, besonders in unserem Land.

Nie zuvor hat es in der Menschheitsgeschichte eine Zeit gegeben, wo der führenden Masse (und das ist in unserem Land die Arbeiterklasse und ihre Partei) Millionen und Abermillionen von Werktätigen folgten, zusammengeschweißt durch den einen Gedanken, die eine Idee, das eine Bestreben. In dieser Hinsicht ist unser Kongress außerordentlich wichtig, um nicht zu sagen überwältigend. Es hat bei uns Kongresse von Ingenieuren, Professoren, Chemikern, Architekten gegeben, doch dieser Kongress hier ist ungewöhnlich – ein Kongress von »Ingenieuren der Seele«, Menschen, zwischen denen schon aufgrund ihres Berufs, ihrer jeweiligen Technologie keine Einigkeit herrscht im Hinblick auf ihr unterschiedliches Selbstgefühl, den Geschmack, die Arbeitsmethoden.

Und noch nie in der Geschichte der Menschheit haben all diese Menschen, die wissen, was der »Widerstand des Materials«, der Widerstand des Wortes bedeutet, eine solche Einigkeit empfunden, wie wir und die Werktätigen unseres Landes sie empfinden. Uns eint die Gemeinsamkeit der Idee, des Gedankens, des Kampfes, weil der Kampf, Genossen, der in unserem Land eine neue Form angenommen hat, mit nie dagewesener Wucht weltweit entbrennen wird. In diesem Kampf bedarf es nur weniger Worte, doch müssen es gute Worte sein, während die trivialen, abgeschmackten Retortenworte am Ende nur den feindlichen Kräften in die Hände spielen. Trivialität in unserer Zeit – das ist nicht mehr nur ein schlechter Charakterzug, das ist ein Verbrechen. Mehr noch: Trivialität – das ist Konterrevolution. Trivialität ist meiner Ansicht nach einer unserer Hauptfeinde.

Kürzlich wurde ich Zeuge folgenden Vorfalls: Ein Monteur aus der Nachbarschaft verprügelte seine Frau. Die Leute laufen zusammen. Einer sagt: So ein Dreckskerl, eine Frau zu schlagen. Ein zweiter: Bestimmt ein Epileptiker. Kommt ein dritter hinzu und sagt: Epileptiker, so'n Quatsch, – das ist ein Konterrevolutionär.

Genossen, ich war gerührt, als ich diese Worte vernahm. Wenn in die breiten Schichten, in die Masse unseres Volkes eine derart hohe geistige Auffassung der Revolution Einzug gehalten hat, dann ist ihr Sieg endgültig. Noch hinken die Worte hinter solchen Gefühlen her. Unsere Aufgabe ist es, diese Worte zu veredeln. Seht euch den Wandel in unserer Presse an. Sie war erzlangweilig, fade, spiegelte nicht die Vielfalt des Lebens wider. Und nun hat sie mit einer wahrhaft wunderbaren Schnelligkeit, wie es nur in unserem Land möglich ist, eine Veränderung vollzogen.

Die Schlange vor dem Zeitungskiosk ist eine freudige Schlange, freilich nur, solange man sie nicht vom Standpunkt der Papierindustrie betrachtet (*Lachen und Applaus*).

An die Schriftsteller ergeht jetzt ein Massenappell zur Mitarbeit an der Presse (ich meine in erster Linie die Zeitung und die Broschüre, denn hier geht es um Millionenauflagen, um ein Sprachrohr mit millionenfacher Reichweite), und diesem Appell muss man folgen.

Am Gebäude des Sozialismus fallen die ersten Gerüste. Selbst die Kurzsichtigsten erkennen bereits die Umrisse dieses Gebäudes, seine Schönheit. Und wir alle sind Zeugen der mächtigen, schier physischen Freude, die unser Land erfasst.

Aber die Künder dieser Freude hinken bei uns bisweilen noch. Mitunter entlädt irgend so ein Mensch, eine im Grunde zutiefst trübselige Gestalt, plötzlich seine Freude, leiert und salbadert drauf los; beim Anblick solcher Freude wird einem speiübel.

Noch schrecklicher wird dieser Mensch, wenn es ihn drängt, eine Liebeserklärung loszuwerden (*Lachen*). Unerträglich laut wird bei uns von der Liebe gesprochen. Genossen, anstelle der Frauen würde ich in Panik verfallen: Wenn das so weitergeht, platzen ihnen noch sämtliche Trommelfelle. Wenn das so weitergeht, verkündet man bei uns die Liebeserklärungen demnächst per Megafon, wie die Schiedsrichter beim Fußballspiel. Und nun ist es so weit: Bei den Objekten der Liebe regt sich Protest, so wie gestern bei Gorkij.

Ernst daran ist, dass wir Literaten die Pflicht haben, zum Sieg eines neuen, bolschewistischen Geschmacks in unserem Land beizutragen. Das wird kein geringer politischer Sieg, denn es gibt ja zu unserem Glück bei uns keine Siege, die nicht politisch sind. Und damit wird auch der Stil der neuen Epoche in Kraft gesetzt ... Er besteht nicht im Geschwätz, nicht in Deklarationen und der ungewöhnlichen Gabe, lange Reden zu schwingen, wo der Gedanke zu kurz greift (wobei sich die notorischen Langredner ohnehin nur zur kurzen Rede bewegen lassen, wenn sie gänzlich frei von Gedanken sind) (*Lachen*).

Der Stil der bolschewistischen Epoche besteht in Mut, Selbstbeherrschung, er ist voller Feuer, Leidenschaft, Kraft, Fröhlichkeit.

Wo lässt sich das erlernen? Was das Wort betrifft, will ich auf einen Menschen verweisen, der von Berufs wegen mit dem Wort keine Berührung hat: Seht, wie Stalin seine Reden schmiedet, seht, wie kraftvoll gehämmert, wie muskelstrotzend seine sparsamen Worte sind. Ich will damit nicht sagen, dass alle wie Stalin schreiben sollen, aber das Wort bearbeiten, wie Stalin es tut, das müssen wir (*Applaus*).

Noch ein Wort zum Respekt vor dem Leser, zum Leser selbst. Es ist eine einzige Misere mit ihm. Mit Zoščenko gesprochen: Die Lage ist zappenduster (*Lachen*). Die ausländischen Kollegen klagen über ihn. Aber bei uns, Genossen, rücken die Leser in geschlossenen Reihen vor, reiten frontal Attacke gegen uns, jagen im Tiefflug über unsere Köpfe hinweg und strecken Hände nach uns aus, in die ihr besser keine Steine legt. Das Brot der Kunst muss man hineinlegen. So fordert es der Leser, bald rührend, bald mit naiver Freimütigkeit. Eines muss man ihm freilich vorab klarmachen, um mögliche Missverständnisse zu vermeiden: Das Brot werden wir nach besten Kräften hineinlegen, aber was die Standardform dieses Brotes betrifft, – hier wäre es gut, den Leser durch das Überraschungspotential der Kunst zu verblüffen, damit er dann nicht sagt: »Richtig, stimmt mit dem Original überein.« Ohne hohe Gedanken, ohne Philosophie gibt es keine Kunst. Schluss mit dem Schattenspiel! Auch das erwartet der Leser von uns.

Ich habe vom Respekt gegenüber dem Leser gesprochen. Vermutlich leide ich an einer Hypertrophie dieses Gefühls.

Mein Respekt vor dem Leser ist derart grenzenlos, dass ich in stummes Schweigen verfalle (*Lachen*).

Man stelle sich ein Auditorium von etwa fünfhundert Lesern vor, lauter Rajkomsekretäre, die in der Bienenzucht, in der Landwirtschaft, im Bau metallurgischer Giganten zehnmal mehr bewandert sind als wir Schriftsteller, – »Ingenieure der Seele« auch sie –, und man spürt: Mit Gerede, Geschwätz, Gymnasiastengewäsch kommt man hier nicht davon. Hier muss man ernsthaft zur Sache reden.

Da schon vom Schweigen die Rede war, müssen wir wohl oder übel auch von mir sprechen – dem Großmeister dieses Genres (*Lachen*).

Sagen wir es offen: In jedem beliebigen bourgeoisen Land, das auf sich hält, wäre ich längst vor Hunger krepiert, und keinen Verleger hätte es geschert, ob ich, mit Erenburg gesprochen, ein Kaninchen oder eine Elefantenkuh bin. Würde mich ein solcher Verleger, sagen wir, zum Hasen deklarieren und nach Hasenart hüpfen lassen und ich würde nicht spuren, dann ließe man mir keine Wahl, als Galanteriewaren zu verkaufen. Hier hingegen, in unserem Land, interessiert man sich dafür, was einer – egal ob er ein Kaninchen oder eine Elefantenkuh ist – im Bauch trägt, dabei setzt man diesem Bauch nicht allzu sehr zu, – ein bisschen schon, aber eben nicht sehr (*Lachen, Applaus*), und man fragt auch nicht allzu hartnäckig nach, wie das Kindchen aussehen wird: dunkelblond oder brünett, was es sagen wird usw. Genossen, es macht mir keine Freude, aber es ist ja wohl der lebendige Beweis dafür, wie man in unserem Land auch solche Arbeitsmethoden respektiert, die ungewöhnlich und langsam sind.

Mit Gorkij möchte ich sagen: Auf unserem Banner müssen die Worte Sobolevs stehen, dass uns Partei und Regierung alles gegeben und nur eines genommen haben – das Recht, schlecht zu schreiben.

Genossen, wir wollen es nicht verhehlen. Es war ein sehr wichtiges Recht, und man nimmt uns damit nichts Geringes (*Lachen*). Es war ein Privileg, vom dem wir ausgiebig Gebrauch gemacht haben.

Lasst uns also, Genossen, auf dem Schriftstellerkongress auf dieses Recht verzichten, so wahr uns Gott helfe. Im Übrigen gibt es keinen Gott, also helfen wir uns selbst (*Applaus*).

DIE ARBEITER DER NEUEN KULTUR

Genossen, ein Aufstand des Lesers, eine Rebellion des Lesepublikums hat uns hierhergeführt.

Im Theater ertappe ich mich manchmal dabei, dass ich nicht auf die Bühne, sondern auf die Zuschauer blicke. Dort ist es interessanter, besser, gehaltvoller; dort gibt es wundervolle Gesichter. Aus ihnen spricht eine solche Gier nach dem guten Wort, eine solche Wahrnehmungskraft, eine solche Jugendlichkeit und Leidenschaft, dass man Bedauern und Scham empfindet, wenn man von der Bühne irgendwelche vorgekauten Worte hört.

Ich fragte mich: Wie lange werden sie noch zuhören? Und nun hat der Zuschauer also rebelliert, sein Aufstand hat uns hierhergeführt.

Natürlich reicht die Bedeutung dieser Bewegung weit über den privaten Einzelfall hinaus. Man kann mit den von unserer Kritik gelegentlich praktizierten Methoden, den ein oder anderen Genossen zu verstümmeln, einverstanden sein oder nicht, aber was den Kern dieser Verstümmelungen betrifft, bin ich, das muss ich sagen, einverstanden *(Lachen)*. Hier geht es um eine gewaltige Sache.

Vor uns haben wir ein wiedergeborenes 170-Millionen-Volk, das zum großen Teil erst vor zehn, zwanzig Jahren lesen und schreiben gelernt hat. Millionen neuer Leser sind auf den Plan getreten, die nicht gleich mit Joyce und Proust loslegen können. Bei der Lenkung dieser großen, nie dagewesenen Bewegung können Fehler passieren; auf unseren Redaktionen und Kritikern ruht eine historische Verantwortung. Ich habe nicht die Absicht, sie in Schutz zu nehmen.

An dem Durcheinander, in das unsere Kritiker nun Ordnung bringen müssen, sind sie oft selbst schuld, oft erinnern ihre aus heiterem Himmel gefällten Urteile an atmosphärische Erscheinungen. Aber all das ist von geringer, zweitrangiger Bedeutung. Von Bedeutung ist, dass uns dieses 170-Millionen-Volk, Errichter einer neuen Kultur, Verkünder und Schöpfer einer neuen Gesellschaft, sagt, dass es nicht genug Bücher hat und dass ein beträchtlicher Teil der vorhandenen Bücher schlecht ist. Ein Anliegen, dessen Wichtigkeit und verbindliche Dringlichkeit wir nicht hoch genug einschätzen können.

Natürlich sind all diese Fehler bei der Aufteilung der Sympathien, der Aufteilung der Bedeutungen unvermeidlich. Wir müssen den Leuten das ABC beibringen; unseren Sowjetbürgern, den neuen Menschen, müssen wir vorerst eine schlichte Lektüre geben, keine formalistischen Verrenkungen, sondern eine nützliche und gesunde Lektüre (Stimmen, Lärm: »Und später darf man es ihnen geben? Proust darf man ihnen geben?«). – *Proust darf man ihnen vorerst nicht geben.*

Vor diesem Hintergrund muss unsere Beratung zu einer Produktionsberatung werden.

Auf Theorien verstehe ich mich nicht, lieber will ich von konkreten Fällen reden.

Wir alle, die wir hier versammelt sitzen, können aus einem untalentierten Menschen keinen begabten machen, aus einem seichten Schwätzer und Opportunisten keinen Schöpfer der neuen Kultur. Wenn wir ihnen Angst einjagen können, ist es schon gut.

Wir sprechen von Menschen, die guten Willens und voller Fähigkeiten sind, Menschen, die arbeiten wollen und können, – und wir sprechen ganz konkret. Gute Vorsätze wurden auf unseren Literaturberatungen zuhauf bekundet, mit guten Vorsätzen ist der Weg zur Hölle gepflastert und auch unsere Literatur *(Lachen)*. Anerkennende Worte seitens der Sowjetmacht haben wir ebenfalls zur Genüge gehört. Meiner Meinung nach muss es jetzt darum gehen, ob die Sowjetmacht die anerkennt, die sie anerkennen *(Applaus)*.

Was sollen wir tun zur Steigerung unserer Qualifikation, und wie sollen wir vorgehen? Das ist die Frage, die sich jeder von uns stellen muss.

Nehmen wir den Fall des Genossen Babel –, ein Fall, den ich besser als andere kenne. Es fällt mir schwer, hier nicht in den Chor derer einzustimmen, die sich über den Genossen Babel beklagen. So lange mit ihm zu leben, wie ich es nun schon tue, ist nicht einfach. Er ist ein Mensch von schwierigem Charakter. Sein Fall kann uns als konkretes, literarisches Beispiel dienen.

Man wirft mir mangelnde Produktivität vor.

Man muss dazu sagen, dass ich in dieser Angelegenheit ein Rezidivist bin, wenn man also über mich richtet, muss man es streng tun.

In meiner frühen Jugend wurden einige meiner Erzählungen veröffentlicht und stießen auf Interesse, worauf ich für sieben Jahre in Schweigen verfiel. Dann begann ich erneut zu veröffentlichen, und die Sache endete damit, dass mir nicht mehr gefiel, was ich schrieb, ich hatte den Eindruck, dass ich mich zu wiederholen begann.

Mir gefiel nicht mehr, was ich schrieb, und in mir erwachte der berechtigte Wunsch, anders zu schreiben.

Ich kann das Wort »Fehler« nicht mit jenem Gefühl von Unzufriedenheit mit mir selbst in Verbindung bringen, das ich empfand. Und überhaupt finde ich, dass bei der Frage um den sogenannten literarischen Fehler viel Vernebelung betrieben wurde und dass die Sache ernster ist, als wir glauben.

Einen Fehler in der Arithmetik kann man verstehen. Einen Fehler in der Politik ebenso. Man hat uns erklärt, dass sie selten zufällig sind und wie man sie korrigieren soll.

Ein Fehler in der Literatur – das ist der Literat selbst. Ludwig XIV. hat einmal gesagt: »Das Königreich – das bin ich.« Der Literat könnte sagen: »Der Fehler – das bin ich.« Und da heißt es in Bezug auf sich selbst weitreichende Maßnahmen zu ergreifen.

Ich bemühe mich, beim Konkreten zu bleiben, und daher erscheint es mir schlicht unangebracht, ins Detail zu gehen. Am Anfang meiner Arbeit stand das Bestreben, knapp und prägnant zu schreiben, ich hatte, so glaubte ich, meine Weise gefunden, Gefühle und Gedanken auszudrücken. Dann erlosch diese Leidenschaft, und ich kam zu der Überzeugung, man müsse flüssig, weitschweifig, mit klassischer Kälte und Ruhe schreiben. Und ich habe meinen Vorsatz erfüllt, mich zurückgezogen und so viel Papier vollgeschrieben, wie es sich für einen Grafomanen gehört *(Lachen)*.

Zu meinen Untugenden zählt eine Eigenschaft, die es wohl eher zu bewahren gilt. Ich denke, dass man Selbstzensur im Voraus üben sollte und nicht im Nachhinein. Deshalb habe ich das Geschriebene, wenn es fertig war, erst einmal weggelegt, und wenn ich es dann mit frischem Kopf durchlas, erkannte ich mich offen gesagt selbst nicht wieder: flau, öde, langatmig, ohne Schwung, uninteressant.

Und da beschloss ich erneut – zum wievielten Male –, unter die Menschen zu gehen, wie Gorkij sagt, legte viele Tausend Kilometer zurück, sah viele Dinge und Menschen.

Mein Gedanke war folgender: Es spielen sich Ereignisse von Weltbedeutung ab, nie dagewesene Menschen werden geboren, unerhörte Dinge geschehen, und nur das reine Faktenmaterial vermag wohl in unserer Zeit zu erschüttern.

Also mühte ich mich, dieses Faktenmaterial darzulegen, legte es weg, las es wieder und stellte fest: uninteressant *(Lachen)*.

Die Sache wurde allmählich ernst.

Da setzte ich mich hin und dachte ernsthaft darüber nach, von wem ich mich da entfernt hatte, ich gefiel mir selbst nicht mehr, und hatte mich von mir selbst entfernt.

Die Zeit des Überdenkens und Entscheidens war gekommen. Und ich begriff, dass für mich an erster Stelle der Wunsch stand, das, was ich gewesen war, durch Technik und Form, durch einen spezifischen Objektivismus zu ersetzen. Des Weiteren sagte mir mein inneres Kalkül, dass das Sowjetland für mich sprechen würde, dass die Ereignisse unserer Tage so erstaunlich waren, dass ich nichts weiter zu tun brauchte – sie sprechen für sich selbst. Man muss sie nur richtig darlegen, und dann wird es für die ganze Welt wichtig, erschütternd, interessant sein.

Doch es wurde nichts daraus. Das Ergebnis war uninteressant. Da habe ich endgültig begriffen: Das Buch ist die Welt, durch den Menschen gesehen. In meinem Konstrukt war der Mensch nicht vorgekommen, – er hatte sich von sich selbst entfernt. Ich musste zu ihm zurückkehren; als Literat besaß ich kein anderes Werkzeug als meine Gefühle, Wünsche und Neigungen, und anderes konnte ich auch gar nicht besitzen; bei uns, unter den Bedingungen einer hohen Verantwortlichkeit, bedarf es einer uneingeschränkten Gewissenhaftigkeit vor uns selbst.

So kam ich zur Überzeugung, dass ich, um gut zu schreiben, meine Gefühle, meine Träume, meine innersten Wünsche in ihr Extrem treiben, sie voll zum Klingen bringen musste, ich musste mir mit aller Kraft sagen, wer ich bin, ich musste mich reinigen, mit Hochdruck vorangehen, und erst dann würde sich zeigen, ob ich etwas zuwegegebracht hatte oder nicht, ob die Ware etwas taugte oder nicht.

Und da empfand ich, Genossen, zum ersten Mal seit Jahren Leichtigkeit bei der Arbeit und fühlte ihren Reiz.

Als ich zu mir zurückkehrte, als ich die Fähigkeiten und Gefühle verstand, die mir eigen sind, als ich beschloss, mit Leidenschaft davon zu sprechen, was mir lieb ist und was nicht, da dachte ich, dass ich nicht vergessen dürfe, dass ich ein Bürger der Sowjetunion bin. Hier half mir, dass ich meinem Wesen nach überhaupt kein Grafomane bin.

Es ist völlig uninteressant, ob der Genosse Babel ein gutes Buch schreiben wird oder nicht. Das ist jetzt seine persönliche Angelegenheit. Wichtig ist, dass der Genosse Babel ein Schöpfer der neuen sozialistischen Kultur ist. Ich habe mich selbst einer letzten Prüfung unterzogen.

Nur wenn einer ganz er selbst ist, wenn einer mit höchster Kraft und Ehrlichkeit seine Fähigkeiten und Gefühle entwickelt, kann er sich einer entschlossenen Prüfung unterziehen. Kann mein Charakter als Mensch, meine Arbeit, was ich lehren, wohin ich führen will, – kann all das Teil der zu errichtenden sozialistischen Kultur sein, deren Arbeiter ich bin? Eben darin besteht diese Prüfung. Bin ich ein Repräsentant dieser Menschen, der neuen Menschen unseres Landes, die gierig auf die Bühne blicken, in fordernder Erwartung eines neuen, leidenschaftlichen, starken Wortes …?

Ich gab mir selbst die Antwort, dass ich meine Arbeit mit weitaus größerer Beharrlichkeit und Klarheit fortführen musste, als ich es früher getan hatte. Um mich nicht in die Sphäre der »guten Vorsätze« zu versteigen, will ich mich nicht weiter darüber verbreiten. Warten wir meine Taten ab … Ich werde mir Mühe geben, dass das Warten nicht zu lange dauert.

Es kann keine gute Literatur geben, wenn eine Schriftstellerversammlung nicht eine Versammlung starker, kraftvoller, leidenschaftlicher und verschiedenartiger Charaktere ist. Geeint durch das eine, gemeinsame Ziel und die leidenschaftliche Liebe zum Aufbau des Sozialismus, müssen sie die neue sozialistische Kultur schaffen.

Wir haben hier Serebrjanskijs Rede gehört, der zu Recht anmerkte, dass zu wenig von Furmanov und Ostrovskij gesprochen wurde. Furmanovs und Ostrovskijs Bücher werden mit immensem Interesse von Millionen Menschen gelesen. Von diesen Büchern lässt sich sagen, dass sie die Seele formen. Ihr flammender Inhalt triumphiert über die Unzulänglichkeit der Form.

Diese Bücher formen die Seelen. Sie sind kunstlos geschrieben, das wissen wir. Ich wäre nicht imstande, den Formalismus in seiner praktischen Bedeutung zu bestimmen. Ich denke jedoch, dass ein schöner Inhalt die schöne Form von vorneherein bestimmt, und wo es weder das eine noch das andere gibt, handelt es sich um einen substanziellen Mangel. Ich will hier nicht von den formalen oder stilistischen Qualitäten von Ostrovskijs Buch sprechen, ich sage nur, dass dieses Buch mich als außerordentlich strengen Leser verblüfft hat. Lasst mich offen sprechen.

Ostrovskijs Buch gehört zu den sowjetischen Büchern, die ich mit klopfendem Herzen zu Ende gelesen habe, dabei ist es kunstlos geschrieben, und ich zähle mich zu den eher strengen Lesern.

Wir begegnen darin einem starken, leidenschaftlichen, in sich geschlossenen Menschen *(Applaus)*, der weiß, was er tut, der mit voller Stimme spricht. Das ist es, was wir alle brauchen –, das ist es, was wir uns als Vorbild aneignen müssen, gemäß unseren jeweiligen Besonderheiten.

DER SCHAFFENSWEG DES SCHRIFTSTELLERS

Gespräch

FRAGE: Sie schreiben jetzt nicht mehr so viel über den Bürgerkrieg?

BABEL: Ich muss sagen, dass mir nach einer ziemlich langen Unterbrechung (vor lauter Bäumen war kein Wald mehr zu sehen) das Schreiben wieder leichter fällt. Ich schreibe ziemlich viel, und es wird auch veröffentlicht werden. Den Bürgerkrieg sehe ich jetzt mit neuen Augen.

Es gibt andere Themen. Ich möchte sehr gerne über das Dorf schreiben, über die Kollektivierung (das beschäftigt mich gerade sehr), die Menschen zur Zeit der Kollektivierung, die Umgestaltung der Landwirtschaft. Neben dem Bürgerkrieg ist das die größte Bewegung in unserer Revolution. Ich war mehr oder minder direkt an der Kollektivierung der Jahre 1929–1930 beteiligt. Seit einigen Jahren versuche ich das zu beschreiben. Jetzt sieht es so aus, als könnte es mir gelingen.

FRAGE: Wie lange haben Sie an Ihrer ersten Erzählung geschrieben?

BABEL: Wir befinden uns ja auf einem Abend der Zeitschrift »Literaturstudium«, und ich denke, da sind Fragen zur Natur der Arbeit durchaus angebracht. Ich will Ihnen also sagen, wie es bei mir gewesen ist.

Am Anfang, als ich begann Erzählungen zu schreiben, hatte ich die folgende »Technik«: Ich wälzte die Sache sehr lange im Kopf, und wenn ich mich dann an den Schreibtisch setzte, wusste ich die Erzählung fast auswendig. Sie war schon so weit durchdacht, dass sie direkt [aufs Papier] floss. Ich konnte drei Monate damit schwanger gehen und dann in drei bis vier Stunden einen halben Bogen vollschreiben, und das ohne jede Korrektur.

Später war ich von dieser Methode enttäuscht. Mir kam es so vor, als sei bis zur eigentlichen Niederschrift schon alles getan und als bliebe wenig Spielraum für Improvisation. Wenn man die Feder übers Papier bewegt, kann es einen weiß der Teufel wohin entführen, verführen. Nicht immer folgt man dem Rhythmus oder gar den Ausdrücken, die dabei entstehen.

Jetzt gehe ich anders vor. Wenn ich das Bedürfnis verspüre, etwas zu schreiben, z. B. eine Erzählung, schreibe ich so, wie es mir Gott in die Seele flüstert, lege die Sache erst einmal für ein paar Monate beiseite, schaue sie dann wieder durch und schreibe sie um. Umschreiben (in dieser Hinsicht habe ich große Geduld) kann ich unendlich oft. Ich finde, dieses System (an den Erzählungen, die bald veröffentlicht werden, wird man es prüfen können) erzeugt eine enorme Leichtigkeit, eine Flüssigkeit der Erzählung und eine große Unmittelbarkeit.

FRAGE: Ihr mehr als anhaltendes Schweigen löst beim Leser Befremden aus.

BABEL: Es löst auch bei mir selbst großes Befremden aus, in dieser Hinsicht unterscheide ich mich also nicht wirklich von Ihnen.

Um ehrlich zu sein: Ich eigne mich nun mal nicht für dieses Metier und würde mich nicht damit beschäftigen, wenn es ein Metier gäbe, für das ich mich besser geeignet fühle. [Aber] trotz allem ist es das Einzige, was ich nach langer Mühe mehr oder minder anständig hinbekomme. Soviel zum Ersten. Zum Zweiten habe ich einen ausgeprägten Sinn für Kritik. Zum Dritten leben wir in einer revolutionären und stürmischen Epoche, und ich zähle zu den Menschen, die das Wort »was« wenig beschäftigt. Ein Gefühl von Begeisterung, Hass, Trauer – all das kann bei mir im Nu entstehen. Manche Genossen stürzen sich, sobald sie so etwas empfinden, sofort aufs Papier, und wenn sie fähige Journalisten sind oder sich aufs Schreiben von Oden und Satiren verstehen, kommt dabei häufig etwas sehr Gutes heraus.

Mich interessiert meinem Wesen nach immer das »wie und warum«. Über diese Fragen muss man intensiv nachdenken, sich intensiv in sie vertiefen, und es bedarf einer großen Aufrichtigkeit im Verhältnis zur Literatur, um in künstlerischer Form darauf antworten zu können. So erkläre ich mir das jedenfalls.

Außerdem bin ich in diesen Dingen ein Rezidivist, bei mir ist das nichts Neues.

Ich habe als junger Bursche zu schreiben begonnen, dann jahrelang pausiert, wieder jahrelang rauschhaft durchgeschrieben, wieder pausiert, und nun beginnt bei mir der zweite Akt der Komödie oder Tragödie, noch weiß ich nicht, worauf es hinausläuft.

Das ist freilich schon Biografie und zwar eine ziemlich vertrackte Biografie.

FRAGE: Nennen Sie uns bitte Ihre Lieblingsschriftsteller, Klassiker wie Zeitgenossen, bei denen Sie in die Lehre gegangen sind.

BABEL: In letzter Zeit konzentriere ich mich zunehmend auf einen Schriftsteller – Lev Nikolajevič Tolstoj. (Von Puškin spreche ich nicht, er ist ein ewiger Gefährte). Mir scheint, dass unser literarischer Nachwuchs Lev Nikolajevič Tolstoj zu wenig liest und sich zu wenig in ihn vertieft, diesen wohl erstaunlichsten aller Schriftsteller, den es je gegeben hat.

Ich muss sagen, dass ich noch vor wenigen Jahren »Chadži Murat« wiedergelesen habe und unbeschreiblich aufgelöst war. Ich erinnere mich, wie mir Gorkij einmal davon erzählt hatte. Jeder kennt Gorkijs Buch »Erinnerungen an Tolstoj«, aber niemand weiß, dass Gorkij zudem sein ganzes Leben lang an einem großen Buch über Tolstoj gearbeitet hat, welches ihm, wie er mir sagte, nicht gelingen wollte. Ich denke, der Grund war, dass er [das erste Buch] unter dem unmittelbaren Eindruck, mit Leidenschaft geschrieben hatte, während beim zweiten ein Traktat schreiben wollte ...

Als ich »Chadži Murat« wieder las, dachte ich: Hier musst du lernen. Da ging ein elektrischer Strom von der Erde direkt in die Hand, direkt aufs Papier, ohne jedes Dazwischen, riss mit einem Gefühl für die Wahrheit schonungslos sämtliche Hüllen herab, und doch kleidete sich diese Wahrheit, als sie schließlich zutage trat, in transparente und schöne Gewänder.

Wenn man Tolstoj liest, ist es die Welt, die schreibt, die ganze Vielfalt der Welt. Gewiss, es gibt, wie man sagt, irgendwelche Kniffe, Kunstgriffe. Nehmen Sie ein beliebiges Kapitel von Tolstoj, da gibt es alles in Hülle und Fülle, da gibt es die Philosophie, den Tod. Man möchte meinen, um so zu schreiben, bedürfe es der Trickkunst, eines besonderen technischen Knowhows. Aber dort wird das alles absorbiert von jenem Gefühl für das Weltgebäude, von dem sich Tolstoj leiten ließ.

Als Literaturkritiker bin ich nicht bloß schlecht, sondern nachgerade erbärmlich. Ich muss mich dafür entschuldigen, was ich hier zusammengeschwatzt habe. Aber das ist nun einmal meine Antwort auf die Frage, wen unter den Klassikern ich liebe und bei wem man lernen muss.

Was die zeitgenössischen [Schriftsteller] betrifft, nähern wir uns, denke ich, der Zeit einer »Hamburger Abrechnung«, wie Šklovskij einst schrieb. Ich persönlich glaube nicht daran, dass der Schriftsteller eine Art physischer Befähigung zum Schreiben hat, dass [bei ihm] im Hirn ein Hühnerauge sitzt, das seine Feder vorantreibt, und dass beim Schriftsteller Hirn und Herz übermäßig vergrößert sind. Mir scheint, wir nähern uns der Zeit, wo die scholastischen, konstruierten, weder von Leidenschaft noch Aufrichtigkeit durchdrungenen Werke ausgedient haben und unsere Literatur nicht länger beflecken werden.

Und wenn ich persönlich jemanden beim Namen nennen soll, dann ist, so glaube ich, Šolochov auf einem guten, richtigen Weg. Er ist ein Mensch, dessen Arbeiten eine gewisse Solidität des Webstoffs aufweisen. Wenn man ihn liest, hat man das Gelesene unmittelbar vor Augen, und geschrieben ist es mit Feuer. Das Problem ist folgendes: Das Polster, die Unterfütterung seiner Werke ist nicht so bedeutsam wie bei den Werken Tolstojs, denn wenn bei Letzterem ein Adelsherr aus dem Haus tritt und sagt: »Kutscher, zwanzig Kopeken, einmal zur Tverskaja«, so trägt dies den Charakter eines Weltereignisses, das sich einfügt in die Weltharmonie.

Von einer solchen Bedeutsamkeit der Details kann bei Šolochov keine Rede sein, aber ich halte ihn für einen Menschen von großer innerer Fülle, der auf dem richtigen Weg ist.

Sehr hoch schätze ich Valentin Katajev ein, der meiner Ansicht nach immer besser schreiben wird, der eine überaus positive Entwicklung durchlaufen, mit zunehmendem Alter an Ernst gewonnen hat und dessen Buch »Ein weißes Segel leuchtet einsam« meiner Ansicht nach für die Sowjetliteratur von außergewöhnlichem Nutzen ist. Katajevs Buch hat sehr viel dafür getan, die Sowjetliteratur zu den großen Traditionen zurückzuführen: zu Plastizität und Schlichtheit, zur bildenden Kunst, die bei uns nahezu verloren ist. Bei uns versteht man es kaum noch, eine Sache zu zeigen, redet stattdessen wortreich von ihr, und das mit erbärmlicher Technik. Ich persönlich denke, dass Katajev in einem langen und großen Aufstieg begriffen ist; er wird immer besser schreiben. Das ist eine der größten Hoffnungen.

FRAGE: Ihren bisherigen Äußerungen kann man entnehmen, dass Sie ein glühender Anhänger der breiten Maßstäbe, der Solidität, des Realismus sind, dass Sie sich an Tolstoj und Šolochov orientieren. Wie lässt sich das in Einklang bringen mit dem, was einem in Ihren eigenen Arbeiten begegnet? Aus diesen könnte man schließen, dass Sie am Leben vor allem das interessiert, was abseits der Regel liegt, das Abseitige, nicht das Typische. Und doch bildet der Realismus den Grundstein Ihrer künstlerischen Weltsicht.

BABEL: In einem Brief Goethes an Eckermann bin ich auf eine Definition der Novelle gestoßen – der kleinen Erzählung, jenes Genres, in dem ich mich mehr zu Hause fühle als in jedem anderen. Seine Definition der Novelle ist sehr einfach: Es handelt sich um eine Erzählung mit einer unerhörten Begebenheit. Vielleicht stimmt es auch nicht, ich weiß nicht. Goethe hat es jedenfalls so gesehen.

Ich denke, um das Typische mit solch strömender Wucht zu beschreiben, wie es Tolstoj tut, habe ich weder die Kraft, noch die Voraussetzungen, noch das Interesse. Für mich ist es interessant, ihn zu lesen, nicht aber nach seiner Methode zu schreiben.

Sie sprachen von meinem Schweigen. Ich muss Ihnen ein Geheimnis verraten. Ich habe einige Jahre darauf verschwendet, meinen Vorlieben entsprechend weitschweifig, detailliert, philosophisch zu schreiben, um jene Wahrheit hervorzubringen, von der ich gesprochen habe. Dabei ist bei mir nichts herausgekommen. Und daher beschreite ich, auch wenn ich ein Verehrer Tolstojs bleibe, damit überhaupt irgendetwas herauskommt, bei meiner eigenen Arbeit den entgegengesetzten Weg.

Ich habe Ihre Frage sehr wohl verstanden, aber, wie es scheint, ziemlich verworren darauf geantwortet. Die Sache ist die: Lev Nikolajevič Tolstoj hatte ausreichend Temperament, um sämtliche vierundzwanzig Stunden eines Tages zu beschreiben, und dabei erinnerte er sich an alles, was mit ihm geschehen war, während mein Temperament offenbar nur ausreicht, um die interessantesten fünf Minuten zu beschreiben, die ich erlebt habe. Daher auch die Gattung der Novelle. So muss man das sehen.

FRAGE: Das heißt, Tolstoj hatte für 23 Stunden und 55 Minuten mehr Kraft?

BABEL: Wissen Sie, Selbsterniedrigung liegt gar nicht in meiner Natur, und wenn ich mir das Leben vergällen und darüber nachgrübeln wollte, wer besser schreibt – Lev Nikolajevič Tolstoj oder ich – dann würde ich ihm gegenüber, selbst wenn ich zum Schluss käme, dass er besser schreibt, nichts als Hass und Wut empfinden.

Aber da dieses Gespräch in der Redaktion des »Literaturstudiums« stattfindet und man hier über gewisse Geheimnisse reden kann, habe ich gesagt, warum mir kurze Sachen mehr oder minder gelingen, lange hingegen nicht;

und um jeden Vorwurf der Selbsterniedrigung von mir abzuweisen, kann ich hinzufügen, dass viele meiner Genossen, auch wenn sie an interessanten Fakten und Beobachtungen wenig zu bieten haben, dennoch mit dieser »Tolstojschen Methode« schreiben. Was dabei herauskommt, wissen alle Betroffenen nur zu gut.

FRAGE: In Ihren sehr gut geschriebenen Erzählungen gibt es immer wieder Wendungen, die mir kühn erscheinen. In Ihrer ersten Erzählung ist die Rede von »guten Beinen«. Ich verstehe nicht, wie man von Beinen schreiben kann, dass sie gut oder böse sind. In der zweiten findet sich die Formulierung: »Er ruckte mit dem Kopf wie ein aufgeschreckter Vogel.« Ist ein Vogel aufgeschreckt, fliegt er davon.

BABEL: Was die erste Erzählung betrifft, so bereitet sie Ihnen Bauchschmerzen, weil ich da nicht überzeugend bin, aber Menschenbeine können gut sein oder böse, sehend oder blind. Zweifellos besitzen Beine all diese menschlichen Charaktereigenschaften, man muss es nur beschreiben können. Die erste Erzählung ist etwas abrupt, dort ist das nicht wirklich ausgeführt. In dieser Hinsicht haben Sie recht.

Was die zweite Formulierung betrifft, scheint mir das möglich zu sein; ich empfinde es so. Und was die Kühnheit angeht, so ist das bekanntlich eine Tugend, immer vorausgesetzt, dass man sich mit geeigneter Waffe in den Kampf stürzt. In dieser Hinsicht ist Kühnheit natürlich etwas Positives.

Ich glaube, es wäre gut, über die Technik der Erzählung zu reden, weil dieses Genre bei uns nicht gerade hoch im Kurs steht. Dabei muss man sagen, dass es bei uns auch früher nie besonders entwickelt war; da sind uns die Franzosen voraus. Im Grunde genommen haben wir genau einen echten Novellisten: Čechov. Gorkijs Erzählungen sind zumeist Kurzromane. Auch Tolstojs Erzählungen sind Kurzromane, außer »Nach dem Ball«. Das ist eine echte Erzählung. Überhaupt schreibt man bei uns eher schlechte Erzählungen, die Tendenz geht zum Roman.

FRAGE: Ihre Meinung zu Paustovskij?

BABEL: Zutiefst positiv. Wenn ich das Gespräch über Katajev und Šolochov fortsetzen würde, müsste ich auch Paustovskij mit seiner interessanten literarischen Biografie einschließen. Ich kenne ihn seit Langem, wir sind Landsleute, ich habe seine ersten Versuche gelesen. Das ist eine hervorragende Illustration dessen, was ich von meiner ersten Erzählung gesagt habe. Diese Erstlingsversuche waren so wortreich, so verworren, so ungeschickt geschrieben, dabei hatte sie ein Erwachsener verfasst. Er war ja nicht achtzehn oder zwanzig, sondern fünfundzwanzig, sechsundzwanzig, siebenundzwanzig Jahre alt, und doch gab es da eine solche Überfrachtung mit Adjektiven, Metaphern, eine solche Fülle, in der der Leser buchstäblich versank, und von der gewürzgeschwängerten Atmosphäre, wie er sie beschrieb, bekam man kaum noch Luft. In einem unordentlich angelegten Gewächshaus war das die Orangerie mit ihren tropischen Blüten. Aber neben alledem ließ sich immer eine echte Leidenschaft erkennen. Und dann hat Paustovskij fünfzehn Jahre daran gearbeitet, diese Leidenschaft zurechtzuschleifen, viel Überflüssiges zu tilgen, und daraus ist etwas geworden. Das Interessante ist, dass er eigentlich als Vierzigjähriger zu schreiben begann.

FRAGE: Tolstoj hat sich mit so einer Arbeit nie abgegeben.

BABEL: Das ist ja für uns alle das Verdrießliche. Im Grunde hat Tolstoj so aufgehört, wie er begonnen hat. Er hat für sein Denken auf Anhieb Form und Inhalt gefunden. Nur wurde dieses Denken mit den Jahren nervlich angespannter, zudem schrieb er es im Alter von fünfundsiebzig oder achtzig Jahren nicht literarisch, sondern physisch nieder, da es sämtliche Schattierungen zum Ausdruck brachte.

FRAGE: Sie sind ein Anhänger des kurzen Satzes. Was denken Sie: Soll man in einer Erzählung die Idee auswalzen oder bloß andeuten?

BABEL: Das ist ein furchtbarer Irrtum. Ich bin kein Anhänger des kurzen Satzes. Ich bin ein Anhänger des Wechsels von kurzen und langen Sätzen, zudem bedarf das menschliche Denken der Interpunktion. Das ist alles.

Nun zur Frage, ob man die Idee auswalzen oder nur andeuten soll. Genosse, man muss sie präzis auf den Punkt bringen. Es wäre zu wünschen, dass die Ideen gänzlich unangetastet und unausgewalzt vermittelt werden.

FRAGE: Was denken Sie: Ist Jurij Oleša schon ausgebrannt, oder wird er weiterschreiben? Ihre Meinung über ihn?

BABEL: Sie stellen Fragen, die mich ziemlich nahe betreffen, und dazu über Leute, die mir überaus nahestehen. Das sind alles Landsleute, das ist die sogenannte Odessaer, südrussische Schule, die ich sehr schätze. Von Jurij Oleša habe ich eine überaus hohe Meinung. Ich halte ihn für einen der talentiertesten und originellsten sowjetischen Schriftsteller. Wird er wieder schreiben? Er kann gar nicht anders. Solange er lebt, wird er schreiben. Ich denke, er kann großartig schreiben. Ich denke, es sind eingebildete Hindernisse, die seine Produktivität hemmen. Sein Talent wird diese Linie sprengen. Ein großer Schriftsteller – Oleša.

FRAGE: Lässt er sich nicht von der Publizistik absorbieren, vielleicht hindert ihn das am Arbeiten?

BABEL: Jurij Karlovič Oleša ist dem Wesen nach ein Deklamateur. Er kann über abstrakte Themen ebenso deklamieren wie über Themen des Tages. Ich sehe da gar keine Wasserscheide zwischen seinen sogenannten Artikeln und den übrigen Arbeiten. Die jüngsten sind flüchtig hingeworfen, ein wenig zu rasch, sie sind weniger bedeutsam, aber in ihnen findet sich immer ein gewisser origineller Ton.

FRAGE: Wie schreibt man eine Novelle?

BABEL: Wie man eine kurze Erzählung schreibt? Ich glaube überhaupt nicht an Rezepte oder Lehrbücher, und im Übrigen – es ist mir peinlich, das zuzugeben, vielleicht ist es ja ein reaktionäres Gefühl –, aber die Literaturhochschule macht mir richtig Angst. Ich verstehe ja, dass man dort daran arbeitet, den Menschen mit einer höheren Kultur und einer höheren Qualifikation auszustatten, das muss ja auch sein; wenn man dort Französisch und Englisch unterrichtet, ist das prima, aber wie man jemandem das Schreiben beibringen soll – das verstehe ich nicht. Hier kann man nur aus eigener Erfahrung sprechen.

Ich bemühe mich darum, meine Leser auszuwählen, und ich lege Wert darauf, es mir dabei nicht leicht zu machen. Der Leser, für den ich mich ins Zeug lege, ist klug, gebildet, von gesundem und strengem Geschmack. Überhaupt bin ich der Meinung, dass eine Erzählung nur von einer sehr klugen Frau richtig gelesen werden kann, weil diese Hälfte des Menschengeschlechts zumindest bei ihren guten Exemplaren manchmal über den absoluten Geschmack verfügt, so wie manche Leute das absolute Gehör haben. Hauptsache, man stellt sich einen Leser vor und zwar einen möglichst strengen. Bei mir ist es jedenfalls so. Der Leser wohnt in meiner Seele, aber da er schon ziemlich lange dort wohnt, habe ich ihn mir nach meinem Bild und Angesicht zurechtgebastelt. Vielleicht ist dieser Leser schon mit mir verschmolzen.

Bringen Sie niemals eine Erzählung in dem hellauf begeisterten Zustand direkt nach der Niederschrift zu Gehör, hängen Sie die Nachricht von der Entbindung nicht gleich an die große Glocke. Man darf das nicht auf die leichte Schulter nehmen. Es bedarf einiger Anstrengung, sich dazu zu zwingen, nicht gleich vorzulesen, nicht ins Nachbarzimmer zu laufen, sondern stattdessen die Erzählung erst einmal abhängen zu lassen und dann mit frischem Gefühl zu lesen. Im Übrigen überlege ich mir, sobald ich meinen Leser ausgewählt habe, auch schon, wie ich diesen klugen Leser übers Ohr hauen, benebeln kann. Ich schätze den Leser. Eine furchtbare Sache, diese alte Schauspielerweisheit: »Das Publikum ist dumm.« Man muss sich einen ernstzunehmenden Kritiker vornehmen und ihn benebeln bis zur Besinnungslosigkeit. So viel Selbstliebe muss man haben. Aber sobald dieses Gefühl erwacht, hören Sie auf, Grimassen zu schneiden.

Mein Verhältnis zu den Adjektiven – das ist die Geschichte meines Lebens. Wenn ich meine Biografie schreiben würde, bekäme sie den Titel: »Die Geschichte eines Adjektivs«. In meiner Jugend habe ich geglaubt, Üppigkeit ließe sich üppig ausdrücken. Aber dem ist nicht so. Es ist vielmehr so, dass man sehr oft vom Gegenteil herkommen muss. »Was zu schreiben war«, habe ich ja mein Leben lang fast immer gewusst, aber da ich es nicht auf zwölf Seiten konnte, mir selbst Fesseln anlegte, musste ich erstens bedeutungsschwere, zweitens einfache, drittens schöne Worte wählen.

FRAGE: Warum bewundern Sie die Sachen nicht, die Sie geschrieben haben?

BABEL: Ich finde, was ich geschrieben habe, könnte besser, einfacher sein. Aber ich gehöre zu den jungen Leuten, die sogar die Pickel ihrer Jugend für ein Gesetz halten. Vielleicht liege ich falsch, vielleicht bin ich ja vom Stolz verblendet, aber mir scheint, dass ich die Idee und die Weise, sie auszudrücken, jetzt besser im Blick habe, als damals, da ich diese Sachen schrieb. Das Einzige, was mich nicht verdrießt, ist die Tatsache, dass ich meine Worte nicht zurücknehmen muss.

Im Stenogramm des Gesprächs ist folgendes Ende erhalten: »Was unsere weitere Arbeit betrifft, werden wir beim nächsten Mal so verfahren: Ausgehen muss man vom Konkreten, damit nicht etwas herauskommt wie »seine Ansicht, dies und das«. Ich lese vor, und dann beginnt unsere Schlacht. Über meine herangewachsenen Kinder werde ich nicht sprechen, sollen sie leben, wie sie wollen, sie sind schon groß, aber hier werde ich kämpfen wie ein Löwe (CGALI, f. 631, op. 17, ed. chr. No. 57).

FURMANOV

Genossen, ich habe für diesen Abend kein Material sammeln können, ich habe mich nicht auf ihn vorbereitet, und auf diese Tribüne hat mich allein das dringende Bedürfnis geführt, heute hier zu sein und an den Erinnerungen teilzuhaben.

Vor drei Tagen bin ich von der Krim zurückgekommen. Gemeinsam mit einem französischen Schriftsteller war ich bei Gorkij, und unseren Augen bot sich das Schauspiel des außergewöhnlichen Lebens eines großen Mannes. Vom Krankenbett aus, im Liegen, mit Sauerstoffkissen, arbeitet dieser alte Mann heldenhaft. Solche heldenhaften Beispiele hat es in der Menschheitsgeschichte nur wenige gegeben.

Und wieder sprach Gorkij wie immer von unserem Leben, wie schlecht wir schreiben, wie wenig wir lernen, wie wir, sobald wir ein Buch geschrieben haben, Ruhe geben oder von Mal zu Mal schlechter schreiben, weil unsere Kenntnisse dürftig sind, wie gering der Respekt gegenüber dem besten Leser der Welt ist.

Als er davon sprach, dachte ich: Da sind sie – die sündhaften menschlichen Angewohnheiten. Ich ging in meinem Gedächtnis die Gerechten und die Sünder durch. Ich sage ganz offen, dass ich sehr viele Sünder fand, aber nur einen wahren Gerechten: den Menschen, der vor zehn Jahren starb und zu dessen Ehren wir uns heute versammelt haben.

Viele Abende habe ich mit Furmanov in der Naščokinskij-Gasse verbringen dürfen. Es gab Gespräche über sein Buch. Dieses Büchlein, das mit Hunderttausenden Exemplaren reißenden Absatz gefunden hatte, stellte Furmanov nicht wirklich zufrieden. Er war ein Schriftsteller von beachtlicher Statur; seine Fähigkeiten wuchsen von Monat zu Monat. Und wenn ihr wüsstet, welche Liebe zum Wort, zur eleganten Wortverbindung in diesem Menschen herrschte, wie er dem Klang der griechischen, römischen Dichter lauschte. In solchen Momenten betrachtete ich ihn gerührt und erschüttert, er erschien mir als die Verkörperung eines Proletariers, der die Kunst der Poesie gemeistert hat.

Denkt an sein Leben, nie beschritt er den Weg des geringsten Widerstands. Vor der Revolution kämpfte er gegen den Zarismus, nach der Revolution ging er an die Front, nach der Front wählte er das schwierigste Terrain, den Kampf mit der Poesie, der Kunst. In meinem ganzen Leben habe ich keinen so furchtbaren und erbitterten Kampf gesehen. Verblüffend die Geschwindigkeit, mit der er die Kunst meisterte. Vermutlich hat ihn das auch ins Grab gebracht.

Vor zwei Tagen haben wir in diesem Saal Bagrickijs gedacht. Ich habe auch ihn gekannt und sage, dass seine Gedichte von Jahr zu Jahr immer lebendiger werden, weil er die Wahrheit sprach.

Aber denkt in diesem Sinne auch an Furmanov. Vor zwei Jahren vollzog sich vor unseren Augen ein Ereignis, das es in der Geschichte der Literatur und Kunst nie zuvor gegeben hat: Die Seiten von Furmanovs Buch öffneten sich, und ihnen entsprangen lebendige Menschen, wahre Helden unseres Landes, wahre Kinder unseres Landes.

Als ich diesen Film sah, kam mir folgender Gedanke. Mir schien, dass die Regisseure, die den Film gedreht hatten, nicht durch geniales Können hervorstachen, dass es bei uns fähigere, virtuosere Regisseure gibt. Auch konnte ich nicht sagen, dass die Schauspieler in diesem Film besonders gut gespielt hätten. Wir haben viele gute Schauspieler. Ich fragte mich, worin die enorme Macht dieses Films bestand, warum es darüber keinerlei Streit gab, warum zum ersten Mal in unserem Land jene authentische Kunst erschienen war, die an unsere Herzen rührte, warum sich unsere Herzen so zusammenzogen, als wir »Čapajev« sahen. Ich bin überzeugt: Es kam daher, dass dieser Film nicht in der Fabrik produziert worden ist, sondern vom ganzen Land. Eben deshalb, Genossen, war es mittelmäßigen Leuten möglich, einen solch genialen Film zu machen, weil dieser Film vom ganzen Land gemacht wurde, weil er von der Luft unseres Landes durchtränkt ist, er gründet auf dem Stand der Kunst, den wir erreicht haben, auf dem Verständnis, den Empfindungen von Heroismus, Güte, Tapferkeit und revolutionärem Geist, wie sie in unserem Land herrschen.

Was bedeutet das alles, Genossen? Es bedeutet, dass Čapajevs Sache nach seinem Tod von unserem gesamten Land fortgeführt wurde. Acht Jahre lang hat dieses Land »Čapajev« gelesen, und was geschah nach diesen acht Jahren? Indem es diesen Film schuf, antwortete unser Land Čapajev, wie es ihn verstand, wie es empfand. Genossen, ihr kennt den Eindruck, den dieser Film hinterlässt. Ich glaube, dass jeder Mensch, in dem ein ehrliches und unbestechliches sowjetisches Herz schlägt, jeder Mensch, der leidenschaftlich, angespannt, keusch, ohne Getue und falsches Spiel die wahren Gipfel der Kunst und der Wissenschaft erstrebt, jeder unserer Rabfak-Studenten, jeder Komsomolze, Student und Rotarmist, der der Literatur, der Kunst, der Wissenschaft mit ähnlicher Strenge und Leidenschaft begegnet, wie es Furmanov tat, dass jeder von ihnen Furmanovs Werk unmittelbar fortführt. Für mich ist die Tatsache, dass das Land »Čapajev« schuf, ein Indiz dafür, wie unsere besten Leute seine Sache fortführen. Natürlich ist es, Genossen, für einen Schriftsteller ein enormes Glück und ein Zeichen von Größe, wenn seine Sache von Millionen und Abermillionen Menschen des ersten Arbeiterstaates der Welt fortgeführt wird. Diese Sache ist zweifellos groß und unbesiegbar, und deshalb ist Furmanov, der sie begonnen hat, ein ebenso glücklicher wie großer Schriftsteller.

BAGRICKIJ

Ein Kraftakt, der auf das Schaffen schöner Dinge zielt, ein beständiger Kraftakt, leidenschaftlich, immer ungestümer – das ist das Leben Bagrickijs. Es war ein einziger ungebrochener Aufschwung. Seine ersten Gedichte waren manchmal schwach, mit den Jahren wurde er beim Schreiben immer rigider. Seine Dichtung zeugte von wachsendem Elan. Die in ihr verborgene Leidenschaft wurde intensiver, weil auch Bagrickijs Arbeit am Denken und Fühlen intensiver wurde. Er hat diese Arbeit ehrlich geleistet, mit Ausdauer und Fröhlichkeit.

Bagrickijs Schreiben gründet nicht in einer physiologischen Befähigung, es entspringt vielmehr einem derart über alle Norm entwickelten Herzen und Gehirn, dass das, was uns heute als Norm gilt, künftig nur noch ein klägliches Existenzminimum des Herzens sein wird.

Ich sehe ihn noch vor mir als jungen Mann in Odessa.

Er überhäufte seinen Gesprächspartner mit Unmengen von Gedichten – eigenen und fremden. Er aß nicht wie unsereiner, seine Kleidung bestand aus Pumphosen und einer Bluse, er war von lautem Gebaren, wenn auch mit gelegentlichem Stocken.

In den Jahren, als der Standard von den Umständen diktiert wurde, blieb Bagrickij sich selbst treu, ließ sich von niemandem beirren.

Der Ruhm bescherte diesem François Villon aus Odessa Liebe, aber kein Vertrauen. Und doch haben sich seine Jagdgeschichten als prophetisch erwiesen, seine Kinderei als Weisheit, denn er war ein weiser Mensch, der in sich den Komsomolzen mit einem Ben-Akiba vereinte.

Er musste sich in keiner Weise verbiegen, um zum Dichter der Čekisten, der Fischzüchter, der Komsomolzen zu werden. Es heißt, er habe Krisen durchlaufen, wie andere Literaten. Ich habe nichts dergleichen bemerkt.

Die Liebe zur Gerechtigkeit, zum Überfluss und zur Heiterkeit, die Liebe zu klangvollen, klugen Worten – das war seine Philosophie. Sie erwies sich als die Poesie der Revolution.

Wie jeder gute Bau war er nie ohne poetisches Gerüst. Das Gerüst wechselte, und an dieser ewigen Erneuerung arbeitete er tapfer, unbestechlich, offen.

Von ihm ging – noch auf dem Sterbebett – ein Lebensstrom aus. Menschen mit sorgenbeladenen Herzen zog es zu ihm hin. Mit seinem Leben sagte er uns, dass die Dichtung eine elementare, notwendige Sache von tagtäglicher Bedeutung ist.

Auf dem Weg zum Mitglied der kommunistischen Gesellschaft ist Bagrickij weiter gegangen als viele andere …

Ich erinnere mich an unser letztes Gespräch. Wir waren uns einig, dass es Zeit sei, den fremden Städten den Rücken zu kehren, nach Hause zurückzukommen, nach Odessa, ein Häuschen in Bližnie Melnicy anzumieten, dort Geschichten zu schreiben, alt zu werden … Wir sahen uns als alte Männer, verschmitzte, wohlbeleibte Männer, die sich von der Odessaer Sonne wärmen lassen, am Meer – auf dem Boulevard, und mit langem Blick die vorübergehenden Frauen begleiten …

Unsere Wünsche haben sich nicht erfüllt. Bagrickij ist mit achtunddreißig Jahren gestorben, ohne auch nur einen kleinen Teil von dem zu leisten, was er gekonnt hätte.

In unserem Staat ist das VIEM gegründet worden – das Institut für experimentelle Medizin. Möge es erreichen, dass diese sinnlosen Verbrechen der Natur sich nicht wiederholen.

M. GORKIJ

1898 erschien im Verlag Verlag Dorovatovskij und Čarušnikov ein Erzählungsband eines Autors mit seltsamem Namen – Maksim Gorkij. Alles in diesem Buch war neu und stark: die aus dem Leben geworfenen Helden, die diesem Leben jedoch unzweideutig drohen; die Darstellungsmittel, voller Bewegung, Kraft, Farbe. In der gesamten Literatur der Adligen und Raznočincen finden wir nicht so viele Beschreibungen der Sonne, des funkelnden Meeres, des Sommers und der Sonnenglut wie in Gorkijs ersten Erzählungen. Sie bescherten ihm einen Ruhm, der sich blitzartig über beide Kontinente verbreitete, einen Ruhm, wie er selten einem Menschen zuteilwurde. Das radikale Russland, das Proletariat der ganzen Welt hatte seinen Schriftsteller gefunden. Hinter dem Pseudonym verbarg sich Aleksej Peškov, Mitglied der Malerzunft von Nižnij Novgorod. Vom ersten Moment seines Auftretens in der Literatur reihte sich dieser frühere Bäcker und Ladearbeiter ein unter die Zerstörer der alten Welt. Seine Bücher, die mit solch nie dagewesener, regelrecht physischer Kraft zum Kampf für soziale Gerechtigkeit drängten, die in den Millionen ausgebeuteter Menschen eine aktive Gier nach der Schönheit und Fülle des Lebens entfachten, ließen Gorkij zum geliebten, wahrhaft volkstümlichen Dichter der Massen werden. Kein anderer Literat unserer Epoche hat der Gesellschaft der Unterdrücker solch wirksame Schläge versetzt wie er, kein anderer hat es vermocht, in solchem Maße zum Teilhaber und Erbauer der neuen Welt zu werden. Als enger Freund von Lenin und Stalin kämpfte er vierzig Jahre lang mit unbeugsamem Mut gegen den Kapitalismus, die Autokratie und in seinen letzten Lebensjahren gegen den Faschismus.

Immense Kräfte hat dieser Kampf gefordert. Gorkij besaß diese Kräfte. Dieser bettelarme, geschundene kleine Junge, der nachts heimlich, vor seinen Dienstherren verborgen, Bücher las, dieser Gorkij, der sein Leben lang lernte, erreichte die Gipfel des menschlichen Wissens. Seine Bildung war allumfassend. Sie beruhte auf einem Gedächtnis von erstaunlicher Leistungsfähigkeit, wie man es kaum je bei einem Menschen gesehen hat. In seinem stets schöpferisch erregten Hirn und Herzen hatten sich die in sechzig Jahren gelesenen Bücher eingeprägt, die Menschen, denen er begegnet war, – und das waren unzählige –, die Worte, die an sein Ohr gedrungen waren, und der Klang dieser Worte, das Strahlen eines Lächelns, die Farbe des Himmels ... All das nahm er gierig auf und gab es in künstlerischen Bildern, so lebendig wie das Leben selbst, voll und ganz zurück. Vier Jahrzehnte lang nagte an ihm eine unheilbare Krankheit und konnte doch seinen Geist nie bezwingen; noch auf dem Sterbebett hat er sie ein letztes Mal bezwungen. Den gewaltigen Umfang seines Werks verdanken wir der Tatsache, dass er als Erster sein eigenes Gebot erfüllte, die unfreie Arbeit in ein Leben ununterbrochenen und freudigen Schaffens zu verwandeln. Dreihundertfünfundzwanzig künstlerische Werke hat er geschrieben, darunter viele Romane, Erzählungen, Theaterstücke, und etwa tausend publizistische Aufsätze; er hat Dutzende Zeitschriften, Zeitungen, Sammelwerke begründet, die die revolutionäre und schöpferische Energie des russischen Volkes wachriefen. Die Arbeit seines Geistes kannte keinen Stillstand, kein Verzagen, keine Einbrüche. Als Sohn der Arbeiterklasse, als präziser, unermüdlicher Meister, gab er seine Erfahrung, solange er lebte, beharrlich an andere weiter. Was die sowjetische Literatur an Bestem zu bieten hat, all das hat er entdeckt und gefördert. Seine Korrespondenz, die an Umfang und unmittelbaren Resultaten den epistolarischen Nachlass Voltaires und Tolstojs übertrifft, umfasst im Grunde noch einmal das Zehnfache seiner gesammelten Werke. Bald werden Gorkijs Briefe, die bis in die entlegensten, ärmlichsten Winkel drangen und sich zunächst an einzelne Personen oder Gruppen richteten, Allgemeingut der Menschheit sein und Spiegelbild eines der produktivsten Leben auf dieser Erde.

Vor uns steht das Bild eines großen Menschen der sozialistischen Epoche. Es kann gar nicht anders sein, als dass er uns zum Vorbild wird – so machtvoll vereinen sich in ihm der Rausch des Lebens und die Arbeit, die es verschönt.

UTJOSOV

Utjosov ist ebenso Schauspieler wie Propagandist. Er propagiert eine unermüdliche und treuherzige Liebe zum Leben, Ausgelassenheit, Güte, die Verschmitztheit eines Menschen von leichtem Gemüt, gepackt von der Gier nach Fröhlichkeit und Erkenntnis. Dazu kommt eine Musikalität, eine Klanglichkeit, die unseren Herzen schmeichelt, und ein diabolischer Rhythmus, unfehlbar, afrikanisch, magnetisch; eine Attacke gegen das Publikum, zornig, froh, im Bann dieses fieberhaften und doch präzisen Rhythmus.

Seit fünfundzwanzig Jahren predigt Utjosov seine optimistische, humanistische Religion und bedient sich dabei sämtlicher Mittel und Spielarten der Schauspielkunst – Komödie und Jazz, Tragödie und Operette, Lied und Erzählung. Doch bis heute ist die für ihn am besten geeignete Form, die ihm »wesenhaft« wäre, nicht gefunden, und die Suche dauert an, eine angespannte Suche.

Die Revolution hat Utjosov die ganze Bedeutung der Reichtümer offenbart, die ihm zur Verfügung stehen, den großen Ernst seiner leichtsinnigen Kunst, die ansteckende Volkstümlichkeit seiner klingenden Seele. Das Geheimnis seines Erfolgs, dieses unmittelbaren, von Liebe getragenen, legendären Erfolgs, liegt darin, dass unser sowjetisches Publikum in dem von Utjosov geschaffenen Bild Züge von Volkstümlichkeit findet, Züge eines ihm verwandten Weltempfindens, das hier zum Ausdruck kommt, hinreißend, großzügig, klangvoll. Die elektrische Energie, die Utjosov ausstrahlt, kehrt zu ihm zurück, zehnfach verstärkt durch die Gier und den Anspruch des Sowjetpublikums. Die Tatsache, dass er in uns diese Gier geweckt hat, erlegt ihm eine Verantwortung auf, deren ganzes Ausmaß er womöglich selbst nicht begreift. Wir ahnen die Höhen, die Utjosov noch erreichen kann: Herrschen soll dort die Tyrannei des guten Geschmacks. Utjosovs Bühnenperson, dieser Bursche voller Elektrizität, lebenstrunken, stets bereit für die Regung des Herzens und den stürmischen Kampf mit dem Bösen, könnte zum Vorbild werden, zu einem Gefährten des Volkes, der den Menschen Freude macht. Dazu muss der Gehalt von Utjosovs Schaffen jene Höhe erlangen, die seiner erstaunlichen Begabung entspricht.

ANHANG

ZU DIESER AUSGABE

Sucht man in der kostenlosen online-Version der *Encyclopaedia Britannica* das Stichwort »Isaak Babel« auf, so lernt man Folgendes: Er war ein »russischer Autor von Kurzprosa«, »bekannt für seine Erzählzyklen«, insbesondere für »die im Russisch-Polnischen Krieg spielende *Reiterarmee*«, für die »in der jüdischen Unterwelt von Odessa angesiedelten *Geschichten aus Odessa*« und für »*Die Geschichte meines Taubenschlags,* betitelt nach der Eröffnungsgeschichte, einem Stück autobiografischer Fiktion über einen jüdischen Jungen aus der Mittelklasse, der unter dem alten Regime in Nikolajev und Odessa aufwächst«. Präziser kann man es kaum sagen. Der Lexikoneintrag stammt ja auch aus der Feder eines der besten Babel-Experten weltweit: von Gregory Freidin aus Stanford.

Doch eben weil diese Charakterisierung Babels so genau zutrifft, spiegelt sie auch objektiv die bis heute vorherrschende verengte Wahrnehmung seines Schaffens: nämlich seine Reduktion auf das Genre der Kurzprosa. Ein Blick in *Kindlers Literatur Lexikon* vermittelt den gleichen Eindruck; dort erscheint Babel nur als Autor der *Reiterarmee* und eines Prosazyklus, den er unter diesem Titel nie geschrieben hat: *Odessa rasskazy* (richtig wäre *Odesskie rasskazy*). Gero von Wilperts *Lexikon der Weltliteratur* wiederum liefert neben einem falschen Todesdatum die Information, Babel sei ein »russ. Prosadichter« gewesen.

Diese Aussagen sind (sieht man einmal von den Fehlern ab) so richtig und so einseitig wie die Feststellung, Shakespeare sei ein Dramatiker und Michelangelo ein Bildhauer gewesen. Denn beide haben die Weltliteratur um Sonette bereichert, die zu den herausragenden Beispielen dieser Gattung gehören. Analog verhält es sich mit Isaak Babel. Er war zweifellos ein unübertroffener Meister der Kurzprosa. Nicht umsonst wird er immer wieder mit Maupassant und Hemingway verglichen. Er war aber noch viel mehr: ein glänzender Dramatiker, ein vitaler Drehbuchschreiber und ein erschütternder Diarist.

Gregory Freidin stellt dies übrigens weiter unten ausdrücklich klar. Wechselt man in die kostenpflichtige *Britannica Academic*, so erhält man zunächst eine treffende Charakteristik von Babels »innovativer Prosa«: Sie »zeichnet sich durch aphoristische Präzision aus, kombiniert mit der metaphorischen Extravaganz modernistischer Dichtung. Sie hatte erheblichen Einfluss auf die Gattungen der *short story* und der autobiografischen Fiktion in Russland wie im Ausland«. Wir erfahren aber auch dies: »Er liebte das Theater und genoss es, für die Bühne zu schreiben.« Weiter: »Als Freund und häufiger Mitarbeiter von Sergej Eisenstein genoss Babel den Ruf eines brillanten Drehbuchautors, eines innovativen Meisters von Stummfilm-Zwischentiteln und später von Tonfilmdialogen.« Und: Babels Kriegserlebnis, »festgehalten in seinem Tagebuch von 1920, bildete die Grundlage für die Geschichten der *Reiterarmee*.«

Die Herausgeber des vorliegenden Bandes möchten, nach der Veröffentlichung von Babels Erzählprosa im Jahr 2014 unter dem Titel *Mein Taubenschlag*, einen Beitrag dazu leisten, dass der blinde Fleck in der öffentlichen Wahrnehmung seines Werks endlich kleiner wird. Babels Theaterstücke und sein *Tagebuch 1920* sind ebenso Bestandteil der Weltliteratur wie seine Prosa. Und auch seine Filmskripte und die Reiseberichte aus Georgien und Frankreich sind lesenswert, nicht zuletzt, weil sich in diesen Texten mit wachsender Deutlichkeit jenes Spannungsverhältnis abzeichnet, das schließlich dazu geführt hat, dass Babel als Schriftsteller verschwand – erst vom sowjetischen Buchmarkt, dann in den Folterkellern der Lubjanka. Babel hat im Grunde sein ganzes Schriftstellerleben lang darum gerungen, etwas Unvereinbares in eine kreative Balance zu bringen: den unbestechlichen Blick des Schriftstellers und die Scheuklappen der Ideologie. Spätestens als Stalin die Dichter zu »Ingenieuren der menschlichen Seele« erklärte, wurde diese Balance zum lebensgefährlichen Drahtseilakt. Die letzten Texte Babels, insbesondere seine Reden vor den stalinistischen Kulturfunktionären, sind ein so beklemmendes wie faszinierendes Zeugnis dieses Seiltanzes. Der Virtuose der Sprache versucht hier in einer Sprache, die längst nicht mehr seine eigene ist, im vorgestanzten Jargon der Partei, die Freiheit des Schreibens zu verteidigen – einschließlich des Rechtes auf Schweigen.

PRINZIPIEN DER ÜBERSETZUNG

Prosa, Drama, Drehbuch, Tagebuch, Reisebericht, Rede: so viele Genres, so viele Stile ... die dennoch aus der Feder ein und desselben Autors stammen. Die Herausforderung für jede Übersetzung von Babels Gesamtwerk besteht darin, beides sichtbar werden zu lassen: die vielen unterschiedlichen Gesichter des Schriftstellers ebenso wie seinen unverwechselbaren Fingerabdruck (wenn diese Metapher überhaupt legitim erscheint bei einem Autor, dessen letztes Lebenszeugnis seine Karteikarte aus den Akten des Geheimdienstes ist: Seiten- und Frontalansicht des von Schlägen und Schlafentzug entstellten Gesichts).

Isaak Babel war ein perfektionistischer Stilist. Er war imstande, zweihundert Seiten mit Entwürfen und Varianten zu füllen, um aus diesem Berg von Papier nach Monaten schließlich eine Erzählung von weniger als 2000 Wörtern zur Welt zu bringen. Die Wahl des richtigen Ausdrucks war für ihn eine existentielle Entscheidung. Wie unmittelbar er die Suche nach der passenden sprachlichen Nuance mit dem eigenen Leben identifizierte, verrät sein Credo vom 28. September 1937. Er hat es bei seinem letzten dokumentierten öffentlichen Auftritt vor seiner Verhaftung abgegeben; insofern trägt es aus heutiger Sicht den Charakter eines Vermächtnisses: »Mein Verhältnis zu den Adjektiven – das ist die Geschichte meines Lebens. Wenn ich meine Biografie schreiben würde, bekäme sie den Titel: ›Die Geschichte eines Adjektivs‹.«

Der Lebensweg, den er auf dieser Suche nach dem *mot juste* durchlief, war ein Prozess fortschreitender Selbstdisziplin. Aus dem Meer sprachlichen Reichtums, mit dem der junge Babel in der Vielvölkermetropole Odessa aufgewachsen war, wählte er seine Wörter von Jahr zu Jahr mit immer größerer Sparsamkeit: »In meiner Jugend habe ich geglaubt, Üppigkeit ließe sich üppig ausdrücken. Aber dem ist nicht so. Es ist vielmehr so, dass man sehr oft vom Gegenteil herkommen muss. ›Was zu schreiben war‹, habe ich ja mein Leben lang fast immer gewusst, aber da ich […] mir selbst Fesseln anlegte, musste ich erstens bedeutungsschwere, zweitens einfache, drittens schöne Worte wählen.«

Wer sich bei solchen Bekenntnissen an Flaubert erinnert fühlt, geht nicht fehl. Die Linie Flaubert – Maupassant – Babel lässt sich im Stammbaum der Literaturgeschichte genau belegen. Als angehender Autor hatte Babel sogar die Angewohnheit, das Geschriebene laut zu verlesen, um sicherzugehen, dass er wirklich den richtigen Klang getroffen hatte: »Als ich mit der Arbeit, dem Schreiben von Erzählungen begann, ging ich oft so vor, dass ich auf zwei, drei Seiten die gebührende Anzahl von Wörtern auffädelte, aber ohne ihnen ausreichend Luft zu lassen. Ich las diese Wörter laut, gab mir Mühe, den Rhythmus streng zu bewahren, und im gleichen Zug verdichtete ich meine Erzählung so, dass man kaum noch Atem schöpfen konnte.«

Auffädeln, Luftlassen, Rhythmus, Verdichten, Atem – diese Begriffe zeugen von einem hoch bewussten Schreibprozess, in dem es nicht nur um die Wahl der treffenden Wörter geht, sondern auch um ein Gespür für feinste Nuancen in deren Abfolge und zeitlichen Plazierung, kurz: um das richtige *timing*. Dieses *timing* ist aber abhängig vom Genre. Sein Unvermögen zum epischen Großformat hat Babel mit gesundem Selbstbewusstsein bekannt; er gab zu Protokoll, dass ihm »kurze Sachen mehr oder minder gelingen, lange hingegen nicht«. Dies hat dazu geführt, dass man kurze Sätze zu seinem Markenzeichen erklären wollte. Darauf hatte er eine klare Antwort, die wiederum belegt, wie wichtig ihm das richtige *timing* war: »Das ist ein furchtbarer Irrtum. Ich bin kein Anhänger des kurzen Satzes. Ich bin ein Anhänger des Wechsels von kurzen und langen Sätzen, zudem bedarf das menschliche Denken der Interpunktion. Das ist alles.«

Den Wechsel von langen und kurzen Sätzen bei Babel exakt abzubilden und, soweit es irgend geht, auch seine Interpunktion, ist ein Prinzip, das bereits Peter Urban bei seinen Babel-Übersetzungen zum obersten Gebot erhob. Seine hier erneut dokumentierte deutsche Fassung des *Tagebuchs 1920* bezeugt es. Peter Urban hat diese Schwierigkeiten dieser Übersetzung in der Editorischen Notiz zu seiner Ausgabe von 1990 reflektiert:

»Ein stilistisches Problem ist die Wiedergabe des Tagebuch-Charakters, die zu entscheiden hat zwischen der Kurzform der Notiz, der extremen Gedrängtheit des russischen Texts, und, auf der anderen Seite, der Lesbarkeit im Deutschen, der Verständlichkeit der einzelnen, nicht selten von Beschreibung zu Zitat, vom Kurzreferat in direkte Rede und zurück springenden Eintragungen. Der russische Text sowohl des Tagebuchs als auch der Skizzen und Entwürfe wirkt kompakter, komprimierter als der deutsche – schon allein, weil das Russische weder Hilfszeitwörter noch Artikel kennt, also auch nicht zwischen bestimmtem und unbestimmtem Artikel unterscheidet. Daraus folgt aber nicht nur die größere Kompaktheit und Kürze des russischen Satzes, sondern es gilt auch der Umkehrschluß: wenn in Babels Text ein bloßes Substantiv steht, liest der russische Leser den Artikel unwillkürlich mit, er ergänzt das durch die Verbform vorgegebene Hilfszeitwort automatisch. Insofern ist der Gebrauch des Artikels in der deutschen Übersetzung nicht nur vertretbar, sondern erscheint, für die unmittelbare Verständlichkeit, sogar unerläßlich. Im übrigen wurde versucht, den Tagebuch-Charakter des Texts weitgehend zu wahren. Bestimmte grammatische Eigenheiten der Notierung, Interpunktionsfehler, die Babel in der Eile unterlaufen sind, wurden, soweit sie das Verständnis des geschilderten Vorgangs nicht beeinträchtigen, beibehalten« (*Tagebuch 1920*, S. 184 f.).

Auch die für diesen Band vollständig neu angefertigten Übersetzungen von Babels Dramen, Drehbüchern, Selbstzeugnissen, Reiseberichten, Aufsätzen und Reden sind von diesem Grundsatz geleitet. Hier tritt allerdings die Unterschiedlichkeit der diversen Genres besonders deutlich zutage. Die Texttafeln eines Stummfilms unterliegen anderen Notwendigkeiten als die Dialoge eines Tonstreifens, die Repliken eines Dramas anderen als die Deklamatorik einer Rede, der Tagebucheintrag anderen als der Zeitungsartikel.

Besonders bei den Dramentexten galt es, auf die Sprechbarkeit der Dialoge zu achten; denn Babel schrieb seine beiden erhaltenen Stücke für die Theaterpraxis – auch wenn das zweite von ihnen zu seinen Lebzeiten wegen der stalinistischen Zensur nie über das Probenstadium in Moskau und Leningrad hinauskam. Bühnenwirksamkeit ist aber nur ein Aspekt, der bei der Übersetzung der Dramen beachtet sein will. Ein anderer entfaltet sich weniger beim Sprechen und Hören als bei gründlicher Lektüre der Dialoge. Diese sind von einem artistisch hochdurchdachten Geflecht von Leitmotiven durchzogen, das es zu bewahren galt. Ein Beispiel soll genügen. Wenn in *Marija* insgesamt siebenmal, im Mund unterschiedlicher Akteure, die Formel vom »gegenwärtigen Moment« auftaucht, dann mag sich dies gespreizt anhören. Und das ist es ja auch: gespreizt, und tautologisch noch dazu! Es handelt sich hier aber um eine bewusste Setzung des Autors, nämlich um eine Formel, die gerne von Lenin und anderen führenden Genossen gebraucht wurde und von den Personen des Stücks nachgeplappert wird. Tautologien sind ein wesentliches Merkmal totalitärer Sprache. Die Versuchung, den Text hier zu straffen, ihn zu glätten, war groß; ihr nachzugeben, hätte jedoch bedeutet, einen wichtigen Faden aus Babels feinem Gewebe zu ziehen.

Die stilistische Bandbreite des vorliegenden Bandes ist somit noch deutlich weiter gespannt als in den *Sämtlichen Erzählungen* des Bandes *Mein Taubenschlag*. Zu dieser gattungsbedingten Stimmenvielfalt kommt jene, die bereits im vorangehenden Band festgestellt und ausführlich kommentiert wurde (siehe dort, S. 690–692) und deshalb hier nur noch skizzenhaft angedeutet sei. Nicht anders als seine Erzählprosa, zeichnet sich auch Babels übriges Œuvre durch einen immensen Sprachreichtum aus. Nehmen wir das *Tagebuch 1920* sowie die Dramen als Beispiel. Zum *Tagebuch* noch einmal Peter Urban:

»Zu den allgemeinen Schwierigkeiten, Babel zu übersetzen, zählt der Parteijargon der ersten Revolutionsjahre, den Babel in der Reiterarmee zur Zeichnung seiner Personen einsetzt und verfremdet, aber auch im Tagebuch zitiert. Ebenso die vielfach differenzierte umgangs- und volkssprachliche Diktion, die zum gleichen Zweck verwendet wird. Hierzu zählen ferner die Begriffe aus dem Kosakenmilieu, fremdsprachige Wörter und Wendungen, Zitate aus dem Ukrainischen und Polnischen, vor allem aber auch aus dem Jiddischen, die Babel ja nicht nur als Farbe oder um der größeren Plastizität willen einstreut, sondern weil es für sie auch im Russischen keine Äquivalente gibt. [...] Das Problem der Dienstgrade der Roten Armee haben die Militärhistoriker gelöst; kaum möglich hingegen scheint eine Entsprechung der zu Babels Zeiten üblichen Abkürzungen: *načdiv* für den Divisionskommandeur (›Divkom‹), *kombrig* für den Brigadekommandeur – hierfür deutsche Äquivalente finden oder erfinden zu wollen, wäre ebenso hoffnungslos wie ahistorisch« (*Tagebuch 1920*, S. 184).

Zum Jiddischen ist hier eine kurze Einschaltung erforderlich. Babel verzichtet bewusst darauf, das sprachliche Äquivalent von Schtetl-Romantik zu erzeugen. Folklore war nicht sein Terrain. Nur ganz selten verwendet er deshalb jiddische Wörter als direktes sprachliches Einsprengsel; ja gelegentlich übersetzt er das Jiddische sogar ins Russische zurück. Das jüdische Milieu deutet er auf eine zartere Weise an, meist indem er das Russische punktuell den Regeln der jiddischen Syntax unterwirft. Unsere Übersetzung versucht dies ins

Deutsche zu transponieren, so weit es geht, stößt dabei aber natürlich an Grenzen, denn das Jiddische ist ja seinerseits dem Deutschen ähnlich – oder, um es zu einer Pointe aus dem Film *Train de vie* zuzuspitzen: Deutsch ist eigentlich Jiddisch ... bloß ohne Humor. Das Jiddische im deutschen sprachlichen Umfeld hörbar werden zu lassen, ohne dass sofort Klezmer-Klarinetten vor dem inneren Ohr aufspielen, erfordert ein nuanciertes Vorgehen.

Fast noch komplexer als im *Tagebuch* aus dem Russisch-Polnischen Krieg erscheint die sprachliche Situation in Babels Dramen. In seinem ersten Theatertext, dem auf der gleichnamigen Erzählung basierenden Drama *Sonnenuntergang* (das übrigens auf den Bühnen von Kiew, Minsk und Odessa durchschlagenden Erfolg hatte), mischen sich unter die russische Standardsprache odessitischer Stadtdialekt, Jiddisch, Militärjargon, das bäuerliche Idiom des Dorfes (das sogenannte *Prostorečie*) und die Sprache der Bibel. Ähnlich bunt ist die linguistische Landkarte in *Marija*. Dort mixt Babel einen Cocktail aus dem (zum Teil nur halbverdauten) Politjargon der Bolschewiken, der typischen Sprache von Aufsteigern, *Prostorečie,* Gangsterargot, Französisch, intellektueller Diktion, historischem Traktat, Gesellschaftsplauderei, russischen Stegreifvierzeilern (den sogenannten Častuški) und Johannes-Evangelium. Dass dieser Cocktail bei Babel am Ende süffig ist und auf der Zunge zergeht, ohne sie zu lähmen, steht im Falle des Originaltextes außer Zweifel. Ihn im Deutschen nachzubauen, war keine geringe Herausforderung.

TEXTGRUNDLAGE DER ÜBERSETZUNG

Bettina Kaibachs Übersetzung der Dramen, Drehbücher, Selbstzeugnisse, Reiseberichte, Aufsätze und Reden Babels folgt dem Text von Igor Suchichs vierbändiger russischer Gesamtausgabe der Schriften Isaak Babels aus dem Verlag Vremja, Moskau 2006. Diese basiert ihrerseits weitgehend auf der von A. N. Pirožkova edierten zweibändigen Babel-Ausgabe des Hauses Chudožestvennaja literatura, Moskau 1990.

Die Wahl von Suchichs Edition als Übersetzungsgrundlage wurde bei jedem Text einzeln getroffen, da sie keineswegs trivial ist – ebenso wenig wie Suchichs eigene editorische Entscheidungen es sind. Wie schon in *Mein Taubenschlag* ausführlich dargelegt, ist die Frage, welche Version von Babels Texten am ehesten dem Autorwillen entspricht, Gegenstand anhaltender Diskussion. Denn zum einen hat Babel, getrieben vom Ideal absoluter stilistischer Treffsicherheit, an seinen Texten wie besessen gefeilt und den Wortlaut der Erstausgaben ggf. später revidiert; zum andern sind die Revisionen seiner Texte aber auch dem politischen Druck geschuldet, unter dem er stand. Varianten können somit durch drei Gründe veranlasst sein, die nicht immer leicht oder eindeutig auseinanderzuhalten sind: durch Eingriffe der Zensur, durch vorbeugende Selbstzensur oder durch das rein ästhetische Verbesserungsbedürfnis des Autors.

Die letzten beiden Gründe entfallen bei dem Text, der einen zentralen Platz in unserer Ausgabe einnimmt: Babels *Tagebuch 1920* aus dem Russisch-Polnischen Krieg. Wir bringen dieses einzigartige Zeugnis im Wortlaut von Urbans deutscher Erstausgabe, zusammen mit fünf – ebenfalls von Urban übersetzten – Frontberichten und einem Brief Babels für das Blatt *Der Rote Kavallerist*. Textgrundlage der Zeitungsartikel und des Briefs ist die Moskauer Babel-Ausgabe von 1990.

Zusätzlich dokumentieren wir 58 Fragmente aus den Skizzen und Entwürfen zur *Reiterarmee*, die Peter Urban auf seine Ausgabe des *Tagebuchs* und der *Reiterarmee* verteilt hatte. Eine erste Auswahl aus diesen Notizen Babels brachte Urban 1990 für den Anhang seiner Edition des *Tagebuchs 1920* bei der Friedenauer Presse ins Deutsche, auf Grundlage einer – zeitbedingt lückenhaften – Publikation durch I. A. Smirin in *Literaturnoe nasledstvo* Nr. 74, 1965. Ungefähr ein Drittel von Babels Notaten fehlte hier. Für Urbans Neuübersetzung der *Reiterarmee* sah Babels Witwe Antonina Pirožkova deshalb alle einschlägigen Aufzeichnungen aus ihrem Archiv noch einmal gründlich durch und schrieb sie eigenhändig ab. Damit lagen beim Erscheinen der *Reiterarmee* 1994 (gleichfalls in der Friedenauer Presse) insgesamt 51 Skizzen Babels zur *Reiterarmee* vor, allerdings auf zwei Bücher verstreut und in einer Anordnung, die von der etappenweisen Freigabe der russischen Originaltexte geprägt war. 1995 publizierte dann È. Kogan in *Literaturnoe obozrenie* Nr. 2, S. 49–56, erstmals vollständig das Erhaltene, nachdem er bereits einen Bericht über *Die Arbeit an der »Reiterarmee« im Lichte der vollständigen Version der »Pläne und Skizzen«* vorausgeschickt hatte (Rabota nad »Konarmiej« v svete polnoj versii »Planov i nabroskov«, *Literaturnoe obozrenie* Nr. 1, 1995, S. 88–93). In Suchichs Babel-Ausgabe wurde dieses Material nach Kogans Sortierung der Überlieferungsträger aufgenommen, in 58 Paragrafen gegliedert. In unserem Band wird es nun erstmals komplett auf Deutsch dokumentiert. Peter Urbans Übersetzungen wurden übernommen, anhand der von Kogan vorgegebenen Reihenfolge neu montiert und dort, wo noch Lücken klafften, durch Übersetzungen von Bettina Kaibach ergänzt.

Doch nun zum *Tagebuch 1920*. Was von diesem historisch, biografisch wie schaffenspsychologisch unschätzbaren Zeugnis erhalten ist, wurde der Öffentlichkeit unzensiert erstmals im Jahr 1990 zugänglich gemacht, sowohl in der zweibändigen Moskauer Babel-Edition als auch in der Ausgabe der Friedenauer Presse. Urbans Übersetzung basiert also nicht auf einem in Russland bereits verlegerisch aufbereiteten Text, sondern ist unmittelbar auf Grundlage des überlieferten Typoskripts entstanden. Die Geschichte dieses Dokuments ist an und für sich interessant; darüber hinaus erhellt sie aber auch die editorische Situation von Babels Werk insgesamt. Peter Urbans Ausführungen über »Die Texte. Ausgaben« aus der Editorischen Notiz zu seiner deutschen Erstveröffentlichung des *Tagebuchs* seien daher in voller Länge wiedergegeben:

»Bekannt war, daß Isaak Babel während der Kampagne in Wolhynien, Galizien und Polen 1920 ein Tagebuch geführt hat. Babel selbst hat dies mehrfach erwähnt und noch im Dezember 1938, anläßlich eines Seminars mit jungen Schriftstellern in Moskau, zwischen Tagebuch und *Reiterarmee* einen Zusammenhang hergestellt:

›Während des Feldzugs habe ich ein Tagebuch geschrieben, leider ist es größtenteils verlorengegangen. Im weiteren benutzte ich das Tagebuch mehr nach meinen Erinnerungen, vielleicht erklärt sich das Fehlen einer Einheit oder eines Sujets durch das Fehlen des Tagebuchs.‹

Ein halbes Jahr später, am 16. Mai 1939, wurde Babel unter dem Vorwurf der Spionage und trotzkistischer Umtriebe in seinem Sommerhaus in Peredelkino verhaftet – am selben Tag wurde auch Babels Moskauer Wohnung durchsucht.

Wie wir heute aus der »Akte Babel« wissen, die Vitalij Šentalinskij 1989 in der Illustrierten *Ogonëk* offengelegt hat [...], wurden bei der Verhaftung folgende Materialien als Beweismittel beschlagnahmt: ›1) verschiedene Manuskripte – 15 Mappen, 2) Notizbücher – 11 Stück, 3) Notizblöcke mit Aufzeichnungen – 7 Stück.‹

Alle diese Dokumente sind in den Kellern des NKVD verschwunden und müssen als verschollen angesehen werden. In einem Gesuch an Berija, im September 1939, in dem er um Genehmigung bittet, die beschlagnahmten Manuskripte ordnen zu dürfen, beschreibt Babel den Inhalt der konfiszierten Mappen: ›Sie enthalten die Manuskripte von Skizzen über Kollektivierung und Kolchosen der Ukraine, Materialien zu einem Buch über Gorkij, Handschriften einiger Dutzende von Erzählungen, ein zur Hälfte fertiges Theaterstück, eine ganz fertige Fassung eines Drehbuchs. Diese Manuskripte sind das Resultat von acht Jahren Arbeit, einen Teil davon wollte ich in diesem Jahr für den Druck vorbereiten ...‹

Das Kriegstagebuch aus dem Jahr 1920 erwähnt Babel nicht, denn er glaubte es verloren – zumindest ›größtenteils‹; (wo sich der kleinere, nicht verlorene Teil des Tagebuchs befindet, ist unbekannt).

Spätestens seit 1964, zehn Jahre nach Babels posthumer Rehabilitierung, wurde bekannt, daß das verloren geglaubte Kriegstagebuch von 1920 nicht vom NKVD konfisziert worden war. Lev Lifsic zitierte 1964 in seinem Aufsatz *Materialien zu einer schöpferischen Biographie Babels* in der Zeitschrift *Voprosy literatury* aus eben diesem Tagebuch; er veröffentlichte außerdem einen Briefentwurf Babels, der zwischen den Seiten des Tagebuchs gefunden worden war, und zitierte eine Reihe bislang unbekannter Skizzen und Entwürfe zur *Reiterarmee*.

1965 publizierte I. A. Smirin in Band 74 der Schriftenreihe *Literaturnoe nasledstvo* eine Auswahl aus diesen Skizzen und Entwürfen zu einzelnen Erzählungen der *Reiterarmee*, und er publizierte gleichzeitig Teile des Tagebuchs, wenn auch in einer empörend entstellenden Verkürzung.

Das Tagebuch des Jahres 1920 – sowie ein Notizbuch und einige Fragmente von Erzählungen – hatte die Stalinzeit überlebt in der Kiewer Wohnung von M. Ja. Ovruckaja, einer Freundin, bei der Babel auf Reisen in Kiew Station machte. T. Stach, eine andere Freundin Babels, übergab diese Materialien später der Witwe des Schriftstellers, A. N. Pirožkova.

Handelt es sich bei den Skizzen und Entwürfen um kurze Notizen, Arbeitsblätter, einzelne Konzepte, so bildet das Tagebuch einen kontinuierlichen Text in einem dicken, mit blauem Kopierstift beschriebenen Heft. Die ersten 54 Seiten dieses Hefts sind herausgelöst und gelten als verloren, die Eintragungen beginnen mit dem 3. Juni und enden mit dem 15. September. Innerhalb des Hefts fehlen außerdem die Seiten mit den Eintragungen vom 7.6. bis zum 11.7. – 21 Seiten, die ebenfalls verschollen sind.

Nachdem der Babel-Frühling in den 60er Jahren nur von kurzer Dauer war – 1966 erschienen zwei Auswahlbände, danach galt Babel wieder für lange als ›schwierig‹ – und erst nachdem auch die *Reiterarmee* neu aufgelegt werden konnte, entschloß sich A. N. Pirožkova, unter den veränderten Bedingungen in der Sowjetunion, das Tagebuch zur Veröffentlichung freizugeben. Doch drei der führenden Moskauer Literaturzeitschriften lehnten eine Publikation ›zu diesem Zeitpunkt‹ ab, auch mit der Begründung, ›man wolle Babel nicht schaden‹. So erschien das Tagebuch, mit einer Einleitung von G. Belaja und kommentiert von S. N. Povarcov, 1989 in den Heften 4 und 5 der Zeitschrift *Družba narodov*

[Völkerfreundschaft] unter dem Titel ›*Ich hasse den Krieg*‹, Untertitel: Aus Isaak Babels Tagebuch 1920.

›Aus dem Tagebuch‹: Auch 1989 wollte man russischen Lesern nicht den integralen Text Babels zumuten, sondern nur Teile – und auch diese Teile nicht unzensiert. *Družba narodov* veröffentlichte lediglich die Eintragungen vom 20. Juli bis zum 25. August. Nicht gedruckt blieben Babels Schilderungen aus dem jüdischen Milieu von Žitomir, Gošča und Rovno, die Beschreibung seiner ersten Tage im Stab der 6. Division. Nicht gedruckt blieben die Beschreibungen dessen, was Babel den ›Anfang vom Ende der Reiterarmee‹ nennt: die fehlgeschlagene Einnahme der Stadt Zamość, der Rückzug, die Absetzbewegungen einzelner Soldaten und Kommandeure, die Niederlagen bis hin zur regellosen Flucht.

Bezeichnend sind auch die im Zeitschriftentext zensierten Stellen: sie betreffen fast ausschließlich die ›Russen‹ und das ›Russische‹, in selteneren Fällen die ›Slaven‹ allgemein, und sind eindeutig nationalistisch motiviert. Babel darf sagen, die Syphilis sei die ›Geißel der Soldaten‹, nicht aber hinzufügen ›die Geißel Rußlands‹; Babel kommt ins halbzerstörte Leszniów, ein galizisches Städtchen, und stellt fest, die Russen hätten hier ›ziemlich übel gehaust‹ – der Satz wird eliminiert, weil Russen, so scheinen es die Redakteure verstanden zu haben, so etwas nie und nimmer tun würden, also auch nicht getan haben können; nach deprimierenden Eindrücken in russischen, ruthenischen und ukrainischen Bauernkaten notiert Babel, der Städter und Intellektuelle, die deprimierende Frage: sind ›Die Slaven – der Abfall der Geschichte?‹ Der Satz entfällt, denn zur Völkerfamilie der Slaven gehören bekanntlich auch die Russen.

Solcher Umgang mit Texten verweist auf ein grundsätzliches Problem der Beschäftigung mit Babel, das mit der Rolle der Zensur, auch der Selbstzensur nur unzureichend beschrieben wäre. In Frage steht die Zuverlässigkeit und philologische Seriosität der überlieferten Texte Babels, ihre Behandlung durch Lektoren und Herausgeber – und diese Frage stellt sich nicht erst mit der Publikation des Tagebuches, sondern schon mit den ersten Erzählungen der *Reiterarmee*.

Die Erzählung *Salz*, zum Beispiel, erschien in den Odessaer *Izvestija* vom 25.11.1923, zur selben Zeit in der Zeitschrift *Lef*, Nr. 4, 1923. Dort, wie auch in der Erstausgabe der *Reiterarmee* 1926, erhebt die beim Schmuggeln von Salz erwischte Bäuerin den Vorwurf, die roten Soldaten dächten nur an die ›Juden *Lenin und Trockij*‹, in späteren Ausgaben sind beide Namen getilgt. Babels Ich-Erzähler antwortet auf diesen komisch-falschen Vorwurf mit ursprünglich folgender Replik – zitiert nach der Übersetzung von D. Umanskij, nachlesbar in der deutschen Erstausgabe der *Reiterarmee*, Malik-Verlag 1926: ›Von den Juden ist jetzt nicht die Rede – du schädliche Bürgerin. Die Juden haben mit dieser Sache nichts zu schaffen. *Übrigens, von Lenin will ich nichts sagen, doch Trotzki ist der mutige Sohn des Tambower Gouverneurs und hat sich, obwohl er einem anderen Stand angehörte, für die arbeitende Klasse eingesetzt. Wie man zu Zwangsarbeit Verurteilte befreit, so ziehen sie uns, Lenin und Trotzki, auf den freien Weg des Lebens hinaus.* Sie aber, abscheuliche Bürgerin, Sie sind konterrevolutionärer als jener weiße General, der uns auf seinem tausendfältigen Roß mit scharfem Säbel bedroht ...‹ usw.

Der kursiv gesetzte Teil der Replik fehlt selbstverständlich in Babel-Ausgaben der Stalin-Zeit – Nachauflagen der *Reiterarmee* hat es zumindest bis 1933 gegeben. Er fehlt aber auch in späteren sowjetischen Ausgaben, er fehlt auch in den Babel-Sammlungen der DDR-Verlage, die nicht auf die Erstdrucke zurückgegangen sind, sondern die sowjetische Lesart einfach übernommen haben.

Die Liste solcher Lesarten und Varianten – allein für die Erzählungen der *Reiterarmee* – ist sehr lang. Da man, z. B. aus den Memoiren Konstantin Paustovskijs, weiß, wie skrupulös Babel an seinem Satz gearbeitet hat, da man hingegen nicht mit hinreichender Sicherheit weiß, wie es zu den Veränderungen in Babels Texten gekommen ist: wer hat, auf wessen Veranlassung, wann wo geändert? – da man auf eine historisch-kritische Ausgabe – und sei es nur der *Reiterarmee* – noch Jahre wird warten müssen, scheint es dringend geboten, Textvergleiche anzustellen und, wo die Manuskripte Babels verschollen sind, zumindest auf die Erstdrucke zurückzugreifen. Auf gar keinen Fall kann man, wie vielfach geschehen, sowjetische Babel–Texte ungeprüft übernehmen.

Die vorliegende Fassung des Babelschen Kriegstagebuchs 1920 ist nach dem russischen Manuskript übersetzt. Dieses enthält auf 87 maschinenschriftlichen Seiten den gesamten Text, soweit er erhalten geblieben und nach Babels Handschrift gelesen und transkribiert worden ist, die deutsche Übersetzung ist, trauriges Kuriosum, die erste vollständige Publikation des Tagebuchs überhaupt.«

PRINZIPIEN DER SCHREIBUNG

Bei der Schreibung russischer Orts- und Eigennamen kommt in der Übersetzung die wissenschaftliche Transliteration zur Anwendung, doch in deutlich abgemilderter Form, um deutschen Lesern die Aussprache zu erleichtern (so werden z. B. »ae«, »ee« und »oe« wiedergegeben als »aje«, »eje« und »oje«, »ë«, je nach konkreter Aussprache, als »jo« oder »o«; Weichheitszeichen im Wortauslaut werden gestrichen, im Wortinneren werden das weiche »d'«, »n'«, »s'« und »t'« als »dj«, »nj«, »sj« und »tj« abgebildet). Eine Ausnahme bilden solche Namen, die im Deutschen derart gängig sind, dass ihre Wiedergabe nach den Regeln der slawistischen Zunft manieriert wirken würde; deshalb schreiben wir in der Übersetzung z. B. »Trotzkij« und nicht »Trockij« sowie »Wolga«, nicht »Volga« und »Kiew« statt »Kiev«. Das Gleiche gilt generell für russische Wörter, die im Deutschen gebräuchlich sind: »Borschtsch«, »Werst«, »Wodka« und »Samowar« (statt »Boršč«, »Verst«, »Vodka« und »Samovar«). Babels eigener Name, der wissenschaftlich korrekt als »Babel'« transliteriert werden müsste, wird durchgängig ohne Markierung des Weichheitszeichens wiedergegeben. Polnische Eigennamen, die Babel russifiziert, indem er sie kyrillisch schreibt, überführen wir in die polnische Schreibweise. Zum »schier unlösbaren Problem der Ortsnamen in Galizien, teilweise auch in Wolhynien und Podolien sowie in den bis 1917 russisch verwalteten Gouvernements des ehemaligen ›Königreichs Polen‹« hat sich Peter Urban in der Editorischen Notiz zum *Tagebuch 1920* und im Anhang zu seiner Ausgabe der *Reiterarmee* von 1994 eingehend geäußert: »Über diesem Problem haben sich nicht nur deutsche Meßtisch-Kartographen von 1914 den Kopf zerbrochen, wie ihre Generalstabskarten beweisen, an ihm sind schon 1866 österreichische Verwaltungsbeamte verzweifelt, vgl. das Orts-Repertorium des Königreiches Galizien und Lodomerien, Wien 1874. Für Babel, den jüdischen Russen, bedeutet die Überschreitung des Zbruč (poln. Zbrucz) das Eindringen in ein fremdes Land; die Übernahme der polnischen Schreibweise galizischer Ortsnamen, zumal da sie durch Eintragungen im *Tagebuch 1920* belegt sind, erscheint daher sinnvoll« [Anhang zur *Reiterarmee*

1994, S. 250]. Ähnliche Schwierigkeiten bereiten ukrainische Namen. Sie werden im Text konsequent aus der von Babel gewählten, oft russifizierenden, Schreibung transliteriert; ggf. wird im Kommentar das ukrainische Äquivalent mitgeteilt. Jüdische Namen deutscher bzw. jiddischer Herkunft werden wie deutsche wiedergegeben, jedoch so, dass ihre lautliche Eigenart bewahrt bleibt.

ZUR AUSSPRACHE

Russisch	Polnisch	Deutsche Aussprache
	ą	nasaliertes a, fast o
c	c	z, ts
č	cz	tsch
	ę	nasaliertes e, franz. teint
	ł	w, wie engl. w
	ń	jotiertes n, franz. Bourgogne
	ó	u
	rz	stimmhaftes sch, franz. journal
s	s	stimmloses, scharfes s
š	sz	stimmloses sch
z	z	stimmhaftes s
ž	ż	stimmhaftes sch

AUFNAHMEKRITERIEN

In dem Band *Mein Taubenschlag. Sämtliche Erzählungen* haben wir Babels narrative Prosatexte vollständig versammelt. Nicht aufgenommen wurde dort, was wir als seine »Gebrauchstexte« definierten, sowie Dramen, Drehbücher, Essays, autobiografische Skizzen, Briefe, Tagebücher, Vorstufen von Texten und Produkte kollektiver Autorschaft. Nun hätte sich ein zweiter Band einfach nach dem Prinzip zusammenstellen lassen, alles zu bringen, was im ersten keinen Platz fand. Dies war jedoch nicht unser Ziel. Es sollte vielmehr, wie eingangs angedeutet, ganz bewusst ein anderer, bislang vom Weltruhm seiner Erzählprosa zu Unrecht verdunkelter, Babel aus dem Schatten geholt werden.

So zeigt sich bei der Lektüre seiner Dramen und Drehbücher, dass Babel eben nicht nur ein Meister der kleinen Form gewesen ist, sondern es auch glänzend verstand, größere dramatische Handlungsbögen zu spannen – freilich in dialogischer Gestalt, nicht in der Form des Romans. Damit erweist er sich in der Präferenz seiner Genres als unmittelbarer Nachfolger Anton Čechovs, mit dessen Lebensspanne seine eigene sich um ein Jahrzehnt überschneidet. Wenige Tage nach Babels Geburt wurde Čechovs Erzählung *Der Literaturlehrer* gedruckt – als hätte der Weltgeist der Literatur hier eine Staffelübergabe geplant. Auch bei Čechov war es übrigens ähnlich: Der Dramatiker stand lange im Schatten des Erzählers. Dies hat sich gründlich geändert. Babel gilt es als Bühnen- und Kino-Autor hingegen erst noch zu entdecken. Wir haben seine Dramen und Filmskripte deshalb an den Anfang unseres Bandes gestellt.

Es mag auf den ersten Blick überraschen, wenn weiter oben auch Babels *Tagebuch 1920* zur Weltliteratur gerechnet wurde. Schließlich hat Babel sein finales Wort zum Thema Krieg in der *Reiterarmee* gesagt – und wir wissen, wie viel Aufwand er trieb, um diesem Wort künstlerische Unumstößlichkeit zu verleihen. Wozu noch dem Ergebnis monatelangen Ziselierens das rohe Ausgangsmaterial an die Seite stellen? Wird damit nicht Babels schriftstellerischer Wille missachtet?

Wir sind überzeugt, diesem Willen durch die klare Trennung zwischen den Kategorien »narrative Prosa« vs. »Tagebuch« Rechnung zu tragen. Längst ist das Tagebuch unter die anerkannten literarischen Gattungen aufgestiegen. Auch wenn es sich dabei oft um Diarien handelt, die bereits mit Blick auf die Veröffentlichung geführt oder von vornherein fiktiv angelegt worden sind, so lohnt das Tagebuch eines Schriftstellers (um eine Formel von Dostojevskij zu borgen) fast immer die Lektüre. Im Fall des *Tagebuchs 1920* ist der Ertrag allerdings besonders reich. Dieser Text schildert aus der Perspektive des unmittelbaren Augenzeugen eine Form des Kriegshandwerks, die nach den mechanisierten Materialschlachten des Ersten Weltkriegs archaisch anmutet: nämlich einen der historisch letzten Großeinsätze der Kavallerie. Babel beschreibt hier, paradox genug, eine aussterbende Art des Tötens. Er zeigt sie aber in ihrer nackten Grausamkeit, ohne die mythischen Überhöhungen der *Reiterarmee:* »Neben einer der Hütten – eine abgestochene Kuh, die zum ersten Mal gekalbt hatte. Das bläuliche Euter auf der Erde, die pure Haut. Unbeschreiblicher Jammer!«

Die zitierte Stelle zeigt noch ein weiteres: Isaak Babel war kein Ernst Jünger; die strikte *impassibilité*, welche die *Reiterarmee* prägt, war ein literarischer Kunstgriff. Dem Menschen Isaak Babel war sie fremd. »Unbeschreiblicher Jammer!« – einen solchen Ausruf der Verzweiflung hätte er sich als Prosaiker niemals erlaubt. Der Diarist gestattet sich diese Emotionalität. Beim Erscheinen von Urbans deutscher *Editio princeps* des ungekürzten *Tagebuchs 1920* wirkten diese Gefühlsausbrüche des vermeintlich kühlen Autors wie ein augenöffnender Schock, nach den ästhetischen Stromschlägen der *Reiterarmee* wie eine Epiphanie des Mitgefühls. Empathie kann man sich aber im Krieg nur bedingt leisten. Als bebrillter

Kriegskorrespondent unter Kosaken kann man es noch weniger, und als unerkannter Jude unter ebendiesen Kosaken schon gar nicht. Als Babel damals mit Budjonnyjs Reitern ins Feld zog, legte er sich das Pseudonym »Ljutov« zu: der Grimmige, Grausame – ein Signal der Härte, das vor allem die eigene Verletzlichkeit überspielen sollte. Zu Babels innerem Konflikt wurde bereits 1990 in einer Rezension seines *Tagebuchs* einiges gesagt, das wir hier auszugsweise dokumentieren:

»Was aber im Buch [der *Reiterarmee*] zumindest teilweise unter der Herrschaft des Stils versöhnt und zu epischer Gerechtigkeit aufgehoben wird, erscheint im Tagebuch noch quälend ungelöst. Der Krieg fordert Babels ästhetisches Fassungsvermögen heraus – sein ethisches übersteigt er. Denn wiewohl die Sache der Roten Armee im Grundsatz bejahend, steht er den Opfern letztlich näher als denen, deren Lob zu singen er sich beauftragt weiß. Für den Juden ist die Grenze zwischen Freund und Feind anders gezogen: ›Die Grausamkeit ist dieselbe, verschiedene Armeen, was für ein Unsinn.‹ Hinter dem Pseudonym verbirgt er sich vor den eigenen Waffengefährten. Gleich am ersten Tag trägt er ein: ›Der Pogrom von Žitomir, von den Polen veranstaltet, danach, natürlich, von den Kosaken.‹ Überall begegnet ihm ›ein unsägliches gewohntes und brennendes jüdisches Leiden‹. Die Paradoxie von Babels Lage wird immer dann besonders schmerzhaft, wenn er bei Juden Quartier macht, die ihn als den Angehörigen der marodierenden Truppen empfangen, der er ja unstreitig ist. Weil ihm aber ebenso unstreitig selbst der Pogrom droht, wagt er nicht, sein Inkognito preiszugeben: ›…Ich bin, natürlich, Russe, die Mutter Jüdin, wieso?‹ Oder: ›…Sie denken, ich verstünde kein Jiddisch, streiten sich ununterbrochen, Todesangst.‹ Vor allem dieser geheimen Identität des Heimsuchenden mit den Heimgesuchten – sie mutet beinahe wie ein literarischer Kunstgriff an – verdankt das Tagebuch seinen bitteren Reiz. Zugleich bestätigt sich, was später auch Elias Canetti an Babel beobachtet hat: ›Dort, wo er sich verstecken konnte, sah er am besten.‹ Aus seinem Versteck hat Babel eine ungewöhnlich gute Sicht ins Innere der ›jüdischen Elendshütten‹. Was er sieht, ist: ›Unbeschreibliche Armut, Schmutz, die Abgeschlossenheit des Ghettos.‹ Der klare Blick für uralte Trostlosigkeiten verschärft nur noch die Gespaltenheit seiner Situation. Denn er möchte in diese Welt gern als Bote des Neuen kommen: ›Ich spreche zu ihnen – alles wird gut, was die Revolution bedeutet, der Mund geht mir über.‹ Doch nicht Babel kommt, sondern Ljutov – auf einer Woge atavistischer Grausamkeit, die Ältestes wieder nach oben spült: ›Alles wiederholt sich, jetzt diese Geschichte – Polen – Kosaken – Juden – mit bestürzender Genauigkeit wiederholt sich alles, das Neue ist der Kommunismus.‹ Gehört der, der zu solchem Sarkasmus gereift ist, nicht schon zu den Abtrünnigen? Längst hat die Wirklichkeit vor Babels Augen jene Utopie, die sich auf ihre Wirklichkeitsnähe so viel zugute hält, ins Reich des Märchens verwiesen. Das Tagebuch vermerkt es in lakonischer Kürze: ›All das ist entsetzlich, ich erzähle meine Märchen über den Bolschewismus.‹ Gleichwohl will er von dem Märchen nicht ganz lassen. Da er aber damit sein Gewissen nicht einzulullen, sich nicht mit dem hehren Ziel über die furchtbaren Mittel zu trösten vermag, bleibt er inwendig zerrissen. Babel hat sein Pseudonym sinnreich gewählt: Etwas Grausames liegt in seiner Unfähigkeit, sich zu beschwichtigen – Grausamkeit gegen sich selbst: ›Ich habe hier zwei Wochen der Verzweiflung erlebt, die kam von der furchtbaren Grausamkeit, die hier keinen Augenblick lang aussetzt, und davon, daß ich begriffen habe, wie untauglich ich für das Werk der Zerstörung bin, wie schwer es mir fällt, mich vom Alten loszureißen, ... von dem, was vielleicht schlecht war, für mich aber nach Poesie gerochen hat, wie der Bienenstock nach Honig ...«« (Urs Heftrich: Nachrichten aus dem russisch-polnischen Krieg, in: *Frankfurter Allgemeine Zeitung,* Bilder und Zeiten, 1.12.1990).

Das *Tagebuch* ist ein über Babels eigene Person hinausweisendes Beispiel für die fast schizophrene Situation, in die viele russische Intellektuelle gerieten, als sie die praktische Umsetzung ihrer Hoffnungen auf den Kommunismus erleben mussten. Es ist aber passagenweise, schon vor der *Reiterarmee,* auch ein grandioses Stück Literatur. Wäre Babel bereits im Russisch-Polnischen Krieg, und nicht erst 20 Jahre später, eines gewaltsamen Todes gestorben und nur das *Tagebuch* hätte ihn überlebt – er dürfte allein aufgrund dieses Textes als Autor von Rang gelten. Ein Zitat soll genügen: »Zurück, es ist Abend, im Roggen hat man einen Polen gefangen, sie jagen ihn wie ein Tier, weite Felder, glutrote Sonne, goldener Nebel, wogendes Getreide, im Dorf wird das Vieh zusammengetrieben, rosa staubige Straßen von ungewöhnlich zärtlichen Formen, aus den Rändern der perlgrauen Wolken – flammende Zungen, orangefarbene Flammen, die Bauernfuhrwerke wirbeln Staub auf.«

Indem wir dem *Tagebuch 1920* die erhaltenen Notizen zur Vorbereitung der *Reiterarmee* erstmals vollständig an die Seite stellen, dokumentieren wir exemplarisch den gesamten Schaffensweg, den ein Babelscher Text vom unmittelbaren Sinneseindruck bis zur literarischen Endfassung durchlief. Zusätzlich konfrontieren wir diesen Prozess mit den offiziellen Frontberichten des Kriegsreporters Ljutov für den *Roten Kavalleristen.*

Damit gerät etwas in den Blick, das für Babels gesamtes Schicksal als Autor kennzeichnend war und wovon die weiteren Texte des Bandes zeugen: eine wachsende Kluft zwischen dem unbestechlichen Blick des Autors, der sich allein der künstlerischen Wahrheit verpflichtet fühlte, und dem, was die Augen der Apparatschiks von ihm sehen wollten, um ihm eine Existenz als Schriftsteller zuzubilligen. Vor diesem Hintergrund muss man auch seine Selbstzeugnisse lesen, die *Autobiografie* von 1926 und *Der Anfang* von 1937. Sie sind eigentlich keine *Curricula vitae,* vielmehr Plädoyers für Babels Daseinsrecht im Sowjetreich; Selbstschutz, nicht Selbstbespiegelung ist der wahre Zweck beider Texte. In dieser Absicht hat Babel alles aufgeführt, was er mangels proletarisch-bolschewistischer Musterbiografie an Pluspunkten vorweisen konnte: von seiner Verfolgung durch die zaristische Justiz über seine Entdeckung durch Gorkij bis hin zu einer angeblichen Tätigkeit bei der Čeka, die sich bis heute nie wirklich belegen ließ. Die *Autobiografie* ist daher hinsichtlich ihres Wahrheitsgehaltes mit Vorsicht zu genießen und sollte nicht, wie leider allzuoft geschehen, als authentisches Zeugnis angeführt werden.

Die Reisereportagen, die Babel – immer noch unter dem kriegerischen Pseudonym Ljutov – 1922 für das in Tiflis eingerichtete Parteiblatt *Morgenröte des Ostens* schrieb, unterscheiden sich, trotz ihrer eindeutig propagandistischen Ausrichtung, in Geist und Diktion deutlich von seiner 1937 im *Pionier* erschienenen *Reise nach Frankreich*. Antikapitalistische Polemik und kommunistisches Pathos finden sich hier wie dort. Aber in den frühen georgischen Impressionen wirken sie eher wie das *Voiceover* zu einer Kamerafahrt, die mit unverwechselbar Babelscher Neugier jedes sprechende und poetische Detail abtastet. Von Frankreich hingegen, einem

Land, zu dem Babel eine innige Beziehung hatte, scheint er anno 1937 fast nur noch das wahrzunehmen, was ein linientreuer Genosse dort wahrnehmen *durfte*. Aber auch diese Texte haben es stellenweise in sich; nur muss man dazu zwischen den Zeilen lesen. Wenn Babel beispielsweise die Namen Balzac, Hugo, Voltaire, Robespierre der Reihe nach auflistet, so wird dem genauen Beobachter auffallen, dass er ein Dreigespann führender Schriftsteller, die das emanzipatorische Denken in Frankreich vorangetrieben haben, mit dem Namen des Mannes krönt, der die Französische Revolution (einschließlich vieler Weggefährten) im Blutbad der Guillotine untergehen ließ. Es war eine riskante Antiklimax, die Babel da inmitten von Stalins Großer Säuberung der Leserschaft des *Pioniers* zumutete.

Auch die Aufsätze, Reden und Gespräche, die von Babel aus der Zeit zwischen 1934 – dem Jahr der endgültigen stalinistischen Gleichschaltung der Kultur – und 1937 erhalten sind, bedürfen gleichsam einer Lektüre mit dem Röntgengerät. Gewiss: an der Oberfläche des Textes nimmt man sprachliche Verrenkungen wahr, deren Anblick schmerzt – etwa, wenn Babel die muskulöse Sprache des Genossen Stalin preist. Blickt man in die Tiefenschichten dieser Dokumente, so wird man jedoch erkennen, dass Babel – wenn auch mit heiserer, verstellter und zunehmend asthmatischer Stimme – in der ihm aufgezwungenen Sprache immer noch für die Freiheit kämpft, gute Literatur zu schreiben. Auch hierfür zum Schluss noch ein Beispiel. In seiner Rede über *Die Arbeiter der neuen Kultur* von 1936 erklärt Babel: »Millionen neuer Leser sind auf den Plan getreten, die nicht gleich mit Joyce und Proust loslegen können.« Da gibt es Lärm unter den Genossen, einen provokanten Zwischenruf: »Und später darf man es ihnen geben? Proust darf man ihnen geben?«

Babel wiederholt, unbeirrt: »Proust darf man ihnen *vorerst* nicht geben« (Herv. von uns).

Ein heutiger Leser wird den Mut, den diese Replik erfordert hat, wohl kaum mehr verstehen. Stalins Propagandamaschine hatte Proust und Joyce zum Inbegriff westlicher Dekadenz erklärt; und in der Tat – zur Erbauung sozialistischer Massenleser taugen die beiden wahrlich nicht. Sich 1936 auch nur im Ansatz zu ihnen zu bekennen, war gefährlich. Die Möglichkeit in den Raum zu stellen, dass es den sowjetischen Werktätigen lediglich an der nötigen Reife für Proust fehlen könnte, war couragiert. Babel ist sich bis zuletzt treu geblieben. Er hat mit dem Leben dafür bezahlt.

DANK

Die Arbeit an diesem Band hat uns mit vielen Menschen an vielen verschiedenen Orten in Dialog gebracht. Durch die Pandemie haben sich die Gespräche notgedrungen in den virtuellen Raum verlagert, abgerissen sind sie nicht. Ein ganz besonderer Dank gilt Madlena Rozenblyum und Viktor Sančuk (New York), die in ihrer Wohnung in Queens, im Sands Point Preserve auf Long Island und schließlich über den Atlantik hinweg jahrelang unermüdlich Fragen zu Babels Sprache beantwortet haben: Mada und Vitja – ohne Euch wäre es nicht gegangen!

Auch Anna Pavlova (Universität Mainz) und Irina Kissin (Universität Heidelberg) waren allzeit bereit, sich den Kopf über knifflige Stellen in Babels Werk zu zerbrechen. Wertvolle Hilfe in Sach- und Sprachfragen – und auch sonst – leisteten Natalia Bernitskaia (Sorbonne), Alexander Bierich (Universität Trier), Dina Dodina (St. Petersburg), Roland

Gruschka (Hochschule für Jüdische Studien Heidelberg), Bettina Hofmann (Universität Wuppertal), Benjamin Kaibach (Heidelberg), Natavan Khalilova (Heidelberg), Christiane Körner (Frankfurt), Janusz Pawelczyk-Kissin (Heidelberg), Nina Penkert (Heidelberg), Tanja Penter (Universität Heidelberg), Yohanan Petrovsky-Shtern (Northwestern University), Irina Podtergera (Universität Heidelberg), Michail Šejnker (Moskau), Sergej Winter (Frankfurt), Efraim Sicher (Ben Gurion University), Giorgio Ziffer (Universität Udine).

Begonnen hat die Arbeit an diesem Band beim ViceVersa Übersetzerworkshop im sibirischen Divnogorsk, wo bei gänzlich unsibirischen Hochsommertemperaturen zwölf russische und deutsche Übersetzer und die beiden Leiterinnen Christiane Körner und Irina Alekseeva gemeinsam über dem Anfang von Babels *Marija* brüteten. Ihnen allen sei für die wertvollen Anregungen herzlich gedankt. Ein Dank geht auch an die Übersetzergruppe Heidelberg – Germersheim, die sich über die Übertragung von *Sonnenuntergang* hilfreiche Gedanken machte.

Zwei Institutionen sind wir zu besonderem Dank verpflichtet: Nur dank der finanziellen Unterstützung durch die Prokhorov-Foundation und dem Exzellenzstipendium des Deutschen Übersetzerfonds war es möglich, sich über mehrere Jahre hinweg der Übersetzung von Babels Texten zu widmen.

Der Friedenauer Presse danken wir schließlich für die freundliche Genehmigung zum Abdruck von Peter Urbans Übersetzung des *Tagebuchs 1920*.

KOMMENTAR

Kommentierung des Tagebuchs 1920, *der* Skizzen und Entwürfe zur »Reiterarmee« *sowie der Beiträge für die Zeitung* Der Rote Kavallerist *von Peter Urban (aktualisiert und ergänzt), aller anderen Texte von Urs Heftrich und Bettina Kaibach.*

DRAMEN

SONNENUNTERGANG – Seite 9, O[riginaltitel]: Zakat, E[rstveröffentlichung]: *Novyj mir*, 1928, Nr. 2.

9 *Krik:* russ.: Schrei. Nicht nur diese Figur in Babels Stück trägt einen sprechenden Namen, auch andere Gestalten des Dramas werden auf diese Weise semantisch charakterisiert: Ljovka steht für den Löwen, Arje Lejb trägt dieses Symbol raubtierhafter Stärke sogar gleich doppelt, hebräisch und jiddisch, im Vor- wie im Nachnamen. Pjatirubel bedeutet Fünfrubel, Cholodenko leitet sich vom russischen Wort für »kalt« ab, Rjabcov von »pockennarbig«, Popjatnik von »beflecken«, Zubarev von kräftigen Zähnen, Bojarskij von den Bojaren, Urusov von einer turksprachigen Bezeichnung für »russisch« aussehende, d. h. fremd wirkende, blondhaarige Kinder. Bobrinec lautet der Name einer ukrainischen Stadt. Ein beträchtlicher Teil des Personals überschneidet sich überdies mit dem der *Geschichten aus Odessa*, insbesondere mit der schon 1924–1925 geschriebenen, aber erst 1964 publizierten Erzählung *Sonnenuntergang*.

9 *Moldavanka:* Unweit vom Zentrum gelegener historischer, ehemals stark jüdisch geprägter Stadtteil Odessas, bis ins 20. Jh. hinein berüchtigt wegen seiner Armut und hohen Kriminalitätsrate.

9 *Spricht das* »r« *als* »ch«: russ.: kartavit'. Sprachfehler im Russischen, bei dem das »r« nicht gerollt werden kann, häufig mit einem jiddischen Akzent assoziiert.

9 *Mužik:* Bezeichnung für den Bauern im vorrevolutionären Russland; oft mit der negativen Assoziation »grober, plumper, unmanierlicher Mensch« [Pavlovskij] aufgeladen, im Gegensatz zu dem wertneutralen Wort für Landwirt (»krest'janin«).

10 *Schammes:* hebr.-jidd.: Synagogendiener.

10 *bei den Lastkutschern:* Im Russischen wird der odessitische Ausdruck »bindjužniki« verwendet, abgeleitet von russ. bindjug, dem Wort für die Wagen, mit denen die Schiffsladungen im Hafen gelöscht wurden. Oft waren diese Frachtkutscher Juden.

10 *Rutensäbeln:* besonders bei der Kavallerie und unter den Kosaken beliebte Geschicklichkeitsübung mit der Blankwaffe, bei der zu Pferd im Galopp oder zu Fuß eine Rute im Umfang von 1,5–2 cm mit einem Säbelhieb glatt durchtrennt wird, ohne dass sie ins Zittern gerät.

12 *Ibn Esra:* Abraham ben Meir ibn Esra, ca. 1089–1167, spanisch-jüdischer Dichter, Philosoph und Astronom mit neuplatonischen Neigungen, bekannt für seine Bibelexegese. Babel erwähnt ihn auch in der Erzählung *Gedali* in der *Reiterarmee*.

14 *Fankoni:* beliebtes, von einer begüterten Kundschaft frequentiertes Café in Odessa, 1872 von den Italoschweizer Brüdern Giacomo und Domenico Fankoni (ital.: Fanconi) eröffnet. Bei Scholem Aleichem ist das Fankoni Treffpunkt von Spekulanten; Babel erwähnt das Lokal auch in *Das Ende eines Armenhauses* und in *Blätter zu Odessa. Zweites Blatt.*

14 *Vera:* russifizierte Form des jiddischen Namens Dvojra (hebr. Deborah).

15 *hundertundzwanzig Jahre:* jiddische Formel für ein hohes Alter.

15 *Gerichtstag:* Jom Kippur. Babel verwendet hier nicht den hebräischen Begriff, sondern die russische Umschreibung für den höchsten jüdischen Feiertag, an dem ein ganztägiges Fasten und Beten eine allgemeine Versöhnung bewirken soll.

16 *dass ein Jude keine Krebse goutieren soll:* Laut jüdischem Speisegesetz sind koscher nur diejenigen Wassertiere, die Flossen und Schuppen haben; Schalentiere gelten hingegen als unkoscher.

18 *sieben Mal die Woche Freitag…:* Gemeint ist der Sabbat, der am Freitagabend beginnt.

20 *die Höheren Frauenkurse:* russ.: Vysšie ženskie kursy, in den 1870er Jahren gegründete, privat finanzierte Bildungseinrichtungen für Frauen, denen im zaristischen Russland der Zugang zu den staatlichen Hochschulen verwehrt war. In den 1880er Jahren als angebliche Brutstätte subversiver Umtriebe bis auf eine Ausnahme geschlossen, expandierten die Kurse nach der Revolution von 1905 u. a. nach

Odessa. Auch Juden hatten im Zarenreich nur eingeschränkt Zugang zur Universität.

20 *Papyrosa:* russische Zigaretten, bei denen nur die Vorderhälfte mit Tabak gestopft ist, das Mundstück hingegen aus hohler Pappe besteht. Babel verwendet das Wort auch für selbst gedrehte Zigaretten.

22 *Einen kaputten Karbowanez:* russ. Karbovanec s otkusannym uglom (ein Karbowanez mit abgebissener Ecke). Mit dem kaputten Karbowanez (ukrainisch für Rubel), ist hier wohl ein seltener Prägefehler gemeint, bei dem von der Münze ein halbmondartiges Stück übrigbleibt.

22 *Russenköppe:* kacapy: ukrain. Schimpfwort für die Russen, vom ukrain. Wort für Bock [cap]. Da die Ukrainer sich rasierten, erinnerten die bärtigen Russen sie an Geißböcke.

23 *Suppenbock:* russ. supnik, eigentlich Suppenterrine, im odessitischen Russisch Schimpfwort in der Bedeutung Weiberheld, Hurenbock.

24 *zweihundert Pud:* russisches Gewichtsmaß: 1 Pud = 16,38 Kilo.

25 *Bessarabien:* Region am Schwarzen Meer, heute überwiegend auf dem Territorium Moldawiens, zur Handlungszeit von Babels Drama ein Gouvernement im südwestlichen Russland, bekannt für den Anbau von Melonen, Kürbissen, Obst und Wein.

28 *Heiliger Baikal:* populäre russische Romanze eines unbekannten Komponisten aus dem 19. Jh. Die Textgrundlage bildet das Gedicht *Gedanken eines Flüchtigen am Baikal-See* des sibirischen Dichters Dmitrij Pavlovič Davydov über das Schicksal flüchtiger Katorga-Häftlinge, die den Baikal-See in Fässern überquerten. Babel greift das Thema der Katorga am Ende des Stücks wieder auf.

29 *Šilka und Nerčinsk:* Šilka, aus einer Kosakensiedlung erwachsener Ort in Transbaikalien. Nerčinsk, Stadt in Transbaikalien, von 1825 bis 1917 Verbannungsort für politische Gefangene (Nerčinskaja katorga).

35 *Arschin:* altrussisches Längenmaß, 71,1 cm.

37 *Grütze für die Toten:* russ.: kut'ja, rituelle Totenspeise aus Reis oder anderem Getreide, Honig und Rosinen.

38 *Tales:* jidd., aus hebr. Verhüllung: Gebetschal mit Fransen, welche die für Juden geltenden Gebote und Verbote symbolisieren, sowie Schaufäden, die den Namen des Herrn repräsentieren und, zu

Quasten gebunden, wiederum die göttlichen Gebote in Erinnerung rufen.

38 *wiegen sich hin und her:* das jiddische »shokln«, traditionelle, von manchen jüdischen Gelehrten abgelehnte Sitte, den Körper beim Gebet hin und her zu bewegen.

39 *Lechu, neranno ladonaj, norijo letzur jischejnu!:* hebr.: Kommt herzu, lasst uns dem Herrn frohlocken und jauchzen dem Hort unsres Heils! Erster Vers des Psalms 95, der, gefolgt von den Psalmen 96–99 und 29 und dem Lied *Lechach dodi*, nach einer im 16. Jh. etablierten Tradition als Teil der Begrüßung des Sabbats am Freitagabend in der Synagoge rezitiert wird. Hier und im folgenden wird zur Wiedergabe der hebräischen Passagen anstelle einer philologischen Transkription eine Umschrift gewählt, die die ostaschkenasische Aussprache der Figuren für deutschsprachige Leser unmittelbar verständlich macht.

39 *Arboim schono, okut bedojr, wo'ojmar:* hebr.: Vierzig Jahre hatte ich Mühe mit diesem Volk und sprach ... Teil eines Verses aus Psalm 95.

39 *Schiru ladonaj schir chodosch ... Oj, Singet dem Herrn ein neues Lied:* Anfang von Psalm 96.

39 *Lifnej adonaj ki wo, ki wo lischpojt ho'oretz:* hebr.: vor dem Herrn; denn er kommt, denn er kommt, zu richten das Erdreich. Ende von Psalm 96.

42 *Mismojr ledowid:* hebr.: Ein Psalm Davids. Anfang von Psalm 29.

43 *Boruch ato adonaj:* hebr.: Gelobt sei der Herr.

43 *Raschi:* verkürzt aus Rabbi Salomo ben Isaak, 1040–1105, bekanntester mittelalterlicher Kommentator der Bibel und des Talmuds. Raschi wird auch in der Erzählung *Gedali* in der *Reiterarmee* erwähnt.

47 *Miša:* Koseform für Michail, hier russifizierte Form des jüdischen Vornamens Mendel.

48 *Werst:* alte russische Maßeinheit, entspricht 1,067 km.

52 *Pan:* poln.: Herr.

52 *Monopolwodka:* russ. »monopolka« (auch: Monopolladen), bezieht sich auf das von Sergej Witte, Finanzminister Alexanders III., entworfene Staatsmonopol auf Alkohol, das von 1894–1914 in Kraft war. Im Jahr 1913, in dem Babels Stück spielt, begann in der Duma eine Diskussion über das Monopol, bei der auch erörtert wurde, Pri-

vatrestaurants den Verkauf von Alkohol zu gestatten. Im Original heißt es wörtlich »das Schwein muss in den Monopolladen«; zur besseren Verständlichkeit wurde auf die zweite Bedeutung von »monopolka« (Monopolwodka) zurückgegriffen.

52 *Balta:* Kreisstadt ca. 200 km nordwestlich von Odessa, zur Handlungszeit von Babels Drama stark vom Warenaustausch und vom jüdischen Leben geprägt. Die Straße nach Balta wird auch in Babels Erzählung *Karl-Jankel* erwähnt.

58 *Sachalin:* russische Insel, im 19. Jh. Strafkolonie, deren finstere Praktiken Anton Čechov in seinem Bericht *Die Insel Sachalin* (1893–94) bekannt gemacht hat.

58 *Katorga:* von neugriech. kátergon, Galeere: unter den Zaren die neben der Hinrichtung schwerste Strafe: Deportation zu harter Zwangsarbeit, meist nach Sibirien, mit anschließender lebenslanger Verbannung.

62 *Stern Israels:* Zum Symbol für das Volk Israel wird seit dem 15. Jh. durch Isak Lurja das Hexagramm des sog. Magen David, d. h. Davidschilds. Eine frühere Tradition assoziiert Saturn als Stern des Sabbats mit den Juden; Abraham Ibn Esra verbindet Saturn explizit mit dem jüdischen Sabbatgebot.

67 *Josua ben Nun:* Nachfolger Moses' und Führer Israels bei der Landnahme von Kanaan. Ben Zcharja nimmt Bezug auf Josua 10,12, wo Josua in der Schlacht gegen die Amoriter mit den Worten »Sonne, stehe still zu Gibeon« den Herrn bittet, die Zeit anzuhalten, bis sich die Israeliten an den Feinden gerächt haben.

67 *Schreie:* russ.: kriki, zugleich auch die Pluralform des Namens »Krik«.

MARIJA – Seite 69, O: Marija. E: *Teatr i dramaturgija*, 1935, Nr. 3, S. 45–59. Dieser Journaldruck wurde unmittelbar begleitet von einem ideologischen Aufsatz des Autors I. Ležnev, *Novaja p'esa Babelja* (Babels neues Stück, ebd., S. 46–57). Näheres hierzu im Nachwort, S. 799.

69 *Njanja:* russisch für Kinderfrau, auch als Anrede verwendet. Die Kindermädchen waren für den russischen Adel eine prägende emotionale und kulturelle Instanz, da die Njanjas aus dem dörflichen Milieu die Kinder ihrer Herren mit der heimischen Folklore vertraut machten und damit ein Gegengewicht zur französischen Adelskultur

schufen. So wurde die »russische Amme oder Njanja«, wie Katharina Kucher formuliert, »zu einer Art nationalen Bezugsperson« (dies.: Die visualisierte Kindheit im Russland des 19. Jahrhunderts. Stilisierte Welten zwischen Kanonen, Birken und Schulbänken, in: Jahrbücher für Geschichte Osteuropas, NF, Bd. 60, H. 4 [2012], S. 520).

70 *Petrograd:* vorübergehender Name, auf den Sankt Petersburg nach Ausbruch des Ersten Weltkriegs umgetauft wurde, um die als deutsch empfundenen Wortbestandteile »Sankt« und »Burg« aus der Bezeichnung der Hauptstadt zu tilgen. Nach dem Tod Lenins 1924 erfolgte dann die Umbenennung in Leningrad.

70 *die herangeschafften Lebensmittel:* Hinweis auf den Schwarzhandel während der durch Revolution und Bürgerkrieg ausgelösten Krise in der Lebensmittelversorgung, von der Petrograd in den Jahren nach der Revolution besonders betroffen war. Infolge des Zusammenbruchs des Marktes zwischen Stadt und Land kam es in der ehemaligen Hauptstadt wie auch in anderen Städten zu Hunger, den die Bevölkerung durch massenhafte Hamsterfahrten mit der Eisenbahn aufs Land (dem sog. Sackhandel, russ. mešočničestvo) zu bekämpfen suchte; zugleich gab es organisierten Schmuggel durch kriminelle Banden, die ganze Lebensmittelzüge entführten. Die Politik der Bolschewiki gegenüber dem Schwarzmarkt war wechselhaft: Grundsätzlich wurde der Privathandel als Verstoß gegen die Prinzipien des Kriegskommunismus aufs Schärfste bekämpft. Phasenweise musste er jedoch geduldet werden, da die Lebensmittelversorgung in den Städten anders nicht zu bewältigen war.

70 *Georgskreuze:* zunächst als »Ehrenzeichen des Kriegsordens« 1807 von Zar Alexander I. gestiftete Auszeichnung, die (ab 1913 unter dem Namen Georgskreuz) bis zur Oktoberrevolution 1917 in vierfacher Abstufung an die niederen Ränge der russischen Armee verliehen wurde.

70 *Vyrica:* Siedlung im Rayon Gatčina, etwa 60 km südlich von St. Petersburg. Durch den 1904 erbauten, an der Verbindungsstrecke St. Petersburg–Vitebsk gelegenen Bahnhof von Vyrica wurde der Ort an die Carskoe-Selo-Bahn angeschlossen, die erste Eisenbahnstrecke Russlands, die St. Petersburg mit den Zarenresidenzen Carskoe Selo und Pavlovsk verband.

70 *überall neue Patrouillen:* russ. zagradilovki, kurz für die Sperr-

kommandos (Zagraditel'nye otrjady), mit denen die Bolschewiki den Lebensmittelschmuggel per Eisenbahn zunehmend bekämpften. Das Vorgehen der Sperrkommandos war oft brutal und lief auf ein Ausrauben der Bevölkerung hinaus.

70 *Carskoselskij:* Carskosel'skij-Bahnhof, heute Vitebsker Bahnhof, ältester, 1837 als Holzgebäude erbauter Bahnhof Russlands, der St. Petersburg zunächst mit der Zarenresidenz Carskoe Selo, später mit Vitebsk in Weißrussland und schließlich Odessa verband. Das heutige Bahnhofsgebäude wurde 1904 im Jugendstil errichtet.

71 *Carskoje Selo:* russisches Zarendorf, von Peter dem Großen 25 km südlich von St. Petersburg begründete Zarenresidenz, 1918 umbenannt in: Puškin.

71 *Das geht an die Kinderchen ... Kolonie nennt sich das:* In dem im November 1918 in Detskoe selo (Kinderdorf) umbenannten Carskoe Selo wurden ab 1919 auf Betreiben des Volkskommissariats für Bildung zahlreiche Einrichtungen für Kinder, insbesondere Schulen und sog. Kolonien für Kriegs- und Bürgerkriegswaisen geschaffen, die als Modell für eine kommunistische Erziehung dienen sollten. 1920, in dem Jahr, in dem Babels Stück spielt, schickte die unabhängige Organisation »Liga für die Rettung der Kinder« auf Bitten des Volkskommissariats für Bildung 15 Waggons mit Lebensmitteln nach Carskoe Selo, die für die 2000 Kinder umfassende Waisenkolonie bestimmt waren.

71 *Zagorodnyj:* Zagorodnyj prospekt, Magistrale im Zentrum St. Petersburgs.

71 *da hält Gott die Hand drüber:* im Russischen wörtlich: Ein Spritschieber ist ein Gottesmensch (russ. božij čelovek), d. h. ein Mensch, der den besonderen Schutz Gottes genießt – darin dem »jurodivyj«, dem Gottesnarren, verwandt. Hierzu siehe auch Anmerkung zu Seite 203.

72 *Vitebsk:* an der westlichen Dvina gelegene Stadt mit seinerzeit hohem jüdischen Bevölkerungsanteil, seit Gründung der ersten privaten Kunstschule im Jahr 1896 ein Zentrum der europäischen Avantgarde.

73 *im gegenwärtigen Moment:* im Russischen »v nastojaščee vremja« (in der gegenwärtigen Zeit), die Variation einer in den Reden Lenins und anderer führender Bolschewiki gängigen Formulierung: »im

gegenwärtigen Moment« (v nastojaščij moment, v tekučij moment). Der »gegenwärtige Moment« bildet ein regelrechtes Leitmotiv in *Marija*; insgesamt siebenmal wird die Formel wechselnden Figuren des Stücks in den Mund gelegt.

73 *Brisanzgranate:* mit hochbrisantem Sprengstoff gefüllte Granate von besonders hoher Zerstörungskraft; eine waffentechnische Neuerung aus dem letzten Viertel des 19. Jh., die klassische Befestigungsanlagen zu durchbrechen vermochte, deren Handhabung aber riskant war, da die Geschosse bereits im Kanonenrohr explodieren konnten.

73 *dem wertlosen Hundsfott da oben sei Dank:* russ. slava te fil'kinoj sučke, auch für Muttersprachler höchst ungewöhnliche Kontamination der Wendung »Gott sei Dank« (slava te bogu, slava te, gospodi) mit dem ausschließlich in der Kombination »wertloses Dokument« (fil'kina gramota) begegnenden Possessivadjektiv »fil'kin«, das hier als Attribut des Schimpfwortes »sučka« (Hündin, Schlampe) erscheint.

75 *Zimmes:* Gericht der aschkenasisch-jüdischen Küche. Das mit Honig zubereitete Wurzelgemüse wird traditionell als Symbol für ein süßes neues Jahr zum jüdischen Neujahrsfest Rosch Ha-Schana gereicht. Im odessitischen Stadtdialekt bedeutet »tsimus« oder »tsimes« zudem »Quintessenz« oder »Pointe«, im russischen Argot bezeichnet es eine Ware von guter Qualität. Viskovskijs sprachlichen Anbiederungsversuch bei dem Juden Dymšic weist dieser zurück, indem er mit dem für Viskovskij nicht nachvollziehbaren Doppelsinn von Zimmes im Jiddischen spielt, wo »makhn a tsimes fun epes« so viel bedeutet wie »Getue um etwas machen«.

78 *Buržujka:* weibliche Form zu russ. buržuj (Bourgeois, Ausbeuter), in Russland Bezeichnung für einen kleinen Kanonenofen.

78 *Mariinskij:* Das 1860 eröffnete, nach der Zarin Marija Aleksandrovna benannte Hoftheater in St. Petersburg trug seit 1917 die Bezeichnung Staatliches Akademisches Theater und wurde 1935 in Kirov-Theater umbenannt, zum Gedenken an den populären Leningrader Parteichef der Bolschewiki, dessen Ermordung 1934 wohl Stalin selbst in Auftrag gab, um sie dann als Vorwand für die Große Säuberung zu nutzen.

79 *Artel:* ursprünglich, im alten Russland: freiwillige Solidarge-

meinschaft von Angehörigen des gleichen Berufes; in der Sowjetzeit: Terminus für eine Produktionsgenossenschaft.

79 *Par le temps qui court:* franz.: in der heutigen Zeit, heutzutage. Hier erscheint das Leitmotiv vom »gegenwärtigen Moment« ins Französische übertragen.

80 *Am 16. Oktober des Jahres 1820:* An diesem Tag fand im Semënovskij-Leibgarderegiment eine Revolte statt, mit der die Wachen des Regiments gegen die brutale Behandlung durch ihren Kommandanten Oberst Schwarz aufbegehrten, indem sie die Teilnahme an der Parade verweigerten. Zar Alexander I., der auf dem Fürstenkongress in Troppau durch Metternich von der Revolte erfuhr, reagierte mit äußerst harten Strafen und löste das Regiment auf. Die Revolte gilt als ein Auslöser für den zunehmend reaktionären Kurs des Zaren.

81 *Sidorovs und Proškas:* Il'ja Sidorov und vor allem Prochor (Kurzform Proška) Dubasov erlangten als Offiziersburschen von General Suvorov volkstümliche Berühmtheit; hier stehen sie stellvertretend für die gemeinen Soldaten (Sidorov ist in der Formel »Ivanov, Petrov, Sidorov« Synonym für einen russischen Allerweltsnamen).

81 *Arakčejev:* Graf Aleksej Andreevič Arakčeev, 1769–1834, russischer General und Staatsmann, unter Zar Alexander I. Generalinspekteur der Artillerie, ab 1808 Kriegsminister. Als Hauptverantwortlicher für die russische Innenpolitik, die ab 1815 weitgehend in seiner Hand lag, prägte A. den Autokratismus und die Kasernenordnung des letzten Jahrzehnts der Regierungszeit von Alexander I. und wurde namensgebend für die sog. »Arakčeevščina« als Bezeichnung für seine reaktionäre und repressive Politik.

81 *Imperator Paul:* Pavel Petrovič Romanov, 1754–1801, Sohn von Peter III. und Katharina der Großen, die ihn von den Regierungsgeschäften fernzuhalten versuchte; russischer Zar von 1796 bis zu seinem gewaltsamen Tod durch eine Verschwörung, die er nach einer kurzen liberalen Anfangsphase schließlich durch seinen tyrannischen und launischen Herrschaftsstil heraufbeschwor. Die Verschwörer waren im Bunde mit dem Thronfolger Alexander, der aber wohl nicht in den Plan zur Ermordung seines Vaters eingeweiht war; siehe Anmerkung zu Seite 90.

81 *das Werk des Ivan Kalita – das Sammeln der russischen Lande:* Ivan K., 1304(?)–1340, Großfürst von Moskau und Vladimir, der sei-

nen Beinamen dem russischen Wort für Geldsack verdankt, verstand es, als Steuereintreiber der Tataren die politische Vormachtstellung Moskaus unter den russischen Fürstentümern durch geschickte Politik und Gebietskäufe dauerhaft zu sichern.

82 *in Minsk, in Viljujsk, in Černobyl:* Minsk, Stadt in Weißrussland, heute Hauptstadt von Belarus. Viljujsk, an einem Nebenfluss der Lena gelegene Stadt in der Republik Jakutien. Černobyl', Stadt im Norden der Ukraine. Minsk und Černobyl' lagen vor der Revolution im sog. Ansiedlungsrayon, wo die große Mehrheit der Juden im Zarenreich siedeln musste. Im sibirischen Viljujsk gab es eine jüdische Bevölkerung, die sich teilweise aus Nachkommen politischer Verbannter und deren Familien rekrutierte. In manchen Babel-Übersetzungen wird Viljujsk mit dem ebenfalls im Ansiedlungsrayon gelegenen Vilnius verwechselt, einem Zentrum des osteuropäischen Judentums.

83 *Alexander Pavlovič:* Alexander I., 1777–1825, nach der von ihm gebilligten Entmachtung seines Vaters russischer Zar von 1801–1825. Nach dem düsteren Regime Pauls I. zunächst bei der Bevölkerung beliebt und als erfolgreicher Verteidiger Russlands gegen die Invasion Napoleons zur dominanten Gestalt der europäischen Politik aufgestiegen, wandte er sich schließlich immer mehr der Religion zu und überließ die faktische Regierung dem rigiden Grafen Arakčeev.

83 *von einem Pferd, was heute auf dem Nevskij Prospekt krepiert ist:* Im von Revolution und Bürgerkrieg gebeutelten Petrograd starben die Pferde an Futtermangel und Entkräftung, oder sie wurden von der hungrigen Bevölkerung gegessen. Isaak Babel schreibt in seinem *Petersburger Tagebuch* von der »Entpferdung« der Stadt.

84 *Politabteilung:* russ. politotdel (kurz für: političeskij otdel), von den Bolschewiki in Teilen der Armee installiert, um die militärischen Spezialisten aus einer früheren Ära ideologisch auf Kurs zu bringen.

85 *Orenburger Tuch:* seit dem 18. Jh. in Orenburg aus dem handgesponnenen Flaum der Orenburger Ziege gestrickte, sehr flauschige und warmhaltende, als typisch russisch geltende Kopf- oder Umhängetücher. Die Orenburger Strickkunst erregte bei der Londoner Weltausstellung von 1851 erstmals internationale Aufmerksamkeit. Im ausgehenden Zarenreich waren die Tücher bei wohlhabenden Trägerinnen sehr beliebt.

85 f. *Auf der einen Straßenseite ließ man sie leben ... Bibikov-Boulevard:* In Kiew durften Juden nur in bestimmten Stadtvierteln wohnen. Bibikov-Boulevard, Boulevard im Zentrum Kiews, von 1869 bis 1919 benannt nach Dmitrij Gavrilovič B., 1792–1870, dem Militärgouverneur von Kiew, Generalgouverneur von Kiew, Podolien und Wolhynien und zeitweiligen Innenminister des Russischen Kaiserreiches, heute Taras Ševčenko-Boulevard.

86 *Rasputin und die Deutsche Alix:* von russ. rasputnyj (ausschweifend), Grigorij Efimovič, eigentl. Novych, 1869–1916, sibirischer Mystiker aus dem bäuerlichen Milieu, vertrat die Lehre, durch sexuelle Verausgabung lasse sich ein Zustand heiliger Leidenschaftslosigkeit erzielen. R. gewann seit 1905 zunehmend Einfluss am Zarenhof, insbesondere auf die Zarin Alexandra, geborene Alix von Hessen-Darmstadt, 1872–1918, die sich von seinen spirituellen Kräften Heilung des an der Bluterkrankheit leidenden einzigen Zarensohnes erhoffte. Durch die häufige Abwesenheit des Zaren während des Ersten Weltkriegs begann R. immer stärker in politische und militärische Entscheidungen einzugreifen und sorgte für Skandale, bis ihn eine Verschwörung des Hochadels unter Beteiligung des Fürsten Jusupov beseitigte.

86 *Heine, Spinoza:* Das Werk des deutsch-jüdischen Dichters Heinrich Heine, 1797–1865, lag gegen Ende des 19. Jh. weitgehend vollständig in russischer Übersetzung vor; 1891 erschien eine russische Heine-Biografie. Der holländisch-jüdische Philosoph Baruch de Spinoza, 1632–1677, war für Babel schon in der Jugend eine prägende intellektuelle Leitfigur, die er in seiner Erzählung *Im Keller* verarbeitet hat.

86 *lernen und nochmals lernen:* Verkürztes Zitat des Lenin zugeschriebenen Spruchs »Lernen, lernen und nochmals lernen«.

86 *Vanjuchas und Petruchas:* Vanjucha, Kurzform des Vornamens Ivan. Petrucha, Kurzform des Vornamens Pëtr.

86 f. *Die Zeit aufhalten bedeutet den Tod:* auf Peter den Großen zurückgehendes geflügeltes Wort, eine Variante der im Russischen lange auch auf Latein gebräuchlichen Wendung »periculum in mora« aus der *Römischen Geschichte* des Titus Livius. Während des Pruth-Feldzugs bat der Zar am 8. April 1711 den Senat in einem Schreiben um rasche Unterstützung, »alldieweil eine Verzögerung den unwider-

ruflichen Tod bedeuten würde«. Im vorliegenden Wortlaut fiel der Satz, leicht variiert, während der Februarrevolution in einem Brief, in dem der Dumavorsitzende M. V. Rodzjanko den Zaren Nikolaus II. auf die prekäre Lage hinwies. Während der Oktoberrevolution wurde die Wendung in dieser Form gleich mehrmals von Lenin gebraucht, der auf einen raschen Umsturz drängte; noch Gorbačev griff sie auf in seiner Formel: »Wer zu spät kommt, den bestraft das Leben.«

87 *tirez vos conclusions:* franz.: ziehen Sie Ihre Schlüsse.

88 *Obvodnyj-Kanal:* größter Kanal in Petersburg von mehr als 8 km Länge, dessen Baugeschichte von 1769 bis 1833 reicht. Die anliegenden Viertel wurden in der Mitte des 19. Jh. zusehends industrialisiert, zwei Bahnhöfe in der Nähe gebaut, wodurch der Kanal zu einem gleichermaßen bequemen Weg für die Entsorgung von Abwasser wie für den Lastentransport wurde.

88 *Sie schaffen es noch in die Gewerkschaft:* Im Juli 1918 wurden Menschen, die von fremder Arbeit oder Kapital lebten, Privathändlern, Angehörigen der früheren Polizei, des Herrscherhauses, Priestern und auch sonstigen Angehörigen der früheren Eliten, den sog. »gewesenen Leuten« (byvšie ljudi) als »lišency« (des Wahlrechts Beraubten) wesentliche Bürgerrechte abgesprochen. Zu diesen Rechten zählte auch die Mitgliedschaft in einer Gewerkschaft, mit der überlebenswichtige Privilegien wie der Zugang zu Lebensmitteln, medizinischer Versorgung, Wohnraum verbunden waren.

88 *»Äpfelchen«-Lied:* russisches Matrosenlied aus den 1910er Jahren des 19. Jh. Das Lied gehört zum Genre der »častuška«, gereimter Vierzeiler, die mit oft obszönen Stegreifvariationen des Textes zu Balalaika oder Ziehharmonika gesungen werden. Während Revolution und Bürgerkrieg kursierte das stets mit der Zeile »Ach Äpfelchen, wo rollst du hin« (Ėch jabločka, kuda katiš'sja) beginnende Lied in zahllosen Varianten bei allen Parteien. 1927 integrierte Reinhold M. Glière das »Äpfelchen« als Tanz der russischen Seeleute in sein Ballett *Die rote Blume*. 1946 tanzte ein Miniaturmatrose in einem experimentellen Film zur Melodie des »Äpfelchens« auf den Tasten eines Klaviers. Heute gehört das Lied als Tanz zum festen Repertoire russischer Matrosenensembles. Im deutschen Sprachraum wurde es durch Leo Perutz' populären Roman *Wohin rollst du, Äpfelchen?* bekannt, der 1928 als Fortsetzungsroman in der *Berliner Illustrirten Zeitung* erschien. Os-

kar Singer verwendete die erste Zeile des Lieds als Titel für einen Abschnitt seiner Chronik des Ghettos Łódź/Litzmannstadt.

88 *füttern die Fische mit der Freiwilligenarmee:* im November 1917 von Michail Alekseev gegründeter, dann von den Generälen Denikin, Kornilov und Maj-Maevskij geführter Großverband der Weißen Armee in Südrussland. Bei den Weißen kursierten wiederum Versionen der Liedzeile, wo die Fische mit Kommunisten oder roten Kommissaren gefüttert werden.

88 *Ich sitz aufm Fass:* russ. Ja na bočke sidju, Častuška, die nach 1917 Themen des Bürgerkriegs und der Revolution variierte.

89 *Borisoglebsk:* Stadt im Verwaltungsbezirk Voronež, während des Bürgerkriegs Schauplatz mehrerer Machtwechsel zwischen Roter Armee und Freiwilligenarmee. 1920–21 wurde Borisoglebsk von den antibolschewistischen Bauernaufständen der Tambov-Rebellion erfasst, die für das Regime zu einer ernsthaften Bedrohung wurden.

89 *Sionius:* Heiliger und Märtyrer, der bei der Einnahme von Adrianopolis 813 als Christ in bulgarische Gefangenschaft geriet und für seine Missionstätigkeit im Gefängnis mit anderen Christen hingerichtet wurde. Der Name ist von Zion abgeleitet; in Babels Erzählung *Das Ende von St. Hypatius* wird ein Abt Sionius erwähnt.

90 *Feliks Jusupov:* Feliks Feliksovič Fürst J., 1887–1967, war mit einer Nichte des Zaren verheiratet, verkehrte aber in den homosexuellen Kreisen des russischen Hochadels. 1916 beteiligte er sich am Komplott zur Ermordung Rasputins, der am 16. Dezember 1916 in den Jusupov-Palast gelockt und getötet wurde (siehe Anmerkung zu Seite 86). Nach der Abdankung des Zaren Nikolaus II. emigrierte er nach Paris.

90 *Frederiks:* Vladimir Borisovič Graf F., 1838–1927, Hofminister des Zaren Nikolaus II., der der Zarenfamilie persönlich nahestand. Am 2. März 1917 unterzeichnete Frederiks die Abdankungsurkunde des Zaren.

90 *hors programme:* franz.: außerhalb des Programms.

90 *Erzbischof Ambrosius:* womöglich Anspielung auf Aleksej Stepanovič Smirnov, 1874–1938, der unter dem Ordensnamen Ambrosius als Erzbischof von Murom wirkte und in den 1930er Jahren, u. a. im Entstehungsjahr von *Marija,* wiederholt verhaftet und zu Lagerstrafen verurteilt wurde, bis man ihn nach einem erzwungenen Ge-

ständnis wegen angeblicher Vorbereitung eines bewaffneten konterrevolutionären Aufstands schließlich im April 1938 erschoss.

90 *si démesurément russe:* franz.: so überaus russisch.

91 *mon prince:* franz.: mein Fürst.

91 *c'est le passé ... On revient toujours à ses premières amours, mon prince:* franz.: das ist Vergangenheit ... Alte Liebe rostet nicht, mein Fürst.

91 *aus einer morganatischen Ehe:* oder auch Ehe zur linken Hand, d. h. eine Ehe, die im standesrechtlichen Sinn eine Missheirat darstellte, weil die Standesgleichheit der Ehegatten fehlte. Die aus einer solchen Ehe hervorgehenden Kinder waren damit von der Teilhabe am höheren Rang des Vaters sowie einer Reihe weiterer Privilegien ausgeschlossen.

92 *Džigit:* turko-tatar.: jung. Im Kaukasus nannte man so traditionell besonders wilde, wagemutige Reiter.

94 *Man kann jetzt in der Zeitung annoncieren, in der »Izvestija«:* In den Jahren nach der Oktoberrevolution kam es in Russland zu einer Welle von Namensänderungen, nicht nur bei topografischen, sondern auch bei Personennamen, die Assoziationen mit dem alten Regime weckten. Im März 1918 wurde diese Praxis durch den Erlass »Das Recht der Bürger, ihren Namen zu ändern« erleichtert. Babels Namensvetter Isaak Dymšic soll seinen jüdischen Vornamen durch einen russischen ersetzen. – *Izvestija:* Russische Tageszeitung, die am 28. Februar 1917 (13. März) als Nachrichtenblatt des Petrograder Sowjets der Arbeiter- und Bauerndeputierten erstmals erschien, ab dem 27. Oktober (9. November) 1917 offizielles Organ des Allrussischen Zentralen Exekutivkomitees (VCIK).

94 *Kein Grund für die Sintflut:* im Russischen: Gde imen'e, gde voda (Wo ist das Gut, wo das Wasser), häufig zitierte Phrase aus einer apokryphen Anekdote: Ein Makler, der ein zwei Schritte vom Fluss entferntes Gut vermitteln will, versucht mit diesen Worten die Bedenken seiner Kunden wegen Hochwassergefahr zu zerstreuen. Heute allgemein in der Bedeutung von Unsinn oder zur Bezeichnung von zwei unzusammenhängenden Äußerungen verwendet.

95 *Rank und schlank ist der Geliebte mein:* erste Zeile der Romanze *Seidenschnur* (russ. Šelkovyj šnurok) des Komponisten Boris Alekseevič Prozorovskij, geb. 1891, Todesdatum ungewiss. Der Text

von Konstantin Podrevskij deutet eine sado-masochistische Liebe an. 1929 war das Genre der Romanze offiziell als feudale, bourgeoise Musik verunglimpft worden. Prozorovskij wurde mehrfach zu Lagerhaft verurteilt und zwischen 1937 und 1939 erschossen.

95 *Spesivceva:* Ol'ga Aleksandrovna S., 1895–1991, berühmte Primaballerina, die von 1913 bis zu ihrer Emigration 1924 am Mariinskij Theater wirkte. Danach feierte sie Erfolge in Paris, London, Buenos Aires und anderen Städten weltweit, litt aber zunehmend an Depressionen.

95 *Pavlova:* Anna Pavlovna P., 1881–1931, russische Tänzerin, seit 1899 am Mariinskij Theater, seit 1906 als Primaballerina, ab 1913 bis zu ihrem Tod in Den Haag weltweit mit ihrer eigenen Tanzcompagnie unterwegs. P. war die wohl am meisten gefeierte Tänzerin ihrer Zeit.

96 *Le manège continue, j'ai mal aux dents ce soir:* franz.: Das Spiel geht weiter, heute abend habe ich Zahnschmerzen.

96 *die Schnur an ihrem Schuh:* russ. šnurok ot bašmaka. Babel lässt Dymšic das Schnur-Motiv aus der Romanze *Seidenschnur* wieder aufgreifen.

96 *Die eine heiße Leidenschaft:* ungenaues Zitat aus Michail Lermontovs romantischer Verserzählung *Mcyri* (Der Novize, 1839).

97 *Die Rimskij-Korsakovs … die Šachovskojs:* alte russische Adelsgeschlechter.

97 *roter Kaufmann:* scherzhafte Bezeichnung für einen Arbeiter im sowjetischen Handelsapparat.

97 *Die Garde ergibt sich …, aber sie stirbt nicht:* ins Gegenteil verkehrtes Zitat der sprichwörtlichen Phrase »La garde meurt et ne se rend pas«, die der napoleonische General Pierre Cambronne in der Schlacht bei Waterloo geäußert haben soll.

98 *Liberté, Égalité, Fraternité:* Die drei Prinzipien der Französischen Revolution, Freiheit, Gleichheit und Brüderlichkeit, waren aus offizieller sowjetischer Sicht im »bourgeoisen« Frankreich nicht eingelöst; 1919 hielt Lenin eine »Rede über den Volksbetrug mit den Losungen Freiheit und Gleichheit«.

98 *Jaška:* Kurzform des Vornamens Jakov.

99 *Ljuka:* Kurzform des Vornamens Ljudmila.

101 *Petits Fours:* aufwendig verziertes Kleingebäck der französischen Küche.

101 *Passe, rien ne va plus:* französische Fachsprache des Roulettespiels: »passe« bezeichnet eine Wette auf die hohen Zahlen von 19 bis 36, mit der Formel »Nichts geht mehr« sagt der Croupier an, dass keine Einsätze mehr erlaubt sind.

104 *Likbez-Kurs:* russ. Abkürzung für likvidacija bezgramotnosti (Liquidierung des Analphabetentums), im Bürgerkrieg begonnene sowjetische Kampagne zur Behebung des Analphabetismus, die in den 1920er- und 30er-Jahren ihren Höhepunkt erreichte. Nachdem Lenin die Alphabetisierung früh zum vorrangigen Instrument der politischen Indoktrination erklärt hatte, wurde sie in der zweiten Hälfte des Jahres 1919 obligatorisch für alle Sowjetbürger zwischen 8 und 50 Jahren; unter der Ägide von Anatolij Lunačarskij und Natalja Krupskaja entstanden landesweit sog. Likpunkty, wo Schreibkundige zur Lehre der analphabetischen Bevölkerung verpflichtet wurden. In der Roten Armee waren die Politabteilungen der Armeeeinheiten für die Alphabetisierung verantwortlich. Während die Kampagne aufgrund des Bürgerkriegs zunächst schleppend verlief, war sie in der Armee erfolgreich; Ende 1920 unterhielt diese 3000 solcher Schulen. Hier entstanden auch die ersten Lehrbücher, die den Inhalt der zaristischen Fibeln durch sowjetische Propagandafloskeln ersetzten.

104 *Millionnaja:* Millionnaja ulica, Straße im Zentrum St. Petersburgs, verläuft parallel zur Neva vom Lebjaž'ij Kanal zum Palastplatz.

104 *Ermordung Pauls:* siehe Anmerkung zu Seite 81.

105 *Kuban-Kosaken:* Die Kosaken des Kuban', einer nach dem gleichnamigen Fluss benannten Region im Nordkaukasus, waren im russischen Bürgerkrieg zwischen Loyalität zu den weißen Truppen Denikins und zur ukrainischen Nationalbewegung gespalten. Anfang 1920 wurde ihr Gebiet von der Roten Armee erobert. In der *Reiterarmee* hat Babel in der Gestalt des Priščepa das Porträt eines roten Kuban-Kosaken gezeichnet, der für die Ermordung seiner Eltern durch die Weißen fürchterlich Rache übt.

106 *Narkompros:* russische Abkürzung für Volkskommissariat für das Bildungswesen (Narodnyj komissariat prosveščenija), nach der Oktoberrevolution bis 1946 in der RSFSR für alle Fragen der Kultur und Bildung zuständiges Organ.

107 *Donhengst:* von Don-Kosaken aus lokalen Steppenrassen durch Einkreuzung von Araberpferden, orientalischen Rassen und

Englischem Vollblut gezüchtete Pferderasse. In den 1920er Jahren entstand auf Initiative des Kommandierenden der 1. Reiterarmee Semën Budënnyj durch die Kreuzung des Donpferdes mit Englischem Vollblut das als Kavalleriepferd gezüchtete Budënnyj-Pferd.

109 f. *Wahrlich ... in diese Stunde gekommen:* Joh. 12, 24–27. Babel verwendet die Synodalübersetzung von 1876, hier wurde auf die Lutherbibel von 1912 zurückgegriffen.

110 *Gesetz der großen Zahlen:* Unter den Gesetzen der großen Zahlen (GGZ) versteht man in der Stochastik Aussagen über die Wahrscheinlichkeit, dass der Mittelwert einer zufälligen Stichprobe von hinreichender Größe dem wahren Mittelwert nahekommt.

111 *Baschlik:* vom türk. Wort für Kopf (baş) abgeleitete Bezeichnung einer im Kaukasus üblichen Kopfbedeckung zum Schutz gegen Wind und Wetter: eine Stoffkapuze mit langen Zipfeln, die sich um den Hals wickeln lassen.

112 *Čeka:* Abkürzung für Allrussische Außerordentliche Kommission zur Bekämpfung von Konterrevolution, Spekulation und Sabotage (Vserossijskaja črezvyčajnaja komissija po bor'be s kontrrevoljuciej, spekuljaciej i sabotažem). Das im Dezember 1917 geschaffene, von dem skrupellosen Feliks Dzeržinskij geführte Sicherheitsorgan zum Kampf gegen »innere Feinde der Revolution« übte seinen Terror bis 1922 unter diesem Namen aus, dann wurde es von der GPU abgelöst. Die Folter- und Tötungspraktiken der Čeka waren variantenreich; Schätzungen der Opferzahlen gehen stark auseinander, da die offiziellen Angaben stark geschönt wurden, liegen aber auf jeden Fall im fünf- oder sechsstelligen Bereich.

112 *Smolnyj:* Das Smol'nyj Institut für adlige Fräulein, eine Bildungsanstalt für höhere Töchter, wurde von den Bolschewiki während der Oktoberrevolution zur Kommandozentrale umfunktioniert und diente als Sitz des Petrograder Arbeiter- und Soldatenrats.

113 *der Sechsten Armee:* russ. Otdel'naja armija No. 6, 1914 gegründete Armee des russischen Kaiserreichs, zunächst zur Sicherung der Ostsee- und Weißmeerküste sowie des Zugangs zur Hauptstadt eingesetzt. 1916 wurde die Armee an die rumänische Front verlegt, 1918 aufgelöst.

113 *General Brusilov:* Aleksej Alekseevič B., 1853–1926, begann seine glanzvolle Laufbahn bei der Kavallerie im Kaukasus, zeichnete

sich im Russisch-Türkischen Krieg von 1877/78 aus und errang 1916 durch die sog. Brusilov-Offensive im Ersten Weltkrieg einen der größten, aber auch verlustreichsten militärischen Erfolge Russlands. Unter den Bolschewiki übernahm er für vier Jahre die Aufgabe eines Inspekteurs der Kavallerie. Orlando Figes kommentiert diesen Schritt: Die Berufung des 66-jährigen Helden des Ersten Weltkriegs »in eine Sonderkommission von Trotzkis Militärischem Revolutionsrat im Mai 1920 war für all jene, die wehmütig auf die Zeit vor 1917 zurückblickten, ein großer Schock.« Brusilovs Bruder war von den Bolschewiki ermordet worden, viele seiner Freunde waren verhaftet. Seine Kooperation mit den Roten entsprang nicht ideologischen Interessen (er hasste die Bolschewiki und hielt sie für ein temporäres Phänomen, glaubte aber, die Zusammenarbeit mit ihnen sei im Interesse der Nation). Ein weiterer Beweggrund für den Übertritt Brusilovs war dessen patriotische Empörung über die in Babels Stück erwähnten polnischen Expansionspläne nach Osten und die Eroberung Kiews durch Polen am 6. Mai (Orlando Figes: Die Tragödie eines Volkes. Die Epoche der Russischen Revolution 1891 bis 1924, Berlin 1998, S. 736).

115 *Kissel:* russische Süßspeise, aus Früchten oder Beeren hergestelltes, mit Stärke angedicktes geleeartiges Getränk, vergleichbar der Obstkaltschale.

115 *Pelmeni:* mit gewürztem Hackfleisch gefüllte Teigtaschen, die in Brühe gekocht werden.

115 *von Meer zu Meer:* Das aus der polnischen Nationalbewegung des 19. Jh. stammende Konzept eines »von Meer zu Meer«, d. h. von der Ostsee bis zum Schwarzen Meer reichenden »historischen« Polen, wurde nach dem Ersten Weltkrieg von Marschall Piłsudski im Sinne eines Staatenbundes unter polnischer Dominanz wiederbelebt und war eines der Ziele des Polnisch-Sowjetischen Kriegs, der in Babels Stück unmittelbar bevorsteht. In den 1930er Jahren, zur Entstehungszeit von *Marija*, wurde das Konzept des sog. »Intermarium« (poln. Międzymorze) von Oberst Józef Beck erneut propagiert.

118 *bei den Novoselcevs:* Der Name bedeutet »Neusiedler« und nimmt das von Andrej und Elena erwähnte Wort vom »Einzug« bzw. »Einzugsfest« (russ. novosel'e) ironisch vorweg.

119 *die Stroganovs:* russische Kaufmanns- und Industriellendynastie mit engen Beziehungen zum Zarenhof, deren Aufstieg im 16. Jh.

begann und im 20. Jh. endete. Auch als Förderer der Kunst machten sich die Stroganovs einen Namen.

119 *eins Komma zwo Milliarden:* 1920 kam es zu einer Hyperinflation des sowjetischen Rubels, in Folge der Bestrebungen ultralinker Bolschewiki, mit dem Geld zugleich auch den Markt abzuschaffen. Um die Geldwährung obsolet zu machen, wurden so viele Banknoten gedruckt, dass die Druckkosten schließlich den Wert des Rubels überstiegen.

121 *Gorochovaja:* Magistrale, die von der Admiralität aus in nordsüdlicher Richtung durch das Zentrum St. Petersburgs führt. In der Gorochovaja 2 hatte die Čeka ihren Sitz; die bloße Nennung des Straßennamens vermochte Angst einzuflößen.

122 *auf die Mojka, in den Palast:* Gemeint ist der von Bartolomeo Francesco Rastrelli 1739 am Ufer der Mojka in St. Petersburg für einen Günstling Annas I. erbaute Holzpalast. Später wurde dort ein steinernes Gebäude errichtet und ein Waisenhaus darin untergebracht. In der Reportage *Palast der Mutterschaft* aus dem *Petersburger Tagebuch* beschreibt Babel die Umwandlung des Palasts in ein Heim für werdende Mütter als Ausdruck der »wahre[n] Revolution«.

124 *Kam ein Kosak im tiefen Tale:* russ.: Skakal kazak čerez dolinu, Kosakenlied, von dem im Bürgerkrieg mehrere, jeweils auf das aktuelle Kriegsgeschehen zugeschnittene, Textvarianten kursierten.

DREHBÜCHER

BENJA KRIK – Seite 127, O: Benja Krik, E: *Krasnaja nov'*, 1926, Nr. 6.

127 *Benja Krik:* wie schon im Drama *Sonnenuntergang*, deckt sich auch in Babels Filmskript das Personal um den jüdischen Gangsterkönig weitgehend mit dem Figureninventar seiner *Geschichten aus Odessa*. Zur Bedeutung der teils sprechenden Namen siehe Anmerkung zu Seite 9.

127 *Der König:* vgl. Babels Erzählung gleichen Titels, die erste seiner *Geschichten aus Odessa*.

129 *Moldavanka:* siehe Anmerkung zu Seite 9.

129 *Bindjug:* siehe Anmerkung zu Seite 10.

129 *Mendel Krik … der Grobian unter den Bindjužniks:* Der Vater

Benja Kriks steht im Zentrum der Handlung des Dramas *Sonnenuntergang*. Die jüdischen Lastkutscher im Hafen von Odessa, die Bindjužniks, galten allgemein als Grobiane; der Witz dieses in Russland sprichwörtlich gewordenen Satzes besteht also in seiner tautologischen Selbstverständlichkeit.

130 *Savka Bucis:* Figur aus Babels Erzählung *Wie es in Odessa gemacht wurde*.

133 *Papyrosa:* siehe Anmerkung zu Seite 20.

134 *»Madame« Marantz:* Marants: jidd. Pomeranze. Madame und Monsieur waren in Odessa gebräuchliche Anreden.

136 *Ljovka Byk:* Lëvka, Koseform für: Lev (Leo); byk, russ.: Stier. Babel markiert diesen Charakter aus seiner Erzählung *Wie es in Odessa gemacht wurde* also gleich doppelt als Träger animalischer Kraft.

136 *Froim Grač:* abgek. für Èfroim, d. h. Ephraim; der Nachname ist das russische Wort für Saatkrähe. Figur aus Babels *Geschichten aus Odessa*.

136 *Manjka, Stammherrin der Slobodka-Banditen:* Manjka: Figur aus Babels Erzählung *Der König*. Slobodka-Romanovka war – zusammen mit dem Peresyp' – ein Fabrikenviertel von Odessa, in dem sich vor allem arbeitssuchende Bauern aus Russland und der Ukraine angesiedelt hatten.

138 *Vera Michajlovna Krik:* Vera Michajlovna: russifizierte Form des jüdischen Vor- und Vaternamens Dvojra Mendeleevna.

139 *Kolka Pakovskij:* Figur aus Babels Erzählung *Wie es in Odessa gemacht wurde*.

140 *ein aufgeblasener Gummianzug:* Wie Gummianzüge zum Schmuggeln verwendet wurden, schildert Babel sowohl in der Erzählung *Der Weg* als auch in seinem Drama *Marija*; siehe Anmerkung zu Seite 70.

140 *Rejsl:* Figur aus Babels Erzählung *Der König*.

142 *Medaillen der Wasserrettungsgesellschaft:* russ. Obščestvo spasanija na vodach (Osvod), in den 70er-Jahren des 19. Jh. auf Initiative von Kronstädter Matrosen gegründete Gesellschaft zur Hilfe bei Schiffsunglücken, später allgemein mit Wasserwegen und Gewässern befasst.

142 *... des Amts der Einrichtungen der Kaiserin Maria:* russ. Vedomstvo učreždenii Imperatricy Marii (VUIM), Ende des 18. Jh. von

Kaiserin Marija Fjodorovna gegründete staatliche Institution zur Leitung wohltätiger Einrichtungen, insb. für Frauen und Kinder.

142 *300-Jahr-Feier des Hauses Romanov:* ab Februar 1913 über mehrere Monate andauernde Feier anlässlich des 300-jährigen Jubiläums der Krönung des ersten Zaren der Dynastie Michail Romanov. Die mit großem Pomp begangenen Feierlichkeiten dienten in einer Zeit politischer Unsicherheit der historischen Legitimierung der durch Gottesgnadentum geheiligten Autokratie und mystischen Einheit von Zar und orthodoxem Volk.

143 *mit … gefülltem Fisch:* Wie auch in seiner Prosa, verwendet Babel zur Bezeichnung des jüdischen Gerichts gefilte Fisch ein russisches Adjektiv und Substantiv (farširovannaja ryba), verzichtet also auf folkloristische Anklänge ans Jiddische.

145 *Wie es in Odessa gemacht wurde:* Titel einer der *Erzählungen aus Odessa.*

145 *Provisorische Regierung:* die Regierung, die nach der Februarrevolution von 1917 die Herrschaft Nikolaus II. ablöste, bis sie ihrerseits im Oktoberputsch von 1917 durch die Bolschewiki gestürzt wurde.

145 *Krieg bis zum siegreichen Ende:* Losung der sog. »Miljukov-Note« vom 18. April/1. Mai 1917, mit welcher der Außenminister der Provisorischen Regierung Pavel Nikolaevič Miljukov den Alliierten die Verpflichtung Russlands auf das Konzept des Siegfriedens zusicherte, während die kriegsmüden Massen eher den von den radikalen politischen Kräften, u. a. den Bolschewisten erstrebten Separatfrieden unterstützten. Die Note führte zur ersten Krise der Provisorischen Regierung und zum Rücktritt Miljukovs.

145 f. *ein Frauenbataillon aus der Zeit Kerenskijs:* Nach der Februarrevolution setzte die Provisorische Regierung Frauenbataillone ein, um die kriegsmüden Soldaten noch einmal zum Kampf zu motivieren. Aleksandr Kerenskij, zunächst Kriegsminister und seit Juli 1917 Vorsitzender der Regierung, versuchte diese im Winterpalais während der Oktoberrevolution durch Angehörige des 1. Petrograder Frauenbataillons gegen die Bolschewiki zu verteidigen. Nach der Besetzung des Winterpalais wurden einige der Soldatinnen misshandelt und vergewaltigt. Babels Kennzeichnung dieser Frauen als Dirnen darf man also wohl unter den propagandistischen Aspekten seines Drehbuchs verbuchen.

146 *Ruvim Tartakovskij:* Figur aus Babels Erzählung *Wie es in Odessa gemacht wurde.*

146 *Muginštejn:* jidd.: Magenstein, Figur aus Babels Erzählung *Wie es in Odessa gemacht wurde.*

146 *Vorreformära:* In den 1860er und 1870er Jahren leitete Alexander II. eine Serie von liberalen Reformen ein, die die sozioökonomische Situation in Russland grundlegend bessern sollten, beginnend mit der Aufhebung der Leibeigenschaft 1861.

147 *Patron:* russ. chozjain; bei Babel russische Entsprechung für das jiddische »balebos« (Hausherr, Wirt, Besitzer); in Babels *Geschichten aus Odessa* ehrerbietige Anrede für die jüdischen Gangsterbosse der Moldavanka.

148 *Den Nikolka hat der Aussatz geholt:* Gemeint ist Zar Nikolaus II; Aussatz: russ. cholera: Cholera, aber auch als Schimpfwort: Lump, Pest, Abschaum.

148 *fünf Pud:* russisches Gewichtsmaß: 1 Pud = 16,38 Kilo.

150 *Café Fankoni:* siehe Anmerkung zu Seite 14.

150 *mit ... Georgskreuzen:* siehe Anmerkung zu Seite 70.

153 *Jekaterininskaja-Straße, Ecke Deribasovskaja:* legendäre Straße in Odessa, benannt nach dem Stadtgründer Osip M. Deribas (eigentl. José de Ribas, 1749–1800). An der »Ecke Deribasovskaja und Jekaterininskaja« lokalisiert Babel in der Erzählung *Das Ende eines Armenhauses* das Geschäft eines durch die Revolution entmachteten jüdischen Kapitalisten; diese Kreuzung ist somit auch eine symbolische Schnittstelle von Arm und Reich.

153 *Stejger:* štejger, odessitisch für eine Droschke »mit schmuckem Anspann u. flinken Pferden« [Pavlovskij]. Auch der Kutscher eines solchen Gefährts wurde so genannt.

153 *Vanja:* Kurzform für Ivan, russische Bezeichnung für einen billigen Kutscher.

154 *Peresyp:* siehe Anmerkung zu Seite 136.

161 *General Skobelev:* Michail Dmitrievič Skobelev, 1843–1882, russischer General und Kriegsheld mit nationalistischen und panslavistischen Neigungen, der bei der Eroberung Zentralasiens und im russisch-türkischen Krieg von 1877–78 eine wichtige Rolle spielte. Die mit einem Massaker verbundene Einnahme der Festung Gök-Tepe 1881 durch Skobelev riss Fëdor Dostoevskij zu Begeisterungsstürmen hin.

165 *vojenkom:* russische Abkürzung für Kriegskommissar (Voennyj komissar).

167 ... *des »Revolutions«-Regiments:* Vom 5./6. April bis zum 23. August 1919 war Odessa nach einer Reihe von Machtwechseln ein zweites Mal in sowjetischer Hand. Während dieser Periode formierten sich die Gefolgsleute des odessitischen Gangsters Mojše Jankel Meer-Volfovič Vinnickij, alias Miška Japončik, des historischen Vorbilds für Babels Benja Krik, im Juni 1919 zum 54. Regiment der Ukrainischen Sowjetarmee.

167 ... *eine Gruppe von Schmierern:* russ. mazuny: Billard- bzw. Kartenspieler, die in Absprache mit einem Falschspieler den Einsatz in die Höhe treiben, um einen ahnungslosen Mitspieler auszunehmen.

170 *das revolutionäre Odessa:* d. h. Odessa während der zweiten Periode der sowjetischen Herrschaft von April bis August 1919.

170 *an eine von diesen Fronten:* Gemeint sind die Fronten des Bürgerkriegs.

172 *Ispolkom:* russische Abkürzung für das Exekutivkomittee (Ispolnitel'nyj komitet), d. h. den Petrograder Sowjet der Arbeiter- und Soldatendeputierten, der im Zuge der Februarrevolution gegründet und ursprünglich von den Menschewiken dominiert wurde, sich dann aber weigerte, der Provisorischen Regierung beizutreten und immer weiter bolschewisierte – Instrument einer Doppelherrschaft, das Lenin nutzte, um schließlich die Macht zu ergreifen.

173 *Gallifethosen:* nach dem französischen General Gaston Gallifet benannte Militärhosen der Sowjetarmee, die in Schaftstiefeln getragen wurden: röhrenartig an der Wade, oberhalb des Knies weit.

174 *die farbigen Regimenter:* russ.: cvetnye voinskie časti. Während des russischen Bürgerkriegs inoffizielle Bezeichnung für bestimmte, durch farbige Uniformteile gekennzeichnete Namensregimenter (Drozdovcy, Kornilovcy, Markovcy, Alekseevcy) der weißen Freiwilligenarmee.

177 *Sackleute:* russ. mešočniki, von mešok, Sack. Der Hunger, der während des Kriegskommunismus in den Städten des russischen Nordens herrschte, brachte einen lebhaften Handelsverkehr zwischen Stadt und Land hervor, den sog. Sackhandel. Dabei wurden mitunter ganze Eisenbahnzüge entführt. Die Bolschewiken versuchten, mit

Sperrkommandos und Beschlagnahmungen gegen diesen kriminellen Wirtschaftszweig vorzugehen, hatten dabei aber wenig Erfolg.

182 *VSNCh:* russische Abkürzung für den Obersten Rat für Volkswirtschaft (Vysšij sovet narodnogo chozjajstva).

WANDERNDE STERNE – Seite 183, O: Bluždajuščie zvezdy. Kinoscenarij, E: Moskau 1926.

183 *Erste Goskino-Fabrik:* Goskino: russ. Abkürzung für das 1922 gegründete Staatliche Komitee für Kinematografie (Gosudarstvennyj Komitet po kinematografii), die ab 1924 mehrfach umbenannte staatliche Behörde für Filmwesen in der Sowjetunion. Die erste Goskino-Fabrik entstand 1923 in den ehemaligen Kažonkov-Studios in Moskau.

183 *des Jüdischen Kammertheaters*: Gemeint ist das aus dem Jiddischen Kammertheater in Petrograd hervorgegangene Jiddische Staatstheater MosGOSET (Moskovskij Gosudarstvennyj evreiskij teatr), das 1920 vom Volkskommissariat für Bildung übernommen und nach Moskau verlegt wurde und in der Sowjetunion der 20er- und 30er-Jahre zu einem der führenden Theater wurde.

183 *»Wandernde Sterne« von Scholem Aleichem:* Der Roman *Blondzhende shtern* (1909–1911), auf dem Babels Drehbuch lose basiert, zählt zum Spätwerk des jiddischen Schriftstellers Scholem Aleichem (1859–1916). Er schildert das Leben jiddischer Schauspieler, die es aus einem bessarabischen Schtetl nach Westeuropa und Amerika verschlägt.

184 *Schtetl-Krösus:* Schtetl: jidd.: Stadt, Begriff für osteuropäische Marktflecken, in denen bis zum Zweiten Weltkrieg eine große geschlossene jiddischsprachige Bevölkerung lebte.

184 *Tales*: siehe Anmerkung zu Seite 38.

185 *Und deine Nachkommen, oh Israel, sollen so zahlreich sein wie der Sand am Ufer des Meeres:* verkürztes Zitat aus 1. Mose 22, 17.

186 *Mužiks:* siehe Anmerkung zu Seite 9.

187 *Tochter des Schtetlbehelfers*: behelfer, jidd.: Gehilfe, Assistent des Lehrers im Cheder, der jüdisch-religiösen Grundschule.

189 *Balagole:* jidd.: Kutscher.

191 *Possart:* Ernst Heinrich von P., 1841–1921, deutscher Schauspieler, Regisseur, Intendant, gefeiert für seine Charakterdarstellungen

und historischen Operninszenierungen, Bruder des Malers Felix Possart. Possart entstammte väterlicherseits der jüdischen Familie Peretz.

192 *Sarafan*: ärmelloses Gewand russischer Bäuerinnen.

192 *Chassiden:* Anhänger einer seit Mitte des 18. Jh. von Polen ausgehenden mystischen Strömung des Judentums. Ihr Begründer, Baal Schem Tov (eigentl. Israel Ben Eliezer, ca. 1700–1760), fand Gott in sämtlichen Aspekten des Lebens, vom Alltag bis hin zur Ekstase von Tanz und Gesang.

192 *mit Backenbärten:* Die Backenbärte der jungen Juden markieren den Übergang von den traditionellen Schläfenlocken zur modernen Haar- und Barttracht.

193 *König Lear, oder: Es bleibt in der Familie:* hybrider Titel, zusammengesetzt aus Shakespeares Tragödie *König Lear* und der Komödie *Es bleibt in der Familie* (russ.: Svoi ljudi – sočtemsja) des russischen Dramatikers Aleksandr Ostrovskij.

194 *Jarmulke:* jiddische Bezeichnung für die Kopfbedeckung männlicher Juden, die Kippa.

196 *Deražne:* Schtetl im ehemaligen Podolien, heute Ukraine.

199 *Carevokokšajsk:* 1584 an einem Nebenfluss der Wolga gegründete Stadt in dem vom finnugrischen Volk der Mari bewohnten Teil Russlands, 1919 umbenannt in Krasnokokšajsk, heute unter dem Mari-Namen Joškar-Ola Hauptstadt der autonomen Republik Marij Ėl. Im zaristischen Russland wurde »Carevokokšajsk« häufig als Synonym für die abgelegene Provinz benutzt, analog zum deutschen »Pusemuckel«.

200 *Wareniki:* vareniki, russisches Gericht: in kochendem Salzwasser zubereitete sichelförmige Taschen aus Weizenteig, unterschiedlich gefüllt.

200 *Bucenko, Ivan Potapyč:* Der Vatersname weist, wie schon der Vorname Ivan, seinen Träger als stereotypen ethnischen Russen aus: Potapyč ist ein – dem deutschen Meister Petz vergleichbarer – Beiname des die russische Nation versinnbildlichenden Bären. Der Nachname Bucenko stammt aus der Ukraine. Ivan Potapyč ist auch der Name einer Figur aus den Entwürfen zum geplanten zweiten Band von Nikolaj Gogols Roman *Die Toten Seelen*.

202 *wo Juden das Wohnrecht gewährt ist …:* Hinweis auf die einge-

schränkte Freizügigkeit der im sog. Ansiedlungsrayon ansässigen russischen Juden. Sowohl in Kiew, als auch in den beiden Hauptstädten St. Petersburg und Moskau wurden bisweilen Razzien gegen Juden durchgeführt, die sich illegal dort niedergelassen hatten.

203 *mit gefärbtem Fingernagel:* vgl. die Erzählung *Mein erstes Honorar*, wo Babel das orientalische Flair der Stadt Tiflis im Bild von Männern mit »orangen Bärten und [...] gefärbten Nägeln« einfängt. Schon ein Reisebericht über Georgien von 1812 erwähnt die karminrot gefärbten Fingernägel der dort ansässigen Perser.

203 *Gottesnarr:* russ. jurodivyj, russische Spielart des Narren in Christo, spezifische Praxis religiösen Asketentums am Rande der Gesellschaft, häufig einhergehend mit auffälligem Verhalten und dem Verzicht auf artikulierte Sprache.

203 *Zamoskvorečie:* alter, am rechten Ufer der Moskva gelegener Stadtteil im Zentrum Moskaus.

203 *»Held von Pleven«:* Stadt in Nordbulgarien, Schauplatz erbitterter Kämpfe im Russisch-Osmanischen Krieg von 1877–78, die nach monatelanger Belagerung der Stadt durch russische Truppen mit der Kapitulation der osmanischen Armee endeten.

204 *Altgläubige:* Sammelbegriff für die von der russisch-orthodoxen Kirche abgespaltenen Christen. Die Altgläubigen lehnten die Reformen des Patriarchen Nikon aus den 1650er Jahren ab, wurden daraufhin mit dem Kirchenbann belegt sowie grausam verfolgt und blieben bis 1905 der Bürgerrechte entkleidet. Da sie nicht nur an den alten Formen des kirchlichen Ritus unbeirrt festhielten, sondern auch dem Tabak, Alkohol, Kaffee und Tee entsagten, verkörpern ihre Vertreter in der Literatur oft den Typus des moralischen Rigoristen. Babel ironisiert dies hier, ebenso wie in seiner Erzählung *Erste Liebe*.

208 *Assyrer:* Vor türkischer Verfolgung flüchteten am Ende des Ersten Weltkrieges kaukasische Assyrer auf russisches Herrschaftsgebiet, u. a. nach Tiflis.

209 *Apollon Silyč Gustovatyj:* sprechender Name; der Vatersname ist vom russ. Wort für Kraft (sila) abgeleitet, der Familienname vom russ. Wort für dicht (gustoj).

210 *Papyrosa:* siehe Anmerkung zu Seite 20.

212 *Lues:* Lues venerea, lateinische Bezeichnung für die Syphilis.

213 *das gelbe Scheinchen:* Bezeichnung für ein Dokument, das im

vorrevolutionären Russland Frauen zur Ausübung der Prostitution berechtigte.

215 *Rogdaj:* Ragdaj: altrussischer Recke, als »Rogdaj« Akteur in Aleksandr Puškins Verspoem *Ruslan und Ljudmila*, der als Widersacher des Helden und Prätendent um die Hand der Heldin antritt.

216 *Pas d'Espagne:* in Osteuropa populärer Paartanz im Dreivierteltakt, 1901 zu eigener Musik entworfen von dem russisch-jüdischen Tänzer, Choreografen und Komponisten Aleksandr Carman (1873–1939).

218 *Šaljapin:* Der weltberühmte russische Bass Fëdor Ivanovič Š. (1873–1938) figuriert auch in Babels Erzählungen *Di Grasso* und *»Tag- und Nachtblume«*.

224 *Katorga:* siehe Anmerkung zu Seite 58.

224 *Nerčinsk:* siehe Anmerkung zu Seite 29.

226 *Alphonse Daudets Büchlein »Tartarin von Tarascon«:* Der 1872 erschienene, von Cervantes' *Don Quijote* beeinflusste humoristische Roman *Les aventures prodigieuses de Tartarin de Tarascon* von Alphonse Daudet (1840–1897), erster Band einer Roman-Trilogie über den ebenso aufschneiderischen wie naiven Südfranzosen Tartarin.

WANDERNDE STERNE. Kinoerzählung – Seite 254, O: Bluždajuščie zvezdy. Rasskaz dlja kino. E: Škval (Odessa), 1925, Nr 31.

254 *Schtetl Deražne:* siehe Anmerkung zu Seite 196.

254 *die Moskauer Höheren Frauenkurse:* siehe Anmerkung zu Seite 20.

254 f. *wie einst Ruth, das Weib des Boas, wie Bathseba, die Beischläferin Davids, des Königs der Juden, wie Esther, das Weib des Xerxes:* Babel zählt hier, wie Suchichs Kommentar vermerkt, drei legendäre Schönheiten der hebräischen Bibel auf, die zugleich in der Erfolgsgeschichte des Judentums eine entscheidende Rolle spielten: die tugendhafte Witwe Ruth, die durch die Heirat mit Boas zur Urahnin Davids wurde; die weniger skrupulöse Bathseba, die mit David die Ehe brach und ihm nach Beseitigung ihres Gatten schließlich den Salomon gebar; die schöne Esther, die als Frau des Perserkönigs Xerxes ein Massaker an den Juden verhindert und im Gegenzug den Tod Zehntausender von Persern bewirkt haben soll.

255 *des Zemstvo-Agronomen:* Zemstvo: russ.: Landschaft, Bezeich-

nung für die 1864 im Zuge der liberalen Reformpolitik Alexanders II. gegründeten lokalen Selbstverwaltungsorgane auf Kreis- und Gouvernementsebene, in denen vor allem Angehörige des Landadels und der Intelligenzija tätig waren.

255 *Lenins, Darwins, Spinozas:* Den Marxisten und schließlich Begründer der Sowjetunion Vladimir Lenin (1870–1924), den Vorkämpfer der Evolutionstheorie Charles Darwin (1809–1882) und den von der Amsterdamer Synagoge exkommunizierten rationalistischen Philosophen Baruch de Spinoza (1632–1677) verbindet das revolutionäre Potential ihrer jeweiligen Überzeugungen, mit denen sie zunächst massiven Angriffen ausgesetzt waren, sich später aber behaupteten. Spinozas Bedeutung für Babels geistige Entwicklung deutet er bereits in seiner stark autobiografisch gefärbten Erzählung *Im Keller* an.

255 *Staraja Platz:* Alter Platz, russ. Staraja ploščad', eine Lokalität, die den Titel für ein weiteres Drehbuch Babels lieferte. Siehe Anmerkung zu Seite 311.

255 *Ivan Potapyč:* siehe Anmerkung zu Seite 200.

256 *Hochschule für Vermessungswesen ... Bergbauinstitut ... Land- und Forstwirtschaftsakademie von Petrovsko-Razumovskoe:* Wie Suchich erläutert, wurde das Institut für Landmesskunde 1799 in Moskau zunächst als Schule gegründet und 1855 dann zum Institut für die Ausbildung von Topografen und Landmessern ausgebaut. Am 1774 in Petersburg eingerichteten Bergbauinstitut wurde später auch eine bestimmte Quote von polnischen und jüdischen Bewerbern zum Studium zugelassen. Die Akademie von Petrovsko-Razumovskoe bei Moskau bildete Agronomen und Forstwirte aus.

256 *Livny, Jelec, Rjažsk:* Städte in Zentralrussland.

256 *Bylinen:* traditionelle Heldenepen der russischen Volksdichtung, die nach einem festen rhythmischen Schema von Rhapsoden vorgetragen und zunächst nur mündlich überliefert, später dann verschriftlicht und zu Sagenkreisen geordnet wurden. Die Ursprünge der Byline liegen wahrscheinlich im russischen Norden.

257 *»eine Neigung hegt, die schon an Krankheit grenzt«:* sprichwörtliches Zitat aus Aleksandr Griboedovs Komödie *Gore ot uma,* auf Deutsch bekannt unter den Titeln *Verstand schafft Leiden* (Arthur Luther) oder *Wehe dem Verstand* (Peter Urban).

257 *Ostankino:* ehemaliges Dorf mit Landsitz des Grafen Šeremetev, heute Stadtteil von Moskau.

259 *»wo Juden das Wohnrecht gewährt ist ...«:* siehe Anmerkung zu Seite 202.

260 *Iverskaja-Kapelle:* am Roten Platz neben dem Iverskaja-Tor. In der Kapelle wurde seit dem 17. Jh. die Kopie einer wundertätigen Madonnen-Ikone aus dem Kloster Iviron am Berg Athos aufbewahrt.

260 *Voskresenskaja-Platz:* wörtl. Auferstehungs-Platz, benannt nach dem anderen Namen des Iverskaja-Tores: Auferstehungs-Tor. Nach der kommunistischen Machtergreifung 1918 wurde der Ort umgetauft zum Platz der Revolution.

260 *Mit gefärbtem Finger:* siehe Anmerkung zu Seite 202.

260 *Gottesnarr:* siehe Anmerkung zu Seite 203.

260 *auf den um den Hals des Krüppels geschmiedeten Ketten:* Die russischen Gottesnarren trugen häufig Büßerketten.

260 *Zamoskvorečie:* siehe Anmerkung zu Seite 203.

260 *»Held von Pleven«:* siehe Anmerkung zu Seite 203.

261 *Motjka:* Kurzform für Matvej.

261 *»Mit seinem Schwert zerteilte er ... zur Flamme strebend ...«:* Zitat aus Aleksandr Puškins Gedicht *Der Prophet* (Prorok).

261 *In diesem bürgerlichen Gereimse:* Unter »bürgerlicher Lyrik« (russ. graždanskaja poėzija) verstand man im Russland des 19. Jh. eine gesellschaftspolitisch engagierte Dichtung, wie sie ihr bedeutendster Vertreter Nikolaj Nekrasov (1821–1878) schrieb.

261 *Suppenbock:* russ. supnik, eigentlich Suppenterrine, im odessitischen Russisch Schimpfwort in der Bedeutung Weiberheld, Hurenbock.

262 *bodenlos:* Im eigentlichen Drehbuch heißt es ungewöhnlicher »heimatlos« (russ. bezdomnaja); hier steht das ähnlich lautende »bodenlos« (russ. bezdonnoj); womöglich handelt es sich um einen Druckfehler oder eine Emendation des Herausgebers.

263 *mit verschnörkelten kirchenslawischen Lettern:* Die kyrillische Schrift wurde von Peter dem Großen um 1708 der lateinischen Schrift angeglichen. Seit Einführung dieser sog. bürgerlichen Schrift war die ältere Typografie als kirchenslawisch markiert.

DIE CHINESISCHE MÜHLE (Probemobilisierung) – Seite 265, O: Kitajskaja mel'nica (Probnaja mobilizacija). E: Babel', I. É., *Sobranie sočinenij v 2-ch tomach*, Bd. 2., S. 496–516. Moskau 1926.

265 *Živcov:* Der Name enthält den Wortstamm žizn', d. h. Leben.

265 *Dorflesestube:* russ.: izba-čital'nja, im Rahmen der Alphabetisierungskampagne der 1920er Jahre ins Leben gerufene ländliche Begegnungs- und Bildungsstätte, die als erzieherische Kampforganisation die bäuerliche Bevölkerung alphabetisieren, ihr die Grundlagen des Bolschewismus und moderne Bewirtschaftungsmethoden nahebringen und kooperative Bewirtschaftungsmethoden fördern sollte, häufig unter Einsatz moderner Technologien wie Radio und Film.

265 *Pravda:* dt.: Wahrheit, offizielles Parteiorgan der sowjetischen Kommunisten von 1918–1991. Die *Pravda,* deren erste Nummer als Tageszeitung für Arbeiter 1912 in Petersburg erschien, wurde von der zaristischen Zensur immer wieder verboten. Lenin machte sie zu einem wichtigen Instrument im Machtkampf der Bolschewiki.

265 *Pastila-Dose:* Pastila: traditionelle russische Süßigkeit aus getrocknetem Fruchtmus.

266 *Komsomolzen:* Mitglieder des Kommunistischen Jugendverbandes der Sowjetunion, siehe Anmerkung zu Seite 316.

266 *Detektorradio:* primitiver Typ von Radio aus der Anfangszeit der Rundfunktechnik, ohne eigene Stromversorgung, da die Radiowellen nicht verstärkt, sondern direkt in Schallsignale umgewandelt wurden.

267 *britische Gewalt:* Seit Februar 1925 kam es in Schanghai zu Streiks gegen die unerträglichen Arbeitsbedingungen in den vornehmlich in japanischem Besitz befindlichen Spinnereien. Die Streikwelle weitete sich aus zu einer gegen die Ungleichbehandlung der Chinesen in den ausländischen Konzessionsgebieten von Schanghai und generell gegen den ausländischen Imperialismus gerichteten Bewegung. Am 30. Mai 1925 mündete eine studentische Demonstration in der Internationalen Konzession von Schanghai in ein Massaker unter maßgeblicher Beteiligung britischer Polizisten. Das Massaker wurde zum Auslöser für die »Bewegung des 30. Mai«, in deren Verlauf es auch in den britischen Niederlassungen anderer Städte wie Jinjiang und Hankou zu ausländerfeindlichen Protesten kam, bei denen etliche Demonstranten den Tod fanden.

267 *AVIAChIM:* OSOAVIAChIM, Abkürzung für Gesellschaft der Freunde der flugtechnischen und chemischen Verteidigung und Industrie (russ. Obščestvo sodejstvija oborone i aviacionno-chimičeskomu stroitel'stvu), sowjetische Massenorganisation, die zwischen 1927–1948 maßgeblich zur Popularisierung der Luft- und später auch Raumfahrt beitrug.

267 *Tolstoj-Bluse:* langes, bis zu den Schenkeln reichendes russisches Bauernhemd, das nur am Kragen mehrere Knöpfe aufweist und über der Hose getragen wird. Der alte Lev Tolstoj trug solche Hemden, um die Schlichtheit seines Lebensstils zu demonstrieren.

267 *KIM:* Abkürzung für Kommunistische Jugend-Internationale (russ. Kommunističeskij Internacional molodeži), von 1919–1943 existierende Abteilung der Komintern.

267 *MOPR:* russ. Abkürzung für die IRH, die Internationale Rote Hilfe (Meždunarodnaja organizacija pomošči borcam revoljucii), mit der Komintern verbundene Hilfsorganisation für verfolgte Kommunisten.

267 *Wasserrettungsgesellschaft:* russ. Osvod, siehe Anmerkung zu Seite 142.

268 *Persönliche Arbeit:* russ. ličnyj trud, zentraler Begriff der bolschewistischen Rätewirtschaft, hier ein Hinweis darauf, dass keine Lohnarbeiter beschäftigt werden. In den Jahren der Neuen Ökonomischen Politik war Lohnarbeit entgegen marxistischen Prinzipien partiell gestattet. Zugleich wurden nach der sowjetischen Verfassung vom Mai 1925 »Ausbeuter«, die Lohnarbeiter beschäftigten, mit Wahlrechtsentzug bestraft; diese wahlrechtliche Diskriminierung wurde erst in der Verfassung von 1936 offiziell aufgehoben.

268 *Agitflüge:* kurz für russ. agitacionnye polety, Agitationsflüge.

269 *Čita – Mandschurei:* Stationen der Transsibirischen Eisenbahn. Čita, Stadt im fernen Osten Russlands, heute Hauptstadt der Region Transbaikalien.

270 *Hankou:* eine der drei Städte, die zum heutigen Wuhan in der Provinz Hubei verschmolzen wurden.

273 *Kuomintang:* chin.: Nationale Volkspartei, politische Partei, zwischen 1928 und 1949 dominante Kraft in China, danach herrschende Partei in Taiwan. Die KMT organisierte sich ab 1923/24 unter sowjetischer Führung nach dem Modell der bolschewistischen Partei

und kooperierte von 1924–27 mit der KPCh. Unter der Führung Chian Kai-sheks zerschlug die KMT mit Unterstützung der Sowjetunion die Macht der nördlichen Warlords und stellte die nationale Einheit Chinas weitgehend wieder her, brach aber nach inneren Richtungskämpfen 1927 mit der KPCh, was zum Ende der Zusammenarbeit mit der Sowjetunion führte. Babels Drehbuch wurde also bereits ein Jahr nach seinem Erscheinen von der Realität überholt.

274 *Dorfarmut:* russ. bednota; politisch aufgeladener Begriff, mit dem in der Zeit der Neuen Ökonomischen Politik die Kleinbauernschaft von der Masse der Mittelbauern und den sog. Kulaken oder Großbauern abgegrenzt wurde.

281 *RSFSR:* Abkürzung für Russische Sozialistische Föderative Sowjetrepublik (Rossijskaja Socialističeskaja federativnaja respublika).

281 *Lokomobil:* bewegliche, meist mit Dampf betriebene Maschine auf Rädern, die ihrerseits jedoch nicht über einen eigenen Antrieb verfügen mussten; seit dem 19. Jh. häufig in der Landwirtschaft eingesetzt.

281 *VLKSM:* Abkürzung für den Gesamtsowjetischen Leninschen Kommunistischen Jugendverband (russ. Vsesojuznyj leninskij kommunističeskij sojuz molodeži) bzw. Komsomol.

281 *Elektrifizierung der Wassermühle und möglichst allgemein:* Anspielung auf das bolschewistische Vorhaben einer Elektrifizierung des ganzen Landes, das im Staatsplan zur Elektrifizierung Russlands (GOELRO-Plan) von 1920 konkret ausgestaltet wurde.

282 *Scheinwerfer:* russ. *Prožektor*, von 1923–1935 die illustrierte satirische Literatur- und Satirebeilage der *Pravda* mit illustrem Redaktionskolleg.

283 *Scharmützel mit ausländischen Truppen:* Gemeint ist das Massaker vom 30. Mai 1925, siehe Anmerkung oben zum Stichwort »britische Gewalt«.

287 *Izba:* russ.: hölzernes Bauernhaus.

288 *Volchovstroj:* Wasserkraftwerk am Volchov-Fluss im Leningrader Gebiet, laut Kommentar von Suchich 1918–1926 im Rahmen des GOELRO-Plans zur Elektrifizierung Russlands errichtet und auf den Namen Lenins getauft.

288 *Gottesnarr:* siehe Anmerkung zu Seite 203.

290 *LKSM:* im Text der russ. Ausgabe irrtümlich KSLM: Abkür-

zung für den Leninschen Kommunistischen Jugendverband (russ. Leninskij kommunističeskij sojuz molodeži).

292 *Maksimka:* Kurzform des männlichen Vornamens Maksim.

292 *Kulakensohn:* Kulak, russ. Faust, in den 1920er und 1930er Jahren Kampfbegriff zur Bezeichnung begüterter Bauern, eine von den Bolschewiki erfundene Schicht dörflicher Kapitalisten, die im Rahmen der Zwangskollektivierung als Klasse vernichtet werden sollte. Im Verlauf dieser Kampagne wurde der Begriff dann denunziatorisch gegen jedwede Regimegegner im ländlichen Raum eingesetzt. Um als Kulak eingestuft zu werden, genügte es u. a., dass man Lohnarbeiter beschäftigte. 1929 wurde festgesetzt, dass mindestens 5,1 % aller Dorfbewohner als Kulaken planmäßig zu liquidieren seien. Neben der Zerstörung dörflicher Strukturen führte dies zu Hungersnöten mit millionenfachen Opfern.

294 *des friedlichen Aufbaus:* friedlicher Aufbau, russ. mirnoe stroitel'stvo, die 1921 im Zeichen der Neuen Ökonomischen Politik ausgerufene Phase des Übergangs zu einer Wiederherstellung der durch die Revolutions-, Kriegs- und Bürgerkriegswirren sowie durch die rigorosen Enteignungs- und Requisitionsmaßnahmen des sog. »Kriegskommunismus« darniederliegenden Volkswirtschaft.

295 *VCIK:* Abkürzung für Allrussisches Zentrales Exekutivkomitee (russ. Vserossijskij Central'nyj ispolnitel'nyj komitet), 1917–1936 das höchste Staatsorgan der RSFSR.

DIE DEUTSCHEN IN DER UKRAINE. Fragmente eines Drehbuchs nach dem Roman von N. Ostrovskij »Wie der Stahl gehärtet wurde« – Seite 299, O: Nemcy na Ukraine. E: *Literaturnaja gazeta,* 30. 10. 1938. Von Babels Drehbuch zu diesem populären Roman sind nur zwei Fragmente erhalten; zu der erhofften Verfilmung kam es nicht.

299 *Roman von N. Ostrovskij:* Der 1934 veröffentlichte, autobiografisch inspirierte Roman des früh verstorbenen Bürgerkriegsinvaliden Nikolaj O., 1904–1936, war einer der wenigen sozrealistischen Texte, die sich auch bei der Leserschaft größter Beliebtheit erfreuten, nicht zuletzt weil er das Bedürfnis nach einem erotischen Plot befriedigte. Das Buch erlangte Kultstatus, wovon drei sowjetische Verfilmungen aus den Jahren 1942, 1956 und 1973 zeugen. Der Held Pavel Korčagin, ein Schulabbrecher aus einer ukrainischen Kleinstadt,

durchläuft die Wirren des Ersten Weltkriegs, der Revolution und des Bürgerkriegs bis hin zum Russisch-Polnischen Krieg, wo er in Budënnyjs Reiterarmee schwer verwundet wird. Soldatischer Heroismus wird im weiteren Verlauf des Romans durch einen nicht minder heroischen Kampf an der Arbeitsfront abgelöst. Väterliche Leitfiguren weisen Pavel dabei den ideologisch korrekten Weg, darunter der Čekist Žuchraj. Die erhaltenen beiden Episoden aus Babels Skript zeigen die Ukraine zuerst im Würgegriff der deutschen Besatzer und dann der ukrainischen Nationalisten. *Die Deutschen in der Ukraine* bearbeitet in freier Weise das 2. und 3. Kapitel des I. Teils von Ostrovskijs Roman.

299 *Šepetovka:* ukrain.: Šepetivka, Heimatort von Ostrovskijs fiktivem Romanhelden. Stadt in der Ukraine; im 18. und frühen 19. Jh. chassidisches Zentrum, jüdischer Bevölkerungsanteil gegen Ende des 19. Jh. 48%, während des Russischen Bürgerkriegs verübten die Truppen Symon Petljuras Pogrome gegen die Juden der Stadt.

299 *Jarmulke:* jiddisches Wort für die Kippa, die männlichen Juden vorgeschriebene Kopfbedeckung.

299 *Chederjungen:* Cheder: jüdische Elementarschule.

299 *Prinzen der Thora:* Bezeichnung für eifrige Thoraschüler, s. auch *Friedhof in Kozin* in Babels *Reiterarmee*.

299 *Peies:* Schläfenlocken, die zur traditionellen männlichen Haartracht der Juden gehören.

299 *wüst übers Kreuz geflochtene:* Babel verwendet das Verb »perekrestit'«, das sowohl »übers Kreuz legen, kreuzen« als auch »zum Christentum bekehren, umtaufen« bedeuten kann, und spielt damit auf die schwierige Lage der Juden im christlichen Zarenreich an.

299 *Izbas:* russ.: hölzerne Bauernhäuser.

300 *Abfahrt:* im Original deutsch.

300 *Donnerwetter:* im Original deutsch.

300 *Das ist Russland:* im Original deutsch.

301 *Artjom Korčagin ... und Žuchraj:* Figuren aus Ostrovskijs Roman, siehe Anmerkung zu Seite 299.

301 *Übersetzen, übersetzen Sie, bitte:* im Original deutsch.

302 *Seine Majestät Kaiser und König:* im Original deutsch.

302 *Donnerwetter. Übersetzen, übersetzen Sie, bitte:* im Original deutsch.

303 *Serjoža:* Kurzform für Sergej.
303 *Fedja:* Kurzform für Fëdor.
304 *Batjko:* ukrain.: Vater, hier als allgemeine Anrede.
305 *Werst:* russische Maßeinheit, entspricht 1,067 km.

IN PETLJURAS GEFÄNGNIS. Fragmente eines Drehbuchs nach dem Roman von N. Ostrovskij »Wie der Stahl gehärtet wurde« – Seite 307, O: V tjur'me u Petljury. E: *Literaturnaja gazeta,* 30.10.1938.

307 *In Petljuras Gefängnis:* Babel vearbeitet in diesem Fragment Motive aus dem 6. Kapitel des I. Teils von Ostrovskijs Roman, u. a. das von der bevorstehenden Vergewaltigung der jungen Christina durch die ukrainischen Nationalisten. – Symon Vasil'evič Petljura, 1879–1926, ukrainischer Staatsmann und Publizist, ab Juni 1917 als Generalsekretär für militärische Angelegenheiten bei der Zentralrada, dem Parlament der unabhängigen Ukraine, mit dem Aufbau der ukrainischen Armee befasst. Nach dem Sturz des von Deutschen eingesetzten Hetmanates Skoropad'skyjs wurde Petljura Oberkommandierender der Armee der Ukrainischen Volksrepublik und schließlich Präsident der Direktoriumsregierung. Im Bürgerkrieg kämpfte Petljura sowohl gegen die weißen Truppen als auch gegen die Rote Armee, im Russisch-Polnischen Krieg koalierte er mit Polen. 1926 wurde Petljura im Pariser Exil von Samuel Schwartzbard aus Rache für die von Direktoriumstruppen an den ukrainischen Juden verübten Pogrome ermordet; Schwartzbard wurde freigesprochen.

308 *Župan:* traditionelle, kaftanartige Männerkleidung in Polen und der Ukraine, ursprünglich türkischer Provenienz.

308 *Stirnlocke auf dem ansonsten kahlrasierten Schädel:* ukrain. oseledec': Hering, traditionelle Haartracht der ukrainischen Kosaken.

308 *Pan:* poln.: Herr.

310 *Haluschken:* ukrainisches Nationalgericht, bestehend aus gekochten Teigstücken, die mit Butter oder saurer Sahne gereicht werden.

STARAJA PLATZ NR. 4 – Seite 311, O: Staraja ploščad', 4. E: Iskusstvo kino, 1963, Nr. 5. Titelblatt des Manuskripts von Babel auf den 20. April 1939 datiert; nach seiner Verhaftung erübrigte sich die geplante Verfilmung im Studio Sojuzdetfil'm, das auf die Produktion von Kinder- und Jugendfilmen spezialisiert war.

311 *ZK der AKP(b):* Zentralkomitee der Allunions-Kommunistischen Partei (Bolschewisten) (russ. Central'nyj komitet Vsesojuznoj Kommunističeskoj Partii [bol'ševikov]), höchstes Parteiorgan der Sowjetunion zwischen den Parteitagen der KP, das seinen Namen mehrfach änderte, zwischen 1925 und 1952 aber unter dieser Bezeichnung auftrat.

316 *Komsomol:* Kürzel für den Kommunistischen Jugendverband der Sowjetunion, zusammengesetzt aus den Anfangssilben von dessen russ. Bezeichnung: Kommunističeskij sojuz moloděži.

316 *ZK VLKSM:* Kürzel für den offiziellen Namen des Komsomol, Gesamtsowjetischer Leninscher Kommunistischer Jugendverband (russ. Vsesojuznyj Leninskij Kommunističeskij Sojuz Moloděži).

317 *»Leichter-als-Luft«:* Leichter-als-Luft (LaL)-Technologie bezeichnet die Funktionsweise von Flugsystemen wie Ballonen und Luftschiffen, die auf dem Grundprinzip des durch Traggase erzielten statischen Auftriebs basieren.

317 *Komsorg:* russ. Abkürzung für Komsomol-Organisator (russ. Komsomol'skij organizator).

320 *Žukov, Pjotr Nikolajevič:* Spiel mit dem Namen von *Nikolaj Egorovič Žukovskij*, der beim sowjetischen Publikum einen hohen Wiedererkennungswert hatte. Babel macht seinen Ingenieur gleichsam zum Sohn des berühmten Žukovskij, der auch zum Gebiet der theoretischen Mechanik Bahnbrechendes beitrug – freilich kein Perpetuum mobile.

320 *Bürgerin:* nach der Oktoberrevolution neben »Genosse« und »Genossin« die übliche Anrede in Russland, wobei die Bezeichnung »Genosse« zunächst eine Nähe des Angesprochenen zur herrschenden Macht implizierte.

320 *der seit 1927 sympathisiert:* Polibin charakterisiert sich damit indirekt als sog. »Weggenosse« (russ. poputčik), d. h. als Angehörigen jener Intellektuellen, welche die Oktoberrevolution und den Sozialismus im Prinzip begrüßten, sich selbst aber nicht in der Partei engagierten. Zu den Weggenossen zählten einige der bedeutendsten sowjetischen Autoren; Babel publizierte große Teile seiner *Reiterarmee* und andere Erzählungen in deren wichtigster Zeitschrift, *Krasnaja nov'*, und wird oft selbst dieser Strömung zugerechnet.

321 *Stratosphärenballons:* Ballons, die in solche Höhen aufsteigen,

dienten zunächst meteorologischen Zwecken. Pionier auf diesem Gebiet war der Franzose Léon Teisserenc de Bort; ab 1896 schickte er mehr als 200 wasserstoffgefüllter Ballons in die Stratosphäre, als deren Entdecker er gilt. 1931 führte der Physiker Auguste Piccard den ersten bemannten Ballonflug in die Stratosphäre durch und erreichte eine Höhe von mehr als 15 km. Die technik- und rekordbegeisterte Sowjetunion baute 1933–34 mehrere Stratosphärenballons und erzielte mit der »SSSR-1« 1933 eine neue Höchstmarke von 19 km. Ein weiterer Rekordflug in die Höhe von fast 22 km endete 1934 mit einem fatalen Absturz, vermutlich aufgrund der Überschreitung des technisch zulässigen Höhenmaximums; die Opfer wurden dafür mit der ultimativen Ehrung ausgezeichnet: einer Bestattung in der Kremlmauer. Weitere, z. T. tödliche Misserfolge erlitt die sowjetische Stratosphärenluftfahrt in der Jahren 1935, 1937 und 1938.

321 *an Stelle des Genossen Vorošilov:* siehe Anmerkung zu Seite 404.

328 *Sowjet der Volkskommissare:* Kürzel für Rat der Volkskommissare der RSFSR (russ. Sovet narodnych komissarov RSFSR), von 1917–1946 höchstes Exekutiv- und Administrationsorgan der Regierung der russischen Sowjetrepublik.

331 *ITR:* russ. Abkürzung für ingenieurtechnischer Mitarbeiter (russ. inženerno-techničeskij rabotnik).

333 *Aspirant:* in der Sowjetunion und dem heutigen Russland Pendant zum Doktoranden; die Aspirantur endet mit dem Erwerb des wissenschaftlichen Grads »Kandidat der Wissenschaften«.

338 *Schnellluftschiff UdSSR-1:* russ. SSSR-1. Ein sowjetisches »Luftschiff SSSR V-1« wurde am Zentralen aerohydrodynamischen Institut Prof. N. E. Žukovskij seit Beginn der 1930er Jahre entwickelt; seinen Jungfernflug hatte es am 9. April 1932. Das Institut ist nach seinem Begründer, dem Mathematiker und Aerodynamiker Nikolaj Egorovič Žukovskij (1847–1921) benannt, der als Vater der russischen Luftfahrt gilt. Zum Namen »SSSR-1« siehe auch oben, Anmerkung zu Seite 321.

338 *Weg ins Leben:* russ. Putëvka v žizn'; Titel des international erfolgreichen ersten sowjetischen Tonfilms von 1931 über die Umerziehung obdachloser Jugendlicher, sog. »besprizorniki«, in einer Arbeitskommune.

340 *NKVD:* Kürzel für das Volkskommissariat für innere Angele-

genheiten (russ.: Narodnyj komissariat vnutrennych del), Bezeichnung zugleich des Innenministeriums wie der Geheimpolizei, die im Lauf der sowjetischen Geschichte ihren Terror unter wechselnden Namen ausübte. Bis zu Babels Exekution waren es vier: Čeka, GPU, OGPU und, ab 1934, NKVD.

340 *Schädling:* dehumanisierender stalinistischer Terminus für Widersacher des sozialistischen Aufbaus, eine Stigmatisierung mit oft tödlichen Folgen.

340 *Wirbeltheorie:* Tatsächlich hat N. E. Žukovskij, nach dem Žukov teilweise modelliert ist, über die *Grundlagen der Wirbeltheorie* (1892) publiziert.

342 *Archimandriten:* Titel für Klostervorsteher und andere hochrangige Priestermönche der russischen Orthodoxie.

342 *Dreifingerkreuz – Zweifingerkreuz ... Alter Glaube ... Nikonianer ...:* Die russischen Altgläubigen, die sich den nikonianischen Reformen widersetzten (siehe Anmerkung zu Seite 204), schlugen das Kreuz mit nur zwei ausgestreckten Fingern, um die Dualität Christi zu signalisieren, nicht mit drei, wie von Nikon in Bezug auf die Heilige Dreifaltigkeit vorgeschrieben. Solche theologischen Subtilitäten sind für Babels Žukov offenbar Ausdruck dogmatischer Verbohrtheit.

342 *höher als alle, weiter als alle, schneller als alle:* von Stalin 1933 verkündete, viel zitierte und im Rahmen des sowjetischen Aviations- und Fliegerkults weitverbreitete Losung, Motto der sowjetischen Luftwaffe.

344 *gefüllten Hering oder gehackte Leber:* Beide Gerichte sind Bestandteil der ostjüdischen Küche.

345 *Rajkomsekretär:* russ. rajkom (rajonnyj komitet), Abkürzung für Bezirkskomitee (des Komsomol, der Partei).

345 *vor dem freien Tag:* 1931 wurde in der Sowjetunion die im August 1929 eingeführte »ununterbrochene Arbeitswoche«, die den einzelnen Belegschaftsgruppen nach fünf Arbeitstagen einen jeweils unterschiedlichen Ruhetag zuwies, um eine kontinuierliche Produktion zu garantieren, weitgehend zu einer Sechstagewoche mit für alle einheitlichem Ruhetag modifiziert. Erst 1940 kehrte man zur Siebentagewoche mit freiem Sonntag zurück.

345 *Anna Karenina:* 1937 wurde Lev Tolstojs Roman von Vladimir Nemirovič-Dančenko am Moskauer Künstlertheater aufgeführt, in

einer Inszenierung, die den doppelsträngigen Roman über eine glückliche und eine unglückliche Liebe auf die tragische Handlung um Anna und Vronskij reduzierte. Bei der Premiere war Stalin persönlich zugegen.

345 *nach Chimki zum Nördlichen Flussbahnhof:* stalinistisches, vom venezianischen Dogenpalast inspiriertes, Monumentalbauwerk am Stausee von Chimki, einer Stadt im Nordwesten Moskaus. Der Bahnhof wurde ab 1933 von Aleksej Ruchljadev und Vladimir Krinskij im Stalin-Empire Stil erbaut, im Zusammenhang mit dem u. a. durch Zwangsarbeit errichteten Großprojekt des Moskau-Kanals, der Moskau durch die Verbindung von Moskau-Fluss und Wolga zum »Hafen der fünf Meere« machte. Als beliebtes Ausflugsziel und Symbol des »Neuen Moskau« erschien der Bahnhof in der Komödie *Wolga-Wolga* von 1938 und weiteren sowjetischen Filmen.

345 *Volodja Kokkinaki:* Vladimir Konstantinovič K., 1904–1985, sowjetischer Testpilot und Rekordbrecher, zweifacher Held der Sowjetunion.

347 *Stachanov-Kantine:* Der sowjetische Vorzeige-Arbeiter Aleksej G. Stachanov (1905–1977) soll 1935 im Bergwerk während einer Schicht mit 7-Tonnen-Norm nicht weniger als 102 Tonnen Kohle gefördert haben, eine Heldentat, die die Parteipropaganda als Startschuss zur sog. Stachanov-Bewegung nutzte: einem faktischen Versuch zur Normerhöhung bzw. Einführung von Akkordarbeit. Die unpopuläre Maßnahme führte auch zu einer Spaltung der Arbeiterschaft in gut- und schlechtbezahlte Kräfte.

347 *Miška Gromov:* Michail Michajlovič G., 1899–1985, Testpilot und vielfach ausgezeichneter sowjetischer Generaloberst der Luftstreitkräfte, bekannt für seine Langstreckenflüge und Streckenrekorde, 1934 Held der Sowjetunion.

348 *Molokov:* Vasilij Sergeevič M., 1895–1982, sowjetischer Pilot, der – für seinen Einsatz bei der Evakuierung der auf einer Eisscholle gestrandeten Besatzung des im Polarmeer havarierten Eisbrechers Čeljuskin – 1934 zum Helden der Sowjetunion ernannt wurde; ab 1938 leitete Molokov die Hauptverwaltung der Zivilluftflotte beim Rat der Volkskommissare der UdSSR.

356 *Reynolds-Zahlen:* nach dem Physiker Osborne Reynolds benannte Kennzahl, die in der Strömungslehre Anwendung findet, um

vorherzusagen, ob z. B. Luftströme kontinuierlich oder turbulent verlaufen.

360 *Bolid:* großer, besonders heller Meteor.

TAGEBUCH 1920

TAGEBUCH 1920 – Seite 375, O: Dnevnik 1920 goda. E: *Berlin,* 1990 und *Moskau,* 1990. Zur Editionsgeschichte siehe S.666–671.

375 *Morgens im Zug:* Zug der Politischen Aufklärung der Armee, einer der sog. Agitprop-Züge mit Zeitungsdruckerei, Rundfunkstation, Filmvorführungseinrichtung, die, im Rücken der Armee, politische Aufklärung betrieben. Der Zug wird beschrieben in den Erzählungen *Abend* und erwähnt am Ende der Erzählung *Der Rabbi.* Babel stieß – vgl. Eintragung vom 10.9.20 – in Kovel auf denselben Zug, auf alte Bekannte wie z. B. die nicht näher identifizierte Chelemskaja.

375 *Žukov, Topolnik:* Mitarbeiter des Zuges der Polit. Aufklärung.

375 *Jug-Rosta:* Süd-Abteilung der ROSTA mit Sitz in Odessa; ROSTA: Abkürzung für »Rossijskoe telegrafnoe agenstvo« – Telegrafen- oder Nachrichtenagentur. Die Zeitung *Krasnyj kavalerist* (Der rote Kavallerist), für die Babel unter dem Pseudonym Kirill Vasiljevič Ljutov berichtete, unterstand der Jug-Rosta.

375 *Pollak:* Stabsoffizier der 6. Division der 1. Reiterarmee.

375 *Die Küche im Zug ... Liebe in der Küche:* vgl. in der *Reiterarmee* die Erzählung *Abend,* die in der Erstausgabe des Buches datiert ist mit »Kovel, 1920«.

375 *Kaša:* russ. Brei, meist aus Buchweizen, auch Hirse.

375 *Teterev:* der Fluss durch Žitomir.

376 *Basar in Žitomir:* vgl. in der *Reiterarmee* den Anfang der Erzählung *Gedali;* siehe auch *Der Sohn des Rabbi.*

376 *Budjonnyj:* Semen Michajlovič, 1883–1973, Begründer und Oberkommandierender der 1. Reiterarmee 1919–1921, nach dem Fehlschlag des Polenfeldzugs zur Liquidierung der Verbände N. I. Machnos eingesetzt, um 1924 Inspektor der Kavallerie der Roten Armee. Zahlreiche biografische Details im weiteren Bericht. Budënnyjs Werdegang wird in der *Reiterarmee* geschildert in der Erzählung *Saška*

Christus. Literarisch hervorgetreten ist Budënnyj durch seinen Offenen Brief an M. Gor'kij [1928], in dem er Babels *Reiterarmee* – die Gor'kij gegen die Kritik in Schutz genommen hatte – als Pamphlet und Machwerk bezeichnete, das die Ehre der ruhmreichen Revolutionsarmee beflecke, und Babel persönlich verleumdete.

376 *ich bin, natürlich, Russe:* im Gegensatz zu seiner eigentlichen Identität als Jude, die er in der Armee hinter einem angenommenen russischen Namen, seinem Pseudonym als Kriegskorrespondent, verbarg: Kirill Vasiljevič Ljutov. Als Ljutov erscheint Babel auch in mehreren Erzählungen der *Reiterarmee*.

377 *Samstag:* russisch: subbota. Im älteren Russischen wurde so auch der Sabbat bezeichnet, der Schabbes, der heilige, der Ruhetag, Feiertag der Juden, an dem jegliche körperliche Arbeit verboten ist. Nachdem unklar ist, in welchem Sinne Babel das Wort »subbota« verwendet, wird dieses in der Übersetzung mit »Samstag« wiedergegeben; die zweite, jüdische Bedeutung spielt für Babel jedoch zweifelsohne eine wichtige Rolle.

377 *Zaddik:* auch Zadik, jidd. »Gerechter«, frommer Mann, Oberhaupt einer chassidischen Gemeinde, vgl. jidd. chossid für: frommer Mann.

377 *Kapote:* jidd., femin., pl. Kapotes, vgl. poln. kapota; männliche Oberbekleidung, der lange Rock, der von den Ostjuden werktags wie feiertags getragen wurde – im Unterschied zum Kaftan, der eine Gala-Kleidung war, den sich nur Reiche leisten konnten.

377 *Woher kommen Sie, junger Mann:* vgl. *Reiterarmee:* Teile des Dialoges und der Beschreibung in der Erzählung *Der Rabbi*.

378 *Kondratjev:* Kommandeur in der 1. Reiterarmee, nicht ermittelt, in welcher Funktion.

378 *Papacha:* hohe Pelzmütze, verbreitet unter den Kosaken und den Kaukasusvölkern.

378 *Orešnikov, Narbut:* Bekannte Babels, Kollegen; Orešnikov: nicht ermittelt. Narbut, Vladimir Ivanovič, 1888–1944, russischer Lyriker, war 1920–1922 Direktor der Jug-Rosta in Odessa, danach Direktor des Verlages Zemlja i fabrika (Land und Fabrik) in Moskau. Nach langem Schweigen als Lyriker 1933/1934 erstmals wieder Gedichte in *Novyj mir* und *Krasnaja nov'*; Opfer des Stalin-Terrors, postum rehabilitiert.

378 *Hamsun:* Knut, 1859–1952, norwegischer Schriftsteller.
378 *Sobelman:* nicht ermittelt.
378 *Schulz:* nicht ermittelt.
378 *Chelemskaja:* vgl. Babels Eintragungen vom 10.9.20. und folgende.
379 *kleinrussische Lieder:* für: ukrainisch; im Gegensatz zu den Russen (auch »Großrussen«) wurden die Ukrainer als Kleinrussen bezeichnet.
379 *Kiperman:* nicht ermittelt.
379 *Gužin:* nicht ermittelt.
379 *Thornycroft:* im Original lateinisch geschrieben, englische Automobilmarke.
379 *von Denikin erbeutet:* Nach dem gescheiterten Marsch auf Moskau der Freiwilligenarmee General Denikins, der von England finanziell, aber auch mit Kriegsgerät unterstützt wurde, fiel der Roten Armee Kriegsgerät in großer Menge in die Hände.
379 *Denikin:* Anton Ivanovič, 1872–1947, russischer General, Teilnehmer des Russisch-Japanischen und des Ersten Weltkriegs, Führer der konterrevolutionären Freiwilligenarmee in Südrussland und – nach dem Tod der Generäle Kornilov und Alekseev – deren Oberkommandierender; unternahm, November 1918 von der Entente anerkannt, im Sommer 1919 den berühmten Marsch auf Moskau, den die Rote Armee erst bei Orel und Tula und Voronež zurückschlagen konnte; es gelang den Roten, die Denikin-Front in zwei Teile zu spalten, deren einer sich ans Schwarze Meer zurückzog, während der andere nach Novorossijsk in den Nordkaukasus floh und von dort mit Hilfe der Entente auf die Krim evakuiert wurde. Denikin dankte im April 1920 ab und verließ Russland mit dem Ziel England. Jahrzehntelang als Erzfeind Russlands verteufelt, erschienen Denikins Memoiren *Der Marsch auf Moskau* (geschrieben 1926, Brüssel) 1989 erstmals russisch in Moskau (Pochod na Moskvu. Očerki russkoj smuty, Moskva, Voennoe izdatel'stvo).
380 *Zvjagel:* der alte Name der Stadt Novograd-Volynsk, heute sowjetisch Novovolynsk.
380 *entkleidete ... Gefangene:* noch vor der Gefangennahme zogen die polnischen Soldaten sich bis auf die Unterwäsche aus, um dem Gegner die Feststellung des Dienstgrades zu erschweren und sich

nicht durch die Uniform zu verraten; vgl. in der *Reiterarmee* die Erzählung *Schwadronskommandeur Trunov*.

380 *J'schiwe bocher:* jidd. Talmudstudent; j'schiwe, von hebr. j'schiwa – Sitz, Bezeichnung für die freie Hochschule für weiterführende Talmudstudien; bocher, von hebr. bachúr, junger Mann.

380 *Gošča:* Lesefehler im Manuskript (dort: Tošča), Städtchen in Wolhynien, etwa auf halber Strecke zwischen Novograd und Rovno, polnisch Hoszcza; in der russischen Schreibschrift sind sich das große g und das große t sehr ähnlich.

380 *Zotov:* Stepan Andreevič, 1882–1938, während des Polnisch-Russischen Krieges Chef des Feldstabs der 6. Division der 1. Reiterarmee.

382 *Goryn:* poln. Horyń, rechter Zufluss des Pripjat, fließt durch Gošča.

383 *Tales:* jidd. Gebetsmantel, der beim Morgengebet und bei feierlichen Zeremonien angezogen wurde.

385 *Sienkiewicz:* Henryk, 1846–1916, polnischer Schriftsteller, einer der bedeutendsten Romanciers der polnischen Literatur; am bekanntesten noch immer der historische Roman *Quo vadis* aus dem Jahr 1895. Werke: *Mit Feuer und Schwert* 1884, *Pan Wołodyjowski* 1887, *Die Sintflut* 1886, *Die Familie Polaniecki* 1894. Für Babel – vgl. die Eintragung vom 19. 7. 20 – ein Synonym für westliche, polnisch-europäische Kultur.

386 *Beljov:* poln. Bielew, Dorf ca. 15 km nordwestlich von Rovno, von hier führt eine Straße ins nördlich gelegene Städtchen Klevan (poln. Klewań).

386 *Dundić:* Oleko bzw. Aleksa, 1897–1920, südslavischer Kämpfer in der Reiterarmee, über dessen genaue Herkunft unterschiedliche Ansichten kursieren. Suchich weist darauf hin, dass Dundićs legendäre Tapferkeit auch in der Erzählung *Argamak* erwähnt wird; dort wird er als »Serbe« bezeichnet.

387 *Maschinengewehrwagen:* russ. tačanka, eine Erfindung der russischen Revolution, genauer: der Truppen Machnos, die dieser Erfindung ihre große Beweglichkeit verdankten; umgerüsteter Zivilwagen, auch Kutsche, auf dessen hinterem Teil ein Maschinengewehr montiert war; von einem Fahrer gelenkt und einem oder mehreren Pferden gezogen, saß der Schütze mit dem Rücken zum Kut-

scher. Vgl. hierüber ausführlich die Erzählung *Die Lehre vom MG-Wagen*.

387 *Schosowa:* von Babel lateinisch notiert, polnisch von schodzić, herunter-, hinabsteigen, reflexiv gebraucht für: zusammenkommen, sich versammeln.

387 *Wilsonsche Note:* unklar, welche; der amerikanische Präsident Wilson hat 1918 in mehreren Reden für seine Friedenspolitik geworben; wahrscheinlich meint Babel die berühmte Rede Wilsons anlässlich der Verhandlungen von Brest-Litovsk vom 8. Januar 1918, in der Wilson in 14 Punkten die Grundlagen des Weltfriedens umreißt; Punkt 13 dieser Rede betraf die Bildung eines unabhängigen polnischen Staates mit Zusicherung eines freien und sicheren Zugangs zum Meer auf einem Gebiet, das von unbestreitbar polnischer Bevölkerung bewohnt ist; Punkt 6 betraf die Räumung und Freiheit Russlands.

387 *Armeen der Arbeit:* auch Arbeitsarmeen, gebildet zum Wiederaufbau des Landes, nachdem der Bürgerkrieg Ende 1919 an allen Fronten entschieden zu sein schien.

387 *Melnik:* sehr wahrscheinlich: Mel'nikov, der Kosak, der in den Skizzen und Entwürfen und, in der *Reiterarmee*, in den Erzählungen *Geschichte eines Pferdes* und *Fortsetzung der Geschichte eines Pferdes* unter dem Namen Chlebnikov geschildert wird. Die ursprüngliche Fassung dieser Geschichte, gedruckt in der Zeitschrift *Krasnaja nov'*, Nr. 3, 1924, trug den Titel Timošenko und Mel'nikov. Babel änderte den Titel und die Namen beider Protagonisten (Savickij und Chlebnikov), nachdem sich Mel'nikov in einem Brief an die Redaktion der Zeitschrift gewandt und erklärt hatte, er habe damals zwar Beschwerde geführt, nicht aber seinen Austritt aus der Partei erklärt.

387 *Jelisavetpol:* Hauptstadt des gleichnamigen Gouvernements im Generalgouvernement Kaukasien, in Transkaukasien an den Ufern der Gandscha und der Strecke Tiflis-Baku gelegen.

387 *vor der Bauernbefreiung:* d. h. der Aufhebung der Leibeigenschaft im Jahre 1861.

387 *Brusilov:* Aleksej Alekseevič, 1853–1926, russischer Militär, General, im Ersten Weltkrieg Oberkommandierender der russischen Südwestfront, nach ihm benannt die russischen Offensiven der Kriegsjahre 1915 und 1916. 1920 Berater des Oberkommandos der

Roten Armee, Verfasser eines Aufrufs an alle ehemaligen Offiziere der Zarenarmee, die Grenzen Russlands schützen zu helfen; nach Kriegsende Kavallerie-Inspekteur der Roten Armee, 1924 verabschiedet.

388 *Anschluss an den polnischen Staat:* Die Zahlen, die Babel aus der Bevölkerungsstatistik des Kreises zitiert, verdeutlichen das politisch schier unlösbare Problem, das Polen durch einen Eroberungskrieg entscheiden wollte – im Gegensatz zur Wilsonschen Formulierung eines unabhängigen Polen »auf einem Gebiet mit unbestreitbar polnischer Bevölkerung«: einer Minderheit der besitzenden polnischen Oberschicht stand eine überwältigende Mehrheit von Ukrainern, Ruthenen (Weißrussen), Tschechen, Juden und anderer Nationalitäten gegenüber – in Wolhynien ebenso wie in Galizien.

388 *ukrainische »mowa«:* mowa: ukrainisch für Sprache, Rede.

388 *Žolnarkevič:* Konstantin (anfangs irrtümlich: Karl) Karlovič, Chef des Stabs der 6. Division der 1. Reiterarmee, der mit der Absetzung des Divisionskommandeurs Timošenko im August 1920 durch den Stabskommandanten Šeko ersetzt wurde; der Nationalität nach Pole (Żołnarkiewicz), vgl. Babels Eintragung vom 13.7.20: Meine Entdeckung – er ist Pole usw.

388 *rührende Freundschaft der beiden Brüder:* Michail (Michajlo) Karlovič, Bruder Konstantin Karlovič Žolnarkevič, Stabsoffizier im Stab der 6. Division, nicht ermittelt, in welcher Funktion.

388 *Lepin:* Stabsoffizier unter K. K. Žolnarkevič; vgl. auch Skizzen und Entwürfe. Ein Porträt Lepins, das Babel offenbar plante, ist nicht überliefert.

389 *Tagebuch der Kriegshandlungen:* unklar, ob Babel damit das vorliegende Tagebuch meint oder ob er neben diesem Tagebuch, etwa für die Zeitung, noch ein eigenes Journal der militärischen Operationen geführt hat.

389 *Špakov:* tschechisches Dorf, wie die übrigen genannten Dörfer südlich Belëv gelegen; vgl. die Eintragung vom 18.7.20: Hier sind viele tschechische, deutsche und polnische Ansiedlungen.

389 *Peresonnica:* Lesefehler bei der Transkription des Manuskripts [Peresopnica], meint das Dorf Peresonnica.

390 *Taubenschlag, das rührt mich:* vgl. die Erzählung *Die Geschichte meines Taubenschlags* von 1925, deren Titel auch das Fragment

eines autobiografischen Prosazyklus bedeutet. Die Erzählungen dieses Zyklus stammen aus den Jahren 1925 bis 1932 und erschienen in unregelmäßiger Folge; vgl. auch Babels Eintragung vom 26.8.20.

391 *Čerkašin:* Ordonnanz, Meldereiter des Stabsoffiziers Lepin.

392 *Chef der Kavallerie-Reserve Djakov:* vgl. *Die Reiterarmee,* dort die Erzählung gleichen Titels, im Titel jedoch ohne Nennung des Namens; vgl. dazu auch die in der Eintragung vom 16.7.20 mitgeteilten Details.

393 *über die Pferde:* vgl. in der *Reiterarmee* die Erzählungen *Der Chef der Kavallerie-Reserve, Die Geschichte eines Pferdes, Fortsetzung der Geschichte eines Pferdes* und *Afonjka Bida* sowie, im Tagebuch, zahlreiche weitere Eintragungen zu diesem Thema.

394 *Tribunal:* Instanz der Armee, die während des Kriegs die Gerichtsbarkeit ausübte, Militärgericht.

395 *Frank Moscher:* über die Einsätze der polnischen, offensichtlich durch amerikanische Piloten unterstützten Luftwaffe vgl. die Eintragungen über die Kämpfe um Lemberg und Zamość, vgl. auch die Skizzen und Entwürfe zur *Reiterarmee* sowie die Erzählung *Schwadronskommandeur Trunov* und Babels Eintragung vom 18.8.1920 – die Zusammenfassung der bewegten Tage vom 14.–18.8.20 – über die »neue Anwendung der Fliegerei«.

395 *Major Fount-Le-Roy:* amerikanischer Offizier, wie aus den Skizzen zur *Reiterarmee* hervorgeht, beim Stab in Warschau eingesetzt; in der *Reiterarmee* mit dem Vornamen Reginald.

395 *Griščuk:* Held des gleichnamigen Porträts, das Babel jedoch nicht in den Zyklus der *Reiterarmee* aufnahm; vgl. die Erzählungen *Dolgušovs Tod, Die Lehre vom MG-Wagen* wie auch die Skizzen und Entwürfe.

395 *Timošenko:* Semën Konstantinovič, 1895–1970, russischer Militär, Armeeführer, Kommandeur der 6. Division der 1. Reiterarmee bis August 1920, danach zum Kommandeur der 4. Kavallerie-Division ernannt, Mitstreiter Budënnyjs aus den ersten Tagen der Revolution. Nach 1924 Inspekteur der Kavallerie bis hinauf zum Oberkommandierenden der Truppen des Bezirks Kiew, 1939 Oberkommandierender der Ukrainischen Front der Roten Armee und Adressat eines Glückwunschtelegramms Stalins (zum 20. Gründungstag der 1. Reiterarmee). Die Erzählung *Geschichte eines Pferdes* trug in der ersten,

1924 in der Zeitschrift *Krasnaja nov'* gedruckten Fassung den Titel »Timošenko und Melnikov«.

396 *Kniga:* Vasilij Ivanovič, 1882–1961, im Polenfeldzug Kommandeur der 1. Brigade der 6. Division der 1. Reiterarmee, von Babel namentlich genannt in der Erzählung *Kombrig 2*.

396 *Die 2. Brigade attackiert Luck:* Notate der strategischen Lage an der gesamten Front, nachdem sich Babel wenige Tage zuvor das Ziel gesetzt hatte, ein Kriegs-Tagebuch zu beginnen.

396 *unser Kommissar – Bachturov:* Pavel Vasil'evič, 1889–1920, politischer bzw. Kriegskommissar (voenkom), von November 1919 bis zu seinem Tode August 1920 in der 6. Division der 1. Reiterarmee, unter Divisionskommandeur Timošenko. Den militärischen Kommandeuren waren in der Roten Armee auf allen Rangebenen politische, sogenannte Kriegskommissare zur Seite gestellt, die in der Armee die Zielsetzungen der Partei zu vertreten und überdies die Aufgabe hatten, die aus der Zarenarmee übernommenen »alten Militärspezialisten« zu kontrollieren; das Institut der Kriegskommissare war am 8. April 1918 gegründet worden. – P.V. Bachturov wird noch 1972 in einer Geschichte der KPdSU (Band III, 2. Band: März 1917–1920, Berlin, Dietz Verlag 1972) als vorbildlicher Kriegskommissar namentlich erwähnt.

397 *Aufruf Piłsudskis:* an die kämpfende polnische Truppe. Vgl. in der *Reiterarmee* die Erzählung *Kirche in Novograd* sowie die Skizzen und Entwürfe. Piłsudski, Józef Klemens, 1867–1935, polnischer Politiker, Militär, ab 1920 Marschall, Militärdiktator ab Mai 1926 nach Staatsstreich; in jüngeren Jahren Schlüsselfigur des polnischen Unabhängigkeitskampfes, 1887–1892 nach Sibirien verbannt, gründete 1893 die sozialistische Partei Polens und, ab 1902 in Galizien (Österreich) lebend, mit Unterstützung des österreichischen Generalstabs bewaffnete polnische Einheiten, die 1910 als Schützenverbände anerkannt wurden und den Keim der polnischen Legionen bildeten, die P. im Ersten Weltkrieg auf seiten der Mittelmächte befehligte. 1916 Mitglied des Kronrats, 1917/18 von den Deutschen in Magdeburg interniert wegen Verweigerung des Eides auf das Deutsche Kaiserreich, November 1918 Staatschef Polens (Naczelnik), Kriegsminister. Verfolgte die Idee eines föderativen Großpolen »von Meer zu Meer« (Ostsee und Schwarzes Meer) unter Einschluss der Ukraine, weshalb er

1920, im Bund mit den ukrainischen Nationalisten unter Petljura, unterstützt auch durch die Vorstöße General Vrangels in Südrussland, den »Marsch auf Kiew« unternahm; von der Roten Armee unter General Tuchačevskij bis vor Warschau zurückgeworfen, besiegte er mit französischer Unterstützung (General Weygand) im August die Rote Armee vor Warschau (im sogenannten »Wunder an der Weichsel«). Zog sich, aus Enttäuschung über die politische Entwicklung in Polen, vorübergehend aus der Politik zurück, ehe er im Mai 1926 durch einen Staatsstreich an die Macht gelangte und, in den Ämtern des Kriegsministers, zeitweise auch Staatschefs, in Polen eine Militärdiktatur errichtete.

397 *Rzeczpospolita:* polnisch für: Republik.

398 *Novosjolki:* polnisch Nowosiełki, Dorf auf halber Strecke zwischen Rovno und Luck, 25 km westlich von Belëv.

398 *Abschnitt Rožišče–Jaloviči:* Rožišče (poln. Rożyszcze) Städtchen nördlich, Jaloviči (Jałowicze) Dorf südlich von Luck, am Styr, einem weiteren rechten Zufluss des Pripjat gelegen, der zwischen 40 und 60 km westlich parallel zum Fluss Goryn verläuft.

398 *schrecklicher Fall, Soldatenliebe:* vgl. hierzu eine Erzählung, die Babel nicht in die Ausgabe der *Reiterarmee* aufnahm, deutsch unter dem Titel *Eine tüchtige Frau.*

398 *Condottieri:* Söldner-Führer im Italien des 14. und 15. Jahrhunderts.

398 *Stanica:* russischer Begriff für das Kosakendorf. Über die Kosaken vgl. auch die Eintragungen vom 21.7.20 (Unser Kosak), die Beschreibung der Kosaken vom Kuban u. a. Die Kosaken bildeten seit Jahrhunderten die kriegerische berittene Schutztruppe des Zarenreichs an dessen entlegenen Rändern in den Steppen der Ukraine (okraina: der Rand) und im Kaukasus, sie führten dort, von der zaristischen Administration kaum behelligt, ihr legendäres »freies Leben«, vgl. Gogols Erzählung *Taras Bulba*; vgl. Tolstoj, *Die Kosaken.* Im Kampf um die Unabhängigkeit vor allem der Ukraine von polnischem Einfluss, aber auch türk. Zugriff – vgl. I. Repins berühmtes Bild –, spielten die Kosaken immer eine wesentliche Rolle. Zur Niederschlagung von Streiks und Studentenunruhen setzte die zaristische Regierung Ende des 19. Jh. bevorzugt Kosakenregimenter ein, die für ihre Grausamkeit berüchtigt und an zahlreichen Judenpogromen beteiligt

waren. Im Bürgerkrieg kämpften die konservativ eingestellten Kosaken mehrheitlich auf seiten der Weißen. – Über die Entstehung roter Kosaken-Einheiten wie der 1. Reiterarmee unter Budënnyj – aus verarmten Bauernsöhnen, deklassierten Elementen etc. – macht Babel im Tagebuch mehrfach soziologisch interessante Angaben.

399 *Bauer … außer sich vor Ärger:* vgl. in der *Reiterarmee* die Erzählung *Der Chef der Kavallerie-Reserve* sowie, im Tagebuch, die Eintragung vom 13.7.20 über Djakov. Die Erzählung ist in der Erstausgabe der *Reiterarmee* unterschrieben mit: »Belëv, Juli 1920«.

400 *Polža:* so in der Transkription des Manuskripts; gemeint ist wahrscheinlich das Dorf Pelča [Pelcza] im Süden Novosëlkis, das durch eine Straße mit Novosëlki verbunden ist.

400 *Mal. Dorostaj:* im gelesenen Text des Manuskripts durchgängig: Mal. Dorogostai. Die Dörfer Mal[yj] Dorostaj für Klein- und Groß-Dorostaj, auf der Karte verzeichnet, stimmen mit den übrigen Ortsangaben des Tagebuchs überein: südlich des Städtchens Malin und des Dorfs Novosëlki, nördlich des Städtchens Mlynov an der Ikva.

400 *Abschnitt Dubno–Kremenec:* also östlich des Frontabschnittes, in dem die 1. Reiterarmee operierte.

400 *erstmals überschreiten … die Grenze:* Babel meint die alte Grenze zwischen Österreich-Ungarn und Russland aus dem Jahr 1914; Teil des gesamtstrategischen Überblicks der Lage.

400 *Rätemacht:* mögliche deutsche Lesart auch: die Sowjetmacht, von russ. sovet: Rat.

400 *die Marodeure:* der Begriff, den Babel verwendet, deckt im Russischen zwei Bedeutungen ab: 1) den Lumpensammler, der allerlei wertloses Zeug (barachlo), Krempel ergattert, und 2) im übertragenen Sinn einen zänkischen, streitsüchtigen Menschen.

401 *Ausländer:* aus der großrussischen Perspektive Babels: die Nichtrussen, nicht-russische Siedler im ehemals zaristischen Russland, Gouvernement Wolhynien.

401 *Malin:* Motive dieser Eintragung sind eingegangen in die Erzählung *Friedhof in Kozin*, vgl. *Die Reiterarmee*.

401 *Chmelnickij:* Bogdan, Zinovij Michajlovič, geboren Ende des 16. Jh., gestorben 1657, Führer eines Kosakenaufstands gegen die polnische Szlachta in der Ukraine, Kosakenhetman ab 1648, erreichte in

einem Vertrag mit dem polnischen König Jan Kazimir Selbstverwaltung der Kosaken in der Ukraine; nach einer Niederlage bei Berestečko 1651 wurde diese im Vertrag von Belaja Cerkov' auf die Wojewodschaft Kiew eingeschränkt. Chmel'nickij, der im Mai 1652 die Polen wiederum vernichtend schlug, suchte gegen Ende seiner Regentschaft den Beistand der russischen Zaren und gilt als Begründer der Einigung der Ukraine mit dem Russischen Reich.

401 *Schützengräben des alten Kriegs:* des Ersten Weltkriegs, der sich – für die russische Westfront – vor allem in den Stellungen in Ostgalizien abgespielt hatte.

402 *Karl Karlovič:* Irrtum [?] Babels, meint Konstantin Karlovič Žolnarkevič [Żołnarkiewicz].

403 *Der Gegner attackiert:* östlich der Linien der Reiterarmee, vgl. Eintragung vom Vortag; Budënnyjs Armeen sind währenddessen in Richtung Brody vorgestoßen. »Wir« meint: die russischen Truppen.

403 *Radzivillov:* russische Grenzstadt, Zollstation zum galizisch-österreichischen Brody; heute russisch Červonoarmejsk [Stadt der Roten Armee].

403 *Kommandeur der 14. Division:* Laut Suchichs Kommentar handelt es sich um Aleksandr Jakovlevič Parchomenko, 1886–1921, der am 3.1.1921 im Gefecht gegen die Machno-Truppen den Tod fand.

403 *Bokunin:* unklar; möglicherweise Lesefehler für Bokujmo, ein Dorf westlich von Smordva mit einer Straßenverbindung nach Süden, vgl. auch in der Eintragung vom 20.7.20: Bokujka.

403 *Kolesov:* Kommandeur einer Brigade der 6. Division.

404 *Vorošilov:* Kliment Efremovič, 1881–1969, sowjetischer Politiker, Militär, nach dem Tod General Frunzes 1925 Oberbefehlshaber der sowjetischen Streitkräfte, Mitglied des Politbüros und enger Vertrauter Stalins. Während des Krieges gegen Polen Mitglied des Revolutionären Kriegsrates (Revvoensovet) und Kriegskommissar der 1. Reiterarmee. Namentlich erwähnt in der *Reiterarmee* wie in Babels Kriegs-Tagebuch als Begleiter und Schatten, in entscheidenden Situationen auch als Befehlshaber Budënnyjs bzw. der ihm politisch Übergeordnete, vgl. die Eintragung Babels vom 31.8.1920 wie auch die Erzählungen *Cześniki* und *Nach dem Gefecht*.

404 *Ledochowski:* polnisches Grafengeschlecht; aus ihm ist der

polnische Nationalistenführer, Erzbischof von Posen und Kardinal Mieczysław Ledochowski hervorgegangen, der, geboren 1822, ab 1876 in Rom tätig war.

405 *Berežcy:* Ortschaft in Wolhynien, nicht ermittelt.

405 *Konstantin Karlovič:* Žolnarkevič.

406 *Pelča:* Dorf südlich Smordva, an der Straße nach Kozin.

406 *Bokujka:* vgl. Anm. zu Seite 403, Bokunin – wahrscheinlich Bokujma.

406 *völlig idiotische Flucherei:* mit den nachfolgenden Beispielen unverständlich ohne das von Babel nicht geschriebene Tätigkeitswort, auf dem, wie im Englischen, ein Großteil der russischen Flüche beruht: ficken. Grundkonstruktion des russischen Fluchs, der durch zahllose Ergänzungen – bei Babel: durch religiöse Begriffe – erweiterbar ist, ist das dem Englischen analoge Muster: fuck your mother.

407 *Friedensplan, England:* Nach den schnellen Siegen der Roten Armee vor allem im Nordabschnitt der Front hatte das polnische Kabinett Grabski die Konferenz von Spa um alliierte Hilfe angerufen; die Hilfe kam, doch musste Polen sich in einem Protokoll vom 10.7.1920 zum Rückzug seiner Truppen auf die Linie des 8. Dezember, d. h. auf die Grenze des Versailler Vertrages verpflichten. Am Tag nach Unterzeichnung dieses Protokolls depechierte der britische Außenminister Lord Curzon einen Vermittlungsvorschlag nach Moskau (Curzon-Linie). Erfolg hatten die britischen Bemühungen allerdings erst einen Monat später mit Beginn der Waffenstillstandsverhandlungen zwischen Polen und Sowjetrussland, die am 17.8.1920 in Minsk aufgenommen wurden.

408 *Kuban-Kosaken:* Kuban', Fluss im ciskaukasischen Teil des ehemaligen russischen Generalgouvernements Kaukasien, danach benannt das Kubangebiet: südlich des Dongebiets, im Westen ans Azovsche Meer grenzend, im Osten an das Gouvernement Stavropol'. Hier synonym für: wilde Mannen aus den Bergen. Über die Kuban-Kosaken vgl. die Eintragung vom 9.–11.8.1920.

408 *Kozin, der Friedhof:* vgl. die Erzählung *Friedhof in Kozin* in der *Reiterarmee*, die ein Epitaph ist für den Rabbi Asrail: »den die Kosaken Bogdan Chmel'nickijs getötet haben«; die Erzählung endet mit einer Totenklage auf »Asriil, Sohn des Anania, Mund Jehovas« und seine Söhne: hieraus erklärt sich die Formulierung »Drei Generationen«.

409 *Lasst die Öfen in den Güterwaggons:* Umschreibung für: klaut sie nicht; in den Güterwaggons der Eisenbahnen, in denen die Truppen transportiert wurden, stand je ein Kanonenofen, mit dem der Waggon beheizt wurde.

409 *jovial:* im Tagebuch französisch: froh, heiter; deutsch (das Babel ebenfalls sprach) auch mit der Bedeutung von leutselig, gönnerhaft.

409 *Lesznióv:* galizisches Dorf, jenseits der alten Grenze; Babels Transkription des polnischen Ortsnamens: Lešnjuv.

411 *Uns reißt der Lenkriemen:* zur folgenden Episode vgl. in der *Reiterarmee* die Erzählung *Dolgušovs Tod.*

411 *das Städtchen Verba:* an der Ikva, östlich von Kozin: die Irrfahrt unter feindlichem Beschuss verschlug Babel kilometerweit nach Osten.

411 *Stab der 45. Division:* die 45. Schützendivision, die laut Suchichs Kommentar unter dem Kommando von Iona Ėmmanuilovič Jakir (1896–1937) zwischen Juni und August 1920 der 1. Reiterarmee eingegliedert wurde.

412 *Krivicha:* nicht identifiziert, offenbar tschechische Siedlung; die Vorkriegskarte Galiziens verzeichnet ein Dorf mit polonisiertem Namen Kriwisze.

412 *pudweise:* im übertragenen Sinn: zentnerweise. Pud, russ. Gewicht, entspricht 40 (russ.) Pfund oder 16,38 kg.

413 *Priščepa:* vgl. die gleichnamige Erzählung in der *Reiterarmee,* hierzu auch die Eintragung vom 24.7.20.

413 *a grober Mensch:* bei Babel jiddisch zitiert, mit russischen Buchstaben geschrieben.

413 *er ist ein ...:* im Original deutsch.

413 *der Himmel voller Geigen:* im Original wörtlich »der Himmel voll Diamanten«, laut Suchichs Kommentar eine »bitter ironische Paraphrase« der Schlussworte Sonjas in Anton Čechovs *Onkel Vanja:* »wir werden den Himmel erblicken, ganz in Diamanten«.

414 *denke an Herschele:* Held eines geplanten Buches oder Zyklus' von Erzählungen, von dem nur die Erzählung *Schabbos nachamu* aus dem Jahr 1918 existiert; Untertitel der Erzählung: »Erzählung aus dem Zyklus ›Herschele‹«.

415 *Arcybašev:* Michail Petrovič, 1878–1927, russischer Schriftstel-

ler, Romancier, Autor des Romanes *Sanin*, mit dem A. auch im Westen vor dem Ersten Weltkrieg berühmt wurde; emigrierte 1921.

416 *Jede Tochter ... eine Individualität:* vgl. hierzu die Skizzen und Entwürfe mit dem Verweis auf Čechovs *Drei Schwestern*.

416 *der 9. Ab:* Ab: assyr.-babylonischer Name eines Monats des Jahres, bei den Juden seit der babylonischen Gefangenschaft der 11. Monat des Jahres und zugleich der verhängnisvollste, weil am 9. Ab zweimal (586 v. Chr. und 70 n. Chr.) der Tempel in Jerusalem und 135 n. Chr. die Feste Bethar zerstört wurden. Hoher jüdischer Feiertag des Gedenkens an die Zerstörung des Tempels und den Fall Jerusalems.

416 *Platonov:* Sergej Fëdorovič, 1860–1933, russischer Historiker.

417 *Perun:* höchster Gott in der slavischen Mythologie, der Donnergott.

417 *Geschichte von den Chinesen:* In seinem Babel-Porträt im Aufsatzband *Gamburgskij sčet* (1928) berichtet Viktor Šklovskij, dass Babel im Jahre 1919 »das ganze Jahr an ein und derselben Geschichte von zwei Chinesen in einem öffentlichen Haus« geschrieben habe; die Erzählung *Schlitzauge* erschien 1923 in der Zeitschrift *Siluėty* – vgl. die Sammlung *Erste Hilfe*.

417 *Die schrecklichen Worte der Propheten:* die Weissagung von der Zerstörung Babels, des babylonischen Reiches, durch die Meder, vgl. Jesaia 13, 15–19; Jesaia 36, 12. Vgl. hierzu auch die Skizzen und Entwürfe, wo Babel ausdrücklich die Klagelieder des Propheten Jeremia nennt.

417 *post factum:* im Original lateinisch.

419 *Plevickaja:* Nadežda Vasil'evna, 1884–1941, populäre russische Sängerin, Star der russischen Estrade, ging 1920 ins Exil.

419 *unierte Kirche:* von latein. vereinigt, wiedervereinigt; Teil der russisch-(bzw. griechisch)-orthodoxen Christen, die sich unter Beibehaltung ihrer alten Kirchenverfassung und Riten, auch ihrer Sprache im Gottesdienst, mit der römisch-katholischen Kirche wiedervereinigt hatten und den Primat des Papstes anerkennen. Die unierte Kirche bestand seit 1596, vor allem in Weißrussland und in der westlichen Ukraine, und wurde 1946 unter Stalin verboten. – Vgl. auch 30.7.20.

419 *halb-ausländischer Schmutz:* vgl. Anm. S. 401, für: nichtrussisch.

419 *Szczurowice:* im Manuskript gelesen: Čurovice, so auch im

Text der Zeitschriftenpublikation; konsequent wäre die Umschreibung Ščurovice, die Babel – wie aus handschriftlichen Korrekturen im maschinengeschriebenen Text hervorgeht – vermutlich auch gewählt hat. Gemeint ist das galizische Städtchen Szczurowice am Styr, ca. 20 km nördlich von Brody.

419 *Vrangel:* Pëtr Nikolaevič, 1878–1928, russischer General, Gardeoffizier, Teilnehmer am Russisch-Japanischen und am Ersten Weltkrieg, erbitterter Gegner der Bolschewiki und, nach Abdankung Denikins 1920, Oberkommandierender der reorganisierten Truppen der Freiwilligenarmee in Südrussland. Unternahm 1920, zeitgleich mit Piłsudskis Überfall auf Kiew, von der Krim aus Angriffe auf die Ukraine, eroberte Anfang Juni Melitopol', Anfang August (vgl. Babels Eintragung vom 10.8.) die Stadt Aleksandrovsk, drang bis Taganrog vor und bedrohte Ekaterinoslav und das Don-Becken und damit die Kohleversorgung, wurde erst am 11. November 1920 in der Schlacht am Perekop durch die Rote Armee unter General Frunze vernichtend geschlagen, floh danach von der Krim mit einem Heer von über 100 000 Mann nach Frankreich.

419 *Machno unternimmt Raubüberfälle:* Machno, Nestor Ivanovič, 1886–1934, Väterchen (Batjko), Führer der anarchistischen Bewegung in der Ukraine, Gegner der »bolschewistischen Verstaatlichung der Revolution« (P. Aršinov), eine der farbigsten Gestalten des russischen Bürgerkriegs, an sämtlichen Kämpfen in Südrussland beteiligt: 1918 gegen die deutschen Besatzer, gegen die Regierung Skoropadskij, 1919 gegen Denikin, indem er in den Gouvernements Charkov und Poltava bis ans Azovsche Meer die Denikinschen Versorgungsbasen zerstörte; eroberte im Herbst 1919 Aleksandrovsk und Ekaterinoslav. 1920 von den Bolschewiki für vogelfrei erklärt wegen seiner Weigerung, die Machno-Truppen dem Obersten Kriegsrat zu unterstellen und an die polnische Front zu verlegen, suchten die Bolschewiki im September 1920 das Bündnis mit Machno gegen General Vrangel; Machnos Kämpfer waren am Sieg über Vrangel bei Perekop beteiligt. Zur Zerschlagung der Anarchisten, die zeitweise ein großes Gebiet kontrollierten, eine eigene Zeitung (Nabat) herausgaben, wurde 1921 Budënnyjs Reiterarmee eingesetzt und Machno als Freischärler, Kulak und Bandit bekämpft; Sommer 1921 floh Machno ins Ausland – nach Rumänien, später Polen und starb im französischen Exil. Über

Machno: Pëtr Aršinov (Arschinoff), Geschichte der Machno-Bewegung [1923], Reprint: Berlin 1969; A. Volin[e], La Révolution inconnue [1946], Nachdruck: Paris 1969. Vgl. in der *Reiterarmee* die Erzählungen *Die Sonne Italiens* und *Die Lehre vom MG-Wagen.*

420 *an der it[alienischen] Front:* im Ersten Weltkrieg, als Galizier auf seiten Österreich-Ungarns.

422 *am 30. sollen Verhandlungen über einen Waffenstillstand:* vgl. Eintragung und Anmerkung über den englischen Friedensplan am 20.7.20, wie auch die Formulierung vom 28. 7.: »angesichts des Friedens«.

424 *Ženja:* Evgenija Gronfajn, Babels erste Frau, die damals in Odessa lebte, nach Trennung von Babel in Frankreich, gestorben 1957.

424 *Biografien schreiben:* vgl. in der *Reiterarmee* die Erzählung *Pavličenko Matvej Rodionyč, Lebenslauf,* die allerdings nicht die Biografie des alten Kämpen S. K. Timošenko beinhaltet, sondern die des neuen Kommandeurs Apanasenko und die den blumigen Stil von dessen Aufrufen und Sendschreiben an die Heimat parodiert; in der Erstausgabe der *Reiterarmee* hieß »Pavličenko« noch Apanasenko, der Name wurde von Babel später abgeändert.

425 *Konstantin Karlovič:* Žolnarkevič.

425 *Gowiński:* vgl. hierzu die Skizzen und Entwürfe, Seite 520.

427 *Pejes:* Singular péje (feminin), Haarlocken an der Schläfe, die nicht abgeschnitten werden durften und die von streng orthodoxen Juden in Polen und Russland getragen wurden; vgl. die Formel: wi ich trog bord un péjes.

427 *kondjesch:* unklar, möglicherweise Lesefehler für kódesch, jidd. k'dojschim, Heiliger, Märtyrer. Der dreimalige Ausruf: kodesch, kodesch, kodesch! (heilig! heilig! heilig!]) ist eine besonders feierliche Stelle in der k'dusche, einem Lobgesang, der die Heiligung und Verherrlichung des Namens Gottes zum Inhalt hat und von der Gemeinde stehend gebetet wird. (Nach S. Landmann, Jiddisch, 1964).

427 *Schammes:* der Synagogen- oder Gemeindediener.

427 *Bristol:* Hotel und zugleich Kaffeehaus in Brody, laut Illustriertem Führer durch Galizien von Orłowicz/Kordys 1914 neben dem Hotel Europa das erste Haus am Platz, Zimmer 3 bis 6 Kronen.

428 *Odessaer Hotel Galperin:* Hotel in Odessa, mit Niederlassungen in verschiedenen Städten Russlands, frühes Beispiel einer Hotelkette.

429 *Chrestomathie:* griech. Sammlung von Wissenswertem, für Unterrichtszwecke Brauchbarem in Auszügen, meist von Prosaschriftstellern.

429 *Geschichte aller Bolesławs:* d. h. der polnischen Königsdynastie, beginnend mit Bolesław Chrobry, dem Tapferen und Begründer des Königreichs Polen, 992–1025; Bolesław II. 1038–1081; Bolesław III., mit dem Beinamen Schiefmaul, 1102–1139, Eroberer Pommerns; Bolesław IV., 1146–1173, musste sich 1157 Kaiser Friedrich I. unterwerfen; Bolesław V. 1228–1279.

429 *Tetmajer:* genauer Przerwa-Tetmajer, Kazimierz, 1865–1940, polnischer Schriftsteller.

429 *Stanisławczyk:* Städtchen nordwestlich von Brody, am Styr.

429 *Koniuszkow:* im Text Babels transkribiert: Kožoškov, so auch im Text der Zeitschriftenpublikation; Lesefehler für: Koniuszkow, einen Flecken ca. 5 km nördlich von Brody, der auch in den Skizzen und Entwürfen zur *Reiterarmee* mehrmals genannt wird, dort: Konjuškov geschrieben.

429 *Kostroma:* Gouvernementshauptstadt im westlichen Teil Zentralrusslands.

431 *Unsere Infanterie in den Gräben ... wolhynische Jungen:* vgl. die *Reiterarmee*, Details dieser Beobachtungen sind eingegangen in die Erzählung *Afonjka Bida*.

431 *unterdrückerische Panie:* sprich »pánje«, Plural des polnischen Wortes pan: der Herr.

431 *Michail Karlovič:* Žolnarkevič, Bruder von Konstantin; vgl. die Anmerkung zu Seite 388 über die »rührende Freundschaft der beiden Brüder«.

432 *III. Internationale:* Der 2. Kongress der III. Internationale war am 19.7.1920 in Petrograd eröffnet worden und setzte seine Beratungen vom 23.7. bis 7.8. in Moskau fort; vgl. hierzu die Eintragung vom 8.8.20. – Erwähnungen in den Erzählungen *Meine erste Gans* und *Berestečko*.

433 *großes Feld, Flugzeuge:* vgl. Eintragung vom 14.7.20 und Anmerkung zu Seite 395 Frank Moscher.

433 *Koročajev:* D. D., russ. Militär im Kommandostab der 1. Reiterarmee, zeitweise Kommandeur der 4. Division; namentlich erwähnt in der Erzählung *Dolgušovs Tod* als »der in Ungnade gefallene

Kommandeur der 4. Division, der nun allein weiterkämpfte und den Tod suchte«; danach nur Brigadekommandeur, vgl. Eintragung vom 13.8.

435 *Lokomobil:* latein. »von der Stelle bewegliche« Dampfmaschine auf Rädern, ohne, im Unterschied zur Lokomotive, an Schienen gebunden zu sein; diente zum Betrieb von Dreschmaschinen, Häckselmaschinen u. a. in der Landwirtschaft.

435 *Kolesnikov:* Brigadekommandeur in der 3. Division der 1. Reiterarmee; vgl. die Erzählung *Kombrig 2*, die bei ihrer Erstveröffentlichung in der Zeitschrift *Lef*, 1923, noch mit dem Namen Kolesnikov überschrieben und datiert war mit »Brody, August 1920«.

435 *Budjonnyj zu Kolesnikov und Grišin*: Auf die Verwendung dieser Episode in der Erzählung *Kombrig 2* weist Suchich in seinem Kommentar hin.

436 *Gerüchte über die Abberufung:* vgl. hierzu in der *Reiterarmee* die Erzählung *Dolgušovs Tod.*

436 *Wälder von Murom:* sprichwörtlich für tiefen, dunklen Wald; Murom ist eine Kreisstadt im zentralrussischen Gouvernement Vladimir, in waldreicher Gegend an der Oka.

438 *Šeko:* Jakov Vasil'evič, 1893–1938, Stabschef der 6. Division der 1. Reiterarmee ab Anfang August 1920 und Nachfolger von K. K. Žolnarkevič – unter dem neuen Divisions-Kommandeur Apanasenko.

438 *Apanasenko:* Iosif Rodionovič, 1890–1943, russischer Militär, von Anfang August bis Oktober Kommandeur der 6. Division der Reiterarmee Budënnyjs, in dieser Funktion Nachfolger von S. K. Timošenko. In der Erstausgabe der *Reiterarmee* namentlich genannt, z. B. in den Erzählungen *Kombrig 2* und *Pavličenko Matvej Rodionyč, Lebenslauf*; den Namen »Pavličenko« hat Babel erst später für den Apanasenkos eingesetzt.

439 *Sucharevka:* Platz im Zentrum Moskaus, auf dem Markt abgehalten wurde.

440 *Unruhen im Hinterland:* vgl. Babels Eintragung vom 26.7.: »Die Ukraine in Flammen«, sowie die Anmerkungen zu S. 419 zu General Vrangel und dem Anarchistenführer Machno.

443 *Rostov – Rostov-am-Don:* Handelsumschlagplatz, Eisenbahnknoten in Südrussland, nördlich Taganrogs am Azovschen Meer, Stadt, die mehrfach den Besitzer wechselte. Babel spielt an auf die Einnahme

der Stadt durch die Rote Armee; während der feierlichen Sitzung des Revolutionskriegsrates, der Kommandeure und Polit-Kommissare der Reiterarmee am 14.1.20 wurden Übergriffe in den Reden K. E. Vorošilovs und E. A. Ščadenkos aufs schärfste verurteilt, einige Marodeure durch das Revolutionstribunal zum Tod durch Erschießen verurteilt. Aufrufe der Zeitung *Krasnyj kavalerist* an die Soldaten der Reiterarmee, »Wer der friedlichen Bevölkerung Leid zufügt, richtet die Sowjetmacht zugrunde«, ergingen mehrmals, so am 20. Januar und am 14. August (Anm. v. S. Povarcov).

443 *Berestečko:* poln. Beresteczko, Städtchen in Wolhynien, vgl. in der *Reiterarmee* die gleichnamige Erzählung. Mit »Berestečko, August 1920« war in der Erstausgabe des Buches auch die Erzählung *Beim heiligen Valentin* datiert.

443 *Totenmesse, Gebet:* Babel benützt in dieser Episode keine jiddischen, sondern russische Termini.

444 *Komarova:* russische Sängerin.

444 *russische Mänade:* in Babels Text gelesen: russkij menade, der Zeitschriftentext tilgt diesen Satz und gibt die Stelle als »unleserlich« aus. Mänade in der griechischen Mythologie: berauschtes, vor Verzückung rasendes Weib im Gefolge des Gottes Dionysos.

444 *Kosakengräber:* In der Nähe von Berestečko waren in einer Schlacht die Truppen Bogdan Chmel'nickijs dem Polenkönig Jan Kazimir unterlegen gewesen.

444 *Cholop gegen Pan:* polnisch: der Knecht gegen den Herrn.

445 *Pius X.:* 1835–1914, Papst ab 1903.

445 *Ein schreckliches Ereignis:* die Plünderung der Kirche, vgl. in der *Reiterarmee* die Erzählung *Beim heiligen Valentin.*

446 *Raciborski:* Aleksander R., 1845–1919, polnischer Philosoph, Landwirt, gab 1895 seine Professur in Lemberg auf, wo er Privatdozent blieb, und ging aufs Land; mehrfach Abgeordneter im Sejm.

446 *notre petit héros ...:* im Original französisch: »unser kleiner Held ist eben 7 Wochen alt geworden«, ausführlicher das Zitat des französischen Briefes in der Erzählung *Berestečko:* »Beresteczko, 1920. Paul, mon bien aimé. On dit que l'empereur Napoléon est mort, est-ce vrai? Moi, je me sens bien, les couches ont été faciles, notre petit héros achève sept semaines ...«

446 *Hauptmann:* Gerhart, 1862–1946, deutscher Schriftsteller,

Dramatiker. *Elga*, Stück aus dem Jahr 1896: Sechs Szenen, denen eine Novelle Grillparzers zugrundeliegt, und die in Polen und in einem Kloster spielen, im Traum des Ritters der Rahmenhandlung, in dem es nicht mit rechten Dingen zugeht.

446 *Aufstand in Indien:* meint die Bewegung des passiven Widerstandes gegen die britische Kolonialherrschaft in Indien unter Mahatma Gandhi, die mit dem Blutbad von Amritsar am 13.4.1919, das die Truppen General Dyers anrichteten, einen ersten Höhepunkt erreichte, woraufhin König Georg VI. gezwungen war, eine Verfassung für Indien anzukündigen.

446 *Mischures:* jidd. m'schores, für: Hoteldiener, Zimmerkellner; auch allgemein Diener.

447 *Žurnal dlja vsech:* dt. Journal für alle, illustrierte Zeitschrift für populäre Wissenschaft und Literatur, erschien in St. Petersburg von 1896–1906.

447 *Die Geschichte mit dem Apotheker:* vgl. Eintragung vom 7.8.20; unter dem Titel *Ritter der Zivilisation* hatte Babel in der Zeitung *Krasnyj kavalerist* v. 14.8.1920 diese Geschichte beschrieben (Anmerkung S. Povarcov).

448 *Schlacht bei Radziechów:* Städtchen nordöstlich von Lemberg mit strategischer Bedeutung, weil an einer Eisenbahnlinie nach Lemberg gelegen.

448 *II. Kongresses der III. Internationale:* vgl. Eintragung vom 1.8.1920; an dem Kongress nahmen, laut offiziöser Geschichte der KPdSU, 67 Organisationen aus 41 Ländern teil, zentrales Problem des Kongresses war weltweit »die Schaffung proletarischer Parteien neuen Typus« nach Vorbild der Bolschewiki: »Die Bedeutung der militärischen Siege der jungen Sowjetrepublik konnte nicht hoch genug eingeschätzt werden. ›Aber noch viel größer ist unser Sieg in den Köpfen und Herzen der Arbeiter, der Werktätigen, der vom Kapital unterdrückten Massen‹, sagte Lenin, ›der Sieg der kommunistischen Ideen und der kommunistischen Organisationen in der ganzen Welt.‹« Der Idee der Weltrevolution, die in den ideologischen Überlegungen und Strategien auch des Polen-Kriegs im Politbüro des ZK eine wesentliche Rolle spielte, stand Babel offenkundig skeptisch gegenüber.

448 *Die Rote Armee ... Weltpolitik:* Am 10. Mai 1918 hatte die Rote

Armee 306 000 Mann unter Waffen, davon 250 000 Freiwillige und 34 000 Rotgardisten. Ende 1920 betrug die Stärke der Roten Armee 1,5 Millionen Mann.

448 *Ataman:* Titel in der militärischen Hierarchie der Kosaken, Heerführer, Befehlshaber.

448 *Erzählung, wie er seinen Nachbarn Stepan:* vgl. *Die Reiterarmee,* dort die Erzählung *Ein Brief.*

449 *Eine andere Erzählung:* vgl. die *Reiterarmee*, die Erzählung *Die Witwe*; in der Erstausgabe des Buchs datiert: »Galizien, August 1920«.

450 *Oberrabbiner ... in Belz:* vgl. den Illustrierten Führer durch Galizien (1914): »Architektonisch am wertvollsten in Belz ist die große Synagoge (Renaissance, XVII. Jahrh.), jünger als jene in Zołkiew, doch von ähnlichem Typus; gleichfalls von Zubauten umgeben, mit schöner, mit Messingkugeln verzierter Attika; Inneres und Chor reich geschmückt. Seinen heutigen Ruf verdankt Belz seinem Wunderrabbi, der neben jenem von Sadagóra (Bukowina) der berühmteste in Österreich ist. Seinen Rat holen die orthodoxen Israeliten aus aller Welt mündlich und brieflich ein. An den hohen Feiertagen große Judenkongresse.«

450 *Aleksandrovsk sei erobert:* von den Truppen Vrangels; Aleksandrovsk: Stadt, bei der eine der größten Eisenbahnbrücken über den Dnepr führt, strategisch wichtig in sämtlichen Kämpfen in der Ukraine.

451 *Menäen:* kirchliche Lesebücher der altrussischen Kirchenliteratur, Sammlungen mit den Viten der Heiligen, nach Monaten und Tagen geordnet.

451 *Szeptycki:* Andrej, Weißrusse; bei Babel russisch transkribiert: Ščeptickij, Metropolit der Unierten Galiziens; S. Povarcov: »Haupt der unierten Kirche in der Westukraine. Nach der Oktoberrevolution Feind der Sowjetmacht.«

452 *Ruthenen:* westeuropäisch für: Weißrussen.

452 *Vinokurov:* Kriegskommissar in der 1. Reiterarmee, in Babels Buch: Vinogradov.

452 *Dumenko:* Boris Mokeevič, 1888–1920, Kommandeur der roten Truppen, Held der Revolution und des Bürgerkriegs, hervorgegangen aus dem einfachen Volk wie Apanasenko selbst; Babel zufolge ein Kämpfer eher nach dem Vorbild N. I. Machnos.

453 *Utočkin:* Sergej Isaevič, 1876–1916, einer der ersten russischen Piloten, Pionier der russischen Fliegerei; gebürtig aus Odessa.

453 *Georgskreuz:* siehe Anmerkung zu Seite 70.

453 *Kerenskij:* Aleksandr Fëdorovič, 1881–1970, russischer Politiker, zur Partei der Sozialrevolutionäre gehörig, Anwalt; Justizminister nach der Februarrevolution, nach dem Kornilov-Putsch Premierminister bis zur Oktoberrevolution; der Versuch, mit General Krasnov nach Petersburg und an die Macht zurückzukehren, scheiterte; danach im Exil in Frankreich.

454 *Škuro [Škura]:* Andrej Grigor'evič, 1887–1947, russischer Militär, Kavalleriegeneral, im Bürgerkrieg auf seiten der Weißen Kommandeur der Reitereien Denikins und Vrangels.

454 *Mamontov:* Konstantin Konstantinovič, 1869–1920, russischer Militär, Generalleutnant, Kommandeur der Kavallerie Denikins und Vrangels, d. h. der »Bewaffneten Streitkräfte Südrusslands«.

454 *die Biografie Apanasenkos:* vgl. in der *Reiterarmee* die Erzählung *Pavličenko Matvej Rodionyč, Lebenslauf*; in der Erstausgabe hieß der Titelheld noch Apanasenko. Nicht ermittelt, ob eine frühe Fassung der Geschichte »in der Zeitung« (Krasnyj kavalerist) erschienen ist.

457 *mowa:* ukrainisch für: Sprache, Rede.

457 *Rakobuty:* Dorf unmittelbar am Bug.

458 *Zadwórze:* russisch transkribiert: Zadvurdze, so bei Babel; Dorf und Bahnstation an der Linie Brody–Lemberg.

459 *Bebel:* August, 1840–1913, deutscher Sozialdemokrat und Arbeiterführer, Publizist, Literaturkritiker. Seine Abhandlung *Die Frau und der Sozialismus* erschien erstmals 1879.

459 *Über die Frauen in der Reiterarmee:* hat Babel mehrfach geschrieben, schon 1920 erschien in der Zeitung *Krasnyj kavalerist* die verherrlichende Skizze *Ihr Tag*, die Babel später nicht in die *Reiterarmee* aufnahm; vgl. auch z. B. die Erzählung *Nach dem Gefecht*.

460 *Mat:* russischer Fluch; vgl. Anm. Flucherei zu Seite 406.

460 f. *reinlicher ... ehrlicher:* im russischen Original Wortspiel; čistyj für reinlich, čestnyj für ehrlich.

463 *die Schwestern Šapiro:* nicht ermittelt; wahrscheinlich erwähnt im verloren gegangenen Teil des Tagebuchs, kurz nach Babels Aufbruch aus Odessa; Nikolaev, Stadt im ehemaligen Gouvernement

Cherson am Bug, und dessen Mündung ins Schwarze Meer, ca. 120 km nordöstlich von Odessa.

463 *Papyrosy:* im Unterschied zur Zigarette: russische Kurzzigarette mit langem Papp-Mundstück.

465 *Man treibt die Gefangenen zusammen:* vgl., zusammen mit der Episode der Erschießung eines Gefangenen, in der *Reiterarmee* die Erzählung *Schwadronskommandeur Trunov.* Dort auch die Beschreibung eines feindlichen Luftangriffs.

466 *Kämpfe bei Barszczowice:* in Babels Text gelesen: Baršovice, so auch durchgängig im Text der Zeitschriftenpublikation; Lesefehler, nachdem sich die russischen Zeichen für die Laute š und šč in der Scheibschrift sehr ähnlich sind.

466 *Barszczowice:* Dorf nahe Lemberg, mit Bahnhof, an der Bahn nach Brody.

467 *Tag des Erlösers:* oder Tag der Verklärung Christi, christlicher Feiertag der russisch-orthodoxen Kirche, wurde, nach dem alten Kalender, an drei Tagen begangen – dem 1., 6. und 16. August. Der 19. August des neuen Kalenders entspricht dem 2. Tag der Verklärung Christi.

468 *viele Gänse:* vgl. die Erzählung *Meine erste Gans.*

468 *der aufgebrochene, ausgeräucherte Bienenstock:* vgl. Babels Eintragung vom 23.–24.8. sowie vom 31.8. und, in der *Reiterarmee,* die Erzählung *Weg nach Brody.*

468 *Befehl – die gesamte Reiterarmee ... Westfront:* Was Babel nicht wissen konnte, war, dass bereits am 16. August – als die Truppen General Tuchačevskijs an der Westfront vor Warschau standen – die polnische Gegenoffensive begonnen hatte. Diese zielte auf die ungeschützte Flanke Tuchačevskijs, die, laut Beschluss des Politbüros des ZK der KPR(B) vom 2. August, verstärkt werden sollte durch Überführung der 1. Reiteramee und der 12. und 14. Armee der Südwestfront nach Norden. Die entsprechende Direktive des Oberkommandos an den Revolutionären Kriegsrat der Südwestfront erging am 6. August; zugleich sollte die 1. Reiterarmee, um sich erholen zu können, in Reserve verlegt werden. Die Geschichte der KPdSU von 1972 kritisiert das Oberkommando (Trockij), das »hinsichtlich der Verwirklichung seiner Direktive über die Überführung der 12. Armee und der 1. Reiterarmee an die Westfront keine Konsequenz bewies. Die Folge war,

dass die 1. Reiterarmee bis zum 20. August bei Lvov [Lemberg] kämpfte.« Als Hauptschuldigen an der verschleppten Durchführung der Truppenverlegung machen die Verfasser der Geschichte der KPdSU in einer Fußnote Stalin verantwortlich, der sich, damals Mitglied des Revolutionären Kriegsrats der Südwestfront, zum Ziel gesetzt hatte, Lemberg zu erobern: als das Oberkommando seinen Befehl am 13. August wiederholte, schrieb Stalin zurück, dass die Direktive »die Sache nur verwirren und unweigerlich zu einer unnützen und schädlichen Verzögerung der Dinge führen« würde. Daraufhin zitierte das ZK Stalin unverzüglich nach Moskau »zur Klärung seines Verhältnisses zum Oberkommando«. Stalin rechtfertigte sich in einer Erklärung an das Politbüro vom 26.8.1920: »In Anbetracht der in Parteikreisen über mich verbreiteten Gerüchte, ich hätte die Überführung der 1. Reiterarmee von der Südwestfront an die Westfront verzögert, erkläre ich, dass der Revolutionäre Kriegsrat der Südwestfront die Direktive des Oberkommandos über die Überführung der 1. Reiterarmee an die Westfront am 11. oder 12. August (an das genaue Datum erinnere ich mich nicht) erhalten hat und die 1. Reiterarmee am gleichen Tag der Westfront übergeben wurde. Die Tatsache, dass ich diese Überführung für verspätet hielt, hebt die Tatsache nicht auf, dass die Überführung entsprechend der Anordnung der Südwestfront erfolgt ist.« – Dennoch kämpfte die 1. Reiterarmee bis zum 21.8. vor Lemberg. Am 1. September entband das Politbüro des ZK Stalin von seinen Pflichten als Mitglied des Revolutionären Kriegsrates der Südwestfront. So weit die Geschichte der KPdSU (Band III, Buch 2. März 1917–1920, Moskau-Berlin 1972, S. 528–529). Lev Trockij im Bürgerkriegs-Kapitel seiner Stalin-Biografie: »Wenn Stalin und Vorošilov und der Analphabet Budënnyj in Galizien nicht ›ihren eigenen Krieg‹ geführt hätten und wenn die Rote Kavallerie rechtzeitig in Lublin gewesen wäre, hätte die Rote Armee nicht die Niederlage erlitten, die uns zwang, den Frieden von Riga zu unterzeichnen, der, indem er uns von Deutschland abschnitt, auf die Entwicklung in beiden Ländern einen entscheidenden Einfluss ausübte. Nach den Hoffnungen, die der schnelle Vormarsch auf Warschau geweckt hatte, bewirkte die Niederlage in der Partei eine erdbebenartige Erschütterung und warf ihr Gleichgewicht über den Haufen.«

469 *Rast in Kozłów:* Reminiszenz außerhalb der Erzählzeit: Koz-

łów liegt ca. 10 km westlich von Busk, die Rast also vor Erreichen von Busk und Adamy.

470 *In Polen, wohin wir marschieren:* Die alte Staatsgrenze zwischen Galizien (Österreich) und Polen (Russland) überschritt die Reiterarmee am 27. August nordwestlich von Sokal. Vgl. auch Apanasenkos »Brief an die Polen« Seite 471.

471 *Panie:* polnisch: ihr Herren.

471 *Muravjov:* Michail Artem'evič, 1880–1918, Oberst der Zarenarmee, während der Februarrevolution linker SR, kämpfte Anfang 1918 bei Odessa, später Oberkommandierender der Ostfront während des sog. »Tschechoslowakischen Aufstands«, wurde beim Versuch, die Truppen gegen die Bolschewiki einzusetzen, in Simbirsk von den örtlichen Parteiorganen verhaftet und erschossen.

472 *Über die Bienenstöcke:* vgl. Eintragung vom 31.8.20. Vgl. die Erzählung *Weg nach Brody.*

473 *ein ausgesprochener Nationalist:* im Original deutsch zitiert, für »ausgesprochener« gelesen: angesprochener.

474 *polnische, Juden:* im Original deutsch.

474 *Quälender galizischer Regen … hoffnungslos:* An dieser Stelle bricht die Zeitschriftenveröffentlichung des Tagebuchs ab; die Auflösungserscheinungen bis hin zur ungeordneten Flucht der Armee(n) vor den Polen scheint man dem russischen Leser auch 1989 noch vorenthalten zu müssen.

474 *Rabbiner von Belz:* vgl. Anmerkung zu Seite 450, dort auch Erklärung des Satzes, die Synagoge von Belz sei eine »Vision des Altertums«; vgl. auch Beschreibung der Synagoge des Rabbiners von Husiatyn: »Das interessanteste Baudenkmal Husiatyns und schönste Gebäude maurischen Stils im Lande ist die wahrscheinlich in der Türkenzeit erbaute Synagoge. In einem Winkel östlich vom Ringplatz viereckiges, stockhohes Gebäude mit zwei gotischen Fenstern an der Front; hohe Attika mit maurischer Ornamentik und vier Ecktürmen. Gleiche Ornamentik an der Attika der Mauer vor der Synagoge; über dem Tor Ornament mit sechsstrahligem Stern. Im Innern an der Decke der polnische Adler« (III. Führer durch Galizien, 1914).

476 *Die Krankenschwester – 26 und 1:* Anspielung auf eine frühe Erzählung M. Gor'kijs, *Sechsundzwanzig und eine.*

478 *Jessaul:* Titel in der militärischen Hierarchie der Kosaken, Ko-

sakenrittmeister. Jessaul Jakovlev, auf seiten der Polen kämpfend, wird in der *Reiterarmee* beschrieben in den Erzählungen *Cześniki* und *Nach dem Gefecht* sowie *Die Witwe*; vgl. die Beschreibung dieses Gefechts in der Eintragung vom 31.8.20.

479 *Pniowek:* Lesefehler im Manuskript oder von Babel falsch notiert: Pněvsk; da sich das s der russischen Schreibschrift, ein lateinisches c, leicht mit einem geschriebenen e verwechseln lässt, Lesefehler. Pniowek, Dorf südlich von Zamość.

479 *T'filin:* auch T'filim, T'fln, plurál, Gebetriemen (Phylakterien), die bei Verrichtung des Morgengebets an Wochentagen an der Stirn und dem entblößten Oberarm angebracht werden, zum Zeichen dafür, dass man dem Schöpfer mit Herz und Kopf ergeben ist. Von jidd. t'file, das Gebet.

480 *Soltyk:* ukrainisch: der Dorfschulze.

480 *Vedro:* russ. wörtlich: der Eimer, russisches Hohlmaß, Flüssigkeitsmaß: 16 Liter.

480 *R. Ju.:* nicht ermittelt.

480 *Kułaczkowski:* Lesefehler in der Transkription des Tagebuchs, dort: Kulagkovskij, das geschriebene g leicht zu verwechseln mit dem Zeichen für č [polnisch cz]. Vgl. Skizzen und Entwürfe zur Reiterarmee.

480 *Vojt:* vgl. das deutsche Vogt: Dorfvorsteher.

480 *Sejm:* polnisch: der Landtag; heute für: das Parlament.

480 *Nikolaus I.:* Zar Russlands von 1825–1855.

482 *»Es waren ihrer neun«:* Suchich weist auf den Zusammenhang mit der gleichnamigen Erzählung hin.

484 *Cześniki:* auch Ceśniki, bei Babel, vgl. auch die gleichnamige Erzählung in der *Reiterarmee*, transkribiert mit Cześniki. Das Dorf Cześniki liegt ca. 20 km östlich von Zamość: 14 Tage nach der Gegenoffensive Piłsudskis befand sich die Rote Armee an allen Frontabschnitten auf dem Rückzug, die Polen setzten nach; vgl. die Eintragung vom 3.–5.9.20: »Der Pole drängt uns langsam, aber sicher hinaus.«

484 *Zerstörung des Bienenhauses:* vgl. in der *Reiterarmee* die Erzählung *Weg nach Brody.*

485 *Eine Attacke steht bevor:* vgl. hierzu die Erzählungen *Cześniki* und *Nach dem Gefecht.*

485 *es ist alles i. A.:* dem Russischen Babels nachgebildet, dort ist

Vorošilov zitiert mit den Worten: vsë pogiblo k e.m. – Alles ist verloren k e[ebenoj]. m[ateri]., wörtlich: zur gefickten Mutter.

486 *Erzählung der Schwester:* vgl. in der *Reiterarmee* das Resümee der Krankenschwester am Schluss der Erzählung *Nach dem Gefecht.*

487 *Wakijów – Hostyne:* bei Babel: Vakievo–Gostinoe, zwei Dörfer an dem in Süd-Nord-Richtung verlaufenden Fluss Huczwa, einem westlichen Zufluss des Bug: die Rote Armee befindet sich weiter auf dem Rückzug, Versuche einer Gegenoffensive, etwa der Rückeroberung der Linie der Huczwa, scheitern.

489 *Honiatyczki:* im gelesenen Babel-Text Lesefehler: Tonjatygi.

490 *Lotów:* Dorf, etwa 5 km südwestlich von Hostyne [Gostinoe].

493 *Zug der Polit. Aufklärung:* vgl. den Beginn des Tagebuchs, d. h. die Eintragungen vom 3. 6. 20 und folgende.

495 *Panik auf dem Bahnhof:* vgl. in der *Reiterarmee* die Erzählung *Der Sohn des Rabbi*, dort die Beschreibung der Flucht.

496 *Kartoffeln:* im gelesenen Text des Manuskripts: kartočki, was »Fotografien« bedeuten würde und dass man nach dem Essen die Familien-Fotos vorzeigte; möglich aber auch Lesefehler: kartoški für Kartoffeln.

SKIZZEN UND ENTWÜRFE ZUR REITERARMEE

500 *[1] dann beim Pfaffen. Der Feldgeistliche:* 18.7.20.

500 *[1] K[onstantin]. K[arlovič].:* Žolnarkevič, Stabschef der 6. Division.

500 *[2] Demidovka:* 24.–25.7.20.

501 *[2] Drei Schwestern – von Čechov:* Drama aus dem Jahr 1901 von A. P. Čechov, 1860–1904.

502 *[3] Priščepas Erzählung:* 24.7.20, vgl. in der *Reiterarmee* die Erzählung *Priščepa*.

507 *[10] Schlacht um Brody:* vgl. Tagebuch 29.7.–4.8.20.

507 *[10] Besuch von Konst. Karl. und Timošenko:* 14.7.20.

507 *[10] Wechsel auf Kommandeursebene:* 4.8.20 f.

507 *[10] Vasja Ryboĉkin:* unklar; einen Helden dieses (sprechenden) Namens – so viel wie kleiner Fisch – gibt es in der *Reiterarmee*

nicht. Die Erzählung *Der Sohn des Rabbi* ist an einen Vasja gerichtet; vgl. auch »Vasja den Exzentriker« in *Konkin*.

507 *[10] Konkin:* vgl. die *Reiterarmee*, dort spielt die Erzählung jedoch nicht in Brody, sondern in der Umgebung von Belaja Cerkov'.

507 *[10] Spielt den Kosaken:* 19.7.20.

507 *[10] Wenn ich nach Nižnij [Novgorod] komme ...:* siehe *Konkin*; Details hiervon aber auch in der Beschreibung Djakov, Tagebuch 13.7.20.

507 *[10] Der Kommissar hat sich bereichert:* vgl. *Konkin*.

508 *[11] Aufrufe Piłsudskis:* Tagebuch 15.7.20. In der *Reiterarmee* zitiert in der Erzählung *Kirche in Novograd*, siehe auch *Ivan und Ivan*.

508 *[11] Gefallene, Niedergemachte:* 3.8.20, das »Feld des Grauens«.

508 *[12] Sprichwörter:* »Voller Sünden, wie voll Kletten«: verwendet in der Erzählung *Die Witwe*.

508 *[13] Ivan erschießt das Pferd, der Reiter flüchtet:* vgl. *Konkin*.

508 *[13] Schade um die Dickmilch:* 2.8.20.

508 *[13] meine Notdurft verrichten ... eine Leiche:* vgl. *Ivan und Ivan*.

508 *[13] Irrfahrten:* 3.8.20, dort auch die Episode mit der [Kranken-] Schwester.

509 *[15] Dickmilch manque:* »manque« im Orig, franz.: reicht nicht, nicht mehr (genug) da, vgl. Tagebuch 2.8.20.

509 *[15] Der Div.-Nachtkommandeur:* I. R. Apanasenko.

510 *[15] Budjonnyj. Kolesnikov. Grišin:* 3.8.20.

510 *[15] Mord an dem Offizier:* vgl. w. u. Tod des polnischen Generals, in der *Reiterarmee* die Erzählung *Konkin*.

510 *[15] auf unserem Wagen, Leichen:* 3.8.20.

510 *[16] Der schlaue Feldscher:* 16.7.20.

510 *[16] Zaumzeug geklaut:* 3.8.20.

511 *[17] Brody:* 30.–31.7.20.

511 *[17] Brodskij-Synagoge:* Name einer Synagoge in Odessa; Brodskij, abgeleitet von Brody, vgl. auch Broder, häufiger jüdischer Name in Russland.

511 *[17] Chassidismus mit ausgelaufenen Augenhöhlen:* als Formulierung verwendet in der Erzählung *Der Rabbi*.

511 *[17] Flüche der Frau:* 30.7.20.

511 *[17] Rabbi von Belz ...:* 26.8.20, siehe auch w. u.: Streit der Juden, religiöse Schlägerei.

511 *[18] Feuer in Laszków:* 10.8.20.

511 *[18] Kuban-Kosaken:* 9., 10.8.20.

512 *[19] Inspektor bei Korolenko:* Gestalt in der *Erzählung meines Zeitgenossen* von V. G. Korolenko, 1853–1921.

512 *[19] Basilianerkloster:* nach dem griech. Kirchenvater Basilius, 329–379, der das orthodoxe Mönchswesen, also der nicht unierten Kirche, regelte.

512 *[19] Sie kehren aus der Schlacht zurück:* 19.7.20.

514 *[23] Schlacht um Lemberg:* Details des Entwurfs in der Erzählung *Schwadronskommandeur Trunov*, doch auch dort keine Erwähnung Lembergs.

515 *[24] Moscher, Fount-Le-Roy:* 14.7.20.

515 *[25] Streiterei der Juden:* in *Schwadronskommandeur Trunov.*

515 *[25] Melnikov:* vgl. Tagebuch 11.7.20, in der *Reiterarmee*: Chlebnikov in den Erzählungen *Geschichte eines Pferdes* und *Fortsetzung der Geschichte eines Pferdes.*

515 *[25] Gaon Ilija:* bei Babel Ilija-Gaon, jiddischer Titel, so viel wie Majestät; gemeint ist der Wilnaer Rabbiner Elia, 1720–1797, Verfolger der Chassiden.

515 *[25] Baal Schem:* bei Babel Bal-Schem, ebenfalls Titel, den kabbalistische Rabbiner seit dem frühen Mittelalter trugen; hier gemeint Israel Bal-Schem, gest. 1760, Gegenspieler des Wilnaer Rabbiners Elia, Gründer der Sekte der ostjüdischen Chassidim.

515 *[25] Der unierte Pope:* vgl. Tagebuch.

516 *[25] Flurschaden:* poln. potrawa, Essen, Speise; dasselbe Wort bedeutet im Russischen das Abweiden von Gras, den Flurschaden; in westrussischen Dialekten ebenfalls Nahrung, Essen.

516 *[26] über die Blockade:* Sowjetrusslands durch die Entente, aufgehoben erst am 16.1.1920.

516f. *[27] Genossen, – die kommunistische Partei ...:* vgl. die *Fortsetzung der Geschichte eines Pferdes.*

517 *[28] Ljovka:* Meldereiter im Stab Žolnarkevič, zahlreiche Erwähnungen im Tagebuch, Held der Erzählung *Die Witwe.*

520 *[36] Gowiński:* 29.7.20, 30.7.20 u. a.

520 *[36] Rev.Kapitel:* russ. »glava«, was auch so viel bedeutet wie: Häuptling, Führer; vgl. die Erzählungen *Afonjka Bida* und *Dolgušovs Tod.*

521 *[39] Lebensbeschreibung Apanasenkos:* 4.–5.8., 10.8.20.

521 *[39] Sendschreiben an die Polen:* 21.8.20.

522 *[42] Tag des Divisionskommandeurs:* 24.8.20.

528 *[56] Über die Bienen:* Tagebuch 23.–24.8. und 31.8.20, vgl. auch *Weg nach Brody*.

528 *[58] Friedhof in Kozin:* siehe 21.7.20 sowie die gleichnamige Erzählung.

528 *[58] Gut Kułaczkowski:* 29.8.20.

529 *[58] Bücher und Schlacht:* vgl. auch: Brody, 31.7.20.

529 *[58] Héloise und Abaelard:* Pierre Abaelard, 1079–1142, franz. Philosoph, Scholastiker, berühmt durch seine Liebe zur Äbtissin Heloise, derentwegen ihn die Kirche entmannen ließ.

529 *[58] Pietro Aretino:* 1492–1556, italien. Dichter, Schriftsteller.

529 *[58] Anatole France:* 1844–1924, franz. Schriftsteller.

DER ROTE KAVALLERIST

530 *Roter Kavallerist:* russ. Krasnyj kavalerist, Zeitung der Reiterarmee, der Jug-ROSTA von Odessa unterstehend, als deren Korrespondent Babel unter dem Pseudonym Kirill Ljutov [Der Grimmige] den Polenfeldzug antrat, vgl. die fünf im R. K. erschienenen Beiträge. In der Erzählung *Abend* nennt der Ich-Erzähler die Zeitung »Flugblätter«.

AN DIE REDAKTION – Seite 530, E: *Krasnyj kavalerist*, 11.9.1920.

530 *Zdanevič, V.:* Redakteur des *Roten Kavalleristen*, gest. 1922.

MEHR SOLCHE TRUNOVS! – Seite 531, O: Pobol'še takich Trunovych! E: *Krasnyj kavalerist*, 13. 8. 1920, gezeichnet: Kriegsberichterstatter der 6. Kav.-Division K. Ljutov.

RITTER DER ZIVILISATION – Seite 532, O: Rycari civilizacii. E: *Krasnyj kavalerist*, 14.8.1920, gezeichnet: K. L.

Vgl. hierzu Tagebuch vom 7. 8. 1920.

NICHT TOTGESCHLAGENE MÖRDER – Seite 534, O: Nedobitye ubijcy. E: *Krasnyj kavalerist*, 17. 9. 1920, gezeichnet: Kriegsberichterstatter der 6. Kav.-Division K. Ljutov.
Vgl. im Tagebuch vom 28.8.1920.

534 *der erlauchte Vrangel:* Pëtr Nikolaevič Baron von Vrangel, 1878–1928, Nachfolger General Denikins als Oberbefehlshaber der Freiwilligenarmee. Entgegen Babels Brief an die Redaktion gab es dennoch Nachrichten von der Eroberung Aleksandrovsks (Tagebuch v. 10.8.1920), »bedrückende Nachrichten aus Odessa« (21.8.1920) u. a.

534 *Schwarzhundertschaftler:* Mitglieder extrem-nationalistischer, antisemitischer Gruppen, entstanden nach der Revolution von 1905, verantwortlich für die meisten Judenpogrome in Russland.

535 *Potocki:* altes poln. Magnatengeschlecht; Andrzej P., gest. 1692, Heerführer unter König Jan Sobieski; Stefan P., kämpfte gegen Bogdan Chmel'nickij. Ihre Nachfahren Graf Alfred P., 1817–1889, und sein Sohn, Graf Andrzej P., 1861–1908, waren Statthalter Galiziens.

IHR TAG – Seite 537, O: Ee den'. E: *Krasnyj kavalerist*, 18.9.1920, gezeichnet: K. Ljutov.
Vgl. im Tagebuch Eintragungen vom 1. und 3.8.1920.

SELBSTZEUGNISSE

AUTOBIOGRAFIE – Seite 541, O: Avtobiografija, E: *Pisateli. Avtobiografii i portrety sovremennych russkich prozaikov.* Pod red. Vl. Lidina. Moskva 1926. – Von Babel datiert: Sergiev Posad. November, 1924. Der historische Wahrheitsgehalt dieser in Publikationen über Babel immer wieder als vermeintlich authentisches Zeugnis angeführten »Autobiografie« ist stellenweise umstritten.

541 *Moldavanka:* Historischer Stadtteil Odessas mit einst hohem jüdischen Bevölkerungsanteil, unweit des Zentrums, zu Beginn des 20. Jh. legendär wegen seines sozialen Elends und der damit einhergehenden Kriminalität. Babel wohnte dort in den 1920er Jahren.

541 *Altgläubige:* siehe Anmerkung zu Seite 204.

541 *bessarabischen Wein:* siehe Anmerkung zu Seite 25.

541 *Paysans:* franz. Bauern.

541 *Aufenthaltsgenehmigung:* Zwischen 1791 und 1917 durften sich Juden dauerhaft nur im sog. Ansiedlungsrayon, einer bestimmten Region an der westlichen Peripherie des russischen Reiches (und auch dort keineswegs in allen Städten) niederlassen. Außerhalb des Ansiedlungsrayons konnten sie sich legal nur vorübergehend und mit einer besonderen Aufenthaltsgenehmigung aufhalten.

542 *Izmajlov, Posse:* Aleksandr Alekseevič I., 1873–1921, Literaturkritiker und Schriftsteller, seit 1916 Redakteur der Zeitung *Peterburgskij listok* (Petersburger Blatt). Vladimir Alekseevič P., 1864–1940, Journalist, seit 1898 faktischer Chefredakteur der marxistischen Zeitschrift *Žizn'* (Das Leben), 1901 aus St. Petersburg verbannt, gründete in London die gleichnamige sozialdemokratische Organisation, kehrte 1905 in die russische Hauptstadt zurück.

542 *Gorkij:* Maksim Gor'kij, wörtlich »der Bittere«, Pseudonym für Aleksej Maksimovič Peškov, 1868–1936, galt in der Sowjetunion als unangefochtene Autorität der russischen Literatur, ein Status, der hart erarbeitet war: G.s Vater starb, als er fünf Jahre alt war, mit acht musste er seinen Lebensunterhalt selbst verdienen und sammelte Erfahrung in den unterschiedlichsten Berufen, nach einem missglückten Suizidversuch wanderte er mit 21 zu Fuß durch den Süden des russischen Reiches bis nach Tiflis; lebte ab 1899 vor allem in St. Petersburg, wo er zum Marxisten wurde und sich den Bolschewiki anschloss, setzte sich für die Revolution von 1905 ein und musste zeitweise nach Capri ins Exil gehen; lehnte den Oktoberputsch der Bolschewiki ab, gab die antileninistische Zeitschrift *Novaja žizn'* (Neues Leben) heraus und engagierte sich für notleidende Schriftsteller, bis er 1921 von Lenin unter einem medizinischen Vorwand ins Exil geschickt wurde; kehrte 1928 in die UdSSR zurück und wurde von Stalin, der ihn feiern und 1934 zum Vorsitzenden des Schriftstellerverbandes küren ließ, allmählich vereinnahmt – und, wie vermutet, aber nie bewiesen wurde, zuletzt womöglich diskret entsorgt. Allerdings litt G. an Tuberkulose und rauchte mehrere Päckchen Papyrosy am Tag. G. war der Mentor des jungen Babel und aufgrund seines Ansehens auch später eine Art Schutzheiliger für ihn: Babel schrieb 1918 für *Novaja žizn'*, wohnte in den 1930er Jahren unweit von G.s Datscha bei Moskau, besuchte ihn in Italien sowie auf der Krim und wirkte postum am Drehbuch zu

dessen autobiografischer Trilogie mit; G. wiederum verteidigte Babel 1928 gegen die Angriffe Budënnyjs und 1936 gegen die Kampagne wider den angeblichen »Formalismus« in der Literatur.

542 *Letopis:* Letopis', dt.: Die Chronik, von Gor'kij gegründete Petrograder Zeitschrift für Literatur, Wissenschaft und Politik, die von 1915 bis 1917 erschien.

542 *wurde ich nach § 1001 vor Gericht belangt:* Der Anlass für die auch in Babels Skizze *Der Anfang* erwähnte, durch den Ausbruch der Februarrevolution von 1917 verhinderte Gerichtsverhandlung war die nach heutigen Begriffen dezente erotische Thematik der in der Novemberausgabe der Zeitschrift *Letopis'* von 1916 veröffentlichten Erzählungen *Elja Isaakovič und Margarita Prokofjevna* sowie *Mama, Rimma und Alla*. Im Gesetzbuch der Kriminal- und Korrektionalstrafen von 1845 wurde im Zarenreich nach § 1001 für die Veröffentlichung oder Verbreitung von Werken, die zur »Verderbnis der Sitten beitragen oder offen gegen Moral und Anstand verstoßen« sowie von »verführerische[n] Darstellungen, die zu selbigem anregen«, eine Geldstrafe von bis zu 500 Rubeln oder Haft von sieben Tagen bis zu drei Monaten angeordnet; die anstößigen Erzeugnisse seien ohne Anspruch auf »Vergütung selbiger« zu vernichten.

542 *unter die Menschen:* Anspielung auf den in der deutschen Übersetzung als »Unter fremden Menschen« wiedergegebenen Titel *Unter den Menschen* (V ljudjach) des 1916 erschienenen zweiten Teils von Maksim Gor'kijs autobiografischer Romantrilogie. Babel variiert im folgenden die berühmten Worte, mit denen der Großvater am Ende des unter dem Titel *Kindheit* erschienenen ersten Teils der Trilogie den Helden in die Welt hinausschickt: »Also, Leksej, du bist keine Medaille, an meinem Hals ist kein Platz für dich, geh du jetzt mal unter die Menschen ... Und ich ging unter die Menschen«.

542 *Soldat an der rumänischen Front:* Auch diese Etappe in Babels Leben ist historisch nicht belegt.

542 *diente ich bei der Čeka:* Ob Babel tatsächlich für die Čeka arbeitete oder ob es sich hierbei um eine nachträgliche, womöglich aus Gründen des politischen Selbstschutzes vorgebrachte Mystifikation handelt, ist in der Forschung umstritten. Den Beginn seiner behaupteten Tätigkeit bei der Petrograder Čeka schildert Babel in der autobiografisch gefärbten Erzählung *Der Weg*.

542 *Narkompros:* Russische Abkürzung für Volkskommissariat für Bildung (Narodnyj komissariat prosveščenija).

542 *den Lebensmittelexpeditionen des Jahres 1918:* Euphemismus für die im Mai 1918 von Lenin öffentlich verkündete gewaltsame Beschlagnahmung von Lebensmitteln im ländlichen Raum zur Versorgung der Hauptstädte während des Kriegskommunismus. In der Erzählung »*Tag- und Nachtblume*« und der Reportage *Konzert in Katharinenstadt* schildert Babel die Teilnahme an einer solchen »Expedition« im Wolgagebiet im Juli und August 1918.

542 *der Nordarmee gegen Judenič:* Nikolaj Nikolaevič Judenič, 1862–1933, während des Bürgerkriegs offizieller Oberbefehlshaber der Weißen Armee im Nordwesten Russlands. Zuvor hatte er im Russisch-Japanischen Krieg mitgekämpft und, nach seiner Beförderung zum General, im Ersten Weltkrieg die russischen Kaukasustruppen kommandiert. Nach gescheiterten Angriffen auf Petrograd im Mai und Oktober 1919 flüchtete er 1920 ins Exil.

542 *der Ersten Reiterarmee:* Unter dem Pseudonym Kiril Vasil'evič Ljutov war Babel im Auftrag des Odessaer Parteikomitees von Juni bis September 1920 als Kriegskorrespondent mit Budënnyjs 1. Reiterarmee im Russisch-Polnischen Krieg unterwegs; siehe sein Kriegstagebuch im vorliegenden Band, S.373–497 und den daraus hervorgegangenen Zyklus *Die Reiterarmee,* der sowohl seinen literarischen Ruhm als auch seine Schwierigkeiten mit dem bolschewistischen Establishment begründete.

542 *Gubkom:* russische Abkürzung für Gouvernementskomitee (Gubernskij komitet).

542 *Reporter in Petersburg und Tiflis:* siehe Babels *Petersburger Tagebuch* sowie im vorliegenden Band seine georgischen Reportagen (S.551–583). Auch die Erzählung *Mein erstes Honorar* und ihre Variante *Auskunft* sind aus dieser Erfahrung hervorgegangen.

542 *Zeitschrift »Lef«:* 1923–1925 erschienene Zeitschrift der Linken Front der Kunst (Levyj front iskusstva), abgekürzt LEF, einer Ende 1922 aus der futuristischen Bewegung hervorgegangenen marxistischen, von Vladimir Majakovskij geleiteten literarischen Gruppe, die den Anspruch auf Alleinvertretung der revolutionären Kunst erhob.

542 *»Salz«, »Ein Brief«, »Dolgušovs Tod«, »Der König«:* Die ersten

drei der genannten Erzählungen stammen aus Isaak Babels Zyklus *Die Reiterarmee*; *Der König* aus den *Geschichten aus Odessa*.

ANFANG – Seite 543, O: Načalo. E: *Literaturnaja gazeta*, 18.6.1937, und *Pravda*, 18. 6. 1937, unter dem Titel »Aus den Erinnerungen«.

543 *Letopis:* siehe Anmerkung zu Seite 542.

543 *Große Monetnaja:* dt. Große Münzstraße, Straße auf der Petrograder Seite St. Petersburgs, benannt nach der 1724 von Peter I. gegründeten Münzprägeanstalt.

543 *Barfüßler:* russ. bosjak, heruntergekommener, obdachloser Mensch aus den deklassierten Gesellschaftsschichten. Gor'kijs literarischer Ruhm gründete besonders auf seiner Erzählung *Čelkaš* von 1895, deren Stoff ihm im Krankenhaus von einem solchen Barfüßler aus dem Schmugglermilieu von Odessa geliefert wurde. Der Typus des Bosjaken, der barfuß durch das Land streift, um als Lohnarbeiter, Bettler oder Kleinkrimineller zu überleben, aber trotz Alkoholismus und Elend stolz auf seine Freiheit und seinen Amoralismus ist, wirkte auf die Zeitgenossen provokant und wurde oft mit Nietzsche in Verbindung gebracht.

543 *Arzamas:* südlich von Nižnij Novgorod gelegene Stadt, erstmals 1366 erwähnt. Der Name weckt im literarischen Feld aber noch andere Assoziationen: »Arzamas« nannte sich ein um 1815 gegründeter Zirkel von zukunftsweisenden Autoren wie Žukovskij und Puškin, die sich mit Spott und Ironie gegen archaisierende Tendenzen in der russischen Sprache auflehnten.

543 *Duchoborzen:* russ. Geisteskämpfer. Im 17. Jh. entstandene Sekte, die jede äußere Autorität ablehnt und aufgrund ihrer pazifistischen Überzeugung einen Fürsprecher in Lev Tolstoj fand.

544 *Tolstojaner:* Anhänger der radikal pazifistischen und christlich anarchischen Lehren des späten Lev Tolstoj, (1828–1910), wie sie v. a. von seinem Schüler und Herausgeber Vladimir Čertkov (1854–1936), verbreitet wurden. Auch Alkoholabstinenz, Vegetariertum und Keuschheit gehörten ins Programm der Tolstojaner, deren Bewegung schließlich von den Bolschewiki zerschlagen wurde, aber weltweit nachwirkte.

546 *Černaja Rečka und Novaja Derevnja:* Stadtteile St. Petersburgs nördlich des Petrograder Distrikts, in dem die Bol'šaja monetnaja

ulica liegt, und von diesem durch die Flüsse der Kleinen und Großen Nevka und den Kamennyj ostrov getrennt. Bei Černaja Rečka, eigentlich der Name eines Flüsschens, wurde Aleksandr Puškin 1837 im Duell tödlich verwundet. Die Entfernung, die Babel beschreibt, beträgt ca. 4 km.

547 *wegen Pornografie:* siehe Anmerkung zu Seite 542.

547 *unter die Menschen:* siehe Anmerkung zu Seite 542.

548 *... wenn aus dem Funken eine Flamme schlug:* Wie Igor' Suchichs Babel-Kommentar erläutert, handelt es sich um eine doppelte Reminiszenz. Ein Bezugspunkt sind zwei Verse des Dekabristen Aleksandr Odoevskij (1802–1839): »Denn unser tristes Werk wird nicht vergehn / wenn aus dem Funken eine Flamme schlägt«; der andere die 1900 gegründete sozialdemokratische Zeitschrift *Iskra* (Der Funke), die diese Verse zu ihrem Motto erhob. Ein sowjetisches Plakat zum Jahrestag des Dekabristenaufstandes am 14.12.1919 verwendet das Motto ebenfalls, um eine direkte Kontinuität zwischen den Dekabristen und den Bolschewiki zu suggerieren.

REPORTAGEN, REISEBERICHTE

IM ERHOLUNGSHEIM – Seite 551, O: V dome otdycha. E: *Zarja Vostoka*, 1922, Nr. 5, 24. Juni, gez. K. Ljutov.

552 *Die Philosophie der Atempause, die Lehre von der Erneuerung der verausgabten Energie:* Elemente der mit dem Kürzel N.O.T. (Naučnaja Organizacija Truda) bezeichneten »Wissenschaftlichen Arbeitsorganisation«, einer von Taylorismus und Fordismus beeinflussten sowjetischen Bewegung zur radikalen Rationalisierung von industriellen Arbeits- und Produktionsprozessen, die nach der ersten sowjetischen Konferenz zum Taylorismus 1921 in den 1920er und 1930er Jahren ihren Höhepunkt erreichte und landesweit mit z. T. bizarren Methoden für eine lückenlose Effizienz eintrat. Herausragende Vertreter waren Aleksej Gastev (1882–1939), der eine Mechanisierung des Menschen erstrebte, und Platon Керженцев (1881–1940), der ein lückenloses Zeitmanagement propagierte.

552 *Mzcheta:* Stadt in Georgien, nordwestlich von Tiflis am Zusammenfluss von Kura und Aragwi gelegen; vom 2.–5. Jh. Hauptstadt

Georgiens. Die religiösen Bauwerke Mzchetas sind UNESCO-Welterbestätte.

553 *AZEK:* russ. VCIK. Abkürzung für das Allrussische Zentrale Exekutivkomitee (Vserossijskij Central'nyj Ispolnitel'nyj Komitet). Von 1917 bis zu seiner Ablösung durch das Zentrale Exekutivkomitee der Sowjetunion im Jahr 1922 höchstes Staatsorgan des bolschewistischen Russlands, danach zuständig für die Russische Sozialistische Föderative Sowjetrepublik (RSFSR).

554 *Durak:* russ. Dummkopf, bekanntes russisches Kartenspiel mit dem Ziel, alle Karten abzulegen. Wer als letzter Spieler noch Karten hat, ist der Dummkopf.

»KAMO« UND »SCHAUMJAN« – Seite 554, O: »Kamo« i »Šaumjan«. E: *Zarja Vostoka*, 1922, Nr. 61, 31. August, Untertitel: Pis'mo iz Batuma [Brief aus Batumi], gez. K. Ljutov.

554 *»Kamo« und »Schaumjan«:* Kamo, eigentl. Semën Aršakovič Ter-Petrosjan, 1882–1922, legendärer georgischer Bolschewik und Krimineller, beging als früher Weggefährte Stalins im illegalen Untergrund brutale Morde und Raubüberfälle, u. a. auf die Bank von Tiflis. Stepan Georgievič Šaumjan, 1878–1918, Revolutionär und Bolschewik armenischer Abstammung, wegen seiner aufrührerischen Tätigkeit in Tiflis und Baku bekannt als Lenin des Kaukasus, nach seiner Erschießung in der turkmenischen Wüste im September 1918 durch Sozialrevolutionäre als Revolutionsheld verehrt.

554 *Adscharistan:* Adscharien, ans Schwarze Meer und die Türkei grenzendes Gebiet im Südwesten Georgiens, seit Mitte des 16. Jh. unter türkischer Herrschaft bis zur Annexion und Eingliederung ins Russische Reich 1878. 1922 bis 1990 Autonome Republik der Sowjetunion (Adscharische ASSR) im Rahmen der Georgischen SSR, heute Autonome Republik Georgiens.

555 *das Abkommen zwischen Krasin und Lloyd George:* im März 1921 zwischen dem russischen Vertreter Leonid Krasin und dem britischen Premier David Lloyd George unterzeichnetes Handelsabkommen von weitreichender Bedeutung: faktische Anerkennung Sowjetrusslands.

555 *Batumi:* Hauptstadt Adschariens am Schwarzen Meer, mit einer Geschichte, die ins 1. Jahrtausend v. Chr. zurückreicht. Bedeutend

als Schwarzmeerhafen und Eisenbahnknotenpunkt, als Produzent von Petroleum, aber auch als Zentrum einer Anbauregion von Tee und Zitrusfrüchten, zugleich beliebter Erholungsort.

555 *diese ehrwürdigen maltesischen Ordensritter:* Der nach dem Ersten Kreuzzug im ›befreiten‹ Jerusalem gegründete, um 1530 nach Malta verlegte Johanniterorden, schlagkräftiges Instrument des Papsttums im Kampf gegen den Islam und Profiteur von der Zerschlagung des Templerordens, dient Babel als Symbol imperialistischer Ausbeutung des Ostens im Gewand einer erhabenen westlichen Mission.

HEIMATLOS – Seite 559, O: Bez rodiny. E: *Zarja Vostoka*, 1922, Nr. 73, 14. September, Untertitel: Pis'mo iz Batuma [Brief aus Batumi], gez. K. Ljutov.

559 *Pud:* russisches Gewichtsmaß: 1 Pud = 16,38 Kilo.

560 *Papyrosy:* siehe Anmerkung zu Seite 20.

561 *Gouvernement Rjazan:* Laut Meyers Großem Konversationslexikon von 1905 »blüht« im Gouvernement Rjazan', östlich von Moskau, »das Wandergewerbe. Die Zimmerleute von R. sind über ganz Rußland verbreitet«.

MEDRESSE UND SCHULE – Seite 562, O: Medrese i škola. E: *Zarja Vostoka*, 1922, Nr. 73, 14. September, Untertitel: Pis'ma iz Adžarii [Briefe aus Adscharien], gez. K. Ljutov.

562 *Medrese:* ursprünglich allgemeine Bezeichnung für Hochschulen im Islam, hier jedoch im engeren Sinn: Koranschule.

562 *Niederadscharien:* siehe Anmerkung zu Seite 554.

562 *Narkompros:* russische Abkürzung für Volkskommissariat für das Bildungswesen (Narodnyj komissariat prosveščenija), nach der Oktoberrevolution bis 1946 in der RSFSR für alle Fragen der Kultur und Bildung zuständiges Organ.

562 *die menschewistischen Bildungskavalleristen:* Menschewiki: dem traditionellen sozialistischen Credo verpflichteter Flügel der Sozialdemokratischen Arbeiterpartei Russlands, der auf eine bürgerliche Revolution in Russland setzte. Zur Spaltung in Menschewiken und Lenins diktatorisch geführte Bolschewiken kam es 1903 auf dem Zweiten Parteitag der Arbeiterpartei in London.

563 *Vorreformära:* siehe Anmerkung zu Seite 146.

564 *Sovnarkom:* russ. Abkürzung für Rat der Volkskommissare (Sovet narodnych kommissarov), nach der Oktoberrevolution Bezeichnung für die Regierung Sowjetrusslands, nach der Gründung der UdSSR 1922 höchstes Exekutivorgan der Union, 1946 in »Ministerrat« umbenannt.

565 *Chuzubani:* Dorf in der Nähe des adscharischen Seebads Kobuleti.

565 *Narobraz:* russ. Abkürzung für Komitee bzw. Abteilung für Volksbildung (komitet, otdel narodnogo obrazovanija).

565 *Partkom:* russ. Abkürzung für Parteikomitee (Partijnyj komitet).

566 *Glavpolitprosvet:* russ. Abkürzung des Hauptkomitees für politische Bildung des Volkskommissariats für Bildungswesen der Russischen Sozialistischen Föderativen Sowjetrepublik (Glavnyj politiko-prosvetitel'nyj komitet Narkomprosa RSFSR).

566 *Agitprop:* russisches Kürzel, zusammengesetzt aus »agitacija« und »propaganda«, den zwei Komponenten, mit denen sowohl die breite Masse als auch die Bildungsschicht in Russland im Sinne der marxistischen Ideologie mobilisiert werden sollten. Schöpfer des Konzepts war Georgij Plechanov, Lenin entwickelte es weiter.

GAGRA – Seite 567, O: Gagry. E: *Zarja Vostoka*, 1922, Nr. 79, 22. September, Untertitel: Abchazkie pis'ma [Abchasische Briefe], gez. K. Ljutov.

567 *Gagra:* Stadt an der abchasischen Schwarzmeerküste, 1801 dem Russischen Reich eingegliedert. Im frühen 20. Jh. wurde die seit dem 18. Jh. in die Bedeutungslosigkeit abgesunkene einstige Handelsstadt durch Initiative des Prinzen von Oldenburg, Schwager des Zaren Nikolaus II., in einen Luxusurlaubsort verwandelt, der die russische Geldelite von der Abwanderung ins Ausland abhalten sollte. Er ließ Prunkbauten errichten und importierte exotische Tiere und Pflanzen. Nach der Oktoberrevolution kam es in der neugegründeten kommunistischen Republik von Gagra zu Massenverhaftungen und Enteignungen. 1919 wurde die Stadt offiziell zum Urlaubsort ernannt, von 1921 bis 1931 war sie Teil der bis 1936 bestehenden Abchasischen Sowjetrepublik.

567 *der zügellose alte Prinz:* Alexander Friedrich Konstantin von

Schleswig-Holstein-Gottorf, Prinz von Oldenburg (1844–1932), russischer Infanteriegeneral und Senator, Gründer des Institutes für experimentelle Medizin in Petersburg und des Luftkurorts in Gagra.

568 *RSFSR:* Abkürzung für Russische Sozialistische Föderative Sowjetrepublik (Rossijskaja Sovetskaja Federativnaja Socialističeskaja Respublika).

568 *Transkaukasien:* ursprünglich Bezeichnung für das südliche Kaukasusvorland. Im März 1922 Zusammenschluss zwischen den Sowjetrepubliken Armenien, Aserbeidschan und Georgien zur Föderativen Union der Transkaukasischen Sozialistischen Sowjetrepubliken, von Dezember 1922 bis 1936 als Transkaukasische Sozialistische Föderative Sowjetrepublik einer der vier Bundesstaaten der 1922 gegründeten Sowjetunion mit Hauptstadt Tiflis.

TABAK – Seite 569, O: Tabak. E: *Zarja Vostoka*, 1922, Nr. 112, 22. Oktober, Untertitel: Pis'mo iz Batuma [Brief aus Batumi], gez. K. Ljutov.

569 *Narkomsobes:* russische Abkürzung für Volkskommissariat für Sozialfürsorge (Narodnyj kommissariat social'nogo obespečenija).

569 *Kommunchoz:* russische Abkürzung für Kommunalwirtschaft (Kommunal'noe chozjajstvo).

570 *Abchasien:* gebirgige Region am Schwarzen Meer im Nordwesten Georgiens, im 6. Jh. christianisiert, im 8. Jh. Aufstieg zum eigenständigen Königreich, im 16. Jh. dem Osmanischen Reich eingegliedert und islamisiert, 1864 von Russland annektiert. Während der Revolution von 1905 Schauplatz von durch die Bolschewiki (u. a. Stalin) organisierten Unruhen bis hin zur Ausrufung der Republik von Gagra, nach der Revolution von 1917 zunächst Bestandteil eines unabhängigen Georgien, 1919 autonom, 1921 nach Intervention der Roten Armee zur Sozialistischen Sowjetrepublik erklärt.

570 *Suchumi:* Hauptstadt Abchasiens an der Schwarzmeerküste auf dem Gebiet der im 6. Jh. v. Chr. gegründeten griechischen Kolonie Dioskurias. Im Frühjahr 1918 Schauplatz eines bolschewistischen Aufstandes mit Ausrufung der Sowjetherrschaft, die jedoch nach weniger als sechs Wochen von der menschewistischen georgischen Regierung beendet wurde; am 4. März 1921 von der Roten Armee eingenommen.

570 *Petrograd:* offizieller Name St. Petersburgs vom Beginn des

Ersten Weltkriegs bis zur erneuten Umbenennung der Stadt in Leningrad 1924.

570 *Desjatine:* altes russisches Flächenmaß = 1,0925 Hektar.

571 *warum der Tabak »an allem schuld ist«:* Anspielung auf Lev Tolstojs für ein bäuerliches Publikum bestimmte, postum veröffentlichte Komödie von 1910 über die schädliche Wirkung des Alkohols mit dem didaktischen Titel: *Er ist an allem schuld* (Ot nej vse kačestva).

571 *Menschewiken:* siehe Anmerkung zu Seite 562.

572 *Vneštorg:* russ. Abkürzung für Volkskommissariat für Außenhandel (Narodnyj komissariat vnešnej torgovli).

572 *Sovnarkom:* Kürzel für Sowjet der Volkskommissare, siehe Anmerkung zu Seite 328.

IN TSCHAKWA – Seite 573, O: V Čakve. E: *Zarja Vostoka*, 1922, Nr. 141, 3. Dezember, Untertitel: Ot našego special'nogo korrespondenta [Von unserem Sonderkorrespondenten].

573 *Tschakwa:* heute Tschakwi, in Adscharien gelegener Ort an der georgischen Schwarzmeerküste; im ausgehenden Zarenreich und in der Sowjetunion zentrales Teeanbau-Gebiet.

574 *Artels:* Produktionsgenossenschaften, siehe Anmerkung zu Seite 79.

574 *Balaklava:* Hafenort auf der Krim, heute Teil von Sevastopol', im Krimkrieg 1854 Schauplatz der Schlacht von Balaklava, die Lord Tennyson zu dem Gedicht *The Charge of the Light Brigade* inspirierte.

575 *Tsün-dschou:* Liu, auch Lau-Dzhen-Dzhau, Liu Junzhou oder Lau John Jaú, 1870–1939, chinesischer Spezialist für Teeanbau, kam 1893 nach Georgien und wurde im Zarenreich für seine Verdienste um den Aufbau der georgischen Teewirtschaft ausgezeichnet. Nach der Etablierung der Sowjetmacht in Georgien erhielt er für sein Engagement beim Wiederaufbau der durch die Kriegswirren brachliegenden Teewirtschaft den Orden des Roten Banners der Arbeit, geriet aber durch sein Festhalten an traditionellen statt industrieller Herstellungsverfahren zunehmend in Konflikt mit der neuen Macht und kehrte 1926 nach China zurück.

575 *Ivan Ivanyč:* russischer Allerweltsname.

575 *Popov:* Konstantin Semënovič P. (1850–1919), Erbe einer russi-

schen Teehändlerdynastie. Die Firma Popov durfte den Titel eines offiziellen Teelieferanten für den Zaren führen. P. investierte in den Aufbau der georgischen Teewirtschaft, indem er bei Tschakwa Plantagen anlegte. Babels Darstellung P.s als »Kapitalist« blendet aus, wie hart dieser Wohlstand erarbeitet war: der Firmengründer Konstantin P. senior (1814–1872), der als Vierjähriger den Vater verlor, begann seinen Weg im Alter von neun Jahren als Ladenschwengel.

578 *Chamaeropsen:* Zwergpalmen.

RENOVIERUNG UND SÄUBERUNG – Seite 579, O: Remont i čistka. E: *Zarja Vostoka*, 1922, Nr. 150, 14. Dezember, Untertitel: Abchazkie pis'ma [Abchasische Briefe].

579 *NEP:* Neue Ökonomische Politik (russ. Novaja Ėkonomičeskaja Politika), Vernunftreaktion von Lenins Regierung auf einen Aufstand der Matrosen von Kronstadt, die Anfang März 1921 gegen die verheerenden wirtschaftlichen Folgen des Kriegskommunismus protestierten. Noch im März wurde daraufhin das Staatsmonopol auf den Einzelhandel sowie Teile der Landwirtschaft und Leichtindustrie aufgegeben und das 1918 abgeschaffte Bargeld wieder eingeführt. Die neuentstehende Schicht von Kleinunternehmern, den sog. NEP-Männern, trug ihren Wohlstand gerne zur Schau und wurde damit zum Ziel der Satire. Das Ende des Jahres 1927 brachte auch das Ende der NEP unter Stalin; es folgten Zwangskollektivierung und schwerste Hungersnöte.

579 *Kommunchoz:* Abteilung für Kommunalwirtschaft

580 *der reinen Föderation:* Gemeint ist nicht die UdSSR, die erst am 30. Dezember 1922, d. h. zwei Wochen nach dem Erscheinen von Babels Reportage entstand, sondern die Föderation der Sozialistischen Republik Abchasien mit Georgien, die schon im Februar 1922, knapp ein Jahr nach der Eroberung Abchasiens durch die Rote Armee, ratifiziert wurde.

580 *Poti:* wichtiger georgischer Hafen am Schwarzen Meer.

580 *Elektrifizierung von ganz Abchasien:* Anspielung auf Lenins berühmte Formel: »Kommunismus – das ist Sowjetmacht plus Elektrifizierung des ganzen Landes«, in der er den Plan der Bolschewiki von 1920 auf den Punkt brachte, die russische Stromkapazität durch den Bau von 30 Kraftwerken binnen 10–15 Jahren zu vervielfachen.

581 *Narkomzdrav:* russ. Abkürzung für Volkskommissariat für Gesundheitswesen (Narodnyj komissariat zdravoochranenija).

581 *Sobes:* Abkürzung der Abkürzung für Volkskommissariat für Sozialfürsorge (Narodnyj komissariat social'nogo obespečivanija), siehe Anmerkung zu Seite 569.

»PARISOT« UND »JULIA« – Seite 582, O: »Parizot« i »Julia«. E: *Izvestija Odesskogo Gubispolkoma ..., Večernij vypusk,* 1924, 17. März, gez. Bab-Ėl'.

582 *der russische Dampfer »Julia«, der 1919 von den Weißen gekapert wurde:* Der von Babel geschilderte Vorgang geschah, wie er eingangs feststellt, in der Tat »vor Kurzem«: die Entführung des Dampfers beschäftigte im Februar 1924, unmittelbar vor der Publikation von Babels Text, die sowjetische Justiz (vgl. Delo parochoda »Julija«, in: *Vestnik Sovetskoj Justicii* No. 4 [15 fevralja], Char'kov 1924, S. 107). Das sowjetische Gericht erklärte, wenig überraschend, das Schiff zum rechtmäßigen Eigentum der UdSSR.

582 *Zonguldak:* Stadt an der türkischen Schwarzmeerküste.

582 *Effendi:* türkischer Ehrentitel, Anrede für höhere Beamte und Gebildete.

582 *Ereğli:* Stadt in der Provinz Zonguldak an der türkischen Schwarzmeerküste.

582 *Yakşı:* türkisch: gut. Im Russischen über das Tatarische eingebürgert.

582 *Novorossijsk:* Hafen an der Ostküste des Schwarzen Meeres.

583 *Komsomol:* siehe Anmerkung zu Seite 316.

REISE NACH FRANKREICH – Seite 584, O: Putešestvie vo Franciju. E: *Pioner,* 1937, Nr. 3.

584 *Reise nach Frankreich:* Der Titel bezieht sich auf Babels letzte Frankreichreise anlässlich des antifaschistischen 1. Internationalen Schriftstellerkongresses zur Verteidigung der Kultur in Paris 1935 (siehe unten). Auch Erinnerungen an frühere Frankreichaufenthalte sind in den Text eingeflossen.

585 *Poltava:* am Fluss Vorskla gelegene Stadt in der Zentralukraine, Schauplatz eines historischen Sieges der Russen über eine ausländische Invasion, nämlich Peters des Großen über die Schweden (1709).

586 *Balzac und Hugo, Voltaire, Robespierre:* Honoré de Balzac, 1799–1850, schilderte in seinen Romanen mit Vorliebe die Aufsteigermentalität des französischen Bürgertums und erlangte mit der Julirevolution von 1830 überwältigende Popularität, die nach der Februarrevolution von 1848 nachließ. Victor Hugo, 1802–1885, führender Dichter der französischen Romantik, wechselte in der Nationalversammlung von 1848 überraschend vom rechten ins linke Lager, ging nach dem bonapartistischen Staatsstreich von 1851 ins Exil und kehrte nach dem Sturz des Kaiserreichs 1870 nach Frankreich zurück. Voltaire, eigentl. François-Marie Arouet, 1694–1778, bereitete mit seinen aufklärerischen Attacken gegen Absolutismus und Kirche der Französischen Revolution den Weg. Maximilien Robespierre, 1758–1794, führte diese Revolution auf den Weg zu Diktatur, Massenterror und Hinrichtung von Weggefährten. – Dass Babel seine Reihe von Lichtgestalten der revolutionären Bewegung in Frankreich mit dem Protagonisten des Terrors krönt, darf in einem Text aus dem Jahr 1937 als mutiger Angriff auf Stalin gewertet werden (vgl. seine aus den Namen »Lenins, Darwins, Spinozas« analog gebildete Trias auf Seite 255).

589 *Kulaken:* siehe Anmerkung zu Seite 292.

589 *Der Mensch ist dem Menschen ein Wolf:* Babel übersetzt die durch ein Zitat bei Thomas Hobbes berühmt gewordene lateinische Sentenz des Plautus »Homo homini lupus« ins Russische.

590 *die ich in Marseille verbrachte:* Gemeint ist Babels Reise nach Marseille von Oktober bis November 1927.

590 *»wo ewig hoch der Himmel blaut«:* Zitat aus dem Gedicht *Für deiner Heimat ferne Ufer* (russ. Dlja beregov otčizny dal'noj) von Aleksandr Puškin.

592 *Front populaire:* franz.: Volksfront. 1934–36 in Frankreich gegründetes, gegen den Faschismus gerichtetes Parteienbündnis aus Sozialisten, Kommunisten und Radikalsozialisten. Nach dem Wahlsieg der Front populaire im Mai 1936 bildete Premierminister Léon Blum mit Unterstützung der Kommunisten eine Regierungskoalition aus Sozialisten und Radikalsozialisten, die zahlreiche Reformen durchführte.

592 *der ... Radikalen:* 1901 gegründete Radikalsozialistische Partei (Parti Républicain Radical et Radical-Socialiste), als liberale Mittelinks-Partei 1936 an der Volksfrontregierung Léon Blums beteiligt.

593 *mit schwieligen Händen und phrygischen Mützen:* Ursprünglich von den antiken Phrygern getragene weiche Mütze mit nach vorne weisendem Zipfel, während der Französischen Revolution als »bonnet rouge« der Jakobiner Symbol der Freiheit, aufgrund einer Verwechslung der phrygischen Mütze mit dem in der Antike von freigelassenen Sklaven getragenen Pileus.

595 *Pud:* russisches Gewichtsmaß; 1 Pud = 16,38 Kilo.

597 *Kongress zur Verteidigung der Kultur:* 1. Internationaler Schriftstellerkongress zur Verteidigung der Kultur, der vom 21.–25. Juni 1935 im Palais de la Mutualité 250 Schriftsteller aus 38 Ländern versammelte, um angesichts des erstarkenden Faschismus den Volksfrontgedanken und die Verbreitung humanistischen Gedankenguts zu fördern.

597 *Villejuif:* Gemeinde im Süden von Paris, Teil der Pariser Banlieue, eine traditionelle Hochburg der französischen Kommunisten. Wörtlich bedeutet der Name »jüdische Siedlung«, ein Detail, das womöglich mitschwingt, wenn Babel Villejuif als »Zelle der Zukunft« bezeichnet.

597 *Vaillant-Couturier:* Paul, 1892–1937, französischer Schriftsteller und Gründungsmitglied der französischen kommunistischen Partei; reiste wiederholt in die Sowjetunion.

597 *L'Humanité:* französische Tageszeitung, in den Zwischenkriegsjahren ab 1923 Zentralorgan der Kommunistischen Partei Frankreichs.

597 *Mairie:* franz. Bürgermeisteramt.

599 *die beste Schule von ganz Frankreich:* die 1933 eingeweihte, von André Lurçat (1894–1970) nach funktionalistischen Prinzipien errichtete École Karl Marx in Villejuif.

599 *Lurçat:* Jean L., 1894–1970, französischer Maler und Kunsthandwerker, Bruder von André L., für dessen École Karl Marx er fünf Wandmalereien schuf.

AUFSÄTZE, REDEN, INTERVIEWS

REDEBEITRAG AUF DER SITZUNG DES SEKRETARIATS DER FÖDERATION SOWJETISCHER SCHRIFTSTELLERVERBÄNDE (FOSP) – Seite 603, O: [Vystuplenie na zasedanii sekretariata (FOSP)]. E: *Pamir*, 1974, Nr. 6. – Rede Babels vom 13. Juli 1930. Titel vom russischen Herausgeber.

603 *Dieser Beitrag von Dan:* Der polnische kommunistische Dichter Alexander Dan (eigentl. Weintraub, 1897–1943) veröffentlichte 1930 in den *Wiadomości literackie* ein vorgeblich authentisches Interview mit Babel, das am 13.6.1930 in den Pariser *Dernières nouvelles* aufgegriffen wurde und dann am 10.7.1930 seinen Niederschlag in der *Literaturnaja gazeta* fand. Dort erhob der Dichter Bruno Jasieński (1901–1938), ein exilierter polnischer Kommunist aus dem Umkreis des Futurismus, heftige Anschuldigungen gegen Babel. Tenor der Attacke war eine angebliche Wandlung Babels zum Renegaten, der sich, angewidert vom bolschewistischen Regime, an die französische Riviera zurückgezogen hätte. Einige der Positionen, die Dan dem Autor der *Reiterarmee* unterschob, waren von der Titelgestalt der Erzählung *Gedali* geborgt. Babel verklagte zwar erfolgreich das polnische Blatt und schickte eine Richtigstellung an die *Literaturnaja gazeta*. Am 13.7.1930 verteidigte er sich in der hier dokumentierten Form vor dem Schriftstellerverband, zwei Tage später brachte die *Literaturnaja gazeta* einen Beitrag *Wider die verleumderischen Ausfälle der bourgeoisen Presse an die Adresse sowjetischer Schriftsteller*. Dennoch: dass genau am Beginn der 1930er Jahre massive Zweifel an Babels Sowjetpatriotismus aufkamen, machte seine Lage hinfort deutlich prekärer (ausführlich dargestellt bei Efraim Sicher: *Babel' in Context. A Study in Cultural Identity*, Boston 2012, S. 62 ff.). Das Schicksal der beiden Dichter, die Babel denunziert hatten, war übrigens nicht besser als sein eigenes: Dan wurde von den Nazis ermordet, Jasieński fiel Stalins Großem Terror, den er anfangs selbst noch gerechtfertigt hatte, zum Opfer.

603 *mit meinem Sohn:* Aus einer von 1925 bis 1927 dauernden Liebesbeziehung Babels mit der Schauspielerin Tamara Vladimirovna Kaširina vom Meyerhold-Theater (1900–1995) ging ein Sohn hervor, der dann von Kaširinas künftigem Ehemann, dem Schriftsteller Vsevolod Ivanov unter dem Namen Michail Ivanov adoptiert wurde. Ba-

bel hielt zunächst Kontakt mit dem außerehelichen Sohn, doch erfuhr dieser erst sehr viel später, wer sein leiblicher Vater war. In jedem Fall zeugt die Verwendung eines Fotos mit dem Produkt eines Seitensprungs aber von der Absicht, Babels Ansehen in der Öffentlichkeit zu ruinieren.

603 *Malik-Verlag:* von Wieland Herzfelde 1917 gegründeter Verlag, der die Werke von George Grosz und Dada bekanntmachte und sich aufgrund seiner kommunistischen Orientierung auch intensiv für die Verbreitung russischer und sowjetischer Literatur einsetzte: Werkausgaben von Lev Tolstoj, Il'ja Ėrenburg, Maksim Gor'kij kamen bei Malik heraus; 1926 erschienen dort von Babel *Budjonnys Reiterarmee* und *Geschichten aus Odessa*, jeweils in der Übersetzung von Dmitrij Umanskij.

603 *Gedali:* Von Babel selbst in der Erzählung *Der Sohn des Rabbi* als »der komische Gedali« apostrophiert, fasst der alte Jude Gedali aus Žitomir in der nach ihm benannten Erzählung seine Skepsis gegenüber einer mit Waffengewalt durchgesetzten Revolution in die Worte: »Aber der Pole hat geschossen, mein freundlicher Pan, weil er ist die Konterrevolution; ihr schießt, weil ihr seid die Revolution. [...] Gute Taten begeht ein guter Mensch. Die Revolution ist eine gute Tat von guten Menschen. Aber gute Menschen töten nicht. Also machen die Revolution böse Menschen. Aber auch die Polen sind böse Menschen. Wer also sagt Gedali, wo ist die Revolution und wo die Konterrevolution?« Der Erzähler vertritt dagegen die Position, die Revolution könne »nicht anders als schießen«, denn: »sie ist die Revolution«. Natürlich ist Babels Argument korrekt: Autorstandpunkt und Positionen fiktiver Charaktere dürfen grundsätzlich nicht gleichgesetzt werden. Trotzdem wird, wer Babels Tagebuch aus dem Russisch-Polnischen Krieg liest, kaum bezweifeln können, dass ihm die pazifistische Position eines Gedali sympathisch war und die stramme Haltung des Rotarmisten eher antrainiert. Insofern hat Alexander Dan bei seiner Einschätzung nicht so falsch gelegen, wie Babel es aus Gründen des Selbstschutzes gegenüber den stalinistischen Kulturfunktionären darstellen musste. Auch Babels Alter ego Ljutov in der *Reiterarmee* gibt sich deutlich härter als der private Tagebuchschreiber Babel. Von solch nach außen zur Schau getragener Härte zeugt auch Babels wiederholte Berufung auf seine angebliche Vergangenheit als Čekist im vorliegenden Text.

603 *meine frühere Mitarbeit bei der Čeka:* Es ist umstritten, ob Babel wirklich für die Čeka gearbeitet oder diesen Punkt nachträglich in seine Biografie eingefügt hat, um einen im bolschewistischen Sinn vorzeigbaren Lebenslauf zu haben. Siehe auch Anmerkung zu Seite 542.

604 *Letopis:* siehe Anmerkung zu Seite 542.

604 *Gorkij ... »unter die Menschen«:* siehe Anmerkung zu Seite 542.

604 *Žiga:* Ivan Fëdorovič, 1895–1949, Schriftsteller mit aus stalinistischer Perspektive mustergültiger Biografie: seit 1914 im bolschewistischen Untergrund tätig, frühe Mitarbeit an der *Pravda*, Teilnehmer an Februar- und Oktoberrevolution und Bürgerkrieg, eines der ersten Mitglieder des sowjetischen Schriftstellerverbands. Sein literarisches Unvermögen wird sogar in der linientreuen Literaturenzyklopädie von 1930 angedeutet: »Zu den Mängeln seines Schaffens muss man die etwas phrasenhafte Sprache zählen.« Dass Babel seine Nähe zu einem solchen Skribenten betont, zeigt den enormen Rechtfertigungsdruck, dem er ausgesetzt war.

605 *S. M. Budjonnyj ... »Reiterarmee«:* Semën Michajlovič Budënnyj, 1883–1973, Begründer der Roten Kavallerie, war von der Schilderung seiner Truppe in Babels *Reiterarmee* wenig angetan und betrieb seit 1924 eine Kampagne gegen den Autor, dem er u. a. »babizm«, Weibischkeit, vorwarf. 1928 erneuerte Budënnyj seine Angriffe auf Babel, der wiederum in Gor'kij einen Verteidiger fand. Wenn Babel sich hier nun von der *Reiterarmee* quasi lossagt und Budënnyj zur nachträglichen Mitautorschaft einlädt, ist dies einerseits ein Zeugnis für die Mechanismen der Selbstkritik, die der Stalinismus seinen Opfern abverlangte; andererseits belegt es, wie geschickt Babel dieses Demütigungsritual handhabte – wusste er doch, dass die *Reiterarmee* international anerkannt und von keinem Budënnyj mehr aus der Welt zu schaffen war.

605 *Batumi:* siehe Anmerkung zu Seite 555.

605 *Rote Möbel:* Gemeint sind vermutlich Möbel aus Mahagoni (russ. rotes Holz), vielleicht auch eine Anspielung auf das Ölgemälde *Rote Möbel* des russischen Avantgardekünstlers Robert Rafailovič Fal'k, 1886–1958, der ab 1928 im Pariser Exil lebte und 1938 nach Moskau zurückkehrte, wo er unter »Formalismus«-Verdacht geriet.

605 »*Mitläufer*«-*Literatur:* Als Mitläufer (russ. poputčiki) charakterisierte zunächst Lunačarskij und nach ihm Trockij in den 1920er Jahren diejenigen Autoren, die zwar weder Kommunisten waren noch aus dem Arbeiter- oder Bauernmilieu stammten, die Revolution aber trotzdem nicht ablehnten. Einige der bedeutendsten literarischen Formationen und Autoren der Zeit wurden zu dieser Kategorie gerechnet: der Kreis der Serapionsbrüder und der Imaginisten, Ėrenburg, Paustovskij, Pil'njak und Babel selbst. Dass Autoren, die mit diesem Stempel versehen wurden, nur auf begrenzte Toleranz rechnen durften, zeigt sich schon in Trockijs Definition: »Einen Mitläufer nennen wir in der Literatur [...] denjenigen, der hinkend und schwankend bis zu einem gewissen Punkt denselben Weg geht«. Seit 1923 sahen sich die »Mitläufer« denn auch zunehmend aggressiveren Attacken seitens der bolschewistischen Orthodoxie ausgesetzt; um 1930 war ihre Marginalisierung oder Zwangsanpassung weitgehend durchgesetzt.

606 *GIZ:* russ. Kürzel für Gosudarstvennoe izdatel'stvo, dt. Staatsverlag.

ARBEIT AN DER ERZÄHLUNG – Seite 607, O: Rabota nad rasskazom. E: *Smena*, 1934, Nr. 6, Untertitel: Iz besedy s načinajuščimi pisateljami [Aus einem Gespräch mit angehenden Schriftstellern].

608 *lärmende Amateurjazzkapelle:* Babel verwendet den Begriff »šumovoj orchestr« (Lärmorchester), der eine in den 1920er Jahren in der Sowjetunion populäre, auf einfach zu erlernenden Instrumenten basierende Musikform bezeichnete, mit Wurzeln im Jazz und den Klangexperimenten der russisch-sowjetischen Avantgarde, insb. der Futuristen. Die Musik der »Lärmorchester« wurde in proletarischen Klubs und Zirkeln praktiziert. 1922 veröffentlichte der Pionier des sowjetischen Jazz, Valentin Parnach, einen Artikel, in dem er die Musik der »Lärmorchester« scharf vom echten Jazz abgrenzte.

608 *Gorkij:* siehe Anmerkung zu Seite 542.

609 *seine Erzählung* »*Sie fahren*«*:* Maksim Gor'kijs nur wenige Seiten umfassende Erzählung *Sie fahren* von 1913 über eine Episode während einer Schiffsfahrt auf dem Kaspischen Meer, die vermutlich auf Reiseeindrücken des 1892 aus dem Kaukasus zurückkehrenden Schriftstellers beruht, war ursprünglich Teil der ebenfalls 1913 veröf-

fentlichten, längeren Erzählung *In der Schlucht*. Bei dem im Juli 1913 separat abgedruckten Text handelt es sich um eine sujetlose lyrische Prosa voller sinnlicher Eindrücke und mit unverhohlen erotischer Thematik, die Babels Poetik nahesteht.

609 *Menšikov:* vermutlich Ivan Nikolaevič Men'šikov, 1914–1943, Absolvent des Gor'kij-Literaturinstituts in Moskau, später im Krieg gefallen.

612 *Erenburg:* siehe Anmerkung zu Seite 618.

613 *im Pelzjäckchen eines Barancevič, Ryškov oder Potapenko:* russ. kacavejka, volkstümliche kurze, offene Frauenjacke mit Pelzbesatz. Laut Suchichs Kommentar steht das Kleidungsstück hier symbolisch für die naturalistische Schilderung des russischen Lebens bei den genannten Autoren. Kazimir Stanislavovič Barancevič, 1851–1927, Belletrist, Verfasser von Erzählungen und Romanen über den tristen Alltag durchschnittlicher Petersburger. Viktor Aleksandrovič Ryškov, 1862–1924, Schriftsteller, verfasste Prosa und Theaterstücke, die gesellschaftliche Missstände im Zarenregime anprangerten und von der sowjetischen Kritik als oberflächlich angesehen wurden. 1922 emigrierte Ryškov auf einem der sog. Philosophendampfer, mit denen etliche namhafte unliebsame Intellektuelle die Sowjetunion freiwillig oder gezwungenermaßen verließen, nach Frankreich, wo er in der Nähe von Paris starb. Ignatij Nikolaevič Potapenko, 1856–1929, Belletrist, Verfasser von populärer Prosa und Theaterstücken, die sich Alltagsproblemen widmeten. Alle drei Autoren werden der eher leichten Unterhaltungsliteratur zugerechnet.

REDE AUF DEM ERSTEN ALLUNIONSKONGRESS DER SOWJETSCHRIFTSTELLER – Seite 614, O: Reč' na Pervom Vsesojuznom s"ezde sovetskich pisatelej. E: *Literaturnaja gazeta*, 24.8.1934, mit dem Titel »Sodejstvovat' pobede bol'ševistskogo vkusa« [Zum Sieg des bolschewistischen Geschmacks beitragen]. Vom Autor korrigierter Druck in: *Pravda*, 25. 8. 1934, unter dem Titel »Pošlost' – vot vrag! Reč' t. Babelja« [Trivialität – das ist der Feind! Rede des Gen. Babel]. Die Übersetzung orientiert sich an der stenografischen Aufzeichnung der Rede: *Pervyj vsesojuznyj s"ezd sovetskich pisatelej. 1934. Stenografičeskij otčet*, Moskau, S. 278–280.

614 *Erster Allunionskongress der Sowjetschriftsteller:* Nachdem im

April 1932 das ZK der KPdSU die Gründung eines Schriftstellerverbandes beschlossen hatte, um die gegen Ende der 1920er Jahre begonnene organisatorische Gleichschaltung der russischen Literatur abzuschließen, wurde diese auf dem 1. Schriftstellerkongress auch inhaltlich endgültig auf eine Stalin genehme Passform gebracht. Der Kongress mit 591 Teilnehmern dauerte vom 17.8. bis zum 1.9.1934 und sollte danach eigentlich im Drei-Jahres-Takt wieder zusammentreten, war aber der einzige, der unter Stalins Herrschaft stattfand. Das Hauptziel, die Ausrufung des Sozialistischen Realismus als Norm für die Literatur und deren Ausrichtung auf den Massenleser, war erreicht. Einzelne, wie Babel, Bucharin, Ėrenburg (s. u.), versuchten zu protestieren, mussten dabei aber natürlich im Rahmen der ideologischen Vorgaben argumentieren, wenn sie sich nicht um Kopf und Kragen reden wollten (220 der Kongressteilnehmer waren in den nachfolgenden Jahren Repressalien ausgesetzt): »Daß die totale Fixierung auf den sog. Massenleser hier auch Unbehagen hervorrief, bezeugt insbesondere I. Ehrenburg mit seiner Klage über ein drohendes Epigonentum und mit dem Appell, von Bucharin ebenfalls angemahnt, die differenzierteren Leseransprüche nicht aus dem Auge zu verlieren. Auch Isaak Babel, der sich bereits hier als Meister des Schweigens vorstellte, kündigte in seiner doppelbödigen Rede Überraschungen an, auf die sich ein Leser einstellen müsse; denn ›banale Trivialität – das ist Konterrevolution‹.« (Dietrich Beyrau: *Intelligenz und Dissens. Die russischen Bildungsschichten in der Sowjetunion 1917 bis 1985*, Göttingen 1993, S. 97). Babel hielt seine Rede am Abend des 23. August.

614 *Gorkijs Artikel:* Maksim Gor'kij setzte sich in den 1930er Jahren wiederholt dafür ein, die Reinheit der Literatursprache vor dem überbordenden Einsatz von dialektalen und Jargon-Elementen zu bewahren.

614 *von »Ingenieuren der Seele«:* eine wohl auf den Schriftsteller Jurij Oleša zurückgehende Formel für die Tätigkeit des Schriftstellers in der Sowjetunion, die so sehr Stalins Wohlgefallen fand, dass er bei einem Besuch in Gor'kijs Villa am 26.10.1932 in diesem Sinne einen Toast auf die schreibende Zunft ausgebracht und die »Produktion von Seelen« für wichtiger als die von Panzern erklärt haben soll.

616 *so wie gestern bei Gorkij:* Gor'kij hatte sich am Abend des

22. August gegen die nicht abreißenden Ergebenheitsadressen an seine Person verwahrt.

617 *Mit Zoščenko gesprochen: Die Lage ist zappenduster:* Michail Michailovič Z., 1895–1958, bedeutender Satiriker, der, ähnlich wie Babel selbst, als sog. Mitläufer galt und seit den 1930er Jahren immer wieder massiv attackiert wurde – besonders heftig in der Ždanov-Kampagne von 1946, bei der man ihn aus dem Schriftstellerverband ausschloss und damit praktisch mundtot machte. Ein zentraler Angriffspunkt von Zoščenkos Satiren ist eben die banale menschliche Gemeinheit, die »pošlost'«, von der Babel in seiner Rede wiederholt spricht. Babel knüpft damit nicht nur an Z. an, sondern greift ein literarisches Motiv auf, das die russische Literatur seit Gogols *Toten Seelen* beschäftigt. Die von Babel zitierte Wendung findet sich in zwei Erzählungen Z.s, *Abfallhandel* von 1924 und *Der Ehemann* von 1925.

618 *Rajkomsekretäre:* Rajkom, sowjetische Abkürzung für: rajonnyj komitet, Stadtbezirkskomitee.

618 *Erenburg:* Il'ja Grigor'evič Èrenburg, 1891–1967, Schriftsteller, der mit dem drei Jahre älteren Babel einige Gemeinsamkeiten aufweist: Geburt in der Ukraine, jüdischer Familienhintergrund, Tätigkeit als Kriegskorrespondent, enge Bindung an Frankreich, ambivalentes Verhältnis zur Revolution, literarischer Erfolg in der Sowjetunion der 1920er Jahre. Er verstand es aber besser als Babel, sich als Autor den offiziellen Vorgaben anzupassen, verbrachte die Zeit des Großen Terrors überwiegend als Korrespondent im Westen, gewann zweimal den Stalinpreis 1. Klasse und konnte nach dem Tod des Diktators die Tauwetter-Periode in der Literatur einläuten.

618 *die Worte Sobolevs:* Leonid Sergeevič S., 1898–1971, Prosaautor, v. a. aber Literaturfunktionär, nach Stalins Tod einer der Hardliner, die sich im Schriftstellerverband gegen Liberalisierungstendenzen stellten. Am 22. August eröffnete er seine Rede auf dem Allunionskongress mit den Worten: »Partei und Regierung haben dem sowjetischen Schriftsteller absolut alles gegeben. Sie haben ihm nur eines entzogen: das Recht schlecht zu schreiben.«

DIE ARBEITER DER NEUEN KULTUR – Seite 620, O: [O rabotnikach novoj kul'tury]. E: *Literaturnaja gazeta*, 31. 3. 1936, Untertitel: Iz reči tov. I. Babelja [Aus einer Rede des Gen. I. Babel]. Titel vom russischen Herausgeber.

620 *Joyce und Proust:* James J., 1882–1941, und Marcel P., 1871–1922, werden hier nicht zufällig genannt. Beide stellten für die stalinistische Literaturkritik Steine des Anstoßes dar, da sie einerseits weltweit höchstes Ansehen genossen, andererseits vom angestrebten Ideal einer Literatur für Massenleser sternenweit entfernt waren. Dietrich Beyrau spricht von einer »fast schon stereotypen Kritik an Autoren wie Proust oder Joyce: Sie erfassten die Realität nicht mehr mit dem Teleskop, sondern nur noch mit dem Mikroskop, was als Ausdruck ihres verengten Blickwinkels und – weitergehend – als Zeichen des Verfalls der bürgerlichen Gesellschaft, die ohne Perspektive sei, gedeutet wurde. Bezeichnend war, dass offenbar weder der eine noch der andere Autor in russischer Übersetzung vorlag« (ders.: Intelligenz und Dissens. Die russischen Bildungsschichten in der Sowjetunion 1917 bis 1985, Göttingen 1993, S. 97). In der sowjetischen Literaturenzyklopädie heißt es im Band von 1930 über den Autor des *Ulysses*: »Joyce geht als Künstler zusammen mit der von ihm geschilderten Klassenschicht unter«; über den Verfasser der *Suche nach der verlorenen Zeit* lesen wir im Band von 1935: »Die Bedeutung P.s besteht für uns allein darin, dass P. trotz seines subjektivistischen Systems die bourgeoise Fäulnis objektiv abbildete, als eine Art ›Klassiker‹ des dekadenten bourgeoisen Parasitentums.« Wenn Babel angesichts dieses offiziellen Standpunkts feststellt, die neuen sowjetischen Leser könnten ihre Lektüre mit Joyce und Proust lediglich nicht *beginnen*, so lehnt er sich damit mutig gegen die herrschende Doktrin auf – impliziert er doch, man könne die beiden gebrandmarkten Modernisten tatsächlich irgendwann einmal lesenswert finden. Unbeugsam hält er in seiner Replik auf die provozierenden Zwischenrufe an diesem Standpunkt fest.

621 *Natürlich sind all diese Fehler … Proust darf man ihnen vorerst nicht geben:* Dieser Absatz wurde gestrichen, ist aber im Stenogramm von Babels Rede festgehalten.

622 *den Fall des Genossen Babel:* 1928, d.h. in dem Jahr, als der Neuen Ökonomischen Politik ein Ende gesetzt und das Land auf Stalins Kurs gebracht wurde, sah sich Babel Angriffen des Kritikers Alek-

sandr Voronskij ausgesetzt, er produziere zu wenig (Voronskij, ein Bolschewik der ersten Stunde und Begründer der Zeitschrift *Rotes Neuland*, in der viele von Babels Texten erschienen waren, fiel selbst bei Stalin in Ungnade und wurde 1937 liquidiert). Babel, der seit dem Welterfolg seiner *Reiterarmee* tatsächlich weitgehend verstummt war, versuchte diesen Vorwurf u. a. in zwei Reden zu entschärfen. 1930 stellte er vor dem Schriftstellerverband sein vorübergehendes Verschwinden aus der Literatur als Erfüllung von Gor'kijs Auftrag dar, er solle »unter die Menschen« gehen; 1934 bezeichnete er sich in seiner Ansprache vor dem Allunionskongress selbst als Meister des Schweigens und begründete dies mit seiner Achtung vor dem sowjetischen Leser, dessen Sachverstand sich nicht mit schlecht recherchierter Literatur abspeisen lasse, sondern dem Schriftsteller ein Höchstmaß an Vorbereitung abverlange (siehe Seite 618).

622 *Man muss dazu sagen ... streng tun:* Dieser Absatz wurde gestrichen, ist aber im Stenogramm von Babels Rede festgehalten.

623 *Ludwig XIV. ... »Das Königreich – das bin ich.«:* von Babel abgewandeltes Zitat des berühmten Diktums »L'état c'est moi« (Der Staat bin ich), das Ludwig XIV. zwar zugeschrieben, von ihm aber wohl nie in dieser Form geäußert wurde.

624 *Da setzte ich mich hin ... von mir selbst entfernt:* Dieser Absatz wurde gestrichen, ist aber im Stenogramm von Babels Rede festgehalten.

625 *Als ich zu mir zurückkehrte ... einer letzten Prüfung unterzogen:* Dieser Absatz wurde gestrichen, ist aber im Stenogramm von Babels Rede festgehalten.

626 *Serebrjanskij:* Mark Isaakovič, 1900/01–1941, russischer Dichter und Literaturkritiker, kämpfte im Bürgerkrieg in der Roten Armee, Parteimitglied seit 1920, aktiv in der Führung der Russischen Assoziation proletarischer Schriftsteller (RAPP), meldete sich im Zweiten Weltkrieg als Freiwilliger und fiel an der Front. 1936 veröffentlichte er im staatlichen Literaturverlag eine Broschüre über Dmitrij Furmanov.

626 *Furmanov:* siehe Anmerkung zu Seite 640.

626 *Ostrovskij:* siehe Anmerkung zu Seite 299.

626 *Diese Bücher formen die Seelen ... Lasst mich offen sprechen:* Dieser Absatz wurde gestrichen, ist aber im Stenogramm von Babels Rede festgehalten.

DER SCHAFFENSWEG DES SCHRIFTSTELLERS – Seite 627, O: [O tvorčeskom puti pisatelja]. E: *Naš sovremennik*, 1964, Nr. 4. Stenogramm eines Gesprächs Babels im Schriftstellerverband, das am 28.9.1937 auf Einladung der Zeitschrift *Literaturnaja učeba* stattfand. Babel las bei dieser Gelegenheit seine Texte *Di Grasso* und *Auskunft*. Titel vom russischen Herausgeber.

627 *Kollektivierung:* Ende 1929 blies Stalin zum »Generalangriff gegen die Kulaken«, Auftakt zu einer nie dagewesenen Agrarrevolution von oben, die ohne Rücksicht auf die realen Lebensverhältnisse der dörflichen Bevölkerung in kürzester Zeit erzwungen wurde. Die Enteignung der Bauern führte dazu, dass viele von ihnen aus Verzweiflung ihre Ernten verbrannten, ihr Vieh schlachteten und ihre Gerätschaften zerstörten, dass sie zu Hunderttausenden in unfruchtbare Gebiete oder Straflager deportiert oder gleich umgebracht wurden. Aber auch wenn der ideologische Kampf äußerlich so rasant voranschritt, dass sogar der *Pravda* »schwindlig vor Erfolg« wurde, auch wenn die Maschinengewehre der Geheimpolizei und der Roten Armee ganze Dörfer zum Eintritt in die Kolchose brachten und Suchtrupps mit speziellen Geräten den Bauern das letzte Korn aus dem Versteck im Kamin kratzten; dass dadurch die Grundlagen der landwirtschaftlichen Produktion ruiniert wurden, ließ sich auf Dauer nicht verbergen. Die 1932/33 ausbrechenden Hungersnöte kosteten schätzungsweise 5–9 Millionen Menschen das Leben, besonders viele in der Ukraine, die eigentlich als Kornkammer Russlands galt. Babel fuhr im Februar 1930 für einige Monate in das Dorf Velikaja Starica bei Kiew, um den Aufbau des Kolchoswesens vor Ort zu verfolgen und Material für ein neues Buchprojekt zu sammeln. In einem Brief an seine Mutter bezeichnete der Schriftsteller, dem es an Gewalterfahrungen auch vorher nicht gefehlt hatte, den Anblick der Entkulakisierung als eine »der einschneidendsten Erinnerungen« seines »ganzen Lebens«. Das beabsichtigte Werk konnte er nicht fertigstellen, erhalten sind nur zwei Erzählungen: *Gapa Gužva* und *Kolyvuška*.

629 *Lev Nikolajevič Tolstoj:* für Babel seit seiner frühen Skizze *Inspiration* von 1917 über die Erzählung *Guy de Maupassant* von 1920–22 bis zu diesem späten Interview eine Art literarischer Übervater und zugleich Antipode, gegen dessen Hang zur epischen Großform er immer wieder seine eigene Poetik der kurzen Form in Stellung bringt. Es

ist kein Zufall, dass er gegen T. weiter unten Anton Čechov als den eigentlichen Meister der Novelle in der russischen Literatur anführt und von T. in diesem Genre sogar nur einen einzigen Text wirklich gelten lässt (die Erzählung *Nach dem Ball*); Čechov hatte eine Generation vor Babel einen ähnlichen Kampf um die Anerkennung der Kurzprosa als eine dem Roman gleichrangige Kunstform zu kämpfen, und auch für ihn stellte der Autor von *Krieg und Frieden* dabei die Autorität dar, an der er sich immer wieder maß und gemessen wurde. Bei Babel wird die Konkurrenzsituation durch zwei Faktoren verstärkt: zum einen gilt T. zu Recht als unübertroffener Schilderer des Krieges, eines Themas, dessen Darstellung Babel seinen eigenen Ruhm verdankte; zum andern war T. durch die Festlegung der Sowjetliteratur auf das Paradigma des Realismus zum Vorbild schlechthin aufgestiegen. Babels vorliegendes Bekenntnis zu T. ist somit beides zugleich: Referenz vor dem großen Vorgänger und Distanzierung von dessen stalinistischen Epigonen, pflichtschuldige Verneigung vor einer offiziellen Ikone und selbstbewusste Behauptung seiner Eigenart als Schriftsteller.

629 *Puškin:* Der russische Nationaldichter Aleksandr Sergeevič P., 1799–1837, war zu der Zeit, da Babel sein Interview gab, im öffentlichen Bewusstsein besonders präsent, da 1937 der 100. Jahrestag seines Duelltodes begangen wurde. P. ist für Babel vom Anbeginn seines Schaffens ein wichtiger Bezugspunkt, da er gleichsam als Maßstab für die Aufnahme des bildungshungrigen Juden in die Welt der russischen Literatur dient: P. ist der Prüfungsstoff, den der jugendliche Protagonist der *Geschichte meines Taubenschlags* bestehen muss. Besondere Beachtung verdient im vorliegenden Kontext aber die Formel, mit der Babel P. charakterisiert: als »ewigen Gefährten«. *Ewige Gefährten* (russ. Večnye sputniki) lautete der Titel eines Essaybandes von Dmitrj Merežkovskij von 1896 (dt. 1924), der in einem langen Aufsatz über P. gipfelt. Der Symbolist Merežkovskij, 1919 über Polen nach Frankreich emigriert und zeitlebens ein wortstarker, erbitterter Gegner des Kommunismus, stellte für die Stalinisten ein rotes Tuch dar.

630 *Chadži Murat:* Kriegserzählung aus dem Kaukasus, an der Tolstoj, der als junger Mann selbst dort in der Armee gedient hatte, 1896–1904 schrieb, die aber erst postum 1912 erschien. Tolstojs letzter großer Prosatext basiert auf gründlicher Recherche und ist von großer

Sympathie für die von Russland unterworfenen Völker sowie von nicht minder großer Verachtung für den russischen Herrscher und die in seinem Namen betriebene offizielle Kriegsberichterstattung geprägt. Stilistisch ist die Erzählung durch eine prägnante, fast karge Sprache charakterisiert, der es vor allem um eines geht: Genauigkeit.

630 *Gorkij:* siehe Anmerkung zu Seite 542.

630 *Gorkijs Buch »Erinnerungen an Tolstoj«:* Gemeint ist Gor'kijs Text *Lev Tolstoj* von 1919, der aus losen Notizen besteht, die Gor'kij sich bei Begegnungen mit dem alten Tolstoj gemacht hatte, sowie aus einem Briefentwurf, der unter dem Eindruck von Tolstojs letzter Flucht aus Jasnaja Poljana entstanden war. Gor'kijs Zeugnis wurde wiederholt auch als Einzelausgabe aufgelegt.

631 *Hamburger Abrechnung:* russ. Gamburgskij ščet, Text von 1928 aus der Feder des Literaturtheoretikers und Prosaikers Viktor Borisovič Šklovskij, 1893–1984, eines der Begründer der Formalen Schule in der Literaturwissenschaft. Politisch stellte sich Šklovskij nach der Februarrevolution gegen den Zaren, nach der Oktoberrevolution als Sozialrevolutionär gegen die Bolschewiki, floh 1922 nach Berlin, durfte aber 1923 aufgrund der Fürsprache Gor'kijs in die Sowjetunion zurückkehren. 1930 beugte er sich schließlich dem stalinistischen Druck, widerrief in seinem *Denkmal eines wissenschaftlichen Irrtums* die formalistische Literaturtheorie, die den Machthabern ein Dorn im Auge war, und versuchte sich in die Gebote des Sozrealismus einzudenken. Wenn Babel bei Tolstoj »Kunstgriffe« findet, letztlich aber für nebensächlich erklärt, ist dies gleichermaßen ein Tribut wie eine Lossagung von Šklovskij, dessen Schrift *Kunst als Kunstgriff* von 1916 (publiziert 1919) als Gründungsurkunde des Formalismus gelten darf.

631 *Šolochov:* Michail Aleksandrovič, 1905–1984, trat 1920 in die Rote Armee ein, veröffentlichte 1926, im Erscheinungsjahr von Babels *Reiterarmee,* seine ersten beiden Erzählbände und gewann für seine 1928–1940 erschienene Romantetralogie *Der stille Don* über den Kampf zwischen den Donkosaken und den Bolschewiki erst den Stalinpreis von 1941, dann den Literaturnobelpreis von 1965. Das Thema, mit dem Babel in den 1930er Jahren rang, hat auch Š. verarbeitet. In seinem sozrealistischen Roman *Neuland unterm Pflug* von 1932 verschweigt Š. das durch die Zwangskollektivierung ausgelöste Leiden

zwar keineswegs, rechtfertigt es aber letztlich als Folge eines historisch notwendigen Kampfes.

631 *Tverskaja:* Straße im Zentrum von Moskau direkt beim Kreml, aus der mittelalterlichen Handelsstraße von Moskau nach Tver' hervorgegangen, schon von Puškin in seinem *Evgenij Onegin* besungen, 1932 in Gor'kij-Straße umbenannt. Zum Zeitpunkt von Babels Interview war der ursprüngliche Straßenname also bereits der Ideologie geopfert worden.

631 *Valentin Katajev:* Valentin Petrovič Kataev, 1897–1986, aus einer Lehrersfamilie in Odessa, kämpfte 1919–1920 in der Roten Armee, kehrte als Journalist nach Odessa zurück, hatte 1926 seinen Durchbruch mit der NEP-Satire *Die Defraudanten* und machte dann literarische Karriere in Moskau, wo er 1934 ins Präsidium des Schriftstellerverbandes aufstieg. 1932 lieferte er einen der zu dieser Zeit geforderten typischen Aufbauromane unter der Losung *Im Sturmschritt vorwärts*. Sein Roman *Ein weißes Segel leuchtet einsam* von 1936, dessen Titel ein Gedicht von Lermontov zitiert, schildert die Revolution von 1905 aus der Sicht odessitischer Schuljungen.

632 *Brief Goethes an Eckermann:* Goethes berühmte Definition der Novelle »als eine sich ereignete, unerhörte Begebenheit« findet sich nicht in einem Brief an Eckermann, sondern in dessen Aufzeichnung eines Gesprächs mit Goethe vom 29. Januar 1827.

634 *die Rede von »guten Beinen«:* In Babels Erzählung *Erste Liebe* schildert der kindliche Protagonist seinen Vater, der sich während eines Pogroms an die Beine eines Pferdes schmiegt, wörtlich: an »die guten, ein wenig zotteligen Beine«. Das zweite Zitat stammt aus der Erzählung *Di Grasso*.

635 *»Nach dem Ball«:* Erzählung Lev Tolstojs von 1903, die erst 1911 postum veröffentlicht wurde. Tolstoj schildert hier, wie ein verliebter junger Mann nach einer rauschhaften Ballnacht mit seiner Angebeteten zufällig Zeuge eines Spießrutenlaufens wird. Als er erkennt, dass dieses sadistische Ritual vom Vater seiner Geliebten beaufsichtigt wird, erlischt seine Liebe. Die Handlung ließe sich auf die Formel bringen: Bewusstseinswandel durch Schock – eine Formel, die auch Babels eigene Poetik sehr gut trifft. Seine Vorliebe für diesen Text Tolstojs leuchtet daher ein.

635 *Paustovskij:* Konstantin Georgievič, 1892–1968, Schriftsteller

mit kosakischen und polnischen Wurzeln, überwiegend in der Ukraine aufgewachsen, Studium in Kiew, während der Revolutionsjahre journalistisch in Kiew und Odessa tätig, Dienst in der Roten Armee. P. veröffentlichte seit 1912 und entwickelte sein Talent unter dem Einfluss der Odessaer Schule (siehe unten). Erfolg bescherte ihm der Kurzroman *Kara-Bugaz* von 1932 über den Aufbau eines Kombinats in der Wüste am Kaspischen Meer, doch zog sich P. vor politischer Vereinnahmung zurück, indem er sich auf Erinnerungen an Künstlerkollegen und Naturbeschreibungen konzentrierte. Im vierten Band seiner autobiografischen *Erzählung vom Leben* finden sich Reflexionen über seine Begegnungen mit Babel; in den 1950er- und 60er-Jahren setzte er sich für Schriftstellerkollegen in Bedrängnis ein; in der Konkurrenz um den Nobelpreis unterlag er 1965 dem hoch protegierten Šolochov.

636 *Jurij Oleša:* 1899–1960, Sproß einer verarmten polnischen Adelsfamilie, wuchs in Odessa auf, diente als Freiwilliger in der Roten Armee, schrieb ab 1921 linke Agitationslyrik, ging 1922 nach Moskau, hatte dort seinen Durchbruch als Prosaautor mit dem Roman *Neid* von 1927, der mit großer erzählerischer Innovationskraft die Auseinandersetzung zwischen der neuen, unbarmherzig effizienten Wirklichkeit der Revolution und der alten, romantischen Welt der menschlichen Gefühle schildert – ohne eindeutig Partei zu ergreifen. Nach diesem Erfolg publizierte O. relativ wenig, auch wenn er auf dem Schriftstellerkongress von 1934 noch einmal mit einer viel beachteten Rede auftrat – eine Zurückhaltung, die leicht als Distanzierung vom Regime ausgelegt werden konnte. O.s Lage ähnelte darin Babels eigener.

636 *Odessaer, südrussische Schule:* Zwischen April 1920 und Ende 1922 schlossen sich eine Reihe von odessitischen Autoren, die sich regelmäßig in einem Café trafen, zum sog. Dichterkollektiv (Kollektiv poėtov) zusammen, unter ihnen Il'ja I'lf, Valentin Kataev, Jurij Oleša. In einem weiteren Sinn spricht man auch von einer Odessaer oder südrussischen Schule der Literatur, zu der außer den Genannten auch Ėduard Bagrickij, Vera Inber, Evgenij Petrov und Babel selbst gezählt werden.

639 *»seine Ansicht, dies und das«:* geflügeltes Wort aus Aleksandr Griboedovs Komödie *Wehe dem Verstand.* In Akt IV, Szene 4 rühmt

dort der Schwätzer Repetilov einen Schriftsteller, der ein Genie sei, nur kaum etwas schreibe – mit wenigen Ausnahmen: »Nur in Journalen findest du / Sein Bruchstück, seine Ansicht, dies und das. / Und wovon handelt dieses Dies und das? – von allem« (Übertragung von Peter Urban).

FURMANOV – Seite 640, O: [Furmanov]. E: *Moskva*, 1963, Nr. 4. – Rede Babels, gehalten am 15. März 1936 auf einem Abend des Schriftstellerverbandes aus Anlass des zehnjährigen Todestags von Dmitrij Furmanov. Titel vom russischen Herausgeber.

640 *Furmanov:* Dmitrij Andreevič, 1891–1926, aus einer Bauernfamilie stammender Schriftsteller, während der Revolution erst sozialdemokratisch, dann anarchistisch orientiert, seit 1918 Bolschewik, im Bürgerkrieg Politkommissar unter dem legendären Rotarmisten Vasilij Čapaev (1887–1919). 1923 schilderte er dessen Metamorphose vom instinktiven zum ideologisch bewussten Truppenführer in dem Roman *Čapaev*, der bis 1964 nicht weniger als 71 Auflagen erlebte. Die populäre Verfilmung von 1934 komplettierte die Glorifizierung Čapaevs als mustergültigen Revolutionshelden, wurde 1941 mit dem Stalin-Preis 1. Klasse ausgezeichnet und bot während der gesamten Sowjetzeit einen zuverlässigen Anknüpfungspunkt für regimekritische Witze. F. lektorierte die *Reiterarmee* und war ein Bewunderer von Babels Schaffen. Dass dieser sich hier so emphatisch zu F. bekennt, dürfte aber weniger sentimentale Gründe haben als der Notwendigkeit geschuldet sein, in einer Zeit der Bedrohung seine Nähe zu den Granden der sowjetischen Kultur zu bekunden. Aus dem gleichen Grund betont er immer wieder seine Verbindung zu Gor'kij. Beide zählen gewissermaßen zu seinen letzten verbliebenen Schutzheiligen.

640 *Gemeinsam mit einem französischen Schriftsteller war ich bei Gorkij:* Gemeint ist André Malraux, der Gor'kij im März 1936 auf der Krim einen Besuch abstattete, bei dem Babel zusammen mit dem Stalin nahestehenden Schriftsteller Michail Kol'cov die Dienste eines Dolmetschers versah. Malraux hatte sich aus einem antifaschistischen Impuls dem Kommunismus verschrieben, geriet dann aber zusehends in den Bann des Stalinismus. Auch hier versucht Babel wieder in prekärer Lage – während sich der Große Terror zusammenbraut – darauf hinzuweisen, dass er die ›richtigen‹ Leute kennt.

641 *Bagrickij:* siehe Anmerkung zu Seite 644.

642 *Rabfak-Student:* Rabfak, Abkürzung für russ. rabočij fakultet (Arbeiterfakultät): sowjetische Bildungsinstitutionen der 1920er- und 30er-Jahre, die Studienanwärtern aus dem Arbeitermilieu durch Vorbereitungskurse den Zugang zur Universität erleichtern sollten.

642 *Komsomolze:* siehe Anmerkung zu Seite 266.

BAGRICKIJ – Seite 644, O: Bagrickij. E: Èduard Bagrickij, *Almanach*. Pod red. V. Narbuta. Moskva, 1936.

644 *Bagrickij:* Èduard Georgievič, eigentl. Dzjubin, 1895–1934, Dichter aus einer armen jüdischen Familie in Odessa, der sein ›rotes‹ Pseudonym vom russischen Wort für Purpur (bagr) ableitete. B. führte zunächst ein Bohemien-Leben, entflammte dann für die Revolution und kämpfte im Bürgerkrieg in der Roten Armee. Er begann seinen Weg als Lyriker im Geist des formstrengen Akmeismus, schloss sich in den 1920er Jahren der marxistisch rationalen Schule des Konstruktivismus an und gewann 1926 Popularität mit seinem Versepos *Mär vom Opanas,* der Geschichte eines ukrainischen Bauern während der Revolution. Die linientreue Literaturenzyklopädie von 1930 warf B. vor, der sozialistische »Aufbau« spiegele »sich nicht in seinen Gedichten wider«, erklärte ihn aber doch »zu einem der bedeutendsten Dichter der letzten Jahre«. Für Babel verkörperte B., ebenso wie Il'ja Il'f, ein Stück jüdisches Odessa. Efraim Sicher kommentiert: »Die Tode seiner odessitischen Gefährten, des Dichters Eduard Bagrickij 1934 und des Humoristen Il'ja Il'f 1937 ließen Babel alleine zurück, umstellt von mechanischen Lautsprechern, die das Lob des Führers herausposaunten« (ders: Babel' in Context. A Study in Cultural Identity, Boston 2012, S. 70).

644 *François Villon:* eigentl. François de Montcorbier bzw. François des Loges, 1431–nach 1463, spätmittelalterlicher franz. Dichter, der früh den Vater verlor; ebenso bekannt für seinen kriminellen Lebensstil und seine Gefängnisaufenthalte wie für seine Balladen und Chansons und die beiden Hauptwerke, das sog. *Große* und *Kleine Testament*. V. wurde in der franz. Romantik zum Inbegriff des ›poète maudit‹. In Russland inspirierte er insbesondere die Akmeisten; aber auch Babels *Geschichten aus Odessa* dürfen in der Tradition Villons gelesen werden.

644 *Komsomolzen:* siehe Anmerkung zu Seite 266.

644 *Ben-Akiba:* Akiba ben Josef, gest. 135 n. Chr., einer der Begründer des rabbinischen Judentums, der eine neue Auslegung des mündlich überlieferten jüdischen Gesetzes lieferte, aus der sich die Mischna entwickelte. Sein Leben ist von Legenden umwoben; er soll ein einfacher Hirte gewesen sein, der erst mit 40 zu studieren begonnen, dafür aber ein Alter von 120 Jahren erreicht habe. Manche sehen ihn als die treibende Kraft hinter dem gescheiterten Aufstand des Bar Kochba gegen die Römer der Jahre 132–135; gesichert ist, dass er von diesen hingerichtet wurde.

645 *Čekisten:* siehe Anmerkung zu Seite 112.

645 *Bližnie Melnicy:* Stadtbezirk von Odessa, hinter der Moldavanka gelegen, erwähnt auch in Babels Erzählung *Sonnenuntergang*.

645 *VIEM:* russ. Abkürzung für Allunionsinstitut für experimentelle Medizin (Vsesojuznyj institut ėksperimental'noj mediciny), ein Megaprojekt der 1930er Jahre, das auf eine Initiative Maksim Gor'kijs zurückging. Geplant war, ein interdisziplinäres Zentrum zur umfassenden Erforschung des Menschen zu errichten, unter Einbeziehung aller medizinischen und angrenzenden Wissenschaften. Die Leitidee war dabei eine maximale Verlängerung der menschlichen Lebensspanne, mit Gor'kijs Worten: »Die Wissenschaft muss das Hauptinstrument des Kampfes um die Unsterblichkeit werden.« Als Standort war zunächst Leningrad, dann Moskau vorgesehen, wo 1936 eine gigantische Baustelle entstand. Als Dämpfer für das Projekt erwies sich in ebendiesem Jahr 1936 aber Gor'kijs eigene Sterblichkeit.

M. GORKIJ – Seite 647, O: M. Gor'kij. E: *SSSR na strojke*, 1937, Nr. 4.

647 *Gorkij:* siehe Anmerkungen zu den Seiten 542 und 640.

647 *Verlag Dorovatovskij und Čarušnikov:* Gemeint ist der 1. Band einer dreibändigen Gor'kij-Ausgabe, der 1898 unter dem Titel *Očerki i rasskazy* (Skizzen und Erzählungen) in St. Petersburg erschien. Er enthielt u. a. die Erzählung *Čelkaš* aus dem Barfüßler-Milieu von Odessa; siehe Anmerkung zu Seite 543.

647 *Raznočincen:* zusammengesetzt aus russ. raznyj (verschieden) und čin (Rang): ursprünglich juristischer Sammelbegriff des 17. Jh. zur Bezeichnung von Personen, die standesrechtlich zu keiner der offiziellen Kategorien zählten; im 19. Jh. dann umgangssprachliche

Bezeichnung der Intellektuellen nichtadeliger Herkunft, die häufig demokratische Ansichten vertraten.

648 *eine unheilbare Krankheit:* Gor'kijs Lungentuberkulose wurde 1896 erstmals diagnostiziert.

649 *Seine Korrespondenz...:* Der epistolarische Anteil von Gor'kijs Schaffen ist in der Tat beeindruckend, auch wenn Babel hier ein wenig übertreibt. Die 1998 begonnene und noch nicht abgeschlossene Ausgabe von Gor'kijs Briefen im Moskauer Verlag Nauka ist auf insgesamt 24 Bände angelegt. Zum Vergleich: Die Briefe von Lev Tolstoj füllen rund ein Drittel der 90-bändigen Gesamtausgabe seiner Werke, Voltaires Korrespondenz in der »Bibliothèque de la Pléiade« umfasst insgesamt mehr als 20 000 Seiten.

UTJOSOV – Seite 650, O: [Utesov]. E: Moskva, 1964, Nr. 9. Titel vom russischen Herausgeber.

650 *Utjosov:* Leonid Osipovič Utësov, 1895–1982, Pseudonym für Lazar Iosifovič Vajsbejn, berühmter sowjetischer, aus einer odessitisch-jüdischen Familie stammender Estradensänger, Leiter eines Jazz-Orchesters, Dirigent und Schauspieler, Freund Babels, über den er selbst kurze Erinnerungen schrieb.

NACHWORT

von Bettina Kaibach

MAULWURFSGÄNGE:
ISAAK BABELS VERTRACKTE BIOGRAFIE

»Ich habe als junger Bursche zu schreiben begonnen, dann jahrelang pausiert, wieder jahrelang rauschhaft durchgeschrieben, wieder pausiert, und nun beginnt bei mir der zweite Akt der Komödie oder Tragödie, noch weiß ich nicht, worauf es hinausläuft.« So umreißt Isaak Babel wenige Jahre vor seinem Tod die eigene »ziemlich vertrackte Biografie«: ein Schauspiel ums Schreiben oder nicht Schreiben mit noch ungewissem Ausgang.

Dabei war die tragische Wendung vom Glück ins Unglück zu diesem Zeitpunkt längst vorgezeichnet. Schon in den Zwanzigerjahren hatte Babel mit seinem Prosazyklus *Die Reiterarmee* die Mächtigen erbost. 1933 brachte ihn nach der Rückkehr von einer Auslandsreise eine Schmutzkampagne ins Straucheln. Dass er seit Jahren schwieg, sich der von Stalin geforderten literarischen Stoßarbeit verweigerte, machte ihn verwundbar. Nach dem Tod seines einflussreichen Gönners Maksim Gorkij 1936 grenzte es an ein Wunder, dass Babel mitten im Großen Terror überhaupt noch am Leben war. Die Interviews und Auftritte, mit denen er sich in seinen letzten Jahren zu retten versuchte, erscheinen im Rückblick, dramentechnisch gesprochen, nur als retardierendes Moment, als Hinauszögern einer nicht mehr abwendbaren Katastrophe. Als der Strippenzieher des Terrors Nikolaj Ježov im April 1939 stürzte, riss er Babel, der einst mit Ježovs Frau angebandelt hatte, mit in den Abgrund. Nur wenige Monate später rückte der Geheimdienst in der Künstlerkolonie Peredelkino an, wohin sich Babel zurückgezogen hatte, verhaftete den Schriftsteller, beschlagnahmte seine Manuskripte. Anfang 1940 wurde Isaak Babel im Gefängnis Lubjanka erschossen. Über sein Geschick senkte sich buchstäblich der Vorhang. Es dauerte Jahre, bis Babels Witwe erfuhr, dass ihr Mann nicht mehr lebte.

Die Fallhöhe, die in der Tragödie dem Untergang des Helden eine erschütternde Aura verleiht, war bei Babel gegeben. Der da in den Kellern der Lubjanka ermordet wurde, war der Star der sowjetischen Literatur. Als der junge Isaak Emanuilovič Babel, Sohn eines jüdischen Händlers aus Odessa, in den frühen Zwanzigerjahren seine *Reiterarmee* und die *Geschichten aus Odessa* veröffentlichte, wurde er schlagartig berühmt. Auch im Ausland feierte man ihn. Die deutsche Übersetzung der *Reiterarmee* begeisterte Hermann Hesse, Thomas Mann und Kurt Tucholsky und brachte angeblich sogar Tucholskys Kater ins Schnurren. Die *Geschichten aus Odessa* wurden in der Sowjetunion rasch zum Kultbuch. Unter sowjetischen Intellektuellen gehörte der stilisierte odessitische Stadtdialekt von Babels jüdischen Ganoven zum guten Ton. Die Sprüche des Gangsterkönigs Benja Krik kursieren in Russland bis heute als geflügelte Worte.

Komödie oder Tragödie – in Babels Werk ist von Anfang an beides angelegt. Die *Geschichten aus Odessa* sind eine Huldigung an die Moldavanka, das jüdische Armenviertel von Odessa. Bei Babel leuchtet dieser Elendsort, der vor Kindern wimmelt »wie Flussmündungen vor Fischlaich«, als Fanal sprühender Daseinslust. Nicht das Streben nach Bereicherung treibt die jüdischen Ganoven der Moldavanka, wenn sie sich unter der Sonne Odessas mit nietzscheanischer Nonchalance selbst zum Gesetz erheben, sondern die Freude am zweckfreien Spiel mit der eigenen Kraft. Im Kosmos von Babels Moldavanka wird selbst das Verbrechen zum farbenfrohen Schauspiel. Und nur selten scheint für einen Augenblick durch, dass auf dieser Bühne eben doch kein Beerensaft, sondern echtes Blut vergossen wird. Die *Geschichten aus Odessa* sind eine einzige Feier des Lebens. Im Namen des lebenserhaltenden Eros verzichtet der Gangsterkönig Benja Krik auch einmal auf die Beute eines erfolgreichen Coups oder springt gar als Bräutigam für ein gebärwilliges Kraftweib ein. Hauptsache, es wird Hochzeit gefeiert – der klassische Komödienschluss –, wenn nur das bunte Gewimmel des Lebens nicht abreißt. So lautet das oberste Gebot von Babels Moldavanka.

Ganz anders verhält es sich in der *Reiterarmee* oder den ebenfalls in den Zwanzigerjahren entstandenen Erzählungen des autobiografisch gefärbten Zyklus *Die Geschichte meines Taubenschlags*. Gewalt in ihren unterschiedlichsten Spielarten – das sachliche Morden des Krieges, die eruptive Grausamkeit eines Pogroms – verleiht diesen Texten ihre düstere Grundierung. Das Leben als oberstes Prinzip, wie es in den Odessa-Geschichten waltet, wird im blutigen Universum der *Reiterarmee* grundsätzlich infrage gestellt. »Wozu die Weiber schwanger werden […], wozu Verlobungen, wozu Trauungen, wozu feiern die Gevatter auf den Hochzeiten«, fragt ein Rotarmist angesichts des sinnlosen Schlachtens und liefert ein volkstümliches Echo auf die tragische Weisheit des Silen, nie geboren zu sein, sei das beste, was einem widerfahren könne.

Doch blitzt auch auf diesem dunklem Grund immer wieder die pralle Vitalität auf, die Babels Prosa prägt. Die mörderischen Kosaken der *Reiterarmee* sind gewissermaßen die bösen Brüder der Ganoven von der Moldavanka: Farbenprächtig, kraftstrotzend, selbstherrlich, wecken sie in ihrem Wüten eine finstere Faszination. Manche der Pogromisten in der *Geschichte meines Taubenschlags* erscheinen als dionysisch entfesselte Gestalten von irritierender Schönheit. Doch anders als in den *Geschichten aus Odessa* rückt hier das Zerstörerische solch rauschhafter Kraftentfaltung in den Vordergrund. Und immer wieder erhebt sich machtvoll und mahnend die Stimme der Opfer, die der Raserei eine stille Menschlichkeit entgegensetzen.

Isaak Babel, so berichtet ein Zeitgenosse, habe es vermocht, jeden beliebigen Text mit wenigen Federstrichen in eine Erzählung zu verwandeln. Tatsächlich betrat der junge Babel die literarische Bühne als vollendeter Stilist. Der Formalist Viktor Šklovskij vermerkt, Babel habe als einziger während der Revolution stilistische Kaltblütigkeit bewahrt; auch das bunte Banditenspektakel der Odessa-Geschichten diene letztlich nur als Rechtfertigung für den Stil. Über den Autor der *Reiterarmee* und der *Geschichten aus Odessa* urteilt Šklovskij: Keiner schreibt bei uns besser.

Wer war dieser Mann, der sich mit Anfang zwanzig anschickte, als »literarischer Messias« aus Odessa Sonne in die russische Literatur zu bringen, und binnen eines Jahrzehnts internationalen Ruhm erwarb? Trotz eines Lebens im Rampenlicht bleibt vieles an Babels Biografie im Dunkeln, klaffen überall Lücken. Zeitzeugen beschreiben einen kleinen Mann von unscheinbarem, gänzlich unschriftstellerhaften Äußeren (ihn selbst erinnerte das eigene Konterfei an einen fröhlichen Mops), der seine Gesprächspartner jedoch durch eine außergewöhnliche Redegabe in Bann zu ziehen vermochte. Und immer wieder schildern sie seinen Appetit auf das Leben, die unersättliche Neugier auf alles, was dieses Leben bereithält. Dass Babel gerne in Damenhandtaschen blickte, ist schon Legende. Was ihn selbst betraf, trieb der Wissbegierige hingegen oft ein bizarres Versteckspiel. Babels Tage gleichen Maulwurfsgängen, schrieb Ilja Erenburg, der erlebte, wie der Kollege abtauchte, sobald ihm wer hinter die Kulissen zu schauen drohte, und sei es die eigene kleine Tochter. Hinzu kommt, dass Babel wegen der *Reiterarmee* schon früh unter Druck geriet, seine Worte wägen musste. Öffentliche Äußerungen über sein Leben, sein Verhältnis zur Literatur sind daher stets im Hinblick auf die Ankläger gesprochen, verkappte Verteidigungsreden vor einem unsichtbaren Gericht.

Dies gilt auch für die beiden 1926 bzw. 1937 veröffentlichten Selbstzeugnisse *Autobiografie* und *Anfang*. Es sind doppelbödige Texte, die mehr verbergen, als sie preisgeben. Dabei beziehen sie gerade aus dem, was sie verschweigen, einen Teil ihrer Aussagekraft. Babel schildert hier sein Leben nach dem Muster einer säkularen Berufungslegende. Ein früh zur Literatur Hingezogener bricht aus der Enge des jüdischen Elternhauses von Odessa auf in die Hauptstadt, verändelt dort sein Talent mit Frivolitäten, droht gar wegen unzüchtiger Darstellungen vor den Kadi zu kommen. Zweimal greift das Schicksal ein, um den Verirrten auf den ihm bestimmten Pfad zurückzubringen. Erst entzieht es ihn dem Gericht, indem es das Volk kurzerhand zum Sturz der Zarenordnung aufruft. Dann lenkt es ihn zu Maksim Gorkij, der den Adepten erst einmal »unter die Menschen« schickt. Die Begegnung mit dem Wegbereiter Gorkij wird für den Messias aus Odessa zum Wendepunkt. Als er mythische sieben Jahre später von seinen Fahrten wiederkehrt, ist er bereit für den von Gorkij verheißenen Dornenweg des Schriftstellers.

Drei der in *Autobiografie* genannten Stationen von Babels Lehr- und Wanderjahren sind bis heute nicht belegt: die Teilnahme am Ersten Weltkrieg, die Verteidigung Petrograds im Bürgerkrieg gegen die Weißen, und die Mitarbeit bei der Čeka, Lenins politischer Terrortruppe. Die Forschung geht mittlerweile davon aus, dass der politisch bedrängte Babel sich hier eine lupenreine bolschewistische Biografie auf den Leib schneidern wollte.

Die wohl einschneidendste Etappe in Babels Leben – seine Teilnahme als *embedded journalist* der Roten Armee am Russisch-Polnischen Krieg von 1920 – wird in der *Autobiografie* hingegen nur beiläufig gestreift. In Babels Kriegstagebuch wird deutlich, wie sehr die Brutalität dieses blutigen Konflikts den jungen Reporter emotional überforderte. Die Weise, wie er die traumatische Erfahrung dann literarisch verarbeitete, brachte ihm wütende Angriffe des Reitergenerals Semjon Budjonnyj ein, der sich durch Babel verunglimpft sah. Dass die Attacken des lebenslangen Vertrauten Stalins zunächst ins Leere liefen, war allein dem Einfluss Gorkijs zu verdanken.

Ein weiteres in *Autobiografie* ausgespartes Trauma ist die antijüdische Gewalt, die Babels Kindheit im Zarenreich prägte und ihm im Russisch-Polnischen Krieg erneut entgegenschlug. Schon die erste publizierte Erzählung des Neunzehnjährigen schildert die Not im sogenannten Ansiedlungsrayon, jenem gigantischen Ghetto, in dem die Juden des Zarenreichs leben mussten. In der *Geschichte meines Taubenschlags* lässt ein Pogrom die Welt eines Kindes jäh zerscherben. Aber auch die lichte Seite von Babels Jüdischsein wird in den offiziellen Selbstzeugnissen unterschlagen. Isaak Babel war tief verwurzelt in der jiddischen Literatur. Er übersetzte Scholem Aleichem, plante einen Prosazyklus über den jiddischen Eulenspiegel Herschele Ostropoler: Die erhaltene Erzählung ist ein einziger Hymnus auf diesseitige Daseinsfreude. Und auch das Studium der religiösen Texte, das Babel in *Autobiografie* als lebensfernen Drill beschreibt, hat in seinem Werk tiefe Spuren hinterlassen. Auch wenn sich die Sowjetmacht zunächst als Befreierin der Juden gerierte – ein allzu frohes Bekenntnis zur jüdischen Kultur wäre schon 1926 nicht ratsam gewesen, geschweige denn später in Stalins Wahnsystem.

Laut Viktor Šklovskij setzte Babel unter jeden Tag gleichsam eine Unterschrift, als wäre es eine Erzählung. Auch in der *Autobiografie* fällt auf, dass hier das literarische Schaffen als oberster Wert erscheint, dem sich das Leben ebenso wie die Ideologie unterzuordnen hat. Wer Babel kennen will, muss seine Werke lesen. Wie kunstvoll aufgeschichtete Maulwurfshügel erheben sich die Texte über das vertrackte Labyrinth seiner Biografie, lassen ahnen, was dort verborgen liegt. Das Entsetzen angesichts der Zwangskollektivierung, die Babel hautnah miterlebte, die verworrene Familiengeschichte (drei Kinder von drei Frauen), die auch politisch brisant war, weil ein Teil der Familie im westlichen Ausland lebte, die Entscheidung gegen die Emigration und die Angst vor der Hinrichtung –, all dies fließt mehr oder minder verhohlen in Babels Prosa ein. Und selbst in den düstersten Texten hört man noch die Stimme des lebensfrohen Odessiten, der den Sinn des Daseins darin sah, »mit einer Frau zu schlafen und an einem heißen Tag Eis zu essen«.

Die hier versammelten Werke präsentieren Isaak Babel zugleich von seiner intimsten wie von seiner öffentlichsten Seite. Das *Tagebuch 1920* gewährt einen seltenen Einblick in Babels Innerstes. Die journalistischen Texte, die Dramen und Drehbücher zeigen ihn beim Drahtseilakt zwischen eigener Wahrnehmung und offizieller Propaganda. In den Reden und Interviews sieht man den Star der sowjetischen Literatur auf der Anklagebank, wo er unter den Augen des heimischen und internationalen Publikums den Kopf aus der Schlinge zu ziehen versucht.

Die Neugier, die den Schriftsteller Isaak Babel trieb, brachte ihn schließlich zu Fall. Dass Babel Čekist war, gilt als widerlegt, auch wenn sich das Gerücht bis heute hartnäckig hält. Wahr ist, dass er die Nähe zur Macht suchte, auch zu den Schergen des stalinistischen Geheimdienstes. Als der Dichter Osip Mandelstam ihn fragte, ob er etwa mitmischen wolle, »wo der Tod ausgeteilt wird«, erwiderte Babel: »Ich will nur schnuppern, wie es riecht.« Dass er glauben konnte, die blutigen Spiele der Mächtigen ungeschoren betrachten zu können, mag aus heutiger Sicht als sträfliche Hybris erscheinen. In der Kollektivlogik von Stalins Sowjetunion war Babel jedoch von vornehrein schuldig. Sein Verbrechen formulierte er während der Verhöre in der Lubjanka selbst: Es war der unbedingte Glaube an das freie, schöpferische Individuum, ohne das es keine große Kunst gibt.

DESASTRES DE LA GUERRA: DAS *TAGEBUCH 1920*

»Die Budjonnyj-Kämpfer bringen den Kommunismus – ein Mütterchen weint«, notiert Isaak Babel im Juni 1920 in sein Tagebuch aus dem Russisch-Polnischen Krieg. Hier das militärisch verordnete Paradies, dort der Preis, den die Alten und Schwachen für die Zwangsbeglückung zu entrichten hatten – dieser Konflikt zieht sich durch Babels Notizen. Tatsächlich war das Vorrücken von Semjon Budjonnyjs Reiterarmee gegen das expandierende Polen zugleich Teil einer »Offensive gegen den Westen« (Richard Pipes). 1919 hatte Grigorij Zinovjev für das Folgejahr vollmundig den globalen Triumph der kommunistischen Sache verkündet. Der Einmarsch der polnischen Truppen in Kiew am 7. Mai 1920 lieferte einen willkommenen Anlass, diese Vision zu verwirklichen. Die Gegenkampagne der Roten Armee sollte nicht nur Józef Piłsudskis Traum eines polnischen Großreichs vereiteln. Sie zielte zugleich darauf ab, die Revolution nach Mitteleuropa und von dort in die ganze Welt zu exportieren.

Isaak Babel war in diesem Krieg als Reporter der Zeitung *Roter Kavallerist* auch für die propagandistische Erziehung der Kämpfer und der Zivilbevölkerung in den eroberten Gebieten zuständig. In seinem Tagebuch bleibt die Verheißung der Revolution jedoch eine Leerstelle. »Wir sind die Avantgarde, aber wovon?« heißt es angesichts der »viehische[n] Grausamkeit«, mit der Budjonnyjs Kosakenheer auf seinem Feldzug durch Wolhynien und Galizien über die wehrlose Bevölkerung herfällt. Die von allen Seiten terrorisierten Juden tröstet Babel mit »Märchen über den Bolschewismus«, seiner »übliche[n] Leier« vom Leben im sowjetischen Wunderland, und weiß doch selbst um die Hohlheit solcher Versprechungen: »[A]lles wird umgestürzt, alle wird es um und um wälzen zum wievielten Mal und sie tun mir leid.«

Während die Ziele der Revolution bei dem Propagandisten Babel reine Floskeln bleiben, tritt der Schrecken des Krieges mit einer expressiven Wucht zutage, die an Goyas *Desastres de la guerra* erinnert. »Zwei nackte erstochene Polen mit kleinen zerstückelten Gesichtern blinken im Roggen in der Sonne« – immer wieder prallt man im *Tagebuch 1920* auf solche Miniaturen des Grauens. Dabei gilt das Entsetzen, das aus Babels Bildern spricht, den Opfern der sowjetischen

Beglückungskampagne ebenso wie denen des ideologischen Feindes. Und nicht nur der Mensch, die gesamte geschundene Natur rückt das Tagebuch mit ihrem Leiden in den Blick. Die Zerstörung eines Bienenhauses durch Budjonnyjs Kosaken beklagt Babel als himmelschreiendes Unrecht. Der Untergang des verzweifelt gegen die Brandschatzer ankämpfenden Bienenvolks erfüllt ihn mit epischer Trauer »um die Geschicke der Revolution«. Zu den erschütterndsten Passagen des Tagebuchs zählt die Momentaufnahme eines von den eigenen Truppen niedergemetzelten Tieres: »Neben einer der Hütten – eine abgestochene Kuh, die zum ersten Mal gekalbt hatte. Das bläuliche Euter auf der Erde, die pure Haut. Unbeschreiblicher Jammer! Eine junge Mutter hat man getötet!« Babel macht deutlich: Was sich unter dem Deckmantel der Revolution abspielt, ist ein Verbrechen gegen das Leben, die Schöpfung. Von hier aus ist es nur noch ein Schritt zu der in der *Reiterarmee* aufgeworfenen Frage, wozu man in einer solchen Welt überhaupt noch Kinder zur Welt bringen soll.

Immer wieder stürzt der Autor des Tagebuchs angesichts der »nicht enden wollenden Totenmesse« in eine Verzweiflung, die sich mitunter bis zum Daseinsekel steigert. Dann wieder verbeißt er sich ins Leben, begeistert sich für Eichen und Weiden, träumt von Korn für die geliebten Pferde und von Kirschknödeln. Und über allem schwebt stets das Bewusstsein, dass sich Babel als Jude unter den marodierenden Kosakenkämpfern in einer höchst prekären Lage befindet.

Der Feldzug von Budjonnyjs Kavallerie führte mitten durch die Gebiete des ehemaligen Ansiedlungsrayons. Offiziell gab es keinen Antisemitismus in der Roten Armee. Die Wirklichkeit sah anders aus. Laut Oleg Budnitskii grassierten gerade in der Ersten Reiterarmee, der sich Babel angeschlossen hatte, antisemitische Tendenzen. Die jüdische Bevölkerung, traumatisiert von den polnischen Pogromen, erhoffte sich vom Vormarsch der Roten Besserung und geriet vom Regen in die Traufe. Von der bolschewistischen Obrigkeit wurden Berichte über Ausschreitungen gegenüber Juden zunächst heruntergespielt.

Babel reiste zum Selbstschutz unter dem russisch klingenden *nom de guerre* Kirill Vasiljevič Ljutov, der ihm zudem einen martialischen Anstrich verlieh (Ljutov bedeutet so viel wie »der Grimmige«). Die Camouflage bewahrte ihn nicht immer vor antisemitischen Anfeindungen aus den eigenen Reihen. Diese Doppelperspektive – hier der Jude Babel, der um sein Leben bangen muss, dort der selbsternannte Berserker – schärft den Blick für die Mechanismen der Brutalität. Babel fühlt mit den gepeinigten Juden, ihrem »brennende[n] jüdische[n] Leiden«. Die allgegenwärtige sexuelle Gewalt, mit der die syphilitischen Kosakenkämpfer über die Frauen herfallen, erfüllt ihn mit kaum noch erträglicher Abscheu. Die zotige Sprache der Vergewaltiger lässt ihn verzweifelt fragen: »Wo bleibt die Zärtlichkeit?« Zugleich dokumentiert Babel schonungslos die eigene zunehmende Verrohung. Minutiös notiert er, wie er unter dem Druck von Hunger und Erschöpfung seinerseits die Schwächeren zu drangsalieren beginnt. »Ich terrorisiere die Hausfrau«, »ich zerre aus einer Luke eine alte Frau«, »habe eine Frau weggestoßen«, »[h]abe dem Sohn einer Bäuerin einen Fladen aus der Hand gerissen«. Babel verschweigt nichts, auch dann nicht, als er beim Anblick badender kleiner Mädchen plötzlich den Drang verspürt, »etwas Obszönes zu sagen«.

Bei allem Entsetzen verfällt auch Babel in seinem Tagebuch bisweilen der perversen Schönheit des Krieges, wie sie schon Lev Tolstoj in seinen Sewastopol-Erzählungen beschreibt. Doch anders als etwa der Kriegsdiarist und Zeitgenosse Ernst Jünger erhebt Babel solche Augenblicke nie zum ästhetischen Prinzip. Bei ihm versackt jeder Versuch, dem Morden eine wie auch immer geartete Schönheit abzugewinnen, im Morast aus sinnloser Bestialität, der Sieger wie Besiegte gleichermaßen verschlingt.

In der *Reiterarmee* weitet sich der doppelte Blickwinkel des Tagebuchs zum Multiperspektivismus. Humanistisches Ethos und Ästhetik der Gewalt, Rechtfertigung des Leidens durch die Revolution und tragische Weltverzweiflung – in Babels Kriegserzählungen werden die unterschiedlichsten Positionen in einer filmisch anmutenden Montagetechnik kunstvoll gegeneinandergeschnitten. Eine Wertung findet kaum statt. Ob der fiktive Ljutov in Babels Prosazyklus heillos zwischen den verschiedenen Sichtweisen oszilliert oder schließlich zu einem festen Standpunkt gelangt, erschließt sich nicht auf Anhieb, auch wenn sich im Lauf des Zyklus ein Bekenntnis zur Gewaltlosigkeit abzuzeichnen scheint.

Im Tagebuch bildet dieses Bekenntnis den Grundtenor, von dem alles andere nur abweicht. Vor allem aber gelangt Babel hier zu einem zyklischen Geschichtsbild, das der kommunistischen Heilslehre diametral entgegensteht. In dem antisemitischen Wüten sämtlicher Kriegs- und Bürgerkriegsparteien erkennt er eine furchtbare Reprise der Pogrome, die die Truppen des Kosakenhetmans Bogdan Michajlovič Chmelnickij im 17. Jahrhundert bei ihrem Kampf gegen die Polen an der jüdischen Bevölkerung verübten. Dass nun alles wiederkehrt, bewirkt bei Babel einen grundsätzlichen Pessimismus: »[D]ie menschliche Grausamkeit ist unausrottbar.«

Die Blaupause für Babels Deutung des Geschehens liefern nicht die Schriften von Marx und Lenin, sondern die jüdische Bibel. In den Texten zum neunten Av, dem jüdischen

Trauertag, an dem alljährlich der Zerstörung des Tempels und weiterer Katastrophen gedacht wird, findet er die aktuellen Ereignisse vorgezeichnet. Nur einmal scheint im Tagebuch der Gedanke auf, das kommunistische Heilsversprechen könne die Jahrtausende währende Leidensgeschichte beenden: »[A]lles wiederholt sich, jetzt diese Geschichte – Polen – Kosaken – Juden – mit bestürzender Genauigkeit wiederholt sich alles, das Neue ist der Kommunismus.« Mit diesem Neuen wird Babel jedoch nicht wirklich warm. In einem Briefentwurf, der sich zwischen den Seiten des Tagebuchs befand, gesteht er, wie schwer es ihm fällt, sich »vom Alten loszureißen, [...], von dem, was vielleicht schlecht war, für mich aber nach Poesie gerochen hat, wie der Bienenstock nach Honig«. Dieses Alte ist die europäische Kultur, die ihn in den polnischen Klöstern und Buchläden der eroberten Gebiete heimelig anweht, es sind die zu »Gewesenen« abgestempelten Menschen, für die aufgrund ihrer Klassenzugehörigkeit in der neuen Gesellschaft kein Platz sein wird, mit denen Babel jedoch Mitleid verspürt. Und ausgerechnet in einem Aufruf des polnischen Heerführers Jozef Piłsudski findet er einen positiven Gegenentwurf zu der Ideologie, unter deren roter Fahne er in den Krieg gezogen war: »Rührend, traurig, keine stählernen bolschewistischen Argumente – keine Versprechungen, und die Wörter sind – Ordnung, Ideale, Leben in Freiheit.«

Statt der mit eiserner Hand verhängten Paradiesverheißung des Kommunismus ein würdevolles Leben im Hier und Jetzt – solche Passagen machen deutlich: Das *Tagebuch 1920* war nicht für die Veröffentlichung bestimmt. Dass Teile davon bei einer Kiewer Freundin Babels die Jahre der Stalinschen Säuberungen überlebten, ist ein Glücksfall für die Forschung und für die Literatur.

Wie brisant Babels Aufzeichnungen waren, zeigt die Tatsache, dass noch in der 1989 erschienenen russischen Erstausgabe des Tagebuchs heikle Stellen getilgt wurden. Für Peter Urban, der 1990 auf Deutsch die erste ungekürzte Version der Aufzeichnungen veröffentlichte, ist das *Tagebuch 1920* »die offenste Selbstäußerung, die wir von Babel besitzen«, ein »Stück Autobiografie«, das die unter Druck verfassten Selbstzeugnisse ebenso wie die Legenden um Babels Leben korrigiert oder gar widerlegt. Zugleich bieten die Aufzeichnungen Einsicht in Babels Werkstatt, lassen erkennen, wie er noch unter größten Strapazen die Dinge bereits im Hinblick auf ihre Gestaltung betrachtet und oft schon in eine literarische Form gießt. »Das Poem von den geschundenen Pferden«, das »Heldenepos« der Kosakenkämpfer, die »Epopöe – wie wir essen« – im *Tagebuch 1920* lässt sich das Keimen der Literatur aus dem Boden der Erfahrung unmittelbar nacherleben.

Und manche Passagen in Babels Kriegsaufzeichnungen sind selbst schon große Kunst. »Die Nacht im Dorf, ein riesiger purpurroter Feuerkreis vor Augen, aus dem zerstörten Dorf laufen gelb die Äcker«: Solche Momente erinnern in ihrer expressiven Farbigkeit an Georg Trakls sechs Jahre zuvor in Galizien entstandene Kriegslyrik. Isaak Babel birgt aus Leid und Zerstörung, aus den verbrannten galizischen Bienenstöcken, den bitteren Honig der Poesie.

WARTEN AUF MARIJA:
ISAAK BABEL ALS DRAMATIKER

»Ich mag so überschwenglich begeisterte Anfänge nicht«*, schrieb Isaak Babel 1934 in einem Brief über den großen Anklang seines Stücks *Marija* bei der Leseprobe am renommierten Vachtangov-Theater. Sein ungutes Gefühl trog ihn nicht. *Marija* gelangte nie zur Aufführung. Synoptisch mit der Erstpublikation des Stückes veröffentlichte die Zeitschrift *Teatr i dramaturgija* 1935 eine vernichtende Kritik: Ideologisch misslungen, lautete das Verdikt. Für die sowjetische Bühne war *Marija* damit erledigt. Kaum besser erging es sieben Jahre zuvor Babels Dramendebüt *Sonnenuntergang*. Nach ersten Aufführungen in der Provinz wurde die Produktion am Moskauer Künstlertheater, dessen Mitarbeiter nach den Worten des Regisseurs in das Stück regelrecht »verliebt« waren, nach wenigen Vorstellungen abgesetzt.

Bis heute steht Babels Bühnenwerk im Schatten seiner Prosa. Dabei war Babel von Anfang an ebenso sehr Dramatiker wie Erzähler. Schon als Schüler las er Freunden ein selbstverfasstes Theaterstück vor. Und auch in seiner Erzählkunst verwendete er dramatische Elemente. Die quasi kubistische Aufsplitterung der *Reiterarmee* in unterschiedlichste Standpunkte ohne Wertung durch eine einheitliche Erzählerstimme wird in *Marija* zum tragenden Prinzip. Die gezielt schaubudenhafte Theatralik der *Geschichten aus Odessa* verlangt geradezu nach einer Inszenierung. Tatsächlich handelt es sich bei *Sonnenuntergang* um eine Umarbeitung der gleichnamigen Erzählung aus dem Odessa-Zyklus.

* Übersetzung von Gerhard Hacker: Isaak Babel. Briefe 1925–1939, Verlag Johannes Lang: Münster, 1995.

Babels Dramen werden zu Unrecht unterschätzt. Es sind hochkomplexe, kunstvoll gewirkte Texte, die auf Čechov und Shakespeare ebenso zurückgreifen wie auf die antike Tragödie und zugleich neue Wege beschreiten: So weist z. B. das Verfahren, die von allen herbeigesehnte Titelheldin von *Marija* nie auf der Bühne erscheinen zu lassen, bereits auf Becketts *Warten auf Godot* voraus. Gerüchten zufolge hatte Babel seine Stücke zwar als Teil einer Dramentrilogie konzipiert: Im dritten Teil sollte angeblich das Warten auf Marija belohnt werden, die Heldin ihren revolutionären Auftrag erfüllen. Vieles spricht jedoch dafür, dass es sich um eine bewusst gestreute Schutzbehauptung handelte, mit der der Autor die Attacken gegen sein Stück abwehren wollte. Tatsache ist, dass die beiden vorhandenen Dramen durch ein feines Geflecht motivischer Bezüge miteinander verbunden sind, das viel über Babels Einstellung zur Revolution verrät.

Mit dem 1927 in nur neun Tagen niedergeschriebenen *Sonnenuntergang* kehrt Babel noch einmal auf die Moldavanka zurück. Der alternde Patriarch Mendel Krik, Stammvater der Unternehmer- und Ganovensippe in den *Geschichten aus Odessa*, will die Zügel nicht aus der Hand geben. Der »Stern Israels« Mendel ist ein jüdischer Saturn, der im Namen des Machterhalts die eigenen Kinder um ihr Leben prellt: Tochter Dvojra darf nicht heiraten. Die Söhne lungern herum, widmen sich krummen Geschäften. Doch schließlich bricht sich die durch Mendels Macht- und Lebensgier ins Stocken gebrachte Zeit unaufhaltsam ihre Bahn. Im blutigen Abendrot wird der Unersättliche von seinen Söhnen brutal entmachtet. Am Ende richtet Benja Krik, die neue Sonne am Zenit des Familienhimmels, Dvojras Verlobungsfeier aus. Bruder Ljovka erscheint in Begleitung seiner schwangeren Freundin. Das ewig sich erneuernde Leben als

Prinzip der Moldavanka siegt über den Beharrungswillen des Einzelnen.

Ganz anders die Szenerie in *Marija*. Schauplatz ist das von Bürgerkrieg und Terror gezeichnete Petrograd des Jahres 1920. Der Versuch des adligen Generals Mukovnin und seiner Töchter Ljudmila und Marija, Anschluss an die neue Zeit zu finden, endet desaströs. Ljudmila wird bei einer Vergewaltigung mit Gonorrhoe infiziert und verschwindet in den Kellern der Čeka. Der General überlebt den Schock nicht. Marija, die mit der Roten Armee an der Bürgerkriegsfront für eine bessere Zukunft streitet, erweist sich als seltsam blind für die Not der eigenen Familie. Der Einzug einer hochschwangeren Proletarierin in die verwaiste Adelswohnung mit Blick aufs Winterpalais markiert schließlich den Beginn der neuen Ära, in der für die gesellschaftliche Klasse der Mukovnins kein Platz mehr ist.

Hier die drastische Familienburleske unter der Sonne Odessas, dort das triste Revolutionsstück aus dem Petrograder Hungerwinter: Babels Stücke könnten auf den ersten Blick verschiedener nicht sein. Und doch sind sie durch eine Reihe struktureller, motivischer und thematischer Parallelen eng miteinander verwoben. Zusammen gelesen fügen sich *Sonnenuntergang* und *Marija* zu einem Diptychon, dessen Tafeln aus unterschiedlichen Blickwinkeln den Zusammenhang von Macht und Zeit beleuchten.

Die Behinderung eines überfälligen Machtwechsels bildet den Kern beider Stücke. Hier wie dort verstoßen die Bewahrer des Alten gegen eine naturgesetzliche Notwendigkeit. »Mach der Zeit den Weg frei«, mahnt Benja Krik in *Sonnenuntergang*. General Mukovnin schlägt sich in *Marija* mit dem Wort des radikalen Neuerers Peter des Großen auf die Seite der Revolution: »Die Zeit aufhalten bedeutet den Tod.«

Kinderlosigkeit steht in beiden Stücken sinnbildlich für das widernatürliche Beharren auf dem Status quo: Bei den Kriks bleiben unter Mendels Regime die Enkel aus. Die Mukovnins sind als »Gewesene« qua Klasse zur Kinderlosigkeit verdammt. Und hier wie dort setzt Babel in der Schlussszene die Heraufkunft der neuen Macht und den Sieg der Zeit über die Stagnation durch eine Schwangere ins Bild.

Sowohl in *Sonnenuntergang* wie auch in *Marija* wird die Thematik von Macht und Zeit im biblischen Kontext verhandelt. Im Revolutionsstück *Marija* bildet, wie schon der Titel suggeriert, das Neue Testament den Rahmen für das säkulare Heilsgeschehen. In *Sonnenuntergang* ist es die jüdische Bibel, die als Folie für die Ereignisse dient. Wenn Mendel Krik buchstäblich die Nacht zum Tag macht, erweist er sich als Nachfolger des biblischen Josua ben Nun, der um eines militärischen Vorteils willen von Gott die Verlängerung des Tages verlangt. Doch während Josua den Stillstand der Sonne zum Wohle der Israeliten erzwingt, handelt Mendel aus egoistischer Lust- und Machtbefriedigung. Und anders als Josua wendet sich Mendel nicht an Jahwe, sondern lehnt sich in einem Akt der Hybris gegen die göttliche Ordnung auf.

Das in Babels Stück allgegenwärtige Bild des Sonnenlaufs legt nahe: Das Wesen der Macht besteht in ihrer zyklischen Erneuerung. Im Namen dieser Erneuerung ist die gewaltsame Entthronung dessen, der sich dem ewigen Kreislauf von Auf- und Abstieg entgegenstemmt, gerechtfertigt. *Sonnenuntergang* endet mit den Freudenschreien (»kriki«) der Gäste auf der Verlobungsfeier. Auf Russisch bedeutet das Wort zugleich »die Kriks«. Mendels Untergang sichert den Fortbestand der Kriks. Der Einzelne muss seinen Platz an der Sonne räumen, damit das Geschlecht in alle Zukunft lauthals seinen Willen zur Macht bekunden kann.

In *Marija* wird die Welt, so scheint es zumindest vordergründig, durch das Heilsereignis der Revolution endgültig vom Kreislauf der Macht erlöst. Der Aufstieg der Arbeiterfamilie aus dem Kellerloch in die von den Mukovnins konfiszierte Adelswohnung bestätigt den finalen Triumph der bolschewistischen Herrschaft. Im Schlusstableau des Dramas setzt Babel diesen Sieg monumental ins Bild. Eine fürs Einweihungsfest zum Fensterputzen abkommandierte Hünin aus dem einfachen Volk präsentiert er im strahlenden Sonnenlicht als weiblichen Atlas, der die neue Welt auf den proletarischen Schultern trägt.

Manche sehen darin das Bekenntnis zur Revolution, mit dem sich der politisch zunehmend bedrängte Babel der rigiden Kunstdoktrin des Stalinismus unterwarf. *Marija* ist jedoch ein vielschichtiger Text, dessen Bedeutung sich keineswegs im plakativen Schluss erschöpft. Die zeitgenössische Kritik lag nicht ganz falsch, wenn sie das subversive Potential des Stückes anprangerte. Tatsächlich gelangt Babel auch in *Marija* zu einer grundsätzlichen Reflexion über Macht, die das offizielle Narrativ zumindest infrage stellt.

Anders als in *Sonnenuntergang* steht hier nicht das Individuum im Mittelpunkt, das sich mit seinem Machtbeharren selbstherrlich gegen die Zukunft stemmt. In der revolutionären Welt von *Marija* werden ganze Menschenkontingente von vorneherein von dieser Zukunft ausgeschlossen. Während die einen ihren Einzug ins bolschewistische Himmelreich feiern, befördert das Jüngste Gericht der Revolution mit den Mukovnins eine ganze Klasse in den Orkus der Geschichte.

Der tragische Irrtum des Generals Mukovnin liegt darin, dass er glaubt, das Neue könne sich als bruchloses Kontinuum aus dem Alten entwickeln. Der Hobbyhistoriker nimmt das Leninwort vom »Lernen, lernen und nochmals lernen« ernst. Mit seinen Kenntnissen des Zarismus will er den neuen Herren helfen, aus den Fehlern der Vergangenheit die richtige Lehre zu ziehen, und zugleich sich und den Seinen einen Platz in der neuen Gesellschaft sichern. Damit verkennt Mukovnin jedoch das Wesen der Macht, die – so legt es *Marija* nahe – weder für das Gewesene noch die »Gewesenen« Verwendung hat.

»Die wollen alles nur für den gegenwärtigen Moment«, wendet eine Freundin der Mukovnins ein, als der General hofft, sich mit einer historischen Studie über die Schrecken der Zarenzeit dem neuen Regime andienen zu können. Die insgesamt siebenmal verwendete Formel vom »gegenwärtigen Moment« zeigt: Der bolschewistische Griff nach der Macht erfolgt nicht aus dem Wissen um die Historie. Er gründet vielmehr in blindem, geschichtsvergessenen Handeln. Als treibende Kraft der Revolution erweist sich in *Marija* die ebenso dreiste wie opportunistische Hausmeisterin Agaša. Unter dem General hat sie »gebuckelt«, nun ist sie es, die die Proletarier aus dem Keller in das von den Mukovnins geräumte Adelsdomizil befördert. »Was ich gewusst hab [...], hab ich vergessen, ich lerne jetzt um«, entgegnet sie auf die Vorhaltungen einer Freundin der Mukovnins: Agaša agiert nicht auf dem Boden einer gefestigten Ideologie, sondern instinkthaft, aus dem Augenblick heraus: eine blinde Fortuna, die mit ihrem Glücksrad heute die einen, morgen die anderen auf den Gipfel der Macht hievt.

Der historische Prozess als Ausdruck eines unreflektierten Willens zur Macht – eine solche Sicht konnte unmöglich im Sinn der sowjetischen Lehre sein. In *Marija* wird diese Sicht vom Fürsten Golicyn formuliert, einem »Gewesenen«, der nach der Revolution als Kneipenmusikant sein Dasein fristet. Für den Fürsten, eine impotente Christusfigur mit Anklängen an Dostojevskijs *Idioten*, entspringt alles Machtstreben einer unablässigen Gier, »die wir niemals stillen können«.

Überwinden lässt sich diese Gier nicht in einer gewaltsam umgesetzten Utopie, sondern durch Machtverzicht und eine schopenhauerisch anmutende Askese.

In *Marija* bleiben solche Passagen unwidersprochen stehen. Babel setzt jedoch einen Gegenakzent zum Pessimismus des Fürsten, und wie häufig in seinem Werk sind es die Kinder, deren Schicksal seinen Blick auf die Revolution bestimmt. Im Schlussbild von *Marija* verweist ein Arbeiter anerkennend auf die verbesserten Geburtsbedingungen im Reich der Bolschewiki. Die Stelle ist ein unmittelbares Echo auf eine 1918 entstandene Reportage Babels über das Petrograd der Bürgerkriegszeit. Dort nimmt Babel die Verwandlung eines Adelspalais in einen »Palast für Mutter und Kind« zum Anlass für sein Bekenntnis zu einer gewaltlosen Revolution, die das Heil der Menschheit nicht durch einen radikalen Bruch herbeizwingt, sondern in jeder Generation kontinuierlich neu bewirkt: »Eine Flinte schultern und aufeinander schießen – mag sein, dass das manchmal gar nicht so dumm ist. Aber es ist noch nicht die ganze Revolution. Wer weiß – womöglich ist es überhaupt nicht die Revolution. Man muss die Kinder gut zur Welt bringen. Und das ist – ich weiß es bestimmt – die wahre Revolution.«

In der russischen Literatur wurde das Leiden der unschuldigen Kinder seit der Empörungsrede von Dostojevskijs Ivan Karamazov gegen Gott zur Richtschnur für die Rechtmäßigkeit der himmlischen wie der irdischen Macht. Die Revolution verlieh dem Thema neue Brisanz. In Fjodor Gladkovs *Zement*, dem 1925 entstandenen Prototyp des sozrealistischen

Romans, wird der Tod eines Kindes im Namen des künftigen kollektiven Glücks gerechtfertigt: »So muss es [...] sein. Tragödie des Kampfes. Um von Neuem geboren zu werden, muss man sterben«. Dagegen steht in Andrej Platonovs Roman *Die Baugrube* von 1930 das Sterben eines Kindes emblematisch für das Scheitern der kommunistischen Utopie. Gladkovs *Zement* war Schullektüre. Platonovs *Baugrube* konnte nicht erscheinen. Babel steht klar auf Seiten Platonovs: Die wahre Revolution findet dort statt, wo für das Wohl jedes einzelnen, gegenwärtigen wie künftigen Kindes gesorgt ist. Wollte Babel, indem er in *Marija* das Reich der Bolschewiki als eine Art »Palast für Mutter und Kind« preist, die Sowjetunion als Erbin dieser wahren Revolution bestätigen? Oder beharrte er in seinem letzten großen Werk noch einmal auf einem Ideal, das er durch die Wirklichkeit des Stalinismus längst widerlegt sah? Die schwangere Proletarierin, die am Ende die Wohnung der Mukovnins bezieht, fürchtet die Niederkunft, ist nicht für eine Geburt gebaut. Ob sie tatsächlich den neuen Menschen hervorbringen wird – Babel lässt es offen.

In *Marija* gelingt Babel das Kunststück, ein detailgetreues Sittenbild des revolutionären Petrograd von 1920 zu zeichnen und zugleich die stalinistische Gegenwart in den Blick zu nehmen. Und dieser Blick fällt düster aus. Vieles in *Marija* hat dokumentarischen Charakter, erinnert bis in Einzelheiten an die grausigen Aquarelle, auf denen der Maler Ivan Vladimirov heimlich den Bürgerkriegsalltag in Petrograd festhielt. Vladimirovs Porträts der verfemten »Gewesenen« wirken wie unmittelbare Illustrationen zu Babels Adelsfamilie.

Der Maler Vladimirov führte in der Sowjetunion eine bizarre Doppelexistenz: Offiziell war er ein gefeierter Linientreuer, im Verborgenen produzierte er seine antibolschewistischen Bilder, die er in die USA schmuggeln ließ (drei davon schmückten die Privatwohnung des künftigen Präsidenten Hoover!). Mit *Marija* schuf Babel ein Werk, das beides in sich vereint: ein vordergründiges Lippenbekenntnis zur offiziellen Linie und verdeckte Kritik. Immer wieder legt der Autor seinen Figuren Äußerungen in den Mund, die aus der rückblickenden Perspektive des Publikums von 1935 unschwer als Kommentar zur stalinistischen Gegenwart verstanden werden konnten. Ausgerechnet die negativste Figur des Stückes, der Vergewaltiger und Klassenfeind Viskovskij, liefert eine präzise Prognose der kulturellen Gleichschaltung unter Stalin, die nur noch »langweilige« Bücher und Lieder erlaubt. Und im Gespräch mit einem Rotarmisten nimmt er in gespenstischer Weise den Großen Terror vorweg, in dem die Revolution ihre eigenen Kinder verschlingt: »Und zwei Bürger kommen dich besuchen: ›Mitkommen, Genosse […], es dauert nur paar Minuten, ein kleines Verhör, weiter nichts …‹ Und dann machen sie Schluss mit dir, […] das kostet grade mal vier Kopeken. Beim Colt rechnet man pro Kugel vier Kopeken und keinen Centime mehr.« *Marija* ist nicht zuletzt auch ein finsterer Vorausblick auf Babels eigenes Schicksal.

1920 schuf der sowjetische Maler Kuzma Petrov-Vodkin sein berühmtes Gemälde *Petrograder Madonna* – eine der letzten öffentlichen Mariendarstellungen in der Sowjetunion, die nicht dazu dienten, die Religion zu diffamieren (Wendy Salmond). In altmeisterlicher Manier und mit deutlichen Anklängen an die Ikonenmalerei platziert Petrov-Vodkin eine Arbeiterin mit ihrem Kind als Mutter Gottes auf einen Balkon mitten im revolutionären Petrograd – Sinnbild einer geistigen Revolution, ohne die der Umsturz in fruchtlose

Gewalt mündet. Das zeitgenössische Publikum deutete die Szenerie als Anspielung auf den Einzug proletarischer Familien in die einstigen Adelswohnungen, wie er in Petrograd an der Tagesordnung war. Es spricht also vieles dafür, dass Babel das Bild vor Augen hatte, als er die Schlussszene von *Marija* schrieb.

Petrov-Vodkins Gemälde ist eine seltsame Mischung aus Alt und Neu, Zuversicht und Trauer. Ob die Madonna mit ihrem Kind in der neuen Welt dauerhaft heimisch wird, lässt der Künstler offen. Babels Marija kommt gar nicht erst bis Petrograd. Die messianischen Hoffnungen auf eine geistige Revolution, mit der die »Gewesenen« in Babels Stück ihr Erscheinen herbeisehnen, werden nicht erfüllt: Marija bleibt abwesend. In einem Brief, der auf der Bühne verlesen wird, offenbart sie sich jedoch überraschend als Seelenverwandte von Babels Alter ego, wie es im *Tagebuch 1920* und der *Reiterarmee* erscheint. Wie jenes ist sie für die ideologische Unterweisung der Rotarmisten zuständig. (Dass auch Marija bald in den Russisch-Polnischen Krieg ziehen wird, ist im Stück mehrfach angedeutet.) Auch sie offenbart in lyrischen Worten eine unauslöschliche Anhänglichkeit an das Alte, das sie doch bekämpfen soll. Und auch sie äußert statt revolutionärer Gewissheit Zweifel, offene Fragen. Das sowjetische Publikum wartete vergebens auf Babels Petrograder Madonna. *Marija* konnte erst nach dem Fall der Sowjetunion auf den russischen Bühnen erscheinen.

UNTER SOWJETISCHER REGIE:
ISAAK BABEL ALS DREHBUCHAUTOR, PUBLIZIST, REDNER

»Bei mir ist unversehens eine Ader für das Kino zu Tage getreten, und jetzt beherrsche ich dieses Gebiet«, schrieb Isaak Babel 1926 an seine Schwester, der er tags zuvor 75 Rubel ins belgische Exil überwiesen hatte.* Notorische Geldnot war der Grund, der Babel ins Filmgeschäft trieb. Die Familie im Ausland, das zunehmend komplizierte Privatleben forderten ihren Preis. Das Kino lag Babel. Schon in der *Reiterarmee* hatte er sich einer filmisch anmutenden Schnitttechnik bedient. Ein früher Vorläufer seines Theaterstücks *Marija* liest sich wie ein Szenario. Babel war bald so versiert im neuen Metier, dass man ihn als »Skriptdoktor« (Jerry Heil) zu Hilfe rief, wenn ein Filmprojekt zu scheitern drohte. Die Zwischentitel, die er für Aleksej Granovskijs Komödie *Jüdisches Glück* verfasste, wurden hymnisch besprochen. Maksim Gorkij beklagte, sein Schützling ließe sich durch den Erfolg in der Filmindustrie von seiner eigentlichen Berufung ablenken.

Mit der Kinoarbeit bewegte sich Babel auf gefährlichem Terrain. Die sowjetischen Filmschaffenden waren noch stärker als die Literaten auf offizielle Unterstützung angewiesen, wurden noch schärfer als diese kontrolliert. Und nicht immer ließ sich im Klima der staatlichen Willkür erahnen, was gerade erwünscht und was verboten war: Sergej Eisenstein, mit dem Babel schon früh bekannt war, musste 1929 seinen Film *Generallinie* umbenennen, weil sich die Generallinie während der Dreharbeiten unversehens gewandelt hatte.

Als Babel zunehmend nur noch für die Schublade schrieb, wurde das Kino für ihn zur lebenswichtigen Einnahmequelle.

* Übersetzung von Gerhard Hacker.

Wie sehr diese Tätigkeit einer Gratwanderung glich, zeigt das Schicksal des wohl vielversprechendsten Kinoprojekts, an dem Babel beteiligt war: Eisensteins Film *Die Bežin-Wiese*, Berichten zufolge ein Meisterwerk, brachte nach seiner Fertigstellung 1937 den Regisseur in ernsthafte Schwierigkeiten; das Material wurde vernichtet. Von den Filmen, an denen Isaak Babel maßgeblich mitwirkte, sind nur zwei erhalten. Der Rest ist verloren, wurde verboten oder gar nicht erst realisiert.

In seinen ersten noch erhaltenen Drehbüchern, *Wandernde Sterne* und *Benja Krik*, beide von 1926, widmet sich Babel ein weiteres Mal der Lebenswelt der russischen Juden. Es sind schillernde Texte: Krude Propaganda wechselt mit einer eigenwilligen Bildsprache, die die vorgegebenen Schablonen sprengt. In beiden Drehbüchern distanziert sich Babel in einem Akt der öffentlichen Selbstverleugnung von Teilen der eigenen künstlerischen Biografie und bringt das Verleugnete gewissermaßen durch die Hintertür wieder zum Vorschein.

Wandernde Sterne ist eine Adaption von Scholem Alejchems Roman *Blondzhende shtern* über die Fährnisse einer jiddischen Schauspieltruppe. Welche Schwierigkeiten die Bearbeitung des Stoffes barg, deutet die Bemerkung an, die Babel seinem Drehbuch voranschickte, um »etwaige Vorwürfe« abzuwenden. »Undankbar«, »fremd« sei das »mit kleinbürgerlichen Motiven gesättigte[]« Material, bekundete Babel und übte damit Verrat an Scholem Alejchem, den er liebte und dessen Werk seine eigene Prosa inspirierte.

Tatsächlich wird bei Babel die Romanhandlung – es geht um die Flucht eines jüdischen Künstlerpaars aus dem Schtetl in die große Welt – auf ein antikapitalistisches Lehrstück umfrisiert. Im Drehbuch führt Babel die Liebenden – den Geiger Rogdaj und seine Freundin Rachil – nach Berlin, einen

Sumpf aus Habgier und Dekadenz, der aus dem Künstler das letzte herauspresst, um ihn dann gnadenlos zu verschlingen. Babel scheut sich nicht vor Schwarz-Weiß-Malerei und melodramatischen Effekten. Rachil wird zur selbstlosen Märtyrerin der Revolution. Ihren Gegenspieler, den Musikmanager Maffi, überzeichnet Babel als abgefeimten Bösewicht, der im finalen Showdown mit Rachil zum Killer-Roboter à la *Terminator* mutiert und wie jener fast nicht totzukriegen ist. Vor allem aber sendet Babels Drehbuch die Botschaft, dass das Glück der russischen Juden nicht in der Emigration, sondern im künftigen Sowjetreich liegt (ähnlich wie wenige Jahre später der berühmte Film *Die Rückkehr des Natan Becker*). »Wohin jetzt?«, fragt Rachil im Berliner Exil einen Revolutionär, als ihre Jugendliebe Rogdaj im Selbstmord endet. »Nach Russland«, erwidert der Genosse und schickt sich an, mit Rachil zur illegalen Arbeit in die Heimat zurückzukehren.

Das rote Russland als Heimstatt für die Juden des Ansiedlungsrayons? In den eindrücklichsten Passagen seines Drehbuchs liefert Babel mit nur wenigen Pinselstrichen ein plastisches Bild des russischen Antisemitismus – dem Thema, das ihm seit jeher am Herzen lag. Nach ihrer Flucht aus dem Schtetl gelangt Rachil nach Moskau, wo sie in der Pension »Russland« zunächst gastfreundlich aufgenommen wird. Geführt wird die Pension von dem Alten Ivan Potapovič Bucenko, der nicht nur durch seinen Namen als prototypischer Vertreter der christlichen, russisch-ukrainischen Mehrheitsbevölkerung ausgewiesen ist. Vor der Pension erhebt sich ein orthodoxes Kirchlein. Drinnen herrscht ein russisches Idyll mit Ikonenbildchen, Samowar, Piroggen. Kaum ist Rachil jedoch durch den Vermerk in ihrem Pass als Jüdin entlarvt, weicht die Nächstenliebe des Pensionsbesitzers einem unverhohlenen antisemitischen Ressentiment. Der Gast wird auf die Straße gesetzt. Die Szene schließt mit dem symbolischen Satz: »In der Pension ›Russland‹ hat Rachil kein Obdach gefunden.«

Wandernde Sterne spielt im vorrevolutionären Russland: Der Antisemitismus wird hier zweifelsfrei als Merkmal der überkommenen Gesellschaft angeprangert. In dem nur kurze Zeit später begonnenen und erst 1988 veröffentlichten Prosafragment *Die Jüdin* deutet Babel jedoch an, dass der Empfang der jüdischen Schtetlbevölkerung in der sowjetischen Kommunalwohnung ähnlich unfreundlich ausfallen wird wie der in der Pension »Russland«.

In *Benja Krik* verlegt Babel die jüdischen Ganoven der Moldavanka ins revolutionäre Odessa. Durften die Helden der Erzählungen in selbstherrlicher Eigengesetzlichkeit jenseits von Gut und Böse agieren, werden sie nun moralisch bewertet, geschieden in Freund und Feind der Revolution. Vor allem aber macht Babel im Drehbuch seinem legendären Gangsterkönig Benja Krik den Garaus: Gemeinsam mit dessen kolossalem Komplizen Froim Grač – auch er ein fester Bestandteil des Odessa-Figurenensembles – lässt er Benja im Salon des ehemaligen Zarenzugs von den Bolschewiki hinterrücks erschießen. Das rote Russland hat für die Titanen der Moldavanka keine Verwendung.

Das Drehbuch *Benja Krik* markiert den Beginn eines langen Abgesangs auf Babels Odessa-Poetik. Sieben Jahre später, mitten im Stalinismus, inszeniert Babels in der Sowjetunion nie veröffentlichte Erzählung *Froim Grač* noch einmal die Liquidierung seiner odessitischen Ganoven durch die neue Macht: Hier wird Froim Grač im Hof des Čeka-Gebäudes von zwei jungen Rotarmisten erschossen, die für die epische Größe von Babels Gangsterheroen kein Empfinden haben.

Mit dem überdimensionierten Froim Grač sterben zugleich »all die erstaunlichen Geschichten, die nun der Vergangenheit angehörten«. An ihre Stelle tritt eine nach den Normen der Moskauer Zentralverwaltung vorgestanzte, von zurechtgestutzten Einheitshelden bevölkerte Literatur.

Wie schmerzlich Babel den Abschied von seinen Helden empfand, wird im Drehbuch angedeutet. »Sei mir nicht böse, Benja«, bittet der Bolschewik Sobkov, der den Mord veranlasst, sein Opfer: »Wir haben uns gut vertragen.« Zugleich gibt Babel ein weiteres Mal zu verstehen, dass eine schießende Revolution ihr eigenes Wesen verrät. Denn Benja Krik ist zunächst durchaus willig, sich bekehren zu lassen. «Es braucht kein Buch, erklärs mir von Herzen«, entgegnet er Sobkov, als der ihn mit einer Broschüre von Lenin überzeugen will. Doch die Revolution hat längst ihr eigenes Herz verloren. Sie kennt nur die Worthülsen der Partei und die Sprache der Gewalt.

Trotz der ideologischen Zwangsjacke verleiht Babel seinen Drehbüchern eine nahezu tänzerische Kraft. Es sind wunderbare Lesestücke, die mit ihrer Sprache und Bildhaftigkeit den jeweiligen Film unmittelbar vor dem inneren Auge entstehen lassen. Wann immer Babel die Laster des Kapitalismus beschreibt, siegen seine Detailfreude und die Lust am Fabulieren über die Ideologie. Das Stundenhotel in *Wandernde Sterne* riecht nach »Sperma, Brot und Äpfeln«. Der verlotterte Hoteldiener, die Prostituierten gewinnen unter Babels Feder individuelle Kontur. Während einer Razzia dürfen hinter den Türen des Stundenhotels eine ganze Reihe von Nebengeschichten aufblitzen: der verschreckte Gymnasiast, der im Zimmer einer alternden Prostituierten mit heruntergelassener Hose von der Polizei aufgegriffen wird, das hohe Tier, das sich gleich mit zwei Minderjährigen auf einmal vergnügt, die Hure, die aus den Fängen eines gewalttätigen Freiers zu fliehen versucht – all dies wird mit höchst sparsamen Strichen gekonnt in Szene gesetzt.

Immer wieder wartet Babel mit verblüffenden Bildern auf. Das Gesicht einer »Frau Putzke« entfaltet sich am Telefon »wie eine lange Sprungfeder, und am Ende der Feder erscheint längst präpariertes Entzücken«. Die »langen Brüste« einer Odessitin »baumeln, wie im Hof die Wäsche an der Leine baumelt, wenn sie der Wind wiegt«. Bisweilen lesen sich Babels Regieanweisungen wie reine Lyrik. Da erscheint »[z]wischen Wolkenlawinen ein zerklüfteter Mond«. Über das gläserne Dach des Brjansker Bahnhofs »fegen mit Hufgeprassel alle Schwadronen der Nacht«. Und selbst beim Schreiben für den Schwarz-Weiß-Film greift Babel tief in den expressionistisch flammenden Farbkasten seiner Prosa, malt rosige Kuheuter, purpurorange Lumpen, einen ziegelroten Hals.

Ein Regisseur vom Kaliber Sergei Eisensteins hätte es wohl vermocht, Babels eigenwillige Bild- und Sprachwelt filmisch umzusetzen. Doch obwohl Eisenstein schon früh Interesse an einer Verfilmung von Babels Prosa zeigte, kam es erst in den rigiden Dreißigerjahren zur Zusammenarbeit der beiden – mit unglücklichem Ausgang. »Kinematografischen Dreck«, »trivial«, »furchtbar« nannte Babel in Briefen die Filme, die in den Zwanzigerjahren unter seiner Mitwirkung auf die sowjetische Leinwand gelangten.

Babels spätere Drehbücher zeugen von einer immer stärkeren Gängelung durch die sowjetische Kulturpolitik. *Die chinesische Mühle* zeigt eine raffinierte, an Eisenstein geschulte Schnitttechnik. Inhaltlich erschöpft sich das Drehbuch im launigen Lob auf den Internationalismus und die Kollektivierung der Landwirtschaft. Das wenige Monate vor Babels Tod entstandene *Staraja Platz Nr. 4* über die sowjetische Luftschifffahrt folgt den Schablonen des sozialistischen Realismus. Doch auch diese Texte versieht Babel mit einer gänzlich unideologischen Würze. In *Die chinesische Mühle* lässt er in der Dorflesestube hinter einer *Pravda* einen Cupido hervorlugen und gibt den erotischen Plänkeleien der Komsomolzen nicht weniger Raum als ihrer Politarbeit. In *Staraja Platz Nr. 4* darf eine jüdische Mutter die sozialistische Einheitskost in der Werkskantine mit ostjüdischen Gerichten aufpeppen. Der Babel-Forscher James Falen will in der Figurenkonstellation von Babels letztem Drehbuch sogar eine pikante Anspielung auf Trotzkij, Bucharin und Stalin erkennen.

Wann immer der Sowjetstaat Regie führt, laviert Babel gefährlich zwischen eigenen und offiziellen Positionen. Auch die publizistischen Auftragswerke, die Reportagen aus Georgien und Frankreich, oszillieren zwischen Propaganda und einer originellen, durch keine Ideologie getrübten Sichtweise. In den Aufsätzen, Reden und Interviews der Dreißigerjahre wird aus dem Lavieren ein Kampf ums Überleben. Selbst dort, wo Babel ein Lippenbekenntnis zu Stalin ablegt, behauptet er in regelrecht tollkühner Weise doch wieder sich selbst. Bei öffentlichen Auftritten gibt der sonst so Schweigsame Auskunft über sich und seine Poetik, als wüsste er, dass ihm dazu nur noch wenig Zeit bleibt. Dem epischen Anspruch des sozialistischen Realismus begegnet er mit einem Bekenntnis zur kurzen Form. Die eigene Biografie beschreibt er rein künstlerisch als »Geschichte eines Adjektivs«, verweigert sich jedem Schreiben nach ideologischer Rezeptur. Dass er sich damit ins Aus manövrierte, war Babel bewusst. »Der Fehler – das bin ich«, verkündete er in einer Rede von 1936. In Stalins Sowjetunion war schöpferische Individualität ein Kapitalverbrechen.

Die Möglichkeit der Emigration, die er in *Wandernde Sterne* als Irrweg verwarf, schlug Babel mehrfach aus. »Ich bin von Russland vergiftet, habe Sehnsucht nach ihm, denke nur an Russland«, schrieb er 1927 aus Marseille an einen Freund. Wie seine Heldin Rachil kehrte auch Babel in dieses Russland zurück. Dort brachte am 27. Januar 1940 eine Kugel seinen Stern gewaltsam zum Verlöschen.

CHRONOLOGIE ZUM
POLNISCH-RUSSISCHEN KRIEG 1920

von Peter Urban

DER ERSTE WELTKRIEG IN OSTEUROPA
1914

August	Schlacht bei Gumbinnen: Russland besetzt Ostpreußen. In Galizien Bildung der polnischen Legionen West [Krakau] und Ost [Lemberg] unter Piłsudski.
26.–30.8.	Schlacht bei Tannenberg, Vernichtung der russischen Narev-Armee. Schlacht um Lemberg.
3.9.	Russische Truppen besetzen Lemberg.
September	Schlacht an den Masurischen Seen, russische Truppen räumen Ostpreußen. Sieg der russischen Truppen bei Rawa Ruska, die Ostgalizien besetzen.
November	Gegenoffensive der Mittelmächte bei Łódź, Limanova.

1915

4.–22.2.	Winterschlacht in den Masuren, die russische 10. Armee wird vernichtend geschlagen (100 000 Gefangene).
April	Deutscher Vorstoß in Litauen und Kurland.
1.–3. Mai	Offensive der Mittelmächte in Galizien, Durchbruchsschlacht von Tarnów und Gorlice.
22.6.	Lemberg von den Österreichern zurückerobert.
August	Besetzung Kongresspolens durch die Mittelmächte:
5.8.	Warschau,
18.8.	Kovno,
25.8.	Brest-Litovsk,
18.9.	Besetzung Wilnas.

6.–19.9.	In Galizien bleibt die Gegenoffensive in der Schlacht von Tarnopol stecken, die Folge: Stellungskrieg.
November	Eröffnung der polnischen Universität in Warschau mit der Unterrichtssprache Polnisch.
Dezember	Vergebliche russische Durchbruchsoffensive am Pripet und in den Karpaten (Neujahrsschlacht).

1916

Anf. Juni/ September	Russische Offensive in Galizien unter General Brusilov, Geländegewinn in Galizien und Wolhynien, wo unter Piłsudski die polnischen Legionen kämpfen.
30.8.	Memorandum Piłsudskis über ein unabhängiges Polen.
16.9.– Anf. Okt.	Die zweite Brusilov-Offensive in Wolhynien und Galizien wird abgewiesen.
5.11.	Die Mittelmächte kommen den Alliierten zuvor und proklamieren das Königreich Polen.
14.10.– Dezember	Die dritte Brusilov-Offensive in Galizien bleibt wiederum stecken. Verfall der Kampfmoral auf beiden Seiten als Folge des Stellungskrieges.

1917

22.1.	Der amerikanische Präsident Wilson wirbt für einen »Frieden ohne Sieg«, an dessen Ende die Bildung eines unabhängigen Polens stehen solle.
8.3.	[nach russischem Kalender: 23. Februar] Februarrevolution in Petrograd. Arbeiter- und Soldatenräte fordern die sofortige Beendigung des Krieges.
15. März	Zar Nikolaus II. dankt ab. Bildung einer Provisorischen Regierung unter Fürst Lvov.
30.3.	Die russische Provisorische Regierung erklärt sich für ein unabhängiges Polen »in allen Gebieten, die mehrheitlich polnisch bevölkert sind«. Auf seiten der Mittelmächte Bildung einer »polnischen

	Wehrmacht«, getrennt für Galizien und Kongresspolen.
30. Juni	Neuerliche russische Offensive unter General Brusilov in Galizien.
9.7.	Polnische Legionäre und neu geworbene Soldaten der »polnischen Wehrmacht« verweigern den Eid auf Deutschland bzw. Österreich.
18. Juli	Nach Niederschlagung eines Aufstands der Bolschewiki wird Kerenskij russischer Ministerpräsident.
22.7.	Verhaftung Piłsudskis, er wird in Magdeburg interniert.
5.9.	Deutsche Truppen erobern Riga.
9.–14.9.	Putsch General Kornilovs gegen die Regierung Kerenskij.
7.11.	[nach russischem Kalender: 25.10.] Oktoberrevolution in Russland, die Regierung Kerenskij flieht. Erstes Dekret der Räteregierung unter Lenin: Über die Beendigung des Krieges.
15.11.	Dekret der russischen Räteregierung: Über die Selbstbestimmung der Völker.
11.12.	Litauen erklärt sich von Russland für unabhängig.
22.12.	Beginn der Friedensverhandlungen zwischen den Mittelmächten und Russland in Brest-Litovsk – unter Ausschluss Polens.

BÜRGERKRIEG IN RUSSLAND UND BILDUNG DES POLNISCHEN STAATES 1918

8. Januar	14 Punkte Präsident Wilsons, deren einer die Bildung eines polnischen Staates »in allen Gebieten mit zweifelsfrei polnischer Bevölkerung« betrifft und dessen »freien und gesicherten Zugang zum Meer« fordert.
22.1.	Unabhängigkeitserklärung der Ukraine von Russland. Am 24. Februar folgt Estland.
9.2.	Anerkennung der Ukraine durch das Deutsche Reich, das mit der Regierung Skoropadskij den sogenannten »Brotfrieden« schließt.

10. Februar	Die Sowjetregierung bricht die Verhandlungen in Brest-Litovsk ab. Deutsche und österreichische Truppen rücken daraufhin in der Ukraine ein und erzwingen am
3.3.1918	den Frieden von Brest-Litovsk. Darin verzichtet die russische Regierung, von gegenrevolutionären Aufständen erschüttert, auf Livland, Kurland, Litauen, Estland und Polen und erkennt Finnland und die Ukraine an.
März	Deutsche Truppen besetzen die Ukraine einschließlich Odessas, der Krim und der Schwarzmeerküste bis Rostov-am-Don. Von seiten Polens scheint Widerstand gegen die deutsche Ostpolitik aussichtslos. In der polnischen Frage geht die Initiative auf die Entente über.
Frühjahr	Unter deutschem Schutz organisiert sich die Gegenrevolution [General Krasnov], im Dongebiet sammelt sich unter den Generälen Kornilov und Aleksejev die Weiße Freiwilligenarmee. Japanische Interventionstruppen, im Dezember 1917 in Vladivostok gelandet, dringen bis zum Bajkal vor.
22. April	Dekret über die Bildung der Roten Armee auf Basis der allgemeinen Dienstpflicht, das das Dekret über die Bildung einer Roten Arbeiter- und Bauern-Armee auf freiwilliger Basis [vom 28.1.1918] ablöst. Der Oberste Revolutionäre Kriegsrat unter Führung von Lev Trockij bildet Fronten im Süden, Osten, Norden und Westen.
Ende Mai	Aufstand der tschechischen und slowakischen Kriegsgefangenen in Sibirien, die den Ural und die sibirische Magistrale besetzen.
2. August	Britische Truppen, in Murmansk gelandet, erobern die Stadt Archangelsk.
4. Oktober	Deutsches Waffenstillstandsangebot an die Entente, Zusammenbruch der beiden Kaiserreiche.
12.10.	Der polnische Regierungsrat proklamiert ein »vereinigtes unabhängiges Polen«. Ernennung des noch in Magdeburg internierten Piłsudski zum Kriegsminister.

28.10.	Proklamation der Tschechoslowakei.
29.10.	Jugoslawien erklärt sich für unabhängig.
1. November	Ungarn erklärt sich für unabhängig.
3.11.	Inkrafttreten des Waffenstillstands. Novemberrevolution in Deutschland. Die deutschen Truppen räumen die Ukraine. Englische und französische Truppen rücken in Südrussland ein.
8.11.	Piłsudski, in einem deutschen Zug von Magdeburg nach Warschau befördert, übernimmt den Oberbefehl über die polnische Armee und erreicht in Verhandlungen mit dem deutschen Soldatenrat die Räumung Kongresspolens durch deutsche Truppen.
9.11.	Abdankung Wilhelms II., Deutschland wird Republik.
11.11.	Kaiser Karl von Österreich dankt ab. Nationalfeiertag der polnischen Staatsbildung. Anerkennung Polens durch Deutschland.
18.11.	In Sibirien ernennt sich General Kolčak zum Staatsoberhaupt und »Reichsverweser ganz Russlands«.
November	Sturz der Regierung Skoropadskij und Bildung der ukrainischen Rada unter Petljura.
23.11.	Eroberung Lembergs durch polnische Truppen gegen die Westukrainer.
8.12.	Festlegung der polnischen Ostgrenze durch die Alliierten (Curzon-Linie), die den Plänen Piłsudskis von der Bildung eines großpolnischen Reiches widerspricht.

ENDE DES RUSSISCHEN BÜRGERKRIEGS UND DIE FRAGE DER POLNISCHEN OSTGRENZE 1919

18. Januar	Beginn der Pariser Friedenskonferenz. In Russland tritt der Bürgerkrieg in seine entscheidende Phase, die – im Frühjahr 1920 – mit der Zerschlagung der Konterrevolution an sämtlichen Fronten endet.
29.1.	Polen fordert die Wiederherstellung seiner Grenzen von 1772 und unterstreicht diese Forderung durch eine Offensive gegen die Westukrainer in Galizien.

27. Februar	Ausrufung der Sozialistischen Sowjetrepublik Litauen und Weißrussland [Litbel] unter dem Schutz der Roten Armee.
April	Die Rote Armee erobert Kiew. Die Ukraine wird Sowjetrepublik.
19.–22.4.	Polens Truppen rücken im Osten vor. Eroberung Wilnas, Ausrufung des Großfürstentums Litauen.
28.4.	Entscheidender Sieg der Roten Armee über General Kolčak, der von Osten auf Moskau vorstieß.
Frühjahr	Von Südrussland aus beginnt die Offensive der Freiwilligenarmee General Denikins, der »Marsch auf Moskau«.
18. Juni	Polnischer Vormarsch an den Fluss Zbrucz, die alte Grenze zwischen Österreich-Ungarn und Russland.
28.6.1919	Friedensvertrag von Versailles. Für die polnischen Nationalisten eine Enttäuschung, denn bei Weitem nicht alle Provinzen, auf die man gerechnet hatte, werden Polen zugeschlagen, nicht Posen, nicht Westpreußen; Danzig wird »freie Stadt«; es entsteht das Problem des Korridors nach Ostpreußen.
9. August	Polen erobert die weißrussische Stadt Minsk.
28.8.	Polen besetzt Bobrujsk und im Süden die Städte Sarny und Rovno. Einem Bündnis mit dem national-russischen General Denikin, der, von England unterstützt, seinen Vormarsch auf Moskau fortsetzt, zieht Piłsudski ein Bündnis mit dem ukrainischen Regenten Petljura vor.
10. Oktober	Entscheidungsschlacht um Moskau bei Voronež und Orël, die Rote Armee schlägt General Denikin vernichtend. Anteil an diesem Sieg hat die aus roten Kosaken gebildete 1. Reiterarmee, die Denikin bis weit in den Süden [Rostov-am-Don, Novorossijsk] verfolgen.
22. Oktober	Entscheidungsschlacht und Sieg der Roten Armee über General Judenič, der von Nordwesten Petrograd bedroht.
8.12.	Die Versailler Konferenz schlägt als polnische Ostgrenze

	eine Linie vor, die, soweit sie den Verlauf des Bug betrifft, mit der Ostgrenze Kongresspolens identisch ist.
22.12.	Friedensangebot Sowjetrusslands an Polen. Die von den Sowjets angebotene Grenzlinie verläuft ca. 100 km östlich der später festgelegten polnischen Ostgrenze.

1920

28.1.	Sowjetrussland erneuert das Friedensangebot an Polen. Piłsudski, der für ein föderatives Großpolen einschließlich der Ukraine (Polen »von Meer zu Meer«) kämpft, ist zur Fortführung des Krieges entschlossen.
21.2.	Die Rote Armee erobert Archangelsk zurück.
13. März	Die Rote Armee besetzt Murmansk. Erfolge der Roten Armee auch an der Südfront. Großbritannien stellt die Hilfe für General Denikin ein. Denikin lässt einen neuen Oberbefehlshaber der Freiwilligenarmee wählen, demissioniert und setzt sich nach England ab.
4. April	Sein Nachfolger ist General Vrangel, wie Piłsudski ein Mann Frankreichs, das nach Abzug der Deutschen in der Ukraine an Einfluss gewonnen hat. Vrangel erklärt sich zum Regierungschef Südrusslands, reorganisiert die Armee der Weißen und operiert, von der Krim aus, in Südrussland, verwirft jedoch den Plan eines zweiten Marschs auf Moskau. Die feindselige Haltung Polens macht die Bildung einer sowjetischen Südwestfront erforderlich.

DER POLNISCH-RUSSISCHE KRIEG

Ende März	Piłsudski konzentriert Truppen an der polnischen Ostgrenze.
21.–24.4.	Bündnis Polens mit der Ukraine Petljuras.
25.4.	Polnischer Vormarsch zwischen Pripet und Dnestr, Beginn des »Marschs auf Kiew«.

8. Mai	Polnische Truppen besetzen Kiew.
Anfang Mai	Im Norden, bei Polock, konzentriert die Rote Armee Kräfte zur Gegenoffensive.
14.5.	Angriff auf polnische Stellungen in den Sümpfen der Berezina; die Rote Armee erreicht die alten Stellungen der Deutschen im 1. Weltkrieg, besetzt Molodečno, Zveržen und erreicht am 25. Mai Borisov.
18. Mai	I. V. Stalin wird zum Mitglied des Revolutionären Kriegsrats der Südwestfront ernannt.
30.5.	Gegenoffensive der Polen im Norden der Westfront, der Vormarsch der Roten Armee gerät ins Stocken.
Ende Mai	Die 1. Reiterarmee Budënnyjs, von Novorossijsk an die Südwestfront verlegt, greift nach einem Marsch von über 1000 Werst in die Kämpfe ein. Stoßrichtung: Žitomir.
9. Juni	Die 12. Armee besetzt nach Überschreitung des Dnepr die Bahnlinien westlich Kiews und schneidet den polnischen Nachschub ab.
10.6.	Die Polen räumen Kiew. Budënnyjs Kavallerie setzt in Wolhynien nach.
Ende Juni	Die Rote Armee hat die polnischen Verbände auf die Ausgangsstellungen ihrer Operation zurückgeworfen: Olevsk, Novograd, den Fluss Sluck, Letičev, Mogilev-Podolsk. Zeichen der Ermüdung auf beiden Seiten, die Rote Armee setzt den Vormarsch fort.
4. Juli	Die Reiterarmee besetzt Rovno, marschiert auf Luck.
4.7.	Beginn der Offensive an der Westfront unter General Tuchačevskij, der die polnische Front zum Einsturz bringt: drei Tage später sind die polnischen Truppen auf einem Abschnitt von 160 km Länge bis nach Minsk zurückgeworfen, am 10. Juli besetzen die Russen Svenciany. Vormarsch der Armeen an der Südwestfront mit Ziel Galizien.
10.7.	Hilfeersuchen der polnischen Regierung an die Friedenskonferenz von Spa.
11.7.	Der britische Außenminister Lord Curzon unterbreitet Moskau einen Waffenstillstandsvorschlag; die von ihm

	vorgeschlagene Ostgrenze Polens entspricht im zentralen Teil der des Versailler Vertrags mit dem Bug als Grenzfluss.
12.7.	Die Rote Armee besetzt Kamenec-Podolsk, den ehemaligen Sitz der ukrainischen Regierung Petljura, und setzt ihren Vormarsch in Weißrussland fort.
19.7.	An der Westfront besetzt die Rote Armee die Städte Baranoviči und Grodno.
21.7.	Budënnyjs Reiterarmee erobert Dubno.
23. Juli	Die Rote Armee besetzt Pinsk. Rückzug der polnischen Truppen an die Flüsse Narev und Bober; an der Südwestfront haben die Polen sich auf eine Linie der Flüsse Ikva, Styr und Zbrucz zurückgezogen.
Ende Juli	Heftige Kämpfe um Brody.
28.7.	Die Armeen Tuchačevskijs erreichen Białystok und am 1. August Brest-Litovsk. Stoßrichtung der Operationen der Roten Armee ist jetzt Warschau. Verglichen mit dem raschen Vormarsch Tuchačevskijs an der Westfront sind die Geländegewinne an der Südwestfront bescheiden; zwischen den Stellungen der West- und der Südwestfront, die sich in Richtung Busk auf Lemberg zubewegt, entsteht eine Lücke. Zudem bedrohen Erfolge General Vrangels in Südrussland die Flanke der Südwestfront.
4. August	Die Rote Armee besetzt Kovel, operiert westlich des Bug.
6.8.	Verfügung des Oberkommandos, Budënnyjs Reiterarmee sowie die 12. und 14. Armee der Südwestfront der Westfront zu unterstellen, um die entstandene Lücke zu schließen. Die Ausführung dieses Befehls wird von Stalin, der mit Budënnyj Lemberg einnehmen will, hinausgezögert.
15.8.	Die 1. Reiterarmee überschreitet den Bug bei Busk. Am selben Tag erreicht die Rote Armee bei Góra Kalwaria und Kozienice die Weichsel und steht damit 35 km südöstlich vor Warschau. »Unsere Lage schien völlig hoffnungslos«, schrieb Piłsudski. » Den einzigen hellen

	Streifen am dunklen Horizont sah ich in dem Fehlschlag, den Budënnyj beim Angriff auf meine rückwärtige Flanke erlitten hatte, und in der Schwäche, die die 12. Armee zeigte«, die Tuchačevskij zu Hilfe hätte kommen sollen.
16.8.	Am Tage, als die ganze Welt den Fall Warschaus erwartete, dringt Piłsudski südlich des Wieprz in die offene Flanke Tuchačevskijs, schneidet die 4. Armee der Russen ab und erzwingt die »Katastrophe von Warschau« (Trockij), das »Wunder an der Weichsel«. Teile der Roten Armee durchbrechen die polnischen Linien nach Norden und werden in Ostpreußen interniert.
17. August	Polnische Truppen schlagen die Rote Armee beim Vormarsch auf Lublin. Am selben Tag Beginn der polnisch-russischen Waffenstillstandsverhandlungen unter englischer Vermittlung in Minsk. Die Südwestfront setzt den Angriff auf Lemberg fort.
21.8.	Die Rote Armee steht 4 km vor Lemberg; Reiterarmee und 12. Armee werden nach Lublin abgezogen.
Ende August	Heftige Kämpfe um Zamość.
31.8.	Aufgabe des Ziels, Zamość einzunehmen. Rückzug der Roten Armee an allen Frontabschnitten auf eine Linie Lipsk, Belovež und Brest-Litovsk.
12. Oktober	Unterzeichnung des Vorfriedens von Riga, der am 18.10. in Kraft tritt. Danach verläuft die Grenze zwischen Polen und Sowjetrussland 200 bis 300 km östlich der Curzon-Linie, jedoch wesentlich weiter westlich als von der Sowjetregierung in ihrem Friedensangebot von Ende Januar vorgeschlagen.
8.11.	In einer der letzten Entscheidungsschlachten des russischen Bürgerkriegs erobert die Rote Armee unter General Frunze Perekop. General Vrangel ist geschlagen und verlässt am
17.11.	mit 170 Schiffen der Schwarzmeerflotte und 140 000 Mann das Südufer der Krim, Richtung Frankreich.

1921

18. März Der Friede von Riga setzt den Plänen Piłsudskis, ein konföderatives Großpolen zu errichten, definitiv ein Ende. Die ukrainischen Verbände Petljuras in Polen werden aufgelöst. Sowjetrussland tritt weite Gebiete Weißrusslands, Podoliens und Wolhyniens an Polen ab. Galizien fällt an Polen. Seit 1945 gehört Ostgalizien und damit das gesamte in Babels Kriegstagebuch beschriebene Gebiet zur Sowjetunion.

QUELLEN

Als Quellen für seine »Zeittafel zu den Kriegen, die bis zum Polnisch-Russischen Krieg in der jüngeren Vergangenheit in Galizien, Wolhynien und Polen gewütet haben«, führt Urban an: Nikolaj E. Kakurin, Vladimir A. Melikov: *Vojna s belopoljakami 1920g.* Moskau 1925; die *Illustrierte Geschichte der russischen Revolution*, Berlin, Neuer Deutscher Verlag, 1928; die *Illustrierte Geschichte des Bürgerkriegs in Rußland 1917–1921*, Berlin, Neuer Deutscher Verlag, 1929; Lev Trockijs Stalin-Biografie; die *Geschichte der KPdSU in sechs Bänden*, Bd. III, zweites Buch (März 1918–1920), Moskau 1972; Gotthold Rhode, *Kleine Geschichte Polens*, Darmstadt 1965, sowie weitere in den Anmerkungen genannte Werke.

TOPOGRAFIE DES POLNISCH-RUSSISCHEN KRIEGES 1920

von Peter Urban

ORTE IN GALIZIEN, POLEN, DER UKRAINE UND WOLHYNIEN NACH QUELLEN VOR 1914

Belaja Cerkov, ukrainische Stadt im Gouvernement Kiew, Kreis Vasiljevsk, [1891] 20 703 Einw. 2 russ.-orthodoxe, 1 röm.-kath. Kirche, 1 Synagoge, 7 jüd. Gebetshäuser. Bibliothek beim Post- und Telegrafenkontor, 2 Elementarschulen, höhere Schule, 1 Hospital, 2 Krankenhäuser, 3 Apotheken, 260 Läden. Bierbrauerei und Fabrik für Landwirtschaftsmaschinen. Man vermutet in Belaja Cerkov [dt. Weiße Kirche] die alte Stadt Jurjev oder Georgiev, gegründet von Fürst Jaroslav, die in den Chroniken 1155 erstmals erwähnt wird. Während der Tatarenstürme zerstört, 1550 befestigt. 1651 von den Polen eingenommen, fiel 1793 an Russland.

Belz, poln. Bełz, Stadt in der österr. Bezirkshauptmannschaft → Sokal, Ostgalizien, an der links zum Bug gehenden Sołokija und der Bahnlinie Jaroslau–Sokal gelegen. [1900] 5075 Einw., davon über die Hälfte Juden, meist polnischer Nationalität. Sitz eines Bezirksgerichts und Steueramtes, Notar, Postabteilung. 8-klassige Knaben- und Mädchenlehranstalt, an deren Spitze Nonnen des Felizian. Ordens stehen, 1 röm.-katholische Kirche, 1394 von dem Masowierfürsten Zemovit erbaut. – Belz war einst Hauptort eines russischen Fürstentums, das, vom Polenkönig Kazimir dem Großen zugleich mit Rotrussland erobert, dem Fürsten Zemovit geschenkt wurde. Unter den Jagiellonen kam Belz mit dem Fürstentum Masowien an das Königreich Polen.

Berdičev, poln. Berdyczew, ukrainische Kreisstadt im Gouvernement Kiew, am Fluss Gnilopjat und den Bahnlinien Kazatin–Brest und Žitomir–Kalinovka gelegen, im Besitz der Grafen Tyszkiewicz. 77 823 Einw., davon 62 366 Juden, 10 777 russisch-orthodox, 3298 römisch-katholisch, 1031 Raskolniki, 339 Protestanten. 5 russ.-orthodoxe Kirchen, 4 röm.-katholisch, 1 Synagoge und 74 jüdische Gebetshäuser. 1 städtisches Krankenhaus, 1 jüdische, 2 städtische Lehranstalten und 3 Schulen sowie 1 zweiklassige jüd. Vorbereitungsschule. 3 Färbereien, 3 Tabakfabriken, 1 Bonbonfabrik, Eisengießerei. Mittelpunkt des wolhynischen Handels, viermal jährlich finden in B. Jahrmärkte statt, Handel vornehmlich mit Getreide, Vieh, Pferden, Kutschen. – Berdičev wurde 1320 von Gedymin dem litauischen Fürsten Tyszkiewicz geschenkt. Das ehemalige Karmeliterkloster, 1627 gegründet, wurde 1647 von Bogdan Chmelnickij geplündert und 1864 aufgehoben, dient derzeit als Unterbringungsort des Gerichts. 1793 fiel B. an Russland und ist Kreisstadt seit 1845. Die Stadt ist [1901] Zentrum der jüdischen Sekte der Chassidim.

Berestečko, poln. Beresteczko, Städtchen im Kreis Dubno im russ. Gouvernement Wolhynien, am Fluss Styr nahe der Grenze zu Österreich. 3000 Einw., 1 russ.-orthodoxe und 1 röm.-kath. Kirche, erbaut von König Jan Kazimir zur Erinnerung an seinen Sieg über Bogdan Chmelnickij, 1711 erneuert. – Das Städtchen befindet sich seit alter Zeit im Besitz der Fürsten Próński. 1651 errang, am rechten Ufer des Styr, König Jan Kazimir, unterstützt von den Tataren, den Sieg über den Kosakenhetman Bogdan Chmelnickij; auf der linken Seite des Flusses ist bis heute das Grab der Proński erhalten wie auch der Hügel Marucha, auf dem der Fürst vor der Schlacht die Messe hörte. Auf der aus dem Fluss hervortretenden Insel stand, der Überlieferung nach, ein vom Kiewer Wojewoden Simeon Proński erbautes Schloss, außerdem ein kath. Kloster des Trinitarierordens. Ende des vergangenen [18.] Jahrhunderts starb die gesamte Bevölkerung des Städtchens mit Ausnahme von 5 Menschen an der Pest, woran die in der Umgebung befindlichen Hügel erinnern.

Białystok, russ. Belostok, Kreisstadt im Gouvernement Grodno, an der Biała und den Eisenbahnen St. Petersburg–Warschau, Brest–Grajevo, Bahnlinie nach Baranoviči, Garnisonsstadt. Hatte [1897] 63 927 Einw., [1912] 108 000, darunter 70 % Juden. Schönes Schloss der Grafen Branicki mit Park, weshalb B. das »Podlachische Versailles« genannt wird, gut gebaute Straßen, geräumiger Marktplatz und Kaufhalle mit Turm, je 1 russ.-orthodoxe, röm.-kath. und evangelische Kirche, 2 Synagogen, 39 jüdische Bethäuser, 1 Realschule, 1 adeliges Fräuleinstift, Filiale der Russ. Staatsbank, 150 Fabriken, darunter 54 Woll- und Tuchfabriken, besuchte Märkte und bedeutender Handel mit Getreide, Holz und Manufakten (Wolle, Tuche). Als wichtiger Eisenbahnknotenpunkt wird B. gesichert durch die Befestigung von Gonionds und den Sperrposten Grajevo nahe der Grenze. 2 Theater. Zweimal wöchentlich Bazar, am 24. Juni großer Jahrmarkt. Viele und ziemlich anständige Gasthäuser. – Białystok, im 14. Jahrhundert gegründet, wurde 1749 Stadt, kam 1795 an Preußen (als Hauptstadt des Kammerdepartements Białystok der Provinz Neuostpreußen), 1807 an Russland und ist Kreisstadt seit 1842.

Bobrujsk, Kreisstadt im Gouvernement Minsk, am rechten Steilufer der Berezina und Mündung des Flüsschens Bobrujka sowie an der Eisenbahn Libau–Romny. 58 256 Einw., davon 28 693 Juden. 3 russ.-orthodoxe, 1 röm.-kath. Kirche, 17 jüdische Bethäuser, 1 Knaben-Progymnasium und 15 andere Lehranstalten. An Fabriken und Werken gibt es in B. 41: 1 Eisengießerei, 2 Branntweinbrennereien, 1 Bierbrauerei, 2 Tabakfabriken, 2 Dampfmühlen, 4 Ziegelbrennereien. Bedeutender Handelsumschlagplatz (Getreide, Holz, Salz) für den Handel mit dem Norden, Minsk, Wilna und Königsberg, per Bahn und Flussschiffahrt. – Bobrujsk war im 16. Jahrhundert ein noch unbedeutender Flecken, im 17. Jh. befand sich hier ein Schloss, das 1649 ausbrannte. Fiel mit dem Gouvernement Minsk 1792 an Russland, wurde 1795 Kreisstadt und bei Regierungsantritt Alexander I. zur Festung ausgebaut, die, schon 1812 von Napoleon vergeblich belagert, unter Nikolaus I. zu einer der modernsten Festungen Europas ausgebaut wurde.

Brody, Stadt in Ostgalizien, 90 km östl. Lemberg, unmittelbar an der Grenze zum russ. Gouvernement Wolhynien, österreichische Grenzstadt an der Bahnlinie Krasne–Radzivillov, in einer waldumgrenzten sumpfigen Ebene gelegen. Hat [1900] 17 360 meist deutsche Einw., davon 12 754 Juden. Garnisonsstadt. Fünf Vorstädte, breite Straßen, meist steinerne, mit Blech eingedeckte Häuser, mehrere Marktplätze, ein altes Schloss, das dem Grafen Mlodecki gehört, 3 Hauptkirchen, schöne Synagoge, 1 Staats-Oberrealgymnasium, 1 höhere Mädchenschule, 1 kath. und 1 jüdische Hauptschule, 1 Armen- und 1 Krankenhaus und 1 jüdisches Hospital, ferner 1 Dampfmühle und Garnspinnerei. Brody ist die erste Handelsstadt Galiziens und bildet im Verkehr den großen Tauschplatz zwischen Österreich-Ungarn und Russland. Über 20 Groß- und mehr als 200 kleinere Handlungen, fast nur in jüdischen Händen, betreiben Geschäfte in Getreide, Pelzwerk, Wolle aus Russland, in Baumwolle, Seidenwaren, Oberösterreich. Sensen, Leder, Juwelen, Perlen, Borsten und Federn. – Brody wurde 1684 vom Wojewoden Stanislaus Żołkiewski gegründet und zur Stadt erhoben, war 1779–1879 Freie Handelsstadt, ist Sitz der Bezirkshauptmannschaft B. und des Bezirksgerichts, einer Finanzbezirksdirektion, eines Hauptzoll- und eines Steueramtes sowie einer Handels- und Gewerbekammer.

Busk, Stadt in Ostgalizien, in der österreichischen Bezirkshauptmannschaft Kamionka, nordöstl. Lemberg, wegen ihrer Lage das »galizische Venedig« genannt, liegt in 227 m Höhe in den sumpfigen Niederungen des Bug, wo rechts die Solotvina, links der Peltev zufließen, besteht aus der eigentlichen Stadt und sechs Vorstädten, die mit der Stadt durch mehr als 30 Brücken verbunden sind. Hatte als Gemeinde [1890] 6347, [1900] 6672 meist polnische Einwohner. Lebhafter Handel mit Bauholz, Töpferware und Leinwand. – Busk, im 9. Jahrhundert gegründet, wurde 1516 und 1672 von den Tataren zerstört. Reste alter Befestigungen. 1910 brannte die Stadt fast vollständig nieder und ist [1914] noch nicht aufgebaut.

Dubno, Kreisstadt im russischen Gouvernement Wolhynien an der Ikva und der Südwesteisenbahn, auf einer Halbinsel, von Wassern und Sümpfen umgeben. Hat [1900] 11 220 Einw., meist Juden; [1897] 7704, davon 5428 Juden, 839 Katholiken, 1314 russisch-orthodoxen Glaubensbekenntnisses. 2 Mönchsklöster, 9 russ.-orthodoxe Kirchen, 1 röm.-katholische, 1 Synagoge, 15 jüdische Bethäuser, Krankenhaus, Bibliothek, 3 Buchhandlungen, Post- und Telegrafenstation, Knabengymnasium, höhere Mädchenschule, 1 Schloss. Tabakanbau, Gerberei, Ziegelbrennerei. – Dubno, gegründet und erstmals erwähnt im 9. Jahrhundert, war bis 1386 Lehen südrussischer Fürsten, dann schenkte Jagajlo die Stadt den Fürsten Ostrožskij, seitdem in privatem Besitz, um 1900 der Fürsten Barjatinskij. Ende des 15. Jahrhunderts durch ein Schloss befestigt, das nicht einmal die Tataren einnehmen konnten, Ort von Schlachten 1651 und 1660 zwischen Polen und russischen Kosaken unter Šeremetjev. Seit Mitte des 17. Jahrhunderts bedeutender Handelsplatz; nachdem Lemberg 1773 an Österreich fiel, gingen die Handelsrechte (Jahrmärkte) auf D. über, ehe diese 1794 nach Kiew verlegt wurden.

Fastov, auch Chvastov, Städtchen im Gouvernement Kiew am Fluss Unav, 60 Werst von Kiew entfernt. [1900] 9642 Einw., meist Juden, zusammen mit Vorort Kotlubica 1052 Höfe, einer der Hauptgetreidemärkte im Gouv. Kiew. 2 russ.-orthodoxe Kirchen, 1 röm.-katholische, 1 Synagoge, Schreibschule, zwei Volksschulen, 1 Apotheke. 6 Jahrmärkte, Eisengießerei, 2 Gerbereien, Mineralwasserfabrik, Walzmühle, 3 Wasser- und viele Windmühlen.

Gošča, poln. Hoszcza, Städtchen im Kreis Ostrog des russischen Gouvernements Wolhynien, am Ufer des Goryń gelegen, hatte [1890] 2163 Einw., 1 russisch-orthodoxe Kirche, 1 Synagoge, 3 jüdische Bethäuser, Elementarschule. – 1638 war hier ein russ.-orthodoxes Kloster gegründet worden, das noch im 17. Jahrhundert den Unierten in die Hände fiel und bis 1833 uniertes Kloster blieb. Im Glockenturm des Klosters sowie im Gutsbesitzerhaus (die Stadt gehörte Jahrhunderte der Familie Kirdejev) zahlreiche alte Einrichtungsstücke.

Husiatyn, Marktflecken und Sitz der Bezirkshauptmannschaft in Ostgalizien, durch den zum Dnestr gehenden Zbrucz von der russischen Stadt Gusjatin getrennt, an der Galizischen Transversalbahn. Hat [1900] 5721 Einw., meist Juden. Sitz eines Bezirksgerichts, Zollamtes, Handel nach dem benachbarten Podolien. Barockes Rathaus, röm.-katholische Kirche aus dem Jahr 1584, 1 russ.-orthodoxe Kirche, aus einer türkischen Moschee umgebaut, mehrere industrielle Betriebe, darunter 1 Stahlfedernfabrik (60 Arbeiter). Interessantestes Baudenkmal und schönstes Gebäude im maurischen Stil ist die wahrscheinlich in der Türkenzeit erbaute Synagoge. Hinter der Synagoge am Zbrucz die alte Schlossbastei und Reste von Schutzmauern. In der Umgebung Grabhügel aus den Tataren- und Türkenkriegen. Husiatyn wurde im 16. Jahrhundert gegründet und hatte wechselnde Schicksale, gehörte zweimal zur Türkei und wurde von den Kosaken unter Nalevajko, einem Sohn eines Kürschners aus Husiatyn, verwüstet.

Kazatin, Eisenbahnknotenpunkt im russischen Gouvernement Kiew an der Südwest-Bahn; von hier Verbindungen nach Brest, nach Odessa und Uman, Umschlagplatz für Kohle, Getreide, Salz. Eisenbahndepot, Werkstätten, 436 Einw. im Ort, in dem Vorort 358 [1890].

Kivercy, Ort und Eisenbahnknotenpunkt in Wolhynien an der Strecke Warschau–Berdičev–Žmerinka–Odessa gelegen; von Kivercy Zweigbahn zur alten Hauptstadt Wolhyniens, → Luck.

Klevan, Flecken im Gouvernement Wolhynien, Kreis Rovno. 2600 Einw., insgesamt 374 Höfe. 1 russ.-orthodoxe Kirche, 2 jüdische Bethäuser. Im ehemaligen Schloss der Fürsten Czartoryski geistliche Lehranstalt mit 110 Schülern. Einklassige Schule, Eisenbahnstation. Arzt, Apotheke, jüdisches Armenhaus. 48 Läden, 1 Ziegelei und 1 Bierbrauerei.

Komarów, russ. Komarov, Kleinstadt im Kreis Tomaszów, Gouvernement Lublin. 8628 Einw., 958 Höfe. Zuckerfabrik und Fabrik für Kartoffelmehl. Sehr schöne Volksschule.

Korec, Kleinstadt im russischen Gouvernement Wolhynien, Kreis Novograd. 9586 Einw., 1160 Höfe, viele Juden. Nonnenkloster mit Elementarschule, 5 russ.-orthodoxe Kirchen, röm.-katholische Kirche, 2 Synagogen und 5 jüdische Bethäuser, 2 Schulen. Arzt, Apotheke, Buchhandlung, Krankenhaus, jüdisches Armenhaus, jüdisches Krankenhaus. Tuchfabrik, 2 Lederfabriken, 1 Branntweinbrennerei. – Korec, ab 1150 in den Chroniken erwähnt, fiel oft der Zerstörung anheim durch Tataren, Litauer, Polen und Kosaken. Nach Erlöschen des Fürstengeschlechts Koreckij gingen 1651 die riesigen Besitzungen an die Fürsten Czartoryski über, nach 1810 an die Grafen Potocki und Fürsten Jablonowski.

Kovel, Kreisstadt im russischen Gouvernement Wolhynien, inmitten von Sümpfen und Sandbänken an beiden Ufern der Turija und an der Südwesteisenbahn. Mit dem Bau der Eisenbahn hat sich die Zahl der Einwohner stark erhöht, 1863 waren es 3646, 1893 hingegen 15 116, Angehörige des Militärs nicht gerechnet; davon 5498 russ.-orthodox, 5810 Juden, 3088 Katholiken. 4 russ.-orthodoxe Kirchen, 1 röm.-kath., 1 Synagoge, 7 jüd. Bethäuser, 2 Krankenhäuser (eins davon jüdisch), 8 Ärzte, 2 Apotheken. Jüdisches Armenhaus, 2klassige Knabenschule, Mädchenschule, private 2klassige Mädchenschule. 1 Druckerei, 2 Fotografen, 3 Lederfabriken, Bierbrauerei, Ziegelbrennerei, 384 Handwerksmeister, vor allem Schlosser, Schneider, Schuster, und insgesamt 194 Läden. – Kovel ist eine der ältesten Ansiedlungen im Südwesten Russlands, erste Erwähnung Anfang des 14. Jahrhunderts, als Gedymin die Stadt seinem Enkel Sangusko schenkte. Gehörte in der 2. Hälfte des 16. Jahrhunderts Fürst Andrej Kurbskij, dem nach Polen geflohenen Gegenspieler Ivans des Schrecklichen, der sich Fürst von Kovel nannte. Sigismund I. verlieh der Stadt das Magdeburger Recht und begründete jährliche Märkte 1518. – Der Kreis Kovel ist arm und dünn besiedelt (22 Einw. pro Quadratkilometer), 1/6 des Areals ist mit Sümpfen und Seen, der südliche, etwas höher gelegene Teil mit wahren Sandwüsten bedeckt.

Kremenec, poln. Krzemieniec, Kreisstadt im russischen Gouvernement Wolhynien, an einem zur Ikva gehenden Bach, 5 Werst von der Ikva entfernt. Trinkwasser aus Brunnen. Hatte [1897] 17 618 Einw., [1889] 13 276, davon 6353 russ.-orthodox, 5286 Juden, 1490 Katholiken. 118 Gebäude aus Stein, 210 aus Holz. 10 russ.-orthodoxe Kirchen, röm.-katholische Kirche, 1 Mönchskloster, 1 Synagoge, 9 jüdische Bethäuser. Reste von Festungswerken. Das für die polnische Bildung wichtige Lyzeum von Kremenec (1819–1831) wurde 1833 nach Kiew verlegt und dort der Universität angegliedert. Knaben- und Mädchenschule, 2klass. Knabenschule (städtisch). 2 Krankenhäuser (davon 1 jüdisches), 7 Ärzte, 2 Apotheken, jüdisches Armenhaus, Obdachlosenasyl. Läden insgesamt 252, 294 Handwerker in 38 Handwerksbetrieben, darunter 10 Schreinereien, 2 Kutschen-Fabriken, 2 Färbereien, 3 Sägewerke, Bierbrauerei, Ölmühle, 4 Schlossereien. – Kremenec wird erstmals 1226 als Besitz des Fürsten Vladimir erwähnt, wurde 1240 durch den Tatarenchan Batyj zerstört, kam im 14. Jahrhundert an Polen, Blütezeit unter Sigismund I., der der Stadt Privilegien verlieh und sie zur Festung ausbaute, die 1648 von den Kosaken völlig zerstört wurde.

Laszczów, russ. Laščov, Städtchen im Kreis Tomaszów im Gouvernement Lublin, in sumpfiger Gegend. 7357 Einwohner, davon 3992 russ.-orthodox. 2 Wassermühlen, reiche Torfvorkommen.

Lemberg, russ. Lvov, poln. Lwów, ukrain. Lviv, Lvivgorod, Stadt mit eigenem Statut und Hauptstadt des österreichischen Kronlandes Galizien, Kultur-, Handels- und Verwaltungszentrum Ostgaliziens, Eisenbahnknotenpunkt, am Bach Pełtew in einem engen Talkessel, von Hügeln umschlossen, auf deren höchstem, dem Unionshügel, Ruinen einer alten Burg liegen. Hatte [1900] 159 877 Einw., meist polnisch (20 409 Deutsche, 15 159 Ruthenen), davon 82 597 Katholiken, 44 258 Juden, 29 327 Griechisch-Unierte und 2833 Protestanten. Sitz des Statthalters, des Landmarschalls und Landesausschusses, des galizischen Landtags und des Oberlandesgerichts für Ostgalizien, der Finanzdirektion, Polizeidirektion, eines katholischen, eines griech.-unierten und armen.-unierten Erzbischofs, eines evangelischen Superintendenten, eines Oberlandesrabbiners, Militärgarnison. Lemberg besteht aus der inneren Stadt und vier Vorstädten und hat 14 kath., 1 griech., 1 armenische, 1 evangelische Kirche und 2 Synagogen, zahlreiche Kapellen und Klöster, darunter 8 Nonnenklöster und 11 jüdische Bethäuser. Hervorzuheben sind die röm.-kath. Kathedrale, im Innern spätgotisch, mit Fresken; die armenische Archikathedralkirche im armenisch-byzantinischen Stil (1437), die Dominikanerkirche nach dem Vorbild der Peterskirche zu Rom. Zu den ältesten Kirchen gehören die griech.-kath. St. Nikolaikirche (1292) und die röm.-kath. Maria-Schneekirche, von den ersten in der Stadt angesiedelten Deutschen 1342 aufgeführt. Von anderen Gebäuden sind zu nennen das Rathaus (1828–37) mit Turm (80 m), das gräfl. Skarbeksche Theater (1843), in welchem polnische Schauspiele und italien.-polnische Opern gegeben werden, Polytechnikum (1877), Invalidenhaus mit 4 Türmen, Sitzungsgebäude des Landesausschusses, allgemeines Krankenhaus, Landtagsgebäude, technische Akademie, Landesirrenanstalt in der Vorstadt Kulparkow, Justizpalast und das polnische Nationaltheater. Denkmäler des Grafen Alexander Fredro, des Königs Jan Sobieski, des Dichters Adam Mickiewicz (1904). – Um 1250 vom Fürsten Lev am Fuß des als Festung gegen Tatareneinfälle erbauten Schlosses gegründet, wurde Lemberg samt dem sogenannten Rotrussland 1340 von Kasimir dem Großen eingenommen und wieder aufgebaut, nachdem es durch die häufigen Kriege beinahe völlig zerstört war. Gestützt auf das Magdeburger Stadtrecht und an der wichtigen, aus dem Orient nach Europa führenden Handelsstraße gelegen, entwickelte sich Lemberg zu einer mächtigen Handelsstadt, deren Bedeutung durch den Fall Konstantinopels 1453 eine Erschütterung erlitt. Die langjährigen, wenngleich siegreich bestandenen Kämpfe gegen Tataren und Kosaken führten schließlich zum Verfall der Stadt, die 1704 vom Schwedenkönig Karl XII. eingenommen wurde. Als Festung und Handelsemporium kam die Stadt nicht mehr infrage. Bei der ersten Teilung Polens 1772 von österreichischem Militär besetzt, erscheint Lemberg als Hauptstadt Galiziens. Das ungefähr 100 Jahre dauernde System der Germanisierung und Polizeiregierung vermochten der Stadt ihren polnischen Charakter nicht zu rauben. Autonome Stadt seit 1867, beginnt sie sich außerordentlich rasch und allseitig zu entwickeln.

Leszniów, Städtchen in Ostgalizien, 15 km nördlich von Brody gelegen, mit einer Synagoge im polnischen Renaissance-Stil, ähnlich der Synagoge in Belz.

Łopatyn, Städtchen in Ostgalizien, 18 km östlich von Radziechów gelegen, 3500 Einw., Grab des polnischen Generals Józef Dwernicki.

Luck, dt. Luzk, Kreisstadt im Westteil des Gouvernements Wolhynien, an der Mündung der Gižica in den Styr und der Zweigbahn Kivercy–L. der Bahnlinie Kazatin–Brest. 1912: 23 000 Einw., 1897: 18 525, 1895: 15 125 Einw., davon 12 007 Juden, 1442 Katholiken, 1185 Russ.-Orthodoxe. 207 Gebäude aus Stein, 840 aus Holz, darunter 137 Läden aus Stein, 243 aus Holz. 3 russ.- orthodoxe Kirchen, 1 Kathedrale, 1 röm.-kath. Kirche, 2 Nonnenklöster, 2 Synagogen (darunter 1 karaitische), 18 jüd. Bethäuser, 1 kath. Priesterseminar. Lehranstalten für Knaben und Mädchen, städtisches Krankenhaus, Militärlazarett, jüdisches Hospital, 2 Apotheken, 4 frei praktizierende Ärzte, jüdisches Armenhaus, 2 Buchhandlungen, 1 Druckerei, 3 Fotografen. Sitz des Bezirksgerichts für die Kreise Luck, Rovno, Dubno, Kovel, Vladimir-Volynsk und Kremenec. – Erste Erwähnungen in den Chroniken 1075, als die Stadt bereits befestigt war. Bedeutender Handelsplatz im 14. Jahrhundert, Ende des 15. Jahrhunderts eine der schönsten Städte, alte Hauptstadt Wolhyniens, verlor in der Folgezeit an Bedeutung. Fiel 1792 an Russland, Kreisstadt ab 1795. Als Festung Michajlograd wurde Luck zwischen

1880 und 1890 ausgebaut und mit einer großen Anzahl Forts versehen.

Milatyn, russ. Miljatin, Wallfahrtsort in Ostgalizien, 11 km nördlich der Bahnstation Zadwórze, an der Bahnlinie Lemberg-Podwoloczyska. In Milatyn Einkehrhaus Tennenbaum, Gasthof Szałajdewicz. In der schön gelegenen Kirche ein wundertätiges Christusbild.

Novograd-Volynsk, heute kurz »Novovolynsk«, Kreisstadt im russischen Gouvernement Wolhynien an der Mündung der Smolka in den Fluss Sluc. Hatte [1896] 15308 Einw., davon 8275 Juden, 5318 russ.-orthodox, 1412 Katholiken. 4 russ.-orthodoxe Kirchen, 1 röm.-kath., 1 Synagoge und 22 jüdische Bethäuser. 18 Fabriken, darunter 6 Gerbereien und Lederfabriken, 2 Seifensiedereien, 1 Kerzenfabrik, 1 Eisengießerei, 3 Ziegelbrennereien, 2 Essigfabriken. 2klass. städtische Schule mit Vorbereitungsklasse und Mädchenabteilung. 1 städtisches, 1 jüdisches Krankenhaus, Apotheke, 3 Buchhandlungen, 1 Druckerei, 1 Fotograf, jüdisches Armenhaus. – Vor der Angliederung an Russland 1793 hieß die Stadt *Zvjagel,* die erstmals 1257 in den Chroniken erwähnt wird als zum Fürstentum Vladimir Volynskij gehörig. Wurde 1804 Kreisstadt.

Radziechów, russ. Radzichov, Bezirksstadt in Ostgalizien, 83 km nordöstlich von Lemberg mit 4000 Einw. Die Strecke von Lemberg endet bei Stojanów an der russischen Grenze: eintönige, fast ebene Gegend mit Wäldern, Torfwiesen, Sümpfen und Sanddünen.

Radzivillov, poln. Radziwiłłów, heute »Červonoarmejsk«, Städtchen im russischen Gouvernement Wolhynien, Kreis Kremenec, an der Slovna, Zollstation an der russischen Grenze zu Österreich-Ungarn und an der Russ. Südwesteisenbahn mit Anschluss an die Galizische Karl-Ludwigs-Bahn. 8000 Einw., 1 russ.-orthodoxe, 1 röm.-katholische Kirche, jüdische Bethäuser, Schule, Krankenhaus, 2 Armenhäuser, Bibliothek. Ausfuhr aus Russland 1896 Waren für 4,7 Millionen Rubel, Einfuhr Waren im Wert von 2,2 Mill. Rubel.

Rovno, Kreisstadt im russischen Gouvernement Wolhynien am Ust, Eisenbahnknotenpunkt der Linien Wilna–R. und Kiew–Brest. 24905 Einw., darunter viele Juden; Militärgarnison (über 3000 Mann). 6 russ.-orthodoxe Kirchen, 3 röm.-katholische, 2 Synagogen und 12 jüdische Bethäuser. Realgymnasium und 1 privat. Mädchenschule. 23 Fabriken, darunter Dampfmühle, Zwiebackfabrik, 2 Kaufhäuser. Filiale der Russ. Staatsbank, 3 Sparkassen. Bibliothek, 5 Buchhandlungen, 3 Druckereien. – Rovno ist eine sehr alte wolhynische Stadt, entstanden Ende des 13. Jahrhunderts, 1282 Sieg Leszeks des Schwarzen über die Litauer. Günstig gelegen auf dem Weg von Kiew nach Vladimir wurde Rovno zu einem bedeutenden Handelszentrum. Kreisstadt ab 1795.

Sokal, Stadt und Sitz der Bezirkshauptmannschaft in der österreichischen Provinz Ostgalizien, am rechten Ufer des Bug und der Bahnlinie Jaroslau–Sokal. Hat [1900] 9609 meist poln. Einw., davon etwa die Hälfte Juden; [1914: 12 000 Einw.] Bezirksgericht, Obergymnasium und Lehrerbildungsanstalt. Dampfmühle, Leinenweberei und Landwirtschaft, Handel mit Holz und Vieh. Altes Schloss, das Bernhardinerkloster am linken Bugufer aus dem 17. Jahrhundert gehört zu den schönsten in Galizien und zieht viele Pilger an. 2 russ.-orthodoxe Kirchen. Am Friedhof, an der nach Tartaków führenden Straße, ein den Aufständischen von 1863 geweihter Grabhügel. – In der Nähe von Sokal wurden 1519 die Polen von den Tataren geschlagen.

Sokołówka, Dorf 5 km nördlich der Bahnstation Konty (an der Linie Krasne–Brody), wo in einer Bauernhütte der polnische Nationalheld Stefan Czarniecki, Sieger über Tataren und Kosaken, starb.

Stojanów, galizische Grenzstation, 98 km östlich Lembergs, 2 km zum russischen Grenzzollamt gelegen.

Tartaków, Stadt in Ostgalizien, 10 km östlich von Sokal gelegen, inmitten von Flugsanddünen und Nadelwaldungen. Die Pfarrkirche (1587) der älteste Bau in der Umgebung, auf breitem, mauerumfriedeten Platz auf der Ostseite schönes Tor. In der Mauer an 50 Nischen mit Bildern und Inschriften. Innere Einrichtung Rokoko, nur Fresken aus früherer Zeit; im Kirchenschiff al-fresco-Darstellung der Belagerung von Tartaków, der Verteidigung der Bastei und des Basars. Schöne Patronatsbänke, künstlerischer Hochaltar mit einem Wunderbild der Muttergottes (aus Jerusalem). Inmitten des Ringplatzes Rathaus mit Turm und vormals 8 Toren (Spuren sichtbar). Nördlich vom Ringplatz Schloss, wohlerhaltene Gemächer mit Fresken und Tapeten, große Bibliothek, Bildergalerie. – Von Tartaków bis Stojanów fast in jedem Dorf Hügel aus den Tatarenkriegen. In den umliegenden Ortschaften viele hübsche altpolnische Gutshöfe.

Tomaszów, russ. Tomašov, Kreisstadt im Gouvernement Lublin mit 6224 Einw. Russ.-orthodoxe, röm.-katholische Kirche, Synagoge; Ruinen eines Klosters. Sägewerk, Handel mit landwirtschaftlichen Produkten.

Toporów, Städtchen 20 km nördlich von Ożydów, das seinerseits an der Bahnlinie Krasne–Brody liegt, in monotoner sumpfiger Gegend, die durch Vermittlung des hier fließenden Styr zum Flussgebiet des Dnepr gehört. 4500 Einw., gotische röm.-kath. Kirche, russ.-orthodoxe Kirche, stilvolle Synagoge. – In der Umgebung mehrere Tatarenhügel und Überreste von Wällen aus den Türkenkriegen.

Verba, Flecken im russischen Gouvernement Wolhynien, Kreis Dubno. 1068 Einw., 124 Höfe. Russ.-orthodoxe Kirche und Synagoge; im Ort gibt es 9 Läden und 8 Herbergen, Handelszentrum. 1 Werst vom Ort entfernt Bahnstation gleichen Namens.

Vladimir Volynsk, Kreisstadt im russischen Gouvernement Wolhynien, inmitten von Sümpfen am rechten Ufer der Luga, eines Zuflusses des Bug. Hatte [1893] 8185 Einw., davon 6389 Juden, 1083 russ.-orthodoxen, 613 röm.-katholischen Glaubensbekenntnisses; insgesamt 1034 baufällige Häuser. 1889 gab es hier 9 Fabriken, darunter 5 Ziegelbrennereien, 1 Kerzenfabrik, 1 Bierbrauerei, 2 Mineralwasserfabriken. Städtische Knabenschule (2-klassig), Mädchenabteilung, 1 jüdisches Armenhaus, 1 städtisches Krankenhaus, 6 Ärzte. – Vladimir, schon im 9. Jahrhundert als Ladomir erwähnt, war Hauptstadt des Fürstentums Vladimir, wurde 1320 vom litauischen Fürsten Gedymin erobert, 1349 vom polnischen König Kasimir dem Großen, kam 1795 an Russland.

Witków, Städtchen im Bezirk Radziechów, 12 km westlich der Bezirksstadt gelegen, 2400 Einw. In der Gruft der Pfarrkirche Leichnam der Gertrude Komorowska, Heldin des Epos *Maria* von Malczewski.

Zamość, russ. Zamostje, Stadt im Gouvernement Lublin an der Topornica, die von rechts in den Wieprz mündet. 1892 zählte die Stadt 10 934 Einw., davon zahlreiche Juden, deren Hauptbeschäftigung der Handel darstellt. 8 Fabriken, am wichtigsten hiervon die nahe der Stadt gelegene Möbelfabrik (90 Arbeiter). Knaben- und Mädchenprogymnasium, Krankenhaus. – Zamość ist Heimat des Hauses Zamojski. Die von Jan Zamojski gegründete Akademie wurde 1774 von der Regierung Österreichs in ein Lyzeum umgewandelt. Seit 1813 gehörte Zamość zu den wichtigsten Festungen des Königreichs Polen, später wurden die Festungsmauern abgetragen. Aus früherer Zeit erhalten geblieben sind nur eine alte röm.-katholische Kirche und ein unbewohntes Schloss. Zamość ist mit den Städten Krasnystaw und Tomaszów durch eine Chaussee verbunden.

Žitomir, poln. Żytomierz, Hauptstadt des russischen Gouvernements Wolhynien, am Fluss Teterev gelegen sowie an der Zweigbahn Žitomir–Berdičev; von dort Bahnverbindungen nach Warschau, Kiew und Odessa. Hatte [1893] 59 378 Einw., davon 24 600 Russen, 24 700 Juden; 1912 betrug die Einwohnerzahl 91 000, die Hälfte davon Juden. 16 griech.-orthodoxe, 2 röm.-katholische und 1 evangelische Kirche, ein Bernhardinerkloster, 2 Synagogen, 2 Gymnasien (eines für Mädchen), ein geistliches Seminar, ein jüdisches Lehrinstitut und 2 jüdische Buchdruckereien, in denen die Hälfte der in Russland gebräuchlichen jüdischen Bücher gedruckt wird, 3 Banken. 26 Fabriken, aus denen Leder, Hüte und Kleider in den Handel kommen, außerdem betreibt die Stadt einen lebhaften Handel mit Landesprodukten. Žitomir ist Sitz eines russ.-orthodoxen Erzbischofs, eines katholischen Bischofs sowie des Generalkommandos des 11. Armeekorps. – Žitomir wird erstmals 1240 erwähnt, gehörte seit 1320 zu Litauen, wurde 1686 Hauptstadt der Wojewodschaft Kiew und kam 1778 an Russland. Gouvernementshauptstadt seit 1804

QUELLEN

Als Quellen für sein »topografisches Alphabet der Städte, Städtchen und Schtetl des im Polenkrieg umkämpften Gebiets«, führt Urban an: M. Orłowicz/R. Kordys, *Illustrierter Führer durch Galizien.* Mit einem Anhang: Ost–Schlesien, von Dr. J. Kotas und Prof. J. Londzin, Wien und Leipzig, A. Hartleben's Verlag 1914, Nachdruck Helmut Scherer

Verlag, Berlin 1989; *Österreich–Ungarn nebst Cetinje, Belgrad, Bukarest* [und einem Kapitel Galizien]. Handbuch für Reisende von Karl Baedeker, Leipzig, 28. Auflage, 1910; *Russland nebst Teheran, Port Arthur, Peking*. Handbuch für Reisende von Karl Baedeker, Leipzig, 7. Auflage, 1912; *Das Königreich Galizien und Lodomerien, sammt dem Grossherzogthume Krakau und dem Herzogthume Bukowina, in geografisch-historisch-statistischer Beziehung*, von Hipolit Stupnicki, Lemberg, gedruckt bei Peter Piller, 1853; *Meyers Konversations-Lexikon*, 5. Auflage, Leipzig und Wien, Bibliographisches Institut, 1893–1897, 17 Bde., Supplementband 1898; *Brockhaus' Konversations-Lexikon*, 14. vollständig neubearbeitete Aufl., Leipzig, Berlin und Wien, A. Brockhaus, 1901–1903, 16 Bde., Supplementband 1907; vor allem aber das *Große Enzyklopädische Wörterbuch* von Brockhaus/Efron, Red. Prof. I. E. Andreevskij, in 82 Halbbänden, S.-Petersburg 1890–1904, 4 Supplementbände 1905–1907.

INHALT

DRAMEN

Sonnenuntergang	9
Marija	69

DREHBÜCHER

Benja Krik	127
Wandernde Sterne	183
Wandernde Sterne. Kinoerzählung	254
Die chinesische Mühle	265
Die Deutschen in der Ukraine	299
In Petljuras Gefängnis	307
Staraja Platz Nr. 4	311

TAGEBUCH 1920

Tagebuch 1920	375
Briefentwurf	498
Skizzen und Entwürfe zur Reiterarmee	500
Der Rote Kavallerist	530

SELBSTZEUGNISSE

Autobiografie	541
Anfang	543

REPORTAGEN, REISEBERICHTE

Reportagen aus Georgien	551
Reise nach Frankreich	584

AUFSÄTZE, REDEN, INTERVIEWS

Redebeitrag auf der Sitzung des Sekretariats der Föderation sowjetischer Schriftstellerverbände (FOSP)	603
Arbeit an der Erzählung	607
Rede auf dem Ersten Allunionskongress der Sowjetschriftsteller	614
Die Arbeiter der neuen Kultur	620
Der Schaffensweg des Schriftstellers	627
Furmanov	640
Bagrickij	644
M. Gorkij	647
Utjosov	650

ANHANG

Zu dieser Ausgabe	655
Kommentar	683
Nachwort	785
Chronologie zum Polnisch-Russischen Krieg 1920	817
Topografie des Polnisch-Russischen Krieges 1920	828